金陵全書

丙編·檔案類

市政公報

［第一〇五—一三〇期］

（民國）南京特別市政府 編

南京出版社

圖書在版編目（CIP）數據

市政公報. 第105～130期 / 南京特別市政府編.—南京：南京出版社，2012.12
（金陵全書）
ISBN 978-7-5533-0120-4

Ⅰ. ①市… Ⅱ. ①南… Ⅲ. ①地方政府—公報—匯編—南京市—民國 Ⅳ. ①D693.62

中國版本圖書館CIP數據核字（2012）第275680號

書　名　【金陵全書】（丙編・檔案類）
市政公報（第一〇五—一三〇期）
編著者　（民國）南京特別市政府
出版發行　南京出版社
社址：南京市成賢街43號3號樓　郵編：210018
網址：http://www.njcbs.com
聯系電話：025-83283871（營銷）　025-83283883（編務）
電子信箱：njcbs1988@163.com
責任編輯　李慶楊　朱天樂
裝幀設計　楊曉崗
製　版　南京新華豐製版有限公司
印　刷　南京凱德印刷有限公司
經　銷　全國新華書店
開　本　889×1194毫米　1/16
印　張　59.5
版　次　2012年12月第1版
印　次　2012年12月第1次印刷
書　號　ISBN 978-7-5533-0120-4
定　價　1000.00元

中華民國三十一年十月十五日

市政公報

第一零五期

南京特別市政府秘書處印行

目錄

命令

法規

公牘

統計

附錄

命令

南京特別市政府委令　字第　號

令劉登瀛

茲委該員爲本府專員

此令

中華民國三十一年十月　日

市長　周學昌

南京特別市政府訓令　字第　號

令財政局科長兼捐稅征收所長劉登瀛

查該員另有任用應免本兼各職仰即知照

此令

中華民國三十一年十月　日

市長　周學昌

南京特別市政府訓令　字第　號

令教育局督學謝軼萬

查該員因病辭職應予照准

此令

中華民國三十一年十月　日

市長　周學昌

南京特別市政府訓令 字第　號

令教育局視察陳鶴舟

茲升該員代理教育局督學另候呈薦

此令

中華民國三十一年十月　日　市長　周學昌

南京特別市政府訓令 字第　號

令北區排水工程處主任工程師兼工務局秘書王翼謀

查北區排水工程處業已期滿所有該主任工程師一職應予裁撤茲派該員專任工務局代理秘書職務另候呈薦

此令

中華民國三十一年十月　日　市長　周學昌

南京特別市政府訓令 府社字第　號

令公糶委員會

查本府前爲劃一各米店使用量器以期推行度政起見特飭度量衡檢定所派員攜帶儀器分區詳密覆驗各公糶售米處升斗等量器加蓋注音符號烙印在案茲據該所簽稱：「查有第六十五公糶售米處大彩霞街久康米號所使用之一升量器竟於底層用漿糊油灰層層塗厚偷減米量與法定容量相差頗多第六十九公糶售米處中華路六〇二號天昌米號使用未經檢定之五合量器亦將底層用麵粉油灰塗厚減少食米核與法定容量不符第九十二公糶售米處附屬商珠江路四二五號裕泰號所使用之一升量器破壞不堪竟用布質硬骨褙糊乘機偷減米量核與法定容量不符以上三處米店於使用之升合內用麵粉油灰硬骨塗厚偷減米量剝削平民殊堪痛恨又查有第一一五號公糶售米處廣州路十六號玉記米號所使用之一升及五合量器大出法定公差六倍之多亦屬於法未合雖據該商面陳因係外行開設米店已損耗不貲但難保無利用此較大升合收買米糧情事除已將以上各公糶

售米處使用之不合法量器當場予以沒收外究應如何辦理之處報請核奪」前來查第六十五公糶售米處久康米號第六十九公糶售米處天昌米號第九十二公糶售米處附屬商裕泰號等三處米號或於升合量器底層用漿糊麵粉油灰塗厚或以布質硬骨裱糊偷減米量剝削平民實屬不法已極除飭該區公所將各該違法米號原領營業許可證吊銷呈繳來府外應由該會查明將其公糶售米處資格立予撤銷以儆效尤至第一一五公糶售米處玉記米號使用較大量器於法亦屬不合姑念情節較輕應由該會予以嚴重警告除分令外合亟令仰遵照辦理具報爲要

此令

中華民國三十一年十月　日　市長　周學昌

南京特別市政府訓令　府社字第　號

令公糶委員會

社會局案呈略以奉諭派員會同第二區公所職員及保安隊警士至復興路六二號之二天豐米店執行吊銷營業許可證時據鄰近居民報告該店尙有匿不出售之公糶米頗多當由執行人員會同搜查果在房內牀下及門板下發見公糶米十二石卽行加以封存交由該甲甲長柯家燮督行看管聽候處置等情據此合行令仰該會迅卽查核辦理具復爲要

此令

中華民國三十一年十月　日　市長　周學昌

南京特別市政府訓令　字第　號

令　社會局
　　市銀行錢業同業公會
　　市銀行
　　市商會
　　各區公所

案准

財政部錢一字第一三〇號咨開：

「查財政部管理金融機關暫行辦法前奉　國民政府明令公布並經本部咨請查照在案茲爲便利實施起見業經本部

制定管理金融機關暫行辦法施行細則於本年九月十八日以部令發表除分行外相應檢同該項施行細則一份咨請貴市政府查照並希轉飭所屬一體知照」

等由；附管理金融機關暫行辦法施行細則一份。准此，除分行外，合行抄發原件，令仰該〇知照！

此令

計抄發管理金融機關暫行辦法施行細則一份

中華民國三十一年十月　日　　市長　周學昌

管理金融機關暫行辦法施行細則

第一條　金融機關應依左列規定將其支付準備金存於在中央儲備銀行所開之準備帳戶。

一、定期存款及特種活期存款百分之五以上。

二、活期存款百分之十以上。

前項各種存款依照每月末日結存額核定其支付準備金存款應於每次月末日前行之。

第二條　金融機關因清結債務而承受担保品時不問其爲動產（證劵除外）或不動產應於一年以內處分之。

第三條　在管理金融機關暫行辦法施行以前已兼營該辦法第十條所載以外業務之金融機關應於本細則施行後一年以內結束該項業務。

第四條　依照管理金融機關暫行辦法第五條所製成之營業報告書資產負債表財產目錄及損益計算書應經由中央儲備銀行轉送財政部。

第五條　依照管理金融機關暫行辦法第十二條之金融機關業務報告暫委託中央儲備銀行徵集之。

第六條　財政部認爲有令金融機關提出帳簿書類之必要時得指定金融機關之商號及應提帳簿書類之種類名稱並指定其他要項交由中央儲備銀行處理之。

第七條　財政部認爲有實地檢查金融機關之必要時得指定應行檢查金融機關之商號店舖及檢查事項交由中央儲備銀行執行之。

中央儲備銀行於前項實地檢查終了時應向財政部提出詳細完全之報告。

第八條　本細則自公布之日施行。

南京特別市政府訓令　府財字第　號

令安德門鄉區公所
委員沈甲三
鄉區自治實驗區公所

案查前據安德門區公所鄉區自治實驗區公所呈報轉據海新鄉長等先後呈報七橋甕北圩等處田地被淹情形附具災册懇請派員履勘分別徵免田賦各等情到府當經分別指令候派員覆勘核辦各在案玆查本年秋收尙稱中稔所有少數田地前於七月間稍被水淹究於收成有無損失亟應派員實地履勘以期核實而便開征玆派該員沈甲三前往各該報災處所切實履勘詳細呈復以憑核辦除分令外合亟製發各鄉區報災一覽表令仰該員遵照辦理區公所知照會同協助辦理事關秋勘要案毋稍瞻徇扶混致干未便切切

此令

計發鄉區報災一覽表一份（略）

中華民國三十一年十月　日

市長　周學昌

南京特別市政府訓令　府衛字第　號

令城鄉各區公所

查本年度防疫設施本府衛生局鑑于蘇蕪各地霍亂猖獗有侵入京師之可能曾于防疫會議及清潔運動週時召集各區區長商討防堵對策卽席提出衛生守望制度着飭各坊保甲長對于管轄線內如有時疫發生立卽報告以憑處置業以府衛字七七八號分令遵照在案乃自狀元境南捕廳柳葉街通濟門外等處絡續發現以來雖已由衛生局會同有關各機關立加處置並經報章騰載而各該管區公所迄未報告豈充耳不聞揆其用心無非視「隔離居住」「斷絕封鎖」等爲畏途希圖苟安于一時不顧羣衆之危險似此居心殊屬不合爲再重申前令對于衛生守望制度均宜切實遵行除分令外合亟令仰該區公所遵照轉飭一體遵照如敢故違卽以保甲聯坐方法處罰不貸切切

此令

中華民國三十一年十月　日

市長　周學昌

南京特別市政府公布令　字第　號

玆制定修正南京特別市公糶委員會分配公糶米辦法公布之

此令

計附修正辦法一份（見法規欄）

中華民國三十一年十月　日

市長　周學昌

南京特別市政府公布令　字第　號

玆制定南京特別市衛生局公共衛生護士班服務規則公布之

此令

附抄發南京特別市衛生局公共衛生護士班服務規則一份（見法規欄）

中華民國三十一年十月　日

市長　周學昌

南京特別市政府指令　府社字第　號

令鄉區自治實驗區公所

呈一件　爲遵訂區調解委員會組織規則請鑒核由

呈件均悉該區所擬調解委員會組織規則尙屬可行仰卽組織成立具報

此令附件存

中華民國三十一年十月　日

市長　周學昌

南京特別市政府佈告　府社字第　號

案查本市抑平柴價，對于柴草各項捐稅，業經本府會同首都警察總監署，分別函咨各有關機關，請予豁免，在案，玆准財政部關字第四五四號咨開：

「案准貴市政府社字第九九號咨略以首都柴販高抬柴價奉諭嚴厲執行抑平惟據報柴販進城金陵關須按值征收轉口稅百分之七、五致柴價成本加重售價因之過高囑查照轉飭金陵關豁免徵收柴草轉口稅等由准此查轉口稅稅率歷來載在海關稅則柴每百公斤徵收國幣一角 貴市府來咨所指「按值徵收轉口稅百分之七、五」係屬木材稅率柴草與木材既非一物稅率上自屬不同至轉口稅為國家正稅商民對於國家原有納稅義務況柴草稅率原極輕微自不應遽予豁免惟既准咨明豁免徵收以蘇民困姑准暫予豁免即希轉飭主管局佈告週知以示本部顧念民生之意再此項柴草如京市尚有其他稅捐亦希轉知一併豁免准咨前因除令行總稅務司轉飭遵照外相應咨復即希查照為荷」

等由；准此，查此項柴草，業蒙

財政部顧念民生，令行總稅務司轉飭金陵關將轉口稅暫予豁免，嗣後如有不肖之徒，藉端勒索，或有投機牙行，強行過秤收佣等情准由該柴商市民隨時報告該管警察局所，依法嚴懲，決不寬貸，准咨前由，除分行外；合亟佈告週知，仰各商民一體遵照！

此佈

中華民國三十一年十月　日　市長　周學昌

南京特別市政府佈告　府社字第　號

查本市十月份上中旬主要日常食用物品九十六種業已送經

南京特別市物價評議委員會第十八十九次常會評定最高限價定於十月一日十一日起實行凡各商人售賣後列各項主要日常食用物品不得超過該項最高限價並須於物品上或顯明處標明定價出售其有暗盤抬價者或雖經申請變更售價未經核准公佈擅自提高者僞稱無貨應市意圖囤積居奇者變更品級或羼雜劣質意圖欺朦漁利者一經查實或被告發獲有確證定即依照 國民政府公佈取締私抬物價暫行條例從嚴懲罰惟自動在限價以下售賣則屬商人希望營業發展當然在所不禁至未經評定限價之物品仍遵照取締私抬物價暫行條例之規定不得任意高抬除函請

首都警察總監署按照評定最高限價飭屬查察嚴厲執行外合將十月份上旬評定主要日常食用物品最高限價列表佈告週知

此佈

附限價表

南京特別市十月份上中旬日常主要食用物品評定最高限價表

食糧類

品名	單位	上旬最高限價 元	角分	中旬最高限價 元	角分
綠牡丹麵粉	袋	八八	〇〇	九一	〇〇
紅牡丹麵粉	袋	八一	〇〇	八一	〇〇
藍牡丹麵粉	袋	五六	〇〇	五六	〇〇
上等本製乾麵	每百斤	一七〇	〇〇	一七五	〇〇
次等本製乾麵	每百斤	一五〇	〇〇	一五〇	〇〇
上等切麵	斤	一	八〇	二	〇〇
中等切麵	斤	一	四〇	一	四〇
次等切麵	斤	一	二〇	一	二〇
小麥	石	一三五	〇〇	一三五	〇〇
大麥	石	七〇	〇〇	七〇	〇〇
黃豆	石	一八〇	〇〇	一八〇	〇〇
綠豆	石	二四〇	〇〇	二四〇	〇〇
赤豆	石	一三五	〇〇	一三五	〇〇
豌豆	石	一四〇	〇〇	一四〇	〇〇
蠶豆	石	一八〇	〇〇	一八〇	〇〇
芝蔴	石	四二〇	〇〇	四〇〇	〇〇

調味類

品名	單位	上旬最限高價 元	角分	下旬最高限價 元	角分
豆油	斤	七	六〇	七	五〇
菜油		六	六〇	六	六〇
蔴油	斤	七	六〇	七	四〇
上白糖	斤	四	八〇	四	八〇
棉白糖	斤	四	五〇	四	五〇
砂糖	斤	四	四〇	四	四〇
紅糖	斤	四	四〇	四	四〇

服用類

品名	單位	上旬最高限價 元	角分	中旬最高限價 元	角分
上等捲花	斤	七	五〇	七	五〇
上等被花	斤	八	四〇	八	四〇
龍頭細布	尺	二	〇五	二	〇五
190陰丹士林	尺	三	四〇	三	四〇
通州土布	尺	一	四五	一	四五
條標布	尺	二	二〇	二	二〇
黑洋布	尺	二	五〇	二	五〇
安藍布	尺			三	二〇
漂白細布	尺			二	〇〇
本色斜紋	尺			二	二〇
黑人牙膏	枝	二	四〇	二	四〇
三星牙膏	枝	二	三〇	二	二〇
力士香皂	塊	五	〇〇	五	〇〇
利華藥皂	塊	三	〇〇	三	〇〇

品名	單位	上旬最高限價 元	角分	中旬最高限價 元	角分
雙錢元口男套鞋	雙	二六	〇〇	二四	〇〇

燃料類

品名	單位	上旬最高限價 元	角分	中旬最高限價 元	角分
煤球	担	一六	四〇	一六	四〇
普通柴煤	噸	三二六	〇〇	三二六	〇〇
廣柴	担	一九	〇〇	一九	〇〇
雜木柴	担	二〇	〇〇	二〇	〇〇
山柴	担	一六	〇〇	一六	〇〇
枝柴	担	二〇	〇〇	二〇	〇〇
栗木柴	担	二二	〇〇	二二	〇〇
麥楷	担	一四	〇〇	一四	〇〇

五洋類

品名	單位	上旬最高限價 元	角分	中旬最高限價 元	角分
上海牌火柴	箕	四六〇	〇〇	四六〇	〇〇
雜牌火柴	雙	三九〇	〇〇	三九〇	〇〇

品名	單位	上旬最高限價 元	上旬最高限價 角分	中旬最高限價 元	中旬最高限價 角分
固本皂	箱	二五八	〇〇	二五八	〇〇
日光皂	箱	三九五	〇〇	三九五	〇〇
僧帽牌洋燭	箱	一九〇	〇〇	一九〇	〇〇
鷹牌洋燭	箱	一九二	〇〇	一九二	〇〇

茶類

品名	單位	上旬最高限價 元	上旬最高限價 角分	中旬最高限價 元	中旬最高限價 角分
青茶	兩		五〇		五〇
紅茶	兩		六〇		六〇

紙類

品名	單位	上旬最高限價 元	上旬最高限價 角分	中旬最高限價 元	中旬最高限價 角分
報紙	令	一八〇	〇〇	一八〇	〇〇
江南毛邊	令	一四五	〇〇	一四五	〇〇
草紙	捆	七	五〇	七	五〇
表芯紙	刀	三	〇〇	三	〇〇

葷菜類

品名	單位	上旬最高限價 元	上旬最高限價 角分	中旬最高限價 元	中旬最高限價 角分
猪隻	担	六二〇	〇〇	六二〇	〇〇
猪肉	斤	五	八〇	五	八〇
板油	斤	八	〇〇	八	〇〇
金腿	斤	整隻一六 零售一八	〇〇 〇〇	整隻一六 零售一八	〇〇 〇〇
香肚	個	大三 小二	五〇 五〇	大三 小二	五〇 五〇
公鷄	斤	四	八〇	四	八〇
母鷄	斤	五	四〇	五	四〇
鴨	斤	四	〇〇	三	五〇
牛隻	担	六〇〇	〇〇	六〇〇	〇〇
牛肉	斤	四	四〇	四	四〇
鯽魚	斤	大五 小二	四〇 八〇	大五 小二	四〇 八〇
鰱魚	斤	大二 小二	六〇 〇〇	大二 小二	六〇 〇〇
鯖魚	斤	大三 小二	六〇 八〇	大四 小三	〇〇 二〇
鯉魚	斤	二	六〇	二	六〇
鯿魚	斤	大四 小三	〇〇 〇〇	大四 小三	〇〇 〇〇
青蝦	斤	大五 小三	〇〇 八〇	大五 小三	〇〇 八〇

品名	單位	上旬最高限價 元	上旬最高限價 角分	中旬最高限價 元	中旬最高限價 角分
皮蛋	個		九〇		九〇
鷄蛋	個		四〇		四〇
鴨蛋	個		五〇		五〇

蔬菜類

品名	單位	上旬最高限價 元	上旬最高限價 角分	中旬最高限價 元	中旬最高限價 角分
水粉絲	斤	一	六〇	一	六〇
豆腐	塊	小 大	四〇 二〇	大 小	四〇 二〇
豆腐乾	塊		二〇		二〇
百頁	張		二〇		二〇
水麵筋	斤	三	〇〇	三	〇〇
青菜	斤		三〇		二五
毛豆	斤		九〇		七〇
黃豆芽	斤		八〇		七〇
綠豆芽	斤		七〇		六〇
紅辣椒	斤	大二 小一	〇〇 四〇	小二 大一	〇〇 四〇
扁豆	斤		五〇		五〇
長豇豆	斤		五〇		五〇
韭菜	斤		五〇		四〇
藕	斤	一	〇〇		八〇
蘿蔔	斤	一	二〇		七〇
茭白	斤		八〇		六〇
洋葱	斤		五〇		五〇
大葱	斤	一	〇〇		八〇
芋頭	斤		六〇		六〇
芋子	斤		八〇		八〇
洋山芋	斤	一	一〇	一	〇〇
山芋	斤		五〇		五〇

注意 一、以上物品均係最高限價商人售貨時成本降低仍須自動跌價
二、以上物品限價係商人發售與消費者之最高價格

中華民國三十一年十月　日

市長 周學昌

首都警察總監署
南京特別市政府佈告　政一 府工字第　號

查本市人力車馬車價目早經公佈施行在案現因已失時效經飭本市社運會召集各有關機關暨各車業公會代表開會商討參酌改訂乘坐人力車馬車價目兩種除飭令工務局製造木牌標示植立輪埠通衢以資遵照外合亟布告週知

此佈

中華民國三十一年十月　日

總監　鄧祖禹
市長　周學昌

南京特別市政府布告　府工字第　號

查本府水上交通管理規程規定凡在本市區江河內航行之各種船舶均應按等給照依照捐率納捐近查各船舶登記所檢驗船隻船戶率多任意估計以大報小每致等級不符縱違定章殊屬非是現屆冬季檢驗開始亟應認眞辦理茲定自十月一日起凡大小船隻申請檢驗時均須由各該管登記所分別丈量就船身長度寬度深度用三乘四因舊法計算折合市担數目按照等級登記繳費領有牌照方許航行如有藉詞違抗卽當依照違反水上交通管理規程罰則分別處罰決不寬貸除令工務局轉飭各登記所切實參照辦理外合亟布告週知仰各船戶一體遵照毋違切切

此布

中華民國三十一年十月　日

市長　周學昌
工務局局長　朱浩元

南京特別市政府佈告　府工字第　號

查本市車輛自春季檢驗以來現因行駛日久不無損毀匪特有礙觀瞻抑且影響交通茲爲整頓起見規定十十一兩月舉行秋季檢驗所有檢驗辦法業經制定秋季檢驗各種車輛簡則除由本府公佈施行並分別令飭車輛登記所暨市社運會遵照辦理並轉

飭各車業公會遵照外合亟佈告週知

此佈

附粘秋季檢驗各種車輛簡則(見法規欄)

中華民國三十一年十月　日

市長　周學昌
工務局局長　朱浩元

首都警察總監署
南京特別市政府　佈告　字第　號

查本市爲首都所在、中外觀瞻所繫、街樹整齊秀麗、市容攸關、本市中山國府珠江等路、原植有行道樹及綠籬、事變前葱鬱夾道、蔚爲壯觀、事變以後、雖經整頓培植、但仍有數處迭被破損、推其原因、不外莠民所伐、家畜踐踏所致、且有不肖居民、以綠籬圈內爲家禽牧養之所、以此情形、殊屬可惡、茲爲切實保護起見、對於莠民所伐、家畜踐踏之情形、嚴予禁止、嗣後如經發現恣意破壞行道樹及家畜踐踏綠籬情事、定當依法究辦、決不寬貸、合亟佈告周知、

此佈

中華民國三十一年十月　日

總監　鄧祖禹
市長　周學昌

南京特別市政府公告　字第　號

案據業戶金夢祥呈報坐落莫愁路第一一一號房地產原領前地政局所發五字第四四九〇號所有權狀及五區一九一四(二)段分段圖各一件因事變遺失請予補給等情經飭據呈繳聲明圖狀遺失報紙暨鄰商兩保前來茲依照土地法第一百四十條第二款之規定揭示公告自公告之日起對於該項遺失圖狀如有因權利關係聲明異議者須於三個月內提出理由書暨證明文件呈候核辦一經公告期滿無人異議卽予依法補給圖狀管業合行公告週知

計開

聲請人姓名及籍貫住所	土地坐落及四至面積	定着物情形	申報地價	申報定着物現值	共有權人

他項權利人	公告日期公告期滿日期

中華民國三十一年十月　日

市長　周學昌
地政局局長　胡政

法規

修正南京特別市公糶委員會分配公糶米辦法

三十一年十月九日修正公布

第一條　本會爲普遍分配公糶米起見擬先就城市五區及附郭區域依照戶口印發購米證憑證配發食米

第二條　凡在城市五區及附郭市民每日每一大口（九歲以上）得購米八合小口（八歲以下）折半

第三條　購米證計分「普通」「甲種「特種」三種

第四條　凡購買升斗食米之一般平民發給普通購米證憑證向指定之售米處購米每次最多購買一月所需之數量

第五條　各機關團體職官員役家屬如需蒐購食米者得請領甲種購米證持向指定之售米處購買惟須將合作社之米停發以免重複

第六條　各院部會長官官邸所需食米除已由糧食管理委員會逕行配給者外得將每月需米數量備具價款函知本會發給特種購米證持向指定之整售處購米

第七條　各旅館飯店公司工廠所需食米應塡申請書將經理姓名設置地點旅客或職工人數每日需米數量呈由該管區公所證明轉送公糶委員會經查明屬實後發給特種購米證持向整售處購米

第八條　市民如有婚喪喜慶事項需要食米時應於三日前向本會申敍緣由及需米數量經審查屬實後核發特種購米證持向整售處購米

第九條　購買公糶米應自購米之日起算由售米處在購米證上逐日加蓋售訖戳記逾期不得補購

購買數量不足半升者以半升計算不足一升者以一升計算

第十條　售米處分零售及整售兩種持有普通及甲種購米證者應向指定之零售處購買持有特種購米證者應向指定之整售處購買

第十一條　售米處應逐日將領米售米數量塡表報會以便查考

第十二條　售米處應另立賬册登記每日各戶購米數量以便本會派員抽查

第十三條　凡遺失購米證者應隨時通知指定之售米處再向區公所或本會補繳紙張手續費二元聲請補領

區公所於市民請求補發購米證時應將遺失之證號及補發之證號一併通知指定之售米處并報會備查

第十四條　區公所塡發購米證應照當時戶口人數塡發不得以少報多以多報少或以小報大等情違則嚴懲

第十五條　倘有購米證假借他人或冒名頂替及轉售公糶米情事一經查實卽予以相當之處分

第十六條　本辦法如有未盡事宜得隨時修改之

第十七條　本辦法自公布日施行

南京特別市鄉區自治實驗區調解委員會組織規則

第一條　南京特別市鄉區自治實驗區區公所依照區自治施行法第二十八條第一項之規定特組設區調解委員會並訂定本規則

第二條　本委員會定名爲南京特別市鄉區自治實驗區調解委員會（以後簡稱本委員會）附設於區公所因受區長之監督處理調解事務

第三條　本委員會以調解委員五人至七人組成之在自治規約未訂定實行以前其調解委員由區長就區內素孚衆望公正熱心之人士聘任之並指定主任委員一人副主任委員一人一面將組設成立及所聘任指定各委員姓名年齡籍貫略歷住址呈報市政府備案

第四條　主任委員代表本會負責處理日常事務召集開會並爲調解委員會之主席如有事故不能執行職務時得由副主任委員代理之

第五條　調解委員或正副主任委員有缺額時得由區長添聘或另指定之並呈報備查

第六條　本委員會設書記一員錄事一員由區公所職員兼充辦理文書收發管卷暨紀錄筆錄等事務

第七條　本委員會依照區鄉鎮坊調解委員會權限規程之規定辦理左列調解事項

一　民事調解事項

二　依法得撤回告訴之刑事調解事項

第八條　本委員會接得人民申請或區長交付調解事項時卽由主任委員定期召開調解委員會調解之若遇微小事項得隨時口頭調解之或召集就近調解委員予以調解並記入調解紀錄簿備查但調解事項涉及調解委員本身或親屬時該調解委員應卽迴避

第九條　本調解委員會對於調解事項認爲有加以審查之必要時得由主任委員於調解委員中指派審查委員詳細審查報會以明眞相而資調解

第十條　開調解委員會時由本會書記担任紀錄對每一事項之調解完結時並繕成簡略之調解筆錄五份由主任委員署名書記蓋章一份存會二份呈區存轉　市府備查二份分給雙方當事人收執

第十一條　本委員會之調解筆錄存取得雙方允服之一種調解上之處理不得視爲法律上之判決

第十二條　本委員會辦理調解事項除不得爲財產上或身體上之處罰外得酌量事項之情形取下列調解之方法

一、道歉

二、評定賠償

第十三條　調解委員爲增進調解功效不拘任何方式以深求民隱但對外須各自負法律上自處之責

第十四條　本委員會辦理調解事項不取任何費用

第十五條　本委員會各委員聘任期暫以一年爲限但續聘者得連任之

第十六條　本委員會各委員均爲義務職但每月得分別酌給車馬費書記錄事酌給津貼

第十七條　本委員會每月之經費辦公費暨各委員之車馬費職員之津貼等費由區公所呈請市府核定於自治費項下撥發應用並按月造報呈轉核銷其預算另定之

第十八條　本組織規則如有未盡事宜得隨時呈請修正之

第十九條　本組織規則呈奉　市政府核准後施行

南京特別市工務局秋季檢驗各種車輛簡則

(一)凡行駛本市各種車輛除軍用暨友邦各種車輛另有規定外其餘均須遵照本簡則施行

(二)各種車輛依照下列之規定檢驗程序

(甲)十月份各種汽車機力脚踏車各種馬車甲乙等板車騾車貨箱車三輪人力車

(乙)十一月份營業人力車自用人力車

(三)凡經檢驗各種汽車發給檢驗證張貼車前其他各種車輛加蓋檢驗鋼印并於行車執照上另加戳記以資識別而利通行

（四）各種車輛悉依檢驗規則及各種木炭汽車管理規則各條款之規定檢驗之如有違章及規避等情得依處理違章車輛罰則辦理之

（五）各種車輛經檢驗不能及格得吊銷其牌照逾期申請複驗時得按新車登記辦理之

（六）各種車輛經檢驗合格應納檢驗費費額規定如左

各種汽車	四元正
各種馬車	二元正
甲乙等板車	一元五角
騾車	一元五角
貨箱車	
自由營業人力車	一元正

（七）本簡則呈請　市長核准後公佈施行

（八）本簡則如有未盡事宜得隨時呈請修正之

南京特別市衛生局公共衛生護士班服務規則 三十一年十月十二日公布

第一條　公共衛生護士（以後簡稱公共護士）之服務依本規則之規定

第二條　公共護士除遵守本局各種規則外應服從局長祕書科長及有關各股主任之指揮調遣

第三條　公共護士服務之規定如左

一、調查各業申請登記事項

二、調製衛生各業調查表事項

三、調查各種統計材料事項

四、稽查各種從事醫藥人員動態及行爲事項

五、各種管理取締事項

六、各種健康檢查事項

七、執行防疫檢疫一切事項
八、施行各種豫防注射及種痘事項
九、隔離消毒事項
十、井水菜蔬消毒事項
十一、滅蠅捕鼠事項
十二、協助牲畜檢驗事項
十三、取締不合衛生各種飲食品及清涼飲料事項
十四、督飭清除垃圾糞便事項
十五、執行一切清潔運動事項
十六、一切改良環境衛生事項

第四條　公共護士執行職務時應與駐在地軍警切實聯絡以資協助

第五條　公共護士出勤時應身着制服佩帶證章除固定工作外遇有臨時支派時並須攜帶公文

第六條　公共護士執行職務時態度言語應力求和平不得疾言厲色或謔浪笑傲如遇民衆不明瞭任務時亦應切實指導

第七條　公共護士工作時如遇特種困難應電告本局請示辦法不得擅自處分

第八條　公共護士執行職務時不得涉及職務以外之事項

第九條　公共護士不論在室內外遇見長官應行敬禮路遇身着制服員警應互相敬禮

第十條　公共護士分組及輪值休息日期依另表之規定遇必要時得提早或延長工作時間

第十一條　公共護士有合左列各項之一者得酌予獎勵

一、能舉發不合衛生事件至十次以上經複查屬實者
二、一年以內確無過錯者
三、服務一年以上工作勤奮着有成績者
四、一年以內從不請假者
五、不避艱險建樹功績者

第十二條　公共護士如有違犯左列各款之一者得酌予懲罰

一、虛僞呈報欺矇長官者

二、遇事懈怠不遵命令者

三、有涉及職務以外之行爲尙未至刑事程度者

四、服裝不整或損壞公物者

五、臨時調遣不聽指揮者

第十三條　公共護士對於應盡職務上同時發現有兩種不同之案件時應先其所急

第十四條　本規則如有未盡事宜得隨時呈准　市長修正之

第十五條　本規則自呈准公佈之日起施行

公牘

南京特別市政府呈 字第　號

案奉

鈞院行字第九五五八號指令本府摺呈爲本市擬舉辦電費附加以抵補路燈費請鑒核祗遵由內開：

「摺呈悉查此案前據該市府來呈業經指令遵照在案現據摺呈擬將徵收此項電費附加定名爲南京特別市電費附加路燈捐以抵補路燈費核尚可行應准照辦惟前呈原徵收章程草案第一條爲籌集衛生及工程事業費起見等語均應修正以符名實合將原具章程檢還仰即遵照修正另繕正本呈院備查此令」

等因幷發還原具章程一件奉此理合遵照

指示各點分別修正並另繕正本備文呈送仰祈

鑒核備查

謹呈

行政院院長汪

附呈南京特別市電費附加路燈捐徵收章程草案一份（略）

南京特別市市長　周學昌

中華民國三十一年十月　日

南京特別市政府咨 府財字第　號

案查本府前擬舉辦公益捐業經檢同章程草案呈請行政院核示並咨請

貴部備案嗣因本市路燈向由華中水電公司供給電力歷年積欠路燈電費已達日金三萬六千元之鉅因須設法籌還而原有燈數未能普及並須酌量添補此項支款全賴舉辦公益捐以資應付且華中水電公司索欠甚急市庫支絀無法付給復經摺陳本市困難

情形懇請

行政院賜予早日核准俾便開征並將原擬「南京特別市徵收公益捐章程草案」修正爲「南京特別市電費附加路燈捐徵收章程草案」暨各條文內「公益捐」均修正爲「路燈捐」以期名實相符各在案茲奉

行政院行字第九五五八號指令內開：

「摺呈悉查此案前據該市府來呈業經指令遵照在案現據摺呈擬將徵收此項電費附加定名爲南京特別市電費附加路燈捐以抵補路燈費核尙可行應准照辦惟前呈原具徵收章程草案第一條爲籌集衞生及工程事業費起見等語均應修正以符名實合將原具章程檢還仰卽修正另繕正本呈院備查此令」

等因並發還原呈章程一件奉此除遵照指示各點分別修正並另繕正本呈請

行政院鑒核備查暨分咨外相應檢同修正南京特別市電費附加路燈捐徵收章程草案一份隨函送達卽希

查照備案爲荷

此咨

財政部部長周

實業部部長梅

計附送修正南京特別市電費附加路燈捐徵收章程草案一份（略）

中華民國三十一年十月　日　　市長　周學昌

南京特別市政府咨　府社字第　號

案查本府奉

諭嚴厲執行抑平首都柴價，關於金陵關征收柴草轉口稅百分之七·五稅款，業經咨請

貴部豁免征收在案。茲據本市柴行業同業公會呈稱，略以金陵關征收柴草轉口稅，原係估本値洋每百元征稅七元五角，又手續費日幣一元。按船戶航行證登記噸位爲報稅標準，每噸二十元，估本値洋二百元，征稅十五元，卽每百元收七元五角，現忽改照市價每担十七元征稅，每噸須繳稅款二十五元五角較原征數，增加十分之七強，成本未見減輕，反趨加重，實難維持，請予轉咨

貴部迅賜豁免柴草轉口稅等情，並附呈南京轉口稅徵收處，漢中門分處掣給征收蘆柴轉口稅收據一紙，據此；正核辦間，准貴部關字第四五四號咨，略以轉口稅稅率，歷來載在海關稅則，柴每百公斤，徵收國幣一角。來咨所指「按値征收轉口稅百分之七·五」係屬木材稅率，柴草與木材既非一物稅率上自屬不同等由查前項柴草轉口稅，業蒙貴部顧念民生，准予豁免，並囑轉主管局佈告週知，自應照辦至此項柴草，京市並無其他稅捐，惟江寧縣征收復興捐每担國幣四元，業已函請江蘇省財政廳轉飭豁免，茲據該柴行業同業公會呈報前情，除批飭遵照貴部咨文辦理外；相應檢同原呈稅款收據一紙，咨請查照辦理仍希見復爲荷！

此咨

財政部

附送南京轉口稅征收處漢中門分處征收蘆柴稅款收據一紙

市長　周學昌

中華民國三十一年十月　日

南京特別市政府咨　府衛字第　號

案據醫師劉思善等八人助產李蘭芬等五人護士葉佩貞等二人藥劑生夏治中等三人鑲牙生王承榮等二人共二十人來府申請領換證書經核與管理條例尙無不合相應開列名冊一份檢同各該證件二十宗證書費印花費一百八十二元咨請貴部查核辦理並希見復爲荷

此咨

內政部

附第四三批醫藥人員領換證書名冊一份證件二十宗證書費印花費一百八十二元正

市長　周學昌

中華民國三十一年十月　日

南京特別市政府咨　字第　號

案查本市土地工作旬報表業經送至九月份下旬在卷茲造具十月份上旬前項工作旬報表一份相應咨送卽希
查照爲荷
此咨
內政部
計咨送本市土地工作十月份上旬旬報表一份

中華民國三十一年十月　日

市長　周學昌

南京特別市政府辦理土地登記工作十月份上旬旬報表

中 華 民 國 三 十 一 年

事項 件數 日	接收登記聲請書	土地所有權登記	房屋登記	更正登記	塗銷登記	移轉登記	分割登記	共有權登記	住所變更登記	繕寫查驗證	發給查驗證	備註
1						1						
2					1	5					1	
3						3						
星期 4												
5					1	6					1	
6					3	1					1	
7					1	6					1	
8						9						
9						1						
放假 10												
總計件數					6件	32件					4件	

南京特別市政府公函 府社字第　號

案據鄉區自治實驗區區長蕭石樓呈稱：

竊奉鈞府社字第六六五號訓令內開：『查自治組織欲使強化必須機構健全成臻便利每有人民或以錢債細故或以口角微嫌率爾興訟拖累無已按鄉鎮自治施行法第三十二條鄉公所或鎮公所應附設調解委員會辦理左列事項一民事調解事項二依法得撤回告訴之刑事調解事項又區自治施行法第二十八條第一項區公所準用鄉鎮自治施行法第三十二條之規定附設區調解委員會等語是區調解委員會之設係屬必要應飭城鄉兩實驗區首先籌辦擬訂組織規程呈報核准然後通令其他各區一體仿造辦理俾減人民訟累惟事屬創始各區固應剴切勸告曉以利害向民衆指導務就調解範圍勿得遽行訴訟除分令外合行令仰該區遵照迅即籌辦具報為要』等因奉此查職區為自治實驗區自應遵照首先舉辦惟在此自治尚未完成區鄉鎮自治公約尚未訂定實行以前謹參照區自治施行法區鄉鎮坊調解委員會權限規程暨現時實際情形擬訂職區調解委員會組織規則一份是否有當理合備文呈請鈞鑒俯賜核准指令施行實為公便』

等情附鄉區自治實驗區調解委員會組織規則一份到府據此當經審核所擬組織規則尚屬可行除令飭該區組織成立具報外相應抄送鄉區自治實驗區調解委員會組織規則一份函請

查照為荷

此致

首都地方法院

附鄉區自治實驗區調解委員會組織規則一份（見法規欄）

中華民國三十一年十月　日　市長　周學昌

南京特別市政府公函 府衛字第　號

案准

貴部參備字第四九號函開

「案據衛生巡察報告水西門附近垃圾堆集更因附近水菓店影響傾倒腐爛之物過多蠅虫麕集惡氣逼人不但有礙衛

生吏屬有玷市容及交通擬請設法清除等情除令行警察總監署遵辦具報外相應函請查照並希迅飭工務衞生兩局協助警察方面會同整理以資改善仍祈見復至紉公感」

等由准此自應照辦除令飭工務衞生兩局遵辦外相應函復請煩查照爲荷

此致

首都警備司令部

中華民國三十一年十月　日

市長　周學昌

統計

南京特別市戶口統計表

民國三十一年九月份

祕書處第二科統計股製

區別	戶數	人口數						
		總計	男性			女性		
			合計	成人	兒童	合計	成人	兒童
總計	133444	618882	340659	237618	103041	278223	188036	90187
第一區	26521	132669	69392	52412	16980	63277	44683	18594
第二區	33184	157735	87771	60285	27486	69964	49333	20631
第三區	18280	77903	44360	30960	13400	33543	22593	10950
城區實驗區	9110	41859	22627	16532	6095	19232	13281	5951
第五區	10358	48542	28675	21441	7234	19867	13382	6485
上新河區	12715	54907	29542	20213	9329	25365	16767	8598
鄉區實驗區	9980	46425	25455	16260	9195	20970	12798	8172
孝陵衛區	4228	20017	10599	5650	4949	9418	5604	3814
安德門區	9068	38825	22238	13865	8373	16587	9595	6992

註：一、本表係根據各區公所填報之戶口月報
二、各外國僑民戶口不在此內

南京特別市戶口增減比較表

民國三十一年九月份

秘書處第二科統計股製

區別	戶減增數	人口增減數						
		總計	男性			女性		
			合計	成人	兒童	合計	成人	兒童
總計	+ 401	+ 1457	+ 823	+ 570	+ 253	+ 634	+ 373	+ 261
第一區	+ 65	+ 204	+ 101	+ 49	+ 52	+ 103	+ 47	+ 56
第二區	+ 157	+ 622	+ 316	+ 201	+ 115	+ 306	+ 180	+ 126
第三區	+ 26	+ 178	+ 137	+ 122	+ 15	+ 41	+ 29	+ 12
城區實驗區	+ 114	+ 319	+ 189	+ 136	+ 35	+ 130	+ 80	+ 50
第五區	+ 6	+ 40	+ 18	+ 8	+ 10	+ 22	+ 12	+ 10
上新河區	+ 5	− 19	− 8	− 1	− 7	− 11	− 9	− 2
鄉區實驗區	− 20	− 29	− 10	−	− 10	− 19	− 13	− 6
孝陵衛區	+ 6	+ 16	+ 10	+ 4	+ 6	+ 6	+ 9	− 3
安德門區	+ 42	+ 126	+ 70	+ 51	+ 19	+ 56	+ 38	+ 18

註：一、本表係根據各區公所填報之戶口月報

二、各外國僑民戶口不在此內

三、凡有(+)符號者為增加，有(−)符號者為減少

附錄

訪日感想

周市長大東亞廣播詞

諸位聽衆！

本人此次奉命，赴日本攷察市政，在此中日兩國，協力大東亞戰爭的時候，關於友邦都市國民精神及市政諸般的設施，當然需要考察與研究，現在把比較概括而深刻的感想，約略的向諸位報告一下：

此次考察，雖然因爲職務上的關係，在日本只有十來天的工夫，不能有較多時間的觀察，但是友邦的重要都市，如東京，大阪，長崎，京都，神戶，門司，別府等地，都已經到過，而且以上各都市的重要施政，大致可以說是都看過了。

現在回想起來，在日本印象最深刻，使我最感奮的，是友邦朝野，以至一般興亞團體的眞誠親切的懇談，很顯然的，這種無上的熱情，決不只是爲了歡迎任何個人，而是日本國民願望中國國民協力建設東亞眞情的流露，也就是近衛公聲明以來，主張中日親善提攜的不變國策的一貫精神。這與 國父的大亞洲主義，「無中國即無日本，無日本即無中國」，和 主席艷電，和平運動，以至於同甘共苦，協力大東亞戰爭，都不外是東亞自覺意識的昂揚表現，也就是東亞民族團結奮鬥，復興解放的根本動力。本來中日兩國地壤相接，文化相通，親善提攜，有其本然之需要，試問世界上除了中日兩大民族，另外還有那個民族，能有這樣本然的一致呢？可是近百年來，不幸在英美帝國主義勢力風狂侵略之下，竟使我們失去了東亞的本來面目，演出兄弟鬩牆之爭，中日事變，固然不幸，然而以此事變爲轉機，血的教訓，却喚起了東亞意識的醒覺與抬頭，大東亞戰爭的爆發，更促使東亞自覺的本來面目，格外鮮明了。中日兩國已由兄弟鬩牆，轉變爲外禦其侮的同甘共苦。誠然，唯有中日兩國共同奮鬥，才能完成整個東亞的解放，同甘共苦的戰友，當然需要格外親切，互相支援，互相激勵。

其次本人在考察友邦各大都市的市政建設的時候，覺得他們行政機構的適切圓滑，民衆組訓動員業務的敏活完善，可以說是達到了最高限度，然而他們依然在那裏勵精圖治，從種種實際體驗中求進步，求發展。尤其值得驚異的是他們具有一個相同的「平凡的奇績」，就是「緊張之中有鎭靜」，「鎭靜之中有緊張」，怎麼樣呢，我們起初看到正在進行着曠古未有的遂闘壯烈的大東亞戰爭的都市，表面上都好像沒有戰爭的存在的樣子，這是使人意想不到的，然而在我們深入的走到各個部門去視察時，如一切行政部門，產業部門，教育部門，交通部門……馬上便會發見他們沒有一個不是在固守着自己的崗位，在那裏以最大的效率拚命努力工作，看那緊張的樣子，簡直和在前線戰壕中的士兵沒有分別，看起來是平凡的，沒有什麼了不起，仔細考究，便會發見這實在是了不起的奇跡，要知道，這樣正是現代總力戰臨戰體制下的標準市政要求。由此我們可以想見，友邦各大都市乃至全國各地，官民上下，對大東亞戰爭必勝，大東亞建設必成的信念，是如何的堅定，同時可以想見其決戰實力，是如何的強韌旺盛。這些都是一國的精神建設和物質建設達到最高度的表現，大東亞戰爭發動以來，友邦連戰皆捷，大非倖致。

再考察友邦市政建設，所以如此完善，大東亞戰爭能擊敗素稱富強的英美。其要因，決不只是憑着少數賢良文官或少數善戰武將的英雄主義所造成。而是由於全體國民每個人都具有由愛國心自信心而出發的一些基本優點，就是每個人都能夠「負責任，守紀律，尚儉樸，重建設」，也就是所謂「職域奉公」「本位努力」。

就以信守交通管制一點小的事實講，日本各大都市十字街頭的指揮交通的紅綠燈，都是每分鐘一次，自動改換，並無警察監視，往來車輛行人，都是自動接受指揮，井井有序，毫無違反行為，他如許多交通孔道，行人出入，自能魚貫一列，向無爭先恐後事故發生，這都是「負責任，守紀律」的精神，進如地方區町隣組的自治，大家都能依照秩序，無條件的善自盡其義務。所有戶籍，教育，兵役，稅收，經濟，建設，物質統制，一切平時戰時的市政實施，莫不以此為基礎，其能這樣適切敏活，仍不外國民能「負責任，守紀律」而已。

至於「尚儉樸，重建設」的精神，更是隨處可見，大如宮殿神社的建築，都具有着古樸自然，不事粉飾浮華的作風，他如政府機關的佈置，人民生活的處理，都是質樸無華，力求節約，具有着簡素的美感。然而其國防建設，產業開發，却都非常豪華壯觀，力求現代化，幾於凌駕世界，可見友邦的人力資力，一點一滴，都毫無遺棄的利用到國家社會的建設事業上，這樣「尚儉樸，重建設」的美德，實在令人感佩。

何以日本國民各個人都具有這樣「負責任，守紀律，尚儉樸，重建設」的習尚呢？一句話：「完全是國民教育的成功」。日本學校的普及，久為國人所贊揚，人民的訓練，年來政府與民間更是提倡不遺餘力。在質的方面，即以國民小學而言，其設備之完善，有如大學心身鍛鍊之勇猛精進，遠非我國所能及，至於高等教育，專門學術之進步，更不必說。曾見大阪工業學校學生，有的在教室鑽研理論，孜孜不倦，有的在實驗室觀測化驗，悉心分析，有的在工場勞作，有的在操場運動相樸，鍛鍊體魄，更有實彈演習，刺槍劈劍，如臨戰陣，殺氣硝煙，驚心動魄，看其用手用腦，無一不備，簡直是現代總力戰國家的縮影。這樣就基本條件說，日本國民，在青少年時代，早已養成負責任，守紀律，尙儉樸，重建設的美德，就文化水準說，日本國民既保有東方民族醇樸剛正的傳統優點，同時活用西洋科學的組織創造方法，而去其糟粕，使東方文化與西方文化獲得綜合的高度發展，單就文化觀點講，日本民族的貢獻，也是值得自勉的。

關於中國人民與日本人民的優點和缺點，我曾很忠實很客觀的加以檢討，感覺中國民族的天賦素質，並非不如日本。本來中日兩國，同爲東亞優秀民族，在世界文化的拓展上均有其光輝的貢獻，徒以近百年來，中國人民，在其農業、社會的搖籃中遭受歐美侵略主義的不斷襲擊，以至社會經濟衰落習尙改變，信念動搖，於是國民精神，傾向僥倖偏激，和淫佚偷墮兩端，只顧徵逐眼前的勢力物慾企圖苟延殘喘，不是自暴，便是自棄，而缺乏了責任感，尤其缺乏了公而忘私的責任感，長此以往，不但不能復興中華，而且恐有亡國滅種之慘。

諸位聽衆：我們要奮起直追的恢復我中華民族四千餘年來的固有美德，才能復興中華，保衛東亞。

諸位該記得，元旦日　主席所訓示的勵行新國民運動綱要，我們應該在此國家危亡之秋，服從領袖的領導，大家齊心協力，來以東亞聯盟思想爲指標，以實踐新國民運動，一則以針對着東亞國家親善與解放之目的爲思想，並洗去我們近數十年來的私而忘公，行爲偷惰的一切劣點。

策勵自己，訓練人民，由上而下，以風掃落葉的勢力，剷除而消滅之，才對得起我們的先聖先賢，與我們的各人的先人。

諸位聽衆，兄弟這次考察回國之後，最深刻的認識，也就是最深切的憂懼。深刻的認識，是國家之興亡，在乎民衆的自覺，也就是民族的自覺，自古至今，從沒聽見說衆國人民偷惰苟安，自私自利，而不亡國者，也是沒有聽見說，不自立而能立人者，所謂憂懼的是什麽，憂懼國人自事變以後，所有意念分爲兩端，一則爲寄託於人的抗戰，反而自豪，並不思及國家根本建樹之源，一則是和平已成功，好像天下已早太平，而不知國際大勢之趨，應使自己發奮圖進，同甘共苦去爲國家爲東亞努力。

國父遺言，「革命尙未成功，同志仍須努力」，這是的的確確的臨終透視先知的遺教。

諸位聽衆，不要灰心，不要喪氣，世界各國家幾千年的歷史告訴我們，都是生於憂患死於安樂，此次世界大戰無國不憂患，我們目前的景象，當然是憂患，憂患就是生機，憂患是生機的原動力，生活是生機的發動力，生活在苦幹之下就是生機。與友邦共苦的苦幹之下，就是復興中華的原動力，就是保衛東亞的原動力。

諸位聽衆，因此我們不灰心，不喪氣，在領袖領導之下，實行新國民運動，萬衆一心，中華一定復興，東亞一定解放。

——完了——

市政公報暫定價目表

期限	價目	郵費
零售	每冊三角	本市二分 外埠四分
半年	十二冊 三元五角	本市四角二分 外埠八角四分
全年	二十四冊 七元	本市四角八分 外埠九角六分

市政公報廣告刊例

頁數	價目
一頁	每期十一元
半頁	每期六元
四分之一頁	每期三元

刊登廣告在四號以上者每期按照七折計算連續十號以上者每期按照六折計算長期另議

出版日期 本公報暫定每月二次

編輯者 南京特別市政府祕書處

發行者 南京特別市政府祕書處

印刷者 南京時代印書館 地址：南京朱雀路邀貴井十八號 電話：二二五九五號

中華郵政掛號認爲第一類新聞紙類　江蘇郵政管理局執照第一〇四三號

中華民國三十一年十月三十一日

市政公報

第一零六期

南京特別市政府秘書處印行

目錄

命令

法規

公牘

命令

南京特別市政府訓令 府祕字第　號

令專員兼傳染病院院長黃道三

該員着免本兼各職另候任用所遺院長職務派衛生局科長莊立代理仰卽知照

此令

中華民國三十一年十月　日

市長 周學昌

南京特別市政府訓令 府祕字第　號

令衛生局科長莊立

茲調該員代理本市市立傳染病院院長

此令

中華民國三十一年十月　日

市長 周學昌

南京特別市政府訓令 府社字第　號

令城鄉各區公所

案據社會局呈「南京特別市各區戶籍員服務規則」「南京特別市保甲會議規則」及「保甲長訪問住戶辦法」三種業經本府參事室審查修正大致尙屬可行除令發各區遵照外合行檢附上項規則及辦法各一份令仰該區遵照辦理爲要

此令

計發交南京特別市各區戶籍員服務規則 南京特別市保甲會議規則 保甲長訪問住戶辦法各一份（見法規欄）

中華民國三十一年十月　日　市長 周學昌

南京特別市政府訓令 府社字第　號

令戶籍員訓練班

案據社會局呈據第二科長蒯君甫簽呈稱略以戶籍員畢業後如何工作尚無有所依據茲草訂戶籍員服務規則保甲會議規則及保甲長訪問住戶辦法等三種藉作戶籍員將來服務之準繩請鑒核示遵等情前來當交本府參事室審查修正除將上項修正之規則及辦法通令城鄉各區公所遵照外合行檢同是項規則及辦法各一份交發該班仰卽編入課程詳加講授為要

此令

計發交南京特別市各區戶籍員服務規則 南京特別市保甲會議規則 保甲長訪問住戶辦法各一份

中華民國三十一年十月　日　市長 周學昌

南京特別市政府訓令 府社字第　號

令城鄉各區公所

社會局案呈奉

實業部農字第一〇二五號訓令開：

「案查本部於上年冬季會同水利委員會制定利用冬期農隙修治農田水利大綱復以螟虫為害滋大應督飭切實防治以上兩案迭經分別通令遵辦並飭將辦理成績限期具報备在案乃依限呈報者固有而延未遵辦者亦復不少似此貽誤要政殊屬不合值此積極增加生產所有該省市本年冬期修治農田水利及防除螟害均應遵照前令預為規劃分別實施毋得稍涉玩忽致干議處除呈請 行政院通飭遵辦幷分別咨行外合亟令仰該局遵照督飭所屬切實辦理具報核奪為要切切此令」

等由；准此。查上年城鄉各區辦理冬期農隙修治農田水利及各鄉區冬季撲滅螟蟲情形曾經彙製總表並彙開清單咨送 實業部查照在案所有本年冬季應辦前項工作亟應切實辦理除咨復並分行外合行抄發修治農田水利調查表令仰該區即便遵照並轉飭所屬一體遵照辦理具報爲要

此令

計抄發修治農田水利事項調查表式一份（略）

中華民國三十一年十月　日　市長　周學昌

南京特別市政府訓令　府財字第　號

令　牲畜屠宰稅徵收所
　　捐稅徵收所
　　營業稅徵收處

案查各徵收機關造送報表及徵解稅款均屬關繫重要曾經本府規定辦法對於稅款旬報表及稅票旬報表均應於次旬五日以前造送其稅款月報表及稅票月報表均應於次月十日以前造送所有經徵稅款應隨徵隨解月底掃數清結經於本年三月間以府財字第五二號訓令通飭遵照在案茲查各徵收機關固多恪遵功令依限辦理其中亦有日久生玩任意違延或僅送月報未送旬報或積壓稅款逾限不解者殊失整齊畫一精神現值整頓稅收之際亟應重申前令除分行外合行令仰該處所長遵照所有徵獲稅款務須隨徵隨解除奉准坐支經費外應於月底掃數解清毋得違延致干懲處切切

此令

中華民國三十一年十月　日　市長　周學昌

南京特別市政府訓令　府工字第　號

令南京特別市社會運動指導委員會

查本市車輛自春季檢驗以來現因行駛日久不無損毁非特有礙觀瞻抑且影響交通茲爲整頓起見規定十十一兩月舉行秋季檢驗所有檢驗辦法業經飭據工務局制定「秋季檢驗各種車輛簡則」除由本府公佈施行並飭工務局令行車輛登記所遵照辦理外合亟令仰該會轉飭各車業公會遵照

此令

附秋季檢驗各種車輛簡則（見法規欄）

中華民國三十一年十月　日　市長　周學昌

南京特別市政府佈告　府社字第　號

查本市十月份下旬主要日常食用物品一百零二種業已送經南京特別市物價評議委員會第二十次常會評定最高限價定於十月二十一日起實行凡各商人售賣後列各項主要日常食用物品不得超過該項最高限價並須於物品上或顯明處標明定價出售其有暗盤抬價者或雖經申請變更售價未經核准公佈擅自提高者僞稱無貨應市意圖囤積居奇者變更品級或羼雜劣質意圖欺朦漁利者一經查實或被告發獲有確證定卽依照　國民政府公佈取締私抬物價暫行條例從嚴懲罰惟自動在限價以下售賣則屬商人希望營業發展當然在所不禁至未經評定限價之物品仍須遵照取締私抬物價暫行條例之規定不得任意高抬除函請首都警察總監署按照評定最高限價飭屬查察嚴厲執行外合將十月份下旬評定主要日常食用物品最高限價列表佈告週知

此佈

附限價表

南京特別市十月份下旬日常主要食用物品評定最高限價表

食糧類

品名	單位	最高限價 元	角分	備註
紅牡丹麵粉	袋	八一	〇〇	
藍牡丹麵粉	袋	五六	〇〇	
上等本製乾麵	每百斤	一七五	〇〇	
次等本製乾麵	每百斤	一五〇	〇〇	
上等切麵	斤	二	〇〇	
中等切麵	斤	一	四〇	
次等切麵	斤	一	二〇	
小麥	石	一三五	〇〇	

品名	單位	最高限價 元	角分	備註
大麥	石	七〇	〇〇	
黃豆	石	一八〇	〇〇	
綠豆	石	二四〇	〇〇	
赤豆	石	一三五	〇〇	
豌豆	石	一四〇	〇〇	
蠶豆	石	一八〇	〇〇	
芝蔴	石	四〇〇	〇〇	

調味類

品名	單位	最高限價 元	角分	備註
豆油	斤	七	五〇	
菜油	斤	六	六〇	
蔴油	斤	七	四〇	
上白糖	斤	四	八〇	
棉白糖	斤	四	五〇	
砂糖	斤	四	四〇	
紅糖	斤	四	四〇	

服用類

品名	單位	最高限價 元	角分	備註
上等捲花	斤	七	五〇	
上等被花	斤	八	四〇	
龍頭細布	尺	二	〇五	
190陰丹士林	尺	三	四五	
通州土布	尺	一	四五	
條標布	尺	二	二〇	
黑洋布	尺	二	五〇	
安藍布	尺	三	二〇	
漂白細布	尺	二	四五	
本色斜紋	尺	二	二〇	
黑人牙膏	枝	二	四〇	
三星牙膏	枝	二	二〇	
力士香皂	塊	五	〇〇	
利華藥皂	塊	三	〇〇	
雙錢元口男套鞋	雙	二四	〇〇	

燃料類

品名	單位	最高限價 元	角分	備註
煤球	担	一六	四〇	
普通柴煤	噸	三二六	〇〇	
蘆柴	担	一九	〇〇	
雜木柴	担	二〇	〇〇	
山柴	担	一六	〇〇	
枝柴	担	二〇	〇〇	
栗木柴	担	二二	〇〇	
麥楷	担	一四	〇〇	

紙類

品名	單位	最高限價 元	角分	備註
報紙	令	一八〇	〇〇	
江南毛邊	令	一四〇	〇〇	
草紙	捆	七	五〇	
表芯紙	刀	三	〇〇	

茶類

品名	單位	最高限價 元	角分	備註
青茶	兩		五〇	
紅茶	兩		六〇	

五洋類

品名	單位	最高限價 元	角分	備註
上海牌火柴	隻	四六〇	〇〇	
雜牌火柴	隻	三九〇	〇〇	
固本皂	箱	二五八	〇〇	
日光皂	箱	三九五	〇〇	
僧帽牌洋燭	箱	一九〇	〇〇	
鷹牌洋燭	箱	一九二	〇〇	

葷菜類

品名	單位	最高限價 元	角分	備註
豬隻	担	六二〇	〇〇	
豬肉	斤	五	八〇	

品名	單位	等級	元	角	分	備註
猪油	斤		八	〇	〇	
金腿	斤	整隻	一六	〇	〇	
		零售	一八	〇	〇	
香肚	個	大	三	五	〇	
		小	二	五	〇	
公鷄	斤		四	八	〇	
母鷄	斤		五	四	〇	
鴨	斤		三	五	〇	
牛隻	担		六〇〇	〇	〇	
牛肉	斤		四	四	〇	
鯽魚	斤	大	五	四	〇	
		小	二	八	〇	
鰱魚	斤	大	二	六	〇	
		小	二	〇	〇	
鯖魚	斤	大	四	〇	〇	
		中	三	二	〇	
鯉魚	斤		二	六	〇	
鯿魚	斤	大	四	〇	〇	
		小	三	〇	〇	
鱖魚	斤		四	〇	〇	
螃蟹	斤		四	〇	〇	
青蝦	斤	大	五	〇	〇	
		小	三	八	〇	
皮蛋	個			九	〇	
鷄蛋	個			四	五	
鴨蛋	個			五	五	

蔬菜類

品名	單位	最高限價 元	最高限價 角	最高限價 分	備註
水粉絲	斤	一	六	〇	
豆腐	塊	大	四	〇	
		小	二	〇	
豆腐乾	塊		二	〇	
百頁	張		二	〇	
水麵筋	斤	三	〇	〇	
青菜	斤		四	五	
毛豆	斤		七	〇	
黃豆芽	斤		七	〇	
綠豆芽	斤		六	〇	
紅辣椒	斤	大 二	〇	〇	
		小 一	四	〇	
荷蒿	斤		三	〇	

品名	單位	價格
四季豆	斤	四〇
韭菜	斤	四〇
芹菜	斤	八〇
黃芽菜	斤	九〇
藕	斤	八〇
蘿蔔	斤	七〇
茭白	斤	六〇

品名	單位	價格
洋葱	斤	五〇
大葱	斤	八〇
芋頭	斤	六〇
芋子	斤	八〇
洋山芋	斤	一〇〇
山芋	斤	四〇

注意 一、以上物品均係最高限價商人售貨時成本降低仍須自動跌價
二、以上物品限價係商人發售與消費者之最高價格

中華民國三十一年十月二十一日

市長 周學昌

南京特別市政府佈告 府財字第　號

查各省市路燈費均係以就地自籌為原則本市路燈費亦向在電費附加中開支自事變後迄未實行以致歷年積欠華中水電公司路燈費為數甚鉅亟應設法籌補藉資維持故特援照各省市就地自籌成例就本市用電各戶在應付電費項下附加征收百分之五路燈捐俾維地方公益業經擬訂章程呈奉
行政院指令核准照辦並咨請
財政部
實業部查照備案各在案茲為手續簡便起見特委托華中水電公司依照規定代為征收並定自該公司收納十二月份電費時開始實行（即在該公司十二月份電燈電熱電力料金請求書內開始附加路燈捐）除發報通告外合行抄錄章程及代征辦法佈告週知仰本市民衆一體遵照辦理為要此佈

附抄錄南京特別市電費附加路燈捐征收章程黏後（見法規欄）

中華民國三十一年十月　日

市　長　周學昌
財政局局長　譚友仲

南京特別市政府公告　字第　號

案查本市甲種住宅區第一區範圍曾於二十九年呈奉　院令核准擴充現查本市人口年來日益激增擬就甲種住宅區第一區原征收範圍再予酌量擴充以應需要業經呈奉
行政院行字第九六二六號指令應准照辦在案合亟依照土地法第三百六十條與同法施行法第八十三條之規定揭示公告自即日起仰後列各業戶檢同所有權狀分段圖查驗證等各項證明文件送呈本府地政局審核以憑發給土地補償金及遷移等費一經公告期滿未據呈繳各項證件即予依照土地法第三百七十九條第三百八十五條之規定辦理幸勿自誤合行公告週知

計開

土地所有權人姓名籍貫住址
土地面積及坐落四至　見圖表
定着物情形
他項權利人姓名
聲請登記日期　年　月　日
公告期滿日期　年　月　日

中華民國三十一年十月　日

市　長　周學昌
地政局局長　胡　政

南京特別市政府公告 字第 號

案查本府前准南京日本領事館函以建築神社開鑿表參道須另行征用土地以爲交換道路之用當經呈奉行政院行字第九一三四號指令准予依法征收在案合亟依照土地法第三百六十條與同法施行法第八十三條之規定揭示公告自即日起仰後列各業戶檢同所有權狀分段圖查驗證等各項證明文件送呈本府地政局審核以憑發給土地補償金一俟公告期滿未據呈繳各項證件即予依照土地法第三百七十九條第三百八十五條之規定辦理幸勿自誤合行公告週知

計開

土地所有權人姓名籍貫住址
土地面積及坐落四至 見圖表
定着物情形
他項權利人姓名
聲請登記日期 年 月 日
公告期滿日期 年 月 日

中華民國三十一年十月 日

市長 周學昌
地政局局長 胡政

南京特別市政府公告 字第 號

案據業戶張永康等呈報坐落丹鳳街第七十二號房地產原領前土地局所發六字第一八五二號所有權狀及共字第三〇五五、三〇五六號共有證各乙件因事變遺失請予補給等情經飭據呈繳聲明所有權狀及保持證遺失報紙暨鄰商兩保前來茲依照土地法第一百四十條第二款之規定揭示公告自公告之日起對於該項遺失權狀及保持證如有因權利關係聲明異議者須於三個月內提出理由書暨證明文件呈候核辦一經公告期滿無人異議卽予依法補給權狀及保持證管業合行公告週知

中華民國三十一年十月 日

南京特別市政府公告　字第　號

案查本市原第七區一一四三段房地產前據業戶念佛堂申請登記因與季寶林爭執迄未公告現據季寶林呈請撤銷異議並據該堂住持張淨貞請予發給圖狀前來除批示外茲依照本市土地登記暫行規則第十三條之規定揭示公告自公告之日起對於該項房地產如有因權利上關係聲明異議者須於三個月內提出理由書及證明文件呈候核辦一經公告期滿未據異議卽予依法登記發給圖狀執業合行公告週知

市長　周學昌
地政局局長　胡政

計開

聲請人　姓名　住址

土地坐落　第　區　段　第　號

種類及面積　地　畝　分　厘　毫　絲

四至　東至　南至　西至　北至

定着物情形

申報地價

申報定着物現値

共有權人

他項權利人

公告日期

公告期滿日期

中華民國三十一年十月　日

市長　周學昌
地政局局長　胡政

南京特別市政府公告　字第　號

案據業戶劉金和源等呈報坐落廊後街巷八估衣廊街路第二九三一號房地產原領前地政局所發壹字第二〇五二號所有權狀及壹區四〇二四〇三（二）段分段圖各一件因事變遺失請予補給等情經飭據呈繳聲明圖狀遺失報紙暨鄰商兩保前來茲依照土地法第一百四十條第二款之規定揭示公告自公告之日起對於該項遺失圖狀如有因權利關係聲明異議者須於三個月內提出理由書暨證明文件呈候核辦一經公告期滿無人異議卽予依法補給圖狀管業合行公告週知

計開

聲請人姓名及籍貫住所

土地坐落及四至面積

定着物情形

申報地價

申報定着物現值

共有權人

他項權利人

公告日期

公告期滿日期

中華民國三十一年十月　日

市長　周學昌

地政局局長　胡政

南京特別市政府公告 字第 號

案據業戶蔡幼丞等呈報坐落顏料坊巷路街第八五六號房地產原領前土地局所發三字第一四四五號所有權狀及三區一五〇九一一段分段圖各一件因事變遺失請予補給等情經飭據呈繳聲明圖狀遺失報紙暨鄰商兩保前來茲依照土地法第一百四十條第二款之規定揭示公告自公告之日起對於該項遺失圖狀如有因權利關係聲明異議者須於三個月內提出理由書暨證明文件呈候核辦一經公告期滿無人異議卽予依法補給圖狀管業合行公告週知

計開

聲請人姓名及籍貫住所

土地坐落及四至面積

定着物情形

申報地價

申報定着

物現值

共有權人

公告日期

公告期滿日期

中華民國三十一年十月日

市長 周學昌

地政局局長 胡政

南京特別市政府通知 府社字第　號

案查本市物價評議委員會據市商會轉報該公會函稱綠牡丹廠盤自本月一日起由八十七元漲爲九十一元尙未多日復於六日又漲爲九十三元擬請變更限價等情據此當經提交物價評議委員會第十九次常會決定暫照九十一元評定限價並由市政府向有恆麵粉公司交涉減低廠盤儘量供給等語紀錄在卷除函知有恆公司儘量供給本市麵粉並抑低廠盤外合行通知遵照並轉飭遵照

右通知南京特別市麵粉業同業公會准此

中華民國三十一年十月　日　市長　周學昌

南京特別市政府通知 府秘字第　號

案查前據該民聲請喪失中華民國國籍請發證書一案業經轉咨內政部核辦並批示知照各在案玆准內政部咨復准予喪失國籍塡發許可喪失國籍證書並囑轉飭申請人指定在南京民國日報中報自行登載喪失國籍之事實仍將該兩種報紙各檢乙份呈轉過部備查等由准此合行通知該民遵照辦理並檢同所登報紙每種三份呈府存轉另備正式領據前來本府具領證書可也特此通知

右通知市民陳雲華准此

中華民國三十一年十月　日　市長　周學昌

南京特別市政府通知 府秘字第　號

案據該民聲請喪失中華民國國籍請發證書一案業經轉咨內政部核辦並批示知照在案玆准內政部咨復准予喪失國籍塡發許可喪失國籍證書並應轉飭申請人指定南京民國日報上海中華日報自行登載喪失國籍之事實仍將該兩種報紙各檢乙份呈轉過部備查等由准此合行通知該民遵照辦理並檢同該項報紙每種三份另備正式領據前來本府具領可也特此通知

右通知市民郭長英准此

中華民國三十一年十月　日　市長　周學昌

法規

南京特別市各區戶籍員服務規則

第一條　南京特別市政府爲加强各區戶籍員服務效率起見特定本規則

第二條　各區戶籍員須經訓練合格方得任用

第三條　各區戶籍員應分坊辦事其經管範圍以兩坊爲原則但其保數在十五保以上之坊得僅管一坊

第四條　各區戶籍員對經管坊內日常辦理事項如次

一、保甲之整理

二、戶口調查及其統計

三、戶口異動查報及其登記

四、社會動態及市面情况之查察

第五條　各區戶籍員應秉區長協助坊鄉鎭長督導經管坊內之保甲長辦理左列事項

一、按月舉行保甲會議

二、按旬舉行住戶訪問

三、指導住戶報告戶口異動

四、查察保甲內有無奸宄隱匿

五、教誡保甲內居民無爲非法

六、輔助軍警搜捕匪犯

第六條　各區戶籍員調查戶口時應行注意事項如次

一、按保挨次淸査

二、每日須查完一保

三、每月須清查一次

四、逐日須將清查情形記入外勤報告表呈報區長核閱其表式另定之

第七條　各區戶籍員出勤執行任務時對於居民言語態度須要和平懇切並須備帶臂章以資識別臂章式樣另定之

一、審查所報告之戶口異動是否確實

二、按類登入清冊

三、於戶口調查表上添註更正

第八條　各區戶籍員辦理戶口統計項目如此

一、每旬戶口統計

二、每月戶口統計

三、各種分類統計及眞圖表

前列各款統計圖表須按時報由區長彙轉市政府備查

第九條　各區戶籍員之考核每三月由區長舉行一次呈報市政府復查其成績優點者予以晉級或擢升其低劣者予以除級或免職

第十條　本規則如有未盡事宜得隨時呈請修改之

第十一條　本規則自呈奉核准之日施行

南京特別市保甲會議規則

第一條　南京特別市政府爲推進地方自治健全保甲組織起見依據剿匪區內各縣編查保甲戶口條例第十八條訂定本規則

第二條　保甲會議以保甲長組成之得召集戶長列席由區戶籍員出席指導

第三條　保甲會議每月開會一次由保長定期召集之

第四條　保甲會議以保長爲主席保長因事缺席時得指派出席人員代理之

第五條　出席人員非以正當理由申請主席准假不得缺席如無故缺席至二次以上者得由保長申請或呈請上級機關從嚴處分

第六條　出席及列席人員均須親自簽名其缺席人姓名及人數應分別記錄

第七條　保甲會議議事範圍如左

一、保長交議事項

二、保內興革事項

三、協定保甲規定事項

四、坊公所交辦事項

五、其他提議事項

第八條　議案暫以口頭報告方式行之但須有出席人二人以上之附議方能成立

第九條　議事之程序

一、報告事項1.主席報告2.上級出席人報告

二、討論事項1.奉行上級法令而須經會議事項2.坊長交議事項3.出席人提議事項4.臨時動議

第十條　開會時須依次就坐不得混亂在會議時非經主席許可不得先行退席

第十一條　會議記錄由保長呈送鎮坊鄉長轉呈備查

第十二條　會議決議事項保長執行之

第十三條　本規則如有未盡事宜得隨時修正之

第十四條　本規則自核准公佈之日施行

保甲長訪問住戶辦法

一、本辦法依據戶籍員服務規則第五條之規定訂定之

二、保甲長應受戶籍員指導向保內各甲之住戶訪問並清查其戶口

三、保甲長應規定每十日內向各住戶訪問一次訪問情形用訪問手册向戶籍員報告（訪問手册格式另定之）

四、保甲長舉行訪問如遇戶長外出而家人又復他往時應改日再予訪問以訪問到爲止

五、保甲長訪問住戶應督促戶長如有戶口異動情形應立卽報告並說明戶口異動共分九種（一）「遷入或徙出」（二）「來住他住」（三）「出生」（四）「死亡」（五）「雇用辭退」（六）「婚嫁」（七）「分居」（八）「繼承」（九）「失蹤」均須分別報告淸楚以便登記
六、甲長應在本人之辦公處備戶長姓名表一份如訪問該住戶後發覺該戶人口有增減情形應隨卽改正俾便查考
七、保甲長對於甲內各戶一切情況應隨時查察如發現可疑住戶立卽報告戶籍員轉指區公所核辦
八、甲長遇有甲內住戶發生特殊事件可逕向區公所報告
九、本辦法如有未盡事宜得隨時修正之
十、本辦法自呈准之日施行

南京特別市電費附加路燈捐征收章程

第一條　南京特別市政府爲改進路燈籌集經費起見對於電費電熱電力用戶附加征收燈捐
第二條　路燈捐按照每月用電總量從價征收百分之五
第三條　左列之用戶免征路燈捐
（一）軍警機關
（二）各國駐華使領館
第四條　路燈捐得由南京特別市政府委託華中水電公司於用戶繳納電費時附帶征收其辦法另訂之
第五條　本章程自呈准之日施行

摘錄華中水電公司代征路燈捐辦法

第一條　各用戶每月應納之路燈捐由公司附記於電燈電熱電力料金請求書內通知各該用戶
第二條　路燈捐應於繳電費時一併繳納
第三條　公司收納路燈捐應將數額附記於電費領收證內作爲收捐之憑證不另發給收據
第四條　路燈捐之計算元位以下至分位爲止分位以下四捨五入

中華民國三十一年十月　日

南京特別市工務局秋季檢驗各種車輛簡則

一、凡行駛本市各種車輛除軍用暨友邦各種車輛另有規定外其餘均須遵照本簡則施行

二、各種車輛依照下列之規定檢驗程序

甲　十月份各種汽車機力脚踏車各種馬車甲乙等板車騾車貨箱車三輪人力車

乙　十一月份營業人力車自用人力車

三、凡經檢驗各種汽車發給檢驗證張貼車前其他各種車輛加蓋檢驗鋼印並於行車執照上另加戳記以資識別而利通行

四、各種車輛悉依檢驗規則及各種木炭汽車管理規則各條款之規定檢驗之如有違章及規避等情得依處理違章車輛罰則辦理之

五、各種車輛經檢驗不能及格得吊銷其牌照逾期申請複驗時得按新車登記辦理之

六、各種車輛經檢驗合格應納檢驗費費額規定如左

各種汽車	四元正
各種馬車	二元正
甲乙等板車	一元五角
騾車	一元五角
貨箱車	一元正
自用營業人力車	一元正

七、本簡則呈請市長核准後公佈施行

八、本簡則如有未盡事宜得隨時呈請修正之

公牘

南京特別市政府呈 府社字第　號

查本府爲處理違反取締私抬物價暫行條例之商號攤販起見經會同有關各機關組織南京特別市取締私抬物價裁定委員會由市長兼任主任委員並聘請首都警察總監鄧祖禹首都地方法院院長嚴啓昆本府祕書長陸善熾財政局局長譚友仲市社運會主任委員呂戰首都警察總監署第三科科長牛蔭麐社會局祕書李惟身第三科科長蘇源等爲委員規定每月舉行常會一次裁定違反取締私抬物價暫行條例商號攤販除咨請實業部查照外理合繕具取締私抬物價裁定委員會規則備文呈報仰祈

鑒核備案實爲公便

謹呈

行政院院長汪

附呈南京特別市取締私抬物價裁定委員會規則一份

南京特別市市長　周學昌

中華民國三十一年十月　日

南京特別市取締私抬物價裁定委員會規則

第一條　南京特別市政府爲處理違反取締私抬物價暫行條例之商號攤販起見特會同有關各機關組織裁定委員會

第二條　裁定委員會委員由市長聘請下列人員充任之

一、首都警察總監

二、首都地方法院院長

三、市政府祕書長

四、社會局局長

五、財政局局長

六、市社運會主任委員
七、首都警察總監署第三科科長
八、社會局第三科科長

第三條　裁定委員會設主任委員一人以市長兼任之

第四條　裁定委員會設書記長一人以社會局第三科科長兼充之秉承主任委員並依照決議案辦理本會一切事務

第五條　裁定委員會設幹事若干人由書記長就社會局暨第二條所列各機關中遴選後簽請主任委員指派兼充之

第六條　本市商店行號如有違反取締私抬物價暫行條例第七條第八條各項之情事經調查屬實後即由本會按照條例規定秉公議決處罰辦法製成裁定書通知該違法商號攤販遵照

第七條　各違法商店行號應於裁定書送達後十日內向南京特別市政府繳納罰款

第八條　各違法商店行號接到裁定書後逾限抗不遵罰者得予以停業之處分

第九條　各違法商店行號如情節重大者除科以罰鍰外並依法吊銷其營業許可證禁止營業

第十條　凡攤販有違反取締私抬物價條例第七第八條情事經調查屬實者得酌量實際情形處罰之

第十一條　裁定委員會裁定商店行號及攤販違法事項對外以南京特別市政府名義執行之

第十二條　裁定委員會每月舉行常會一次由主任委員訂期召集之必要時得召開臨時會

第十三條　本規則如有未盡事宜得隨時修訂之

第十四條　本規則自公布之日施行

南京特別市政府咨　府社字第　號

案查前准

貴部林字第三六四號咨略以製就各省市荒山荒地調查表囑轉飭所屬各區逐項詳查填報彙送過部以資參考而利墾政等由檢送調查表到府准此當經檢發原表分令城鄉各區公所查填去後茲據各該區依式填表先後呈送前來共計荒山荒地六千二百三十一畝八分九釐五毫業已陸續開墾二千七百二十七畝二分九釐五毫其餘山地或係石山或係夾雜砂石不能墾種除已令行各該區公所督飭所屬酌察情形造林以重生產外相應檢同原呈調查表九份並彙製荒山荒地面積總表一份一併咨請查照為荷

此咨

實業部

計送本市城鄉各區荒山荒地調查表九份（計四十八張）又面積總表一份

市長　周學昌

中華民國三十一年十月三日

南京特別市城鄉各區荒山荒地面積總表

區別	荒山荒地面積	土宜	附近居民情形	備考
第一區	205.660畝	宜墾		
第二區	54.045畝	宜墾種菜蔬及雜糧或栽桑秧	貧民	交通便利
第三區	852.800畝	宜種荳麥菜蔬及雜糧或樹木等類	政界及農民商民等	
城區自治實驗區	461.190畝		人口甚稀全屬務農	
第五區	262.800畝	宜種高粱黃豆苞米蔬菜等類	農民商民	交通便利治安鞏固
鄉區自治實驗區	3743.000畝	宜植旱穀雜糧荳麥并宜植樹楊槐栗樹等類	均係務農	交通便利治安鞏固
上新河區	343.000畝	宜墾種菜蔬及雜糧	農圃	地方安靖
安德門區	137.200畝	宜墾種雜糧并植林	經營小販或務農	交通便利治安鞏固
孝陵衛區	172.200畝	種植雜糧	均務農爲生兼販柴薪	
合計	6231.895畝			

南京特別市政府咨　府財字第　號

案查商業倉庫取締規則業奉

行政院公布施行本府爲切實奉行上項取締規則並爲便利管理市內各商業倉庫堆棧起見特訂定「南京特別市商業倉庫堆棧申請登記給證辦法」業經先後分別佈告週知暨令行市商會銀錢兩業公會轉飭遵照並將該商業倉庫堆棧申請登記給證辦法呈奉

行政院行字第九三八八號指令准予備案各在案惟查銀行銀號係屬

貴部管轄相應檢同前項辦法咨請
查照轉飭銀錢行莊遵照如有附設倉庫堆棧者應迅卽依照商業倉庫取締規則之規定逕向本府社會局申請登記並希
見復爲荷
此咨
財政部
附南京特別市商業倉庫堆棧申請登記給證辦法一份（略）

中華民國三十一年十月　日　市長　周學昌

南京特別市政府咨　字第　號

案查本市土地工作旬報表業經送至十月份上旬在卷茲造具十月份中旬前項工作旬報表一份相應咨送卽希
查照爲荷
此咨
內政部
計咨送本市土地工作十月份中旬旬報表一份

中華民國三十一年十月　日　市長　周學昌

南京特別市政府咨　字第　號

案查本市土地工作旬報表業經送至十月份中旬在卷茲造具十月份下旬前項工作旬報表一份相應咨送卽希
查照爲荷
此咨
內政部

計沓送本市土地工作十月份下旬旬報表一份

市長 周學昌

中華民國三十一年十月　日

南京特別市政府辦理土地登記工作十月份中旬旬報表

中華民國三十一年

事項 件數 日	接收登記聲請書	土地所有權登記	房屋登記	更正登記	塗銷登記	移轉登記	分割登記	共有權登記	住所變更登記	繕寫查驗證	發給查驗證	備註
星期 11												
12						7					1	
13						6						
14					3	5				1	6	
15						4						
16					2	37					2	
17					2	3					2	
星期 18												
19						6					1	
20											8	
總計件數					7件	68件				1件	20件	

南京特別市政府辦理土地登記工作十月份下旬旬報表

中華民國三十一年

事項 件數 日	接收登記聲請書	土地所有權登記	房屋登記	更正登記	塗銷登記	移轉登記	分割登記	共有權登記	住所變更登記	繕寫查驗證	發給查驗證	備註
21						1				1		
22						2					1	
23					1	7				1		
24					2	2					4	
星期 25												
26										1	2	
27						10				2	1	
28						5					5	
29						4						
30					1	6					4	
31											3	
總計件數					4件	37件				5件	20件	

南京特別市政府咨 字第 號

案准

貴部地字第一四四號咨以本府擬就本市甲種住宅區第一區原征收範圍再予酌量擴充一案既已逕呈

行政院應請俟奉到指令後再行錄令咨知以便查考等由准此茲奉 行政院行字第九六二六號指令開「呈及圖表均悉該市甲種住宅區第一區既據稱實有擴增之必要所請應准照辦圖表存此令」等因奉此相應錄令咨達即希

査照爲荷

此咨

內政部

中華民國三十一年十月 日

市長 周學昌

南京特別市政府公函 府衛字第 號

案查本月中旬

貴部駐通濟門外之直轄第十四旅士兵發現霍亂連日送往本府八府塘傳染病院收容醫治者先後總計五十四名當收容之始曾由貴部郭處長口頭接洽每一士兵醫藥伙食等費日以十八元計算（藥費十五元伙食三元）每日共需國幣九百七十餘元雙方談妥先由本府暫墊日後歸還等語並准該旅部函同前情嗣以收容日久墊款較巨病院方面經費支絀墊付困難經即由本府函請該旅部先行撥還一部份以資周轉准該旅部函復「因事權屬陸軍部本部未便照撥請逕向陸軍部接洽至究應如何之處本部當遵照陸軍部公文辦理」等由准此查傳染病院墊付困難自係實情而本府原有衛生事業經臨各費均經指作用途無從挪墊擬由

貴部先行撥付一萬元過府藉資歸墊一部份其餘俟辦理終了再行結算相應函請

查照見復爲荷！

此致

陸軍部

中華民國三十一年十月 日

市長 周學昌

市政公報暫定價目表

期限	價目	郵費
零售	每册五角	本市四分 外埠八分
半年	十二册六元	本市四角八分 外埠九角六分
全年	二十四册十二元	本市九角六分 外埠一元九角二

市政公報廣告刊例

頁數	價目
一頁	每期十八元
半頁	每期九元
四分之一頁	每期四元五角

刊登廣告在四期以上者每期按照七折計算連續十期以上者每期按照六折計算長期另議

出版日期　本公報暫定每月二次

編輯者　南京特別市政府祕書處

發行者　南京特別市政府祕書處

印刷者　南京時代印書館
地址：南京朱雀路遊貴井十八號
電話：二二五九五號

中華郵政掛號認爲第一類新聞紙類　江蘇郵政管理局執照第一〇四三號

中華民國三十一年十一月十五日

市政公報

第一零七期

南京特別市政府秘書處印行

目錄

命令

公牘

統計

命令

南京特別市政府委令 字第　號

令唐忻樑

茲委該員代理本府地政局技正另候呈薦

此令

中華民國三十一年十一月　日

市長　周學昌

南京特別市政府訓令 字第　號

令參事兼外事室主任社會局祕書李惟身

查該員原兼外事室主任暨社會局祕書着即無庸兼辦仍回參事室服務仰即知照

此令

中華民國三十一年十一月　日

市長　周學昌

南京特別市政府訓令 字第　號

令王瑞麟

茲派該員爲本府社會局祕書另候呈薦

此令

中華民國三十一年十一月　日

市長　周學昌

南京特別市政府訓令 字第　號

令公糶委員會秘書唐欽和

該員着即免職仰即知照

此令

中華民國三十一年十一月　日

市長　周學昌

南京特別市政府訓令 字第　號

令孫益三

茲派該員爲公糶委員會秘書

此令

中華民國三十一年十一月　日

市長　周學昌

南京特別市政府訓令 府社字第　號

令城區自治實驗區公所
第一二三區公所
上新河區公所
安德門區公所

查該區見附單等商店（攤販）前因違反取締私抬物價暫行條例經本市取締私抬物價裁定委員會裁定該商等應處罰金業已送達裁定書並限于文到十日內呈繳罰金否則即行吊銷營業許可證停止營業在案茲已逾限多日尚未據繳送前來殊屬刁玩已極一面由本府追繳罰金一面應由該區按照附發清單所列各該商店牌號地址限於文到三日派員會同該管警局按址前往將該商原領營業許可證吊繳來府（攤販原未領有營業許可證者免予吊銷）並將附發佈告實貼該號門首禁止其營業除函請首都警察總監署飭屬協助外仰即遵照辦理萬勿延誤爲要切切

此令

附發未遵繳罰金商號攤販名稱地址清單一份

中華民國三十一年十一月　日

市長　周學昌

未繳罰金商號攤販清單

一區
裕泰五洋號　復興路廿四號
陳高氏　大中橋琥珀巷五號
謝郝氏　大中僑琥珀巷五六號

二區
萃華齋茶食號　莫愁路二七〇號
春茂茶葉號　水西門三九一號
玉開泰茶食號　水西門二七七號
姚賈氏　升州路三一〇號
同福油糖號　昇州路三一三號

三區
張湧和雞鴨業　唱經樓東街六二號
潘順興肉鋪　丹鳳街一號

城區實驗區
德記煤炭鋪　大方巷十二號之三

上新河區
永昌油糖號　水西門外

安德門區
陳福光菜販　七橋甕卅三號　保人聚樂園
王大才菜販　南門外北山門六一號　保人劉盛昌南門外北山門
王懷成菜販　九兒園四十號
王廷水菜販　通濟門外紅花村三二號　保人吳金才

南京特別市政府訓令　府社字第　　號

令本市公糶委員會
　　米糧收購處

案據本市第二區公所呈稱

「案據職區所轄第十坊坊長龔和仲呈報竊據職坊民衆紛報倉巷橋五號楊瓊貴糖坊突於十月九日上午約十二時車運上熟米二十四蔴包等情比卽前往查看據該糖坊主婦云此米係由大源永米店所購現已由西區警察局封存職因民衆要求謂民等所領米證數日難購一次勢有斷炊之虞此次警局查存大量之米懇求此米配給本坊以爲民衆購買之需復往西區警局調查確實並將米樣一小包帶坊爲證呈報核轉示遵等情前來查糖坊需用米麥向係半截碎米及霉米等物並不用純粹熟米而該楊瓊貴糖坊所運之二十四包皆屬過篩熟米頗爲整潔且係鉅量顯有違背公糶會規則之處此項熟米既經地方查由西區警局封存而一般平民正無購買之處似可配給本坊以維民食按照官價由地方繳納米款移緩救急至米款一節聽憑公家處理但大源永米店實有囤積嫌疑殊屬可惡除派員嚴密查察外是否有當理合據情轉呈仰祈鈞長鑒核示遵」等情前來查核所稱尙屬可行除指令外仰卽依照公糶手續會同本市米糧收購處公糶委員會先將上項查封之米予以遵章收購再行轉撥該坊殷實可靠之公糶售米處專案憑證發售並將辦理情形具報核奪爲要

此令

中華民國三十一年十一月　日　　市長　周學昌

南京特別市政府訓令　府財字第　　號

令本府各局
　　區公所
　　附屬機關
　市銀行
　　商會

案准

財政部錢壹字第一五三號咨開

「查關於九江南昌沙市應城四處兌換新幣業經定期實施並經咨請查照在案茲定於民國三十一年十月二十二日起再就宜昌當陽荆門鍾祥沙洋鎭舊口鎭京山潛江岳口鎭天門仙桃鎭新隄皂市隨縣廣水應山安陸雲夢長江埠花園孝感漢川蔡甸黃陂河口宋埠倉子埠團風巴河蘄春武穴小池口星子德安永修安義瑞昌陽新黃石港石灰窰大冶咸寧通山嘉魚蒲

圻崇湯臨湘岳湯金口鎮鄂城信陽五十一處依照整理舊法幣辦法開始兌換一俟辦理完竣再由湖北省政府酌量當地情形分期分區速行禁止使用除電請湖北省政府查照佈告週知並呈報及分行外相應咨請貴市政府查照并希轉飭知照」

等由准此除分行外合行令仰知照

此令

中華民國三十一年十一月　日　　市長　周學昌

南京特別市政府訓令　府財字第　號

令本府各局處
區公所
市銀行
商會

案准

財政部錢壹字第一五六號咨開

「查整理舊幣一案悉本既定方針及奉頒條例分期辦理所有蘇浙皖三省及南京上海兩市業於本年六月八日起開始實施全面交換並依據禁止使用舊幣辦法酌量各地情形先就（一）南京上海兩市（二）蘇省清鄉地區（三）杭州市及嘉興鎮江兩城市（四）太湖東南第一期清鄉地區實行禁止使用及攜帶惟關於保存或持有舊幣一節尚未禁止而蘇浙皖三省以內亦有未經禁止使用之處本部為推行新幣統一通貨茲定於本年十二月一日起對蘇浙皖三省及京滬兩市全境以內未經交換之舊幣除禁止行使攜帶外並絕對不許保存持有如有私藏或故違法令者一經查出卽予沒收充公從嚴懲處惟為顧全民衆利益起見特自本年十一月一日起至同月三十日止再行實施新舊幣最後交換一次以期廓清各界人等如尚有保存或持有舊幣務各遵限從速交換以維利益除由部佈告並呈報暨分行外相應咨請貴市政府查照轉飭所屬一體知照為荷」

等由准此除分行外合行令仰知照並轉飭所屬一體知照

此令

中華民國三十一年十一月　日　　市長　周學昌

南京特別市政府訓令　府財字第　號

令本府各局處
各區公所
附屬機關

案准

財政部錢壹字第一五四號咨開

「查關於修正整理貨幣暫行辦法第三條及第六條之規定除在蘇浙皖粵四省及南京上海廈門武昌漢口漢陽縣城市暨九江南昌沙市應城均不適用外茲查宜昌當陽荊門鍾祥沙洋鎮舊口鎮京山潛江岳口鎮天門仙桃鎮新隄皂市隨縣廣水應山安陸雲夢長江埠花園孝感漢川蔡甸黃陂河口宋埠倉子埠團風巴河蘄春武穴小池口星子德安永修安義瑞昌陽新黃石港石灰窰大冶咸寧通山嘉魚蒲圻崇陽臨湘岳陽金口鎮鄂城信陽五十一處舊幣之法定通貨性應即取消所有上項修正整理貨幣暫行辦法第三條及第六條之規定自民國三十一年十月二十二日起在上開各處亦不適用除以部令公布並呈報暨分行外相應咨請貴市政府查照並希轉飭知照」

等由准此除分行外合行令仰該　知照

此令

中華民國三十一年十一月　日

市長　周學昌

南京特別市政府訓令　府財字第　號

令本府各局處
市銀行
各區公所
市商會

案准

財政部錢一字第五五號世代電開：

「查自十一月一日起至同月三十日實施新舊幣最後交換業經由部佈告並咨達在案在此交換期內如查有人民攜帶或持有舊幣者應令其從速兌換新幣無庸予以沒收但仍應禁止使用特電查照希飭屬一體遵辦」

等由准此自應照辦除分行外合行令仰該　遵照並飭屬一體遵照

此令

中華民國三十一年十一月　日　　市長　周學昌

南京特別市政府訓令　府衛字第　號

令上新河鄉區自治實驗區、第一二三五區、城區自治實驗區、孝陵衛、安德門

案准內政部衛四字第一三九號咨開：

查汚物掃除條例及其施行細則於民國十七年五月三十日由前衛生部公佈施行以來爲時甚久茲爲適合目前情形起見殊有重行修正之必要現經本部援照前項條例及其施行細則酌加修正爲掃除汚物暫行條例及同條例施行細則一種除由本部公佈施行并呈請　行政院備案暨分別咨令外相應檢同掃除汚物暫行條例及施行細則各一份咨請貴市政府轉飭衛生局遵照辦理爲荷

等由並附掃除汚物暫行條例及施行細則各一份准此自應照辦除分令外合行檢發掃除汚物哲行條例及施行細則各一份令仰該區長遵照並轉飭所屬一體遵辦爲要

此令

計發掃除汚物暫行條例及施行細則各一份

中華民國三十一年十一月　日　　市長　周學昌

掃除汚物暫行條例　民國三十一年十月十六日修正公布

第一條　本條例應掃除之汚物爲塵屑汚泥穢水糞溺果殼菜葉灰燼等拋棄之物

第二條　本條例於城市及經地方長官指定之區鎭鄉村等地域行之

第三條　土地房屋之所有者使用者或占有者於其他域內負有掃除汚物保持清潔之義務不屬於前項之土地或房屋由主管機關負責掃除之

第四條　掃除之汚物應集置於各地方主管機關所指定地點或容器內不得任意傾置

第五條　集置之汚物由主管機關處分之處分方法除依法令規定者外得酌訂細則層報內政部核准施行

第六條　處分汚物所得之收入及應需費用由主管機關核實造報層送內政部備案其收支不能相抵時得酌收清潔捐彌補之

第七條　主管官吏為監視掃除實施情形時得入私人之土地或房屋內查視并實地指導之

第八條　私人不履行掃除之義務及任意傾置汚物時應由主管官吏剴切勸告并限期掃除屆時仍不履行其義務得由主管機關代為執行其費用向應負掃除義務者徵收之

第九條　每年五月十五日及十二月十五日各舉行大掃除一次由內政部各省民政廳特別市政府聯合各該地方主管機關各團體各學校及民衆等同日舉行之

第十條　本條例之施行細則另訂之

第十一條　本條例自公佈日施行

掃除汚物暫行條例施行細則

民國三十一年十月十六日修正公布

第一條　本細則依照掃除汚物暫行條例第十條之規定訂定之

第二條　土地房屋所有者使用者或占有者為保持其地域內或建築物內之清潔應履行左列各款事項

一、應設備適當之容器以容納塵屑汚泥果殼菜葉灰燼等物

二、應設備適當之溝渠以通穢水

三、應設備適當之便所以容糞溺

前項塵屑等汚物之容器及溝渠便所之式樣由主管機關斟酌地方情形規定之其私設之溝渠應使其與公共溝渠貫通或使穢水等排洩於主管機關指定之適當地點以免穢水漫溢地面

第三條　主管機關每日清晨應將各戶集置之汚物搬運於一定地點隨即輸送於城市以外與居戶遠隔之適當地點處分之其塵屑等物可燒除者須燃除之

第四條　主管機關應建築公共溝渠或下水道使穢水排泄於一定之地點爲預防公共溝渠之淤塞或損害應隨時疏濬或爲必要之設施

第五條　主管機關充分修建適合於衛生之公共便所所有私人營業便所應一律禁止

第六條　主管機關應指定掃除監視人員其職務如左

一、指揮掃除人并監督之

二、巡視公共溝渠公共便所塵屑等汚物處置場或焚燬場及其他關於掃除之設備

三、巡視私人掃除之實況并私有溝渠流通情形及其他關於掃除之設施

前項掃除監視人員以衛生人員或其他相當人員充任之

第七條　掃除監視人員依照掃除汚物暫行條例第七條之規定入私人之土地或房屋內查視掃除之施行實况時應於日出後日入前須着用制服攜帶身份證件行之

第八條　依照掃除汚物暫行條例第八條之規定行使勸告於應負掃除義務者時須以書面載明事由送達於義務者并限期掃除之

第九條　應負掃除義務者經勸告及書面通知後逾期仍不履行其掃除義務由主管機關代爲執行其費用應向負掃除義務者徵收之

第十條　任意抛棄塵屑等物及糞便於公共道路溝渠時科以三日以下拘留或三十元以下之罰鍰

附　則

第十一條　公共道路及公共場所掃除之塵屑等汚物適用第二條第一款及第三條等之規定行之

第十二條　關於糞溺之淸除運輸以午前九時爲限逾時概行嚴禁違者依第十條之規定處罰

第十三條　公共便所之設備本細則施行後一年內完成之

第十四條　關於保持淸潔之方法及設施除本細則規定者外各該地方主管機關於不抵觸範圍內得爲必要之規定

第十五條　本細則自公布日施行如有未盡事宜得以部令修正之

南京特別市政府指令　府社字第　號

令第二區公所

呈一件爲據第十坊坊長龔和仲呈請將西區警察局封存楊璦貴塘坊私運之米准由當坊居民價購等情轉請鑒核示遵由
呈悉查核所稱尚屬可行惟應依照公糶手續仰候令行本市米糧收購處會同公糶委員會先將是項查封之米予以收購再行轉撥該坊指定之公糶售米處以便憑證發售除分令外合行令仰該區公所遵照並轉飭知照爲要

此令

中華民國三十一年十一月　日　市長　周學昌

南京特別市政府指令　府社字第　號

令市公典董事會

呈一件爲擬訂南京特別市公典章程呈請核定施行並祈轉咨實業部備案由
呈件均悉據呈送擬訂南京特別市公典章程經核尚無不合應准備案除轉咨實業部外合行令仰該會知照

此令附件存轉

中華民國三十一年十一月　日　市長　周學昌

南京特別市政府佈告　字第　號

查本市田賦向爲本府經常收入所有征收方法尚係沿用事變前之舊科則現時農產物價較前大爲增漲未使仍照舊率征收致失稅法公平原則業經呈奉行政院核准三十一年度田賦一律照原稅率加倍征收暫行試辦一年俟期滿後另照中央公布田賦條例實施在案茲定於三十一年十一月十日起開始征收三十一年度田賦（第一二兩期即上下忙併征）以滿兩個月爲截止之期如逾限不完即行照章加罰或拘案押追除在城南舊王府五十八號財政局田賦征收處設櫃征收並散發通知單外合行佈告幷附刊納賦須知仰本市農業各戶一體遵照務各按期持單攜款前赴該征收處投櫃完納掣照安業其有欠完三十年及二十八九年度賦稅者應即尅日按照各該年原定賦額掃數繳納如再逾延併予嚴究不貸切切

此布

附抄業戶納賦須知黏後

中華民國三十一年十一月　日

市長 周學昌
財政局局長 譚友仲

附業戶納賦須知

一、各業戶應納賦稅應一二兩期併納（即上下忙）每期按照應納正稅原額清完
二、各業戶按期完納賦稅時應照稅額加征百分之五手續費（即征收費）
三、自開征日起滿兩個月後完納者應照納稅原額加征百分之十滯納金
四、自開征日起滿四個月後完納者應照納稅原額加征百分之二十滯納金
五、各業戶應納賦稅自開征日起逾四個月後仍未完納者除科收上項滯納金外得斟酌情形隨時拘案押追
六、各業戶應征賦稅須攜帶通知（即由單）赴財政局征收處完納契照安業
七、本通知單概不取費繳納田賦時必須攜帶此單
八、本通知單如有錯誤限接到後十日內聲請更正
九、本通知單如有遺失得覓具妥保來財政局征收處證明繳納

中華民國三十一年十一月十日

南京特別市政府佈告　府社字第　號

查本市十一月份上旬主要日常食用物品一百零三種業經南京特別市物價評議委員會第二十一次常會評定最高限價定於十一月一日起實行凡各商人售賣後列各項主要日常食用物品不得超過該項最高限價並須於物品上或顯明處標明定價出售其有暗盤抬價者或雖經申請變更售價未經核准公佈擅自提高者僞稱無貨應市意圖囤積居奇者變更品級或攙雜劣質意圖欺矇漁利者一經查實或被告發獲有確證定即依照　國民政府公佈取締私抬物價暫行條例從嚴懲罰惟自動在限價以下售賣則屬商人希望營業發展當然在所不禁至未經評定限價之物品仍須遵照取締私抬物價暫行條例之規定不得任意高抬除函請首都警察總監署按照評平最高限價飭屬查察嚴厲執行外合將十一月份上旬評定主要日常食用物品最高限價列表佈告週知此佈

附限價表

南京特別市十一月份上旬日常主要食用物品評定最高限價表

食糧類

品名	單位	最高限價 元	最高限價 角分	備註
綠牡丹麵粉	袋	九四	〇〇	
紅牡丹麵粉	袋	八一	〇〇	
藍牡丹麵粉	袋	五六	〇〇	
綠金鼎麵粉	袋	九四	〇〇	
上等本製乾麵	每百斤	一七五	〇〇	
次等本製乾麵	每百斤	一五〇	〇〇	
上等切麵	斤	二	〇〇	
中等切麵	斤	一	四〇	
次等切麵	斤	一	二〇	
本麵大餅	斤	一	四〇	
洋麵大餅	斤	二	二〇	
小麥	石	一三五	〇〇	
大麥	石	七〇	〇〇	
黃豆	石	一八〇	〇〇	
綠豆	石	二四〇	〇〇	
赤豆	石	一三五	〇〇	
豌豆	石	一四〇	〇〇	
蠶豆	石	一八〇	〇〇	
芝蔴	石	四〇〇	〇〇	

調味類

品名	單位	最高限價 元	最高限價 角分	備註
豆油	斤	七	八〇	
菜油	斤	七	〇〇	
蔴油	斤	七	八〇	
上白糖	斤	四	八〇	
棉白糖	斤	四	五〇	

品名	單位	最高限價 元	角分	備註
砂糖	斤	四	四〇	
紅糖	斤	四	四〇	

服用類

品名	單位	最高限價 元	角分	備註
龍頭細布	尺	二	〇五	
100陰丹士林	尺	三	四五	
施州土布	尺	一	四五	
陳標布	尺	二	二〇	
黑洋布	尺	二	五〇	
安藍布	尺	三	二〇	
漂白細布	尺	二	四五	
本色斜紋	尺	二	二〇	
黑人牙膏	枝	二	二〇	
三星牙膏	枝	二	〇〇	
力士香皂	塊	五	〇〇	
利華藥皂	塊	三	〇〇	

品名	單位	最高限價 元	角分	備註
雙錢元口男套鞋	雙	二四	〇〇	

燃料類

品名	單位	最高限價 元	角分	備註
煤球	担	一七	三〇	
普通柴煤	噸	三四六	〇〇	
蘆柴	担	一九	〇〇	
雜木柴	担	二〇	〇〇	
山柴	担	一六	〇〇	
枝柴	担	二〇	〇〇	
栗木柴	担	二三	〇〇	
麥楷	担	一四	〇〇	
上等栗炭	斤	一	八〇	
木炭	斤	一	六〇	
炭屑	斤	一	八〇	

茶類

品名	單位	最高限價 元	角分	備註

品名	單位	最高限價 元	最高限價 角分	備註
青茶	兩		五〇	
紅茶	兩		六〇	

紙類

品名	單位	最高限價 元	最高限價 角分	備註
報紙	令	一八〇	〇〇	
江南毛邊	令	一四〇	〇〇	
草紙	捆	七	五〇	
表芯紙	刀	三	〇〇	

五洋類

品名	單位	最高限價 元	最高限價 角分	備註
上海牌火柴	簍包	四六〇 三	〇〇 八五	
雜牌火柴	簍包	三九〇 三	〇〇 二〇	
固本皂	箱塊	二五八 二	〇〇 二五	
日光皂	箱條	三九五 三	〇〇 九五	
僧帽牌洋燭	箱筒	一九〇 七	〇〇 六〇	
鷹牌洋燭	箱筒	一九二 七	〇〇 六〇	

葷菜類

品名	單位	最高限價 元	最高限價 角分	備註
猪隻	担	六二〇	〇〇	
猪肉	斤	五	八〇	
猪油	斤	八	〇〇	
金腿	斤	整隻 一六 零售 一八	〇〇 〇〇	
香肚	個	大 三 小 二	五〇 五〇	
公鷄	斤	四	八〇	
母鷄	斤	五	四〇	
鴨	斤	三	五〇	
牛隻	担	六〇〇	〇〇	
牛肉	斤	四	四〇	
鯽魚	斤	大 五 小 二	四〇 八〇	
鰱魚	斤	大 二 小 二	六〇 〇〇	
鯖魚	斤	大 四 中 三	〇〇 二〇	
鯉魚	斤	二	六〇	

品名	單位	最高限價 元	角分	備註
鯿魚	斤	大四 小三	〇〇 〇〇	
鱖魚	斤	四	〇〇	
螃蟹	斤	大四 小二	〇〇 五〇	
青蝦	斤	大五 小三	〇〇 八〇	
皮蛋	個		九〇	
鷄蛋	個		四五	
鴨蛋	個		五五	

蔬菜類

品名	單位	最高限價 元	角分	備註
水粉絲	斤	一	六〇	
豆腐	塊	大 小	四〇 二〇	
豆腐乾	塊		二〇	
百頁	張		二〇	
水麵筋	斤	三	〇〇	
青菜	斤		四五	
毛豆	斤		七〇	
黃豆芽	斤		七〇	
綠豆芽	斤		六〇	
紅辣椒	斤	大二 小一	〇〇 四〇	
茼蒿	斤		三〇	
四季豆	斤		四〇	
芹菜	斤		八〇	
黃芽菜	斤		九〇	
紅蘿蔔	斤		七〇	
茭白	斤		五〇	
洋葱	斤		五〇	
大葱	斤		八〇	
洋山芋	斤	一	〇〇	
山芋	斤		四〇	

注意 一、以上物品均係最高限價商人售貨時成本降低仍須自動跌價

二、以上物價係商人發售與消費者之最高價格

中華民國三十一年十一月　日　市長　周學昌

南京特別市政府公告 字第　號

案據業戶陳孝明呈報坐落漩子巷第六十七號房地產原領前財政局所發四字第二一一號所有權狀及四區二七七六段分圖各一件因事變遺失請予補給等情經飭據呈繳聲明圖狀遺失報紙暨鄰商兩保前來玆依照土地法第一百四十條第二款之規定揭示公告自公告之日起對於該項遺失圖狀如有因權利關係聲明異議者須於三個月內提出理由書暨證明文件呈候核辦一經公告期滿無人異議卽予依法補給圖狀管業合行公告週知

計開

聲請人姓名及籍貫住所　土地坐落及四至面積　申報地價　定着物情形　共有權人　他項權利人　公告日期　公告期滿日期

中華民國三十一年十一月　日　市長　周學昌　地政局局長　胡政

南京特別市政府公告 字第　號

案據業戶鍾永培呈報坐落樓子巷第九二四號房地產原領前地政局所發六字第二九六九號所有權狀及六區一二四五段分段圖各一件因事變遺失請予補給等情經飭據呈繳聲明圖狀遺失報紙暨鄰商兩保前來玆依照土地法第一百四十條第二款之規定揭示公告自公告之日起對於該項遺失圖狀如有因權利關係聲明異議者須於三個月內提出理由書暨證明文件呈候核辦一經公告期滿無人異議卽予依法補給圖狀管業合行公告週知

計開

聲請人姓名及籍貫住所　土地坐落及四至面積　申報地價　定着物情形　共有權人　他項權利人　公告日期　公告期滿日期

中華民國三十一年十一月　日

南京特別市政府公告　字第　號

案據民人韓福春呈報受抵張順義等坐落莫愁路第二九八號房地產原領前土地局所發他五字第四一七號他項權利證明書一件因事變遺失押款已經清償請予撤銷登記等情經飭據呈繳聲明他項權利證明書遺失報紙暨商保前來茲依照土地法第一百四十條第二款之規定揭示公告自公告之日起對於該項遺失他項權利證明書如有因權利關係聲明異議者須於三個月內提出理由書暨證明文件呈候核辦一經公告期滿無人異議即予撤銷抵押權登記合行公告週知

中華民國三十一年十一月　日

市長　周學昌

地政局局長　胡政

南京特別市政府公告　字第　號

案據業戶佘玉樞呈報坐落龍池庵久安里第一——十一號房地產原領前土地局所發一六字第七一七號所有權狀及六區一〇一八段分段圖及謝文科謝文寅之先父謝雨林受抵該產領有六字第七〇號他項權利證明書各一件因事變遺失請予補給等情經飭據呈繳聲明圖狀等遺失報紙暨鄰商兩保前來茲依照土地法第一百四十條第二款之規定揭示公告自公告之日起對於該項遺失圖狀等證件如有因權利關係聲明異議者須於三個月內提出理由書暨證明文件呈候核辦一經公告期滿無人異議即予依法撤銷抵押權利關係並補給圖狀管業合行公告週知

中華民國三十一年十一月　日

市長　周學昌

地政局局長　胡政

南京特別市政府公告　字第　號

案據業戶徐敦初馬明泉等呈報坐落長樂路第三四八號房地產原領前地政局所發他四字第八八六號他項權利證明書及四區四三三一段分段圖暨督辦南京市政公署雜字一六二號查驗證各一件因在途遺失請予補給並聲請將該產賣與馬瑞華執

業經飭據呈繳聲明分段圖等件遺失報紙暨鄰商兩保前來茲依照土地法第一百四十條第二款之規定揭示公告自公告之日起對於該項遺失圖狀如有因權利關係聲明異議者須於三個月內提出理由書暨證明文件呈候核辦一經公告期滿無人異議卽予依法補給圖狀並移轉管業合行公告週知

中華民國三十一年十一月　日

市長　周學昌

地政局局長　胡政

南京特別市政府公告　字第　號

案據業戶蔡敏庭等呈報坐落上乘菴第十八號房地產原執契據遺失請予發給圖狀等情經飭據呈繳法院判決書裁定書及聲明契據遺失報紙暨鄰商兩保前來茲依照本市土地登記暫行規則第十五條之規定揭示公告自公告之日起對於該產如有因權利關係聲明異議者須於三個月內提出理由書暨證明文件呈候核辦一經公告期滿無人異議卽予依法登記發給圖狀管業合行公告週知

計開

聲請人	姓名	住址
土地坐落	第三區第六七七〇段上乘菴第十八號	
種類及面積	宅地三畝三分六厘九毫二絲	
四至	東至伍姓　西至上乘菴	南至官巷　北至普安會館及市地
定着物情形	房屋	
申報地價	每方一百四十元（新報價）	
申報定着物現值	五萬元（原登記價）	
共有權人	蔡敏庭張慶章寥堯勳王道南沈蓮英陳振純六人共有	
他項權利人		

公告日期
公告期滿日期
中華民國三十一年十一月　　日

市長　周學昌
地政局局長　胡政

南京特別市政府公告　字第　　號

案查本市原第六區四三〇七段房地產前因業戶儲正洪逾期登記業經前土地局予以假定登記公告在案茲經調閱鄰戶登記卷宗審核尚屬相符除將假定登記案撤銷外茲依照本市土地登記暫行規則第十五條之規定揭示公告自公告之日起對於該項房地產如有因權利上關係聲明異議者須於三個月內提出理由書及證明文件呈候核辦一經公告期滿未據異議即予依法登記發給圖狀執業合行公告週知

計開

聲請人　姓名　　住址
土地坐落　第　區　段　第　號
種類及面積　地　畝　分　厘　毫　絲
四至　東至　南至　西至　北至
定着物情形
申報地價
申報定着物現值
共有權人
他項權利人
公告日期
公告期滿日期

中華民國三十一年十一月　日　　市長　周學昌
地政局局長　胡政

南京特別市政府批　府社字第　號

原具呈人兼第一區鐵道愛護團團長宗伯超

呈一件為據第三分團呈報五老橋北叉口鐵道炸彈爆發情形轉呈鑒核辦理由

呈悉查本案遺置炸彈之暴徒既在逃未獲該團長務應飭屬嚴緝歸案法辦至事前疎於察覺之班長王超及團員吳德金等仍仰酌擬處分辦法呈候核奪為要

此批

中華民國三十一年十一月　日　　市長　周學昌

公牘

內政部
南京特別市政府 呈　字第　號

竊查今歲入秋以來，各地霍亂蔓延，蘇蕪一帶更見猖獗，傳染迅速，死亡相繼，職府等爲預防蔓及京市保護市民安全起見，除由職府飭屬加緊防疫注射外，特再會同有關各方，另行組織首都檢疫班，及首都消毒班，並設立臨時隔離所一處，以資防範，實施以來，尙見成效，惟查前項設施，若檢疫消毒兩班之臨時雇員薪工車資，隔離所之藥品材料病人膳食等經常開支，以及開辦時之購置床鋪傢俱器械，修繕房屋等開辦費用，總計支出，爲數頗鉅。値此市庫支絀，實屬不勝負担，卽職部方面，亦因原有經臨各費，均經指定用途，亦然無款指撥，予以補助，然以首都人烟稠密，中外雜居，防疫工作，又爲衞生要政，際茲疫勢未除，前項設施，勢難停頓，卽原有隔離所一處，現恐不敷容納，擬予添設，以擴容量，檢疫消毒兩班，亦須繼續勵行，以杜根源。惟因費用鉅大，苦無的款，可資撥注職等再三籌議，祇有仰懇

鈞長俯賜允撥補助費國幣五萬元，俾得繼續實施，而竟全功，是項補助費，自當核實支銷，以重公帑。所有擬請撥付臨時防疫補助費各緣由，理合繕具概算書一份，具文呈請

鈞鑒，賜予補助，並乞

指令祇遵。實爲公便。

謹呈

行政院院長汪

附呈首都臨時防疫補助費支出概算書一份（略）

中華民國三十一年十一月　日

內政部部長　陳羣

南京特別市市長　周學昌

南京特別市政府呈 府財字第　號

案奉

鈞院行字第七四四八號訓令內開：

「現據八卦洲三部墾佃農代表趙海如等呈稱：「略」等情據此當批呈悉仰候令行南京特別市政府會同水利委員會查勘實在情形幷會同振務委員會迅籌救濟辦法分別妥辦具報該民等仍自赴各該機關呈候核示此批除印發外合行令仰該市府遵照迅卽會同妥辦具報」

等因奉此並據該洲農民代表趙海如等呈同前情當以案關農民呈報災況請求救濟自應遵令查勘妥籌核辦卽經函請水利委員會派員會同實地查勘及函請振務委員會迅籌救濟辦法一面由府派委財政局主任科員江墨卿會勘具報去後茲准水利委員會函略以該洲農民代表等呈請搶救內圍及以工代振一節前者汛期已過當無必要後者經本會汪技正勘明該北三步墾佃戶內有少數貧農由振委會咨明毋須以工代振救濟等由並准振務委員會函略以關於撥款築埂一節未便照辦函復查照等由到府暨據本府財政局汪主任科員呈稱遵令馳往水利會訪晤汪技正以便會同往勘據汪技正云已先前往查勘完畢祇好單獨前往詳細查勘按照趙海如所謂該洲三步墾外圍地畝因江潮泛漲農民家物被水淹沒及內圍與外圍銜接地畝備極危險各節均屬實情其各部受災損失不無甚鉅者其原因皆由外圍埂堤未能建築完成之故報請鑒核等情前來復查八卦洲全體面積共約十萬畝自放墾以來由各農民墾荒成熟辛苦經營已逾十載該洲四面環水易受水災全恃圍堤以資保障否則江潮大漲卽有淹沒之虞此爲全洲人民生命財產所關不僅市產收入問題故該地民衆咸視內外堤埂爲惟一之生命線本年夏季江潮泛漲外圍堤埂被水沖破農民損失爲數不貲該代表等請求振務委員會撥發賑款修築圍堤自爲切身利害迫於環境使然本府亦深知

中央賑款籌集不易認爲與其消極散放徒事虛縻何如以工代振藉得實益俾期仰副

鈞座提倡節約經濟增加生產之原則現經查勘結果該洲三步墾因水災雖受損失現在汛期已過振務委員會旣認爲無庸撥款救濟自當暫從緩議但該洲圍埂關係重要在水利委員會將來整個整治長江計劃尚未實施以前爲急則治標計應請仍以圍埂完固爲農民保障至該項工作如何進行之處容俟妥爲籌畫再爲另文呈報緣奉前因理合將遵辦情形具文呈復仰祈

鈞院鑒核指令祇遵

謹呈

行政院院長汪

南京特別市市長　周學昌

中華民國三十一年十一月　日

南京特別市政府咨 府社字第　號

案據本市市公典董事會呈稱：

「竊查本典前奉核准增加資本內部人事亦經加以調整所有前訂組織簡章對於現時情況多有未合當經重行擬訂南京特別市公典章程提經第三次董監聯席會議決議照案修正通過由會呈請南京特別市政府核定施行並轉咨實業部備案等語紀錄在卷理合繕具是項章程隨文呈請鈞座鑒賜核定施行並祈轉咨實業部備案實爲公便」

等情到府察核所擬章程尙無不合除指令准予備案外相應抄同該公典章程咨請

查照備案爲荷

此致

實業部

附抄送南京特別市公典章程一份

市長　周學昌

中華民國三十一年十一月　日

南京特別市公典章程

第一章　總則

第一條　本典係市營事業定名爲南京特別市公典

第二條　本典自開業之日起以三十年爲營業期限期滿得由董事會呈請南京特別市政府核准延長之

第二章　資本

第三條　本典資本總額定爲國幣五十萬元由南京特別市政府一次籌撥之

前項資本如尙有增加之必要時得由市政府配量增加或招收商股

第四條　本典資本官利定爲月息一分

第三章　業務

第五條　本典受當之範圍如左

一、衣物金銀珠寶飾物

二、鐘錶等其他有價物品

第六條　本典對左列物品得拒絕受當

一、有明顯標識之官方物品

二、不能確定價值之古玩書畫

三、木器磁器機器及軍裝

四、不易保存之零星物品或笨重傢具

五、違禁品

第七條　本典當息暫定按月二分另收保管費按月一分

第八條　本典滿當期限爲八個月期滿得上利換票否則由本典將質物沒當變賣

第四章　組織

第九條　本典設董事五人組織董事會由市長委派或聘任之任期三年期滿得續派續聘連任

董事會設董事長一人常務董事一人由市長就董事中指定之

第十條　本典設監察人三人組織監察人會由市長委派或聘任之任期一年期滿得續派續聘連任

監察人會設常駐監察一人由市長就監察人中指定之

第十一條　本典設經理副經理各一人由董事會荐請市長派任之

第十二條　經理對內綜理全典事務對外代表本典副經理輔助之如經理因故不能執行職務時由副經理代行之

第十三條　本典因事務之需要得酌設辦事人員若干人由經副理商承董事會同意任用之

第五章　董事會及監察人員

第十四條　董事會之職權如左

一、各種規則之編定
二、各項開支之核定
三、預算決算之審定
四、職員進退之核定
五、職員奬勵恤養酬勞金分配之擬定

第十五條　董事會以董事長爲主席每一個月開會一次須有董事過半數之出席方得開會其表决方法以出席董事過半數同意行之可否同數時取决於主席

第十六條　監察人員之職權如左
一、全典帳目之稽核
二、現金及貨物之檢查
三、預算决算之審核

第十七條　監察人會以常駐監察爲主席每兩個月開會一次

第十八條　董事會監察人會之議事作成紀錄由主席署名蓋章保存之

第六章　决算與分配

第十九條　本典營業决算每年分上下兩期上期自一月起至六月底止下期自七月起至十二月底止幷以下期决算爲全年總决算

第二十條　本典於總决算後應造具左列書表送由董事會及監察人會核定後轉送市政府查核
一、營業報告書
二、資產負債表
三、財產目錄
四、損益計算書
五、盈餘分配表

第二十一條　本典每年結算如有盈餘須先提百分之二十爲公積金其餘按照左列各款分配之

一、股本紅利百分之五十

二、董事及監察人之酬勞百分之二十五

三、經副理及全體職員獎勵金百分之二十五

第七章　附則

第二十二條　本典營業規則暨辦事細則另定之

第二十三條　本章程由董事會呈請南京特別市政府核定施行幷轉咨實業部備案修改時亦同

南京特別市政府咨　府社字第　號

社會局案呈奉

貴部商字第一四〇〇號訓令內開：

「據本日南京民國日報『經濟與商情欄』內載稱：囤買又告擴張物價暗盤猖獗（標題）連日物價暗盤之猖獗已成燎原之勢蓋因市面囤買又告擴張商戶心理看好踢球風氣轉形大盛暗盤早橫越官價以上頻日仍再接再厲盲目亢進一般物品均將限價踢翻而抛之於市場之外致限價一項買賣兩方鮮能遵守之者不知此類囂風畢竟伊於胡底也等情查所載如果屬實各商戶不特弁髦法令抑且有害民生自應迅予設法制止以期抑平物價據載前情合亟令仰該局立即查明嚴行制止仍將辦理情形具報備查」

等因奉此轉請咨復前來查京市日常主要食用物品每旬係經物價評議委員會縝密評定最高限價後送由本府公佈施行並會同各有關機關組織物價調查隊嚴厲查察有無私自高抬囤積居奇或不插標籤變更品級等情事對於抑平物價不無功效近來商人藉口米糧上漲運輸艱困請提高限價多數均經批駁間有私售暗盤者一經查獲即送取締私抬物價裁定委員會按照該會暫行條例第七八兩條之規定嚴予處罰至民國日報所載前情未免過甚其詞未足盡信准咨前由除再令飭物價調查隊嚴密查察並盡力設法抑平外相應咨復至希

查照為荷

此咨

實業部

中華民國三十一年十一月　日　　市長　周學昌

南京特別市政府咨　府衛字第　號

案准

貴部會午字第五九九二號咨以奉

「院令將江蘇省衛生事業機關改歸省管其中縣醫院係屬本府轄境應請接管所有應需經費每月三千五百元又員役俸貲加成七百零五元並應就地自籌如有不敷就主管衛生經費通盤籌劃設法調整以符原案」

等由准此自應照辦該院經費自接管之日起完全由本府負責除分咨內政部定期移交接管外相應咨復即希查照爲荷

此咨

財政部

中華民國三十一年十一月　日　　市長　周學昌

南京特別市政府咨　府衛字第　號

案准

國民政府行政院財政部會午字第五九九二號咨開

案准內政部衛一字第一〇三號咨以部轄蘇省各級衛生事業機關改歸省管一案咨准江蘇省政府復稱第二縣醫院在南京雨花路係屬南京特別市區域第四縣醫院在揚州丁家灣係屬蘇北行營管轄區域第十縣醫院在崇明西街係屬上海特別市區域均不在本府轄境範圍以內未便越境接管應請另向京滬兩市及蘇北行營商洽辦理等由咨請查照核辦見復等由准此查第二第四第十縣醫院原爲地方衛生事業機關事變以後以蘇省財政竭蹶曾由內政部商准本部暫由國庫按月補助並由內政部直轄管理嗣以江蘇各縣財政日趨好轉一切地方收支亟應恢復常規當即咨請江蘇省政府自本年七月份起將江蘇省衛生事業連同警察教育兩項經費一律由地方自行籌撥中央不再補助並請編入下半年地方概算一面會同內政部呈奉　行政院令准將江蘇省衛生事業機關仍歸省管各在案茲准前由該第二縣醫院既在貴市轄境範圍以內應請即行接

管所有應需經費每月三千五百元又員役俸資加成七百零五元並應就地自籌如有不敷應請貴市政府就主管衞生經費通盤籌劃設法調整以符原案除分咨一律照辦並咨復內政部外相應咨請查照辦理」等由准此自應照辦該院經費自接管之日起完全由本府負責至交代日期仍請

貴部指定以便派員接收除咨復財政部外相應咨請

查照辦理並希

見復爲荷此咨

內政部

市長　周學昌

中華民國三十一年十一月　日

南京特別市政府咨　字第　號

案查本市土地工作旬報表業經送至十月份下旬在卷茲造具十一月份上旬前項工作旬報表一份相應咨送即希

查照爲荷

此咨

內政部

市長　周學昌

計咨送本市土地工作十一月份上旬旬報表一份

南京特別市政府辦理土地登記工作十一月份上旬旬報表

中華民國三十一年

事項 件數 日	接收登記聲請書	土地所有權登記	房屋登記	更正登記	塗銷登記	移轉登記	分割登記	共有權登記	住所變更登記	繕寫查驗證	發給查驗證	備註
星期 1												
2					2	4					5	
3						1					1	
4						1						
5						1					1	
6						4						
7					1	7					4	
星期 8												
9						6						
10						3					3	
總計件數					3件	27件					14件	

南京特別市政府公函　府社字第　號

案查本市違反取締私抬物價暫行條例之各商號攤販前經本市取締私抬物價裁定委員會裁定分別懲處罰金業已送達裁定書並限於文到十日內呈繳罰金否則卽行吊銷營業許可證勒令停業各在案茲查各該處罰商號攤販依限遵繳罰金者固屬多數而逾限迄未將應處罰金繳呈到府者亦屬不少玩忽功令殊屬不法除由本府追繳罰金令飭各該管區公所迅卽派員會同警察局將各該商號原領營業許可證分別吊繳來府並將本府附發佈告張貼禁止其營業外相應函請

查照並轉飭所屬予以協助實紉公誼

此致

首都警察總監署

計附送未遵繳罰金商號攤販名稱地址清單一份（略）

市長　周學昌

中華民國三十一年十一月　日

南京特別市政府公函　府社字第　號

案據兼第一區鐵道愛護團團長宗百超呈稱：

「案據第三分團長周玉田呈稱：『竊於九月三十日下午十時許轄境五老橋北叉口鐵道在上下行車經過十餘分鐘後忽有炸彈爆發職聞聲隨卽馳赴出事地點勘查適友邦憲警亦同時到達協同警戒搜查詳察爆發地點並無傷害行人及損壞路身至遺留炸彈之暴徒已遠遁未獲查該地段出事時係團員吳德金値班職因是日辦理喪事呈請事假囑託班長王超晚上沿路嚴加巡查以防疏忽詎料竟發生萬不幸事件經友邦憲兵將班長王超値班團員吳德金以及李公祠小楊村常府街中段値班團員賈有桂及居民顧鳳鳴一併帶往新街口憲兵隊部詢問於本月一日上午將王班長及賈有桂飭回吳德金亦於次日釋出竊職雖因喪事請假而在轄境出萬不幸事件縱未傷害損壞難免有失察之過理應自請處分並將是案經過情形報請鑒核俯賜呈請　市府轉函軍警機關嚴緝是案暴徒歸案法辦以安地方』等情據此查五老橋北叉口鐵道炸彈爆發職卽馳往勘查協同搜索並於本月一日派員協同社會局楊科員赴該處附近清查戶口茲據所報各節與事實相符除飭各分團嗣後於沿路不時巡查並嚴緝是案暴徒歸案法辦外理合據情轉呈仰祈鑒核辦理」

等情據此除分別函令外相應函請
貴部署查照飭屬一體協緝以靖匪氛而保治安實紉公誼此致
首都警備司令部
首都警察總監署

中華民國三十一年十一月　日　市長　周學昌

南京特別市政府公函　府工字第　號

案查本市停車場標示木牌經飭據工務局分別查勘製就并經派員會同
貴署職員辦理在案茲據工務局報稱各處停車塲木牌截至本月十九日止均經豎植完竣并繕具附表呈送前來核尙妥實相應檢
同附表函請
查照并轉飭所屬協力保護並希
見復爲荷
此致
首都警察總監署
附各種停車場木質標示植立地點表

中華民國三十一年十一月　日　市長　周學昌

統計

南京特別市戶口統計表

民國三十一年十月份

秘書處第二科統計股製

區別	戶數	人口數						
		總計	男性			女性		
			合計	成人	兒童	合計	成人	兒童
總計	133985	621539	342176	238768	103408	279363	188811	90552
第一區	26569	132830	69468	52460	17008	63362	44734	18628
第二區	33294	158109	87957	60388	27569	70152	49435	20717
第三區	18629	79732	45376	31738	13638	34356	23164	11192
城區實驗區	9135	42196	22869	16729	6140	19327	13342	5985
第五區	10370	48585	28698	21459	7239	19887	13395	6492
上新河區	12700	54721	29444	20160	9284	25277	16720	8557
鄉區實驗區	9979	46431	25447	16249	9198	20984	12806	8178
孝陵衛區	4230	20024	10631	5689	4942	9393	5596	3797
安德門區	9079	38911	22286	13896	8390	16625	9619	7006

註：一、本表係根據各區公所填報之戶口月報
二、外國僑民戶口不在此內

南京特別市戶口增減比較表

民國三十一年十月份

秘書處第二科統計股製

區別	戶減增數	人口增減數						
		總計	男性			女性		
			合計	成人	兒童	合計	成人	兒童
總計	+ 541	+ 2657	+ 1524	+1150	+ 374	+1133	+ 268	+ 365
第一區	+ 48	+ 161	+ 67	+ 48	+ 28	+ 85	+ 51	+ 34
第二區	+ 110	+ 374	+ 186	+ 103	+ 83	+ 188	+ 102	+ 86
第三區	+ 349	+1829	+1016	+ 778	+ 238	+ 813	+ 571	+ 242
城區實驗區	+ 25	+ 337	+ 242	+ 197	+ 45	+ 95	+ 61	+ 34
第五區	+ 12	+ 43	+ 23	+ 18	+ 5	+ 20	+ 13	+ 7
上新河區	− 15	− 186	− 98	− 53	− 45	− 88	− 47	− 41
鄉區實驗區	− 1	+ 6	− 8	+ 11	+ 3	+ 14	+ 8	+ 6
孝陵衛區	+ 2	+ 7	+ 32	− 39	− 7	− 25	− 8	− 17
安德門區	+ 11	+ 86	+ 55	+ 31	+ 24	+ 31	+ 17	+ 14

註：一、本表係根據各區公所填報之戶口月報
二、各外國僑民戶口不在此內
三、凡有(+)符號者爲增加，有(−)符號者爲減少

市政公報暫定價目表

期限	價目	郵費
零售	每冊五角	本市四分 外埠八分
半年	十二冊六元	本市四角八分 外埠九角六分
全年	二十四冊十二元	本市九角六分 外埠一元九角二

市政公報廣告刊例

頁數	價目
一頁	每期十八元
半頁	每期九元
四分之一頁	每期四元五角

刊登廣告在四期以上者每期按照七折計算連續十期以上者每期按照六折計算長期另議

出版日期 本公報暫定每月二次

編輯者 南京特別市政府祕書處

發行者 南京特別市政府祕書處

印刷者 南京時代印書館
地址：南京朱雀路邀貴井十八號
電話：二二五九五號

中華郵政掛號認爲第一類新聞紙類　江蘇郵政管理局執照第一〇四三號

中華民國三十一年十一月三十日

市政公報

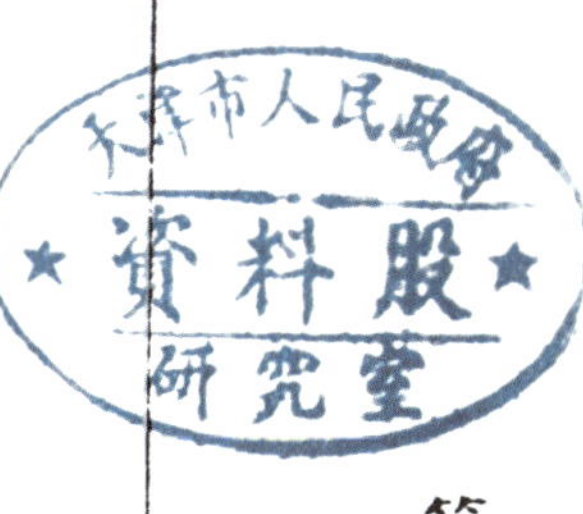

第一零八期

南京特別市政府秘書處印行

目錄

命令

法規

公牘

附錄

命令

南京特別市政府公布令 府社字第　號

茲修正南京特別市各區公所組織規程公布之

此令

附修正南京特別市各區公所組織規程一份（見法規欄）

中華民國三十一年十一月　日

市長 周學昌

南京特別市政府公布令 府衛字第　號

茲修正南京特別市衛生局傳染病院組織規則公布之

此令

附抄發修正南京特別市衛生局傳染病院組織規則一份（見法規欄）

中華民國三十一年十一月　日

市長 周學昌

南京特別市政府訓令 字第　號

令各處局會

案奉

行政院行字第八二八三號訓令內開

「案據該市府呈復遵令修正該市府組織規則一案經分別指復並呈請　國民政府簽核備案各在案現奉　國民政府第六三三二號指令開：『呈件均悉准予備案件存此令』等因奉此合行令仰該府知照此令」

等因奉此除刊登本府公報並分行外合行抄發修正本府組織規則令仰該○知照

此令

附發修正本府組織規則全份（見法規欄）

中華民國三十一年十一月　日　市長　周學昌

南京特別市政府訓令　府社字第　號

令第一二三四五區公所
上新河安德門孝陵衛區公所

查各區公所爲推進市政之基礎必須組織健全使各盡其責職庶幾政令之設施始克臻其效果玆以各區公所組織不合實際保甲編制又涉紛歧自應切實整頓予以改組況值區界重爲劃定尤宜將區公所之組織澈底改革藉增工作效率爰特修正南京特別市各區公所組織規程除公布並分令外合行檢發是項規程令仰遵照辦理並將奉文遵辦情形及日期具報備查切切

此令

計發南京特別市各區公所組織規程一份（見法規欄）

中華民國三十一年十一月　日　市長　周學昌

南京特別市政府訓令　府社字第　號

令本府各局處會
城鄉各區公所

查本市各自治區區界與首都警察總監署所轄警察局界綫未能劃一因之行政上每多窒礙而各區局亦未能盡收聯絡合作之效爰經會同首都警察總監署組織首都各區局劃界委員會節次開會討論現經公同決定本市自治區於城內增設區公所一處該區管界與中區警察局轄境相同定名爲第四區並將本市各自治區警察局轄境界綫均重爲劃分彼此一致以利公務除呈報並分函外合行檢同本市市區圖暨各區界址圖計十一張令仰該局知照
區公所遵照

此令

計發本市市區圖曁各區界址圖計十一張（略）

中華民國三十一年十一月　日　市長　周學昌

南京特別市政府訓令　府社字第　號

令各區公所

查本市各區局劃分界綫一案業經檢發市區圖曁區界分圖令飭遵照在案茲因各區轄界既已劃定應即依照區界圖分別交接以便重行編組保甲所有交接一切手續統限於本月底一律辦理完竣合亟製發各坊保甲交接報告表令仰該區長遵照塡報並將辦理情形具報切切

此令

計發各坊保甲交接報告表（略）

中華民國三十一年十一月　日　市長　周學昌

南京特別市政府訓令　府社字第　號

令城鄉各區公所

案准

南京防衞司令部畿師參防第二四〇號通牒以防空上必要自十一月二十八日起所有屋外燈一律關閉如廣告燈看板燈裝飾燈門軒燈庭園燈墓地燈屋上燈之類其店舖門首之霓虹燈等均包括在內務須照辦等由除分令外合亟令仰該區迅速轉飭所屬各坊鄉鎭長及各保甲長傳知民衆一體遵照毋稍違誤切切

此令

中華民國三十一年十一月　日　市長　周學昌

南京特別市政府訓令　府社字第　號

令城鄉各區公所

查保甲工作旨在安民所有各級組織自須力求嚴密此次本府辦理各區劃界工作卽屬加强組織之基礎際茲工作開始自應有嚴密之計劃以資準繩茲特訂定各區辦理劃界中心工作大綱暨全市現任坊鄉鎭長調查表隨令附發仰該區長迅卽分別愼重辦理並於文到四日內將上項調查表塡明繳府以憑核辦爲要

此令

附發　各區辦理劃界中心工作大綱
　　　全市現任坊鄉鎭長調查表

中華民國三十一年十一月　日

市長　周學昌

各區辦理劃界中心工作大綱

一、關於坊保甲接交事項

1. 各區按照區界圖將劃出街巷造具坊保甲淸册連同戶籍各項表册分別移交淸楚
2. 如每一坊全部劃出所有該坊保甲事項暫由坊長負責聽候區公所重行編組
3. 如每一坊內僅有數保甲劃出而坊長居住仍在原區者此劃出之保甲暫推保長一人負責辦理該保甲各種事項聽候區公所改組
4. 各坊保甲未改編之前其坊保甲長及番號暫維原狀
5. 各坊保甲接交手續統限於本月底辦理完竣並立卽由接交關係各區會呈本府核定

二、關於編組保甲注意事項

1. 各區依照區界圖將管轄境內各街巷之戶籍按照修正編組保甲戶口條例進行編組保甲
2. 各城區劃區以前之坊保甲組織一律廢止（城實區境內各坊並無移出除外）
3. 各城區編制保甲不得超出限定坊數

城區實驗區不得超出十四坊
城一等區不得超出十六坊
城二三等區不得超出十二坊
4.如戶數衆多得以十五戶爲甲十五甲爲保辦法編組之
5.坊冠以地名保甲仍以數字定之
6.保甲名稱確定卽複査戶口並釘置木質門牌並檢査補發紙質門牌證
7.各區編組保甲各項手續均限於十二月十五日以前辦理完竣

三、坊鄉鎭長改選注意事項
1.調査全市現任坊鄉鎭長（調査表另訂）
2.確定坊鄉鎭長之標準資格除依照條例規定外補充下列各項
一、須富有聲望而公正廉明者
二、有正當職業稍有資產者
三、熱心服務者
四、受有中等教育以上者
3.選擇當選坊鄉鎭長如不合前項標準資格雖當選不予任用
4.健全坊公所
1.坊衙牌重新油漆 2.辦公室文具齊全 3.事務員一人戶籍員（由區派任）
4.戶籍表册完全 5.按照辦公時間服務

南京特別市坊（鄉保鎮）長調查表

民國三十一年　月

銜名：區　坊　保　甲

職別和姓名	
年齡	
籍貫	
出身經歷	
住址	
是否永久居住	
現在職業	
服務或自營事業處所	
財產狀況	
家庭每月收入	
家庭每月支出	
一般民衆對其譽論與信仰如何	
對公益事業責任心如何	
對民衆態度如何	
其他	

南京特別市政府訓令 府財字第　號

令本府各局
附屬機關處

查中央各機關職員薪給加成已決定自十一月份起增加一倍本府財政雖感極度困難然為體卹各職員生活清苦計所有每月加倍加成經費除飭財政局勉力籌措期與中央同時實行外惟在經費如此窘困之際自不得不訂定一種限制辦法以免竭蹶除分令外合行抄發該限制辦法令仰該　切實遵照

此令

計抄發限制辦法一份

中華民國三十一年十一月　日

市長 周學昌

限制辦法

(一)自此項第二次加成辦法實行之日起不得再增設機關如認為必不可免者應先就原有不急要之機關酌量裁併即以裁餘員額及經費移撥抵補如無裁併辦法應從緩議

(二)各機關加成均照十月份核定加成數額加倍發給嗣後祇能有減無增倘有人事調動就原有加成數額自行勻配不再增給

(三)自十一月份起各機關經費不得藉故請求追加非急要之臨時開支亦應一概避免

(四)各機關每月經費節餘應按月繳還市庫不能移作他用凡積壓兩月未解者停止發給加成

南京特別市政府訓令 府財字第　號

令本府各局
附屬機關處

案准

財政部會午字第五七二五號咨略以本府所送三十一年度下半年市地方收支概算書業經呈奉行政院行字第九八一二號指令內開呈件均悉南京特別市政府三十一年度下半年市地方概算書既經該部覆核收支兩方尚屬

平衡應准備案等因咨達查照等由准此查本市三十一年度下半年收支概算既經核准所有各機關經費尚未按照新概算領清者自應予以補發惟市庫支出浩繁竭蹶堪虞茲爲平衡收支起見特訂定補發各機關經費辦法俾資調整除分令外合亟檢發該辦法一份令仰該　遵照辦理切勿違延

此令

計發補發各機關經費辦法一份（附表三種）

中華民國三十一年十一月　日

市長　周學昌

南京特別市政府三十一年度下半年按照奉　准核定新概算補發所屬各機關經費辦法

一、凡下半年支出概算奉准核定增加各機關應於文到五日內備具補領七、八月份經常費員工加成各請款書檢同七、八月份實發員工加成清册各一份一併呈府核發

二、補領九、十月份經常費應於十二月五日前塡報七、八月份收支統計表檢同七、八月份節餘解庫報查聯及經常費員工加成各請款書暨九、十月份實發員工加成清册一併呈府核發

三、補領十一月份經常費應於十二月十五日前塡報七月至十月收支統計表檢同九、十月份節餘解庫報查聯及經常費請款書一併呈府核發

四、最近市庫支出浩繁竭蹶堪虞爲調整市庫平衡收支起見凡上半年各機關經費節餘應於十一月二十五日前一律掃數解庫十一月三十日前應將上半年各月收支統計表檢同節餘解庫報查聯一併呈府查核未經遵限解庫各機關十二月份經費一律停發

南京特別市政府三十一年度上半年各月經常費收支統計表

月份	實領數			實支數			節餘數			節餘解庫	庫報號數	附註
	經常費	員工加成	共計	經常費	員工加成	共計	經常費	員工加成	共計	月日		
一月												
二月												
三月												
四月												
五月												
六月												
共計												

說明　一、上列各月節餘款項一律限三十一年十一月二十五日前掃數解繳市金庫十一月三十日前應將節餘解庫報查聯檢同收支統計表一併呈府查核

二、凡上半年節餘款項未經解庫各機關十二月份經費一律暫行停發

南京特別市政府三十一年　月份實發員工加成清冊

職別姓名	俸給額	員工加成 已發數	員工加成 補發數	員工加成 共計	附註
共計					

說明　一、補領七、八月份員工加成應編就各該月實發加成清冊檢同請款書於補領七、八月經常費時一併補領

二、補領九、十月份員工加成應於十二月五日前編就請該月實發加成清冊檢同請款書於補領九、十月份經常費時一併補領

南京特別市政府

三十一年度下半年各月經常費收支統計表

月份	按照新概算核定數			實支數	節餘數	節餘解庫		庫報號次	附註
	已領數	補領數	共計			月	日		
七月									
八月									
九月									
十月									
十一月									
共計									

說明

一、各機關於三十一年度下半年新概算奉准核定文到五日內應備具補領七、八月份經常費請款書呈府核發

二、補領九、十月份經常費應於十二月五日前塡具七、八月份經常費收支統計表檢同七八月份節餘解庫報查聯及請款書一併呈府核發

三、補領十一月份經常費應於十二月十五日前塡具七月至十月份經常費收支統計表檢同九十月份節餘解庫報查聯及請款書一併呈府核發

南京特別市政府訓令 府財字第　號

令本府各局處附屬機關

查本府自十一月份起按照　中央員工薪給加成辦法實行增倍發給並訂定限制辦法業經以府財字第二五七號訓令飭遵在案茲定於本月二十日以前發放十一月份第一二次員工加成所有各機關請領手續及編造報銷辦法亟應規定俾資遵守除分令外合行檢發該辦法一份令仰該　遵照辦理爲要

此令

計發辦法一份

中華民國三十一年十一月　日　市長　周學昌

南京特別市政府發放所屬各機關十一月份經常及一二次員工加成及編造報銷辦法

一、各機關十一月份經常費暫照十月份具領數請款並於十二月十五日前遵照本府補發經費辦法按照奉准核定新概算補領

二、各機關請領十一月份員工加成應遵照本府限制辦法及最近呈送實支員工加成清冊列支數分別填具請款書二紙第一次加成在十一月二十五日前簽發第二次加成在十一月三十日前簽發

三、員工加成增倍發給造報辦法仍照向例辦理惟于收據附註欄內應註明「第一次加成計　元　角　分第二次加成計　元　角　分合計如上數」字樣計算書附註欄內說明同

南京特別市政府佈告　府社字第　號

查本市十一月份下旬主要日常食用物品一百種業經南京特別市物價評議委員會第二十二次常會評定最高限價定於十一月二十一日起實行凡各商人售賣後列各項主要日常食用物品不得超過該項最高限價並須於物品上或顯明處標明定價出售其有暗盤抬價者或雖經申請變更售價未經核准公佈擅自提高者僞稱無貨應市意圖囤積居奇者變更品級或羼雜劣質意圖欺矇漁利者一經查實或被告發獲有確證定即依照　國民政府公佈取締私抬物價暫行條例從嚴懲罰惟自動在限價以下售賣則屬商人希望營業發展當然在所不禁至未經評定限價之物品仍須遵照取締私抬物價暫行條例之規定不得任意高抬除函請首都警察總監署按照評定最高限價飭屬查察嚴厲執行外合將十一月份下旬評定主要日常食用物品最高限價列表佈告週知

此佈

附限價表

南京特別市十一月份下旬日常主要食用物品評定最高限價表

食糧類

品名	單位	最高限價 元	最高限價 角分	備註
特種綠牡丹麵粉	袋	一〇七	〇〇	
綠牡丹麵粉	袋	一〇〇	〇〇	
紅牡丹麵粉	袋	八六	〇〇	
藍牡丹麵粉	袋	六三	〇〇	
綠金鼎麵粉	袋	一〇七	〇〇	
上等本製乾麵	每百斤	一八〇	〇〇	
次等本製乾麵	每百斤	一五五	〇〇	
上等切麵	斤	二	二〇	
中等切麵	斤	一	六〇	
次等切麵	斤	一	四〇	
本麵大餅	斤	一	六〇	
洋麵大餅	斤	二	四〇	
芝蔴大餅	斤	二	八〇	
小麥	石	一九〇	〇〇	
大麥	石	八〇	〇〇	
元麥	石	一七〇	〇〇	
黃豆	石	二七〇	〇〇	
綠豆	石	二四〇	〇〇	
赤豆	石	二三〇	〇〇	
豌豆	石	二〇〇	〇〇	
蠶豆	石	一八〇	〇〇	
芝蔴	石	五二〇	〇〇	

調味類

品名	單位	最高限價 元	最高限價 角分	備註
豆油	斤	九	五〇	
蔴油	斤	九	五〇	

服用類

品名	單位	最高限價 元	最高限價 角分	備註
上等捲花	斤	一二	○○	
上等被花	斤	一三	六○	
龍頭細布	尺	二	八○	
190陰丹士林	尺	四	二○	
黑洋布	尺	三	二○	
安藍布	尺	三	八○	
漂白細布	尺	三	○五	
本色斜紋	尺	二	八○	
黑人牙膏	枝	二	二○	
三星牙膏	枝	二	○○	
力士香皂	塊	五	○○	
利華藥皂	塊	三	○○	
雙錢元口男套鞋	雙	二二	○○	

燃料類

品名	單位	最高限價 元	最高限價 角分	備註
煤球	担	一九	○○	
普通柴煤	噸	三四六	○○	
上等栗炭	斤	一	九○	
木炭	斤	一	六○	
炭屑	斤		八○	
蘆柴	担	一九	○○	
雜木柴	担	二二	○○	
山柴	担	一七	○○	
枝柴	担	二三	○○	
栗木柴	担	二五	○○	
麥楷	担	一四	○○	
豆萁	担	二○	○○	

茶類

品名	單位	最高限價 元	最高限價 角分	備註
青茶	兩		五○	

紅茶	兩		六〇	

紙類

品名	單位	最高限價 元	最高限價 角分	備註
報紙	令	一八〇	〇〇	
江南毛邊	令	一四〇	〇〇	
草紙	捆	七	五〇	
表芯紙	刀	三	〇〇	

五洋類

品名	單位	最高限價 元	最高限價 角分	備註
上海牌火柴	簍　包	簍四六〇　包三	簍〇〇　包八五	
雜牌火柴	簍　包	簍三九〇　包三	簍〇〇　包二五	
固本皂	箱　塊	箱三〇〇　塊二	箱〇〇　塊五〇	
日光皂	箱　條	箱四二〇　條四	箱〇〇　條二〇	
僧帽牌洋燭	箱　筒	箱二一〇　筒八	箱〇〇　筒四〇	
鷹牌洋燭	箱　筒	箱二一五　筒八	箱〇〇　筒六〇	

葷菜類

品名	單位	最高限價 元	最高限價 角分	備註
猪隻	担	七六〇	〇〇	
猪肉	斤	七	二〇	
猪油	斤	一〇	八〇	
金腿	斤	整隻一六　零售一八	整隻〇〇　零售〇〇	
香肚	個	大三　小二	大五〇　小五〇	
公鷄	斤	五	六〇	
母鷄	斤	六	四〇	
鴨	斤	五	〇〇	
牛隻	担	六〇〇	〇〇	
牛肉	斤	四	四〇	
鯽魚	斤	大四　小二	大四〇　小八〇	
鰱魚	斤	大二　小二	大六〇　小〇〇	
鯖魚	斤	大四　中三	大〇〇　中二〇	
鯉魚	斤	二	六〇	

品名	單位	最高限價 元	最高限價 角分	備註
鯿魚	斤	大四 小三	〇〇 〇〇	
鱖魚	斤	四	〇〇	
青蝦	斤	大五 小三	〇〇 八〇	
皮蛋	個	一	〇〇	
鷄蛋	個		五五	
鴨蛋	個		六〇	

蔬菜類

品名	單位	最高限價 元	最高限價 角分	備註
水粉絲	斤	一	六〇	
豆腐	塊	大 小	四〇 二〇	
豆腐乾	塊		二〇	
百頁	張		二〇	
豆腐果	斤	四	五〇	
水麵筋	斤	三	〇〇	
青菜	斤		四〇	
黃豆芽	斤		七〇	
綠豆芽	斤		六〇	
菠菜	斤		七〇	
韭菜黃	斤	二	〇〇	
芹菜	斤		八〇	
黃芽菜	斤		八〇	
紅蘿蔔	斤		七〇	
白蘿蔔	斤	一	〇〇	
青蒜	斤	一	〇〇	
大葱	斤		八〇	
洋山芋	斤	一	〇〇	
山芋	斤		五〇	

注意　一、以上物品均係最高限價商人售貨時成本降低仍須自動跌價

二、以上物價係商人發售與消費者之最高價格

中華民國三十一年十一月　日　市長　周學昌

南京特別市政府公告　字第　號

案查本市孝陵衛區業戶毛慶蕃以坐落中山門外苜蓿園二號地契遺失呈請依照補契成例准予核發地契管業等情合亟玆依照本市土地登記暫行規則第十五條之規定揭示公告自公告之日起對於該項房地產如有因權利上關係聲明異議者須於三個月內提出理由書及證明文件呈候核辦一經公告期滿未據異議卽予依法登記發給官契稅單執業合行公告週知

計開

聲請人　姓名　住址

土地坐落　第　區　段　第　號

種類及面積　地　畝　分　厘　毫　絲

四至　東至　南至　西至　北至

定着物情形

申報地價

申報定着物現值

共有權人

他項權利人

公告日期

公告期滿日期

中華民國三十一年十一月　日

市長　周學昌

地政局局長　胡政

南京特別市政府公告　字第　號

案據業戶奚學周呈報坐落石婆婆巷第　號地產原領前土地局所發壹字第三四九號所有權狀及一區一四五一(三)段分段圖各一件因事變遺失請予補給等情經飭據呈繳聲明圖狀遺失報紙暨鄰商兩保前來茲依照土地法第一百四十條第二款之規定揭示公告自公告之日起對於該項遺失圖狀如有因權利關係聲明異議者須於三個月內提出理由書暨證明文件呈候核辦一經公告期滿無人異議卽予依法補給圖狀管業合行公告週知

計開

聲請人姓名及籍貫住所　土地坐落及四至面積　申報地價　定着物情形　共有權人　他項權利人

公告日期　公告期滿日期

中華民國三十一年十一月　日

市長　周學昌

地政局局長　胡政

南京特別市政府公告　字第　號

案據業戶黃東生呈報坐落漢口路第一四四號房地產原領前土地局所發六字第六〇一號所有權狀及六區四二〇六 165 (一)段分段圖各一件因事變遺失請予補給等情經飭據呈繳聲明圖狀遺失報紙暨鄰商兩保前來茲依照土地法第一百四十條第二款之規定揭示公告自公告之日起對於該項遺失圖狀如有因權利關係聲明異議者須於三個月內提出理由書暨證明文件呈候核辦一經公告期滿無人異議卽予依法補給圖狀管業合行公告週知

計開

聲請人姓名及籍貫住所　土地坐落及四至面積　申報地價　定着物情形　共有權人　他項權利人

公告日期　公告期滿日期

中華民國三十一年十一月　日

市長　周學昌

地政局局長　胡政

南京特別市政府公告 字第 號

案據業戶葉徵麐呈報坐落評事街第二四四六號房地產原領前地政局所發五字第二六三九號所有權狀及五區三九八五段分段圖各一件因事變遺失請予補給等情經飭據呈繳聲明圖狀遺失報紙暨鄰商兩保前來茲依照土地法第一百四十條第二款之規定揭示公告自公告之日起對於該項遺失圖狀如有因權利關係聲明異議者須於三個月內提出理由書暨證明文件呈候核辦一經公告期滿無人異議卽予依法補給圖狀管業合行公告週知

計開

聲請人姓名及籍貫住所 土地坐落及四至面積 申報地價 定着物情形 共有權人 他項權利人

公告日期 公告期滿日期

中華民國三十一年十一月 日

市長 周學昌

地政局局長 胡政

南京特別市政府公告 字第 號

案據市民呂謙受呈報受抵尹伯揚坐落利濟巷耕心里第一三五七九二四六八十號房地產原領前地政局所發他一字第二六一號他項權利證明書一件因事變遺失請予補給等情經飭據呈繳聲明證書遺失報紙暨鄰商兩保前來茲依照土地法第一百四十條第二款之規定揭示公告自公告之日起對於該項遺失證書如有因權利關係聲明異議者須於三個月內提出理由書暨證明文件呈候核辦一經公告期滿無人異議卽予依法補給他項權利證明書以資執憑合行公告週知

中華民國三十一年十一月 日

市長 周學昌

地政局局長 胡政

南京特別市政府批 府工字第 號

批具呈人人力車業同業公會理事長劉善之暨車商程光堯等

呈兩件爲呈請延長檢驗期間以便趕辦修理及懇請豁免檢驗車輛祈鑒核由

呈悉查檢驗車輛事關整理交通工具所請豁免礙難照准至各車商自行修理妥善再行報驗一節事屬可行姑念商艱展期半個月至十二月十五日檢驗截止以示體恤除飭工務局遵辦外仰即知照並轉飭車商程光堯等一體知悉

此批

中華民國三十一年十一月　日　市長　周學昌

南京特別市政府通知　字第　號

案查前據該民聲請喪失中華民國國籍請發證書一案業經轉咨內政部核辦並批示知照各在案茲准內政部咨復准予喪失國籍填發許可喪失國籍證書並囑轉飭申請人指定在上海中華日報南京民國日報自行登載喪失國籍之事實仍將該兩種報紙各檢乙份呈轉過部備查等由准此合行通知該民遵照迅即辦理並檢同所登報紙每種三份呈府存轉另備正式領據前來本府具領證書可也特此通知

右通知市民張寶珠准此

中華民國三十一年十一月　日　市長　周學昌

法規

南京特別市政府組織規則民國三十一年十一月二十六日修正公布施行

第一章　總則

第一條　本規則依照市組織暫行條例第二十二條之規定訂定之

第二條　本市政府依照市組織暫行條例第一條及第二條第一款之規定定名爲南京特別市政府直隸行政院

第三條　本市政府以呈經國民政府核定地區爲本市行政範圍

第四條　本市政府依照市組織暫行條例第十二條之規定掌理本市行政事務監督所屬機關及自治團體

第五條　本市政府設市長一人特任綜理全市事務指揮監督所屬職員、及各機關

第六條　本市政府設參事二人至四人簡任掌理市單行規則或命令之纂擬審核事項

第七條　本市政府因事務之需要得設置專員及聘任技術人員

第八條　本市政府設祕書處社會局財政局工務局教育局衞生局地政局宣傳處分掌各該處局事務遇必要時得呈准設立其他附屬機關

第九條　各處局因事務之需要得呈准設立附屬機關

第十條　本市政府市政會議依照市組織暫行條例第二十七條至二十九條規定辦理其會議規則另定之

第二章　祕書處

第十一條　祕書處設祕書長一人簡任秉承市長綜理全處事務並指揮監督所屬職員

第十二條　祕書處職掌如左

一、典守印信及辦理機要文件事項

二、文牘會計庶務人事等事項

三、民事審核統計及編輯公報特刊事項
四、通譯聯絡報告及撰譯函牘文件等事項
五、其他不屬於各局處所掌理事項

第十三條　祕書處設祕書二人至四人薦任秉承市長祕書長綜核全府文稿及辦理一切交辦事項
祕書處因事務之需要得設助理祕書四人至八人委任或荐任待遇秉承祕書長協助祕書撰擬文稿及辦理其他交辦事項

第十四條　祕書處設第一第二兩科及外事室每科設科長一人室設主任一人均荐任秉承市長祕書長分掌各該科室事務各科室得按事務性質酌分若干股

第十五條　祕書處設科員三十二人至四十五人技士一人至三人通譯五人至八人辦事員二十八人至二十五人均委任秉承長官分掌各科室股事務每股並指派科員一人為主任

第十六條　祕書處因事務之繁簡得酌用雇員其人數不得超過三十人

第二章　社會局

第十七條　社會局設局長一人簡任秉承市長綜理全局事務並指揮監督所屬職員

第十八條　社會局設祕書一人荐任秉承局長核閱全局文稿及辦理交辦事項

第十九條　社會局職掌如左
一、戶口調查及人事登記事項
二、保甲整理及人民自衛及警防事項
三、風俗改良事項
四、育幼養老濟貧救災之設備及管理事項
五、工商業之登記管理保護及改良事項
六、勞工事項
七、農林墾牧漁獵之保護及取締事項
八、合作社及互助事項之組織及指導事項

九、民食調節及物價調查管理配給事項

十、其他社會行政事項

第二十條　社會局設第一第二第三第四四科每科設科長一人薦任秉承局長分掌各該科事務各科得按事務之性質酌分若干股

第二十一條　社會局設科員三十八人至四十六人辦事員二十三人至三十六人均委任秉承長官分掌各科股事務每股並指派科員一人爲主任

第二十二條　社會局因事務之繁簡得酌用雇員其人數不得超過二十人

第四章　財政局

第二十三條　財政局設局長一人簡任秉承市長綜理全局事務並指揮監督所屬職員

第二十四條　財政局設秘書一人薦任秉承局長核閱全局文稿及辦理交辦事項

第二十五條　財政局職掌如左

一、全市財政收支事項

二、預算決算編造事項

三、全市各種稅收之稽徵整理事項

四、市有財產之管理及使用收益處分事項

五、市營事業之管理事項

六、其他財務行政事項

第二十六條　財政局設第一第二第三三科每科設科長一人荐任秉承局長分掌各該科事務各科得按事務之性質酌分若干股

第二十七條　財政局設科員三十五人至四十五人辦事員三十八人至四十八人均委任秉承長官分掌各該科股事務每股並指派科員一人爲主任

第二十八條　財政局因事務之繁簡得酌用雇員其人數不得超過三十人

第五章　工務局

第二十九條　工務局設局長一人簡任秉承市長綜理全局事務並指揮監督所屬職員

第三十條　工務局設祕書一人薦任秉承局長核閱全局文稿及辦理交辦事項

第三十一條　工務局職掌如左

一、公用房屋公園公共體育場公共墓地等建築修理事項

二、市民建築之指導取締事項

三、市內民營公用事業設備之管理監察事項

四、道路橋樑碼頭溝渠堤岸及其他公共土木工程事項

五、河道港務及船政飛機塲等管理事項

六、關於疏通河渠修築道路及其他工務上徵工事項

七、其他工務行政事項

第三十二條　工務局設第一第二第三三科及技正室每科設科長一人室設主任技正一人技正二人至五人均荐任秉承局長分掌各該科室事務各科室得按事務之性質酌分若干股

第三十三條　工務局設科員十二人至二十人技士六人至十八人技佐五人至八人繪圖員四人至八人辦事員十八人至十六人均委任並得酌用實習生六人至十八人委任待遇秉承局長分掌各該科室股事務每股並指派科員或技士一人爲主任

第三十四條　工務局因事務之繁簡得酌用技術員三人至五人雇員八人至十五人監工四人至十人

第六章　教育局

第三十五條　教育局設局長一人簡任秉承局長綜理全局事務並指揮監督所屬職員

第三十六條　教育局設祕書一人荐任秉承局長核閱全局文稿及辦理交辦事項

第三十七條　教育局職掌如左

一、公私立小學中學師範及其他專科學校之管理及改進事項

二、義務教育之推廣與私塾之取締改良事項

三、民衆補習教育與一般社會教育之提倡與推廣事項

四、學校衛生及公共體育之提倡與推廣事項

五、中小學教員之檢定登記與社教人員之養成事項

六、名勝古蹟之保存及文化機關之監督事項

七、生產教育之研究與推行事項

八、其他教育行政事項

第三十八條 教育局設第一第二第三三科每科設科長一人薦任秉承局長分掌各該科事務各科得按事務之性質酌分若干股

第三十九條 教育局設督學二人至四人薦任視察二人至五人委任秉承局長調查視察及指導全市教育事務

第四十條 教育局設科員二十人至三十人辦事員十人至二十人均委任秉承長官分掌各科股事務每股並指派科員一人爲主任

第四十一條 教育局因事務之繁簡得酌用雇員其人數不得超過二十人

第七章 衛生局

第四十二條 衛生局設局長一人簡任秉承市長綜理全局事務並指揮監督所屬職

第四十三條 衛生局設秘書一人薦任秉承局長核閱全局文稿及辦理交辦事項

第四十四條 衛生局職掌如左

一、公共衛生事項

二、醫政保健防疫檢驗事項

三、醫院診所中西藥業菜市屠宰場公共娛樂場所及公共墓地之管理設備及取締事項

四、其他衛生行政事項

第四十五條 衛生局設第一第二第三三科及技正室每科設科長一人室設技正一人均薦任秉承局長分掌各該科室事務各科室得按事務性質酌分若干股

第四十六條 衛生局設科員十五人至二十五人辦事員八人至十六人均委任分掌各科股事務每股並指派科員一人爲主任

第四十七條 衛生局設技士二人至六人（醫師藥劑師化驗師統計員等均屬之）技佐五人至十人（藥劑士護士化驗員等均屬之）均委任辦理各科股一切事宜

第四十八條 衛生局因事務之繁簡得酌用衛生稽查員及雇員其衛生稽查員人數不得超過十六人雇員人數不得超過二十人

第八章　地政局

第四十九條　地政局設局長一人簡任秉承市長綜理全局事務並指揮監督所屬職員
第五十條　地政局設秘書一人荐任秉承局長核閱全局文稿及辦理交辦事項
第五十一條　地政局職掌如左
一、土地登記事項
二、土地測量事項
三、土地徵收事項
四、地權之處理事項
五、地價之查估土地稅及改良物稅之核定增值稅之徵收事項
六、市有土地及旗地旗產之整理事項
七、公有地之墾殖事項
八、其他各種地政事項
第五十二條　地政局設第一第二第三三科每科設科長一人薦任秉承局長分掌各該科事務各科得按事務性質酌分若干股
第五十三條　地政局設技正一人至二人一等估計專員一人均荐任二等估計專員一人至二人均委任秉承局長辦理技術上事務及土地與改良物價值之估計事項
第五十四條　地政局設科員二十人至三十人技士三人至六人技佐六人至十人測量員八人至十二人辦事員十二人至二十人均委任秉承長官分掌各科股事務每股並指派科員或技士一人爲主任
第五十五條　地政局因事務之繁簡得酌用雇員其人數不得超過五十人

第九章　附則

第五十六條　本市政府宣傳處之組織依照中央頒行之組織條例辦理
第五十七條　本市政府辦事通則暨各處局辦事細則另定之
第五十八條　各處局得舉行處務或局務會議其會議規則另訂之
第五十九條　本規則如有未盡事宜得由市長提交市政會議議決呈請行政院核准修正之
第六十條　本規則自公布之日施行

修正南京特別市各區公所組織規程

民國三十一年十一月份修正公布施行

第一條　南京特別市政府為加強保甲組織促進地方自治起見特設置城區公所六處鄉區公所四處除實驗區外並按事務繁簡轄境廣狹城鄉各區酌列一二三等其管轄區域另定之

第二條　城區列一等者為第二區列二等者為第一第三兩區列三等者為第四第五兩區鄉區列一等者為上新河區列二等者為安德門區列三等者為孝陵衛區

右列各區各設置區公所

第三條　各區公所設區長一人秉承　市長之命督率所屬職員辦理本區事務

第四條　各區公所辦理事務受市政府各主管局處之督導

第五條　各區公所設左列各組

一、第一組　掌理會議文書人事會計庶務繙譯及不屬其他各組之事項

二、第二組　掌理公安公益農林土地文化教育徵工募捐救濟衛生及宣傳等事項

三、第三組　掌理戶口工商業之調查統計登記保甲之編組整理及選舉等事項

第六條　前條各組除鄉區三等區不設組員外其一二等區應設員額如左

第一組設組長一人組員一人至二人助理員一人至二人

第二組設組長一人組員一人至二人助理員一人至二人

第三組設組長一人組員二人至四人戶籍員或助理員四人至八人

第七條　城鄉各區公所因事務之需要得用通譯員一人及僱員五人至十人

第八條　組長組員助理員或戶籍員由區長呈請　市政府委任之僱員由區長派充呈報　市政府備案（任免規則另訂之）

第九條　各區公所經費由市政府直接發放其預算另訂之

第十條　各區依地方及事務情形設置坊鄉鎮長及保甲長

前項坊鄉鎮長及保甲長為無給職但得酌給辦公費用

第十一條　各區公所各項行政設置非經呈報　市政府核准許可不得施行

第十二條　各區公所辦事細則另定之

第十三條　本規定如有未盡事宜之處得隨時修正之
第十四條　本規程由　市政府公布施行

南京特別市衛生局傳染病院組織規則 民國三十一年十一月份修正公布施行

第一條　本規則依據傳染病預防條例第三條暨南京特別市政府組織規則第九條之規定訂定之
第二條　本院直隸于南京特別市衛生局掌理全市傳染病之隔離治療及協助防疫事項
第三條　本院設院長一人秉承市長及衛生局局長之命綜理全院事務
第四條　本院設主任醫師一人醫師二人至四人承院長之命分掌診療事務
第五條　本院設護士長一人護士四人至八人藥劑生一人事務員一人至二人承長官之命辦理各項事務
第六條　本院分設治療隔離兩部
第七條　本院依照傳染病院之通例專治由醫院及醫師或官署轉送來院之法定傳染病患者或應予消毒隔離之人
第八條　本院暫設病床三十張遇必要時得隨時呈准增加之
第九條　本院診療規則及辦事細則另訂之
第十條　本規則如有未盡事宜得隨時呈准修正之
第十一條　本規則自呈奉　市政府核准後施行

南京特別市政府財政局田賦督徵員服務暫行規則 民國三十一年十一月份公布施行

第一條　本府為整頓田賦收入增加工作效能起見特設田賦督徵員以資推進
第二條　田賦督徵員暫設一人視事實需要得增設至三人但於田賦整理就緒後應即撤銷
第三條　田賦督徵員由財政局呈請　市長委任秉承財政局長及主管科長之命辦理左列事務
一、關於督催田賦舊欠事項
二、關於增加田賦收入事項
三、關於稽核田賦册照事項
四、關於擠查田賦地畝事項

五、關於改進田賦科則事項
六、關於整頓田賦計畫事項
七、關於其他田賦一切整頓事項

第四條　督徵員於執行督徵任務時得向田賦徵收處檢閱案卷册簿串照及調用有關職員俾資便利工作

第五條　督徵員對於整頓工作除隨時與田賦徵收處主任洽商進行外得隨時報告財政局長及主管科長查核辦理

第六條　督徵員應依照法令規定切實整頓徵收不得有徇情隱庇反違法舞弊情事違則從嚴懲處

第七條　督徵員應依照本府規定辦公鐘點在田賦徵收處工作如遇出勤時應隨時報告財政局長及主管科長查核否則以曠職論

第八條　本規則如有未盡事宜得由財政局隨時報府修正之

第九條　本規則經市政府核定公佈施行

公牘

南京特別市政府呈 府社字第　號

竊查本市各區公所爲推進市政之基礎須組織健全使各盡其責職庶幾政令之設施始克臻其效果茲以各區公所組織不合實際保甲編制又涉紛岐自應切實整頓予以改組澈底改革藉增工作效率爰擬修正南京特別市各區公所組織規程除公布並分令外理合檢同修正規程具文呈請鑒核俯准備案實爲公便

謹呈

行政院院長汪

附呈修正南京特別市各區公所組織規程一份（見法規欄）

南京特別市市長　周學昌

中華民國三十一年十一月　日

南京特別市政府呈 府財字第　號

案奉

鈞院行字第九七六〇號指令本府呈一件爲遵令修正本市電費附加路燈捐征收章程草案并另繕正本呈請鑒核備查由奉批內開：

「呈件均悉准予備查附件存此令」

等因奉此查此項路燈捐前經呈奉

鈞院指令核准照辦并遵令將章程草案修正另繕正本呈請備查并分咨財政部實業部查照備案各在案茲奉前因爲手續便利起見特依據章程第四條之規定委托華中水電公司代爲征收並另訂代征辦法一份自該公司收納十二月份電費時開始實行（即在該公司十二月份電燈電熱電力料金請求書內開始附加路燈捐）除分咨財政部實業部查照備案并佈告週知暨登報通告外

理合繕用華中水電公司代征路燈捐辦法一份備文呈送仰祈
鑒核備查實為公便謹呈

行政院院長汪

附呈送華中水電公司代征路燈捐辦法一份

南京特別市市長　周學昌

中華民國三十一年十一月　日

抄錄華中水電公司代征路燈捐辦法

一、各用戶每月應納之路燈捐由公司附記於電燈電熱電力料金請求書內通知各該用戶

二、路燈捐應於繳電費時一併繳納

三、公司收納路燈捐應將數額附記於電費收證內作為收捐之憑證不另發給收據

四、路燈捐之計算元位以下至分位為止分位以下四捨五入

南京特別市政府呈　府社字第　號

竊查本市各自治區區界與首都警察總監署所轄各警察局界線未能劃一因之行政上每多窒礙而各區局亦未能盡收聯絡合作之效爰會同首都警察總監署疊經開會討論現經公同決定本市自治區於城內增設區公所一處該區管界與中區警察局轄境相同定名為第四區並將本市各自治區及警察局轄境界綫均重為劃分彼此符合界限一致以利公務理合檢同本市市區圖暨各區界址圖計十一張備文呈請
鑒核俯准備查實為公便
謹呈

行政院院長汪

附呈本市市區圖暨各區界址圖十一張(略)

南京特別市市長　周學昌

中華民國三十一年十一月　日

內政部
南京特別市政府　會呈　字第　號

竊查今歲入秋以來各地霍亂蔓延蘇蕪一帶更見猖獗傳染迅速死亡相繼職府等爲預防蔓及京市保護市民安全起見除由職府飭屬加緊防疫注射外特再會同有關各方另行組織首都檢疫班及首都消毒班並設立臨時隔離所一處以資防範實施以來尚見成効惟查前項設施若檢疫消毒兩班之臨時雇員薪工車資隔離所之藥品材料病人膳食等經常開支以及開辦時之購置床舖傢俱器械修繕房屋等開辦費用總計支出爲數甚鉅値此市庫支絀實屬不勝負擔即職部方面亦因原有經臨各費均經指定用途亦然無款指撥予以補助然以首都人煙稠密中外雜居防疫工作又爲衛生要政際茲疫勢未除前項設施勢難停頓即原有隔離所一處現恐不敷容納擬予添設以擴容量檢疫消毒兩班亦須繼續厲行以杜根源惟因費用鉅大苦無的款可資挹注職等再三籌議祇有仰懇

鈞長俯賜允撥補助費國幣五萬元俾得繼續實施而竟全功是項補助費自當核實支銷以重公帑所有擬請撥付臨時防疫補助費各緣由理合繕具概算書一份具文呈請

鈞鑒賜予補助並乞

指令祇遵實爲公便謹呈

行政院院長汪

附呈首都臨時防疫補助費支出概算書一份(略)

內政部部長　陳羣

南京特別市市長　周學昌

中華民國三十一年十一月　日

南京特別市政府咨　府衛字第　號

案准

貴部衛一字第一四五號咨開：

「査關於本部直轄江蘇省各級衛生事業機關自本年七月份起中央停撥補助費由蘇省自給一案前經財政部主稿陳

述理由會同本部呈請 行政院令行江蘇省政府遵照接管經已分別移交清楚在案惟本案第二(江寧)縣醫院第四(江都)縣醫院第十(崇明)縣醫院等三處准江蘇省政府祕一字第五六五號咨以不在轄境範圍以內未便越境接管等由復經本部據咨轉呈 行政院核示茲奉 行政院行字第九九一五號指令開『呈件均悉該部直轄第二第四第十等縣醫院既不在江蘇省轄境範圍仰候分行南京上海兩特別市政府及蘇北行營分別遵照接管具報附件存』等因奉此自應遵辦除分咨并令飭各該縣醫院遵照外相應抄送第二縣醫院經費數目一覽表咨請查照辦理并盼先期示知接收日期以便派員監視移交再關於各該院移交清冊現未到齊一俟貴市政府確定接收日期卽行專案咨送」等由附抄送第二縣醫院經費數目一覽表一紙准此自應照辦茲定於本月二十日上午十時雙方派員監視交接卽請查照辦理此咨

內政部

中華民國三十一年十一月　日　市長　周學昌

南京特別市政府咨　府衛字第　號

案准

貴部咨略開以直轄第二縣醫院移劃本府接管所有該院欠發各費囑卽送部俾于交接之時一併發放以清手續等由准此查該第二縣醫院欠發三十一年七、八、九、十、四個月份及十一月二十日爲止經費計共國幣一萬九千六百二十三元三角四分茲特派由該主管衛生局局長褚通爵攜同南京市銀行第三二一五五號支票計國幣一萬六千八百二十元暨第三二一五六號支票計國幣二千八百零三元三角四分各乙紙逕送

查收轉發爲荷

此咨

內政部

計附送南京市銀行第三二一五五號支票計國幣一萬六千八百二十元及第三二一五六號支票計國幣二千八百零三元三角四分各乙紙

中華民國三十一年十一月　日　市長　周學昌

南京特別市政府咨　府衛字第　號

案准

貴部衛一字第一四六號咨開：

「案准貴市府衛字第三七號咨：（原文在案不予重錄）尾開：等由，准此，自應照辦，玆定本月二十日爲交接日期，除派本部薦任科員陳世堃屆時前往監視移交幷令飭第二縣醫院遵照外，相應檢同第二縣醫院原送淸册，備文咨復，卽希查照辦理。至該第二縣醫院經費原案中央於本年七月份起停撥補助費，所有經費，併請貴市政府自本年七月份起負擔，以符原案。」

等由。附送第二縣醫院移交淸册十種各一册，准此，除七至十一月份經費，另籌辦法外；玆派本府專員瞿正川爲監盤員，並由衛生局派第一科科長周禮莊，醫政股主任科員程軼羣，辦理接收，定期會報。相應咨復，卽希

查照

此咨

內政部

中華民國三十一年十一月　日

市長　周學昌

南京特別市政府咨　府衛字第　號

案准

貴署總三字第三一六號咨以據首都淸潔隊馬皋鈐呈請遵照中央第二次薪餉加成辦法請自十一月份起准予照案增發該隊員伕薪餉加成以資救濟等情開具增加數目咨囑查照按月如數增撥轉發等由准此查淸潔隊自劃歸貴署管理後所有該隊經常費等統由貴署辦理本府按月撥給該隊補助費一萬圓該款純係補助性質並於移轉管理之時經雙方商定調齊辦法在該辦法中之第三條之規定此後所有該隊添置車輛工具以及增加人伕改善待遇一切種種費用概由

貴署規劃支配本府不再另行補助現値市庫支絀之際本府實已無力再行增加補助准咨前因相應咨復卽希

查照爲荷此咨

首都警察總監署

中華民國三十一年十一月　日　市長周學昌

南京特別市政府公函　府衞字第　號

查本年度種痘工作近將開始此項經費概算書預計不敷甚鉅關於痘苗六十萬人份之購入擬請
貴部援照成案補助半數計需日金三千元除塡送請求書六十萬人份由籐本連絡官轉達外相應函請
查照見覆爲荷

此致

南京防衛司令部軍警部

中華民國三十一年十一月　日　市長周學昌

附錄

大東亞戰爭一週年紀念 大東亞共榮圈 市長交換廣播

協力大東亞戰爭與開展興亞運動

南京特別市長周學昌廣播詞

前年十一月三十日締結中日基本條約及中日滿共同宣言，其目的在結成東亞軸心以應付世界無窮的事變同時也確立了復興東亞的根本精神，一年之後，大東亞戰爭的發動是世界動變中的必然事態，進一步說東亞民族團結起來排除英美侵略勢力的實現，也就是復興東亞的工作已走上實踐的道路。中日條約是確立了興亞的精神，指示了興亞的方向，而大東亞戰爭是基於這精神開闢了一條興亞的大路。

大東亞戰爭的根本意義是要復興東亞，但要復興東亞必先排除英美侵略勢力，要復興東亞必要解決中日事變實現全面和平，英美侵略勢力是和平運動的阻力，是東亞民族解放運動的枷鎖。所以要復興東亞，必須先排除英美勢力，解決中日事變，實現全面和平並聯合東亞民族，睦鄰友好同甘共苦，協力奮鬥。這就是大東亞戰爭的根本要求，也正是東亞聯盟運動的根本精神。

東亞聯盟運動的發動就是在求團結東亞民族的總力，共同保衛東亞，實現民族解放，完成東亞復興，聯盟的精神，是根據中日基本條約及三國共同宣言，結成東亞軸心，以担當東亞新秩序建設，而實現我中華民國　國父孫先生大亞洲主義的遺教，換句話說東亞聯盟的根本精神可由其四大綱領中求得之，例如說：「政治獨立」是要排除英美侵略勢力，完成東亞民族的解放，「軍事同盟」是在團結東亞民族的軍事力量掃蕩英美勢力以保衛東亞；「經濟提攜」是在抵制英美的經濟侵略，建設東亞經濟共榮圈；「文化溝通」是要廓清自由主義與共產主義思想而發揚東方文化精神。

這樣講來，東亞聯盟和大東亞戰爭的精神是一致的，目標是相同的。東亞聯盟是興亞運動的必然歸趨。大東亞戰爭則是興亞運動的工作實踐。東亞聯盟思想是支持大東亞戰爭的思想，而大東亞戰爭就是實現東亞聯盟的動力，大東亞戰爭勝利之時，也就是東亞聯盟理想實現之日，所以我們當前的任務是協力大東亞戰爭，與推進東亞聯盟運動，二者相互爲用。

東亞聯盟的思想是我們的中心信念，大東亞戰爭的協力是我們分內的工作，我們相信大東亞戰爭必然勝利，東亞聯盟必然結成，我們的信念集中，步調一致，同甘共苦，向着完遂大東亞戰爭之路邁進，向着復興東亞的大路邁進。

以上希望中國都市市民，首先努力完成任務，更盼望東亞各大都市市民共同努力！

市政公報暫定價目表

期限	價目	郵費
零售	每册五角	本市四分 外埠八分
半年	十二册六元	本市四角八分 外埠九角六分
全年	二十四册十二元	本市九角六分 外埠一元九角二

市政公報廣告刊例

頁數	價目
一頁	每期十八元
半頁	每期九元
四分之一頁	每期四元五角

刊登廣告在四期以上者每期按照七折計算連續十期以上者每期按照六折計算長期另議

出版日期 本公報暫定每月二次

編輯者 南京特別市政府祕書處

發行者 南京特別市政府祕書處

印刷者 南京時代印書館 地址：南京朱雀路邀貴井十八號 電話：二二五九五號

中華郵政掛號認爲第一類新聞紙類　江蘇郵政管理局執照第一〇四三號

中華民國三十一年十二月十五日

市政公報

第一零九期

南京特別市政府秘書處印行

目錄

命令

法規

公牘

行政院訓令

行政院訓令　行　字第　　號

令南京特別市政府

現奉

國民政府第三六五號訓令開：

「據本府文官處簽呈稱：『准中央政治委員會祕書廳中政祕字第二二九一號公函內開：「查三十一年十一月十九日中央政治委員會第一一六次會議討論事項第二案：　主席交議：『據行政院呈據實業部全國經濟委員會呈爲遵照本院第一三五次會議決議修訂中央物價對策委員會組織條例地方物價對策委員會組織規程實業部物價管理總局組織條例地方物價管理局組織規則暨中央物價對策委員會經常費實業部物價管理總局開辦經常各費支出概算書等草案呈核一案轉呈鑒核等情請公決案』當經決議『各該組織條例規則草案原則通過准先照辦仍交立法院審議經臨各費概算照案通過交行政院轉飭財政部照撥』紀錄在卷相應錄案並抄行政院原呈及實業部呈院原呈全國經濟委員會審查意見暨上項組織條例規則草案四種經臨支出概算書三種附表二份一併函達即請查照轉陳分令立法院暨行政監察兩院分別轉飭實業財政審計等部及有關各部會各省市政府遵照等由」理合簽請鑒核』等情據此自應照辦除分令外合行令仰該院轉飭財政實業兩部並有關各部會及各省市政府遵照」。

等因：奉此。除分行外合行抄發中央及地方物價對策委員會實業部物價管理總局及地方物價管理局組織條例規則草案各一份令仰該府遵照！此令

計抄發中央物價對策委員會組織條例草案地方物價對策委員會組織規程草案實業部物價管理總局組織條例草案地方物價管理局組織規則草案各一份。

中華民國三十一年十二月　日

院長　汪兆銘

中央物價對策委員會組織條例草案

第一條　國民政府爲安定物價調節物資供求設置中央物價對策委員會（以下簡稱本會）直屬行政院

第二條　本會設主任委員一人由實業部長兼任之委員六人至八人由行政院院長指派之

第三條　本會設祕書長一人秉承主任委員之命綜理本會一切日常事務設祕書若干人由主任委員就關係各部會職員中調用之

第四條　本會每月開常會一次必要時得開臨時會議均由主任委員定期召集之

第五條　本會決議事項由實業部執行之其有關各部會主管事項應分咨各該主管部會查照辦理

第六條　本會一切日常事務由實業部物價管理總局辦理之

第七條　本會會議規則另定之

第八條　本條例自公布之日施行

地方物價對策委員會組織規程草案

第一條　地方物價對策委員會以下列有關機關之長官組織之並指定地方物價管理局局長爲主任委員

一、地方物價管理局局長

二、糧食行政長官

三、鹽務行政長官

四、建設或社會行政長官

五、警察行政長官

六、商業繁盛區域之縣長

前項參加地方委員會之縣長由中央物價對策委員會斟酌指定之

第二條　地方委員會以地方物價管理局之管轄區域爲區域

第三條　地方委員會審議事項如左

一、關於雙方執行中央物資物價決令之應行聯絡事項

二、在中央物資物價法令許可範圍內因當地情形必須增訂之補充辦法事項

三、根據地方情形向中央陳請事項

第四條 地方委員會之決議事項應由地方物價管理局負責執行之

第五條 地方委員會會議規則由各該委員會另行訂定之

第六條 本規程自公布之日施行

實業部物價管理總局組織條例草案

第一條 實業部爲處理中央物價對策委員會事務設置物價管理總局

第二條 物價管理總局設局長一人由實業部次長兼任秉承實業部部長之命綜理全局事務設副局長二人由實業部關係司長兼任輔助局長辦理全局事務

第三條 物價管理總局得分科辦事分科規則由實業部定之

第四條 物價管理總局置秘書科長視察員辦事員各若干人由實業部分別荐委任用之

第五條 本條例自公布日施行

地方物價管理局組織規則草案

第一條 地方物價管理局直隸於實業部兼受該管區內最高地方行政官署之監督辦理各該管轄區內之物價管理行政事項

第二條 地方物價管理局管轄區域由中央物價對策委員會會議決定之

第三條 地方物價管理局設局長一人簡任秉承實業部部長之命綜理全局一切事務

第四條 地方物價管理局設左列各課

一、總務課

二、管理課

三、查緝課

第五條 總務課之職掌如左

一、關於文書之撰擬事項

二、關於印信之典守事項

三、關於文件之收發事項
四、關於案卷之保管整理事項
五、關於各項會議之紀錄事項
六、關於職員之任免及考勤事項
七、關於會計出納及庶務事項
八、不屬於其他各課事項

第六條 管理課之職掌如左
一、關於每月物資配給基準數量之統計及申請事項
二、關於當地物資移動之審核及轉呈事項
三、關於當地物資之配給及監督管理事項
四、關於當地物資之生產及統計事項
五、關於當地物價之評定及審核事項
六、關於管理物資物價之地方設計及計劃事項
七、關於當地物資需供之調節及管理事項
八、關於當地物資產銷存積之統計及呈報事項

第七條 查緝課之職掌如左
一、關於當地物資生產及躉售零售價格之調查事項
二、關於違反物資管理現行法令之查緝事項
三、關於封鎖非和平區經濟之執行及查緝事項
四、關於當地物資產銷存積之調查事項
五、關於特種經濟警察之指揮管理事項

第八條 每課設課長一人薦任秉承局長之命掌理全課事務其人選由局長遴員呈請實業部轉呈行政院任命之

第九條 地方物價管理局設祕書一人督察員稽查員各課員若干人均由局長分別薦委任用之

第十條 地方物價管理局因事務上之必要得酌用雇員

第十一條　地方物價管理局辦事細則另定之

第十二條　地方物價管理局得於轄區內重要地點酌設分局其組織另定之

第十三條　本規則自公布之日施行

命令

南京特別市政府訓令　府社字第　號

令本市公糶委員會

案准實業部合字第九〇四號咨開：

「案據本部同人消費有限合作社呈稱：『查本京各機關職員之食米原由糧食管理委員會依據各該機關合作社之申請數量核實配給辦法良善職員稱便自京市實施公糶後對各機關消費合作社之食米即停止配給各機關職員則發給甲種購米證惟現在各公糶處均係米商代辦商人惟利是圖致購買發生困難往往奔馳數日不得粒米公務員栗碌從公既無暇逐日守候街頭以購米而家屬多係婦孺之輩更無力在羣衆中爲購米而擠軋因之一般公務員於伏案工作之時再生無米爲炊之煩擾民衆因無相當組織不得不指定商號代辦公務員既有合作社之組織自可由合作社配給以免假手奸商增加困難茲因社員之請求擬請鈞長准予轉咨糧食管理委員會查照原案即日恢復各機關同人消費合作社配米辦法將所有已發各機關職員之甲種購米證一律改由各機關消費合作社憑證統計逕請核發公糶米至於戶口調查及核發購米證手續仍由公糶委員會辦理以一事權如此不過將一部份公務員應購之米改由公務員合作社發售不獨無礙公糶制度抑且藉以實驗公糶方法事關公務員生活之安定伏祈俯准實爲公便』等情據此查核所擬辦法尙屬需要案關本京公務員食糧配給除分咨糧食管理委員會外相應咨請查照核辦見復」

等由准此除函復外合行令仰該會即便遵照統籌辦理爲要

此令

中華民國三十一年十二月　日

市長　周學昌

南京特別市政府訓令　府社字第　號

令市農商工整會

案准實業部商字第八八二號咨開：

案奉　行政院行字第七五五八號訓令開：『現奉國民政府第二六七號訓令開：「據本府文官處簽呈『准中央政治委員會第一〇七次會議討論事項第九案　主席交議「各主管部會及關係部會對於各種人民團體管理權之劃分訂定原則請公決案」當經決議『通過』紀錄在卷相應錄案抄附上項原則函達即希查照轉陳分令遵照」等因理合簽請鑒核』等情據此自應照辦除分令外合行抄發原附條令仰該院分別轉飭遵照」等因計抄發原附各主管部會及關係部會對於各種人民團體管理權之劃分原則一份奉此除分行外合行抄發是項原則令仰該部飭屬一體遵照』等因計抄發各主管部會及關係部會對於各種人民團體管理權之劃分原則一份奉此查根據此項原則規定凡農會商會工商同業公會及工業聯合會等一切實業團體概歸本部組織指導及監督在各省市即以建設廳社會局為主管機關茲為實施管理起見所有貴市已經成立之前項農工商會貴市政府迅令社會局轉飭先行申請備案本部並為明瞭各該團體組設經過繹製就調查表式一種凡已經成立之實業團體於先行申請備案時均應照式填具與其他法定文件一併補呈來部用資查核至其原有圖記在各關係法規未經修正公布以前准予暫時應用此外貴市如有應組織而尚未組織之實業團體亦應分別督飭促其設立以增團結除分咨外相應抄附前項原則暨調查表式咨請查照辦理見復為荷」

等由並附送各主管部會及關係部會對於各種人民團體管理權之劃分原則實業團體組織經過調查表式各一份准此自應照辦除分行外合亟抄發各項表式令仰該會遵照務於文到十日內迅即依式填就調查表並備具原訂章程理監事名單）詳列姓名性別年歲籍貫現任會內職務職業及其地位通訊處（暨圖記鈐記印模單各一式兩份一併呈送來府以憑核辦毋誤為要

此令

計抄發各主管部會及關係部會對於各種人民團體管理權之劃分原則一份實業團體原則組織經過調查表式兩份

中華民國三十一年十二月　日　　市長　周學昌

三十一年九月　日國民政府第　號訓令飭遵

一、農會商會工商同業公會及工業聯合會等一切實業團體統歸實業部組織指導及監督在地方即以建設廳社會局及縣市政府為主管機關（除如郵政公會應歸交通部主管銀行公會應歸財政部主管糧食業同業公會應歸糧食管理委員會主管教育會應歸教育部律師公會應歸司法行政部醫師公會應歸內政部新聞記者公會及戲劇電影廣播音樂等團體應歸宣傳部主管依此類推）

二、社運會關於政治思想之訓練及必要之政治運動對各職業團體有指導之權

三、各地社運會對於各職業團體如認爲於政治上有不法行爲時得商同當地主管機關（建設廳社會局）呈經上級機關之核准改組之

四、勞工團體因與羣衆運動有密切之關係暫歸社運會主管但仍應呈報關係部會核准備案（如碼頭工會須呈報交通部核准備案）

五、社運會爲羣衆運動時應注意各職業團體固有之業務幷須於事前與當地主管機關協商行之

六、學生團體及青年團體歸新國民運動促進委員會組織指導及監督其他農工商等職業團體及文化團體事業方面歸關係部會主管新運會就推行新運方面負指導之責幷隨時與主管部會聯絡

通過後送國民政府飭行政院轉飭各該主管機關遵照幷飭立法院根據以上原則修正各關係法規

實業團體組織經過調查表

團體名稱	成立日期	核准及備案機關	組設或整理經過

會務推動狀況	經費來源及支出情形	備註

南京特別市政府訓令 府社字第　號

令城鄉各區公所

案准

首都警備司令部函開：「略於本部為積極冬季防空演習起見定於本月三日開防空演習會議屆時請派員出席為荷」等由本府當卽派員出席所商討之事項主要有四種（一）關於情報傳達須迅速（二）分區演習時要盡力消滅高度燈光（三）無論何人須切實遵守違者以通敵論（四）由警防團通知民衆等語准函前由除分令外合亟令仰該區遵照并飭屬一體遵辦切切

此令

中華民國三十一年十二月　日

市長 周學昌

南京特別市政府訓令　府社字第　號

令城鄉各區公所

案准

糧食管理委員會公函內開：

「查本會現為嚴格管理各地米商經營食米運銷業務起見經決定先就徵購米穀各區舉辦米商註册除將前訂行政院糧食管理委員會米商註册章程酌加修正呈請　行政院核示俟奉令再行函達外相應先行函請貴市政府查照并希轉飭社會局暫時停發米商營業執照以利推行」等由准此除分令外合亟令仰該區長遵照嗣後辦理工商登記遇有申請開設米糧業登記案件一律暫予停止接受為要

此令

中華民國三十一年十二月　日　市長　周學昌

南京特別市政府訓令　府社字第　號

令各區公所

查本市各區辦理劃界工作一事經本府製定各區辦理劃界中心工作大綱及重編保甲推選保甲長實施辦法令飭遵照在案茲為編組保甲促進完成起見特將辦理手續補充說明以利進行合行檢同補充重編保甲推選保甲長實施辦法一份令仰該區遵照并飭將坊長人選務於本月十日以前報府誓核切切

此令

計發補充重編保甲推選保甲長實施辦法一份（見法規欄）

中華民國三十一年十二月　日　市長　周學昌

南京特別市政府訓令　府社字第　號

令市社運會主任委員
社會局兼理局長

案奉

行政院行字第八三〇六號訓令略開：

「案據本市猪業代表王學銘等呈控張雲濤勾結官吏壟斷猪業把持會務并未遵照政府前訂四項辦法公平處理呈請澈查法辦等情查所呈各節究竟是何實情除批示外仰該市府切實查明妥爲辦理飭遵具報」

等因；抄發王學銘等原呈一件，奉此，卷查本市猪商迭起糾紛先後奉令查辦經飭由該會局與社會局市社運會將猪行鮮肉客販三方合併組織猪業整理委員會，并擬具四項辦法，期使三方通力合作，以息紛爭，呈報在案。嗣因該會常委施文時把持會務被控，自行向該會市社運會呈請辭職，并經該會市社運會擬具改組猪整會綱要暨組織大綱，懇請與社會局該局各派代表一人爲猪整會當然常務委員，以資就近監督管理，而免再度發生糾紛情事，呈經本府核准施行各在案，茲奉前因，遵經派員視察該猪整會事權不一，行政系統不明，辦事多有未合，而猪行店三方各因利害關係，各存成見，未能切實合作，關於猪隻搬運證之分配，竟爲三方爭逐之焦點，張雲濤憑藉與友軍訂有華中契約之特殊關係，居間壟斷，引起紛爭，現搬運證雖已由會辦理，但仍有由張雲濤暗中操縱之說，本府爲救平爭端，當就視察實際情形，擬具調整綱要，訂定猪整會辦事細則，猪販重行登記辦法，搬運證申請規則，暨稽查私猪獎懲辦法，以資整飭而利會務，除呈報並分令外合行抄發調整綱要等件，令仰該會局切實遵照規定，對於該會局應行監管事項，恪遵辦理，毋得違誤，併仰轉飭遵照。

此令

計抄發調整猪業整理委員會綱要猪整會辦事細則猪販重行登記辦法搬運證申請規則稽查私猪獎懲辦法各一份（見法規欄）

中華民國三十一年十二月　日

市長　周學昌

南京特別市政府訓令　府祕字第　號

令本府各局處
城鄉各區公所

案准內政部警午四字第三三一四號咨開：

「查各省市發給人民居住證，本部原定首都自五月二十日各省市六月一日開始辦理預計四個月完成，故於補充辦法內規定舊證時效爲四個月，業經分別咨行在案，嗣以各地籌備需時，先後呈請展期，除首都自六月一日着手籌辦外，其他各省市有遲至八月或九月十月始行實施者，辦理既有遲早之不同，而舊證有效期間因而不能一致似非確定結束時期，不足以重要政。茲本部爲謀劃一整齊，及確定舊證時効起見，特將發證日期，展至本年十二月底止，無論舉辦之先後，屆期一律竣事，所有舊證亦同時失效，以免參差不齊。除分別呈報咨行外，相應咨請查照，轉飭所屬警察機關遵照。」

等由；准此，合行令仰該會局處區知照並轉飭所屬一體知照。

此令

中華民國三十一年十二月　日

市長　周學昌

南京特別市政府訓令　府財字第　號

令京南市銀行

查本市市民食米業經本府實施計口配給米糧來源欠暢茲爲預防不足起見暫由市銀行墊款向有恆公司購存麵粉壹萬袋以備接濟除函商該公司照數撥售外合行令仰該行遵照迅即派員逕往接洽幷將辦理經過情形具報備查爲要

此令

中華民國三十一年十二月　日

市長　周學昌

南京特別市政府訓令　府財字第　號

令日僑家屋組主任趙志方

查本府代管日僑家屋向由該組負責管理經收租金辦理以來頗稱便利所有新住宅區租金前由各租戶逕向本府財政局繳納原係臨時辦法且新住宅區內亦多日僑居住業已陸續劃歸該組管理現尚有三十餘戶仍係逕行赴局繳租茲爲劃一代管家屋管理及收租辦法應自三十二年一月一日起將新住宅區家屋一併劃歸該組負責管理並依照該組規定代管手續重行調查另訂租額俾期一律而免紛歧其在卅一年十二月底以前舊欠租金應准仍照原額繳納合行抄發代管新住宅區家屋租金表令仰該主任遵照切實辦理隨時具報爲要

此令

計抄發代管新住宅區家屋租金表一份（略）

中華民國三十一年十二月　日

市長　周學昌

南京特別市政府訓令　府財字第　號

令本府各局處附屬機關、區公所、市商會、市銀行

案准

財政部錢壹字第一七二號咨開：

「案查蘇浙皖三省及南京上海兩市新舊幣最後交換一案前經由部佈告咨達並於十一月有日電請飭屬加緊督促曉諭人民於限期內儘數掉換各在案茲查上項新舊幣最後交換期限截至十一月三十日止業經屆滿自民國三十一年十二月一日起所有蘇浙皖三省及南京上海兩市全境以內之舊幣應即依照本部錢壹字第二十三號佈告除禁止行使攜帶外並絕對不許保存持有如有私藏或故違法令者一經查出即予沒收充公從嚴懲處除分行外相應咨請貴市政府查照並希轉飭所屬一體遵照爲荷」

等由；准此，自應照辦，除分行外，合行令仰該〇遵照並轉飭所屬一體遵照

此令

中華民國三十一年十二月　日

市長　周學昌

南京特別市政府公告　字第　號

案查中央儲備銀行以業務進展原有行屋不敷應用請予依法徵收該行後面毗連之糖坊橋十號至念貳號一帶房地以資建築一案業經呈奉

行政院行字第九六五七號指令應予照准在案合亟依照土地法第三百六十條與同法施行法第八十三條之規定揭示公告自即日起旬後列各業戶檢同所有權狀分段圖查驗證等各項證明文件送呈本府地政局審核以憑發給土地房屋等補償金一俟公告期滿本據呈繳各項證件即予依照土地法第三百七十九條第三百八十五條之規定辦理幸勿自誤合行公告週知

計開

土地所有權人姓名籍貫住址　夏秀鏞鑫糖坊橋廿二號　張虎臣潤生糖坊橋十八號至二十號　李汗波石笙糖坊橋十六號　汪時福鑑糖坊橋十號至十四號

土地面積及坐落四至　詳圖表

定着物情形　詳圖表

他項權利人姓名

聲請登記日期

公告期滿日期

中華民國三十一年十二月　日

市長　周學昌

政地局局長　胡政

南京特別市政府公告　字第　號

案據業戶汪學志儒呈報薛家巷第十一十三號房地產原領前土地局所發壹字第一四八九號所有權狀及共字四一五壹號共有保持證各壹件遺失請予補給並准予移轉經飭據呈繳聲明遺失報紙暨鄰商兩保前來玆依照土地法第一百四十條第二款之規定揭示公告自公告之日起對於該項遺失所有權狀及共有保持證如有因權利關係聲明異議者須於三個月內提出理由書暨證明文件呈候核辦一經公告期滿無人異議卽予依法補給圖狀並准移轉營業合行公告週知

中華民國三十一年十二月　日

市長　周學昌

地政局局長　胡政

南京特別市政府公告　字第　號

案據業戶張志學呈報坐落寧海路第四二號房地產原領前土地局所發六字第六二八號所有權狀及六區四二〇五段一九五分段圖各壹件因事變遺失請予補給等情經飭據呈繳聲明圖狀遺失報紙暨鄰商兩保前來玆依照土地法第一百四十條第二款之規定揭示公告自公告之日起對於該項遺失圖狀如有因權利關係聲明異議者須於三個月內提出理由書暨證明文件呈候核辦一經公告期滿無人異議卽予依法補給圖狀管業合行公告週知

計開

聲請人姓名

及籍貫住所

土地坐落

及四至面積

申報地價

定着物情形

共有權人

他項權利人

公告日期

公告期滿日期

中華民國三十一年十二月　日

市長　周學昌
地政局局長　胡政

南京特別市政府公告　字第　號

案據業戶謝養廉呈報坐落琥珀巷第三號房地產原領前地政局所發轉字第六五六號所有權狀及一區一三〇三段分段圖各一件因事變遺失請予補給等情經飭據呈繳聲明圖狀遺失報紙暨鄰商兩保前來茲依照土地法第一百四十條第二款之規定揭示公告自公告之日起對於該項遺失圖狀如有因權利關係聲明異議者須於三個月內提出理由書暨證明文件呈候核辦一經公告期滿無人異議卽予依法補給圖狀管業合行公告週知

計開

聲請人姓名
及籍貫住所
土地坐落
及四至面積
申報地價
定着物情形
共有權人
他項權利人
公告日期
公告期滿日期

中華民國三十一年十二月　日

市長　周學昌
地政局局長　胡政

南京特別市政府公告 字第　號

案據業戶周盛呈（椿松強堯）報坐落大牛首巷第三十二三十四一二八一三〇號房地產原領前土地局所發五字第一一七三號所有權狀及五區二九三三段分段圖各一件暨共字第二四二三四共有人保持證三張因事變遺失請予補給等情經飭據呈繳聲明圖狀證遺失報紙暨鄰商兩保前來茲依照土地法第一百四十條第二款之規定揭示公告自公告之日起對於該項遺失圖狀證如有因權利關係聲明異議者須於三個月內提出理由書暨證明文件呈候核辦一經公告期滿無人異議卽予依法補給圖狀及共有證管業合行公告週知

中華民國三十一年十二月　日

市長　周學昌

地政局局長　胡政

南京特別市政府通知 府社字第　號

查本府爲防止市民競買囤藏及物資外流起見、特訂定南京特別市政府限制商號門售貨物數量暫行辦法一種、定於本月十四日起實行、務仰迅卽派員挨次傳知各同業會員、按照規定門售貨物數量及物價評議委員會評定限價發售、不得故違、除分行外、合亟檢發上項暫行辦法二份、通知該會遵照、並轉飭各同業會員、一體遵照爲要、

計附發南京特別市政府限制商號門售貨物數量暫行辦法二份（見法規欄）

右通知南京特別市捲菸五洋業同業公會理事長陸炳鑫皂燭碱製造業同業公會理事長詹清和雜貨業同業公會理事長陳海如准此

中華民國三十一年十二月　日

市長　周學昌

法規

補充重編保甲推選保甲長實施辦法

一、各區坊界確定後愼重推選坊長其辦法由區長就該坊轄境內按照各區辦理劃界中心工作大綱第三項第二條之規定考核原任坊長是否符合如不符合卽另行指定統限於本月十日以前報府核奪

二、坊長由區指定後責成坊長僱用事務員一人并將事務員履歷限於本月十二日以前報府備查

三、本府十一日起各坊派戶籍員一人會同坊長事務員查塡戶長姓名表幷按照各區辦理劃界中心工作大綱第四項規定指定甲長甲長人選由坊長戶籍員指定之）報區核奪

四、各甲甲長指定後卽責成甲長塡報該甲內各戶普通住戶戶口調查表及市民切結購米證底册等事項於一二日遞交坊公所報區核辦

五、區公所根據普通住戶戶口調查表市民切結核發戶籍門牌

六、木質門牌懸掛於該戶門前以便調查

七、根據甲數編保推選保長由甲長公推或由坊長指定報區審核

八、無論何時如有戶口異動應隨時報告甲長轉報保長坊長區公所辦理人事登記違則得停發該戶購米證

南京特別市政府限制商號門售貨物數量暫行辦法

一、南京特別市政府爲防止競買囤藏及物資外流起見除法令別有規定外特訂定本辦法

二、商號門市售賣貨物數量之限制暫以左列各種物品爲限惟必要時得斟酌情形隨時增減之

(1)火柴每次限購二小盒

(2)肥皂每次限購一塊

(3)洋燭每次限購一枝

三、商號發售貨物須絕對遵守物價評議委員會評定限價否則一經查獲或被舉發定卽按照取締私抬物價暫行條例從嚴

懲罰

四、同業整售批發須事前將購進貨物商店牌號地址貨名數量及批售價目由售出商店切實報告本府社會局經核准後始得移動

五、本辦法自公佈之日實行必要時得隨時修訂之

調整猪業整理委員會綱要

查本市猪整會辦事多有未合揆是原因厥在事權不一行政系統不明所致茲從調整人事劃分事權着手再以保障軍猪費取締私猪整頓猪隻搬運證三方面推進以資整飭而利會務茲列舉調整綱要如左

一、由社會局會同猪整會與友軍續立契約以昭信守

二、依照本府前定四項辦法第四項「……并將許可證交由本府轉發該會公開支配採辦以昭公允」之規定將猪隻搬運證交由本府社會局直接辦理但爲便利販商申請及採辦猪豚迅速起見得由社會局派駐該會代表就近辦理

三、該會現爲常委制無專管責任遇事互相推諉事權不明明定該會辦事細則規定各常委專管責任劃分內部各組事權裁減冗員以清系統而利會務

四、該會對於主管機關之呈文應由五常委共同署名蓋章以防操縱（如對外有用條戳者其文稿亦應由五常委共同蓋章

五、查本市猪販未經登記者爲數因多而已經登記未能按月採辦猪豚來京以供民食者亦頗不乏人其妨害猪隻來源影響猪隻價格姑置不論且有少數販商以轉賣猪隻搬運證牟取非法利益着由該會通知各豬販重行登記并明定登記辦法以杜流弊

六、查私豬之稽查暨搬運證繳銷現均由上海牲畜市場南京駐在員派員在各城門口檢查驗收至豬隻入城以後即無法辨別其是否私豬該會既負有繳納固定軍豬費之責任似應由該會秉商社會局兼理俾軍豬費得有保障由本府與聯絡官洽商辦理

七、明定豬隻搬運證申請規則以資遵守

八、訂定防止私豬辦法以防偷漏

九、訂定稽查私豬人員獎懲辦法以防舞弊

十、該會應造具收支概算書呈由本府核准後施行并應按月造具收支計算書表呈報本府備查并於會中公布之

十一、該會總務股管理事項現無人擔任亦爲該會會務亂雜原因之一着由社會局代表負責處理

南京特別市猪業同業公會整理委員會辦事細則

第一條　本細則根據本會暫行組織規則第十二條之規定訂定之

第二條　本會根據暫行組織規則第五條之規定設常務委員五人秉承　市長及社會局長市社運會主任委員之命主管會務並指導監督所屬職員辦理本會各項事務

第三條　本會根據暫行組織規則第六條之規定設置總務販運猪行鮮肉四股並根據同規則第八條之規定各股設主任一人由整理委員中互推兼任之

(一)總務股之職掌如下：

一、總收發文之登記事項

一、歸檔調卷事項

一、用印繕校事項

一、職員登記考勤事項

一、現金出納事項

一、編製預決算事項

一、單據粘存事項

一、不屬其他各股事項

一、存儲物品借用事項

一、消耗物品購入支給事項

(二)販運股之職掌如下：

一、猪販商之管理監督事項

一、猪販商之考查獎懲事項

一、猪隻產地產量價格之調查事項

一、猪隻來源調查疏通事項

一、猪隻搬運證之申請配發事項（該股彙齊後呈市政府社會局核發）

(三)猪行股之職掌如下；

一、猪隻來京之統計報告事項

一、代客買賣執行遵守限價事項
一、猪隻來京後之防疫檢查事項
一、猪行商之登記出會入會事項
一、關於私猪稽核事項
(四)鮮肉股之職掌如下：
一、鮮肉商之監督管理事項
一、鮮肉商店之防疫消毒事項
一、鮮肉限價之遵守執行事項
一、鮮肉商之登記及出會入會事項

第四條 根據暫行組織規則第五條之規定政府機關代表二人爲當然常務委員其職掌分配如左：
市社會局代表
一、關於業務方面之調整改善事項
一、關於申請分配猪隻搬運證之監督事項
一、監督猪行鮮肉兩股遵守限價之執行事項
一、關於市長社會局長交辦事項
市社運會代表
一、關於全體會員大會及各股會員召開會議之監督指導事項
一、關於會務推進調整改善事項
一、監督豬行鮮肉兩股遵守限價之執行事項
一、關於社運會主任委員交辦事項

第五條 本細則如有未盡事宜得隨時呈請修正之
第六條 本細則自頒佈日施行

南京特別市稽查私猪獎懲辦法

第一條　凡採運豬隻來京槪須遵照南京特別市豬隻搬運證申請規則繳納軍豬費請領搬運證

第二條　凡零星豬隻或關廂各區豬隻欲行搬運來京者亦須照章繳納軍豬費請領搬運證

第三條　豬販商採搬豬隻來京應遵照指定城門及規定時間進城否則以私豬論

第四條　商販倘不遵守本辦法第一第二第三條規定意圖偷漏或將已宰成白肉入市者一經查獲即由豬整會轉呈市政府按照下列各款處罰並仍須追繳其軍豬費及其他應納費用

一、第一次按所值百分之二十處罰

二、第二次按所值百分之五十處罰

三、連續違犯二次以上者全部沒收並取消其在豬業中享有之一切權利

第五條　豬販商搬運豬隻進城時應將搬運證出示稽查人員驗明並由稽查人員在搬運證背面註明運入豬隻數目及到着時日以及運往何時

第六條　豬販商將豬隻搬運來京應立即送交豬行不得私相售買豬販商將豬隻交付豬行後應索取收據以備有關機關查考

第七條　各豬行及湯鍋應按日將進出豬隻數目據實塡報豬整會轉呈主管機關

第八條　違犯前條規定或串同隱匿等情經查屬實後除對豬販按照第四條各款處罰外其串同之機關團體人員應予以行政處分

第九條　前項罰金以十分之三充作查獲員之獎金十分之三充作執行機關之提獎其餘十分之四留作豬整會印刷收據及各項手續費用

第十條　罰金收據採用四聯式第一聯塡給商販收執第二聯留存執行機關第三聯由豬整會按日彙呈主管機關查核第四聯存豬整會備查

第十一條　本辦法經南京特別市政府公佈施行

第十二條　本辦法如有未盡事宜得隨時呈請修改之

南京特別市豬販重行登記辦法

第一條　凡本市豬販欲行繼續營業者均應依照本辦法重行申請登記

第二條　申請重行登記之豬販必須具備左列各項條件

一、已取得豬業整理委員會會員資格者

二、在本市管區內能取得殷實舖保者
三、能遵守限價不做非法漁利擾亂市面者
四、有按月供給本京豬隻能力者

第三條　申請重行登記之豬販應親自塡寫申請登記志願書（式樣如附表）並繳納半身像片二張

第四條　申請重行登記之豬販於塡寫志願書時應註明每月供給本市豬隻能力（如供給數目不足亦須負擔繳納軍豬費及其他各項應繳費用）但此項數目之確定社會局有酌予增減權

第五條　如具備本辦法第二條各款規定之單獨客販無力自行營業者准由數人合行登記

第六條　前條規定之合行登記者應於塡寫申請登記志願書附記欄內註明共同營業者之姓名住址及代表人等項

第七條　凡重新登記之豬販應塡具保證書（式樣如附表）經審查合格即由南京特別市政府社會局發給登記證明書並承認爲本市豬業整理委員會會員

第八條　凡經許可登記之豬販非經南京特別市政府社會局核准不得擅行停止營業

第九條　本辦法經南京特別市政府公佈施行

第十條　本辦法如有未盡事宜得隨時修正之

豬販商申請登記志願書

一、姓名　　二、現在住址
三、年齡　　四、舖保及開設地址
五、每月供給本市豬隻能力
六、資本金數目
七、經營販豬若干年

附記

申請人　印

中華民國　　年　　月　　日

南京特別市猪販商保證書

保證人　　今保證　　在南京特別市充營豬販營業每月擔保供給南京市豬隻　　頭並行爲端正不做非法漁利如稍有違背保證人願負連帶責任特此證明

保證人　　　　印

舖　　戳

開設地址　　街　　巷門牌　　號

營業執照號碼　　年　　月　　字第　　號

印花

被保人像片

中華民國　　年　　月　　日

南京特別市猪隻搬運證申請規則

第一條　凡於民國三十一年　月以後經南京特別市政府社會局核准登記註册取得南京特別市豬販商許可之豬販請領豬隻採辦證赴鄉區搬運者適用本規則之規定

第二條　凡豬販請領搬運證均須依照申請豬隻搬運證須知（式樣如附表）親自塡具申請書呈交社會局審核

第三條　社會局收到前項申請書經審査合格後豬販商須預先繳納軍豬費定期由豬業同業公會整理委員會轉知各申請人來局具領搬運證

第四條　申請採辦豬隻數量單位不得少過五十頭但無資力申請五十頭者得湊合二人或三人連同申請之

第五條　凡豬販申請搬運豬隻數量每人每月不得超過五百頭

第六條　凡領得搬運證之豬販應遵守限期將申請搬運豬隻如數運京倘有違反得停止申請搬運一次（但所担任繳納之軍豬費應照數繳納）

第七條　豬隻進城以玄武門挹江門中華門等爲進城地點並規定每日上午八時至下午六時爲進城時間

第八條　豬販經辦豬隻進城時應將搬運證出示稽查人員驗明並由稽查人員在搬運證背面註明運入豬隻數目及到着時日運往何行等項如運辦豬隻已滿申請額申請人即將原領搬運證繳回社會局註銷

第九條　豬販將豬隻搬運進城後應悉數送交豬行轉售不得私相售買

第十條　各豬販搬運豬隻如不遵守本規定時得依情節輕重論處

第十一條　凡未具請領搬運證而私販行賣者一經查實即將豬隻充公而其情節較輕者得減輕其處罰

第十二條　凡市內喂戶飼養豬隻欲行出售時雖勿庸請領搬運證但須照章向社會局或向社會局指定地點繳納軍豬費其繳納手續另定之

第十三條　行店進出豬隻應逐日塡具報表隨時報告豬業整理委員會轉呈市政府社會局以憑查核

第十四條　本規則經南京特別市政府公佈施行之

第十五條　本規則如有未盡事宜得隨時呈請修正之

豬隻搬運證申請書

南京特別市豬販商　　等欲赴　　縣採辦豬豚運京售賣敬祈核發搬運證以資搬運謹呈

南京特別市社會局

計開

申請人	代表人	合
採辦數量		
採辦地點		
登記證字號		
現在住址		
蓋章備攷		

資	人		合計

中華民國三十一年十二月　日

申請豬隻搬運證須知

1. 凡申請搬運證應於每月每旬之前五天內來局塡具申請書
2. 將申請書連同身份證呈局經審查合格後方得繳款
3. 凡申請人無資力申請五十頭或一百頭者得湊合二人或三人申請之須負連帶責任
4. 每人每月申請數量不得超過五百頭
5. 申請人自領得搬運證之日起應於三十天內赴指定產地將申請數量整批運京倘逾期者取銷搬運資格
6. 申請人領得搬運證後不得私相授受
7. 豬隻進城應遵守指定城門及時間違者以私豬論

物資搬運證申請書處理手續暫行辦法

一、甯配搬運證甯統出證及實需證明書三種申請書處理手續悉照本辦法辦理
二、以上三種申請書收發事宜應由社會局收發處指定職員專責辦理
三、社會局收發處應印備三聯式收發單據（式樣如附圖）備用
四、收發處應備具十行簿三本於收到上述任何一種申請書時應立即編號登記並掣發收據交該申請人收執俟具領時將該收

據繳銷

五、收發處收到各種申請書應於當日下午五時前送第三科(工商股)審查第三科審查完畢移第四科(物資股)核辦

六、上述各種搬運證之辦理爲體卹商艱獎勵搬入計如實需證明書甯統出證及八項(香烟洋火肥皂石油臘燭棉布棉紗糖)統制物資以外之甯配搬運證等均應隨收隨辦

七、上述搬運證雖非八項統制物資但遇城內某項物資發生恐慌時物資股負責人得按其情況重輕減少其數量或限制搬出

八、第六條所述八項物資搬出申請書用城廂各區受有配給數量限制故爲核發便利計每月上中下旬三期辦理

九、前條所述統制物資於每期核發前應由物資股科員先將全期收到申請書彙齊按照各區配給數量申請家數列成分配表呈物資股主任轉呈主管科長蓋章後再行辦理

十、社會局第四科辦理各項搬運證之核發事宜應分別簽註意見編號登簿轉呈市長核閱蓋章後轉送祕書處外事室

十一、外事室收到社會局送來之申請書應即在原送件簿上蓋章將原送件簿交還社會局

十二、外事室應另立十行格簿三本將收到之申請書分別登記於二天內送連絡官蓋章轉防衛司令部蓋章辦妥後仍送還第四科交社會局收發處發送

十三、申請人向收發處領取辦妥之申請書應持同前發之第二聯收據(蓋章必與原申請書相同)否則一概不准領取

十四、收發處應於每月五日前將已發出之申請書存查頁及收據存根等送第四科編造統計表層轉特務機關

十五、本辦法如有未盡事宜得隨時呈　市長修改之

申請書收據

兹收到

商號送來申請　　等項物資搬

運證　份此據

（遺失自誤）

社會局收發室　蓋章

中華民國　年　月　日　經手人　印

此聯繳社會局交申請人收據

（該領申請書交收發處繳銷）

字第　　號

搬運證收據

今收到

南京特別市物資配給委員會發給第　　號

搬運證一紙此據

商號

具領人代表人

住址

（遺失自誤）

中華民國　年　月　日

此聯申請人蓋章送社會局

字第　　號

存根

兹有　　商號來局申請搬運　　等項物

資於　月　日送來　申請書　份

經手人　印

中華民國　年　月　日

此聯存收發室備查

公牘

南京特別市政府 首都警察總監署 會呈 行政院

案據首都清潔隊隊長馬皋鈐呈以近來物價飛漲生活高昂本隊員伕薪餉較其他機關爲最低平均每月收入尚不足維持個人生活此次中樞體念公務員之艱苦改善待遇薪俸再加八成用資救濟本隊事同一律擬請俯恤下情賜准援例自十一月份起職員暨公役遞加八成班長隊士依照長警加成辦法照原餉增加五成俾資安定生活等情據此查該隊每月經常費一萬五千四百二十七元暨第一次加成經費八百六十元除由職府按月補助一萬元暨附征店舖清潔捐約三千元外餘在職署征收住戶清潔捐項下撥付歷經辦理在案茲查該隊經常費概算書內俸薪列一千零零五元工資列七十元應加八成計八百六十元班長餉列一千零八十五元隊士餉列一萬一千五百五十元應加五成計六千三百十七元五角合共七千一百七十七元五角是項加成經費亟須盡力籌付惟現值市庫支絀之際職府實已無力再行補助職署所收清潔捐每月約計七八千元除印製三聯單收據暨添置清潔車及該隊各項之必要工具與夏冬兩季舉行清潔運動週之費用外亦無餘款足資撥付似應設法另籌藉以挹注查職署經徵之住戶清潔捐原定捐額甲等住戶一元乙等住戶四角丙等住戶二角爲數均屬低微擬自本年十二月份起將甲等住戶捐額改爲兩元乙等住戶捐額改爲一元丙等住戶捐額改爲五角所增之數以之移充該隊第二次加成經費在人民方面增負無幾而清潔業務得賴以順利推行是否有當理合具文呈請

仰祈

鑒核指令祇遵

謹呈

行政院院長汪

南京特別市市長　周學昌

首都警察總監署　鄧祖禹

中華民國三十一年十二月　日

南京特別市政府咨 府社字第　　號

案准

貴部合字第九〇四號咨：「略以據本部同人消費有限合作社呈為公務員購米困難請轉咨糧管會恢復各機關消費合作社配給辦法等情咨請核辦見復」等由准此查恢復各機關消費合作社配米辦法業經本府公糶委員會訂定請購手續公諸報端並通告限期造册送會以便統籌配發在案茲准前由除據情令飭公糶委員會統籌辦理外相應咨復即希

查照轉飭知照為荷

此咨

實業部

中華民國三十一年十二月　日　市長　周學昌

南京特別市政府公函 府工字第　　號

案准

貴部警三字第三零四零號公函以據密報距挹江門南約四里之定淮門環林池雖已堵閉然城牆上有一孔洞內外可通難免奸宄暗中運私除飭屬嚴密防範外函請迅予派員僱工修理等由當經飭交工務局辦理去後茲據復稱查近來城牆發現孔洞數處雖非本局範圍均經隨時派工修理惟查此類事件屢有發現事關首都城防為一勞永逸起見擬請轉函憲兵司令部警備司令部首都警察總監署派工會同將京市損壞城牆一次勘估以便通盤計劃呈請行政院撥款興修而固城防等情查該所稱尚屬實在自應准予照辦除分別函請派員會同勘估外准函前由相應函復即希

查照派員於本月十二日上午十時前來本府工務局以便會同往勘為荷

此致

首都憲兵司令部

中華民國三十一年十二月　日　市長　周學昌

南京特別市政府公函 府工字第　號

案准

首都憲兵司令部警三字第三〇四〇號公函内開

「案據密報稱距挹江門南約四里之定淮門環林池雖已堵閉然城牆上有一洞孔内外可通」等情據此查定淮門城門上既有洞孔發現難免奸宄暗中運私除飭所屬嚴密防範外相應函請貴府查照并迅予派員僱工修理以防走私至紉公誼並希見復爲荷」

等由准此當經飭交工務局辦理去後茲據復稱查近來城牆孔洞之處屢有發現均經派工隨時修理惟事關城防爲一勞永逸起見擬請轉函憲兵司令部警備司令部及首都警察總監署派員會同將京市損壞城牆一次勘估以便通盤計劃呈請行政院撥款興修而固城防等情查核所稱尙屬實在自應准予照辦除分函外相應函請查照派員於本月十二日上午十時前來本府工務局以便會同往勘爲荷

此致

首都警備司令部

首都警察總監署

中華民國三十一年十二月　日　市長　周學昌

市政公報暫定價目表

期限	價目	郵費
零售	每册五角	本市四分 外埠八分
半年	十二册六元	本市四角八分 外埠九角六分
全年	二十四册十二元	本市九角六分 外埠一元九角二

市政公報廣告刊例

頁數	價目
一頁	每期十八元
半頁	每期九元
四分之一頁	每期四元五角

刊登廣告在四期以上者每期按照七折計算連續十期以上者每期按照六折計算長期另議

出版日期 本公報暫定每月二次

編輯者 南京特別市政府祕書處

發行者 南京特別市政府祕書處

印刷者 南京時代印書館 地址：南京朱雀路遊貴井十八號 電話：二二五九五號

中華民國三十一年十二月三十一日

市政公報

第一一〇期

南京特別市政府秘書處印行

中華郵政掛號認爲第一類新聞紙類 江蘇郵政管理局執照第一〇四三號

目錄

命令

法規

公牘

行政院訓令

行政院訓令　行　字第　號

令南京特別市政府

現奉

國民政府第三七六號訓令開：

「據本府文官處簽呈稱「准中政會秘書廳中政秘字第二三四二號公函內開：「查三十一年十二月五日中央政治委員會臨時會議　主席交議「立法院委員陶錫三等勾結奸商壟斷民食監察委員馬孟莊等傳播小册煽動民心違法亂紀擬將立法院委員陶錫三監察院委員馬孟莊呂一峯趙世鈺免職聽候查辦請公決案」當經決議「通過送國民政府」紀錄在卷相應錄案函達至希查照轉陳明令免職並令行行政立法司法監察考試等五院分別轉飭有關各機關知照」等由理合簽請鑒核」等情據此除已將各該員明令褫職聽候查辦外合令該院知照並轉飭知照」

等因：奉此查此案前准　國府文官處函同前由業經分令知照在案茲奉前因除分行外合行令仰該府知照

此令

中華民國三十一年十二月　日

院長　汪兆銘

行政院訓令　行　字第　號

令南京特別市政府

現奉

國民政府第三七五號訓令開：

「據本府文官處簽呈稱；「准中央政治委員會秘書廳中政秘字第二三三四號公函開；「查三十一年十二月三日中央政治委員會第一一八次會議討論事項第二案主席交議「在政務官懲戒委員會未成立以前關於政務官之彈劾案擬

由中央政治委員會受理之請公決案」當經決議「通過並送國民政府通飭遵照」紀錄在卷相應錄案函達即請查照轉陳通令飭遵」等由：理合簽請鑒核」等情據此自應照辦除分令外合行令仰該院遵照幷轉飭遵照此令」。等因；奉此除分行外合行令仰該府轉飭所屬一體遵照

此令

中華民國三十一年十二月　日　院長　汪兆銘

行政院行字第八六一二號訓令

事由：奉　國府令發修正財政部稅務署組織法令仰飭屬知照由

中華民國三十一年十二月　日

行政院行字第八六一二號訓令

事由：據蘇北行營代電縣保衛團法暫行停止後各縣原有自衛團隊尚未及改編依舊存在者如何處置一案令仰遵照由

中華民國三十一年十二月　日

命令

南京特別市政府訓令 字第　號

令本府各處局會
區公所

案奉

行政院行字第八五八三號訓令內開：

「案查國民服制條例及圖式前奉 國民政府第二八七號訓令頒行下院業經通令所屬一體遵照在案嗣據漢口特別市政府呈字第一四七八六號呈稱『案奉鈞令頒發國民服制條例及圖式遵經轉飭所屬遵照在案惟公務員之妻室而非公務員者如遇參加各種典禮時是否能佩該公務員同等級之襟帶抑仍佩三行五列之一般國民襟帶理合備文呈請解釋通令祇遵』等情；據此，當經飭據內政部會同新國民運動促進委員會審議復稱；『遵經會同審議認爲公務員之妻室而非公務員者穿著國民服參加典禮時應佩帶三行五列之國民襟帶不能佩帶與其丈夫同等級之襟帶其理由謹分陳如左：一、公務員之妻室而非公務員者於參加典禮時係以國民資格參加自應佩帶國民襟帶二、公務員之妻室而非公務員者與其丈夫同時參加典禮時佩帶國民襟帶仍不失其配偶關係三、公務員之妻室而非公務員者如規定得與其丈夫佩帶同等級之襟帶參加典禮則公務員之妻室而有公務員身份者既可佩帶其本職之襟帶又可佩帶與其丈夫同等級之襟帶究有不當四、公務員之妻室而非公務員者如規定得佩帶與其丈夫同等級之襟帶則無異以女性爲男性之附庸殊失男女平等之精神五、公務員穿著國民服參加典禮時佩帶其本職之襟帶係表示在國家任職之身份與等級如非公務員不應佩帶奉令前因理合將審議結果會銜呈復仰祈鑒核』等情；前來，查核該部會所議辦法與 中央政治委員會第一一八次會議討論事項第一案第四項決議相同自應如議辦理除指復暨分別呈咨通令外合行令仰該府轉飭所屬一體知照此令」

等因奉此自應遵辦除分行外合行令仰該○一體遵照

此令

中華民國三十一年十二月　日

市長 周學昌

南京特別市政府訓令 第 號

令各區公所 市銀行 市公典
各處局 城鄉實驗區公所

案奉

行政院行字第八六一五號訓令開：

「現奉國民政府第三七八號訓令開：據本府文官處簽呈稱准中央政治委員會秘書廳中政秘字第二三三〇號公函開：查三十一年十二月三日中央政治委員會第一一八次會議討論事項第一案 主席交議據新國民運動促進委員會呈關於民國禮服服制請示四點擬解釋如下(一)中央政治委員會委員禮服襟帶銀線道數比照國民政府委員但有本職者從其本職(二)常服紐扣夏白冬黑禮服紐扣用白銅質嘉禾中嵌中華民國四字(三)著常服行禮時脫帽著禮服行禮時舉右手近帽簷與軍禮同(四)婦女本身有官職者夏淺藍冬深藍銀線道數依其本身官職之等級本身無官職者銀線道數與無官職之男子同服色不拘當否請公決案當經決議通過送國民政府通飭遵照紀錄在卷相應錄案函達即希查照轉陳通令飭遵等由理合簽請鑒核等情據此自應照辦除分令外合行令仰該院遵照並轉飭所屬一體遵照等因奉此除分行外合行令仰該府飭屬一體遵照

等因奉此除分令外合行令仰該〇轉飭所屬一體遵照

此令

中華民國三十一年十二月 日

市長 周學昌

南京特別市政府訓令 府社字第 號

令各區公所

案據本市城區自治實驗區公所呈稱

「查本區第八次區務會議第三組提以本京食糧配給數量減低近來時有住戶人口以少報多之現象擬由各坊嚴密查察凡新報戶口非有來住地之證明文件坊保甲長不得率爾蓋章證明以杜弊端案當經議決通知各坊切實辦理並呈請市府通行各區參照辦理以資週密等語紀錄在卷除通知所屬各坊切實遵辦外此項辦法可否轉知各區切實辦理俾資一律而期

週密理合呈請鑒核施行」

等情據此查核所稱尙屬可行除指令准予照辦暨分令外各行令仰該區公所參照辦理以期週密而杜流弊並飭屬知照爲要

此令

中華民國三十一年十二月　日　市長　周學昌

南京特別市政府訓令　府社字第　號

令城區各區公所

查本市民食自發給公糶購米證勵行持證購米制度以來關于購米證之核發其經辦人員兢兢守法者固屬多數但徇情營私者間亦難免茲爲澈底改善糶政起見爰經重訂填發購米證須知一種以憑換發新證自卅二年一月份起應憑新證購米所有辦理換證手續限於本月內辦竣並將填發人暨各該區長組長坊長戶籍員之私章預先製成印鑑送府存查此次換發新證各經辦人員務須切實恪守規定辦理勿容徇情營私一經查出定予嚴懲不貸除由中央暨本府米糧稽查人員隨時出發密查外合行抄發填發購米證須知一份令仰該區長轉飭所屬一體切實遵照辦理切切

此令

計抄發填發購米證須知一份

中華民國三十一年十二月　日　市長　周學昌

填發購米證須知　十二月二十二日重訂

(一)填證時注意事項：

一、購米證底册必須與戶長姓名表核對無訛方可填證

二、購米證填寫時注意事項如下：

1. 證面上「區字第號」按照各坊爲單位編列號碼用已定戳記蓋「填發人」「領證人」俱蓋私章

2. 證裏「姓名」用墨筆或鋼筆填寫「人口」數字用戳記蓋「每日購米數量」用戳記蓋「住址」用墨筆或鋼筆填

寫「坊保甲戶」用戳記蓋「購米處」番號地址俱用戳記蓋「公糶會組員」暨「區長」「組長」「坊長」「戶籍員」均須蓋私章

三、購米證不得有塗改遺漏訛誤及重複等情事

(二)發證時注意事項：

一、領證人應攜帶私章門牌證及舊有購米證將舊證繳銷核對門牌證後加蓋私章於底册及購米證上

二、在核對門牌證時如發現有錯誤如姓名不符或人數不對時卽須飭由戶籍員核對清楚後方可照發

三、如新證人口較舊證人數增加過多時應遝派戶籍員復查清楚後再行核發

南京特別市政府訓令　府社字第　號

令城鄉各區區公所

查城鄉各區農田畝及放墾荒地瞬屆春耕所有播種面積共需種子數量亟應調查以資考核茲制定三十二年度各農田春夏兩季播種主要農作物應需種子數量調查表附塡表須知一種除分行外合亟檢發上項表式令仰該區遵照尅速派員轉飭各鄉鎭長切實依式查塡限於三十二年一月十日以前彙呈報到府以憑察核毋得延誤爲要

此令

附發三十二年度各農田春夏兩季播種主要農作物應需種子數量調查表二份

中華民國三十一年十二月　日

市長　周學昌

南京特別市　區三十二年度各農田春夏兩季播種主要農作物應需種子數量調查表

坊別	品種名稱	播種總面積	每畝播種量	共需數量	已有數量	尙需數量	備註
		畝		石	石	石	

填表須知

一、本表以區爲單位每區查填一張
二、農作物種子如秈糯稻玉蜀黎黃豆青豆科豆菜豆芝蔴棉籽等類應需何項擇要分別填明
三、蓖蔴及其他種子如需要者亦即填入
四、此表務於三十二年一月十日以前查填完竣呈送不得延擱

中華民國三十二年一月　日

區區長
調查員
（均簽名蓋章）

南京特別市　區三十二年度各農田春夏兩季播種主要農作物應需種子數量調查表

鄉（鎮）別	品種名稱	播種總面積	每畝播種量	共需數量	已有數量	尚需數量	備註
		畝		石	石	石	

填表須知

一、本表以鄉爲單位每鄉查填一張
二、主要農作物種子如秈糯稻玉蜀黍黃豆青豆赤豆科豆芝蔴種籽等類分別填明
三、蓖蔴及其他種子如需要者亦即分別填入
四、此表務於三十二年一月十日以前查填完竣呈送不得延擱

中華民國三十二年一月　日

區區長
鄉（鎮）長
（均簽名蓋章）

南京特別市政府訓令　府財字第　號

令　會局
　　社運會
　　市商會

案奉

行政院行字第八五二七號訓令內開：

「案據財政部提請將棉紗火柴統稅改爲從價征稅並改訂稅率一案業經本院第一三八次會議通過呈請　中央政治委員會鑒核在案現奉國民政府第三六七號訓令開『據本府文官處簽呈稱「准中央政治委員會秘書廳中政秘字第二三二二號公函開『查三十一年十一月二十六日中央政治委員會第一一七次會議討論事項第二案　主席交議「據行政院呈爲本院第一三八次會議財政部提擬將棉紗火柴統稅改爲從價徵稅並改訂稅率一案決議通過自本年十一月二十六日起施行錄案呈請鑒核等情請公決案」當經決議『通過施行日期由財政部以命令定之並交立法院連同棉紗火柴統稅條例審議修正』紀錄在卷相應錄案並抄附原呈函達即希查照轉陳令行行政院轉飭財政部並分令立法院遵照』」等由理合簽請鑒核』等情據此自應照辦除分令外合行令仰該院轉飭財政部遵照」等因奉此並准　中央政治委員會秘書廳中政秘字第二三一二函同前由除分令行財政部遵照並分行外合行抄發財政部原提案令仰該府飭屬一體知照」

等因計抄發財政部原提案一件奉此除分行外合行抄發原提案令仰該局會知照并飭屬一體知照！

此令

計抄發財政部原提案一件

中華民國三十一年十二月　日

市長　周學昌

抄財政部原提案一件

查火柴棉紗兩項統稅向係根據舊章從量徵稅茲以各該貨品物價飛漲較之已往奚啻倍蓰原訂稅率與貨價之比例實相差過鉅自應重加調整以裕庫收擬請將火柴改爲從價徵收百分之十棉紗除角布一項己係從價徵收不予變更外其餘一律改爲從價徵收百分之五至於徵稅之價格擬由稅務署組織評價委員會分別就其產銷狀況暨批售價格平均核定以昭公允是否有當請

轉呈
院長提交行政院會議決議施行並請轉提
中央政治委員會審議

財政部部長周佛海

南京特別市政府訓令 府財字第　號

令本府各局處附屬機關

案奉
行政院行字第八四四六號訓令略以奉
國府令開於財政部呈請各機關三十二年度上半年支出概算擬仍一律依照三十一年度下半年原核定數編製一案業經中政會決議通過令仰遵照等因奉此自應遵辦茲查三十一年度行將終了本市三十二年度上半年概算亟應編製惟值此市庫萬分艱窘之際爲力求收支平衡起見特訂定本府各機關編製三十二年度上半年收支概算辦法兩項以期共同維持除分令外合亟抄發該辦法令仰遵照所有三十二年上半年各機關收支概算統限於三十二年一月五日以前編齊一式五份呈候彙辦毋稍違延切切
此令
計抄發辦法一份

中華民國三十一年十二月　日

市長　周學昌

南京特別市政府各附屬機關編製三十二年度上半年收支概算辦法

一、三十二年度上半年各機關經常費仍照三十一年度下半年原核定數編列除呈准有案者一概不准增加。

二、凡有收入之機關應分別調整稅率及徵收方法務求增加收入俾使收支平衡。

南京特別市政府訓令 府財字第二七四號

令捐稅征收所所長江兆龍

查本市各項捐稅，係爲市庫經常收入，原定征收標準，均甚輕微，現在物價高漲，事實變遷，自應因時制宜，俾期適合環境。除牲畜屠宰等稅業經專案另行整頓外，玆將應行調整各項捐稅分列于下：(一)舖房捐，因商舖發達，房價增高，應按原征收標準酌加五成，改征百分之十八。(二)筵席捐，旅館捐，牙行捐，均屬取締行爲性質，應各按照原征收標準一律增加五成。(三)車捐，係屬使用地方公有財產範圍，除汽車按原征收標準增加五成外，其他各種車輛，均按原標準加倍征收。(四)娛樂捐，屬於取締及奢侈性質，普通娛樂捐原征百分之十二，改徵百分之二十。舞票娛樂捐原征百分之十五，改征百分之二十五。均自三十二年一月一日實行。本府對於市政設施，旣須積極推進，所需市政費用，自當設法妥籌，惟以顧念民生，不願稍涉苛擾，故僅就原有捐稅，酌予改進征收，實於整頓稅收之中，仍寓體恤商民之意。除布告外，合行令仰該所長遵照，自三十年一月一日起，依照改進征收標準，分別實行征收，并將辦理情形具報備核！

此令

中華民國三十一年十二月 日

市長 周學昌

南京特別市政府訓令 府財字第 號

令本府各局處會 附屬機關 城鄉各區公所 南京市商會 銀行

案奉

行政院行字第八五九九號訓令開

「現奉

國民政府第三八四號訓令開『查民國三十一年甲種糧食庫劵條例及民國三十一年乙種糧食庫劵條例均經制定明令公布應即通飭施行除分令外合行抄發民國三十一年甲種糧食庫劵條例及民國三十一年乙種糧食庫劵條例各一份奉此除分行外合行抄發上項庫劵條例兩種令仰該府飭屬一體知照

等因附發民國三十一年甲種糧食庫劵條例及民國三十一年乙種糧食庫劵條例各一份奉此除分行外合行抄發上項庫劵條例兩種令仰 知照

此令

計抄發民國三十一年甲種糧食庫券條例及民國三十一年乙種糧食庫券條例各一份

中華民國三十一年十二月　日

市長　周學昌

民國三十一年甲種糧食庫券條例

民國三十一年十二月十二日公布

第一條　本庫券定名爲民國三十一年甲種糧食庫券

第二條　本庫券定額爲四萬萬元以充國民政府購辦糧食之用

第三條　本庫券係記名式票面額分爲一百萬元五十萬元十萬元一萬元四種

第四條　本庫券以中央儲備銀行券支付之

第五條　本庫券自民國三十一年十二月十五日起發行每次發行數目應由糧食管理委員會就該月購糧所需款額一個月前商同財政部決定之至發足四萬萬元爲止

第六條　本庫券由財政部長糧食管理委員會委員長簽印後交由中央儲備銀行承受之

第七條　本庫券利息由財政部糧食管理委員會與中央儲備銀行商定之

第八條　本庫券定爲一年期內得將本金及利息陸續償還至期滿時償清

第九條　本庫券以政府所購儲之糧食爲保證

第十條　本庫券收支帳目應由財政部會同審計部隨時稽核之

第十一條　對於本庫券如有僞造或毀損信用等情由司法機關依法懲辦

第十二條　本條例自公布日施行

民國三十一年乙種糧食庫券條例

民國三十一年十二月十二日公布

第一條　本庫券定名爲民國三十一年乙種糧食庫券

第二條　本庫券定額爲一萬萬元以充國民政府建築儲糧倉庫及辦理一切糧政事業之用

第三條　本庫券係記名式票面額分爲一百萬元五十萬元十萬元一萬元四種

第四條　本庫券以中央儲備銀行券支付之

第五條　本庫券定民國三十一年十二月十五日起分次發行

第六條　本庫券由財政部長及糧食管理委員會委員長簽印後交由中央儲備銀行承受之

第七條　本庫券利息由財政部糧食管理委員會與中央儲備銀行商定之

第八條　本庫券自發行之日起五年以後償清之

第九條　本庫券以糧食管理委員會經營業務之財產爲保證

第十條　本庫券收支帳目應由財政部會同審計部隨時稽核之

第十一條　對於本庫券如有僞造或毀損信用等情由司法機關依法懲辦

第十二條　本條例自公布日施行

南京特別市政府訓令　府衞字第　號

令前傳染病院院長黃道三

案准暫編陸軍獨立步兵第十四旅司令部需字第五一六號公函略開以本旅士兵患疫承院留診毋任感荷所墊用費是應歸還無如本旅剏奉令整編限期結束無款預付且患疫用費甚爲複雜一時難於彙集非俟編組完竣無暇辦理如迫不及待請逕向　陸軍部請支茲准前由相應函復請煩査照並轉飭知照爲荷再病兵名冊列劉燕章馮樹亭二名査此次患疫病兵並無此兵合倂聲明等由准此除飭本府衞生局逕向陸軍部商洽請領外合行令仰該前院長迅將病兵名冊及各項用費分別査明尅日呈覆以憑核辦毋得稽延爲要

此令

中華民國三十一年十二月　日

市長　周學昌

南京特別市政府訓令　府宣字第　號

令本府所屬各機關

案准

宣傳部參字第三三八號咨開：

「案查無線電收音機取締暫行條例前經本部擬具呈奉　國民政府公布在案嗣因此事與軍事情報及防諜有關友邦當局甚為重視迭准日本大使館派員來部洽商協力實施辦法並定於本月十八日起切實施行為求嚴密取締起見關於無線電收音機取締暫行條例第二條違禁收音機之規定添加七燈以上一款又該條例施行細則前奉行政院會議通過飭由本部另行擬辦現經本部遵令擬具連同修正無綫電收音機取締暫行條例呈奉　行政院核准公布施行各在案查七燈以上收音機除特許者外一概不得使用或持有經協商同意要委派中國廣播協會備價收買至改造短波技術工作各地分別指定無綫電器商店或中國廣播協會直轄各電台担任並委託中國廣播協會協助各地主管官署監督改造工事及核發檢定證件以求手續簡便所收改造及檢查手續費額亦經議定至取締條例第二條規定凡欲使用持有或轉讓違禁收音機者應向當地最高行政長官請求許可貴府所轄各地除友邦居留民部份由當地日本領事館辦理外應請貴市長核辦具申請書表格並請按照取締條例施行細則第四條開列各項製發惟此次短波收音機取締務求嚴格執行其特許標準經與友邦關係當局協商訂定並准日本大使館提議各地設置一委員會辦理違禁收音機特許協議事宜由中日雙方有關機關代表共同組成此係為求協力全面取締實效並解決地方特殊情形辦法尚屬可行相應檢附該委員會組織辦法連同修正無線電收音機取締暫行條例無線電收音機取締暫行條例施行細則違禁收音機使用持有特許標準各地違禁收音機指定改造所一覽表各地違禁收音機改造費及檢查費一覽表各一份咨送　貴府查照出示布告於本月十八日起切實施行務求於最短期間內取締完竣並即與當地友邦領事館特務機關憲兵隊當局洽商協力辦理」

等由;附修正無綫電收音機取締暫行條例無線電收音機取締暫行條例施行細則,各地違禁收音機特許委員會組織辦法,違禁收音機使用持有特許標準,各地指定改造違禁收音機處所一覽表,各地違禁收音機改造費及檢查費一覽表各一份,准此,除分行及佈告外,合行抄發前項原附各件令仰該　遵照,并飭所屬一體遵照

此令

附發修正無綫電收音機取締暫行條例無綫電收音機取締暫行條例施行細則各地違禁收音機特許委員會組織辦法違禁收音機使用持有特許標準各地指定改造違禁收音機處所一覽表各地違禁收音機改造費及檢查費一覽表各一份

中華民國三十一年十二月　日

市長　周學昌

修正無線電收音機取締暫行條例

三十一年十二月十八日
國民政府修正公佈

第一條　裝設無線電收音機者除依裝設無線電收音機登記暫行辦法申請登記外並依本條例之規定

第二條　左列之無線電收音機不得製造使用持有或轉讓但經請求當地最高行政長官許可者不在此限

一、七燈以上

二、收音範圍超出周波數（波長）五五〇千周波（五四五公尺）至一五〇〇千周波（二〇〇公尺）以外者

三、內部裝置可任意更改為發報或發話用者

前項所稱當地最高行政長官除法令另有規定者外省為省政府主席特別市為市長

第三條　各地主管官署認為有製造使用或持有前條各款之收音機（以下簡稱違禁收音機）者應會同技術人員檢查其機器

中央主管官署對於第二條但書之獲得許可者認為有疑義時得委託各地主管官署依前條辦法檢查之或令其據實報告

前兩項所稱中央主管官署為宣傳部各地主管官署為各地警察機關

第四條　未經許可製造使用持有或轉讓違禁收音機者處一年以下有期徒刑拘役或三千元以下罰金并沒其全部有關之設備及機器

前項之未遂犯罰之

第五條　無正當理由而拒絕妨礙規避第三條一二兩項規定之檢查者處六月以下有期徒刑拘役或二千元以下罰金

第六第　第二條但書之請求或第三條第二項之報告虛僞不實者處六月以下有期徒刑拘役或二千元以下罰金

第七條　藏匿第四條之罪犯或教唆其隱避者處六月以下有期徒刑拘役或二千元以下罰金

第八條　本條例施行細則由宣傳部呈准行政院定之

第九條　本條例自公布之日施行

無線電收音機取締暫行條例施行細則

第一條　本細則依無線電收音機取締暫行條例第八條訂定之

第二條　製造使用或持有違禁收音機者應於本細則公布後最短期間內改造之

第三條　違禁收音機之改造應向主管官署指定之處所申請辦理並須繳納改造手續費

第四條　前兩項手續費額另定之
凡欲製造使用持有或轉讓違禁收音機者應向當地最高行政長官提出許可申請書註明左列事項呈請許可
一、姓名（如係轉讓應註承讓人姓名）
二、國籍（同上）
三、職業（同上）
四、住地（同上）
五、製造使用或持有地點
六、收音機樣式（廠名眞空管數及有無短波帶等）
七、數量
八、呈請許可之理由
凡爲前項之申請許可如係七燈以上之收音機除將前項各款註明外並須註明左列各款
一、收音機購入之年月日
二、購入時之價格
三、有無兼用之留聲機器設備

第五條　依前條規定已取得違禁收音機之製造使用持有轉讓許可者如欲變更收音機之樣式數量承讓人及呈請許可之理由時須詳註事由向原許可機關呈報請求許可

第六條　依第四條第一項規定業經呈准許可者如該條第一項第一至第五各款變更時應於兩星期內向原許可機關申報

第七條　停止違禁收音機製造使用或持有時應於五天以內呈報原許可機關並繳回前領許可證

第八條　各地主管官署認爲有取締之必要時得將該收音機保管

第九條　本細則呈奉　行政院核准施行

各地違禁收音機特許委員會組織辦法

一、本委員會辦理各該地違禁收音機使用持有特許協議事宜
二、本委員會由左列代表組成之

1.中國方面

一、當地最高行政官署代表一人

二、當地警察機關代表一人

2.日本方面

一、當地領事館代表一人

二、當地特務機關代表一人

三、當地憲兵機關代表一人

違禁收音機使用持有特許標準

一、機關團體請求特許使用持有違禁收音機者以左列資格爲限

1.軍事機關或部隊蒐集情報用者

2.行政機關蒐集情報用者

3.國營事業機關國策機關中從事通訊報道宣傳事業與蒐集情報或業務上必要之用者

4.其他機關團體受政府委託蒐集情報用者

二、個人請求特許使用持有違禁收音機者以左列資格爲限

1、爲執行第一條各款業務上有必要之責任者

2.受政府委託蒐集情報者

3、政府官員軍事長官或其他從事國營事業與國策機關工作者依主管官署認爲有特別必要者

各地違禁收音機指定改造所一覽表

地區	指定改造處所名稱	地址	電話
上海	大美無線電料行等三十一家		
南京	中央廣播電台	南京廖家巷二號	二一七一六
漢口	漢口廣播電台	漢口頁陂路六九號	二一二〇〇

漢口	漢口廣播電台相談所	漢口交通路六四號	二三五二五
蘇州	蘇州廣播電台	蘇州北局大九百貨公司	一一三三
杭州	杭州廣播電台	杭州英士街四六號	一四八一
寧波	寧波廣播電台	寧波獅子街二〇六號	一〇二二

附註：

一、上海指定中外無線電商店若干家爲改造所而由中國廣播協會協助各該地主管官署監督檢查

二、南京漢口蘇州杭州寧波有電台設立之處所由各該地中國廣播協會直屬之電台擔任改造工作

三、其他無電台設立地區於奉到中央實施取締收音機命令後該地主管官署應即由告民衆先辦改造申請手續並停止收聽短波俟中國廣播協會派遣技術人員前來改造

四、廣東地區實施取締由該地最高行政長官與友邦日本現地當局協商辦理

各地違禁收音機改造費及檢查費一覽表

改造處所區別	收音機區別	改造費	檢查費	備考
在指定改造處所改造者	收音機週波帶三條以內者	國幣二五、〇〇元	無	一、所有改造費或檢查費徵收數額各地一律以國幣計算 二、如裝有演奏唱片設備之收音機除上述手續費外另加十五元
仝上	收音機週波帶四條者	三〇、〇〇元	無	仝上
仝上	收音機週波帶五條者	三五、〇〇元	無	仝上
在指定改造所以外其他處所改造者	無演奏唱片設備之收音機	無	國幣一五、〇〇元	一、如非在指定改造處所改造之收音機需送往指定改造所檢查認可 二、不論收音機週波帶數多少一律繳收檢查費十五元
仝上	有演奏唱片設備之收音機	無	二〇、〇〇元	一、如裝有演奏唱片設備之收音機除檢查費十五元外再加收五元

南京特別市政府指令　府社字第　號

令城區自治實驗區公所

呈一件　爲本京食糧配給數量減低居民新報戶口應注意其來住地證明文件祈鑒核轉行各區參照辦理由

呈悉查核所稱尚屬可行准予照辦除已由本府令飭各區公所參照辦理外仰卽知照

此令

中華民國三十一年十二月　日

市長　周學昌

南京特別市政府指令　府衞字第　號

令衞生試驗所

呈四件　呈爲動支節餘添購儀器材料等件祈賜准由

呈悉仰先將本年上半年度各月節餘掃數解繳市庫呈報備查至所請添購儀器材料動用節餘各節應將下半年度各月節餘數目列報一面擬具概算書另案呈請動用以符功令爲要

此令

中華民國三十一年十二月　日

市長　周學昌

南京特別市政府指令　府衞字第　號

令傳染病院

呈三件　呈爲請購藥品等物及修繕房屋祈核示由

呈件均悉查該院本年十月份以前逐月之經費節餘應卽專案繳解市庫核收呈報備查所請購藥修繕各節應卽擬具概算書再行呈請動用節餘以符收支原則爲要

此令

中華民國三十一年十二月　日

市長　周學昌

南京特別市政府布告　府財字第　號

查本市各項捐稅係爲市庫經常收入原定征收標準均甚輕微現在物價高漲事實變遷自應因時制宜俾期適合環境除牲畜屠宰等稅業經專案另行整頓外茲將應行調整各項捐稅分列於下

（一）鋪房捐因商鋪發達房價增高應按原征收標準酌加五成改征百分之十八（二）筵席捐旅館捐牙行稅均屬取締行爲性質應各按原征收標準一律增加五成（三）車捐係屬使用地方公有財產範圍除汽車原按征收標準增加五成外其他各車均按原標準加倍徵收（四）娛樂捐屬於取締及奢侈性質普通娛樂捐原征百分之十二改征百分之二十舞票娛樂捐原征百分之十五改征百分之二十五均自三十二年一月一日起實行本府對於市政設施既須積極推進所需市政費用自當設法妥籌惟以顧念民生不願稍涉苛擾故僅就原有捐稅酌予改進征收實於整頓稅收之中仍寓體恤商民之意隨令飭捐稅征收所遵照辦理外合行佈告仰本市商民一體周知依照新規定繳納毋違爲要

此布

中華民國三十一年十二月　日

市長　周學昌

財政局局長　譚友仲

南京特別市政府布告　府工字第　號

查本府工務局征收船舶登記費規則施行日久所定收費額數按照現在實際情形早有修正必要惟爲體恤船戶起見迄今尚未實行茲查各項物價日超騰漲費用因而激增對於各種船隻登記費額不得不酌量增加藉資挹注除將船舶登記費率重新規定呈請行政院備案并登報通告外各亟出示佈告仰各船行戶一體知悉自民國三十二年一月起按照新訂額數收費其各懍遵毋違切切

此布

附改訂征收船舶登記費額表

中華民國三十一年十二月 日

南京特別市市長 周學昌
工務局局長 朱浩元

南京特別市工務局改訂船舶登記費額表

等級	担數	磁牌費	登記費
甲	八百〇一担以上	五〇〇	五五〇〇
乙	六百〇一担以上	五〇〇	四五〇〇
丙	四百〇一担以上	五〇〇	三五〇〇
丁	二百〇一担以上	五〇〇	二五〇〇
戊	五十一担以上	五〇〇	一〇〇〇
划子	五十担以下	二五〇	三五〇

南京特別市政府布告 字第 號

案奉

行政院行字第八六一〇號訓令內開：

『現奉

國民政府第三八一號訓令開：「查契稅條例第三條第四條條文現經修正明令公布應即通飭施行除分令外合行抄發該修正條文令仰該院知照并轉飭所屬一體知照」等因計抄發修正契稅條例第三條第四條條文一份奉此除分行外合行

令仰該府飭屬一體遵照此令」

等因附發修正契稅條例第三條第四條條文一份奉此自應遵辦茲定於民國三十二年一月一日起凡本市不動產賣典其應納稅額均應遵照修正契稅條例之規定賣契稅契價百分之九典契稅契價百分之六辦理除分令外合亟抄錄修正契稅條例第三條第四條條文布告仰本市民衆一體週知

此布

計開

修正契稅條例第三條第四條條文

三十一年十二月十二日公布

第三條　不動產之買受人承典人須於契約成立後六個月以內赴該管徵收官署以左列稅額呈驗註册完稅

賣契稅　契價百分之九　　典契稅　契價百分之六

前項典契稅由承典人繳納但出典人於贖產時應歸還稅額之半於承典人

先典後賣之賣契得以原納典契稅額劃抵賣契稅但以承典人與買受人屬於一人者爲限官署地方自治團體及其他公益法人爲不動產之買受人或承典人免納契稅但以收益爲目的者不在此限

第四條　訂立不動產賣契或典契時須由出賣人或出典人赴該管徵收官署塡具申請書請領契紙除繳納契紙費國幣五元外無論以何種名目不得徵收他項費用

前項定契紙費由出賣人與買受人或出典人與承典人分担申請書之格式由財政部定之

中華民國三十一年十二月　日

市長　周學昌

地政局局長　胡政

南京特別市政府布告

府宣字第　號

案查修正無綫電收音機取締暫行條例及無線電收音機暫行條例施行細則業奉行政院公佈施行在案關於本京範圍以內如有製造持有使用或轉讓該項違禁收音機者應自即日起向本府申請理由（申請書表前向本府宣傳處索取）經特許委員會審核及本市長許可後方准使用他如不合特許標準之持有違禁無線電收音機者應限

於本年底止向中央廣播電台申請改造及檢查後方得使用事關軍事情報與防制間諜行爲仰市民一體遵照切勿玩忽自誤致干重懲特此佈告

附違禁收音機使用持有特許標準乙份

中　華　民　國　三　十　一　年　十　二　月　日

市長　周學昌

南京特別市政府公告　字第　號

案據業戶金午樓呈報坐落羊皮巷房地產原領前土地局所發二字第一二二二號所有權狀及二區九段分段圖各壹件因事變遺失請予補給等情經飭據呈繳聲明圖狀遺失報紙暨鄰商兩保前來茲依照土地法第一百四十條第二款之規定揭示公告自公告之日起對於該項遺失圖狀如有因權利關係聲明異議者須於三個月內提出理由書暨證明文件呈候核辦一經公告期滿無人異議卽予依法補給圖狀管業合行公告週知

計開

聲請人姓名及籍貫住所

土地坐落及四至面積

申報地價

定着物情形

共有權人

他項權利人

公告日期

公告期滿日期

中　華　民　國　三　十　一　年　十　二　月　日

市長　周學昌

地政局局長　胡　政

法規

新國民運動南京特別市分會實踐團組織規程

一、本團定名爲「新國民運動促進委員會南京特別市分會實踐團」簡稱「南京特別市新運實踐團」

二、本團以促進市民實踐新國民運動及策動市民實行國民精神總動員爲目的

三、本團團員由市府各局處會遴選思想純正身心健康工作努力之職員充任之

四、本團設團長一人由主任委員兼任團員三十人至一百人均由主任委員遴選之（各局處會先選送三人）

五、團長指揮並督導本團團員日常工作

六、本團團員絕對服從新國民運動之一切規定並聽從團長之指揮調遣服務

七、本團每次特別服務地點時間及活動辦法由本團擬訂呈請主任委員核准後施行

八、本團團員服裝由新運京分會供給之規定夏白冬黑一律新國民常服團員服務不滿一年者該項服裝於退職時須繳還之

九、本團團員在服務時間不得開支車費但膳費得由新運京分會核實支給之

十、本規程如有未盡事宜得呈請主任委員隨時修正之

十一、本規程經主任委員核准後施行

公牘

南京特別市政府呈　府財字第　號

案奉
鈞院行字第八二六零號訓令內開
「王先良等呈一件為諭限拆遷失所堪虞仰祈俯予轉飭收回成命或予展緩以資救濟而恤民艱由
呈悉所呈各節究竟是何實情仰南京特別市政府會同首都警察總監署查明核辦飭遵具報」
等因附抄發王先良等原呈一件奉此查此案係由首都警察總監署主辦本府無案可稽當經轉函警察總監署查照辦理見復在案
茲准警察總監署公函略開「查此案前據該代表王先良等呈同前情到署業經令飭下關警察局查復核辦去後茲據復稱以准下關憲兵隊河井隊長面囑以惠民橋南一帶棚戶實屬污穢不潔有礙衛生且品類龐雜難免宵小混跡為防範周密起見特請本局另覓適當地點限期拆遷等語當即飭查管界四所村一帶空地向為貧民住宅區域適合該棚戶遷往搭蓋故而通知各該棚戶拆遷旋經該代表等遝具呈下關憲兵隊縷陳艱苦情形請求免予拆遷嗣經該隊羽鳥班長傳令各該代表到隊詢問狀況當蒙通融格體卹原有棚戶准予暫時免拆但亦不許繼續添蓋并准通知到局除轉飭該代表等遵照外報請鑒核備查等情據此除批示并指令外相應據情函復查照辦理」等由到府理合據情具文呈復仰祈
鈞長鑒核
謹呈
行政院院長汪

南京特別市市長　周學昌

中華民國三十一年十二月　日

南京特別市政府呈　字第　號

案查本市征收船舶登記費率尚係從前規定施行日久迄未修改按照實際情形已不適合現在物價高漲各種費用隨之激增

對於船舶登記費額不得不酌量加成藉資挹注茲將各級船隻登記費額重新改訂擬自三十二年度一月份起實行除佈告並登報週知外理合檢同原表備文呈請
鈞長鑒核准予備案爲公便
謹呈
行政院院長汪
附呈改訂船舶登記費額表一份

中華民國三十一年十二月　日　南京特別市市長　周學昌

南京特別市政府咨　字第　號

案查本市土地工作旬報表業經送至十二月份中旬在卷茲造具十二月份下旬前項工作旬報表乙份相應咨請
査照爲荷
此咨
內政部
計咨送本市土地工作十二月份中旬旬報表乙份

中華民國三十一年十二月　日　市長　周學昌

南京特別市政府辦理土地登記工作十二月份中旬旬報表

中華民國三十一年

事項 件數 日	接收登記聲請書	土地所有權登記	房屋登記	更正登記	塗銷登記	移轉登記	分割登記	共有權登記	住所變更登記	繕寫查驗證	發給查驗證	備註
11					2						3	
12						8					4	
星期 13												
14						2					2	
15						3						
16						8					4	
17						9					2	
18					3	3					4	
19						8					2	
星期 20												
總計件數					5件	41件					21件	

南京特別市政府辦理土地登記工作十二月份下旬旬報表

中華民國三十一年

日　　　事項件數	接收登記聲請書	土地所有權登記	房屋登記	更正登記	塗銷登記	移轉登記	分割登記	共有權登記	住所變更登記	繕寫查驗證	發給查驗證	備註
21						7						
22												
23						1						
24					1	5					2	
25						6						
26					1	7						
星期 27												
28					1	17					2	
29						13						
30					2	18					8	
31						30					1	
總計件數					5件	104件					13件	

南京特別市政府咨　府社字第　號

案查本市土地工作旬報表業經送至十二月份上旬在卷茲造具十二月份中旬前項工作旬報表乙份相應咨請
査照爲荷
此咨
內政部
計咨送本市土地工作十二月份中旬旬報表乙份

市長　周學昌

中華民國三十一年十二月　日

南京特別市政府公函　府工字第　號

案准
貴署政二字第二五二號公函略以檢附限定人力車馬車價目通告一紙囑令行工務局査核辦理見復等由准經飭據該局簽稱關於人力車價目一案已由友邦憲兵隊召集各有關機關另製人力車價目表分發各車伕隨車附貼以資實行檢同人力車價目表呈報前來核尙屬實前准函稱通告一節似可緩議相應檢同人力車價目表一紙隨函奉復即希
査照爲荷
此致
首都警察總監署
附人力車價目表壹紙

市長　周學昌

中華民國三十一年十二月　日

人力車價目表

民國三十一年十二月一日

起點＼止點 車價（元）	新街口	鼓樓	山西路	試院路	大行宮	玄武湖	挹江門	中山碼頭	下關車站	中山門	總理陵園	中華路	中華門	水西門	新橋	漢西門	大中橋	夫子廟	上新河	京蕪車站
新街口		1.0	2.0	1.5	1.0	3.0	5.0	6.0	6.0	2.0	4.0	1.5	2.0	1.5	1.5	1.0	2.0	1.5	6.5	3.0
鼓樓	1.0		1.0	1.9	1.5	2.0	4.5	5.5	5.5	2.5	4.5	2.5	3.5	3.0	3.0	2.0	3.0	2.5	6.0	4.0
山西路	2.0	1.0		1.5	2.5	2.0	3.5	4.5	4.5	3.5	5.5	3.5	4.5	4.0	4.0	2.5	4.0	3.5	7.0	5.0
試院路	1.5	1.0	1.5		1.5	2.5	4.5	5.5	5.5	2.5	4.0	2.5	3.5	3.5	3.0	2.5	2.5	2.5	6.5	4.5
大行宮	1.0	1.5	2.5	1.5		3.0	5.0	6.0	6.5	1.5	3.5	1.5	2.5	2.0	2.5	1.5	1.5	1.2	6.5	3.0
玄武湖	3.0	2.0	2.0	2.5	3.0		4.0	4.5	5.0	4.0	5.5	3.5	4.0	4.0	4.0	3.5	4.0	3.5	7.0	5.0
挹江門	5.0	4.5	3.5	4.5	5.0	4.0		1.0	1.0	5.5	8.0	5.5	6.5	6.5	6.0	5.5	6.5	5.5	7.5	7.0
中山碼頭	6.0	5.5	4.5	5.5	6.0	4.5	1.0		1.0	7.0	9.0	6.5	7.5	7.5	7.0	6.5	7.5	6.5	7.0	8.0
下關車站	6.0	5.5	4.5	5.5	6.5	5.0	1.0	1.0		7.0	9.0	6.5	7.5	7.5	7.5	6.5	7.5	6.5	7.0	8.0
中山門	2.0	2.5	3.5	2.5	1.5	4.0	5.5	7.0	7.0		2.0	2.0	3.0	4.0	3.0	2.5	1.5	2.0	7.0	4.0
總理陵園	4.0	4.5	5.5	4.0	3.5	5.5	8.0	7.0	9.0	2.0		4.5	5.0	5.5	4.5	4.5	3.5	4.5	10.0	5.5
中華路	1.5	2.5	3.5	2.5	1.5	3.5	5.5	6.5	6.5	2.0	4.5		1.0	1.5	1.0	2.0	1.0	1.0	5.5	2.0
中華門	2.0	3.5	4.5	3.5	2.5	4.0	6.5	7.5	7.5	3.0	5.0	1.0		2.0	1.0	2.5	1.5	1.5	6.0	1.0
水西門	1.5	3.0	4.0	3.5	2.0	4.0	6.5	7.0	7.5	4.0	5.5	1.5	2.0		1.5	1.0	2.0	2.0	4.0	3.0
新橋	1.5	3.0	4.0	3.0	2.5	4.0	6.0	7.0	7.5	3.0	4.5	1.0	1.0	1.5		2.0	2.0	1.5	6.0	2.0
漢西門	1.0	2.0	2.5	2.5	1.5	3.5	5.5	6.5	6.5	2.5	4.5	2.0	2.5	1.0	2.0		2.5	2.0	4.0	3.5
大中橋	2.0	3.0	4.0	2.5	1.5	4.0	6.5	7.5	7.5	1.5	3.5	1.0	1.5	2.0	2.0	2.5		1.0	6.0	2.5
夫子廟	1.5	2.5	3.5	2.5	1.2	3.5	5.5	6.5	6.5	2.0	4.5	1.0	1.5	2.0	1.5	2.0	1.0		5.5	2.0
上新河	5.5	6.0	7.0	6.5	6.5	7.0	7.5	7.0	7.0	7.0	10.0	5.5	6.0	4.0	6.0	4.0	6.0	5.5		5.5
京蕪車站	8.0	4.0	5.0	4.5	3.0	5.0	7.0	8.0	8.0	4.0	5.5	2.0	1.0	3.0	2.0	3.5	2.5	2.0	5.5	

附註 一、本表所列價目爲儲備票
軍票九分折合儲備票〇、五〇元

二、軍票折合儲備票以下列折合率計算
軍票一角八分折合儲備票一、〇〇元

南京特別市政府公函 府衞字第　號

案查本府爲保持人民健康起見對於本市娼妓似有勵行檢驗預防疾病之必要爰經飭據本府衞生局派員分赴各區切實調查娼妓住所並造具娼妓花名清册以憑查考惟各該娼妓往往有移動住址規避檢驗情事實屬藐視功令妨害衞生行政除令飭娼妓檢療所切實檢驗以保健康外相應檢同本市東南中三區妓女花名清册各二份備函送達並煩查照飭屬於調查戶籍時嚴行查詢倘有遺漏及遷移情事務請隨時予以更正並希見復爲荷

此致

首都警察總監署

附送東南中三區妓花名清册各二份

中華民國三十一年十二月　日

市長 周學昌

市政公報暫定價目表

期限	價目	郵費
零售	每册五角	本市四分 外埠八分
半年	十二册六元	本市四角八分 外埠九角六分
全年	二十四册十二元	本市九角六分 外埠一元九角二

市政公報廣告刊例

頁數	價目
一頁	每期十八元
半頁	每期九元
四分之一頁	每期四元五角

刊登廣告在四期以上者每期按照七折計算連續十期以上者每期按照六折計算長期另議

出版日期　本公報暫定每月二次

編輯者　南京特別市政府祕書處

發行者　南京特別市政府祕書處

印刷者　南京國華印書館　地址：中山東路臚政牌樓　電話：二二一六五

中華郵政掛號認爲第一類新聞紙類　江蘇郵政管理局執照第一〇四三號

中華民國三十二年一月十五日

市政公報

第一一一期

南京特別市政府秘書處印行

目錄

命令

法規

公牘

命令

南京特別市政府公佈令 府社字第　　號

茲訂定南京特別市取締不良戲劇補充辦法公佈之此令

附南京特別市取締不良戲劇補充辦法（見法規欄）

中華民國三十二年一月　日　市長　周學昌

南京特別市政府訓令 府社字第　　號

令本府各局處會　城鄉各區區公所　市商會

案准實業部工字第一零六三號咨開：

「案據全國度量衡局呈稱：『竊查推行度量衡新制事項，除民用而外凡京外各官府機關公用之度量衡，應首先採用新制，以爲民用之倡，曾於民國十八年九月間，由前工商部邀集中央各機關代表開度量衡推行委員會議，決定於十九年終以前將公用度量衡劃一並由前工商部咨請下列各院部：

一、教育部通令全國教育行政機關，一律改用新制，並將兩制編入教科書。

一、司法院通飭全國司法機關，凡訴訟案件與度量衡有關者，其判決均應依照新制折合。

一、軍政部通飭所屬機關部隊以及兵工部分人員所有關於度量衡事項一律改用新制。

一、交通鐵道兩部通令所屬各機關，一律遵行新制，並將名稱改正。

一、外交部會同財政部照會通商各國政府所有進口稅率貨物等均依照新制計算，並改正名稱。

一、財政部通令各關署，一切貨物稅率，均遵照新制計算。

以上關於公用度量衡之劃一，粗告完成，惟經事變後，京外各官署，或已另行改組或係新行設立，或因卷宗有所散佚，對劃一案，不無因失稽考而致參差，爲樹模示範計，似應重申前案，將公用度量衡器及行政上所用有關度量衡之名稱予以完全劃一。伏查現在物價管理局，各棉業增產管理處及各地農業改進區等機關，對於度政之關係至鉅，似尤應一律採用新制以爲民用度量衡劃一倡導，擬請咨行有關各部會查照前案轉飭所屬一律使用度量衡新制，並請令飭各附屬機關一體遵行』等情；據此，查劃一公用度量衡，確爲劃一民用度量衡之先導現值各省市度量衡限期劃一之時，亟應重申前案，關於公用度量衡事項，如有尙未使用新制者，迅速一律改正，以收實效，除指令並分行外相應咨請　查照並希轉飭遵辦爲荷」

等由准此自應照辦除分令外合行令仰該○遵照辦理。

此令

中　華　民　國　三　十　二　年　一　月　日

市　長　周學昌

南京特別市政府訓令　府社字第　號

令豬業整理委員會
豬業整理委員會常務委員　何柏椿　張雲濤　張復鑫

查本市各項物資來源缺乏供不應求一般不肖商人乘機高抬價格影響民生至鉅本府遵照　國民政府公布平定物價暫行條例將本市日需之主要物品逐旬按照實際情形分別評定限價以期抑平而安民生惟近查本市有少數不肖豬販行商仍未能體念時艱竟敢妄抬售價牟取非法利潤罔顧民生殊堪痛恨除分令并飭屬密查外合亟令仰該會轉飭所屬一體／員剴切喻導各同業遵照本府公布評定價格毋得故違致干咎戾切切

此令

中　華　民　國　三　十　二　年　一　月　日

市　長　周學昌

南京特別市政府訓令 府社字第　號

令鄉區自治實驗上新河、安德門、孝陵衛區公所

案准內政部民四字第五三四號、實業部農字第九九一號咨開：

「案查農村典當監督獎勵暫行辦法草案暨當票格式前經本部等會同擬訂呈請核定在案茲奉行政院行字第九九二九號指令內開：『呈件均悉經飭據本院法制局審查簽覆應如所簽意見修正合將法制局意見書抄發仰即查照修正應由該部等會同以部令公布施行仍另繕修正本幷將施行日期呈院備查』等因奉此除將前項辦法修正幷於十一月二十八日會令公布暨分行外相應抄送前項辦法及當票格式各一份咨請查照飭屬一體遵照爲荷」

等由幷附原辦法及當票格式到府准此自應照辦除分行外合亟抄錄原辦法等件令仰該區即便遵照幷轉飭所屬一體遵照爲要

此令

計抄發農村典當監督獎勵暫行辦法修正本一份當票格式一紙

中華民國三十二年一月　日

市長　周學昌

農村典當監督獎勵暫行辦法

第一條　凡依照農村典當暫行通則所設立之農村典當悉依本辦法監督獎勵之

第二條　農村典當暫行通則公布前設立之農村典當應自公布之日起六個月內向該管縣市政府或區公署轉請省市主管廳局聲明登記其有與農村典當暫行通則抵觸者於登記時自行更正

第三條　省市主管廳局對於核准登記之農村典當應即發給營業執照幷免收照費

第四條　農村典當於必要時得呈准主管機關設立分典

第五條　在已設農村典當及分典之地方除主管機關認有特殊需要外不得重複設立

第六條　農村典當非有特殊理由呈准主管機關核准後不得停止營業

第七條　農村典當對於受典物品負善良保管之責任如因玩忽職務以致當物受損者應照時値賠償

第八條　農村典當應於每年六月及十二月底分別造具營業報告表（附式樣）呈送主管機關備核

第九條　主管機關於必要時得派員審查典當賬簿並令主持人報告營業狀況

第十條　農村典當當票應載明受當物品名稱數量利率及滿當期限均用正楷其式樣另訂之

第十一條　農村典當誤受贓物侵佔物或遺失物時應即報告當地主管機關核辦

第十二條　農村典當得收受存款但存款總額不得超過架上當本之半數并不得收受儲蓄存款

第十三條　農村典當得請求主管機關介紹金融機關撥放貸款利率以月息一分為限

第十四條　農村典當在籌辦之第一年得擬具收支概算書請求中央或地方政府補助其經常費及修葺改建房屋費用之一部或全部第二三年依第一二年之實際營業情形逐漸減少其補助金額自第四年起停止補助

第十五條　對於組織完善業務發達之農村典當中央或地方政府得酌給獎章褒狀以資鼓勵

第十六條　農村典當違反農村典當暫行通則及本辦法之規定者主管機關得斟酌情節輕重分別予以警告停業或取消營業執照并追繳已領補助費之一部或全部

第十七條　本辦法自公布日施行

當票格式

某某地方
某某典當當票

當戶姓名		住址	
當票名稱及數量		當款金額（元）	
堆置倉戶	間排號	當滿期限	年月日
備註			

年　月　日　字　號　營業　保管

當戶注意

一、贖當利息每月一分六厘保管費每月八厘
二、期限九個月
三、期滿得上利換票

省　　縣　　區　　鄉(某某)農村典當營業報告表　　年　　月底

甲　押品部份

月份	上月結存		本月當進		本月贖出			本月結存	備考
	戶數	當本(元)	戶數	當本(元)	戶數	當本(元)	利息及保管費	戶數當本	
月									
月									
月									
本期合計									

(一)財產目錄

科目	金額
合計	

(二)貸借對照表

負債(付方)		資產	
科目	金額	科目	金額(收方)
合計		合計	

(三) 損益計算

損失(收方)		利益(付方)	
科目	金額	科目	金額
本年純損		本年純益	
共計		共計	

經理或主任　　會計　　營業

(四) 純益支配

科目	金額	說明
共計		

保管　　製表

附註：

1.現任董監事以及經理或主任并重要職員姓名及任滿與改組時期應另表附帶報告以備查核

2.以上決算部份關於(一)財產目錄科目及(二)貸借對照表資產科目欄內應填列各項名稱玆舉列如下現金銀行存款架本房地產營業用器具存出保證金暫記欠款未繳資本金應收未收款項未耗開支食米購置開辦費房屋修理費等又貸款對照表負債科目欄內應填各項名稱舉例如下資本金各種公積金借入款補助費未付股息各項存款暫時存款存入保證金應付未付款項前期滾存金本期純益金(四)純益支配科目欄內應填各項名稱玆舉例如下法定公積金特別公積金董監酬勞金職員退職公積金員工酬勞金股息(年利　厘)轉入下屆滾存金等以上各項各典當得斟酌增損以符實際

南京特別市政府訓令 府財字第　　號

令南京特別市商會
本府各局處會
各區公所
本府附屬各機關
南京市銀行

案准
財政部錢二字第一號咨開
「查武昌漢口兩市及漢陽縣城市新舊幣全面交換事宜業於三十一年八月十日起開始實施又九江、南昌、沙市、應城、四處及宜昌、當陽、荊門、鍾祥、沙洋鎮、舊口鎮、京山、潛江、岳口鎮、天門、仙桃鎮、新隄、皂市、隨縣、廣水、應山、安陸、雲夢、長江埠、花園、孝感、漢川、蔡甸、黃陂、河口、宋埠、倉子埠、團風、巴河、蘄春、武穴、小池口、星子、德安、永修、安義、瑞昌、陽新、黃石港、石灰窰、大冶、咸寧、通山、嘉魚、蒲圻、崇陽、臨湘、岳陽、金口鎮、鄂城、信陽五十一處亦先後於三十一年九月十六日及十月二十二日起開始實施新舊幣兌換並卽依據禁止使用舊幣辦法於漢口武昌兩市及漢陽縣城市實行禁止使用及攜帶各在案惟關於保存或持有舊幣一節尚未予以禁止本部爲推行新幣統一通貨茲定於民國三十二年二月十五日起對於上開各地全境以內未經交換之舊幣除禁止行使攜帶外並絕對不許保存持有如有私藏或故違法令者一經查出卽予沒收充公從嚴懲處惟爲顧全民衆利益起見特自民國三十二年一月十六日起至同年二月十四日止再行實施新舊幣最後交換一次以期廓清各界人等如尚有保存或持有舊幣者務各遵限從速交換以維利益除由部布告並呈報暨分行外相應咨請貴市政府查照轉飭所屬一體知照」
等由准此除分行外合行令仰該　　知照并飭屬一體知照
此令

中華民國三十二年一月　　日

市長　周學昌

南京特別市政府訓令 府財字第　　號

令田賦征收處卸任主任沈甲三
新任主任劉國光
監盤員程翔

案查本市田賦征收處主任沈甲三調回財政局服務遺缺派財政局會計主任劉國光兼任業經分別令飭遵照在案所有該處一切賦款册照及鈐印文卷傢俱公物等項應即依照公務員交代條例由前任造册移交新任接收除派程翔爲監盤員並分行外合（茲派該員爲監盤員除分行外合）行令仰該卸任主任遵照迅速憑同監盤員交代（接收）清楚會銜造册呈報查核仍將交接日期先行具報毋延爲要

新員遵照迅速監同該前後任依限盤查交接清楚會銜造册呈報查核毋延切切

此令

中華民國三十二年一月　日

市長　周學昌

南京特別市政府訓令　府財字第　號

令營業稅征收處處長徐靜皆

查本府各項市政均待積極推進所需經費自當設法妥籌現因年度更新庫款支絀所有各項捐稅業經分別調整營業稅係爲法定大宗收入原報營業資本各額核與現時營業狀況頗多不符應自三十二年一月份起切實增加認眞整頓俾資推進而裕庫收合行令仰該處長遵照辦理具報爲要！

此令

中華民國三十二年一月　日

市長　周學昌

南京特別市政府訓令　府公糶字第　號

令公糶委員會

案准

糧食管理委員會調字第四九一號咨開

查京市私米充斥迭經查禁仍未能完全絕跡究其原因不外私米價高奸商圖利而一般市民恐慌來年糧食或有缺乏之虞亦不惜高價競相購囤此需彼供遂釀成私米黑市此種情形影響配給制度至爲鉅大欲求消弭自應嚴訂罰則買賣雙方同

時懲罰庶可收效茲經本會酌定凡出賣私米者一經查獲除沒收其私米外並得科以私米價格二倍以下之罰金購買私米者除沒收其私米外初次犯取消其應得公米一個月第二次犯取消其公米三個月三次以上累犯者停發購米證一年其手續由執行機關會同公糶委員會辦理之所有被處罰之人在停止購買公米時祇准以雜糧充食至檢舉及查獲之出力人員得比照公糶米售米處違章處罰辦法第八條之規定按沒收私米價格及罰金提百分之二十以內獎給之除咨首都警察總監署外相應咨請查照飭屬一體注意嚴密查禁以利糧政並希見復爲荷

等由准此自應照辦除分令外合行令仰該會遵照嚴密查禁並飭屬一體遵照查禁爲要切切

此令

中華民國三十二年一月　日

市長　周學昌

南京特別市政府布告　府工字第　號

查本府沿用之車輛檢驗登記領用牌照收費簡則自卅一年一月份公佈施行以來使用日久不切實際其第三八九條原訂征收各種車輛費額因現時磁牌及印刷等各項物價昂貴茲特分別改訂酌予提增以資挹注茲特製訂征收各費額表粘附公佈自即日起實施除飭車輛登記所遵照辦理外合亟登報佈告週知仰各車主一體遵照爲荷

此佈

附改訂車輛登記等費額表

中華民國三十二年一月　日

市長　周學昌

工務局局長　朱浩元

南京特別市工務局改訂車輛登記等費額表

車別	登記費	執照費	磁牌費	復業費	過戶費	備註
公用自用營業客汽車	二〇〇〇	二〇〇	七二〇〇	六〇〇	八〇〇	

車別					
自用營業貨汽車	二五〇〇	二〇〇	七二〇〇	六〇〇	八〇〇
自用營業公共汽車	二五〇〇	二〇〇	七二〇〇	六〇〇	八〇〇
機力脚踏車	一五〇〇	二〇〇	三〇〇〇	三〇〇	四〇〇
公共馬車	一〇〇〇	二〇〇	二〇〇〇	二〇〇	六〇〇
自用營業馬車	一〇〇〇	一〇〇	六〇〇	二〇〇	六〇〇
騾車	八〇〇	一〇〇	六〇〇	一五〇	四五〇
自用營業三輪人力車	八〇〇	一〇〇	五〇〇	二〇〇	五〇〇
自用營業人力車	四〇〇	一〇〇	五〇〇	一五〇	四〇〇
三輪自行車	四〇〇	一〇〇	五〇〇	一〇〇	二〇〇
自用自行車	二五〇	一〇〇	五〇〇	一〇〇	二〇〇
營業自行車	三〇〇	一〇〇	五〇〇	一〇〇	二〇〇
甲等板車	八〇〇	一〇〇	六〇〇	一五〇	四五〇
乙等板車	七〇〇	一〇〇	六〇〇	一五〇	四五〇
貨箱車	六〇〇	一〇〇	五〇〇	一五〇	四〇〇
獨輪小車	二五〇	一〇〇	五〇〇	一〇〇	二〇〇
雙輪小車	二五〇	一〇〇	五〇〇	一〇〇	二〇〇
水車	二五〇	一〇〇	五〇〇	一〇〇	二〇〇

南京特別市政府通告 府工字第　號

為通告事查南京特別市「營造業登記章程」第四條之規定「營造業執照每年更換一次」又同規則第十六條之規定「營造業所領執照每年一換以每年正月為換照期」茲依照本定章之規定自即日起至二月十五日止為營造廠商換領新照時期倘延不遵辦除將原領執照吊銷外並依照本規則第十四條之規定不准在本市承攬各項工程仰各營造廠商一體遵照特此通告

中華民國三十二年一月　日

市長　周學昌

工務局局長　朱浩元

南京特別市政府通告 府工字第　號

查本府發給有關衛生商店之營業許可證及醫藥從業人員之開業執照征收證照各費定額原極低廉以示體恤刻因紙張印刷價格日漸騰踊自應重訂辦法資挹注自三十二年度一月一日起按照前訂數目加倍征收其印花稅一項暫照舊制除呈請行政院備案外特此通告

中華民國三十二年一月　日

市長　周學昌

各種證照改訂收費數目表

類別	原訂收費數	新訂增加數	新收數	備考
中藥舖	證費四元 印花四元	證費四元	證費八元 印花四元	
西藥店	證費甲十元乙六元丙二元 印花甲四元乙二元丙一元	證費甲十元乙六元丙二元	證費甲二十元乙十二元丙四元 印花甲四元乙二元丙一元	
理髮店	證費甲六元乙四元丙二元	證費甲六元乙四元丙二元	證費甲十二元乙八元丙四元	
浴室	證費甲十六元乙十二元丙八元丁四元	證費甲十六元乙十二元丙八元丁四元	證費甲三十二元乙二十四元丙十六元丁八元	

殯儀館	證費甲二十元乙十四元 丙十元	證費甲二十元乙十四元 丙十元	證費甲四十元乙二十四元 丙二十元
牛乳業	證費甲十六元乙十元 丙六元	證費甲十六元乙十元 丙六元	證費甲三十二元乙二十元 丙十二元
清涼飲料	證費甲六元乙四元 丙二元	證費甲六元乙四元 丙二元	證費甲十二元乙八元丙四元
菜飯館	證費甲二十元乙十二元 丙六元丁二元	證費甲二十元乙十二元 丙六元丁二元	證費甲四十元乙二十四元 丙十二元丁四元
茶館	證費甲六元乙四元 丙二元	證費甲六元乙四元 丙二元	證費甲十二元乙八元丙四元
旅館	證費甲二十元乙十六元 丙六元丁二元	證費甲二十元乙十六元 丙六元丁二元	證費甲四十元乙三十二元 丙十二元丁四元
泡水業	證費一元	證費一元	證費二元
食品店	證費甲十二元乙八元 丙四元丁二元	證費甲十二元乙八元 丙四元丁二元	證費甲二十四元乙十六元 丙八元丁四元
娛樂場	證費甲十元乙六元 丙二元	證費甲十元乙六元 丙二元	證費甲二十元乙十元丙四元
肉業	證費甲六元乙二元	證費甲六元乙二元	證費甲十二元乙四元
醫院	照費十元 印花四元	照費十元	照費二十元 印花四元
診所	照費四元 印花四元	照費四元	照費八元 印花四元
施診所	照費四元 印花四元	照費四元	照費八元 印花四元
開業醫師	照費四元 印花四元	照費四元	照費八元 印花四元
藥師	照費四元 印花四元	照費四元	照費八元 印花四元
助產士	照費二元 印花二元	照費二元	照費四元 印花二元
護士	照費二元 印花二元	照費二元	照費四元 印花二元

中醫	照費四元 印花四元	照費四元	照費八元 印花四元	
接生婆	照費二元 印花二元	照費二元	照費四元 印花二元	
鑲牙業	照費四元 印花四元	照費四元	照費八元 印花四元	
牙醫師	照費四元 印花四元	照費四元	照費八元 印花四元	
中西醫藥從業員開業執照檢驗費	四元	四元	八元	

南京特別市政府公告 字第　號

案查本市原第五區二三七二段地產前因業戶郭少奇聲請登記以面積與實測有異業經前土地局予以假定公告在案嗣經法院判決確認爲該戶所有除契載面積外溢出部份已飭據該戶繳清整理費前來除將假定登記案撤銷外茲依照本市土地登記暫行規則第十五條之規定揭示公告自公告之日起對於該項房地產如有因權利上關係聲明異議者須於三個月內提出理由書及證明文件呈候核辦一經公告期滿未據異議卽予依法登記發給圖狀執業合行公告週知

計開

聲請人　姓名郭少奇　住址程閣老巷二號

土地坐落　第五區二三七二段范家塘第　號

種類及面積　基地十九畝三分二厘七毫一絲

四至　東至楊杜龔陳吳各姓屋南至孫韓魏童等姓屋及官路
西至市地姚周韓大宛等地北至官溝

定着物情形　房屋

申報地價　每方二十五元

申報定着物現值

共有權人

他項權利人
公告日期
公告期滿日期
中華民國三十二年　月　日
市長　周學昌
地政局局長　胡政

南京特別市政府公告　字第　號

案查本市原第五區八四〇段房地產前因業戶鄧春來逾期登記業經前地政局予以假定公告嗣經查明該產爲尹姓所有由鄧春來繼承以承繼書據遺失請求憑保證明并經飭令更正戶名爲尹春來現據該戶遵辦前來除將假定登記案撤銷外茲依照本市土地登記暫行規則第十五條之規定揭示公告自公告之日起對於該項房地產如有因權利上關係聲明異議者須於三個月內提出理由書及證明文件呈候核辦一經公告期滿未據異議卽予依法登記發給圖狀執業合行公告週知

計開

聲請人　姓名尹春來　住址
土地坐落　第五區八四〇段廣州路第十四號
種類及面積　宅地〇九〇分一厘六毫〇絲
四至　東至蔡姓南至廣州路西至司馬姓北至司馬姓
定着物情形　房屋一間一披
申報地價　提高地價每方八十元
申報定着物現値　原報二十元
共有權人　無
他項權利人

公告日期
公告期滿日期
中華民國三十二年一月　日

市長 周學昌
地政局局長 胡政

南京特別市政府公告 字第　號

案據旗地租戶義興善堂呈報原租坐落東花園原三區第三一五三 三二八一段旗地原領前地政局所發他三字第六八八號他項權利證明書一件因事變遺失現擬將該旗地一部推讓與試稼農場承租等情經飭據呈繳聲明證明書遺失報紙暨商保前來茲依照土地法第一百四十條第二款之規定揭示公告自公告之日起對於該項遺失證明書如有因權利關係聲明異議者須於三個月內提出理由書暨證明文件呈候核辦一經公告期滿無人異議卽予依法核准推讓並發給他項權利證明書合行公告週知

中華民國三十二年一月　日

市長 周學昌
地政局局長 胡政

南京特別市政府公告 字第　號

案據業戶李永泰呈報受押戴立禮坐落建康路第四六四號房地產原領前土地局所發他二字第七三號他項權利證明書一件因事變遺失請予撤銷等情經飭據呈繳聲明他項權利證明書遺失報紙暨鄰商兩保前來茲依照土地法第一百四十條第二款之規定揭示公告自公告之日起對於該項遺失他項權利證明書如有因權利關係聲明異議者須於三個月內提出理由書暨證明文件呈候核辦一經公告期滿無人異議卽予依法撤銷他項權利登記合行公告週知

中華民國三十二年一月　日

市長 周學昌
地政局局長 胡政

南京特別市政府公告　字第　號

案據民人沈厚之呈報受押馬榮生所有坐落昇州路第壹伍柒號房地產原領前地政局所發他叁字第叁玖陸號他項權利證明書壹件遺失請予撤銷等情經飭據呈繳聲明他項權利證明書遺失報紙暨商保前來茲依照土地法第一百四十條第二款之規定揭示公告自公告之日起對於該項遺失他項權利證明書如有因權利關係聲明異議者須於三個月內提出理由書暨證明文件呈候核辦一經公告期滿無人異議卽予依法撤銷他項權利合行公告週知

中華民國三十二年一月　日

市長　周學昌

地政局局長　胡政

南京特別市政府公告　字第　號

案查本市原第七區一〇六六(三)段房地產前因業戶曹培志逾期登記業經前土地局予以假定公告在案茲據該民曹培志呈請撤銷假定登記經飭取具四鄰舖保保證前來除將假定登記案撤銷外茲依照本市土地登記暫行規則第十三條之規定揭示公告自公告之日起對於該項房地產如有因權利上關係聲明異議者須於三個月內提出理由書及證明文件呈候核辦一經公告期滿未據異議卽予依法登記發給圖狀執業合行公告週知

計開

聲請人　姓名曹培志住址唱經樓西街七三號

土地坐落　第　區　第　段　第　號

種類及面積　地　畝　分　釐　毫　絲

四至　東至　西至　南至　北至

定着物情形

申請地價

申報定着物現值

共有權人 無
他項權利人 谷錫華
公告日期
公告期滿日期

中華民國三十二年一月 日

市長 周學昌
地政局局長 胡政

南京特別市政府通知 字第 號

案查前據該民聲請喪失中華民國國籍請發證書一案業經轉咨內政部核辦並批示知照各在案茲准內政部咨復准予喪失國籍塡發許可證書並轉飭申請人指定在南京民國日報中報自行登載喪失國籍之事實仍將該兩種報紙各檢一份呈轉過部備查等由准此合行通知該民遵照辦理並檢同所登報紙每種三份呈府存轉另備正式領據前來本府具領證書可也特此通知

右通知市民蘇俊墉准此

中華民國三十二年一月 日

市長 周學昌

南京特別市政府通知 字第 號

案查前據該民聲請喪失中華民國國籍請發證書一案業經轉咨內政部核辦並批示知照各在案茲准內政部咨復准予喪失國籍塡發許可證書並轉飭申請人指定在南京民國日報中報自行登載喪失國籍之事實仍將該兩種報紙各檢乙份呈轉過部備查等由准此合行通知該民遵照辦理並檢同所登報紙每種三份呈府存轉另備正式領據前來本府具領證書可也特此通知

右通知市民沈秀英准此

中華民國三十二年一月 日

市長 周學昌

南京特別市政府批　祕字第　號

批原具呈人毛金生

呈一件爲民房被佔懇請派員通知日方郵便負責人員隨時讓交執業以保產權由

呈悉仰將該屋所有權狀呈府核辦

此批

中華民國三十二年一月　日

市長　周學昌

法規

南京特別市取締不良戲劇補充辦法

第一條　凡本市管理公共娛樂場所規則已有規定應依其規定者外並以本補充辦法取締之

第二條　絕對禁演戲劇如左

珍珠衫　殺子報　紡棉花　賣絨花　關王廟　丑表功　蕩湖船　大補缸

第三條　以下戲劇非經註明各該段不表演者外一律禁演

武松挑簾裁衣一段　虹霓關頭本　烏龍院活捉一段　貴妃醉酒太監調情一段　戰宛城張綉嬸母思春一段　湄塢縣符朋拾鐲一段　刁劉氏園會一段

第四條　凡屬類似前兩條所列之不良戲劇均不得表演並不得列入劇目單

第五條　劇目單須於表演前二日呈送本府社會局審查核定非經核定不得表演

等六條　劇目單經社會局核定後方許登報廣告如未經核定或未將禁演戲劇刪除而送登報紙者應照章處罰

第七條　戲劇說明書須翔實敘述不得含糊以圖朦混

第八條　觀客點戲如係禁演或不良戲劇務須婉言拒絕否則須由戲院負責

第九條　如有違反本辦法者經查明屬實後即按其情節輕重照章處罰

第十條　本辦法自簽奉　市長核准施行

公牘

南京特別市政府呈　字第　號

查本府辦理發給有關衛生商店之衛生許可證及醫藥從業人員之開業執照征收證照各費定額原格低廉以示體恤玆因紙張印刷價格日漸騰踊自應重訂藉資撾注自三十二年度一月一日起按照前訂數目加倍征收其印花稅一項暫照舊制除登報通告外理合繕具各種證照改訂收費數目表一份備文呈報仰祈

鑒核備查

謹呈

行政院院長汪

附呈各種證照改訂收費數目表乙份（略）

南京特別市市長　周學昌

中華民國三十二年一月　日

南京特別市政府呈　字第　號

案奉

鈞院政字第七二號指令職府署會呈一件：為擬增加住戶清潔捐指額移充清潔隊第二次加成經費會銜呈請鑒核由內開：呈悉「所請核尚可行應准照辦惟首都為全國觀瞻所繫各處道路未見清潔尤以小街窄巷垃圾堆積殊礙公共衛生仰即督飭清潔隊從速切實清除毋任敷衍塞責為要」再清潔隊第一次加成經費捌百陸拾元則第二次加成經費應如前數何以第二次加成共需柒仟一百七十七元五角之多未據詳晰敍明無從懸揣應仍明白聲復察核此令」等因奉此查清潔隊第一次加成經費八百六十元係員役加成之數班長隊士每月有廉低食米三斗配給此次中樞策勵公務員安心服務起見根據上年加成辦法自十一月份起

一律臨時再加一倍公役亦照原案再加八成長警除原有廉米配給照舊辦理外改照原餉一律加給五成查該隊經常費概算書內俸薪列一千〇〇五元工資列七十元應加八成計八百六十元班長餉列一千〇八十五元隊士餉列一萬一千五百五十元應加五成計六千三百十七元五角故第二次加成經費共需七千一百七十七元五角奉令前因除由職署遵經轉飭清潔隊隨時清除各街巷垃圾特別注意道路清潔併自十二月份起增收捐款外理合將清潔隊第一二兩次加成經費數目相差緣由具文呈復仰祈

鑒核

謹呈

行政院院長汪

南京特別市市長　周學昌
首都警察總監　鄧祖禹

中華民國三十二年一月　日

南京特別市政府咨　字第　號

案查本市土地工作旬報表業經送至上年十二月份下旬在卷茲造具三十二年一月份上旬前項工作旬報表一份相應咨請

查照為荷

此咨

內政部

計咨送本市土地工作一月份上旬旬報表一份

市長　周學昌

中華民國三十二年一月　日

南京特別市政府辦理土地登記工作一月份上旬旬報表

中華民國三十二年

日 \ 事項 \ 件數	接收登記聲請書	土地所有權登記	房屋登記	更正登記	塗銷登記	移轉登記	分割登記	共有權登記	住所變更登記	繕寫查驗證	發給查驗證	備註
年假 1												
年假 2												
星期 3												
4						1						
5												
6											1	
7												
8						2						
9						3					1	
星期 10												
總計件數						6件					2件	

市政公報暫定價目表

期限	價目	郵費
零售	每冊五角	本市四分 外埠八分
半年	十二冊六元	本市四角八分 外埠九角六分
全年	二十四冊十二元	本市九角六分 外埠一元九角二

市政公報廣告刊例

頁數	價目
一頁	每期十八元
半頁	每期九元
四分之一頁	每期四元五角

刊登廣告在四期以上者每期按照七折計算連續十期以上者每期按照六折計算長期另議

出版日期　本公報暫定每月二次

編輯者　南京特別市政府祕書處

發行者　南京特別市政府祕書處

印刷者　南京時代印書館

地址：南京朱雀路遊貴井十八號

電話：二二五九

市政公報

中華民國三十二年一月三十一日

第一一二期

南京特別市政府秘書

中華郵政掛號認爲第一類新聞紙類　江蘇郵政管理局執照第一〇四三號

目錄

命令

法規

公牘

統計

行政院訓令

行政院訓令 政字第　號

令南京特別市政府

現奉

國民政府三十二年一月十二日第一七號訓令開：

「案據考試院呈稱：『案據銓敍部呈稱：「査公務員登記條例施行期間前經呈轉奉　國民政府令准展限三個月在案茲以所展限期至本年一月十五日即屆滿而未及登記之退職與現任公務員仍多為顧全事實之需要擬請將公務員登記條例施行期間自本年一月十六日起再展限三個月是否有當理合具文呈請鈞院鑒核轉請　國民政府核示遵行實為公便」等情據此理合備文呈請鈞府鑒核指令祇遵』等情據此應准照辦除明令公布並分行外合行令仰該院知照并轉飭所屬一體知照」此令」

等因奉此除分行外合行令仰該府知照並飭屬一體知照！

此令

中華民國三十二年一月　日

院長　汪兆銘

行政院訓令 政字第　號

令南京特別市政府

現奉

國民政府第三一號訓令開：

「據本府文官處簽呈稱：『准最高國防會議秘書處高秘字第一七號公函開：「案奉　主席交下最高國防會議三十二年一月二十日第二次會議討論事項第一案『主席交議擬將現行省政府組織法關於委員制之各條款悉予廢止省政

府改爲省長制附具要點七項請公決案決議通過送國民政府轉飭遵照並交立法院備查指定內政部陳部長實業部梅部長行政院陳祕書長共同修訂原則提會決定』等因遵經紀錄在卷除分函陳梅兩部長及陳祕書長會同辦理外相應錄案並抄附原案一併函達至希查照轉陳分令行政立法兩院遵照」等由理合簽請鑒核』等情據此自應照辦除分令立法院外合行抄發原附抄原案一份令仰該院遵照并轉飭遵照此令」等因附抄發原案一份，奉此，除令各省政府遵照外，合行抄發原案令仰該府知照。

此令。

附抄發原案一份

中華民國三十二年一月　日

院長　汪兆銘

省政府改設省長制案

案各級地方政府之組織，縣爲縣長制，市爲市長制，而省政府之組織，仍爲委員制，責任不明，效率難彰，玆本行政機關以採單一制爲原則之旨趣，提議將現行省政府組織法關於委員制之各條款，悉予廢止，省政府改設省長制，其要點如次：

一、省政府設省長一人，特任，承行政院院長之命，綜理全省行政事務，並指揮監督所屬各機關及職員。

二、省政府組織法，由本會議指定人員起草修訂原則，提出下次會議討論通過後，交立法院審議修正。

三、各省政府現設之各廳處局及其他機關，在省政府組織法修正公布以前暫仍其舊。

四、各省政府現任委員，一律免去委員名義，其兼任廳長，祕書長，或局長者，應即專任其原有職務，爲事務官。

五、省政府設參事四人至六人。

六、現任省政府委員，得調任省政府參事。

七、省政府應設省政會議，相當於市之市政會議，及縣之縣政會議。

行政院訓令　政字第　號

令南京特別市政府

三十二年一月十九日

案查保安制度大綱暨省（市）保安司令部暫行組織條例區保安司令部暫行組織條例省市保安隊暫行編制表省市保安隊服制規則等因有修改之必要當經呈奉

國民政府三十一年三月二十五日通令暫緩實施在案旋經會同

軍事委員會復加審核重行擬訂保安隊暫行組織要綱並將要綱第十三條第三十二條條文重加修正除會同呈請

國民政府修正公布並由本院分行遵照外合行檢發保安隊暫行組織要綱令仰該府遵照！

此令。

檢發保安隊暫行組織要綱一份。

中華民國三十二年一月　日　院長　汪兆銘

保安隊暫行組織要綱

中華民國三十二年一月廿二日

目次

附表第六　縣保安隊特務大隊編制表
附表第七　保安隊員之臂章及胸章

保安隊組織要綱

第一章　總則

第一條　國民政府為確立地方武力及依據軍政集權之一體化推進全面政治力量起見命各省市（與此相同者包括在內）政府組織保安隊。

第二條　保安隊之建設（現有保安隊在內）各省政府依據本要綱擬訂組織條例呈經軍事委員會及行政院審核後轉呈國民政府公佈之。

第二章　編制

第三條　省設保安司令由省主席兼任之。

第四條　省設保安處（其處長兼任省警務處長）奉保安司令之命掌管全省保安隊之事務。

第五條　省保安處附設特務大隊其編制如附表第六。

第六條　省設保安教導團奉保安司令之命掌管全省保安隊之教育訓練事宜。

第七條　省保安處及教導團之編制如附表第一至第五。

第八條　縣（與此相同者包括在內以下均同）保安隊設隊本部隊長由縣長兼任並得設副隊長。

第九條　縣保安隊本部及中隊之編制如附表第六。

第十條　保安隊之裝備以輕機槍以下之近戰火器為主以不配備重火器為原則。

第十一條　各省特設行政辦公處時倘有附設保安隊之必要應奉　國民政府之許可方准適用本要綱。

第十二條　保安隊之編成及隊員之補充以徵募之人員（年齡自十八歲以上至三十歲為止）補充為原則但有左列各事項者須經軍事委員會核准之。

1. 收編非軍隊及非地方公認之武裝團體時。
2. 軍隊整編後以過剩人員補充時。
3. 收編歸順之軍隊時。

第三章 指揮

第十三條 軍事委員會關於省保安隊之人事、編制、裝備、配置、教育、衛生補給等重要事項負監督指導之責。內政部長關於保安隊爲治安警備與警察協力之重要事項負監督指導之責

第十四條 省保安司令指揮監督保安處教導團並統轄縣保安隊之業務。

第十五條 縣保安隊長關於所屬保安隊一切業務直接指揮之。

第十六條 調動或使用教導隊之兵力以屬於縣保安隊長爲原則但遇有特殊情形時由保安司令直接統轄指揮之。

第十七條 關於協同軍隊之作戰由省保安司令隨時協定之協同警察作戰時之指揮官由省保安司令或縣保安隊長任命爲原則若遇情形緊急時得由先任之高級官長指揮之。

第十八條 關於治安警備與友邦軍隊有所協力之時另行協議決定之。

第四章 訓練

第十九條 教育訓練之實施應勵行幹部教育尤以精神教育爲主體努力賦與戰鬥能力並鑒於保安隊之本質及任務務期努力歷練特殊技能以明確把握保安隊之信念爲要。

第二十條 主要之教育及訓練課目如左：

1.精神教育應澈底明瞭軍人信條及中日提攜並大東亞戰爭之意義以冀確實把握新國民運動及清鄉之精神。

2.軍紀教練小部隊之戰鬥教練射擊動作及步哨勤務。

3.緊急集合及包圍部落之檢查搜索。

4.蒐集情報之要領並協力調查及檢視檢證之要領。

5.協助警察所必要法規之常識。

6.政治教育尤以行政自治機關間之連繫及民衆工作爲主體。

7.武器之保存及整理。

第二十一條 教導團之教育以幹部訓練爲重點但爲補充士兵教育起見對於原有保安隊應實施再訓練。

第二十二條 幹部中有能力者得派遣軍事委員會將校訓練團受訓。

第二十三條 保安隊之成績依左列規定按期或隨時校閱之。

一、保安司令校閱。

二、保安司令命教導團團長或其他人員校閱之。
三、由軍事委員會派校閱官校閱之。

第五章　經理補給

第二十四條　保安隊官兵之薪餉及給養準照軍隊之餉率由省政府規定後呈請軍事委員會核准之。
第二十五條　縣保安隊之經費以地方財政負擔之。
第二十六條　保安隊之服制準用陸軍服制但須附帶附表第七規定之臂章及胸章。
第二十七條　兵器彈藥之補充呈請軍事委員會由委員長核准之。
第二十八條　糧食之補充申請糧食部由部核准爲原則但保安隊得以現款在現地購辦之。
第二十九條　對於糧食部所發給之糧米由省政府負責償還原價。
第三十條　保安處須於每年五月底以前將十月以後一年中應需之糧米數量詳細通報糧食部請其購辦

第六章　人事

第三十一條　保安司令由軍事委員會咨請行政院呈請　國民政府任命之。
第三十二條　保安隊所屬各級人員中校官以上由保安司令選定合格軍官呈請軍事委員會審查後經由內政部轉請行政院任命之。
第三十三條　尉官以下由保安司令按照合格人員委任後呈報行政院及軍事委員會備案。
第三十四條　保安隊官兵之賞罰得適用陸海空軍各種賞罰法規處理之。

第七章　附則

第三十四條　本要綱在上海特別市及蘇浙皖各省實行之武漢蘇淮蘇北廣東等地區亦得照本要綱實施之。
第三十五條　本要綱自公佈之日起施行。

附表第一

省保安處編制基準表

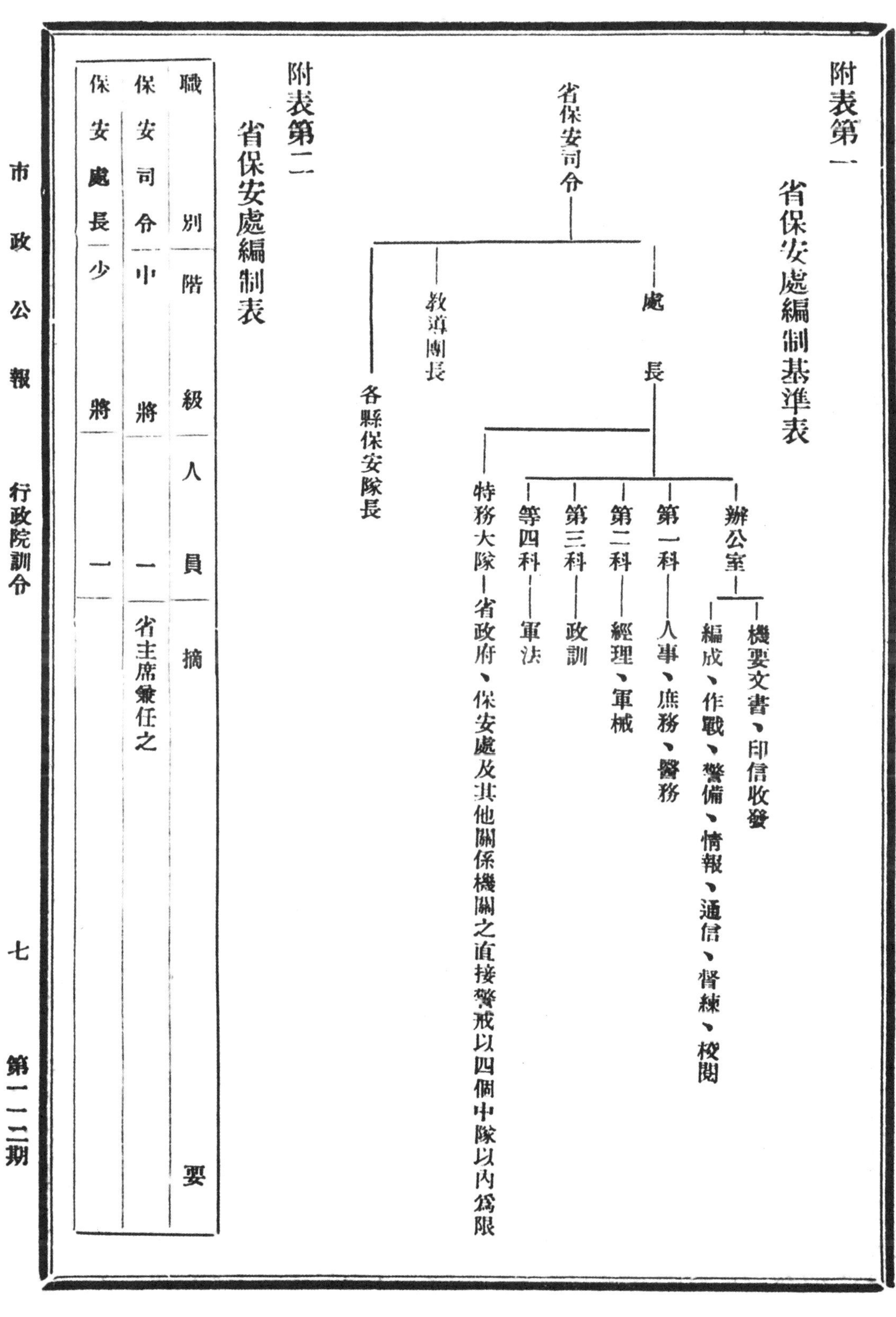

附表第二

省保安處編制表

職別	階級	人員	摘要
保安司令	中將	一	省主席兼任之
保安處長	少將	一	

辦公室	辦公室主任	上校	一	
	秘書	上校	一	
	主任處員	中校	一	作戰警備主任
		少校	一	情報、通信、編制主任
		少校	一	督練主任
	通信	上尉	一	
	通譯	上尉	一	
	書記	上尉	一	
	軍士	上士	四	作戰、警備、情報、督練
		中士	二	通信、編制
		下士	一	書記
	勤務兵	上等兵	三	
		一等兵	二	
	雜役兵	一二等兵	二	
	計	官佐	八	
		士兵	一四	
	第一科長	中校	一	

第一科	科員	上尉	一	人事
	科員	上尉	一	庶務
	科員	衛生上尉	一	醫務
	書記	中尉	一	
	軍士	上士	二	庶務
	軍士	中士	一	人事
	軍士	下士	一	書記
	看護軍士	中士	一	醫務
	勤務兵	上等兵	三	看護兵二、傳達兵一
	勤務兵	一等兵	二	
	雜役兵	一二等兵	二	
	計	官佐	五	
	計	士兵	一三	
第二科	第二科長	中校	一	
	軍需	上尉	一	
	軍械	上尉	一	
	給養	上尉	一	

科別	職別	階級	人數	備考
第二科	通譯	上（中）尉	一	
	書記	中尉	一	
	軍士	上士	二	軍械、軍需
		中士	二	糧秣、被服
		下士	二	陣營具、其他
	勤務兵	上等兵	四	內傳達一
		一等兵	二	
	雜役兵	一二等兵	二	
	計	官佐	六	
		士兵	一四	
第三科	第三科長	中校	一	
	政訓主任	少校	一	
	通譯	上（中）尉	一	
	軍士	上士	一	
		中士	一	
		下士	一	
	勤務兵	上等兵	二	傳達一

科別	職別	階級	員額
科	雜役兵	一二等兵	二
	計	官佐	三
		士兵	九
第四科	第四科長	中校	一
	司法主任	少校	一
	書記	上尉	一
	軍士	上士	二
	勤務兵	二等兵	二
	雜役兵	一二等兵	二
	計	官佐	三
		士兵	六
總計		官佐	二七
		士兵	五五
備考	(一)依省市之狀況得增減若干之定員		

附表第三

省保安教導團編制基準表

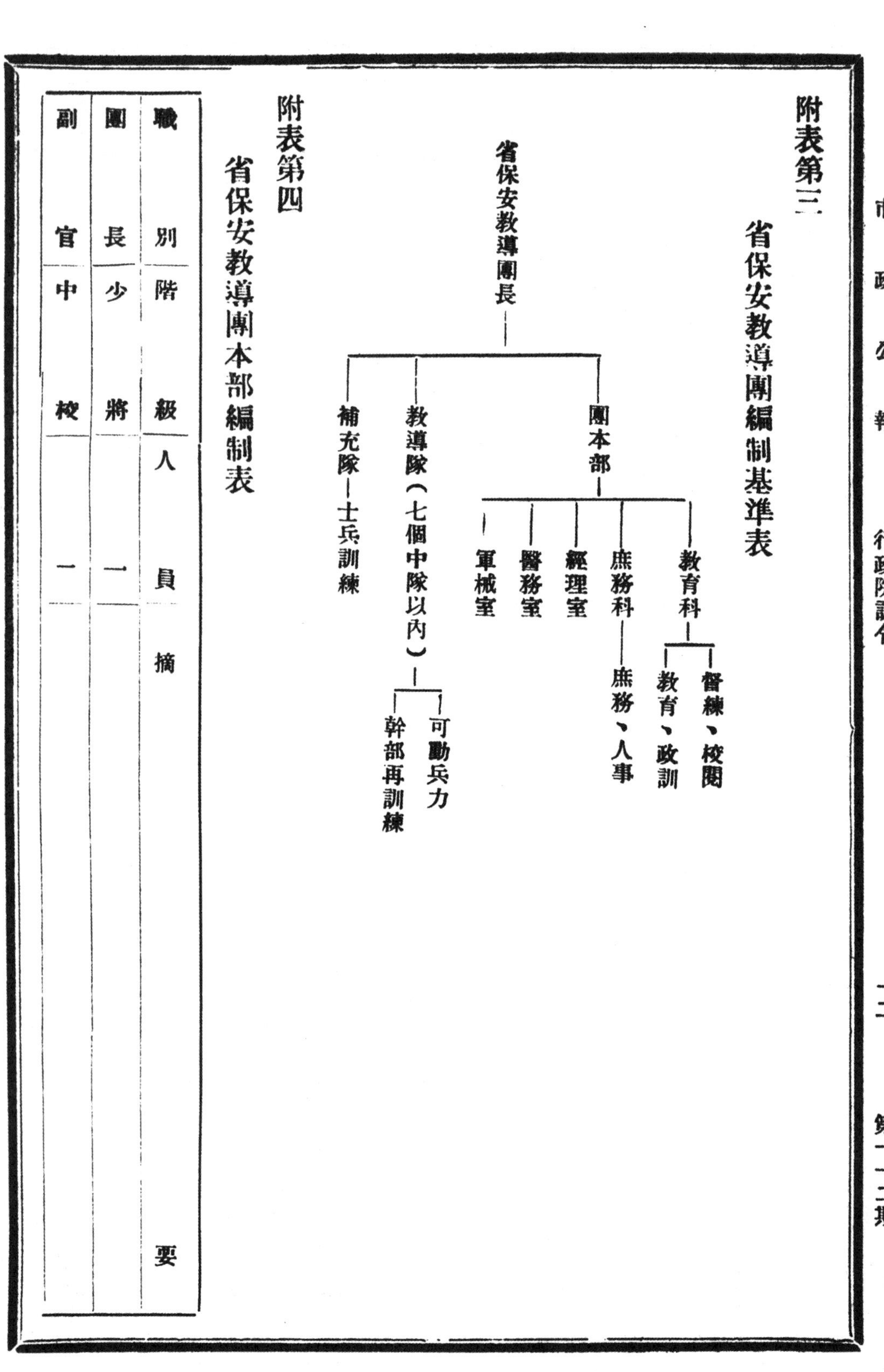

附表第四

省保安教導團本部編制表

職別	階級	人員	摘要
團長	少將	一	
副官	中校	一	

科別	職別	階級	員額	備考
教育科	教育科長	上校	一	
	主任科員	上尉	一	教育政訓主任
		上尉	一	督練、校閱主任
	書記	上(中)尉	一	
	軍士	上士	六	教育二、政訓二、校閱一、督練一
		中士	四	督練一、校閱一、書記二
	勤務兵	上等兵	二	
		一等兵	二	
庶務科	庶務科長	少校	一	
	書記	中(少)尉	一	
	軍士	上士	一	
		中士	二	
	勤務兵	上等兵	二	
		一等兵	二	
軍需	軍需	上尉	一	
	軍需軍士	上士	一	
		中士	二	

單位	職別	階級	人員
室	勤務兵	上等兵	二
醫務室	藥務	上尉	一
	看護軍士	上士	一
	勤務兵	上等兵	二
軍械室	軍械	上尉	一
	軍械軍士	上士	一
		中士	一
	勤務兵	上等兵	二
總計		官佐	一一
		士兵	三五
備考	（一）本編制以教導隊五個中隊爲基準故依人員之多寡得增減定員。		

附表第五

省保安教導隊補充隊本部編制表

職別	階級	人員	摘要
隊長	上（中）校	一	
隊附	中（少）校	一	兼教育主任

官	上尉	一
通譯	上(中)尉	一
書記	上尉	一
司書	准尉	二
軍需	上尉	一
軍械	上尉	一
軍士	上士	三
	中士	一
	下士	一
勤務兵	上等兵	二
號兵	上等兵	二
值班兵	上等兵	二
	一等兵	二
炊事兵	二等兵	二
總計	官佐	八
	士兵	一五
備考	(一)教導隊補充隊之兵力以七個中隊為限中隊之編成如附表第六但本編制為五個中隊之定員 (二)幹部士兵之定員得依兵力增減之。	

附表第六

縣保安隊特務大隊編制表

本部編制表

職名	官位	人員	摘要
隊長	上(中)校	一	縣保安隊在內縣長兼任
副隊長	中(少)校	一	
副官	中尉	一	人事、庶務、
軍需	上尉	一	兵器、給養
通譯員	上(中)尉	一	
書記	中尉	一	連絡、書類、送達
司書	准尉	一	人事、機要、文書
軍士	上士 中士 下士	三	兵器一 給養一 庶務一
勤務兵	上等兵	二	
號兵	上等兵	一	
值班兵	上等兵 一等兵	四	
炊事兵	二等兵	二	

中隊編制表

職名	官位	人員	摘要
中隊長	上尉	一	
隊附	中(少)尉	一	
排長	中(少)尉	三	
班長	中(下)士	九	
軍士	准尉 上士 中(下)士	七	人事 一 給養 一 兵器其他 五
兵	上等兵 一等兵 二等兵	九〇	一八 三六 三六
看護兵	上等兵	一	
值班兵	上等兵 一二等兵	四	一 三
炊事兵	上等兵 一二等兵	四	一 三

雜役兵	一
計	二〇
計	一二〇

備考

(一)縣保安隊長在六中隊以上時爲上校在五中隊以下時爲中校。

(二)右縣保安隊本部編制表以五個中隊之兵力爲基準者故依兵力之多少得增減之。

(三)特務大隊之兵力以四個中隊內爲限

附表第七

縣保安隊員臂章及胸章

(肩　　章)

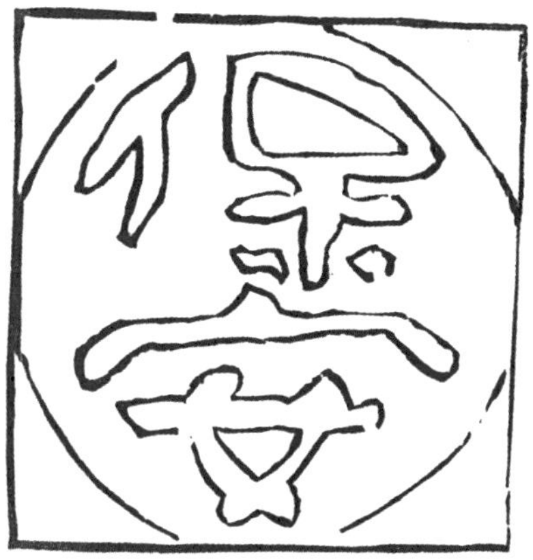

保安

5 Cm.

6 Cm

胸　　章

省(市)		
某縣保安隊第	中隊第	排
階級	姓	名
民國	年	月頒發

5 Cm.

7 Cm.

備考：保安處、特務大隊、教導團等之胸章按右規定令所屬各記入某機關或部隊之名

命令

南京特別市政府訓令　字第　號

令處局會區公所

案奉

行政院政字第一一零號訓令內開：

「現奉

國民政府第十三號訓令開：「據本府文官處簽呈稱：『准中央政治委員會祕書廳中政祕字第二四二一號公函開：「查三十二年一月九日中央政治委員會臨時會議討論事項第四案　主席交議：『玆擬具最高國防會議組織綱要請公決案』當經決議通過』紀錄在卷相應錄案並抄附最高國防會議組織綱要函達至希查照轉陳通飭知照」等由理合簽請鑒核』等情據此自應照辦除分令外合行抄發原附抄最高國防會議組織綱要一份令仰該院知照并轉飭所屬一體知照此令等因附發最高國防會議組織綱要一份奉此並准　中央政治委員會祕書廳中政祕字第二四三一號函同前由除分令外合行抄發前項綱要令仰該府飭屬一體知照。」

等因：附發最高國防會議組織綱要一份奉此，除分行外，合行抄發前項綱要，令仰該○飭屬一體知照！

此令。

計抄發最高國防會議組織綱要乙份

中華民國三十二年一月　日

市長　周學昌

最高國防會議組織綱要

一、中央政治委員會在戰時設最高國防會議決定關於國防之重要事宜

二、中央政治委員會在戰時應於時局得爲緊急處分對於現行法律得停止其效力對於法律案應於必要得省略法定程序逕送國民政府公布交立法院備查

三、中央政治委員會在戰時每月開會一次閉會期間其職權由最高國防會議行使之

四、最高國防會議每星期開會一次有必要時得開臨時會議

最高國防會議決定之事項在中央政治委員會開會時應提出報告

五、最高國防會議以中央政治委員會主席爲主席

六、最高國防會議委員以左列人員充任之

軍事委員會委員長及常務委員一人

行政院院長副院長

華北政務委員會委員長

總參謀長　陸軍部長　海軍部長

內政外交財政實業宣傳各部長

中央及地方軍政長官有必要時得由最高國防會議主席令其出席或列席

七、最高國防會議設秘書長一人以中央政治委員會秘書長任之副秘書長二人以中央政治委員會副秘書長任之並由行政院秘書長經濟委員會秘書長外交部政務次長軍事委員會總務廳長參加以副秘書長待遇

南京特別市政府訓令　字第　號

令處局會區公所

案奉

行政院政字第一一八號訓令開：

「現奉

國民政府三十二年一月十五日第二三號訓令開：「據本府文官處簽呈稱准『最高國防會議秘書處高祕字第五號公函開』案奉　主席交下最高國防會議三十二年一月十三日第一次會議討論事項第五案『主席交議改革行政機構案決議

通過送國民政府幷交立法院備查』等因遵經紀錄在卷相應鈔案函達至希查照轉陳分別辦理並令行立法院知照」等由理合簽請鑒核』等情據此自應照辦除關於「機構調整」內各項業經明令公布暨分行外合行抄發原送改革行政機構案令仰該院遵照辦理具報此令」等因附抄發改革行政機構案一件奉此除分行外合行抄發原附改革行政機構案一件令仰該市政府轉飭所屬一體知照。」

等因：附抄發改革行政機構案一件，奉此，除分行並將附件刋登公報不另抄發外合仰該　飭屬一體知照！

此令。

中華民國三十二年一月　日　市長　周學昌

改革行政機構案

（甲）改組原則

一、行政院各機關以採單一制爲原則以明責任而期敏捷。

二、各部部員多寡，因其職務而異，不必一律，其由委員會改爲部者，所用部員，至多不得超過委員會時之數額，其職掌較前增加者，不在此例。

三、在執行機關中，力矯人浮於事之弊，就現在數額，力事裁減，而別設諮詢機關以延攬才能。

（乙）機構調整

一、擬請將現隸於行政院之全國經濟委員會改隸於國民政府「以行政院長爲委員長，副院長及華北政務委員會委員長爲副委員長，並以行政院華北政務委員會有關經濟各部長各督辦暨選聘全國財政經濟專家爲委員，並由國民政府就委員中指定委員五人至七人爲常務委員，處理日常事務」期收促進全國經濟建設，改善全國人民生活之實效。

二、新國民運動爲復興中華保衞東亞之始基，爲使全國國民一致奉行起見，擬將現隸於行政院之新國民運動促進委員會改隸國民政府。「除原有委員外，並由國民政府加派華北政務委員會教育總署督辦及華北新民會領袖爲該會委員，以收齊頭並進之效」

三、用人行政，息息相關，以銓敘部屬之行政院，實較屬之考試院爲合理，因考試、銓敘，實爲兩事，以銓敘部屬之考試院，在考試院未見銜接，而在行政院則隔閡殊多，擬將現隸考試院之銓敘部改隸行政院。

四、社會運動指導委員會自中央政治委員會重新訂定指導人民團體原則以來，其職掌已有變更，擬請將該會與振務委員會合併爲社會福利部，掌理社會福利籌振及慈善事宜，原有之社會運動，政治指導，亦歸其掌理，各省市原有該兩委員會行政系統，一併改爲社會福利局，承社會福利部部長之命，辦理社會福利一應事宜，以後關於社會福利事項，應飭各該省市政府轉飭各該主管廳局劃歸該局辦理，以一事權。

五、擬請將糧食管理委員會，改爲糧食部，綜理全國糧食生產、配給、管理等事務，至各省市現有糧食機構，一仍舊貫，承糧食部之命，辦理各該省市糧食事務，務期款無虛糜，民受實惠。

六、邊疆情形特殊，一切行政均不能與內地各省相提並論，是以有邊疆委員會之設，惟時值多故，以致該會備極清閑，擬將現隸行政院之邊疆委員會裁撤，改設邊務局，直隸內政部，承內政部部長之命，掌理邊疆政務之監督及邊疆政治之興革事宜，至現設之西藏、班禪兩駐京辦事處仍照常設置，藉通聲氣。

七、僑民之移殖保育，本歸僑務委員會掌理，惟此種事務，與外交息息相關，擬將該會裁撤，另設僑務局，直隸外交部局設局長一人，改敍簡任，承外交部部長之命，辦理僑民一應事宜，其原有分駐各地之辦事機關，應飭外交部另擬調整辦法，呈候核示遵行。

八、水利與交通同爲建設之主要部分，擬將水利委員會合併於交通部，改爲建設部，掌理水利交通及都市建設事宜，以一事權。

九、爲求增進行政院效能起見，行政院內部組織，應力求簡單化，將秘書處參事廳法制局三機關合併爲一，設秘書長一人，綜理事務，副秘書長二人輔助之。

十、現有各部均設政務次長常務次長各一人，事權牽掣，徒滋紛擾，擬請將各部政務次長常務次長一併裁撤，各部各設次長一人，輔佐部長，處理部務，以增效能。

（丙）人事處置

一、各部得設委員會爲諮詢及建議機關，委員三人至五人，簡任，不設辦公處，不設秘書等職員。

二、薦任以下編餘人員應另行組織考詢委員會，以各部次長爲委員，行政院秘書長爲主任委員，就各該編餘人員才能性行及資歷認眞考詢，如尙堪任使，即分發各部局署以原級任用，其年老力衰及平時工作不力者一律資遣，資遣辦法另定之。

三、現有各機關公務人員，應於本辦法核定施行後一個月內由各該主管長官舉行臨時考績，呈候核辦。

四、現有各部科長以下名額，應明確規定呈候核奪飭遵，其不需要及工作不力人員，應即資遣。
五、新設機關員額，應力事節減，幷應將名額先行呈候核奪飭遵。

（丁）法規修訂及其他

一、凡組織業經變更之各院部，應由各該主管長官，將各項關係法規修訂呈候核奪辦理。
二、凡奉准新設之各機關，應由各該主管長官，趕速擬訂，呈候核奪辦理。
三、凡已經裁撤機關之組織法及其他關係法規，經國民政府公佈有案者，應請由中央政治委員會祕書廳列單送請國民政府明令廢止。
四、凡新設合併或改組之各機關概算，應由各該主管長官趕速根據下列標準擬訂呈核。一、凡兩機關合併為一機關者，新機關之概算，不能超過原兩機關概算總額百分之八十。二、凡委員會縮編為局者，其概算不得超過原委員會概算百分之七十。三、凡委員會改為部者，其概算不得超過原委員會之概算。四、各原有機關因安置被裁人員，須增加經費者，由合併或改組各機關節省經費中開支之，但其總額，不得超過節省經費總額百分之八十，凡合併或改組之機關，一月份仍照原概算發給經費，自二月份起照新概算發給。
五、凡業經裁撤之機關，應由各該主管長官將財產目錄，送請行政院祕書處照目錄所列點收保管，聽候列單呈准重新分配，以重公物。
六、凡業經裁撤之機關，所有歷年節餘，應由各該主管長官專案解繳國庫，掣取收據，呈報行政院備查，不得藉故呈請動用，以重公帑。
七、凡兩機關合併之機關，其職員限定由兩機關原有職員中任用之，不得於原有人員之外另行任用新人，惟調用人員則不在此限。

南京特別市政府訓令　字第　號

令處局會區公所

案奉

行政院政字第一二四號訓令內開

「現奉

國民政府第二五號訓令開：「據本府文官處簽呈稱：『准最高國防會議祕書處高祕字第七號公函開：「案奉　主席交下最高國防會議三十二年一月十三日第一次會議討論事項第一案「主席交議茲擬具最高國防會議組織條例草案請公決案決議通過送國民政府等因遵經紀錄在卷相應錄呈並抄附最高國防會議組織條例一併函達至希查照轉陳通飭遵照」等由理合簽請鑒核』等情據此自應照辦除分令外合行抄發該條例令仰該院知照并轉飭知照此令。」等因附發最高國防會議組織條例一份奉此除分令外合行抄發最高國防會議組織條例令仰該府飭屬一體知照」等因：附發最高國防會議組織條例一份，奉此，除分行外，合行抄發前項組織條例令仰該府飭屬一體知照！

此令。

計抄發最高國防會議組織條例乙份

中華民國三十二年一月　日　市長　周學昌

最高國防會議組織條例

第一條　本條例依據最高國防會議組織綱要制定之

第二條　最高國防會議在戰時決定關於國防之重要事宜

第三條　中央政治委員會閉會期間其在戰時之職權及其他職權由最高國防會議行使之

第四條　最高國防會議每星期開會一次於必要時得開臨時會議

第五條　最高國防會議決定之事項在中央政治委員會開會時應提出報告

最高國防會議以中央政治委員會主席爲主席

第六條　最高國防會議委員以左列人員充任之

軍事委員會委員長暨常務委員一八

行政院院長副院長

華北政務委員會委員長

總參謀長、陸軍部長、海軍部長

內政、外交、財政、實業、宣傳各部長

第七條　最高國防會議開會時委員不得派代表出席

第八條　中央及地方軍政長官於必要時最高國防會議主席得令其出席或列席會議

第九條　中央政治委員會組織條例第六條及第七條所規定之事項最高國防會議適用之

第十條　最高國防會議置祕書處設祕書長一人由中央政治委員會祕書長任之副祕書長二人由中央政治委員會副祕書長任之

行政院祕書長清鄉委員會祕書長、全國經濟委員會祕書長、外交部政務次長、軍事委員會總務廳長參加工作以副祕書長待遇祕書處祕書及辦事人員就中央政治委員會祕書廳原有職員中指派兼任祕書處組織規程另訂之

第十一條　最高國防會議必要時得分設各種專門委員會其組織規程另訂之

第十二條　本條例自決議之日施行

南京特別市政府訓令　府社字第　號

令庇寒所

案准

糧食管理委員會調字第六三一號公函開：

「案准貴市政府社字第三三七號公函爲籌辦庇寒所不日成立該所收容貧民伍百人爲時三個月共需米一百八十石請配給廉米等由准此查是項庇寒所旣爲收容貧民而設依一般貧民生活慣例其主要食品當爲雜粮應請貴市政府就該所實際需要改發一部份雜粮另由本會配給掃倉米五拾石以資補充價格按每石一百捌拾五元計算惟受配人如已領有購米證者在收容期間暫應繳存免滋流弊准函前由相應覆請查照轉飭社會局派員來會洽領轉發爲荷」

等由准此查此項配給掃倉米五十石卽由該所直接向糧管會接洽繳價具領至應需雜糧補充據該所面稱自行購買山芋陸續隨買隨用以免凍餓准卽照辦合亟令仰該所遵照分別辦理具報

此令

中華民國三十二年一月　日

市長　周學昌

南京特別市政府訓令 府社字第　　號

令市商會

查本市捲菸五洋業同業公會份子複雜組織殊欠健全着即解散另由本府社會局諮詢該會後派員整理除通知捲菸五洋業同業公會即日停止活動聽候接收外合行令仰該會剋速遵照辦理爲要

此令

中華民國三十二年一月　　日　　市長　周學昌

南京特別市政府訓令 府工字第　　號

令城鄉各區公所

案准

實業部農字第一一一一號咨開：

「查振興水產事業爲國家經濟之一環關係國計民生至爲重大前　國民政府銳意經營頗有進展事變以還沿海各省多遭兵燹遂致十數年來經營之水產事業蕩然無存漁村經濟瀕於破產本部職司農政關於建設各項水產事業亟應分別緩急逐步推進至所需費用業經呈請　行政院轉呈　中央政治委員會第一一五次會議決議准照二十二年十月三十日前實業部公布之漁業建設費征收暫行規程核減爲値百抽壹恢復征收並奉　行政院令飭知照經即轉飭水產管理局知照各在案茲據該局呈報恢復征收漁業建設費一案業由本局擬訂征收查驗辦法稽征處組織規程分區實施方案自十二月十六日開始征收請轉咨各省市政府蘇北行營主任各行政公署轉飭所屬隨時協助等情到部除指令外相應抄同前實業部公布之漁業建設費征收暫行規程咨請貴府查照轉飭所屬隨時予以協助俾利進行」

等由並抄附原規程一份到府准此復據社會局案呈以准　實業部水產管理局漁字第一號咨略以「案關建設水產事業本局職責所在自應遵辦除以各地魚市場爲經徵機關外其未設魚市場地方由本局委派暫征員會同當地漁會或魚業同業公會征收當經本局擬訂征收辦法一面呈由　實業部分咨各省市政府查照協助各在案關於各地暫征員應俟斟酌情形分別委定隨時開單咨請查照相應咨請飭屬協助」等由前來除分行外合亟抄發漁業建設費征收暫行規程一份令仰遵照轉飭所屬一體協助爲要

此令

附抄漁業建設費徵收暫行規程一份

中華民國三十二年一月　日　市長　周學昌

實業部漁業建設費征收暫行規程 民國二十二年十月三十日實業部公布

第一條　漁業建設費依中央政治會議議決案按漁獲物市價值百抽二以一次為限

第二條　本規程所稱漁獲物係指撈獲或養殖之一切水產動物而言無論鮮鹹乾製一律在內但池塘養殖不得就產地征收

第三條　漁業建設費由賣主負担得就銷售地各漁行或躉售之商店征收之肩挑擔販概予免征

第四條　因事實上之必要得設漁業建設費征收處

第五條　凡征收漁業建設費應塡四聯單一聯給漁商一聯存征收處所二聯分別呈繳實業部及漁業改進委員會

第六條　凡漏不報征及報征不實者得酌量處罰其罰則另定之

第七條　本規程施行細則另定之

第八條　本規程自公布日施行

南京特別市政府訓令 府社字第　號

令本府各局處會
城鄉各區公所
市商會

案准

財政部錢二字第六號咨開：

「案奉　行政院行字第八六八四號訓令內開：『案據該部呈為辦理金融機關註册事項擬卽截止內地設立金融機關由部斟酌情形核辦一案業經本院轉呈中央政治委員會核示並指令知照在案現准中央政治委員會祕書廳中政祕字第二三六八號公函開「查三十一年十二月十七日中央政治委員會第一一九次會議討論事項第十三案　主席交議據行政院呈據財政部呈為辦理金融機關註册事項擬卽截止此後對於新設金融機關除經該部特許者外一律不准再設至在內地設立金融機關擬由部斟酌當地情形隨時加以攷慮分別核辦呈請核示一案轉呈鑒核等情請公決案當經決議「通過交行

政院轉飭財政部遵照」紀錄在卷相應錄案函達至希查照轉飭財政部遵照」等由前來合行令仰該部遵照此令」等因奉此查此案前經本部呈請行政院鑒核轉呈中央政治委員會議決施行並由部於十二月十八日發表談話在案茲奉前因除分行外相應咨請貴市政府查照並希轉飭所屬一體知照為荷」

等由准此自應照辦除分行外合行令仰該○知照並飭屬一體知照

此令

中華民國三十二年一月　日　　市長　周學昌

南京特別市政府訓令　府社字第　號

令城鄉各區公所

查市政之推進，端賴羣策羣力，努力推進，近查各區公所，對於市民聲請事件，每多推諉延宕，對於本府令飭整理案件，亦託故稽延，例如工作日報，及每月戶口旬報月報表，不能按期塡報，即如此次辦理劃界重編保甲，雖經限期完成，而保甲戶口統計，迄今亦未據報，又調查赤貧，及其他飭辦事件，均未能遵限辦理，既屬違背本府施政方針，抑且有瀆職之咎，茲特申令告誡，務望以後力圖振奮，不得因循敷衍，任意稽延，除飭社會局主管科隨時考察幷分令外，合行令仰該區長凜遵，幷轉飭所屬一體遵照，切切。

此令

中華民國三十二年一月　日　　市長　周學昌

南京特別市政府訓令　府社字第　號

令本府社會局
　市公糶委員會

案准糧食管理委員會調字第三三號公函內開

「案准首都食米稽查委員會祕一字第五三號公函內開查本會第一次委員會議討論事項第一案主席交議關於私米入城事件應如何處理案決議(一)由會函請糧食管理委員會會同警察總監署南京特別市政府向友邦憲兵司令部接洽請

明令友邦憲兵協助禁止私米入城（二）由會函請糧食管理委員會盡量收買城外各糧行所存米糧又第二案主席交議關於市內私售食米及私設米攤應如何處理案決議由會函請糧委會派員用官價收買並將收買地點函知本會及警察總監署以便隨時查察及派警協助等由紀錄在卷除分函外相應錄案函請查照辦理並希見覆爲荷等由准此除第一案已由本會與友邦憲兵隊司令部洽商協助查禁並函請首都食米稽查委員會逕函貴市政府暨首都警察總監署分頭洽商外第二案關於收買城外各糧行存糧一點查現在城外由本會指定之承辦商糧行所存米糧即屬本會之存糧原議案所指儘量收買者當爲城外到米應由寧屬區米糧公營社積極辦理已經本會飭遵至市內攤販私米應如何收買以資兼顧而期週密亦經飭由該社妥擬辦法呈會核定各在案惟城外到米除由米商蒐批採運來京者外其餘如米販肩負驢馱零星之米逐日到京亦不在少數此輩販運來京目的即在私相買賣公營社收買此項到米端賴當地軍警之協助方能收效相應函請貴市政府查照對於公營社收買城外到米隨時予以協助並希見復」

等由准此案關維護民食自應照辦除函復及分令外合行令仰該局會即便遵照隨時予以切實協助辦理爲要

此令

中華民國三十二年一月　日

市長　周學昌

南京特別市政府訓令　府財字第一四七號

令本府各局處
各區公所
市商會

案奉

行政院政字第九五號訓令開：

「現奉　國民政府訓令第四〇四號開『查火柴統稅條例現經制定明令公布應即通行飭知除分令外合行抄發該條例令仰該院知照并轉飭所屬一體知照此令』等因計抄發火柴統稅條例一份奉此除將條例刊登公報不再抄發並分行外合行令仰該府飭屬一體知照此令」

等因奉此除分行外合行令仰該〇知照

此令

中華民國三十二年一月　日　　市長　周學昌

南京特別市政府訓令　府財字第一四四號

令本府各局處會　市商會　各區公所

案准

財政部錢二字第七號咨開

「查廣東省新舊幣全面交換事宜業於三十一年七月十日起開始實施並即依據禁止使用舊幣辦法先後實行禁止使用及攜帶各在案惟關於保存或持有舊幣一節尚未予以禁止本部為推行新幣統一通貨茲定於民國三十二年一月二十六日起對於廣東省全境以內所有未經交換之舊幣除禁止行使攜帶外並絕對不許保存持有如有私藏或故違法令者一經查出即予沒收充公從嚴懲處惟為顧全民衆利益起見特自民國三十二年一月十二日起至同月二十五日止就廣東省境內除廣州市市橋及汕頭市並汕頭市周圍地區外再行實施新舊幣最後交換一次以期廓清各界人等如尚有保存或持有舊幣者務各遵限從速交換以維利益除呈報並由部佈告暨分行外相應咨請貴市政府查照轉飭所屬一體知照

等由准此除分行外合行令仰該○知照

此令

中華民國三十二年一月　日　　市長　周學昌

南京特別市政府訓令　府財字第　號

令本府各局處會　各區公所

案奉

行政院政字第九七號訓令開：

「現奉

國民政府第四〇六號訓令開『查財政部稅務署組織法第二十二條條文現經修正明令公布應即通飭施行除分令外

合行抄發該修正條文令仰該院知照並務飭所屬一體知照』等因計抄發修正財政部稅務署組織法第二十二條條文一份奉此除將條文刋登公報不再抄發並分行外合行令仰該府飭屬一體知照此令」

等因；奉此，除分行外，合行令仰該○知照

此令

中華民國三十二年一月　日　市長　周學昌

南京特別市政府訓令　府財字第　號

令本府各局處會
市商會
各區公所

案奉

行政院政字第九六號訓令開；

「現奉　國民政府第四〇五號訓令開『查棉紗統稅條例現經修正明令公布應即通行飭知除分令外合行抄發該條例令仰該院知照并轉飭所屬一體知照此令』等因計抄發修正棉紗統稅條例壹份奉此除將條例刋登公報不再抄發並分行外合行令仰該府飭屬一體知照」

等因；奉此，除分行外，合行令仰該○知照

此令。

中華民國三十二年一月　日　市長　周學昌

南京特別市政府訓令　府財字第　號

令田賦征收處主任
督征員

案查前奉

行政院令發非常時期各省市征收田賦暫行條例當經以府財字第六五號訓令轉飭遵照在案茲經依據前項暫行條例第八條之

規定並參酌本市情形訂定本市田地評價委員會組織規程除俟規定開會日期另文通知並分行外合行抄發組織規程令仰該主任督征員遵照

計抄發南京特別市田地評價委員會組織規程一份（見法規欄）

中華民國三十二年一月　日　市長　周學昌

南京特別市政府佈告　府社字第　號

案查本市違反取締私抬物價暫行條例商號攤販業經送請取締私抬物價裁定委員會依法裁定各處罰金並由本府分別送達裁定書限於文到十日內呈繳罰金在案業已逾限多日查有（照附單分別列入）路……商號迄未遵繳罰金顯係玩忽功令殊屬不法除仍追繳罰金外應依照原裁定書規定吊銷其營業許可證勒令停業以示警誡而儆刁玩

此佈

附未繳罰金商號攤販名稱地址清單

中華民國三十二年一月　日　市長　周學昌

未繳罰金商號攤販名稱地址清單

第二區
發記廣貨商號　漢中路五十三號
元和煤炭商號　安品街五十號
元益五洋油糖商號　復興路三十四號

第三區
裕和五洋商號　北門橋三號
德順水果商號　估衣廊十一號

第四區
孫成興肉舖　白下路四一四號

同盛隆煤炭商號　科巷八〇號
永盛煤炭商號　太平路三一四號
永泰祥皮箱履號　中山東路七九號
南京皮鞋商店　中山東路一七一號
林記皮件商號　中山東路七一號之二
華成皮革商號　中山東路一〇四號
亞美皮件商號　中山東路六九號之二

城區自治實驗區

國華煤炭商號　山西路三十九號

第五區

張登瀛肉舖　綏遠路一八九一號
馬榮興牛肉攤販　永寧街口同元茂菜館前

南京特別市政府通知　府社字第　號

案查前據銀行業公會轉呈該行附設倉庫證明書，及登記申請書，轉請登記一案，核有未合，業經本府通知發還原申請書，仰將倉庫部份資本塡明及補繳登記費，並仰按期繕具銀錢商品担保放款報告表呈報備查各在案。茲據該行呈稱：「略以本行貨物倉庫，係與通源堆棧特約堆存，是以每屆月終該表均由通源堆棧呈報，以免重複，除將鈞府通知轉交通源堆棧遵照外，理合呈報察奪」等情，據此，查通源堆棧業經本府核發營業許可證及辦理核發登記證在案，該行附設倉庫既與通源堆棧特約堆存，並無另設倉庫部份，所請登記一節，應毋庸議，合亟通知該行知照。

右通知江蘇地方銀行南京分行准此

中華民國三十二年一月　日

市長　周學昌

南京特別市政府批　府社字第　號

具呈人南京興業銀行經理祝尊譽

社會局案呈呈一件，呈爲倉庫登記仰祈鑒核賜准由

呈件均悉，查該行在本市朝天宮西街四十五、七號及下關熱河路三二〇號附設倉庫二所備爲堆存抵押放款貨物之用遵章申請登記前來幷附呈登記申請書等件經核尚無不合，應准發給登記證茲塡就社字第九號及第十號倉庫登記證二紙，仰卽備具領據逕向本府社會局具領可也

此批

中華民國三十二年一月　日　市長　周學昌

南京特別市政府通知　府社字第　號

查該公會份子複雜組織殊欠健全着卽解散由本府社會局派員整理合亟通知遵照卽日停止活動聽候接收爲要

右通知捲菸五洋業同業公會理事長陸炳鑫准此

中華民國三十二年一月　日　市長　周學昌

南京特別市政府批　府社字第　號

具呈人猪業整理委員會常務委員張雲濤等

三十二年一月六日呈一件　爲上海牲畜市場遞介於一月份起供應滬市民食每月猪隻六千頭南京應攤派千頭月須虧累二十餘萬元呈請設法救濟以維民食由

呈悉，查所呈各節，尚屬實情，除據情轉呈行政院鑒核在案外，當設法向關係方面交涉，在本案未得圓滿解決以前，關於本市猪隻搬入事項，仰仍遵以前手續辦理爲要

此批

中華民國三十二年一月　日　市長　周學昌

南京特別市政府批　府社字第　號

呈一件　爲旗衆生活困苦懇求增加救濟金以免凍餒由

具呈人　旗民代表王益齋等

呈據，據陳困難情形，尚屬實在，應准將旗民救濟金，及該代表公費，均予增加一倍，自本年二月份起支，其一月份之款，定於二月一二兩日，仍在第一區區公所發放，仰即傳諭知照。此批。

中華民國三十二年一月　日　市長　周學昌

南京特別市政府公告　字第　號

案查滿洲國大使館永租本市第二住宅區範圍內土地建築館舍一案業經會同外交部先後呈奉行政院指令准予征收在案合亟依照土地法第三百六十條與同法施行法第八十三條之規定揭示公告自即日起仰後列各業戶檢同所有權狀分段圖查驗證等各項證明文件送呈本府地政局審核以憑發給土地補償金及拆遷補償等費一經公告期滿未據呈繳各項證件即予依照土地法第三百七十九條第三百八十五條之規定辦理幸勿自誤合行公告週知

計開

土地所有權人
姓名籍貫住址
土地面積及坐落四至　見圖表
定着物情形
他項權利人姓名
聲請登記日期　年　月　日

公告期滿日期　年月日

中華民國三十二年一月日

市長　周學昌
地政局局長　胡政

南京特別市政府公告　字第　號

案據業戶湛文義呈報坐落武學園地產原領前地政局所發二區一二二段分段圖各壹件因事變遺失請予補給等情經飭據呈繳聲明分段圖遺失報紙暨鄰商兩保前來茲依照土地法第一百四十條第二款之規定揭示公告自公告之日起對於該項遺失分段圖如有因權利關係聲明異議者須於三個月內提出理由書暨證明文件呈候核辦一經公告期滿無人異議即予依法補給分段圖管業合行公告週知

計開

聲請人姓名及籍貫住所

土地坐落及四至面積

申報地價

定着物情形

共有權人

他項權利人

公告日期

公告期滿日期

中華民國三十二年一月日

市長　周學昌
地政局局長　胡政

南京特別市政府公告 字第　號

案査本市原第五區三五六九(三)段房地產前因業戶王兆禮逾期登記業經前地政局予以假定登記公告在案茲據該民王兆禮檢呈法院和解筆錄並取具鄰商兩保切結聲請爲所有權登記前來除將假定登記案撤銷外茲依照本市土地登記暫行規則第十五條之規定揭示公告自公告之日起對於該項房地產如有因權利上關係聲明異議者須於三個月內提出理由書及證明文件呈候核辦一經公告期滿未據異議卽予依法登記發給圖狀執業合行公告週知

計開

聲請人　姓名王兆禮住址安品街二十七號

坐落　第二區三〇〇六段安品街第二十九號

種類及面積　宅地〇畝一分一釐二毫三絲

四至　東至 西至 買主談周二姓　南至宛姓 北至安品街

定着物情形　房屋

申報地價　每方捌拾元照新標準地價

申報定着物現值　捌百元

共有權人

他項權利人

公告日期

公告期滿日期

中華民國三十二年一月　日

市長　周學昌

地政局局長　胡政

南京特別市政府公告 字第　號

案査本市原第五區三五六九(四)段房地產前因業戶王兆義等逾期登記業經前地政局予以假定登記公告在案茲據該民

王兆義等取具鄰商兩保切結聲請爲所有權登記前來除將假定登記案撤銷外茲依照本市土地登記暫行規則第十五條之規定揭示公告自公告之日起對於該項房地產如有因權利上關係聲明異議者須於三個月內提出理由書及證明文件呈候核辦一經公告期滿未據異議即予依法登記發給圖狀執業合行公告週知

計開

聲請人　姓名王兆義等住址升州路二九〇號

坐落　第五區三五六九(四)段安品街第二十七號

種類及面積　宅地〇畝〇分四釐二毫〇絲

四至　東至本業(現已賣與談周二姓)　南至宛姓　西至本業(現已賣與談周二姓)　北至本業(已賣與談周二姓)

定着物情形　平房一間

申報地價　每方捌拾元照新估價

申報定着物現值　捌百元

共有權人　王兆禮　王少榕

他項權利人

公告日期

公告期滿日期

中華民國三十二年一月　日

市長　周學昌

地政局局長　胡政

南京特別市政府公告　字第　號

案據業戶傅無介呈報坐落新姚家巷第二十七號房地產原領前財政局所發他三字第二號他項權利證明書一件因在前首都地方法院遺失請予撤銷該項權利登記經飭據呈繳聲明他項權利證明書遺失報紙暨商保前來茲依照土地法第一百四十條

第二款之規定揭示公告自公告之日起對於該項遺失證明書如有因權利關係聲明異議者須於三個月內提出理由書暨證明文件呈候核辦一經公告期滿無人異議卽予撤銷登記合行公告週知

中華民國三十二年一月　日

市長　周學昌

地政局局長　胡政

法規

南京特別市田地評價委員會組織規程民國三十二年一月公佈

第一條　本規程依據非常時期各省市徵收田賦暫行條例第八條之規定並參酌本市情形訂定之

第二條　本市田地評價委員會（以下簡稱本會）設主任委員一人副主任委員一人委員二十五人

第三條　本會主任委員爲市長副主任委員爲財政局長委員由市政府指派上新河安德門孝陵衞鄉區自治實驗區區長四人鄉鎭長八人納賦代表八人（每區二人由區長推舉呈請市政府核定）財政局祕書一人主管科長一人田賦股主任一人田賦徵收處主任一人督徵員一人充任之

第四條　本會委員任期定爲一年但經市政府核准得予連任

第五條　本會按照現時田地價格評定確實地價標準並得按田地肥瘠分爲上中下三等

第六條　本會於每年春季由主任委員召集開會一次其開會日期及地點由主任委員臨時規定通知但遇必要時得由主任委員召集臨時會議

第七條　各委員關於評定地價議案應依照規定程式於開會前三日送交財政局主管科以便編列議事日程如有臨時動議者須有出席會員三人以上之連署

第八條　各委員開會時應準時出席如確有事故不能出席時須聲明請假

第九條　本會開會時以全體會員超過半數以上之出席爲法定人數關於討論議案如須付表決時以出席會員超過半數以上之同意爲表決

第十條　本會所評定地價須呈報市政府核定之如市政府認爲評定地價與現實不合時得按隣省隣縣現時地價酌予修正

第十一條　本規程如有未盡事宜得由市政府隨時修正之

第十二條　本規程經市政府核定施行

公牘

南京特別市政府呈　府社字第　號

案據猪業整理委員會常務委員齊海帆等三十二年一月六日呈稱：

「爲呈報事上海牲畜市場於上月二十八日召集各埠猪販不征同意遽令於本月份起供應滬市民食猪隻六千頭按成攤派南京應供千頭惟是項猪隻在產區採購再加運費等項每猪一頭須虧成本約二百餘元合計月須虧累二十餘萬元本市販商曷能担此鉅大損失倘無法救濟勢必全體停業事關重大理合繕具事實略推派常務委員張復鑫整理委員朱尚濤徐學道等持呈晉謁敬祈俯賜面示機宜以便有所遵循」

等情據此查核所呈困難確係實情本市猪隻一項每頭計需供應軍猪費三十六元每月以四千五百頭計算共須繳納軍猪費十六萬二千元爲數已屬艱鉅加之近來產區方面猪隻價目繼長增高來源缺乏本市對於猪肉限價維持已感不易若加負担滬市民食猪隻一千頭則影響本市民食者更大且挹此注彼亦屬越乎情理之外本市爲衛護市民權益計决根據此原則據理向關係方面交涉在此事未得圓滿解决之前倘因此猪隻搬入問題發生障礙則在此期間寧願使市民禁絕口腹之慾而不使市民增加負担事關國際民生且情勢急迫理合據情轉呈

鈞院鑒核謹呈

行政院院長汪

南京特別市市長　周學昌

中華民國三十二年一月　日

南京特別市政府咨　府衛字第　號

案准

貴部禮乙字第四號咨開：

「案准行政院秘書處行字第三三三九號公函開：『現奉院長交下國民政府參事楊其觀簽呈一件爲懇請提倡火葬請鑒核等情一案同時奉諭交內政部核辦等因奉此相應抄同原發簽呈一扣函請查照辦理見復』等由計抄送原簽呈一扣准此查此案楊參事簽陳各節事關改良習俗不爲無見唯國人對於棺葬心理向爲傳統觀念所牢據今欲輒加倡革似應規定法令佐以宣傳庶幾法勸並施得以移易積習當經分咨滬漢兩特別市政府調查各地現行火葬設備情形及火葬儀式以資參考各在案茲以事關全國整個計劃爲集思廣益起見特再徵詢各省市現有火葬設備情形及對於提倡火葬意見除分咨外相應抄同原附件咨請查照轉飭所屬查明見復以憑核辦爲荷』

等因：准此查本市所辦之火葬場在中華門外粗具規模係由本府衛生局管理專事焚燬染疫癘之屍體惟尙未能供給人民之用且設備簡陋並無儀規及若何收入亦無固定經費茲查楊參事所提倡火葬各理由誠屬福國利民之舉本府極表贊同准咨前因相應咨請

查照爲荷

此致

內政部

市長　周學昌

中華民國三十二年一月　日

南京特別市政府咨　府衛字第　號

案准

貴部秘字第五四〇號咨囑將本府應派參加第二次東亞醫學會中國代表姓名略歷於十一月二十五日以前開送以便轉送等由准此自應照辦茲派本府衛生局局長褚通衡出席東亞醫學會第二次大會南京市代表相應開送名單略歷一份咨請

查照轉送爲荷

此咨

外交部

附送名單略歷一份（從略）

市長　周學昌

中華民國三十二年一月　日

南京特別市政府公函 府社字第　號

案查本市違反取締私抬物價暫行條例之各商號攤販前經本市取締私抬物價裁定委員會裁定分別懲處罰金業已送達裁定者書並限於文到十日內呈繳罰金否則卽行吊銷營業許可證勒令停業各在案茲查各該處罰商號攤販依限遵繳罰金者固屬多數而逾限迄未將應處罰金繳呈到府者亦屬不少玩忽功令殊屬不法除由本府追繳罰金令飭各該管區公所迅卽派員會同警局將各該商號原領營業許可證分別吊繳來府並將本府附發佈告及封條張貼禁止其營業外相應函請

查照並迅卽電飭所屬局所予以協助實紉公誼

此致

首都警察總監署

附送未遵繳罰金商號攤販名稱地址清單一份（附佈告後）

市長　周學昌

中華民國三十二年一月　日

統計

三十一年度南京特別市戸口統計表

月別	戸數	人口數						
		總計	男性			女性		
			合計	成人	兒童	合計	成人	兒童
一月	142,099	633 066	374,015	240 969	133 046	259,051	164,843	94,208
二月	142,905	635,149	352.943	241,715	111,228	282,206	187,676	94,530
三月	143 432	637.894	354 447	242,712	111.735	283,447	188 447	94,970
四月	143,622	639 903	355,198	243,177	112 021	284,105	188,867	95,238
五月	141,441	633,902	351.068	240,591	110 477	282,834	188,285	94,549
六月	141,564	635 010	351,622	240,920	110,702	283,388	188,627	94 761
七月	133,164	617,298	339 890	237,272	102,608	277,408	187,699	89,709
八月	133 043	617 425	340,336	237,048	102,788	277,589	187,663	89,926
九月	133,444	618.882	340,659	237,618	103,041	278,223	188,036	90,187
十月	133,985	621,539	342.176	238,768	103,408	279,363	188,811	90,552
十一月	137,248	654,315	355,631	266 076	89,555	298,684	217,696	80,988
十二月	103,973	638,464	353,7[illegible]4	272,574	81,210	284,680	213 079	71,601

資料根據社會局報告　祕書處第二科統計股製

市政公報暫定價目表

期限價目	郵費
零售 每冊五角	本市四分 外埠八分
半年 十二冊六元	本市四角八分 外埠九角六分
全年 二十四冊十二元	本市九角六分 外埠一元九角二

市政公報廣告刊例

頁數	價目
一頁	每期十八元
半頁	每期九元
四分之一頁	每期四元五角

刊登廣告在四期以上者每期按照七折計算連續十期以上者每期按照六折計算長期另議

出版日期　本公報暫定每月二次

編輯者　南京特別市政府祕書處

發行者　南京特別市政府祕書處

印刷者　南京時代印書館

地址：南京朱雀路遊貴井十八號

電話：二二五九五號

中華郵政掛號認爲第一類新聞紙類 江蘇郵政管理局執照第一〇四二號

中華民國三十二年二月十五日

市政公報

第一一三期

南京特別市政府祕書處印行

目錄

行政院訓令

行政院訓令 政字第　號

令南京特別市政府

現奉

國民政府第二八號訓令開：

「據本府文官處簽呈稱：『准最高國防會議秘書處高秘字第八號公函開：「案准中央政治委員會秘書廳函爲中央政治委員會三十二年一月九日臨時會議通過最高國防會議組織綱要一案並檢送最高國防會議及最高國防會議秘書處銅質印信各一顆又最高國防會議主席及最高國防會議秘書長牙質官章各一方過處當經陳明　主席即日組織成立分別啓用印信相應拓具印模函請查照轉陳備查並將最高國防會議及本處組織成立情形通飭知照」等由理合簽請鑒核』等情據此除由府備查外合行令仰該院知照并轉飭所屬一體知照此令」。

等因；奉此，除分令外合行令仰該府飭屬一體知照！

此令。

中華民國三十二年一月　日

院長　汪兆銘

行政院訓令 政字第　號

令南京特別市政府

現奉

國民政府第三〇號訓令開：

「據本府文官處簽呈稱：『准最高國防會議秘書處高秘字第一三號公函開：「案奉　主席交下最高國防會議三

十二年一月二十日第二次會議討論事項第三案：『主席交議：茲擬具全國經濟委員會組織條例請公決案決議通過送國民政府公布並交立法院備查』等因遵經紀錄在卷相應錄案並抄附原條例函達卽希查照轉陳明令公布並分令立法院知照」等由：理合簽請鑒核』等情據此自應照辦除明令公布暨分飭施行外合行抄發該組織條例令仰該院知照幷轉飭所屬一體知照」。

等因：計抄發全國經濟委員會組織條例一份奉此除分行外合行抄發該組織條例令仰該府查照並轉飭所屬一體知照！

此令。

計抄發全國經濟委員會組織條例一份

中華民國三十二年一月　日

院長　汪兆銘

全國經濟委員會組織條例

三十二年一月二十日公布

第一條　國民政府爲審核經濟政策調節經濟行政設置全國經濟委員會

第二條　全國經濟委員會設委員長一人由行政院院長兼任之副委員長二人由華北政務委員會委員長及行政院副院長兼任之

第三條　全國經濟委員會設委員若干人由國民政府特派之行政院外交、財政、實業、建設、糧食各部部長及華北財務、實業、建設各總署督辦爲當然委員

第四條　全國經濟委員會設常務委員七人至九人由委員長就委員中指定之

第五條　全國經濟委員會每三個月開全體會議一次必要時得開臨時會

第六條　全國經濟委員會常務委員會議由委員長隨時召集之

全國經濟委員會設祕書處掌理會議及日常事務

祕書處設祕書長一人特任祕書科長若干人其中祕書四人簡任餘薦任科員若干人薦任或委任必要時得酌用雇員

祕書處組織規程另定之

第七條　全國經濟委員會於必要時得延聘顧問

第八條　全國經濟委員會於必要時得附設調查或研究機關其組織規程另定之

第九條　本條例自公布日施行

行政院訓令

政　字第　號

令南京特別市政府

現奉

國民政府第四六號訓令開：

「據本府文官處簽呈稱：「准最高國防會議秘書處高秘字第三三號公函開：「案奉主席交下最高國防會議三十二年一月二十八日第三次會議討論事項第二案「主席交議茲擬具新國民運動促進委員會組織條例草案請公決案」決議通過送國民政府公布並交立法院備查」等因送經紀錄在卷相應錄案並抄附原條例函達即希查照轉陳明令公布並分令新國民運動促進委員會暨立法院知照」等由理合簽請鑒核」等情據此自應照辦除明令公布暨分飭施行外合行抄發該條例令仰該院知照並轉飭所屬一體知照」

等因：附抄發新國民運動促進委員會組織條例一份奉此合行抄發原附條例令仰該府飭屬一體知照。

此令。

附抄發新國民運動促進委員會組織條例一份

中華民國三十二年二月　日

院長　汪兆銘

新國民運動促進委員會組織條例

民國三十二年一月廿八日公布

第一條　國民政府爲促進新國民運動設置新國民運動促進委員會

第二條　新國民運動促進委員會之職掌如左：

(一)關於新國民運動之一般設計宣傳組織訓練事宜

(二)關於中國童子軍之組織訓練督導事宜

(三)關於中國青年團之組織訓練督導事宜

(四)關於中國青年模範團之組織訓練督導事宜

(五)關於一般學生團體青年團體之組織指導及監督事宜

第三條　新國民運動促進委員會設委員長一人由行政院院長兼任之

第四條　新國民運動促進委員會設委員若干人由國民政府特派之

第五條　新國民運動促進委員會設常務委員七人至九人由委員長就委員中指定之

第六條　新國民運動促進委員會設秘書處置秘書長副秘書長各一人由國民政府特派之秘書二人至三人總幹事副總幹事幹事助理幹事各若干人均由委員長指派之

秘書長承委員長之命處理會務副秘書長襄助之

秘書總幹事副總幹事幹事助理幹事遞承上級之命分辦各項事務

第七條　新國民運動促進委員會秘書處得分組辦事

第八條　新國民運動促進委員會於必要時得延聘設計委員

第九條　本條例自公布日施行

行政院訓令　政字第　號

令南京特別市政府

現奉

國民政府第五二號訓令開：

「據本府文官處簽呈稱「准最高國防會議秘書處高秘字第四零號公函開「案奉主席交下最高國防會議三十二年二月三日第四次會議討論事項第一案「主席交議秘書處案呈准中央政治委員會秘書廳函送奉交法制專門委員會議復華北政務委員會所屬各機關組織法規一案除華北政務委員會秘書廳及華北綏靖軍總司令部兩暫行組織條例毋庸修正外繹將華北政務委員會內務財務治安教育實業建設各總署及政務廳暫行組織條例分別修正並另擬華北政務委員會政務廳交通局暫行組織條例錄送審查意見請轉陳鑒核等情請公決案決議照審查意見通過送國民政府公布並交立法院備查」等因，遵經紀錄在卷相應錄案並抄附上項暫行組織條例共十種各一份一併函達至希查照轉陳明令公布並令飭立法行政兩院及華北政務委員會知照」等由理合簽請鑒核」等情據此自應照辦除明令公布暨分飭施行外合行抄發爲該暫行組織條例令仰該院知照并轉飭所屬一體知照此令」等因；計抄發華北政務委員會祕書廳綏靖軍總司令部暨內務財務治安教育實業建設各總署政務廳及政務廳交通局等暫行組織條例各一份奉此除分行外合行令仰該府知照並飭屬知照。

此令。

計抄發華北政務委員會各署廳局暫行組織條例各一份

中華民國三十二年二月　日

院長　汪兆銘

華北政務委員會各署廳局暫行組織條例

民國三十二年二月四日國民政府公布

目錄

華北政務委員會內務總署暫行組織條例

民國三十二年二月四日公佈

第一條　內務總署依照中央法令管理華北政務委員會所轄區域內各省市內務行政事務

第二條　內務總署對於地方最高行政長官執行本署主管事務有指揮監督之責

第三條　內務總署就主管事務對於地方最高行政長官之命令或處分認爲有違背法令或逾越權限者得提請華北政務委員會會議決停止或撤銷但須呈報國民政府

第四條　內務總署置左列各局

一　總務局

二　民政局

三　警政局

四　禮俗局

五　衛生局

第五條　總務局掌左列事項

一　關於收發分配撰擬保存文件事項

二　關於署令之公布事項

三　關於典守印信事項

四　關於本署及所屬各機關職員之任免獎懲事項

五　關於本署法規及公報之編輯發行事項

六　關於本署圖書之管理事項

七　關於本署經費之預算決算及會計事項

八　關於本署所屬各機關之會計審核事項

九　關於人口統計及其他內務統計事項

十　關於本署庶務及其他不屬各局事項

第六條　民政局掌左列事項

一　關於地方行政及經費事項

二　關於地方行政區劃事項

三　關於地方官吏之任免獎懲事項

四　關於地方自治事項

五　關於選舉事項
六　關於國籍及移民事項
七　關於戶籍事項
八　關於出版物登記檢閱及電影檢查事項
九　關於地政事項
十　關於其他民政事項

第七條　警政局掌左列事項

一　關於警察制度之建議及警察機關設置事項
二　關於警察官吏之任免奬懲事項
三　關於警察經費事項
四　關於警察教育事項
五　關於行政警察事項
六　關於外事警察事項
七　關於團防及警備隊事項
八　關於其他警政事項

第八條　禮俗局掌左列事項

一　關於釐訂禮制之建議事項
二　關於審訂樂典之建議事項
三　關於改良風俗事項
四　關於祭祀紀念典禮事項
五　關於褒揚事項
六　關於名勝古蹟之保存管理事項
七　關於寺廟僧道之管理登記事項
八　關於佛教及其他教會之立案及管理改良事項

九　關於慈善團體救濟院工藝廠等之立案及管理改良事項
十　關於其他禮俗事項

第九條　衛生局掌左列事項
一　關於官公私立醫院療養院之監督事項
二　關於醫藥師助產士看護士等資格之審定及業務監督事項
三　關於醫藥師等公會之監督事項
四　關於藥商及藥品製造之監督事項
五　關於藥典之調查編訂事項
六　關於痲醉藥品毒劑藥品及毒劑物之取締事項
七　關於禁煙事項
八　關於飲料食品及其用器之檢查事項
九　關於傳染病之檢驗及防止事項
十　關於衛生行政人員之訓練事項
十一　關於各項衛生設備之指導監督事項
十二　關於其他衛生行政事項

第十條　內務總署設督辦一人特任綜理本總署事務並監督所屬職員及各機關
第十一條　內務總署設署長一人簡任承督辦之命處理事務
第十二條　內務總署設祕書主任一人簡任祕書六人內簡任二人餘薦任分掌署務會議及長官交辦事件
第十三條　內務總署設參事四人至六人簡任掌理撰擬審核關於本總署之法律命令
第十四條　內務總署設局長五人簡任分掌各局事務
第十五條　內務總署設科長十二人薦任科員四十八人每科薦任一人餘委任分配各局科辦理所屬事務
第十六條　內務總署設技正六人內簡任二人餘薦任技士十人內薦任二人餘委任承長官之命辦理技術事務
第十七條　內務總署設編審六人內簡任二人餘薦任承長官之命分掌編輯內務圖書及審查出版物事務
第十八條　內務總署得設視察八人內簡任二人餘薦任承長官之命分赴各省市道縣考察內務情形

第十九條　內務總署辦事細則以署令定之
第二十條　本條例自公布之日施行

華北政務委員會財務總署暫行組織條例　民國三十二年二月四日公布

第一條　財務總署依照中央法令管理華北政務委員會所轄區域內各省市財務行政事務
第二條　財務總署對於地方最高行政長官執行本署事務有指揮監督之責
第三條　財務總署就主管事務對於地方最高行政長官之命令或處分認為有違背法令或逾越權限者得提請華北政務委員會會議議決停止或撤銷但須呈報國民政府
第四條　財務總署設左列各局
一　總務局
二　稅務局
三　會計局
四　庫藏局
第五條　總務局掌左列事項
一　關於典守印信事項
二　關於署令之公布事項
三　關於收發分配撰輯保存文件事項
四　關於本署職員及所屬各機關職員之任免進退記錄及考績事項
五　關於本署之預算決算及會計事項
六　關於本署公報之編輯發行事項
七　關於各種統計及調查報告事項
八　關於票照之印製檢查登記及稽核事項
九　關於印花之印發登記事項
十　關於護照之塡發登記事項

十一　關於官有財產之管理及調查登記事項
十二　關於本署圖書之編訂保管事項
十三　關於本署官產官物之登記保管事項
十四　關於本署庶務事項
十五　關於其他不屬於各局之事項

第六條　稅務局掌左列事項

一　關於建議關稅制度之改革及協助關稅之管理監督事項
二　關於協助禁止貨物進出口及臨時減免關稅事項
三　關於協助防止貨物進出口漏稅事項
四　關於調查各國關稅制度及統計事項
五　關於鹽務機關辦理之成績及收支預決算之考核事項
六　關於建築鹽場倉棧坨務製造鹽類之協助事項
七　關於編練場警緝私之協助事項
八　關於改善場產調劑運銷之建議及考核鹽務行政管理鹽款之協助事項
九　關於捲菸棉紗麥粉火柴水泥啤酒火酒汽水各項統稅徵課減免查緝處罰之綜核事項
十　關於捲菸棉紗麥粉火柴水泥啤酒火酒汽水各項統稅之考覈整理事項
十一　關於統稅之其他一切事項
十二　關於印花稅菸酒稅徵課減免查緝處罰之綜核事項
十三　關於印花稅菸酒稅考覈整理事項
十四　關於印花稅菸酒稅之其他一切事項
十五　關於礦產稅所得稅徵課減免查緝處罰之綜核事項
十六　關於礦產稅所得稅之考覈整理事項
十七　關於礦產稅所得稅之其他一切事項
十八　關於執行銷燬烟毒物品及禁烟禁毒違章處分之綜核事項

十九　關於禁烟禁毒收入之考核整理事項
二十　關於禁烟禁毒之其他一切事項
二一　關於田賦及地方稅捐之綜核審定事項
二二　關於田賦及地方稅捐之徵收監督事項
二三　關於田賦及地方稅捐之調查統計事項
二四　關於整理舊稅推行新稅之建議及協助事項
二五　關於管理官產之一切事項
二六　關於財務總署所管轄之稅外一切收入事項
二七　關於田賦及地方稅捐其他一切事項

第七條　會計局掌左列事項

一　關於總預算決算及支付預算事項
二　關於特別會計之預算決算事項
三　關於編製歲入歲出計劃書事項
四　關於審核預備金之支出事項
五　關於歲入歲出之統計事項
六　關於金錢及物品之會計事項
七　關於主計簿之登記及各種計算書之檢查事項
八　關於各機關計算書之審計事項
九　關於整理幣制及調查化驗新舊貨幣之協助事項
十　關於金屬貨幣及生金銀出入之協助事項
十一　關於協助監督銀行及造幣廠事項
十二　關於發行紙幣及準備金之協助監督事項
十三　關於協助處理國內外金融事項
十四　關於協助監督交易所保險公司儲蓄會及特種營業之金融事項

第八條　庫藏局掌左列事項

十五　關於協助證劵募集發行及取締證劵買賣事項

一　關於庫款之運用出納事項

二　關於發款命令之稽核事項

三　關於庫款之出納計算書之編製事項

四　關於庫款簿之登記事項

五　關於各特種基金保管運用監督事項

六　關於協助考核國有財產收支事項

七　關於庫款收支狀況報告事項

八　關於各種官營事業合股公司之股本登記及審查事項

九　關於地方公庫行政之監督事項

十　關於庫款之出納管理及其他一切事項

第九條　財務總署設督辦一人特任綜理本總署事務監督所屬職員及各機關

第十條　財務總署設署長一人簡任承督辦之命處理事務

第十一條　財務總署設祕書主任一人簡任祕書六人內簡任二人餘薦任分掌署務會議及長官交辦事務

第十二條　財務總署設參事四人至六人簡任掌理撰擬審核關於本總署之法律命令

第十三條　財務總署設局長四人簡任分掌各局事務

第十四條　財務總署設科長十四人薦任科員七十人內薦任十四人餘委任分配各局科辦理所屬事務

第十五條　財務總署設技正二人薦任技士二人委任承長官之命辦理技術事務

第十六條　財務總署辦事細則以署令定之

第十七條　本條例自公布之日施行

命令

南京特別市政府訓令 府社字第　號

令第一二三四五區公所
城區自治實驗區

查本府舉辦冬振庇寒所，原爲衣食無着之窮黎，聊蔽風雪飢寒之威脅，復以老弱殘廢，生活本極淒苦，値此冬令時節，凍餒尤屬堪憐，且乞丐流浪街頭，實爲地方之玷，因此設所收容，不特嘉惠貧寒，抑且有裨市容，凡玆大意，業經通令各區，博訪赤貧殘廢，老弱乞丐隨時送所收容，以符庇寒之意乃歷時一月，查核各區成績，所送人數寥寥無幾，考厥原因，當不外避勞憚煩敷衍了事，亦有送請收容者，既不殘廢老弱，亦非赤貧無依，似此昧然將事，非惟違背庇寒之本意，且涉偏私徇託之嫌疑，現在街頭乞丐，流浪尙多，殘廢老弱，亦正不少，各區同人，何竟視而不見，置之罔顧，爲此重申前告，應迅卽解所收容，如有偏私濫充等情，一經查明，定予懲處，除分令外，合再令仰該區遵照，并飭所屬一體遵照爲要。

此令。

中華民國三十二年二月　日

市長　周學昌

南京特別市政府佈告 府社字第　號

案查現値廢曆年關一般商店攤販乘機將魚肉菜蔬等日常食用物品市價任意高抬居奇殊屬不合本府爲糾正不良積習抑平物價起見爰將主要日常食用物品四十八種酌量實際情形重行規定最高限價列表公佈至未經變更限價物品仍照前次評定價格發售不得高抬除送
物價評議委員會追認並函請
首都警察總監署飭屬全力協助暨令飭物價調査隊詳密査察外合將變更限價主要日常食用物品列表佈告仰各該商民人等一

體遵照毋違干咎切切

此佈

附表計開

品名	單位	最高限價 元	角分	品名	單位	最高限價 元	角分	品名	單位	最高限價 元	角分	品名	單位	最高限價 元	角分
上等切麵	斤	二	四〇	猪肉	斤	八	五〇	鯉魚	斤	四	二〇	水麵筋	斤	三	五〇
中等切麵	斤	二	二〇	板油	斤	一二	八〇	鱖魚	斤	四	八〇	青菜	斤	一	二〇
豆油	斤	一一	〇〇	公雞	斤	七	〇〇	鯿魚	斤	五	〇〇	黃豆芽	斤	一	〇〇
蔴油	斤	一一	〇〇	母雞	斤	七	八〇	青蝦	斤	六	〇〇	菠菜	斤	一	六〇
白糖	斤	五	六〇	鴨	斤	七	六〇	皮蛋	個	一	〇〇	芹菜	斤	一	四〇
紅糖	斤	五	二〇	板鴨坯	斤	一一	二〇	雞蛋	個		七〇	黃芽菜	斤	一	八〇
煤球	担	一九	〇〇	熟板鴨	斤	一一	二〇	鴨蛋	個		八〇	紅蘿蔔	斤	一	三〇
上等銀炭	斤	一	七〇	牛隻	担	七〇〇	〇〇	水粉絲	斤	一	八〇	白蘿蔔	斤		七〇
普通木炭	斤	一	四〇	牛肉	斤	五	四〇	豆腐	塊		大四〇 小二〇	胡蘿蔔	斤		九〇
青茶	兩		六〇	羊肉	斤	六	八〇	豆腐乾	塊		二〇	雪裏紅	斤	一	八〇
紅茶	兩		七〇	鰱魚	斤	三	五〇	百頁	張		二〇	茨菇	斤	二	〇〇
猪隻	担	八九〇	〇〇	鯖魚	斤	四	五〇	豆腐果	斤	五	六〇	瓢兒菜	斤	一	四〇

中華民國三十二年二月　日

市長　周學昌

南京特別市政府佈告 衛字第　號

案查本府鑒於市上各藥房經售之成藥往往未經登記化驗擅自出售殊屬有礙市民健康爰經令飭本府衛生局隨時嚴密取締在案茲查夫子廟龍門街十一號廣生藥房出售之「愛力多」及「強身保腎丸」二種藥品均未經呈請化驗卽行登報出售而「愛力多」實係春藥之一種應絕對禁止販賣其「強身保腎丸」亦應化驗以明藥料配合眞相卽經本府衛生局通知該店主齊福緣將該二藥之處方及樣品呈局化驗以符手續詎該店主竟違抗功令將店內所存之違禁藥品搬移迨盡希圖隱匿卸責復經派員前往婉言勸告猶復態度強硬不服勸告同時該店店夥高仁和竟有公然侮辱公務人員之行爲似此情形實屬不法已極除函請首都警察總監署飭屬迅將該店主齊福緣拘案法辦以儆效尤外爲特依法將該廣生藥房予以封閉並吊銷營業執照勒令停業合亟佈告週知

此佈

中華民國三十二年二月　日

市長 周學昌

衛生局局長 褚[illegible]

南京特別市政府公告 字第　號

案據業戶楊月波呈報坐落信府河路巷街第五十號房地產原領前土地局所發四字第六五〇號所有權狀及四區三四六五段分段圖各一件因事變遺失請予補給等情經飭據呈繳聲明圖狀遺失報紙暨鄰商兩保前來茲依照土地法第一百四十條第二款之規定揭示公告自公告之日起對於該項遺失圖狀如有因權利關係聲明異議者須於三個月內提出理由書暨證明文件呈候核辦一經公告期滿無人異議卽予依法補給圖狀管業合行公告週知

計開

聲請人姓名及籍貫住所

土地坐落及四至面積

申報地價
定着物情形
共有權人
他項權利人
公告日期
公告期滿日期

中華民國三十二年二月　日

市長　周學昌
地政局局長　胡政

南京特別市政府公告　字第　號

案據民人朱藻仙呈報受押楊月波坐落信府河第五十號房地產原領前土地局所發他四字第四六號他項權證書一件因事變遺失現押款清償請予撤銷等情經飭據呈繳聲明他項權證書遺失報紙暨鄰商兩保前來茲依照土地法第一百四十條第二款之規定揭示公告自公告之日起對於該項遺失他項權證明書如有因權利關係聲明異議者須於三個月內提出理由書暨證明文件呈候核辦一經公告期滿無人異議卽予依法撤銷他項權關係合行公告週知

中華民國三十二年二月　日

市長　周學昌
地政局局長　胡政

南京特別市政府公告　字第　號

案據業戶史良卿呈報坐落止馬營第三十八號房地產原領前土地局所發五區二五一七(三)段分段圖一件因事變遺失並請予將該產賣與李懷江管業等情經飭據呈繳聲明分段圖遺失報紙暨商保前來茲依照土地法第一百四十條第二款之規定揭示公告自公告之日起對於該項遺失分段圖如有因權利關係聲明異議者須於三個月內提出理由書暨證明文件呈候核辦一經公告期滿無人異議卽予依法移轉管業合行公告週知

中華民國三十二年二月　日　　市長　周學昌
地政局局長　胡政

南京特別市政府批　府社字第　號

具呈人猪業整委會常務委員何柏椿等

呈一件　爲呈請提高猪價俾恤商艱幷祈准予派員實地調查以資證明由

呈件均悉。查本府此次重行規定各種日常食用物品限價四十八種，猪隻已經評定爲每担八百九十元，猪肉評定爲每斤八元五角，板油評定爲每斤十二元八角，並己通知該會傳知各同業一體遵照在案。據呈前情，合再批示，務仰督導同業恪遵本府規定價格出售，否則定予嚴懲，決不寬貸。

此批。

中華民國三十二年二月　日　　市長　周學昌

法規

南京特別市田賦征收處組織規程

第一條　本規程係根據非常時期各省市征收田賦暫行條例所規定之改進賦制整頓征收原則訂定之

第二條　本市田賦征收處（以下簡稱田賦處）轄屬於南京特別市政府財政局

第三條　田賦處設主任一人秉承市長及財政局長之命掌理本市田賦征收一切事宜

第四條　田賦處設田賦督征員一人至三人秉承財政局長及主管科長之命協助主任督促征收其服務規則另訂之

第五條　田賦處暫設第一第二兩課各設課長一人課員二人至四人辦事員二人至五人書記若干人秉承長官之命辦理各該課事務

第六條　第一課之職務如左

一　關於典守鈐記及保管卷宗事項

二　關於調查統計及報告表册事項

三　關於擬撰文稿及收發繕校事項

四　關於管理征册及稽核登記事項

五　關於保管公物及添置登記事項

六　關於管理人事及調查登記事項

七　關於其他不屬各課事項

第七條　第二課之職務如左

一　關於清查田畝及補粮升科事項

二　關於調查地價改進科則事項

三　關於管理粮串及稽核登記事項

四 關於征收賦稅及登記造報事項
五 關於管理總櫃及分組赴鄉催征事項
六 關於整理田賦及設計改進事項
七 關於推收過戶及催追舊欠事項

第八條 田賦處因事務之需要得增設一課其職務另訂之

第九條 田賦處設會計員一人秉承主任之命辦理會計出納及簿記報告事務

第十條 田賦處主任督征員及會計員均由財政局局長遴請 市長委任之

第十一條 田賦處課長課員辦事員均由主任遴請財政局轉呈 市長委用書記由主任雇用並呈報財政局備查

第十二條 田賦處爲便利征收起見得於各鄉設立流動征收分櫃二處至四處稱爲南京特別市田賦征收處第幾分櫃每分櫃設分櫃長一人辦事員三人至五人由征收處課員辦事員書記調充之

第十三條 田賦處得呈請調用財政局稅警八人至十六人分別協助催征田賦事務

第十四條 本規程如有未盡事宜得由財政局隨時呈請修正之

第十五條 本規程經市政府核定施行

公牘

南京特別市政府呈 府財字第　號

案奉

鈞院政字第四三七號指令本府呈一件為呈報八卦洲租額每年每畝二十元自三十一年秋租起實行呈請

鑒核備查由奉令內開

「呈悉仰即先將該洲田地價格查明呈報以憑核辦飭遵此令」

等因奉此查八卦洲係屬市產招佃墾種按年繳租依照本市八卦洲農地租佃規則第十三條之規定係以收穫量為租額之標準其租金總額以不超過百分之三十為原則前因該洲收穫物品價值高漲各佃農收益豐厚今昔懸殊原定租額過於輕微是以按照現時實況酌加調整改定為每年每畝租額二十元查該洲頭二步等墾地係於事變以前先後放墾已歷十餘載之久所種殖者以麥豆為大宗雜粮次之早經墾種成熟變為膏腴並非新漲荒灘僅生蘆葦故該地雖仍名曰洲產實則無異農田就該地收穫產量而論每畝可得收益二百元以上以該洲地價而言每畝可值市價二千元左右現奉

中央頒布各省市征收田賦暫行條例規定各省市田賦以現時田地價格百分之一為征收標準按照該洲現時地價依據田賦條例每畝尚須征收二十元況該洲係屬市產既與民田不同而佃農應納租金亦與田賦有別祗有賦輕於租斷無租少於賦之理且查該洲農佃租地規則第十一條內載本洲築埂費用統由佃民自籌尤未便藉口埂費希圖短租至北三步墾因築埂尚未完成自當減輕租額至於前呈內聲明應歸另案核辦俾示區別而昭公允奉令前因理合具文呈復仰祈

鈞長鑒核示遵

謹呈

行政院院長汪

南京特別市市長　周學昌

中華民國三十二年二月　日

南京特別市政府咨 府財字第　號

案據本市銀行業同業公會理事長葛亮疇常務理事冒景璋單直民錢偉來徐仲輔等呈爲奉令舉辦農本貸款一案經一再召開銀錢聯席會議決定組織南京特別市銀錢業農本貸款委員會理合繕具組織章程備文呈請鑒核迅賜咨請財實兩部備案等情附組織章程三份據查此案前准

貴部會同財實兩部咨送修正農村貸款辦法到府當經轉飭遵辦在案玆據前情除分咨外相應檢同原章程一份咨請

查核賜予備案並希

見復以便飭遵爲荷

此咨

財政部

實業部

附送本市銀錢業農本貸款委員會組織章程一份

市長　周學昌

中華民國三十二年二月　日

南京特別市銀錢業農本貸款委員會章程草案

第一條 南京特別市銀錢業爲求復興農林經濟充裕農村資金及潤滑農業金融起見特依照金融機關辦理農村貸款通則第八條之規定設置南京特別市銀錢業農本貸款委員會

第二條 本會農貸資金總額定爲國幣一百萬元依左列標準由銀錢兩業同業公會會員分別認定繳存於南京市銀行

一、銀行……二萬元

二、銀號……一萬元

三、錢莊……五千元

前項認定資金不足一百萬元時其不足之數由南京市銀行籌撥之

第三條 本會之業務範圍如左：

一、典當貸款
二、農倉貸款
三、耕牛農具貸款
四、青苗貸款

第四條　在貸款區內信用合作社及其他相當團體尙未設立或健全組織以前其貸款業務暫以實物担保及易於管理者爲限

第五條　貸款區域以在南京特別市政府行政區域內已設有農業改進區之地方爲限

第六條　貸款利率定爲一分四釐在政府尙未撥給補助費之前得另加手續費六厘以維開支

第七條　貸款之調查放出及收回辦法由本會就實際情況隨時訂定之

第八條　本會設委員十一人由實業部財政部南京特別市政府南京市銀行各派一人及銀錢兩業同業公會理事長爲當然委員另由銀行業同業公會就會員代表中公推二人錢莊業同業公會公推三人爲委員幷規定銀錢兩業同業公會理事長爲常務委員

第九條　本會分左列四組：

一、總務組　掌理文書會計庶務及不屬於其他各組事務
二、調查組　掌理貸款担保品之調查事項
三、貸放組　掌理貸款之放出及收回事項
四、稽核組　掌理貸款担保品及收支審核事項

第十條　本會委員爲義務職所有辦事人員應以就銀錢兩業同業公會原有辦事人員調用爲原則但必要時得經本會之決議僱用辦事員若干人

第十一條　本會每月至少開會一次於必要時得由常務委員召集臨時會議
前項會議於必要時得分請各農業改進區派員參加

第十二條　本會辦事細則由本會另定之

第十三條　本會貸款以每年六月底及十二月底爲結算期每屆結算應造具營業報告及資負損益書表分送各原派委員機關及團體查核幷向兩業會員公告之

第十四條　本章程如有未盡事項悉照金融機關辦理農村貸款通則及有關法令辦理之

第十五條　本章程呈經南京特別市政府轉咨實業財政兩部核准後實行修改時亦同

南京特別市政府公函　府社字第　號

案查京市米糧購存移動登記事宜刻由糧食管理委員會專屬區辦事處移交本府接收繼續辦理關於京市米糧購存移動均須向本府社會局或漢中門外米糧登記處（設南京倉庫內）中華門外米糧登記處（設公營社中華門辦事處內）分別申請登記申請存儲者經核發登記證後方可存儲申請移動者經核發許可證後方得在道路移動出入城關除分函外相應檢同本府米糧購存登記證樣張五紙米糧移動許可證樣張五紙隨函送達即希查照轉飭所屬一體知照爲荷

此致

首都警察總監署

首都憲兵司令部

南京憲兵隊

南京特務機關

日本總領事館

南京防衛司令部

附米糧購存登記證米糧移動許可證各五紙

中華民國三十二年二月　日

市長　周學昌

南京特別市政府
米糧購存登記證

茲據右開申請人商號申請登記購進米糧前來業經本府核明登記給證須至登記者

計開

申請人商號		所在地	
所有人			
種類		數量	
由何處來			
購進價格		堆存處所	
堆存情形包摺			

注意
一 右存米糧如需移動須報由本府核准填給移動許可證
二 此證應粘貼米棧上

中華民國　　年　　月　　日填證員　　簽名蓋章

市字第　　號

南京特別市市政府
米糧購存登記證存根

申請人商號	
所在地	
所有人	
種類	
數量	
由何處來	
購進價格	
堆存處所	
堆存情形包摺	

中華民國　　年　　月　　日填證員　　簽名蓋章

南京特別市政府
米糧移動許可證

為據右開申請人擬將登記米糧遵章申請移動前來業經本府核准給證許可須至許可者

計開

申請人　住址　種類　所有人

原登證號數

原登記數量

申請移動數量　石　斗　升　合　以八折折計合共米　包

移動原因　自食　住址

出售地點　售價

儲存人　地址

中華民國　年　月　日填發人　簽名蓋章

當日有效隔日作廢

市字第　號

南京特別市政府
米糧移動許可證存根

為據右開申請人擬將登記米糧遵章申請移動前來業經本府核准除給證許可外存根備查

計開

申請人　住址　種類　所有人

原登證號數

原登記數量

申請移動數量　石　斗　升　合　以八折折計合共米　包

移動原因　自食　住址

出售地點　售價

儲存人　地址

中華民國　年　月　日填發人　簽名蓋章

南京特別市政府公函　府工字第　號

查本市各柏油路面逐年興修而損壞頻仍不獨有礙觀瞻抑且靡費公帑前經會同貴署商決保養辦法並於各交通要衝豎立木質標示以資限制在案茲查各種限制車輛仍未能遵照所示路線行駛致各主要柏油路面損壞日甚值茲柏油材料來源缺乏之際從事興修尤感困難爰特重申前議煩請通飭所屬對於有傷路面之載重車輛切實指揮勸令遵照前豎木牌指示地點往來行駛俾各主要柏油路面得獲保養除飭工務局令知車輛登記所嚴格實施並通知馬車業公會轉知各車主遵照外相應繪製限制車輛行駛中山北路簡明草圖備函奉達卽希

查照轉飭所屬遵照辦理為荷

此致

首都警察總監署

（附限制車輛行駛中山北路簡明草圖）

中華民國三十二年二月　日　市長　周學昌

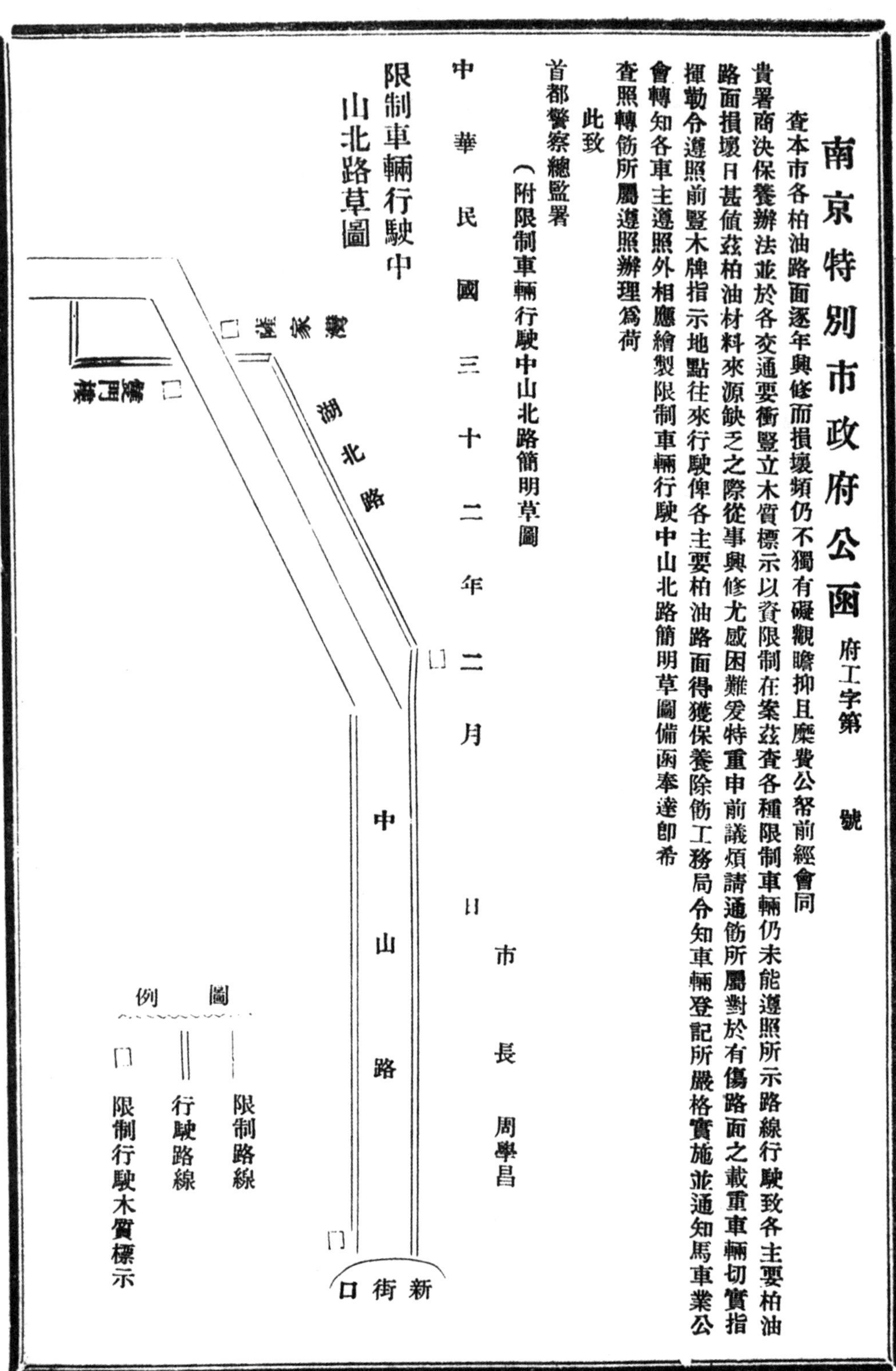

限制車輛行駛中山北路草圖

南京特別市政府公函　衛字第　號

案查本府鑒於市上各藥房經售之成藥往往未經登記化驗擅自出售殊屬有礙市民健康爰經令飭本府衛生局隨時嚴密取締在案茲查夫子廟龍門街十一號廣生藥房出售之「愛力多」及「強身保腎丸」二藥均未經呈請化驗卽行登報出售而「愛力多」實係春藥之一種應絕對禁止販賣其「強身保腎丸」亦應化驗以明藥料配合眞相卽經本府衛生局通知該店主齊福緣將該二藥之處方及樣品呈局化驗以符手續詎該店主竟違抗功令將店內所存之違禁藥品搬移迨盡希圖隱匿卸責復經派員前往婉言勸告猶復態度強硬不服勸告同時該店店夥高仁和竟有公然侮辱公務人員之行爲似此情形實屬不法已極除將該店夥高仁和一名備函移送　貴署南區警察局暫行拘押外相應函請

查照轉飭南區警察局迅將該店主齊福緣拘押來府訊問後再行歸案法辦以儆效尤並希將辦理情形見復爲荷

此致

首都警察總監署

中華民國三十二年二月　日

市長　周學昌

統　計

南京特別市戶口統計表

民國三十二年一月份

區別	戶數	人口數						
		總計	男性			女性		
			合計	成人	兒童	合計	成人	兒童
總計	136517	661951	365320	281111	84209	296636	222224	74412
城區自治實驗區	13428	62641	33605	25433	8172	29036	21154	7882
第一區	22026	107363	57361	48951	8410	50002	41717	8285
第二區	21923	107652	58053	49135	8918	49599	40805	8794
第三區	17631	84296	47379	34896	12483	36917	26834	10083
第四區	17459	96253	54256	46722	7534	41997	35581	6416
第五區	9707	47503	28101	20898	7203	19402	12992	6410
鄉區自治實驗區	8349	41167	23228	14878	8350	17939	10992	6947
上新河區	12635	56023	30326	20607	9719	25697	16934	8763
孝陵衞區	4270	20070	10677	5682	4995	9393	5588	3805
安德門區	9089	38988	22334	13909	8425	16654	9627	7027

註：　各外國僑民戶口不在此內

資料根據社會局報告　祕書處第二科統計股製

南京特別市戶口增減比較表

民國三十二年一月份

區別	戶增減數	人口增減數 總計	男性 合計	男性 成人	男性 兒童	女性 合計	女性 成人	女性 兒童
總計	+5544	+23492	+11536	+6537	+2999	+11956	+9145	+2811
城區自治實驗區	+3958	+18073	+9400	+7637	+1763	+8673	+7013	+1660
第一區	+1996	+ 3009	+1465	+ 528	+ 937	+1544	+ 552	+ 992
第二區	+ 94	+182[illegible]	+ 176	+ 22	+ 154	+1652	+1473	+ 179
第三區	+ 47	+ 179	+ 96	+ 55	+ 41	+ 83	+ 47	+ 36
第四區	+ 204	+1998	+1252	+1060	+ 192	+ 746	+ 656	+ 90
第五區	− 773	−1736	− 961	− 809	− 152	− 775	− 605	− 170
鄉區自治實驗區	− 4	+ 24	+ 16	+ 4	+ 12	+ 8	− 1	+ 9
上新河區	− 4	+ 55	+ 37	+ 20	+ 17	+ 18	+ 9	+ 9
孝陵衛區	+ 21	+ 35	+ 23	+ 9	+ 23	+ 3	+ 2	+ 11
安德門區	+ 5	+ 27	+ 23	+ 11	+ 12	+ 4	− 1	+ 5

註：各外國僑民戶口不在此內

凡有(十)符號者為增加，有(一)符號者為減少

資料根據各區公所報告 祕書處第二科統計股製

市政公報暫定價目表

期限	價目	郵費
零售	每冊五角	本市四分 外埠八分
半年	十二冊六元	本市四角八分 外埠九角六分
全年	二十四冊十二元	本市九角六分 外埠一元九角二分

市政公報廣告刊例

頁數	價目
一頁	每期十八元
半頁	每期九元
四分之一頁	每期四元五角

刊登廣告在四期以上者每期按照七折計算連續十期以上者每期按照六折計算長期另議

出版日期　本公報暫定每月二次

編輯者　南京特別市政府祕書處

發行者　南京特別市政府祕書處

印刷者　南京時代印書館

地址：南京朱雀路邀貴井十八號

電話：二二五九五號

中華郵政掛號認為第一類新聞紙類　江蘇郵政管理局執照第一〇四三號

中華民國三十二年二月二十八日

市政公報

第一一四期

南京特別市政府秘書處印行

目錄

行政院訓令

行政院訓令 政字第四二八號

南京特別市政府

現準

國民政府三十二年二月十六日第六四號訓令開：

「查保安隊暫行組織要綱第三條第四條條文現經修正明令公布應卽通飭施行除分令外合行抄發該修正條文令仰該院知照並轉飭所屬一體知照此令」

等因，附發修正保安隊暫行組織要綱第三條第四條條文一紙，奉此，除分令外，合行抄發修正保安隊暫行組織要綱第三條第四條條文，令仰知照，並轉飭所屬一體知照！

此令。

附抄發修正保安隊暫行組織要綱第三條第四條條文一紙

中華民國三十二年二月廿三日

院長 汪兆銘

修正保安隊暫行組織要綱第三條第四條條文 三十二年二月十六日公布

第三條 省設保安司令由省長兼任之

第四條 省設保安處奉保安司令之命掌管全省保安隊之事務省警務處長得兼任保安處長

華北政務委員會治安總署暫行組織條例（續前） 民國三十二年二月四日公布

第一條 治安總署依照中央法令管理華北政務委員會所轄區域內各省市治安事務

第二條 治安總署對於地方最高行政長官執行本署主管事務有指揮監督之責

第三條 治安總署就主管事務對於地方最高行政長官之命令或處分認為有違背法令或逾越權限者得提請華北政務委員會會議議決停止或撤銷但須呈報國民政府

第四條 治安總署置左列各局處

一、總務局

二、軍諮局

三、軍務局

四、軍學局

五、軍需局

六、宣導局

七、軍醫處

八、軍法處

第五條 總務局掌左列事項

一、關於公布署令典守印信及收發文電事項

二、關於本署庶務會計交際及公物保管事項

三、關於不屬各局處事項

第六條 軍諮局掌左列事項

一、關於綏靖軍各部隊防務及調遣事項

二、關於情報及傳報事項

三、關於交通運輸演習測量諸計劃事項

第七條 軍務局掌左列事項

一、關於軍官佐軍屬及士兵人事事項

二、關於編制服制旗幟符章事項

三、關於軍械分配保管及營舍建築計劃事項

第八條　軍學局掌左列事項
一、關於部隊學校教育事項
二、關於軍用圖書編譯事項
三、關於檢閱演習事項
第九條　軍需局掌左列事項
一、關於經費出納審核統計事項
二、關於粮服儲備及軍需人員考核事項
三、關於營舍建築實施事項
第十條　宣導局掌左列事項
一、關於治安軍宣導上必要之策畫思想監察及調查事項
二、關於傳報宣撫及士兵之指紋等事項
三、關於宣導人員之教育訓練及配置事項
第十一條　軍醫處掌左列事項
一、關於醫療器具衛生材料籌備分配事項
二、關於衛生檢查防疫事項
三、關於衛生教育及衛生人員考核事項
第十二條　軍法處掌左列事項
一、關於執法會審事項
二、關於執法人員資格規定及考核事項
三、關於罪犯監獄事項
第十三條　治安總署設督辦一人特任綜理本總署事務並監督所屬職員及各機關
第十四條　治安總署設署長一人簡任承督辦之命處理事務
第十五條　治安總署設祕書主任一人簡任祕書六人至八人內簡任二人餘薦任分掌署務會議及長官交辦事務
第十六條　治安總署設參事四人簡任掌理撰擬審核關於本總署之法律命令

第十七條　治安總署設副官六人辦理督辦指定事務
第十八條　治安總署設技正四人內簡任二人餘薦任技士十六人內荐任二人餘委任承長官之命辦理技術事務
第十九條　治安總署設局長六人處長二人分掌各局處事務
第二十條　治安總署設科長十八人科員六十四人助理員六十人股長三人股員四人軍法官三人書記官三人錄事七十六人分配各局處辦理所屬事務
第二十一條　治安總署職員額數階級分配如附表規定
第二十二條　治安總署辦事細則以署令定之
第二十三條　本條例自公布之日施行

華北綏靖軍總司令部暫行組織條例

民國三十二年二月四日公布

第一條　本總司令部依華北政務委員會組織條例第十一條第二項組織之
第二條　華北綏靖軍設總司令一人由治安總署督辦兼任統率及指揮華北所有綏靖各部隊
第三條　本總司令部設參謀長一人輔佐總司令指導各處辦理一切事務
第四條　本總司令部設秘書主任一人簡任秘書六人內簡任二人餘荐任承總司令之命辦理機要事務
第五條　本總司令部置左列各處
一、參謀處
二、副官處
三、軍務處
四、軍需處
五、軍醫處
六、軍法處
第六條　各處設處長一人承總司令之命受參謀長之指導分掌本處事務
第七條　各處分設各課課設課長一人並分設各級參謀副官課員承長官之命辦理事務
第八條　本總司令部之編制依附表之規定

第九條　本總司令部服務規則另定之
第十條　本條例自公布之日施行

華北政務委員會教育總署暫行組織條例

民國三十二年二月四日公布

第一條　教育總署依照中央法令管理華北政務委員會所轄區域內各省市文化及教育行政事務
第二條　教育總署對於地方最高行政長官執行本署主管事務有指揮監督之責
第三條　教育總署就主管事務對於地方最高行政長官之命令或處分認為有違背法令或逾越權限者得提請華北政務委員會會議決停止或撤銷但須呈報國民政府
第四條　教育總署置左列各局
一、總務局
二、文化局
三、教育局
第五條　總務局掌左列事項
一、關於收發分配撰擬保存文件事項
二、關於公布署令及典守印信事項
三、關於職員進退事項
四、關於編製統計報告事項
五、關於本署經費之預算決算及會計並稽核直轄各機關之經費及會計事項
六、關於本署庶務及不屬他局事項
第六條　文化局掌左列事項
一、關於圖書館博物館等建築事項
二、關於文藝美術音樂及通俗禮儀各事項
三、關於圖書儀器及其他教育用品審查核定事項
第七條　教育局掌左列事項

一、關於大學教育及專門教育事項
二、關於國外留學事項
三、關於學位申請之核轉及授與事項
四、關於中等教育小學教育及幼稚教育事項
五、關於師範教育及職業教育事項
六、關於民衆教育補習教育低能殘廢教育及識字運動事項
七、關於公共體育事項
八、關於其他教育事項

第八條　教育總署設督辦一人特任綜理本總署事務並監督所屬職員及各機關

第九條　教育總署設署長一人簡任承督辦之命處理事務

第十條　教育總署設祕書主任一人簡任祕書六人內簡任二人餘荐任分掌署務會議及長官交辦事務

第十一條　教育總署設參事二人至四人簡任掌理撰擬審核關於本總署之法律命令

第十二條　教育總署設局長三人簡任分掌各局事務

第十三條　教育總署設科長十八人荐任科員二十八人每科荐任一人餘委任分配各局科辦理所屬事務

第十四條　教育總署設助理員若干人委任分配各局科辦理事務

第十五條　教育總署辦事細則以署令定之

第十六條　本條例自公布之日施行

華北政務委員會實業總署暫行組織條例

民國三十二年二月四日公布

第一條　實業總署依照中央法令管理華北政務委員會所轄區域內各省市實業行政事務

第二條　實業總署對於地方最高行政長官執行本署主管事務有指揮監督之責

第三條　實業總署就主管事務對於地方最高行政長官之命令或處分認爲有違背法令或逾越權限者得提請華北政務委員會會議議决停止或撤銷但須呈報國民政府

第四條　實業總署置左列各局

一、總務局
二、農林局
三、工商局
四、漁牧局
五、礦業局
六、勞工局
七、合作局

第五條　總務局掌左列事項

一　關於文件之收發分配撰擬及保存事項
二　關於署令公布事項
三　關於典守印信事項
四　關於職員之任免進退事項
五　關於統計之編製整理事項
六　關於出版物之編輯刊行事項
七　關於本署經費之預算決算及會計事項
八　關於稽核直轄各機關之經費及會計事項
九　關於本署官產及官有物之保管事項
十　關於本署庶務及其他不屬各局事項

第六條　農林局掌左列事項

一　關於農業林業保護監督獎勵及改良事項
二　關於農產物林產物及蠶絲事項
三　關於耕地整理及水利灌溉事項
四　關於農業氣象之觀測及天災病蟲害蟲之防除與善後事項
五　關於官有荒地之處分事項

六　關於農會及農業林業及團體之登記及監督事項

七　關於國際農業林業會議之參加及外國農業林業之考察事項

八　關於農具與種子樹苗之改良介紹獎勵及檢驗事項

九　關於農村副業之獎勵改良及保護事項

十　關於土壤肥料之調查改良檢驗事項

十一　關於農村經濟之調查改良事項

十二　關於農業林業墾植之調查統計事項

十三　關於農業技師之登記考核監督事項

十四　關於造林之設計事項

十五　關於狩獵事項

十六　關於森林警察事項

十七　關於國有林及保安林事項

十八　關於其他農林業一切事項

第七條　工商局掌左列事項

一　關於工商業保護監督獎勵及改良事項

二　關於經營工商業事項

三　關於工商業團體事項

四　關於工廠之監督及檢查事項

五　關於製造品商品之陳列檢查及試驗事項

六　關於協助度量衡之檢定及推行事項

七　關於交易所及各種公司設立之核轉及監督事項

八　關於商標特許之核轉事項

九　關於保險運送貿易事項

十　關於商業調查統計及註册事項

十一　關於物資調節之處理事項
十二　關於工業技師會計師之登記及考核監督事項
十三　關於商埠商港之經營事項
十四　關於其他工商業一切事項

第八條　漁牧局掌左列事項
一　關於漁牧保護監督及獎勵事項
二　關於漁牧機關及漁牧團體之監督事項
三　關於水產畜產改良獎勵事項
四　關於漁稅之擬定事項
五　關於家畜改良及衛生事項
六　關於水產牧畜種子及試驗檢查及改良事項
七　關於獸疫檢查及防除事項
八　關於其他漁牧一切事項

第九條　鑛業局掌左列事項
一　關於經營鑛業之籌設及管理事項
二　關於鑛業之監督保護及獎勵事項
三　關於鑛業特許及撤銷之核轉事項
四　關於鑛業登記之核轉事項
五　關於鑛區稅之擬定及徵收事項
六　關於鑛業技師之登記及考核監督事項
七　關於鑛業爭議事項
八　關於鑛業警察事項
九　關於鑛業調查及統計事項
十　關於鑛區勘定及鑛質分析事項

十一　關於鑛業用地事項
十二　關於地質調查事項
十三　關於其他一切鑛業事項

第十條　勞工局掌左列事項
一　關於勞工團體之監督事項
二　關於勞工生活之改良及保障事項
三　關於工廠鑛廠衞生設備之指導監督及檢查事項
四　關於工人智識之增進事項
五　關於工人失業及傷害之救濟事項
六　關於勞動保險事項
七　關於勞資爭議事項
八　關於工人工作能率及服務狀況之考查事項
九　關於勞工統計事項
十　關於其他勞工一切事項

第十一條　合作局掌左列事項
一　關於合作社之監督事項
二　關於合作事業之計劃及促進事項
三　關於合作事業之指導及視察事項
四　關於合作資金之調劑事項
五　關於合作人才之訓練事項
六　關於合作事業之調查統計事項
七　關於其他合作一切事項

第十二條　實業總署設督辦一人特任綜理本總署事務並監督所屬職員及各機關

第十三條　實業總署設署長一人簡任承督辦之命處理事務

第十四條　實業總署設祕書主任一人簡任祕書六人內簡任二人餘薦任分掌署務會議及長官交辦事務

第十五條　實業總署設參事四人簡任掌理撰擬審核關於本總署之法律命令

第十六條　實業總署設局長七人簡任分掌各局事務

第十七條　實業總署設科長十六人至二十一人薦任科員四十八人至六十三人每科薦任一人餘委任分配各局科辦理所屬事務

第十八條　實業總署設助理員若干人委任分配各局科辦理事務

第十九條　實業總署設技監一人或二人簡任技正四人至八人內簡任二人餘薦任技士六人至十八人內薦任四人餘委任技佐八人至十六人委任承長官之命辦理技術事務

第二十條　實業總署設編譯四人內薦任二人餘委任承長官之命辦理編譯事務

第二十一條　實業總署設視察四人內薦任二人餘委任承長官之命視察各省市實業事項

第二十二條　實業總署辦事細則以署令定之

第二十三條　本條例自公布之日施行

（未　完）

命令

南京特別市政府訓令　字第　號

令各局處會
　各區公所

案奉

行政院政字第三零三號訓令內開：

「現奉　國民政府第五一號令開：「國民政府還都以來在國旗上方附加黃色三角標識書和平反共建國字樣以資識別茲以同胞同志之努力促使時局有進一步之發展秉承　國父大亞洲主義遺教參加大東亞戰爭協力友邦日本打倒共同敵人英美侵略主義者爲此特頒明令自本月五日起國旗上方附加之黃色三角標識一律除去其在前線之軍隊因與渝僞接觸使用旗幟須加識別者另由軍事委員會臨時訂定之凡我國民應共認識時代之使命努力負責完成復興中華保衞東亞之大業勉之毋忽」等因奉此有應遵照辦理除分行外合亟令仰該府遵照並飭所屬一體遵照。」

等因；奉此，自應遵辦，除分行外，合行令仰該局遵照，並飭所屬一體遵照！

此令。

中華民國三十二年二月　日　　市長　周學昌

南京特別市政府訓令　字第　號

令經濟局

奉准　實業部商字第一七四號咨開：

「案奉　行政院政字第三七七號訓令開：案查本院第一四九次會議討論事項第五案：『實業部梅部長提：爲遵

照第四次最高國防會議決議擬具各地方經濟局組織條例草案請公決議交周副院長會同實業部梅部長建設部陳部長糧食部顧部長行政院陳祕書長審查』等由紀錄在卷並於院會後當經周副院長等即席會同審查簽具修正意見呈核尙可行除呈報　中央政治委員會備案外合行錄案并抄發本院周副院長等修正意見令仰該部遵照等因附發行政院周副院長等修正意見一份奉此查各省市及各行政特區等地方設置經濟局一案前經最高國防會議議決通過所有前抄組織暫行條例爰經本部遵照決議擬具草案提請　行政院第一四九次會議核議在卷茲奉前因除分行外相應錄同修正省市經濟局組織暫行條例一份咨請貴市政府查照並希轉飭所屬一體知照

等由，附修正各省市經濟局組織暫行條例一份准此，合行抄發原條例令仰該局遵照！

此令。

計抄發修正各省市經濟局組織暫行條例一份。

中　華　民　國　三　十　二　年　月　日

省市經濟局組織暫行條例

行政院第一四九次會議修正通過
轉呈中央政治委會備案

第一條　經濟局直隸於省市（特別）政府並受實業部之指揮監督

第二條　經濟局掌理左列事項：

一、關於工商業之登記及管理事項

二、關於工商團體之組織登記指導及監督事項

三、關於工商業之保護獎勵及改良事項

四、關於工商業調查事項

五、關於物資之生產保存、移動、及配給事項

六、關於物價之調整及管理事項

七、其他與工商管理有關事項

第三條　經濟局分科辦事其分科規則另定之

第四條　經濟局設局長一人簡任綜理局務

第五條 經濟局設祕書一人至二人科長三人至五人技正技士視察科員若干人
第六條 經濟局因事務上之必要得酌用僱員
第七條 經濟局呈經省市(特別)政府及實業部之核准得於重要地區設立分局其組織規程另定之
第八條 本條例自公布日施行

南京特別市政府指令 府財字第　號

令兼攤販管理所主任宋建中

呈一件 爲呈報漢中路棚商失愼情形仰祈鑒核備查由

呈悉查漢中路棚戶迭經令飭遷移固爲整理市容亦爲預防火患今各該棚戶不幸失愼致成鉅災困苦情形良堪憫惻已將被災商民送往庇寒所予以救濟其餘各棚戶應仍遵照前令早日遷讓以資整理仰卽轉飭遵照

此令

中華民國三十二年二月　日

市長 周學昌

南京特別市政府佈告 工字第　號

查漢中路一帶棚戶麕集早經取締飭令各棚戶遷移在案此次因星星之火竟成燎原延燒至一百八十餘戶之多實屬可憫情因各棚戶多係草屋蓆棚極易燃燒一旦起火乃至無法收拾倘能遵照本府取締章程辦理當無今日之大禍查各棚搭蓋在游憩道慢車人行道上非但有礙交通影響市容且亦違反定章本府趁此時期卽日派工淸理游憩道及慢車人行道同時爲顧念一般棚戶災後生活起見正在另籌妥善地點使各能安居樂業對於沿人行道之門面房屋亦應從速恢復以整市容並另與有關機關協商供給廉價材料房屋形式應照本局設計之標準圖樣建築務須於最短期內使其實現倘有未經呈請本局而仍在人行道慢車道游憩道上隨意搭蓋任何建築物者本局當立卽強制拆除以防火患决不姑寬特此愷切曉諭仰各市民人等一體懍遵毋違

此佈

中華民國三十二年二月廿日

市長 周學昌
局長 朱浩元

南京特別市政府佈告 府工字第　號

查本府處理違章車輛罰則查扣違章車輛簡則管理三輪人力車暫行規則及檢驗車輛規則因施行日久不切實際茲經分別修訂自即日起除由本府公佈施行外合行佈告仰各週知爲要

此佈

中華民國三十二年二月　日

市長 周學昌
局長 朱浩元

南京特別市政府公告 字第　號

案據民人章忠淑呈報受抵楊福興坐落小西湖畔第二十三號房地產押款清償原領前地政局所發他四字第一一〇一號他項權利證明書壹件因事變遺失請予銷案等情經飭據呈繳聲明他項權利證明書遺失報紙暨商保前來茲依照土地法第一百四十條第二款之規定揭示公告自公告之日起對於該項遺失他項權利證明書如有因權利關係聲明異議者須於三個月內提出理由暨證明文件呈候核辦一經公告期滿無人異議即予撤銷抵押登記合行公告週知

中華民國三十二年二月　日

市長 周學昌
地政局局長 胡政

法規

玄武湖水產承租辦法

一、承租範圍規定如下

玄武湖水面除由公家留用部份外其餘准由承租人養魚但絕對不得妨礙有關風景植物其放魚打魚以及暑期內游客釣竿均應依照規定章則辦理

其他水產物如荷葉蓮子藕菱芡實茭菜爲湖中原有者均准由承租人照舊經營但爲保持湖面風景起見荷花禁止採售

二、承租期限定爲貳年期內如有違約或欠租情事得勒令解約取消其承租權

三、承租期內年租分十二個月繳納每月租金應於上旬五日內一次繳清否則得以欠租論

四、承租人應於得標後三日內來局訂約並預繳保證金貳萬元俟承租期滿如無欠租及違約情事如數發還

五、承租人應覓當地兩家殷實商號保證（須資本充實信用卓著者爲合格）如有違約及欠租情事概由原保證人完全負責清理賠償

六、承租人需要之少數房屋及空地得呈請園林管理處酌予撥用

七、承租範圍內一切管理稽查事項概由承租人負責辦理如遇必要時得聲請園林管理處予以協助

八、承租範圍內一切開支用費概由承租人擔負

九、承租期滿如無欠租違約情事除由市政府收回自辦外承租人有優先承租權但准租或承租與否須於未滿期以前之壹個月內決定之

十、期滿之日承租人不再續租時其原有一切設備及湖中已放之魚苗等均應無條件交還主管機關接管不得異議

投標須知

一、投標資格　須爲國籍男性富有經營商業及水產之經驗並有當地殷實商號二家之担保方爲合格

二、報名日期　定於本年二月十八日起至二月二十五日止由投標者攜帶居住證親向財政局報名登記填具志願書領取空白標函每人限領一份收手續費二十元

三、投標證金　投標者於報名登記後須繳投標保證金壹萬元在二月二十五日以前交存南京市銀行取具收據送交財政局驗明後方可投標俟開標後得標者抵作承辦保證金不得標者照數退還

四、投標日期　定於二月二十七日下午三時起至五時止在市政府大禮堂投標由投標者攜帶居住證及銀行收據親將標函投入匭內即日當衆開標

五、標函程式　投標者須填用財政局製發標函並須依式填寫關於數目等字均須大寫不得添註塗改否則作爲無效

六、承辦期限　以壹年爲期自民國三十二年三月三日起至三十三年三月二日止

七、投標底額　底額定爲全年貳拾萬元以超過底額最多數者得標爲原則如投標者所投標額兩人相同時得由市政府審核資格決定之倘所投標額均不及底額時得由市政府收回自辦或另行核定辦法

八、得標手續　投標者得標後須於三日內正式取保立約承辦並另預繳承辦保證金貳萬元以除預繳投標保證金壹萬元抵充外其餘之款亦限於三日內送交市銀行取具收據送交財政局驗明後方可准予承辦如得標而逾限不取保立約承辦者即將預繳投標保證金沒收作爲罰款

南京特別市田地評價委員會組織規程

民國三十二年一月公布

第一條　本規程依據非常時期各省市徵收田賦暫行條例第八條之規定並參酌本市情形訂定之

第二條　本市田地評價委員會(以下簡稱本會)設主任委員一人副主任委員一人委員二十五人

第三條　本會主任委員爲市長副主任委員爲財政局長委員由市政府指派上新河安德門孝陵衛鄉區自治實驗區區長四人鄉鎮長八人納賦代表八人(每區二人由區長推舉呈請市政府核定)財政局秘書一人主管科長一人田賦股主任一人田賦徵收處主任一人督徵員一人充任之

第四條　本會委員任期定爲一年但經市政府核准得予連任

第五條　本會按照現時田地價格評定確實地價標準並得按田地肥瘠分爲上中下三等

第六條　本會於每年春季由主任委員召集開會一次其開會日期及地點由主任委員臨時規定通知但遇必要時得由主任委員召集臨時會議

第七條　各委員關於評定地價議案應依照規定程式於開會前三日送交財政局主管科以便編列議事日程如有臨時動議者須有出席會員三人以上之連署

第八條　各委員開會時應準時出席如確有事故不能出席時須聲明請假

第九條　本會開會時以全體會員超過半數以上之出席爲法定人數關於討論議案如須付表決時以出席會員超過半數以上之同意爲表決

第十條　本會所評定地價須呈報市政府核定之如市政府認爲評定地價與現實不合時得按鄰省鄰縣現時地價酌予修正

第十一條　本規程如有未盡事宜得由市政府隨時修正之

第十二條　本規程經市政府核定施行

南京特別市政府處理違章車輛罰則

中華民國三十二年二月公佈施行

第一章　通則

第一條　凡在本市行駛之各種車輛除火車及兒童玩用車外通稱車輛

第二條　凡在本市區域內行駛之車輛有違犯陸上交通管理規則者悉依本罰則之規定處理之

第三條　同時違犯本罰則二條以上者依前條之規定分別處罰但罰金總數不得逾四十元

第四條　違犯本罰則六個月內再犯者加本罰四分之一三犯以上者加本罰二分之一

第五條　車輛駕駛人違犯本罰則各條之規定如有逃亡或藉故規避者由車主聯帶負責

第六條　車輛寬度不得逾二公尺半長度不得逾十公尺

第七條　自用車輛不得出租或私自營業違者以左列規定處罰

一　汽車與機力脚踏車　處二十元至三十元之罰金

二　馬車　處十元至十五元之罰金

三　三輪人力車　處十元至十二元之罰金

四　自行車　處三元至五元之罰金

五　人力車　處五元至八元之罰金

第八條　營業車輛應遵照本府工務局核定之價目表辦理其超過定價者以左列規定處罰

一　營業汽車　處十五元至二十元之罰金
二　營業馬車　處八元至十元之罰金
三　營業三輪人力車　處八元至十元之罰金
四　營業自行車　處三元至五元之罰金
五　營業人力車　處五元至八元之罰金

第九條　凡新式設計之任何車輛須先呈送圖樣及樣車向本府聲請審核經核准後方可行駛未經審核而擅自行駛者除沒收其車輛外並處以本罰則最高額之罰金

第十條　違犯本罰則之車輛除別有規定者外應將其執照或號牌扣留必要時並得查扣其車輛待處罰完竣後再行發還查扣違章車輛辦法由本府工務局另定之

第二章　登記及檢驗

第十一條　凡在本市行駛之車輛須先向本府工務局登記違者按左列車輛之種類分別處罰登記規則由本府工務局另定之

一　各種汽車　處二十元至三十元之罰金
二　各種機力脚踏車　處十五元至二十元之罰金
三　馬車　處十元至十五元之罰金
四　三輪人力車　處十元至十二元之罰金
五　各種運貨板車　處六元至八元之罰金
六　自行車　處八元至十元之罰金
七　人力車　處八元至十元之罰金
八　水車　處四元至八元之罰金
九　貨箱車與手車　處四元至八元之罰金

第十二條　車輛所有權有移轉時應先向本府工務局呈請過戶違者按左列車輛之種類分別處罰

一　各種汽車　處十五元至二十元之罰金
二　各種機力脚踏車　處八元至十五元之罰金

三　馬車　處八元至十元之罰金

四　三輪人力車　處八元至十元之罰金

五　各種運貨板車　處四元至六元之罰金

六　自行車　處三元至五元之罰金

七　人力車　處三元之五元之罰金

八　水車　處二元至四元之罰金

九　貨箱車與手車　處二元至四元之罰金

第十三條　車主遷移地址應於三日內報告本府工務局違者按左列車輛之種類分別處罰

一　各種汽車　處十元至十五元之罰金

二　各種機力脚踏車　處六元至八元之罰金

三　馬車　處四元至六元之罰金

四　三輪人力車　處四元至六元之罰金

五　各種運貨板車　處三元至五元之罰金

六　自行車　處二元至四元之罰金

七　人力車　處一元至三元之罰金

八　水車　處一元至三元之罰金

九　貨箱車與手車　處一元至三元之罰金

第十四條　各種車輛應按期至本府工務局檢驗違者按左列車輛之種類分別處罰檢驗規則由本府工務局另定之

一　各種汽車　處二十元至三十元之罰金

二　各種機力脚踏車　處十五元至二十元之罰金

三　馬車　處八元至十元之罰金

四　三輪人力車　處八元至十元之罰金

五　各種運貨板車　處四元至八元之罰金

六　自行車　處四元至八元之罰金

七　人力車　處四元至八元之罰金

八　水車　處四元至八元之罰金

九　貨箱車與手車　處四元至八元之罰金

第三章　牌照及鋼印

第十五條　凡無號牌鋼印及行執照之車輛不得使用違者按左列車輛之種類分別處罰其借用他車之牌照者除將牌照吊銷外並依無牌照處罰

一　各種汽車　處二十元至三十元之罰金

二　各種機力脚踏車　處十五元至二十元之罰金

三　馬車　處十元至十五元之罰金

四　三輪人力車　處八元至十元之罰金

五　各種運貨板車　處五元至八元之罰金

六　自行車　處四元至八元之罰金

七　人力車　處四元至八元之罰金

八　水車　處四元至八元之罰金

九　貨箱車與手車　處四元至八元之罰金

第十六條　凡已領號牌或捐牌而未懸掛之車輛不得行駛違者按左列車輛之種類處罰

一　汽車

1.未掛車前號牌者　處四元至六元之罰金

2.未掛車後號牌者　處六元至十元之罰金

3.未掛捐牌者　處四元至六元之罰金

二　機力脚踏車

1.未掛車前號牌者　處三元至五元之罰金

2.未掛車後號牌者　處五元至八元之罰金

3.未掛捐牌者　處三元至五元之罰金

三　馬車　處五元至八元之罰金

四　三輪人力車　處五元至八元之罰金

五　運貨板車　處三元至五元之罰金

六　自行車　處四元至六元之罰金

七　人力車　處四元至六元之罰金

八　水車　處二元至四元之罰金

九　貨箱車與手車　處二元至四元之罰金

第十七條　牌照或鋼印如有損毀致字跡不辨時應向本府工務局更換違者按左列車輛之種類分別處罰

一　各種汽車　處十元至十五元之罰金

二　各種機力脚踏車　處八元至十元之罰金

三　馬車　處五元至八元之罰金

四　三輪人力車　處五元至八元之罰金

五　各種運貨板車　處三元至五元之罰金

六　自行車　處四元至六元之罰金

七　人力車　處四元至六元之罰金

八　水車　處二元至四元之罰金

九　貨箱車與手車　處二元至四元之罰金

第十八條　行車執照應與車輛之牌號相符違者按左列車輛之種類分別處罰

一　各種汽車　處十元至十五元之罰金

二　各種機力脚踏車　處八元至十元之罰金

三　馬車　處五元至八元之罰金

四　三輪人力車　處五元至八元之罰金

五　各種運貨板車　處四元之罰金

六　自行車　處三元之罰金

七　人力車　處四元之罰金
八　水車　處二元之罰金
九　貨箱車與手車　處二元之罰金

第十九條　車輛行駛時應攜帶行車執照以備查驗違者按車輛之種類分別處罰
一　各種汽車　處五元至八元之罰金
二　各種機力脚踏車　處三元至五元之罰金
三　馬車　處四元之罰金
四　三輪人力車　處四元之罰金
五　各種運貨板車　處三元之罰金
六　自行車　處二元之罰金
七　人力車　處二元之罰金
八　水車　處二元之罰金
九　貨箱車與手車　處二元之罰金

第二十條　車輛之號牌執照鋼印均由本府工務局製辦如有使用僞造牌照或私打鋼印時除按照第十五條各款之規定處罰外並將車主及僞造人連同僞造之牌照或私打之鋼印送司法機關究辦

第二一條　車輛號牌應裝釘於指定之位置違者按左列車輛之種類分別處罰
一　各種汽車（號牌兩塊一在車前正中處一在車後紅綠燈所在處）處十元之罰金
二　各種機力脚踏車（號牌兩塊一在車前易見處一在車後紅綠燈所在處）處六元之罰金
三　馬車（號牌一塊應在車後規定之地位）處二元之罰金
四　三輪人力車（號牌一塊應在右手護輪板上指定之地位）處二元之罰金
五　各種運貨板車（號牌一塊應在車身右邊易見處）處二元之罰金
六　自行車（號牌一塊應在墊下規定之地位）處二元之罰金
七　人力車（號牌一塊應在右手葉子板上指定之地位　處二元之罰金
八　水車（號牌一塊應在車箱出水孔上）處一元之罰金

九　貨箱車（號牌一塊應在車身右邊易見處）處一元之罰金
十　手車（號牌一塊應在車前橫木規定之地位）處一元之罰金

第四章　車輛行駛

第二二條　車輛行駛應注意左列各款違左列各款之一者處十元至二十元之罰金
一　車輛行駛時應靠近道路之左側行駛愈慢應距左側愈近
二　行車時應注意一切交通標誌並服從崗警指揮
交通標誌及崗警指揮車輛手勢圖另定之
三　凡車輛行駛於將轉灣時應先減低其速度向左轉時應緊靠路左緩行向右轉時應經過路中交叉點成大轉灣前進
四　凡車輛行近左列各處時均應減低速度必要時並應停止行駛橋樑下坡交叉路分支路口狹窄街道繁盛處所警戒區域內
五　凡車輛在將轉灣或超過交叉口時應先鳴警號或用手勢示知車輛行人或崗警
六　凡後行車輛欲超越前行車輛時應先自認定其在超越時之安全同時俟前車聞聲向左側避讓後方可向右側行進實行超過超過後並須行駛適當之距離始得復入原道行駛
七　凡兩車相遇於窄狹之街道或有障礙物之地點時應由靠近較寬處之車輛停止或倒退讓對方車輛先行
八　凡車輛掉頭時須在車輛或行人稀少之處如爲汽車並須先鳴警號
九　任何車輛不得兩車並行
十　車輛魚貫行駛時後車對於前車須保持適當之距離
十一　車上發音器及信號非於必要時不得頻用
十二　車輛行駛時如遇前面發生火警或經崗警指揮不能通過時應即折回繞道而行
十三　凡在小路或支路之車輛如與幹路之車輛相値時應讓幹路車輛先行但在同等之十字路或分支路相遇時應由來自左面之車輛先行
十四　遇規定有優先權之車輛應讓其先行
十五　車輛於日落後及黎明前行駛者或遇大霧時一律點燃燈火

第二三條　車輛行駛時不得於車外攀人附物違者處二元至五元之罰金

第五章　車輛停放

第二四條　停放車輛應注意左列各款違犯左列各款之一者處四元至十元之罰金

一　車輛停放應在指定地點或停車場不得在轉灣處或狹窄之街道上任意停放

二　車輛在指定停車場停放時應順序排列不得錯雜紊亂

三　凡遇窄狹道路其寬度不及十公尺者車輛不得在其相對之兩側停放

四　停放之車輛距離人行道側沿應在十分之一公尺以內

五　車輛之停放其距離交叉口轉角或橋樑應在五公尺以外

六　車輛停放在救火機關及消防龍頭地處其距離應在三公尺以外

七　任何車輛不得久停於大商店公共場所門前或交叉路口或繁盛街市或公共汽車站但設有停車處不在此限

八　空車應速向停車場或其他指定地點停放不得在道路上徘徊

九　凡車輛在途突發生障礙不能繼續行駛時應立刻將車輛推靠路旁

十　停放車輛除確保在安全之地位不致發生危險者外駕駛人不准離開其所駕駛之車輛

第六章　車輛駕駛人

第二五條　汽車機力脚踏車及三輪人力車駕駛人應先向本府工務局登記經考驗合格領有執照後方准執業如未經登記或考驗合格領有行車執照或頂替冒用執照擅自駕駛者按左車輛之種類分別處罰

一　汽車及機力脚踏車　處二十元至三十元之罰金

二　三輪人力車　處十元至十五元之罰金

考驗規則由本府工務局另定之

第二六條　汽車機力脚踏車及三輪人力車駕駛人應將駕駛執照隨身攜帶以備查驗違者按左列車輛之種類分別處罰

一　汽車及機力脚踏車　處十元至十五元之罰金

二　三輪人力車　處五元至十元之罰金

第二七條　汽車機力脚踏車及三輪人力車駕駛人就業時應報請本府工務局簽字違者按左列車輛之種類分別處罰

一　汽車及機力脚踏車　處五元至八元之罰金

二　三輪人力車　處四元至六元之罰金

第二八條　汽車機力脚踏車及三輪人力車駕駛人應按期將執照送請本府工務局審驗違者按左列車輛之種類分別處罰

一　汽車及機力脚踏車　處十元至十五元之罰金

二　三輪人力車　處五元至十元之罰金

第二九條　汽車機力脚踏車及三輪人力車駕駛人之執照不得私自偽造違者除處二十元至三十元之罰金外並送司法機關究辦

第三十條　任何車輛駕駛人駕駛時不得與乘客及他人談話或吸煙違者處八元至十五元之罰金

第三一條　有左列情形之一者不得駕駛或推拉任何車輛違者處五元至十五元之罰金並得勒令改業

一　身體不健全或患有妨礙作業之疾病者

二　酒醉或精神失常者

三　年在五十歲以上或未滿十八歲者

第三二條　任何車輛駕駛人如有規定號衣時須一律穿着違者處二元至五元之罰金

第三三條　汽車及機力脚踏車駕駛人有左列情形之一者除處十五元至二十五元之罰金外並永遠吊銷其駕駛執照

一　酒醉駕駛汽車或機力脚踏車犯規者

二　駕駛未經檢驗登記之汽車或機力脚踏車者

第三四條　汽車機力脚踏車及三輪人力車駕駛人違章至三次以上者得斟酌情形扣留其執照或取消其執照但扣留期限以一個月至六個月為限

第七章　汽車與機力脚踏車

第三五條　汽車內之製造廠名及發動機號碼不得故意毀除違者除追究其原因及補打鋼印外並按左列情分別處罰

一　故使模糊不清者處十五元至二十元之罰金

二　有故意剷除之痕跡者處二十元至三十元之罰金

第三六條　汽車內之製造廠牌號如登記書不合時處二十元至三十元之罰金

第三七條　車內制動機器應時常調準違者按左列兩款分別處罰

一　未調準脚踏制動器處十五元至二十五元之罰金

二　未調準手制動器處十五元至二十元之罰金

第三八條　車上方向器須堅固準確如不調準時處十元至十五元之罰金

第三九條　汽車於日落後黎明前行駛應備左列四種燈光

一　車前白燈兩盞每缺一盞處四元之罰金

二　車前遠射燈兩盞每缺一盞處十元至十五元之罰金

前項遠射燈其光力須以照至一百公尺以外之距離如不及此限度處五元至十元之罰金

燈光之射出不得妨害道路上其他交通在繁盛及明亮之街道中並不得使用此強猛之遠射燈光違者處十元至十五元之罰金

三　車後紅燈一盞缺者處八元至十五元之罰金其燈光微弱致不能照明車後之磁牌者四元至八元之罰金

四　指揮燈一盞缺者處五元至十元之罰金

第四十條　機力脚踏車於日落後黎明前行駛應備左列兩種燈光

一　車前遠射燈一盞缺者處八元至十五元之罰金

二　車後紅燈一盞缺者處六元至十元之罰金

第四一條　汽車及機力脚踏車應備具發音器違者處八元至十五元之罰金但須以喇叭爲限不得裝置聲浪怪異或過高之發音器違者處四元至八元之罰金

第四二條　汽車於晚間停留道旁時須燃前後燈以免危險違者處四元至八元之罰金

第四三條　汽車機力脚踏車行駛速度除別有規定外應依左列規定違者處十五元至二十五元之罰金

一　五公尺至八公尺之街道每小時之速度不得過十六公里(合十英里)

二　八公尺至十公尺之街道每小時之速度不得過四十公里(合二十英里)

三　十公尺以上之公路每小時之速度不得過四十公里(合二十五英里)

第四四條　懸掛試車牌號之汽車不得爲載客裝貨之用違者處二十元至三十元罰金

第四五條　凡領用臨時執照之汽車應於期滿時連同磁牌執照繳回本府工務局逾期不繳者按試車牌照發給辦法之規定處罰

試車牌照發給辦法由本府工務局另訂之

第四六條　運貨汽車載重在二噸以上者於駕駛人前應備反照鏡一面備駕駛人察看車後情形違者處八元至十五元之罰金

第四七條　汽車應裝置減聲器不得向後放氣違者處十元至十五元之罰金

第四八條　汽車機件應求完整清潔不得於行駛時有令車油飛濺及任意放出烟氣等情事違者處八元至十五元之罰金

第四九條　汽車顏色不得全部用紅色違者除令其改漆外並處以五元至十元之罰金

第五十條　公共汽車及營業汽車搭載乘客應遵守左列各款違左列各款之一者公共汽車處十五元至二十五元之罰金營業汽車處十元至二十元之罰金

一　公共汽車搭客人數應按規定數目不得逾額營業汽車載人以七人為限（連司機在內）

二　行駛時應將車門關閉不得任乘客自由上下

三　公共汽車沿途有指定之停車地點不得中途兜攬乘客營業汽車不得於妨礙交通處兜攬乘客

第五一條　公共汽車於行車時前面應設標明到達地點之裝置違者處二十元至三十元之罰金

第五二條　公共汽車應遵照本府工務局會商首都警察總監署核定之路綫行駛違者分左列兩種情形處罰

一　責在駕駛人處十五元至二十元之罰金

二　責在公司處二十元至三十元之罰金

第五三條　公共汽車應遵照本府工務局批准之各車座位數目表各站價目表行車時刻表辦理並懸掛於車內易見之處違者處十元至十五元之罰金

第五四條　公共汽車應遵照本府工務局會商首都警察總監署核定之地點停放違者處五元至十元之罰金

第五五條　載重汽車應將本身重量及載重表釘於車身前部易見處違者處四元之罰金

第五六條　載重汽車其載重量不得超過左列限度違者處十五元至二十五元之罰金

一　四輪車　不得超過八噸

二　六輪車　不得超過十噸

三　六輪車以上　不得超過十二噸

第五七條　載重汽車速度在十公尺寬之道路行駛應遵照下表規定在八公尺以上十公尺以下及五公尺以上八公尺以下之道路行駛應遵照下表規定再各降低速度五分之一及五分之三違者處十元至十五元之罰金

種類	汽車本身及載重總量	每點鐘速度			
		橡皮氣胎		橡皮實心胎	
		運人	運貨	運人	運貨
第一類	三〇〇〇至四五〇〇公斤	三五公里	三〇公里	三〇公里	二〇公里
第二類	四五〇一至八〇〇〇公斤	三〇公里	二五公里	二〇公里	一八公里
第三類	八〇〇〇至一一〇〇〇公斤	二〇公里	一八公里	一〇公里	一〇公里
第四類	一一〇〇〇公斤以上	一〇公里	八公里	八公里	五公里

第五八條 載重汽車行駛時如遇豎有禁止通行標記處應繞他道行駛違者處五元至十元之罰金

第五九條 貨物伸出車外之限度應遵照左列規則違左列規定之一者除處十元至十五元之罰金外並禁止其行駛

一 不得伸出車後紅綠車地位至四公尺以上如在黑暗時行駛應於後部另掛紅色車一盞

二 不得伸出左右兩側邊圍之外

三 凡運輸貨物超過前列兩款規定時應須先呈明本府工務局領有許可證後始得運輸

第六十條 凡汽車本身長逾九公尺以上者不得使用拖車違者處十元至二十元之罰金

第六一條 汽車與拖車載運貨物之總重量不得逾十二噸違者處十元至十二元之罰金

第六二條 摩托拖車後之被拖車須按照左列情形辦理違者處十元之罰金

一 裝載貨物時以一輛爲限

二 空車以二輛爲限

三 最後被拖車之後方須懸一與車前同一號碼之磁牌及紅色燈一盞其他汽車後使用拖車概以一輛爲限

第八章 馬車

第六三條 馬車車輪應用膠皮不得用鐵違者除處五元至十元之罰金外並禁止其行駛

第六四條 馬車應遵照左列各款違左列各款之一者處八元至十元之罰金

一　馬車必須堅固不得有鬆動傾斜等情形盤車輪軸並須完全
二　車前應裝置脚鈴
三　車夫待遇馬匹應求良善不得加以虐待
四　駕駛人不得擅自離開本車倘因事離開時須將馬匹拴繫以防意外
五　於日落後黎明前行駛時須燃左右燈
六　馬車載人以七人爲限（連馬夫在內）載貨以八百市斤爲限

第九章　三輪人力車

第六五條　三輪人力車應遵照左列各款違左列各款之一者處五元至十元之罰金
一　車件應求完備
二　車輪應用膠皮氣胎
三　車上應按置手鈴其鈴號應與其車輛有所區別
四　單人坐三輪人力車其車廂內不准二人共乘但兒童不在此限
五　雙人坐三輪人力車其車廂內不准三人共乘但兒童不在此限
六　後輪必須裝置制動器其制動力以能於車下坡時足制止車之下行爲標準
七　車上應備有變速裝置車身輪車鋼板應時求堅固
八　護輪板蓬車車墊應力求整潔完備
九　各部機械螺絲不得鬆動殘缺
十　車上應安置車燈三盞計前方一盞車旁左右各一盞車旁兩燈後面必須裝置紅色玻璃
十一　不得闖行於人行道上
十二　車輪長度不得逾三公尺高度不得逾二公尺雙人乘坐者其寬度不得逾一、五公尺單人乘坐者不得逾一公尺

第十章　運貨板車

第六六條　運貨板車應遵照左列各款違左列各款之一者處四元至八元之罰金
一　載運貨物須收拾整齊不得拖曳車外
二　載貨高度如超過行人視線行駛時至少須有一人在車旁防護

三　車前拖繩長度不得過四公尺
四　應在規定之道路及時間內行駛
五　行經繁盛街市不得停歇

第十一章　自行車

第六七條　自行車應遵照左列各款違左列各款之一者處四元至八元之罰金
一　車件應求完備
二　車上應安置手鈴
三　一車不准二人共乘
四　不得在道路上急駛及二人扶肩並行或數車競走
五　前後輪至少裝置一制動器其制動力以能於車下坡時足制止車之下行爲標準
六　於日落後黎明前行駛須於車前懸白光燈一盞後裝置紅色反光石一塊
七　不得闖行於人行道上

第十二章　人力車

第六八條　人力車車輪用膠皮不得用鉄違者除處以五元至十元之罰金外並禁止其行駛
第六九條　人力車應遵照左列各款違左列各款之一者處六元至八元之罰金
一　車上只許裝置手鈴
二　載人應以一人爲限但兒童不在此限
三　車夫應遵照本府工務局與首都警察總監署會訂之價目表與乘客講明價錢後不得額外需索
四　車夫送客應至言明地點爲止非因特別事故不得半途歇下
五　不准爭攬坐客或有侮慢情事
六　於日落後黎明前行駛至少須備白光燈一盞懸掛車輛踏板右旁
第七十條　車輛應時求整潔違者按左列兩種情形分別處罰
一　重要部份如車身車輪鋼板等之朽破而仍舊行駛者處三元之罰金
二　次要部份如葉子板車蓬車墊等之破壞汚穢或厚度不足者處二元之罰金

第十三章　水車

第七一條　水車應遵照左列各款違左列各款之一者處二元罰金
一　載水車箱不得過於笨大箱內須時常檢視不得發生泥苔
二　載水箱製造務求嚴密不得有滲漏濺水情形
三　交通繁盛及規定不准行駛之道路不得行駛

第七二條　輪邊之寬度至少爲五公分不及此規定者加倍征收月捐

第十四章　貨箱車與手車

第七三條　貨箱車與手車載運貨物時應遵照左列各款違者處一元至三元之罰金
一　貨箱車之貨箱及手車載貨面積不得逾一、五平方公尺
二　重量不得逾二百公斤
三　載貨入市應在規定之時間以內
四　裝卸貨物應停靠路旁動作務求敏捷

第七四條　輪邊之寬度至少爲五公分不及此規定者加倍征收月捐

第十五章　附則

第七五條　本罰則如有未盡事宜得隨時呈請修正之

第七六條　本罰則自呈奉　市長核准後施行

南京特別市工務局查扣違章車輛簡則

中華民國三十二年二月公佈施行

第一條　本簡則依據南京特別市政府處理違章車輛罰則第十條之規定訂定之

第二條　凡在本市區內行駛之各種車輛有違犯陸上交通管理規則經本局車輛登記所查扣者其處理手續悉依本簡則辦理之

第三條　凡經查扣之違章車輛應查照處理違章車輛罰則內條文分別情節輕重處罰之如查係觸犯違警罰法應由車輛登記所移送就近警局或分駐所處理之

第四條　凡違章車輛一經查扣車主應即隨同檢查員到所繳納應科罰金並查照違犯各則分別補正手續如車主對於違章情形倘有疑義致不能立時解決者應領取扣車對號牌於五日內到所辦理如係獸力車輛車主將牲畜帶回車輛登記所不負

飼養之責

第五條　凡違章車輛不論扣留其車輛或其任何證件經車輛登記所判定罰金後五日內不照繳納者自第六日起除罰金照科外另收滯納罰金以每二十四小時計算之（不足二十四小時亦照二十四小時計算）其費率如后

運貨汽車	每二十四小時收滯納罰金二元
乘客汽車	每二十四小時收滯納罰金一元
機力脚踏車	每二十四小時收滯納罰金五角
獸力車	每二十四小時收滯納罰金一元
其他人力車輛及自行車等	每二十四小時收滯納金五角

第六條　查扣之車輛如逾一個月車主仍未來所繳照罰金並領回扣車者車輛登記所即呈請本局將所扣之車輛變價以資抵償應科之罰金及其滯納罰金如有餘款發還原主

第七條　本簡則如有未盡事宜得隨時呈請修正之

第八條　本簡則自呈奉　市長核准後施行之

南京特別市工務局管理三輪人力車暫行規則

中華民國三十二年二月公佈施行

一　通則

第一條　凡在本市區內行駛之三輪人力車悉依本規則之規定管理之

第二條　凡在本市區內行駛之自用或營業三輪人力車均須將車輛開至本局車輛登記所聲請檢驗檢驗合格即予登記發給行車執照以憑收執並應隨向財政局車捐處繳納車捐憑車捐牌領用搪磁號牌方可通行

第三條　凡新式設計之三輪人力車須先呈圖樣及照片並將車輛開至本局聲請審查審查合格方可開至本局車輛登記所申請檢驗登記

第四條　自用及營業三輪人力車申請登記領用牌照時應繳納下列各費

一、登記費　八、〇〇元

二、執照費　一、〇〇元

三、號牌費　五、〇〇元

第五條　三輪人力車既經登記其停駛復業過戶及補領牌照各手續悉依南京特別市車輛登記檢驗領用牌照收費簡則第四 六 七 八 九 十一 十二各條款辦理之應繳納復業過戶各費規定如左

一、復業手續費　二、〇〇元

二、過戶費　五、〇〇元

二　三輪人力車駕駛人

第六條　三輪人力車駕駛人應具左之條件方得申請登記攷驗並隨繳登記費三元執照費二元及二寸半身照片兩張

一、駕駛人以男性爲限

二、年在二十歲以上四十五歲以下身體強壯四肢健全耳目敏捷而無神經病者

三、駕駛技能純熟明瞭市內地理及交通上一切規律而有保證者

四、在本市區內有固定之住址者

第七條　駕駛人於遺失執照時應即聲請補發但須繳補領執照費二元

第八條　駕駛人違犯陸上交通管理規則時應按其情節輕重分別處罰或吊銷其駕駛執照

三　罰則

第九條　凡三輪人力車有違犯第二條之規定者應按左列各款分別處罰

一、未經登記者處十元至十二元之罰金

二、不按期受檢驗者處八元至十元之罰金

三、無行車執照者處六元之罰金

四、無號牌者處八元至十元之罰金

五、無捐牌者處六元至八元之罰金

第十條　凡三輪人力車有違犯第三條之規定擅自行駛者除沒收其車輛外並處以本規則最高額之罰金

第十一條　凡三輪人力車違犯第五條之規定者應按左列各款分別處罰

一、停駛後未經呈報復業者處三元至五元之罰金

二、所有權移轉而未申請過戶者處八元至十元之罰金

第十二條　號牌行車執照及車身所打鋼印應慎重保護如有損壞及模糊不辨等情應按第四條之規定分別申請補領或補打違者得依車列各款分別處罰

一、號牌遺失而不申請補領者處八元至十元之罰金

二、號牌字跡模糊而不申請換發者處五元至八元之罰金

三、行車執照遺失而不申請補領者處三元至五元之罰金

四、行車執照字跡模糊而不申請換發者處二元至四元之罰金

五、鋼印模糊而不申請補打者處五元至八元之罰金

六、偽造號牌行車執照及鋼印者除處八元至十五元之罰金外並送司法機關究辦

七、號牌及行車執照應與車身鋼印號碼相同違者處四元至八元之罰金

八、號牌裝釘之位置不遵規定者處二元至四元之罰金

第十三條　營業三輪人力車應遵照本局核定之價目表違者處八元至十元之罰金

第十四條　三輪人力車行駛時應注意車列各款違者處十元至二十元之罰金

一、車輛行駛時應靠近道路之左側行駛愈慢應距左側愈近

二、行車應注意各種交通標誌並服從交通崗警之指揮

三、車輛行駛於交叉路口轉灣時須用手勢表示行進方向如向左轉時左臂平伸向左指向右轉時右臂平伸向右指

四、車輛行駛於橋樑上下坡或交叉路口或分支路或狹窄街道或繁盛處所或警戒區域內時均應絕對徐行必要時並應停止行駛

五、凡後行車輛非必要時不得超越前車如超越時應俟前方之車輛向左避讓始可向右側行進至適當之距離並須復入原道路行駛

六、車輛行駛時不得於車外攀入附物

七、車輛於日落後及黎明前行駛或遇大霧時一律燃點燈火

第十五條　三輪人力車停放時應注意左列各款違者處八元至十五元之罰金

一、車輛應停放於指定之停車場所適當地點
二、車輛停放應順序排列不得錯雜紊亂
三、寬度不及十公尺之窄狹道路不得相對停放
四、車輛停放應距離人行道側沿十分之一公尺以內距交叉路口轉角或橋樑五公尺以外距救火機關或消防龍頭地處三公尺以外
五、空車不得在道路上徘徊
六、車輛停放後駕駛人不准無故擅離

第十六條　三輪人力車裝置應依照左列各款之規定違者處五元至十元之罰金
一、車件應求完備
二、車輪應用膠皮氣胎
三、車上應安置手鈴其鈴號應與其他車輛有所區別
四、單人坐三輪人力車其車廂內不准二人共乘但兒童不在此限
五、雙人坐三輪人力車其車廂內不准三人共乘但兒童不在此限
六、後輪必須裝置制動器其制動力以能於車下坡時足制止車之下行爲標準
七、車上應備有變速裝置車身車輪鋼板應時求堅固
八、護輪板車篷車墊應力求整潔完備
九、各部機械螺絲不得鬆動殘缺
十、車上應安置車燈三盞計前方一盞車旁左右各一盞車旁兩燈後面必須裝置紅色玻璃
十一、不得闖行於人行道
十二、車輛長度不得逾三公尺高度不得逾二公尺雙人乘坐者其寬度不得逾一、五公尺單人乘坐者不得逾一公尺

第十七條　三輪人力車駕駛人應先向本局申請登記經攷試合格領有駕駛執照方准執業違者處十元至十五元之罰金

第十八條　駕駛人應將駕駛執照隨身攜帶以備查驗違者處五元至八元之罰金

第十九條　駕駛執照不得借用或冒名頂替違者除將執照註銷另按等十一條之規定補行登記攷試外並處十元至十五元之

罰金

第二十條　駕駛執照如有遺失應於三日內覓具妥保申請補給違者處五元至八元之罰金

第二十一條　駕駛之執照不得私自僞造違者除處二十元至三十元之罰金外並送司法機關究辦

第二十二條　違犯本罰則之三輪人力車應將其執照或號牌扣留必要時並得查扣其車輛按照本局查扣違章車輛簡則處理之

四　附則

第二十三條　本規則如有未盡事宜隨時修正之

第二十四條　本規則自　市長核准施行之

南京特別市政府工務局檢驗車輛規則

中華民國三十二年二月公佈施行

第一條　凡在本市行駛之各種車輛均應依照本規則於檢驗期內駛赴本局車輛登記所檢驗

第二條　車輛之分類如左

一、汽車　二、馬車　三、三輪人力車　四、騾車　五、板車　六、人力車　七、自行車　八、小車

九、水車

第三條　各種汽車檢驗事項如左

一、與登記各項有無不合之處

二、車輛規定之設備有無遺漏

三、號牌懸掛之地位是否符合

四、車前大小燈光及車後紅燈是否完備

五、車後紅燈是否對準後車牌

六、制動器方向器曾否調準

七、出汽管是否裝置減聲器

八、發動機速率箱開合器電氣裝置等有無損壞

九、客車之車蓬坐位貨車之箱板等是否堅固完好

十、運貨汽車之本身重量及其載重量須明白標誌車外其所載重量不得超過之

十一、各種載客汽車內須備掛乘客座位數目表其所載乘客不得超過表上數目
十二、運貨汽車載重在三噸以上者須於司機座旁懸掛小鏡一面以便察看來自後方之車輛

第四條　馬車檢驗事項如左
一、車身是否堅固
二、軸輪是否正直輪上橡皮是否完好
三、車槓是否適合最大馬匹
四、車箱座位內外各部是否清潔
五、車蓬雨布是否完好
六、車上脚鈴車燈是否完備
七、馬匹有無疾病及耳聾目盲等缺陷

第五條　三輪人力車檢驗事項如左
一、車身車胎車軸鋼板是否正確完好
二、葉子護輪板車蓬車墊等是否清潔完整
三、車上零件是否堅固齊全
四、手鈴車燈是否完備
五、制動器及變速裝置是否適合規定
六、全車長度高度及寬度是否適合規定
七、載足人數人力踏行是否勝任

第六條　騾車檢驗事項如左
一、車身構造是否堅固
二、車身尺度是否適合載重數量
三、軸輪是否正直輪外包鉄有無損破馬路之可能
四、牲畜有無疾病及耳聾目盲等缺陷

第七條　各種板車檢驗事項如左

一、車身構造是否堅固
二、車身尺度及載重是否適合規定
1.甲等板車長三、八〇公尺寬一公尺載重一三〇〇公斤
2.乙等板車長三、五〇公尺寬一公尺載重九〇〇公斤
三、軸輪是否正直輪外包胎如非橡皮者鉄皮有無損壞馬路之可能
四、車槓長度是否適合人力拖拉之地位

第八條　人力車檢驗事項如左
一、車身輪軸板車是否正確完好
二、葉子護輪板車蓬車墊等是否清潔完好
三、車槓長短及兩端距離是否合宜
四、手鈴車燈是否設備完好

第九條　自行車檢驗事項如左
一、車上零件是否完備
二、車身車胎輪軸是否堅固完好
三、制動器及手鈴等有無裝置

第十條　各種小車檢驗事項如左
一、貨箱車之構造是否符合載重面積不得超一、五平方公尺
二、獨輪或雙輪之小車構造是否合宜
三、各種小車之載重不得超過二〇〇公斤

第十一條　水車檢驗事項如左
一、載水車箱不得過於笨大
二、水箱有無漏水濺水情形
三、車槓輪軸否是堅固

第十二條　各種車輛不合規定者認爲不合格不予登記須依照指定各項調整後重行檢驗合格者方得領牌行駛

第十三條　各種車輛如有變更內部構造者應於五日內呈報本局重受檢驗

第十四條　本規則如有未盡事宜得隨時修正之

第十五條　本規則自呈奉　市長核准後公佈施行

公牘

南京特別市政府咨 府財字第　號

案據南京市銀行董事會呈稱：

「竊查本會第四次會議討論事項第五案：董事長交議：錢經理呈本行為謀業務之積極擴充起見擬准予設立上海辦事處并預定開辦費以二萬元暨每月經費以三千元至四千元為度除俟妥為分配編列預算再行呈報外請提會核定一案。當經決議：通過呈府轉咨財政部備案等語紀錄在卷理合錄案備文呈請鑒核轉咨財政部備案」

等情據此除指令外相應據情咨請

貴部查照賜予備案并希

見復為荷

此咨

財政部

中華民國三十二年二月　日

市長周學昌

南京特別市政府咨 府財字第　號

案據南京市銀行董事會呈稱：

「竊查本會第四次會議討論事項第十案董事長交議擬修正本行章程第二十二條條文附原條文及修正文請公決一案當經決議通過呈府轉咨財政部備案等語紀錄在卷理合繕具原條文及修正文計一紙錄案備文賫呈鑒核轉咨財政部備案」

等情據此除指令外相應抄同該行章程第二十二條原條文及修正文一紙隨文咨請

貴部查照賜予備案幷希
見復爲荷
此咨
財政部

附抄送南京市銀行章程第二十二條原文及修正文乙紙

市長　周學昌

（附原條文及修正文）

原條文「本銀行於每年純益項下提百分之三十爲公積金百分之四十提歸市庫其餘額應分配職員獎勵金卹養金酬勞金各若干由董事會議擬定報告市長核定之」

修正文「本銀行於每年純益項下提百分之二十爲公積金百分之十爲呆賬準備金百分之四十提歸市庫其餘額應分配職員獎勵金卹養金酬勞金各若干由董事會議擬定報告市長核定之」

中華民國三十二年二月　日

南京特別市政府咨　府財字第　號

案據南京市銀行董事會呈稱：

「竊查本會第四次會議討論事項第八條：董事長交議擬飭經理編具三十一年度下期決算報告呈請審核等情提請公決一案。當經決議：通過等語紀錄在卷查該項決算報告書經先函送本行監察人會審核尙屬正確等由除函復外理合檢仝決算報告書錄案備文賫呈鑒核轉咨財政部備查」

等情附呈三十一年度下期決算報告書貳份據此除抽存原件一份備查幷指令外相應檢同該行三十一年度下期決算報告書一份隨文咨請
查照賜予備查爲荷
此咨
財政部

附送南京市銀行三十一年度下期決算報告書乙份（略）

市長周學昌

中華民國三十二年二月　日

南京特別市政府咨　府衛字第　號

查國府還都以來本市人口驟增市面日臻繁榮對於衞生建設似有加強之必要現在本市雖有公立醫院多處而實際尙感不敷收容因此本府特陸續設立診療所以濟貧病但此項診療所祇能診治普通貧病未能使其求撤底之治療雖在中華門外成立城南醫院究以地處郊外交通不便亦未能普遍發展其任務茲爲便利病民加強衞生建設起見允宜在城內增設市立醫院一所以應需要至院址一層查下江考棚原有市立醫院舊址堪以應用惟該處院址房屋以及一應舊有財產均爲友邦同仁醫院所借用擬請轉咨日本大使館迅於一倂發還俾便籌備成立相應咨請

貴部查照辦理見復爲荷

此咨

外交部

市長周學昌

中華民國三十二年二月　日

南京特別市政府公函　府宣字第　號

案准

行政院祕書處處字第三〇八號密函開：

「現奉　院長交下日本支那派遣軍總參謀長總參三第四五號密函開：「關於調查大使館國民政府及第三國有關係官公私無綫通信之施設關於作戰內地電波統制及防諜上之必要希將左列各事項速爲調查見復」等由附開調查範圍及事項同時奉

諭：「密函華中華南各省市速即調查並通知宣傳部」等因奉此除密函宣傳部知照並分函外相應抄附調查範圍及事項一份函請查照速爲詳晰調查見復爲荷」

等由准此自應照辦除分函有關無線電信電話施設各機關調查外相應檢附空白調查表四份函請

查照即希依式詳細塡明並盼於函到一星期內塡就送交本府以便彙復爲荷
此致
中央電訊社等
附無線電信電話施設調查表四份

中華民國三十二年二月廿二日

市長周學昌

無綫電信電話(放送)施設調查表 年 月 日塡

1.施設之機關名稱或私人姓名及現在職務	
2.施設者屬於無線電信抑或無線電話(放送)	
3.施設之所在地	
4.空中線電力(瓦特)	
5.對向通信所之位置及其空中綫之電力(瓦特)	
6.發振方式(水晶.自勵)	
7.電波型式	
8.使用周波數 RC/5	
9.呼出符號	
10.空中線型式(指向性之有無)	
11.施設之目的	
12.施設認可者及認可之年月日	
一般通信系統圖	

注意：此表須塡寫一式兩份 塡表者……………………(簽名蓋章)

附錄

戰時文化與廣播事業

中國廣播協會成立二週年紀念對全國特別廣播詞

南京特別市市長周學昌　二月廿三日

諸位同胞：

中國廣播協會成立已有兩年的歷史，這兩年間，該會對於發展廣播事業，闡揚和平建國國策，作不遺餘力的努力，成績已屬可嘉，而該會兩週年紀念的今天，適逢國府參戰的時期，廣播事業的使命尤屬重大。本人借慶祝該會兩週年紀念的機會，除表示祝賀之意以外，並以「戰時文化與廣播事業」一題，說明戰時文化的特質，以勉勵全國從事廣播事業的同志們，認清時局，認清責任，認清方向，發展廣播事業以配合戰時文化的要求，而完遂中國參戰的目的。

文化是國民精神的總產物，或說是國民精神產物的總和，這意思就是說，一個國家，他的國民的精神是表現在其文化上面的，衰亡的民族，其國民的精神頹靡，其民族的文化也就是頹靡的文化，振興的民族，其國民精神振奮，其民族的文化也就是振興的文化。這是國民精神影響文化的情形，但相反的，文化也同樣的影響國民精神，衰弱的民族要求復興的時候，一定有許多先知先覺者來從事振興文化　運動，他們把文化振興起來，喚起民衆，教育民衆，使國民的精神一致振奮起來，這就能產生國民精神總動員的力量，以這力量可以達成民族的復興，辛亥革命，五四運動都是很明顯的例證，這就是文化影響國民精神的情形。

事變以來，國民思想龐雜，有的主張抗戰，有的主張苟安，有的努力全面和平運動，國民精神方面，有的是盲目的衝動，有的是失望而頹靡，有的是堅毅而奮鬥。到和平運動發韌之後，國民精神才漸漸穩定起來，國民思想也漸漸振奮起來，這時期的文化運動的任務　就是要使民衆瞭解和平建國運動的眞諦，喚起民衆的愛國意識　完成全面和平，實現中日合作。這是新中國文化運動第一期的特點。

到東亞聯盟運動在中國發韌，繼之　新國民運動發動之後，文化運動的任務更加重了，一方面要使民衆認清　國父大亞洲主義遺教，實現政治獨立，軍事同盟　經濟合作，文化溝通，東亞聯盟四大綱領，把愛中國，愛日本，愛東亞的心打成一片，把狹義的愛國思想予以修正，使成爲廣義的含有興亞精神的愛國思想　同時喚起民衆，檢討國民精神的缺點與優點，糾正缺點發揮優點，力求物質上與精神上的革新，刻苦耐勞，節約生產　以應合中國協力大東亞戰爭的同甘共苦的精神，這是新中國文化運動第二期的特點。

本年一月九日，國府宣佈參戰之後，新中國的文化運動已邁入第三期了，這時期的文化也就是戰時文化。

戰時文化的特色可以分爲對內的與對外的兩方面，對內的是要強調愛國意識，發揮興亞精神，掃蕩自私的頹靡的文化，對外的是要鼓舞反英美情緒，掃蕩自由主義的侵略文化。

此次國府參戰，完全出於自己的意志，是爲爭取中國的解放而參戰，中國革命的目的也就是要爭取中國之自由平等，這百餘年來，束縛中國自由平等，阻礙中國統一復興，就是英美帝國主義，這是盡人皆知的事實，中日全面和平不克即速實現，是因爲英美的阻撓，支持重慶抗戰，這也是盡人皆知的事實。前年十二月八日，友邦日本發動了大東亞戰爭其目的就在擊滅英美吞蝕東亞的陰謀，掃蕩英美侵略東亞的惡勢力，以爭取東亞的整個解放，這一年的過程中，戰爭的成績非常驚人。但東亞的興亡與中國的興亡不可分，我們對大東亞戰爭的認識，應看作自己的事，不去耕耘就沒有收獲，雖然友邦協力我們的獨立復興，但中國的自由平等的完全獲得，還要靠我們自己的努力奮鬥，也就是說，我們必須要在大東亞戰爭之中，盡最大的力量，掃蕩英美的侵略，才能爭取中國的自由平等。從事文化運動的同志們要在此時期，特別強調民衆的愛國意識，使之瞭解國府的參戰是爭取中國的自由平等，完成中國的政治獨立，國家興亡，匹夫有責，凡我民衆，都必須一致奮起，從事這偉大的救國運動。

同時更使民衆瞭解東亞聯盟運動在當前的價値，我們的愛國意識是廣義的興亞精神的愛國意識，也就是東亞聯盟的根本精神，友邦日本爲協力中國的「政治獨立」，首先交還租界，交還敵產，並撤廢治外法權，中國爲求東亞解放，中華復興，實現中日合作，乃以「軍事同盟」的精神，與日本合力而參戰，今後雙方更努力「經濟合作」「文化溝通」的工作。這樣講中國的愛國運動和興亞運動是聯繫一起的，所以在強調民衆愛國意識之時，同時，更要強調國民的興亞意識。

有了愛國意識，有了興亞意識，這就是我們團結的力量，中華興復的生機，這就是解放東亞的力量，也就是反英美的力量。東亞復興的生機。我們要在反英美的大東亞戰爭之中，鼓舞民衆的反英美情緒，使之認淸敵友之不同，更要掃蕩英美的自由主義侵略文化。

英美的自由主義侵略文化與東方的道義文化根本不同，　主席在東亞聯盟中國總會二週年紀念大會中訓詞謂：東方道義精神與西方功利主義最大不同之點，一則爲共榮主義，一則爲殖民地主義　一則以共存爲目的，一則以榨取爲目的，兩者皆需要物力資源，惟對於人力資源，一則以人爲人，尊重人之良心人格，一則不以人待人，視之如牛馬，如機器，如物資，窒息其良心，蔑視其人格，榨取其血汗，而遺棄其軀壳，英帝國主義之崩潰即由於此，東亞聯盟以東亞道義精神爲基礎，一反功利主義殖民地主義之所爲，故必能激發東亞民族純潔之愛國心，與東亞自覺意識，使東亞各國人民，各愛其國，互愛其隣，共愛東亞，於此，我們可以看出要興復中華，興復東亞，必須掃蕩英美的功利主義文化，而發揮東方道義精神，激發東亞各民族的愛國心，這也就是前面所說的強調愛國意識，發揮興亞精神。

我們認清了戰時文化的特色之後，就要想到中國廣播事業今後的發展問題了，廣播事業可以說是新聞事業，也可以說是教育事業，它同時是具有新聞與教育雙重的性格，在戰時文化的要求下，新聞與教育是文化的重要部分，其所負的任務也就特別的重大。

關於廣播事業今後的發展也可以分作三項來講。

第一是要完成戰時文化的要求，前面所講的戰時文化的特色，對內要以新國民運動的精神促進國民生活上的革新，以東亞聯盟的理論堅定國民的興亞意志，把戰時的新聞。有關參戰的政治，軍事，經濟，文化的重要演說，盡量向全國民衆播送，同時把頹廢的音樂歌曲。悉數停止播送，而代以興奮振作的音樂娛節目，使民衆於娛樂中振奮起生機，強調愛國家，愛東亞的意識。這樣才能強調愛國思想，發揮興亞精神，掃蕩自私的頹廢的文化。

對外的方面要多介紹英美侵略東亞的史實，說明英美阻碍中國復興，屠殺中國民衆的情形，以激發國民的反英美情緒，同時闡揚全體主義的理論，發揮東方道義精神，以掃蕩英美的自由主義侵略文化。

第二是要努力全國統一工作的推進，我們對外既要爭取自由平等，對內必須先要求統一的完成，這樣作，力量才能集中起來，在中央從事廣播事業的同志們，要把時局的重要消息，國家領袖，文化先進的重要演說，隨時統一的轉播各地　這樣使各地民衆都能瞭解政府的政策與前途的理論，而把思想集中起來，對於全國統一工作是極有意義的。

第三是要發動國民思想新啓蒙運動，所謂新啓蒙運動是要求民衆瞭解時代的必然發展路綫，中國復興的必經路程，使民衆認識有關中華與復東亞保衛的政治，軍事，經濟，文化各部門的最基本的知識，這樣才能發揮國民精神總動員的威力。

本人今天借慶賀中國廣播協會二週紀念的機會，說明戰時文化的諸般特色，強調愛國意識，發揮興亞精神，掃蕩自私的頹廢的文化，同時要鼓舞反英美情緒，發揮東方道義精神，掃蕩自由主義的侵略文化。這是一般從事文化運動的同志們要認清的切議任務，從事廣播事業的同志們肩負着新聞與教育的雙重使命，更要應合戰時文化的要求而努力工作，同時對於集中力量的全國統一工作的推進，集中思想的國民思想新啓蒙運動的致力，予以最大的期待，最後祝賀中國廣播協會發展遠大同時希望諸同志一致奮鬥。

市政公報暫定價目表

期數價目	郵費
零售每冊五角	本埠四分 外埠八分
半年十二冊六元	本埠四角八分 外埠九角六分
全年二十四冊十二元	本埠九角六分 外埠一元九角二分

市政公報廣告刊例

頁數	價目
一頁	每期十八元
半頁	每期九元
四分之一頁	每期四元五角

刊登廣告在四期以上者每期按照七折計算連續十期以上者每期按照六折計算長期另議

出版日期　本公報暫定每月二次

編輯者　南京特別市政府祕書處

發行者　南京特別市政府祕書處

印刷者　南京國華印書館

地址：中山東路盧政牌樓

電話：二二一六五

中華郵政掛號認爲第一類新聞紙類　江蘇郵政管理局執照第一〇四二號

中華民國三十二年三月十五日

市政公報

第一一五期

南京特別市政府秘書處印行

目錄

行政院訓令

華北政務委員會建設總署暫行組織條例 民國三十二年二月四日公布（續前）

第一條　建設總署依照中央法令管理華北政務委員會所轄區域內各省市建設事務

第二條　建設總署對於地方最高行政長官執行本署主管事務有指導監督之責

第三條　建設總署就主管事務對於地方最高行政長官之命令或處分認為有違背法令或逾越權限者得提請華北政務委員會會議議決停止或撤銷但須呈報國民政府

第四條　建設總署置左列各局

一　總務局

二　經理局

三　公路局

四　水利局

五　都市局

第五條　總務局掌左列事項

一　關於典守印信事項

二　關於人事事項

三　關於文書事項

四　關於用地及管轄內產業之管理事項

五　關於庶務及其他不屬於各局事項

第六條　經理局掌左列事項

一　關於經費之預算決算事項
二　關於特別會計事業經費之預算決算事項
三　關於會計經理事項
四　關於材料物品事項
五　關於會計監查事項

第七條　公路局掌左列事項
一　關於道路之調查計劃建設改良維持及指導事項
二　關於航空設施事項
三　關於所管事業費之預算決算及統計事項

第八條　水利局掌左列事項
一　關於河流運河港灣之調查計劃構築疏濬維持及指導事項
二　關於農工業用水及土地改良事項
三　關於水利發電事項
四　關於砂防事項
五　關於所管事業費之預算決算及統計事項

第九條　都市局掌左列事項
一　關於都市計劃事項
二　關於都市土木事業之指導監查事項
三　關於文物整理事項
四　關於所管事業費之預算決算及統計事項

第十條　建設總署視事實上之需要得設置工程局或其他機關辦理施工測量警備訓練試驗等事務

第十一條　建設總署設督辦一人特任綜理本總署事務並監督所屬職員及各機關

第十二條　建設總署設署長一人簡任承督辦之命處理事務

第十三條　建設總署設技監一人簡任承督辦之命掌理規劃一切技術業務

第十四條　建設總署設祕書主任一人簡任祕書六人內簡任二人餘荐任分掌署務會議及長官交辦事務

第十五條　建設總署設參事五人至九人簡任掌理撰擬審核關於本總署之法律命令其分配各局之參事輔佐局長處理所屬事務

第十六條　建設總署設局長五人簡任分掌各局事務因必要情形得設副局長一人簡任

第十七條　建設總署設科長二十人荐任科員八十人至一百二十人每科荐任一人餘委任分配各局科辦理所屬事務

第十八條　建設總署設技正四十人內簡任十五人以內餘荐任技士六十人至八十人內荐任三十人以內餘委任分配各局辦理技術事務

第十九條　建設總署設助理員若干人委任分配各局科辦理事務

第二十條　建設總署用雇員若干人分配各局科辦理繕寫事務

第二十一條　建設總署辦事細則以署令定之

第二十二條　本條例自公布之日施行

華北政務委員會政務廳暫行組織條例

民國三十二年二月四日公布

第一條　本廳依華北政務委員會組織條例第六條第七款組織之

第二條　本廳置左列各室局

一、參事室

二、祕書室

三、外務局

四、法制局

五、審計局

六、情報局

第三條　參事室掌左列事項

一、關於承命佐理及特交研究事項

二、關於重要法律命令案撰擬事項

三、關於法律命令增删改廢之建議事項
四、關於本會所屬各機關所擬重要法律命令案審査覆核事項
五、關於現行法律命令解釋事項
六、關於有關行政訴訟事項
七、關於訴願事項
八、關於本會所屬各機關權限爭議之裁決事項
九、關於各項法規編纂整理事項
十、關於法制統一事項

第四條　祕書室掌左列事項
一、關於機要事項
二、關於本廳重要文件撰擬審核繙譯事項
三、關於本廳一切文件之分配登記事項
四、關於地方行政狀况視察事項
五、關於特交事項
六、關於其他不屬各局事項

第五條　外務局掌左列事項
一、關於政治通商管轄等交涉事項
二、關於對外交際事項
三、關於僑民保護及遊學事項
四、關於國際公會及賽會等事項

第六條　法制局掌左列事項
一、關於法令案之纂修事項
二、關於法令案之審核事項
三、關於法制之調査事項

四、關於法制之繙譯事項

第七條　審計局掌左列事項

一、關於審核各機關之概算及監督其執行事項

二、關於審核各機關之計算及決算事項

三、關於審定各機關之收入命令及支付命令事項

四、關於稽察各機關財政上之不法或背職行為事項

第八條　情報局掌左列事項

一、關於中央及本會政情之傳達事項

二、關於各地方情報之調查及蒐集事項

三、關於情報之宣傳聯絡研討等事項

四、關於本會公報之編輯發行並保存事項

第九條　本廳於必要時得設交通局其組織另定之

第十條　本廳設廳長一人簡任承委員長之命綜理本廳事務並監督所屬職員及各機關

第十一條　本廳設參事八人至十二人簡任掌理參事室事務

第十二條　本廳設秘書六人內簡任二人餘薦任分掌秘書室事務

第十三條　本廳設局長五人簡任分掌各局事務因必要情形得設副局長一人簡任

第十四條　本廳因事務上之需要得設視察簡任或薦任技正簡任或薦任技士委任其員額另定之

第十五條　審計局設審計四人簡任協審六人薦任分掌該局事務

第十六條　情報局設編譯二人至五人薦任或委任分掌該局編譯事務

第十七條　本廳設科長十七人薦任科員五十一人至六十八人每科薦任一人餘委任分配各局科辦理所屬事務但審計局如審計事務繁賾時得臨時指派若干人協助之

第十八條　本廳設助理員若干人委任分配各室局科辦理事務

第十九條　本廳得用雇員若干人分配各室局科辦理繕寫事務

第二十條　本廳辦事細則由本廳擬定呈請　委員長以會令公布之

第二十七條　本條例自公布之日施行

華北政務委員會祕書廳暫行組織條例

民國三十二年二月四日公布

第一條　本廳依華北政務委員會組織條例第六條第八款組織之

第二條　本廳置左列各室處

一　機要室

二　文案處

三　事務處

第三條　機要室掌左列事項

一　關於機要事項

二　關於撰擬審核繙譯重要文件事項

三　關於撰擬交際函件事項

四　關於保管圖籍事項

五　關於特交事項

第四條　文案處掌左列事項

一　關於典守印信事項

二　關於印鑄事項

三　關於文件之撰擬及保存事項

四　關於本會命令之公布事項

五　關於收發繕校及保管案卷事項

六　關於本會會議紀錄及文書編製事項

七　關於人事事項

八　關於統計事項

第五條　事務處掌左列事項

一　關於編製本會預算決算事項
二　關於出納款項事項
三　關於登錄會計簿册事項
四　關於保管購置物品事項
五　關於修繕房屋器具事項
六　關於稽查警衛工役事項
七　關於不屬其他各處室事項

第六條　本廳設廳長一人簡任承委員長之命綜理本廳事務並監督所屬職員及各機關
第七條　本廳設秘書六人內簡任二人餘荐任分掌機要室事務
第八條　本廳設處長二人簡任分掌各處事務因必要情形得設副處長一人簡任
第九條　本廳設科長六人荐任科員十八人至二十四人每科荐任一人餘委任分配各處科辦理所屬事務
第十條　本廳設助理員若干人委任分配各處科辦理事務
第十一條　本廳用雇員若干人分配各室處科辦理繕寫事務
第十二條　本廳辦事細則由本廳擬定呈請　委員長以會令公布之
第十三條　本條例自公布之日施行

華北政務委員會政務廳交通局暫行組織條例

三十二年二月四日公布

第一條　本條例依據華北政務委員會政務廳暫行組織條例第九條之規定制定之
第二條　華北政務委員會爲協助中央主管各部辦理華北交通事務在政務廳內設置交通局
第三條　交通局掌左列事項
一、關於鉄道公路事項
二、關於航空航運事項
三、關於電信電話廣播事項
四、關於電氣事業事項

第四條　交通局設局長一人簡任承政務廳廳長之命處理本局事務

五、關於郵務事項

第五條　交通局設科長若干人薦任科員若干人委任或薦任分配各科辦理所屬事務

第六條　交通局設辦事員及雇員若干人分配各科辦理所屬事務

第七條　交通局辦事細則由政務廳呈請華北政務委員核定之

第八條　本條例自公布之日施行

（完）

命令

南京特別市政府公佈令 祕字第　號

查本府購辦委員會自三月一日起撤銷茲制定本府所屬各機關購辦物品材料辦法公布之

此令

計開

南京特別市所屬各機關購辦物品材料辦法（見法規欄）

中華民國三十二年三月　日

市長周學昌

南京特別市政府訓令 字第　號

令工務局局長朱浩元
　陳萬恭

案准

行政院祕書處處字第四六四號函開：

「案查本院第一五一次會議任免事項第十七案南京特別市政府周市長呈本府工務局局長朱浩元另有職務擬請免職遺缺並擬請任命陳萬恭充任決議通過等由紀錄在卷相應錄案函請查照爲荷」

等由准此除分令外合行令仰知照

此令

中華民國三十二年三月　日

市長周學昌

南京特別市政府訓令　字第　號

令工務局科長俞則民徐粟民　查委平
　工務局技正鄭源深

查該員呈請辭職應予照准除俟呈院免職外仰即知照此令

中華民國三十二年三月　日

市長周學昌

南京特別市政府訓令　字第　號

令工務局祕書王翼謀

案據工務局呈稱本局祕書王翼謀業經建設部咨調水利署服務主持蘇北運堤工程本局祕書一職責司繁重未便兼顧且經費有限難以兼薪該員擬予停薪留職等情前來應予照准合行令仰該員知照此令

中華民國三十二年三月　日

市長周學昌

南京特別市政府訓令　祕字第　號

令本府各局處
　各區公所傳染病院衛生試驗所
　園林管理處

查本府購辦委員會着自三月一日起撤銷所有本府所屬各機關購辦物品材料另行訂定辦法提經二月二十五日本府第一次市政會議議決通過除公布並分令外合行抄發前項辦法一份令仰該□知照並仰轉飭所屬一體知照此令

計附發本府所屬各機關購辦物品材料辦法一份

中華民國三十二年三月　日

南京特別市政府訓令 府衛字第　號

令 一三二四區公所
城區自治實驗區公所
教育局

市長周學昌

案准首都警察總監署政二字第四四一號公函：

「查本市關於運輸糞溺事宜曾於上年十月十七日奉 內政部令發掃除污物暫行條例施行細則到署查是項細則所列第十二條載：「關於糞溺之淸除運輸以午前九時爲限逾時槪行禁」等因：當經抄同原件令飭各局遵照在案惟查近來糞便處置所及鄉農收運糞溺往往逾越規定時間且每有鄉農挑糞不加掩蓋隨時通過市衢及河道甚至居民隨時抛傾倒便桶以致臭氣四溢殊於市容衛生兩有妨碍茲爲撤底整頓適合實際需要起見特將規定運糞時間及居民傾倒便桶等情事酌予變通辦法如下(一)糞便處置所每日於上午十時以前收取繁盛區域糞便下午三時至六時收取偏僻街巷糞便鄉農挑糞時間仍遵照前訂修改限制運糞辦法第三條規定春秋冬季每日上午八時以前下午九時以後夏季每日上午七時以前下午十一時以後(以上均係節約時間)但糞桶須加覆蓋(二)本市各街巷居民糞便應由糞便車依照本辦法第一條規定之時間逐日前往挨戶收取不得逾越規定時間倘糞便車不敷應用卽由糞便處置所迅予添置並增加工人以資普及(三)本市居民洗刷便桶應將糞便傾倒糞便車時隨卽洗刷穢水傾倒附近陰溝內不得任意傾倒路旁或陰溝外面並不得將便桶停置路旁晒曬(四)市內居民不得在街路任意大小便溺(五)市立各中小學校學生應由各校教育主任諄誡各學生　得在街路隨意小便除將規定辦法通令所屬各局嚴飭隨時注意查察取締外相應函達卽希　察核轉飭各區公所傳諭坊保甲長挨戶通知並飭衛生教育兩局分別轉令各中小學校及糞便處置所切實遵照再增設小便池一節經與貴市長接洽已承　允諾惟關於此項設置確係當務之急檢同調查應設置小便池地點表及擬定圖樣函送達並希查照轉飭工務局妥爲設計務使臭氣不致外溢仍希見覆爲荷」

等由並附設置小便池地點表及圖樣各一份准此自應遵照辦理除將小便池圖樣函送工務局查照會同辦理外合行檢發地點表一份令仰該局區公所遵照並轉飭遵照毋違爲要

此令

附發小便池地點表一份（略）

中華民國三十二年三月　日　市長周學昌

南京特別市政府訓令　府衞字第　號

令一二三四城實安德門上新河區公所

案准首都警察總監署政二字第四五五號公函：

「案據北區警察局呈略稱：今冬雨少氣候乾燥為防患春疫流行起見經與區公所商討聯合民衆舉行清潔大掃除一次時間預定為兩星期除函區公所轉飭知照幷會銜佈告外報請鑒核派員督導等情據此當經飭派本署行政科衞生稽查馬泉鈐前往督導事畢據實具復察核去後茲據該員呈復略稱此次該區在大掃除期內所有員伕工作尙屬努力惟查各街巷經清除後仍有無識居民任意傾倒垃圾情事擬請令飭各局督促所屬切實查察取締俾收清潔實效等情前來查關於居民任意傾倒垃圾一項迭經令飭嚴守取締幷規定搖鈴收取垃圾時間施行各在案茲據呈復前情自應重申前令以期澈底革除積習而保永久清潔除再嚴飭各區警察局切實督促所屬衞生官警組織清潔衞生宣傳隊負責會同區坊保甲擔任宣傳工作挨戶勸導不得再予任意傾倒垃圾外相應函達卽希查照令行各區公所轉飭坊保甲長知照」

等由准此自應照辦除分令外合行令仰該區公所遵照並轉飭遵照爲要

此令

中華民國三十二年三月　日　市長周學昌

南京特別市政府佈告　府財字第　號

案查前奉

中央頒布非常時期各省市征收田賦暫行條例遵經依照定項條例第三條及第八條之規定組織南京特別市田地評價委員會並於本年三月二日召集該會各委員在本府開會按照現時田地價格詳細討論分別評定當卽議決如下（一）本市田地價格分為上中下三等不另分則（二）以本市田地原列一等上中下三則者概列為上等原列二等上中下三則者概列為中等原列三等上中下

三則者概列爲下等(三)上等田地價格每畝國幣壹千伍百元中等田地價格每畝國幣壹千元下等田地價格每畝國幣柒百元其未經開墾之蘆灘由各業主呈報本府派員查勘另行核辦全體一致通過呈經本府核定在案茲經依據評定田地價格按照百分之一爲標準核定應征賦額計上等田地每畝全年賦額拾伍元中等田地每畝全年賦額拾元下等田地每畝全年賦額柒元自三十二年份起實施分爲上下兩期征收其三十二年份以前舊賦仍照原有科則征收除令飭田賦征收處遵照辦理並咨請財政部查核轉報行政院案備外合行布告仰本市農民人等一體遵照規定賦額按期繳納毋得延誤爲要此布

中華民國三十二年三月　日

市長　周學昌

財政局局長　譚友仲

南京特別市政府公告　字第　號

案據業戶周業勤呈報坐落湖北路第一、三、五、七、九號房地產原領前土地局所發六字第一〇號所有權狀及六區四六三〇段分段圖各壹件因事變損失請予補給等情經飭據呈繳聲明圖狀遺失報紙暨鄰商兩保前來茲依照土地法第一百四十條第二款之規定揭示公告自公告之日起對於該項遺失圖狀如有因權利關係聲明異議者須於三個月內提出理由書暨證明文件呈候核辦一經公告期滿無人異議卽予依法補給圖狀管業合行公告週知

計開

聲請人姓名及籍貫住所

土地坐落及四至面積

申報地價

定着物情形

共有權人

他項權利人

公告日期
公告期滿日期

中華民國三十二年三月　日

市長周學昌
地政局局長胡政

南京特別市政府公告 字第　號

案據市民宗必旺呈報受抵金起祿所有七家灣第五六號房地產業已贖回惟原領前土地局所發他五字第八九號他項權證明書壹件因事變遺失請予撤銷等情經飭據呈繳聲明他項權利證明書遺失報紙暨鄰商兩保前來茲依照土地法第一百四十條第二款之規定揭示公告自公告之日起對於該項遺失證件如有因權利關係聲明異議者須於三個月內提出理由書暨證明文件呈候核辦一經公布期滿無人異議卽予依法撤銷抵押登記合行公告週知

中華民國三十二年三月　日

市長周學昌
地政局局長胡政

南京特別市政府公告 字第　號

案查本市原第七區一〇五〇段房地產前因業戶俞毓珊逾期登記業經前地政局予以假定公告在案茲據該民提出證件聲請補行登記經審查尚無不合茲依照本市土地登記暫行規則第十五條之規定揭示公告自公告之日起對於該項房地產如有因權利上關係聲明異議者須於三個月內提出理由書及證明文件呈候核辦一經公告期滿未據異議卽予依法登記發給圖狀執業合行公告週知

計開

聲請人　姓名　住址
坐落　第　區　段　第　號
種類及面積　地　畝　分　厘　毫　絲

四至　東至　西至　南至　北至

定着物情形

申報地價

申報定着物現值

共有權人

他項權利人

公告日期

公告期滿日期

中華民國三十二年三月　日

市長周學昌

地政局局長胡政

南京特別市政府批　府衛字第　號

廣生大藥房齊福緣

呈乙件爲聲敘事實懇求體恤商艱賜予啓封復業以安營生仰祈鑒核施行由

呈件均悉按照中央取締成藥條例在未發給檢驗許可證以前不得擅自發售且查愛力多一藥確係有害春藥應絕對禁止販賣至侮辱公務人員及違抗功令一節事實俱在萬難砌詞飾聽當俟警署傳該商到案依法辦理所請啓封礙難照准

此批件發還

中華民國三十二年三月　日

市長周學昌

法規

南京特別市政府所屬各機關購辦物品材料辦法

第一條　南京特別市政府爲使所屬各機關對於購辦物品材料有所遵循起見訂定本辦法

第二條　本府所屬各機關動支經常事業費或臨時事業費在壹千元以上者應將具事業費統計表簽請市長核准交由祕書處方得請款

第三條　各機關動用事業費購辦物品材料時應先行請示後再行估價呈核遇必要時得由市長指派重要人員會同辦理之

第四條　凡動支工程建築經費時須連同圖則帳單以及招商投標辦法施工細則一併送由祕書處轉請市長指派專門人員會同審查後核定行之

第五條　凡呈經核定應購之物品材料到達本府或完成之工程建築應由主辦機關附具全卷呈請市長派員驗收無誤後方得動用

第六條　各機關對於購置物品材料之移動或消耗應按月列表呈報市長核閱

第七條　本辦法如有未盡善處得隨時呈准修正之

第八條　本辦法自公布日施行

公牘

南京特別市政府呈 字第 號

案奉

鈞院行字第一〇〇〇九號指令本府呈一件為據工務局呈為修建文德橋工程溢支費用請在該局三十一年上半年度經費節餘項下動支造具概算書呈請鑒核示遵等情檢呈概算書仰祈鑒核指令祇遵由內開：

「呈件均悉據稱工務局修建文德橋工料費透支肆千陸百零五元玖角貳分請在該局三十一年上半年度經費節餘項下動支等情核尚可行應准照辦仰即轉飭遵照並逕咨審計部備案仍候令行財政部知照惟所餘文德橋舊鉄欄杆等件應飭該局妥為保管並將實在數量分量質料及現値數目等詳細列表呈報以憑查核合併飭遵此令

等因奉此除令飭工務局遵照並將該橋鉄欄杆妥愼保管繕製詳表具報非經核准不得動用及咨請審計部備案外理合檢同文德橋舊鉄欄杆用剩數量質料現値數目表備文呈送仰祈

鑒核備查

謹呈

行政院院長汪

附呈文德橋舊鉄欄杆用剩數量表乙份（略）

南京特別市市長周學昌

中華民國三十二年三月　日

南京特別市政府咨 府財字第 號

案據南京市公典董事會呈稱：

「查一般當典慣例規定六個月為一期是以事變前本市公濟通濟等典滿當期限均定為十八個月迨至事變後各地當

典因限於資本大都改定為六個月滿期惟本典滿當期限規定為八個月不特時期較長影響資金週轉抑且迭次出售滿當衣貨類多不合時令售價無形減低茲為使資金運用圓滑暨提高滿貨售價起見擬將滿當期限縮短改定為六個月如當戶在此期內無資贖取仍可上利換票對於救濟原旨似亦無甚悖謬爰經潘經理哲人提出第五次董監聯席會議決議照案通過紀錄在卷檢同會議紀錄呈請鑒賜俯准將本典章程第三章第八條條文予以修正並祈轉咨　實業部備案實為公便」等情據此核尚可行除指令准予修正外相應抄同該典修正章程一份隨咨送請

貴部查照賜予備案幷希

見復為荷

此咨

實業部

附抄送南京市公典修正章程一份(略)

市長周學昌

中華民國三十二年三月　日

南京特別市政府咨　府工字第　號

案據工務局呈稱查修建文德橋工程經費按照原定預算為壹萬陸千捌百另陸元五角九分旋以變更計劃溢支經費肆千陸百另五元九角二分請在本局三十一年上半年度經常費節餘項下動支呈請鑒核轉呈等情當經據情轉呈

行政院業奉　指令照准在案事關動支節餘相應咨請

查照備案為荷

此咨

審計部

市長周學昌

中華民國三十二年三月　日

南京特別市政府咨　字第　號

案准

貴部第二一號咨開：

「查關於土地登記工作旬報表歷經貴市政府飭局按月分上中下三旬填報咨送本部備查在案茲以原定填報表不甚適用經將表式加以修改除分咨外相應檢同新訂辦理土地登記工作旬報表式一份咨請查照於本年三月份起照式填送俾便查考爲荷」

等由計附辦理土地登記工作旬報表式一份准此茲將辦理三月份上旬土地登記工作旬報表依式填就相應咨復即希

查照爲荷

此咨

內政部

計附辦理土地登記工作三月份上旬旬報表乙份

中華民國三十二年三月　日

市長周學昌

南京特別市政府辦理土地登記工作三月份上旬旬報表　中華民國三十二年

事項＼日期	1	2	3	4	5	6	7 星期	8	9	10	合計件數	總計件數
接收各種土地登記聲請書	3	4	4	4	1			4	3	4	27	27
土地所有權登記			1	1				1			3	3
土地所有權 移轉登記	2	4	3	3				1	3	1	17	
土地所有權 變更登記												
土地所有權 建築登記								1	3	4		

類別	項目	1	2	3	4	5	6	7	8	9	10	11	合計
權以外權利登記	合併登記												26
	增減登記												
	土地征收登記					1					1		
	更正登記												
	塗銷登記	1		1					1	1		4	
他項權利登記	地上權登記												
	永佃權登記												
	地租權登記												
	典權登記												
	抵押權登記								1			1	
	共有權登記												
發給各權土地權利證明書狀	土地所有權狀	3		1	3				2	1	3	13	24
	係指官契稅單土地執照暨藍圖等件			4	1	1					1	7	
	核准補發遺失之權利書狀			1	1				1		1	4	
	查驗證		—										

備考

（一）塗銷登記係由業戶具呈申請故第一欄內未予列入

（二）共有權登記係於業戶申請權利登記時一併附入故無單獨之聲請關於共有權人之權利保障並給共有人保持證

（三）本旬內查驗證建築圖無發件合併聲明

說明

一、接收各種土地登記聲請書一項係包括土地所有權登記以外其他一切權利登記之聲請書而言

二、除表列各項登記權利及各種證明書狀外其他登記權利及證件之有件數可作統計者得由主管地政機關按其事項分別種類增列填報

南京特別市政府公函 府財字第　號

案據南京市公典董事會呈稱：

「查春季天氣漸暖一般貧民大率將冬令禦寒衣服質取現款以應急需是以每日當多贖少爲春季當典營業上普遍之現象若不增資本不足以資應付惟查本典資金連同向市銀行透支之流動資金合計僅壹百十餘萬元現存股本亦達壹百十餘萬元因此每日當本端賴收入贖取之款實無餘資可以增加茲爲救濟貧民旣維持營業起見擬向中央儲備銀行商借信用透支五十萬元應付春當業由潘經理哲人提經第五次董監聯席會議決議呈請市政府轉向中央儲備銀行商借等語紀錄在卷理合檢同會議紀錄呈請鑒賜俯准轉向中央儲備銀行商借信用透支五十萬元俾維營業而資救濟實爲公便」等情據查該典董事會所稱尙屬實情事關應付春當救濟貧民相應函請貴行查照俯准其信用透支五十萬元俾資周轉幷希見復以憑飭遵爲荷

此致

中央儲備銀行

中華民國三十二年三月　日　市長周學昌

南京特別市政府公函 府衛字第　號

案准

貴署政二字第四四一號公函略以變更運糞辦法並檢同設置小便池地點表等件囑查照分別辦理等因准此自應照辦除分別令飭切實遵辦外至於各街巷之積穢垃圾應仍請

貴署令飭各區清潔分隊切實整理以維潔政准函前因相應函復卽希

查照辦理爲荷

此致

首都警察總監署

中華民國三十二年三月　日　市長周學昌

統計

三十一年度地政局地政收入統計表

月別	合計	契稅	建築請文費	買賣請文費	測繪費	手續費	圖則費	登記費	市有地價	放領旗地價	執照費	契稅罰金
總計	993465.67	680119.43	62.00	1102.00	2184.00	13421.15	350.00	15078.46	240440.91	6745.43	7.00	33955.29
一月	20508.95	11306.58	—	—	47.00	582.60	—	255.81	8316.96	—	—	—
二月	25416.95	24293.98	—	34.00	66.00	423.80	6.00	601.17	—	—	2.00	—
三月	26343.71	2463.93	—	92.00	11.00	644.60	2.00	655.67	50.12	—	—	257.39
四月	52002.05	4501279	—	—	114.00	1668.15	6.00	2020.37	3180.74	—	—	—
五月	65680.81	61067.88	—	—	213.00	1079.90	4.00	891.33	320.31	1676.73	—	427.67
六月	36275.71	33250.79	4.00	130.00	17.00	1040.00	12.00	1097.80	586.71	—	—	137.41
七月	37431.33	31218.49	38.00	174.00	—	2635.19	38.00	991.62	986.59	1173.85	—	175.59
八月	54409.74	50467.77	20.00	362.00	—	1212.71	10.00	855.03	776.53	270.04	—	435.67
九月	260583.99	47735.68	—	280.00	—	814.90	—	941.13	208051.60	—	—	2760.68

十月	85235.91	70932.91	——	——	486.00	1009.00	52.00	3855.11	1899.67	1771.87	5.00	5233.75
十一月	77548.87	71563.67	——	30.00	340.00	849.80	10.00	833.39	532.08	——	——	3379.93
十二月	252027.65	208637.96	——	——	900.00	1459.90	210.00	2080.03	15739.62	1852.94	——	21147.20

資料根据地政局報告

祕書處第二科統計股製

三十一年度地政局土地買賣案件統計表

月別	買賣件數	面(畝)積	金(元)額
總計	962	525.415	9.560.684.84
一月	45	12.2614	188.443.00
二月	48	24.0076	404.899.67
三月	70	36.9386	410.051.55
四月	107	52.1069	750.213.14
五月	119	73.5024	1.017.797.82
六月	76	42.5985	554.179.82
七月	81	24.7168	520.308.17
八月	97	61.2200	841.129.50

九月	68	23,1083	195,594,70
十月	59	37,9290	1,182,215,17
十一月	47	33,8972	11,817,97
十二月	145	103,1283	3,484,034,33

資料根据地政局報告

秘書處第二科統計股製

三十一年度地政局土地登記統計表

項別		合計	一月	二月	三月	四月	五月	六月	七月	八月	九月	十月	十一月	十二月
總計	聲請	211	12	9	12	30	18	24	15	22	8	27	13	21
	核准	334	9	10	9	28	26	86	27	35	24	37	21	22
所有權	聲請	130	8	6	8	19	9	17	8	10	5	22	8	10
	核准	287	9	9	9	23	22	80	23	31	17	26	18	20
他類權	聲請	81	4	3	4	11	9	7	7	12	3	5	5	11
	核准	47	—	1	—	5	4	6	4	4	7	11	3	2

資料根据地政局報告

秘書處第二科統計股製

附錄

南京特別市田地評價委員會會議紀錄

開會日期　三十二年三月二日下午二時
開會地點　市政府大禮堂
主　席　周市長　譚局長代
出席者　譚友仲　劉文燮　袁慶安　翁竹軒　董天球　聞春䶮　楊廣才　徐長喜　王德銘　曹自斌　胡萬億　巫開福　程廣榮　馬福祥　蕭石樓　周起鈞　李伯根　謝海濤　許允公　余濟民　夏道生　祝萬年　劉光國　錢耀良
紀　錄　祝萬年　馬士福
開會如儀
甲　報告事項
主席報告
乙　討論事項
一　主席交議　爲遵照中央規定擬定本市田地價格以爲征收田賦標準請公決案
（決議）修正通過由財政局呈報　市政府核定
修正要點
1. 本市田地價格分爲上中下三等不另分則
2. 以本市田地原列一等上中下三則者概列爲上等原列二等上中下三則者概列爲中等原列三等上中下三則者概列爲下等
3. 上等田地價格每畝國幣壹千伍百元中等田地價格每畝國幣壹千元下等田地價格每畝國幣柒百元

二　蕭委員石樓提議　爲未經開墾之蘆灘有特殊情形者擬請將該項地價另行核定請公決案

（決議）1. 未經開墾之蘆灘由業主呈報市政府財政局派員查勘另行核定

2. 原有蘆灘如已墾熟能種糧食者依照規定另行升科

散　會　下午六時

鞏固都市空防

防空委員會副委員長周學昌

諸位聽衆：

這次防空宣傳週的重要目的是在喚起民衆對防空工作的澈底認識，民衆對防空的重要性有了認識，自然能自動的傾全力來從事防空的工作。今天本人的講題是「鞏固都市空防」，就是談談有關鞏固防空的當前防空建設的重要性及防空教育如何普遍的實施，尤其是首都民衆對於防空建設工作應作如何的協力，對於防空教育如何的推動，目的是在鞏固我們大都市的空防。

一般說鞏固空防就是鞏固國防，這個道理很容易明瞭，因爲現代的戰爭是立體的戰爭，我們的防衛也就是立體的防衛，所謂立體的戰爭就是說不只是在陸地上以戰車部隊作戰，也不僅是在海洋上以砲艦轟擊，同時在海底有潛水艇的活躍，在天空更有飛機的爆炸。既然戰爭是立體的戰爭，我們的防衛也必須要有立體的防衛。在立體戰爭中以空戰效果最大，作戰力最強，所以我們的立體防衛中也要以空防最爲重要，如果沒有空防，就無疑是在天空爲敵人開闢了門戶，國防的意義也就失掉了。

自國府參戰以來，我國已正式步入戰時體制，在大東亞戰爭中我們分担了戰爭的工作，同時也就分担了防衛的責任，防衛本來就是戰爭的一部分，所以說我們從事防衛工作也就是分担了戰爭的責任。

前面講過，空防是防衛工作中最重要的一部份，我們再來檢討檢討如何鞏固空防這個問題。

防空的工作可以分爲積極防空與消極防空兩種，積極防空又稱爲軍事防空，就是以空軍的力量來鞏固空防，如果敵機來襲時，空軍迎頭擊上去，把敵人的戰鬥力消滅，或是驅逐敵機出境，以保衛了空中的安全。消極防空又名民衆防空，就是訓練民衆，使具有防空的常識，具有防空的準備，一旦敵機來襲時，因民間防空設備的週密，使敵機失迷了襲擊爆炸的目標和方向，這時再配合上積極的防空的力量，可以將空中的防衛鞏固起來，人民的生命財產保障起來。

無論積極防空的準備是怎樣充實，如果沒有消極防空的輔助，依然是不免要遭受空襲的危險的，所以現在世界各國，無論他們的空軍力量是怎樣雄厚，也非常注重民衆的組織與訓練，使消極防空的力量充實起來。比如在友邦日本，全國各地都有很完密的防空設備，每一家店舖住宅以及每一間旅館的房間，都準備着極妥當的防空用具。現在看看我國的防空設備，可以說遠不及日本，原因不外是民衆對於防空的重要性和方法都缺乏認識，所以說我們要鞏固空防，必須要從民衆教育上着手不可。

這次的演講把「防空建設」和「防空教育」連在一起來談，也就是說，如果忽略了防空教育，也就談不到防空建設。

所謂防空建設是要把有關防空的一切設施建設起來，第一個要建設的是防空的組織，在首都的防空團體有首都警防團，這個組織是政府和民衆合作來組成的，指導的雖是政府，但實際工作的還是民衆，因爲只靠政府而沒有民衆的協力是不夠的，何況我們所要保衛的是大家生命財產。所以民衆對于防空工作確是佔着最重要地位的，政府自然也要盡其切實指導的責任。

警防團所担任的工作是警報，燈火管制，消防，消毒，救護，配給，工事等等，首都的警防團是具有這些工作分配的。全國各大都市也都有警防團類似的防空的團體，但是我們還力求把這樣的組織普遍於全國的每一個縣，每一個村鎮，也就是把防空工作充分的準備起來，把防空的教育普及起來。

第二個要建設的是防空的設備，所謂防空的設備包括着軍事上的設備如高射砲，探照燈，聽音器等，民間的設備如防空燈罩，窗簾，防火砂土和水等。關於軍事上的設備在首都自有完密的準備，我們現在來談談防空的設備。

中國民衆的一般缺點是不肯認眞，比如說防火用砂多數以整塊的黏土來代替，防空黑布窗簾用黑色墨塗在玻璃上來代替，這些設備都不合乎防空設備的要求。我們爲澈底完成民間防空設備計，希望民衆對于自已的防空設備澈底檢討，把臨時性的設備改成永久性的設備，既免得臨時防空警報發出時的措手不及，又可以免去了屢次準備時經濟上靡費。

第三個要建設的防空的力量上建設，所謂力量就是指着防空的効果而言，如果只有防空的設備，而缺乏切實的訓練和練習的話，力量就不能發揮，如果不能有全面性普遍的，在防空的時間有少數的民衆的準備不合要求，依然破壞了整個防空的効果。要避免這些缺點，必須平日有完密的組織與切實的訓練，民衆要忠實的服從當局的指導，切實的實行，絕不能敷衍了事或是模糊從事，大家既愛護自己的生命財產，就應該澈底地分担起防空的責任。

第四個要建設的是防空工業上的建設，所謂防空工業包括了重工業如高射砲，探照燈等，輕工業如民間一切防空設備，化學工業如防火藥品，救護，消毒藥品等。這些工業隨着當前防空事業的積極化也要積極的建設起來。

有了以上防空的組織；防空的設備，防空力量，防空工業種種的建設，就可以把都市的防空鞏固起來。此外。我們應該特別注意的防空教育的實施，防空教育的重要性在前面雖然已經談過，但是我們鑑於這問題的重要，關係防空力量的發揮，所以特別再來把他再講述一下。

防空教育包括着民衆教育與學校教育兩方面，民衆教育方面，應由警防團澈底負起責任來，一方面在平時要以宣傳的形式把防空的常識隨時指導民衆，同時利用警防團的細胞組織起來實際的對每戶居民予以指導，以防不識字的民衆不能接受宣傳，這個工作，每個保甲長都要澈底予以協力。

在防空演習的時間，担任防空工作的人員，要切實的檢查民間防空的成績，對於不合乎防空要求的居民，要予以糾正與指導。同時一般民衆不只要把自己的防空工作切實實施，如果發現你的鄰居的防空工作有缺點時，也要把防空的常識告訴他們，使他們迅速的把缺點改正過來，這樣大家發揮互助和團結的精神才是防空的根本要求。

學校的防空教育，要教師們對同學隨時灌輸其防空常識，並能隨時予以演習，使學生們具備防空的一切常識，他們不但在學校裏担負防空的工作，同時回到家庭也可以担任家庭防空的工作，並能指導一般缺乏常識的鄰人。

學校的防空教育，還要鼓勵學生對防空工作研究的興趣，勞作方面可以教授學生製作防空工具，體育方面可以救護工作的實習，理化衞生的科目可以研究救護學和救護，防火，消毒的化學衞生常識，這樣就是實施以防空教育爲中心教學。

總之，我們爲鞏固大都市的防空，必須從防空建設上及防空教育上着想，一方面把防空的一切設備切實準備起來，一方面更要組織民衆，指導民衆，實施防空教育，使全體民衆不只瞭解防空的重要，更不只具備了防空的常識，同時更要時常的演習，澈底的實行，以發揮防空的力量。防空的要義是爲了保障大衆的生命財產的安全，這個工作，須要全體民衆緊密協力，澈底合作，才能把我們大都市的防空鞏固起來。

市政公報暫定價目表

期數	價目	郵費
零售	每冊五角	本埠四分 外埠八分
半年	十二冊六元	本埠四角八分 外埠九角六分
全年	二十四冊十二元	本埠九角六分 外埠一元九角二分

市政公報廣告刊例

頁數	價目
一頁	每期十八元
半頁	每期九元
四分之一頁	每期四元五角

刊登廣告在四期以上者每期按照七折計算連續十期以上者每期按照六折計算長期另議

出版日期　本公報暫定每月二次

編輯者　南京特別市政府祕書處

發行者　南京特別市政府祕書處

印刷者　南京國華印書館

地址：中山東路臚政牌樓

電話：二二一六五

中華郵政掛號認爲第一類新聞紙類　江蘇郵政管理局執照第一〇四三號

中華民國三十二年三月三十一日

市政公報

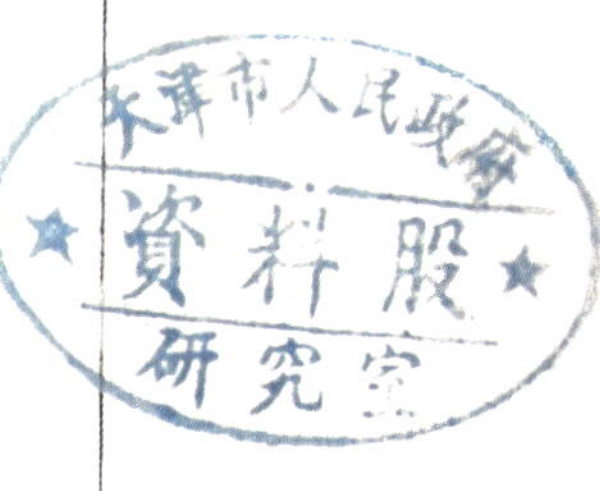

第一一六期

南京特別市政府秘書處印行

目錄

命令

法規

公牘

統計

行政院訓令

三十二年三月廿九日

行政院政字第六九二號訓令

奉 國府令為將湖北省沔陽縣劃分沔南沔北兩縣一案令仰知照由

三十二年三月廿九日

行政院政字第六九〇號訓令

准文官處函奉 國府令福建廈門市改為廈門特別市特任李思賢為廈門特別市市長一案令仰該府知照由

行政院指令 院字第一〇五號

令南京特別市政府

三十二年三月十六日呈一件，為呈送修正本府保甲委員會組織規程正本請鑒核備案由

呈件均悉，准予備案。

此令。附件存。

院　長　汪兆銘

代理院務副院長　周佛海

中華民國三十二年三月二十三日

命令

南京特別市政府訓令 秘字第　號

令林大中

案准

行政院祕書處處字第三九四號公函開：

「案查本院第一四九次會議任免事項第五案院長提議南京特別市政府周市長呈請任命林大中爲該府經濟局局長一案業經本院先行呈請國府任命請追認案決議通過追認等由紀錄在卷相應錄案函請查照飭知」

等由准此合行令仰該員知照此令

中華民國三十二年二月　日

市長周學昌

南京特別市政府訓令 字第　號

令姜文賓

案奉

行政院政字第五五九號訓令開：

「准文官處文字第四一二號公函開奉　國民政府三十二年二月二十七日令開任命姜文賓爲南京特別市政府社會福利局局長此令等因除由府另頒簡任狀外相應錄令函達請煩查照飭知等由准此合行令仰該府查照飭知」

等因奉此合行令仰該員知照此令

中華民國三十二年三月　日

市長周學昌

南京特別市政府訓令 字第 號

令各局處區 除經濟局福利局公糶會

案查本府社會局奉 令裁撤所有該局管理之遊民習藝所庇寒所事宜應即劃歸社會福利局管理第一倉庫應即劃歸公糶委員會管理度量衡檢定所應即劃歸經濟局管理以清事權除分別令飭遵照辦理並分行外合行令仰該□知照此令

中華民國三十二年三月 日

市長周學昌

南京特別市政府訓令 字第 號

令第五區公所 安德門區公所

查該區熱河路一六二號永成蛋行雨花路一八二號盛昌蛋行前因違反取締私抬物價暫行條例經本市取締私抬物價裁定委員會裁定該商應處罰鍰業已送達裁定書並限於文到十日內呈繳罰鍰如逾期不繳即行吊銷營業許可證停止營業在案茲已逾限多日尚未遵繳殊屬刁玩自應追繳罰鍰並由該區按照該商店牌號地址限於文到三日派員會同本府指派執行職員及該管警察局按址前往將該商原領營業許可證吊銷來府並將附發佈告及封條實貼門首禁止其營業除函請首都警察總監署飭屬協助外仰即遵照辦理萬勿延誤切切

此令

中華民國三十二年三月 日

市長周學昌

南京特別市政府訓令 府財字第 號

令南京市銀行

案准

財政部錢二字第零五五號咨開

「案准貴市政府財字第八三號咨略開據南京市銀行呈稱查金融機關呈請驗資註册依照部章應將所收資本儲存所在地中央銀行或其代理處取具證明書呈部核准本行既屬地方政府舉辦所有信託部代收股款代理註册業務亦均依法經營請轉咨財政部凡本行信託部所承受金融機關委託代收股款者在驗資時得由信託部出具存款證明書如係一併代理註册者得由該信託部備具存款證明書逕呈財政部核准驗資註册并參照銀行註册章程第三條所規定免具保結等情咨請査核見復等由查該南京市銀行既係貴市政府設立並經本部註册有案原呈所請各節尚屬可行相應咨復查照飭遵爲荷」

等由准查此案前據該行呈請到府當經據情轉咨財政部核辦并指令各在案茲准前由合行令仰知照！

此令。

中華民國三十二年三月　日　市長周學昌

南京特別市政府訓令　府財字第　號

令南京特別市銀行業同業公會

案准

實業財政部實農錢貳字第二一三六九號咨開：

「案准貴市政府財字第七三號咨以據南京特別市銀行業同業公會呈報組織南京特別市銀錢業農本貸款委員會繕具組織章程請迅賜轉咨備案檢同原章程一份咨請核復等由並附件到部准此茲經會同審核除原章程第二條內『繳存于南京市銀行』下應增列『必要時幷得按比例增撥之』又第五條內『已設有農業改進區之地方』一語應予删除以利擴展外其餘大致尚無不合相應咨復卽希查照轉飭遵辦爲荷」

等由准查民案前據該會繕具農本貸款委員會組織章程呈請轉咨備案當經照辦在案茲准前由合行令仰遵辦！

此令。

中華民國三十二年三月　日　市長周學昌

南京特別市政府訓令 府財字第　號

令南京市銀行董事會

案准

財政部錢二字第零柒零號咨開：

「案准貴市政府財字第九八號咨開：案據南京市銀行董事會呈稱據錢經理編具三十一年度下期決算報告書呈請審核查該項決算報告書尚屬正確理合檢同決算報告書備文賫呈鑒核轉咨財政部備查等情相應檢同該行三十一年度下期決算報告書一份隨文咨請賜予備查爲荷等由附送南京市銀行三十一年度下期決算報告書一份准此查核該南京市銀行所送該行及信托部決算報告書大致尚無不合惟（一）依照二十九年八月二十九日國府公布之省市銀行暫行條例第十九條所規定尚應造具財產目錄及公積金及股息紅利分派之議案應請轉飭補送查核（二）原送營業報告表及資產負債表內列有市公典資金貳拾萬元查南京市銀行資本係壹百萬元除撥五拾萬元作爲信託部資本外祇有伍拾萬元如再撥貳拾萬元經營市公典僅餘叁拾萬元經營銀行業務自嫌不敷營運且與上項暫行條例第十三條『省市銀行不得爲商店或他銀行他公司之股東』之規定不合應請另籌資金經營市公典幷轉飭該行收回所撥該公典資金以符規定相應咨復即希查照辦理並盼見復爲荷」

等由准此查此案前據該會檢送南京市銀行三十一年度下期決算報告書呈請轉咨財政部備查當經照辦幷指令各在案茲准前由合行令仰該會轉飭遵辦具報以憑核轉！

此令。

中華民國三十二年三月　日

市長　周學昌

南京特別市政府佈告 字第　號

案查本市違反取締私抬物價暫行條例商號攤販業經送請取締私抬物價裁定委員會依法裁定各處罰鍰並由本府分別送達裁定書限期呈繳罰鍰在案茲查有熱河路一六二號永成、一八二號盛昌蛋行已逾限多日迄未遵繳前來顯係有意抗違自應依法執行除仍嚴

限追繳外幷依照原裁定書吊銷其營業許可證勒令停業以儆刁玩

此佈

中華民國三十二年三月　日　市長周學昌

南京特別市政府公告　字第　號

案據業戶康湇桂呈報坐落石鐘路地產原領前土地局所發六字第一九〇五號所有權狀及六區四二〇六(一二六九)段分段圖各壹件因遺失請予補給等情查該產於滿州國大使館徵收範圍以內經飭據呈繳聲明圖狀遺失報紙暨鄰商兩保前來茲依照土地法第一百四十條第二款之規定揭示公告自公告之日起對於該項遺失圖狀如有因權利關係聲明異議者須於三個月內提出理由書暨證明文件呈候核辦一經公告期滿無人異議卽予依法徵收合行公告週知

中華民國三十二年三月　日　市長周學昌　地政局局長胡政

南京特別市政府公告　字第　號

案據業戶中國銀行南京分行呈報坐落建康路第二〇三號前中央銀行南京分行房地產原領前地政局所發三字第三一八九號所有權狀及三區六七六段分段圖各壹件遺失現奉部令撥用請予變更戶名補給等情經飭據呈繳聲明圖狀遺失報紙前來茲依照土地法第一百四十條第二款之規定揭示公告自公告之日起對於該項遺失圖狀如有因權利關係聲明異議者須於三個月內提出理由書暨證明文件呈候核辦一經公告期滿無人異議卽予該行變登記依法補給圖狀管業合行公告週知

中華民國三十二年三月　日　市長周學昌　地政局局長胡政

南京特別市政府批 字第　號

具呈人葛亮疇

社會局案呈呈一件爲呈報開設南京商業公典請核發營業許可證由

呈件均悉：仰補具該典條規一式兩份詳列營業期限股本總數及每股數目收當物品種類及每月利息手續費暨贖取期限等項補呈來府以憑核辦登記費及附件暫存

此批

中華民國三十二年三月　日

市長周學昌

法規

修正南京特別市政府保甲委員會組織規程

三十二年三月二十三日奉行政院令准備案

第一條 南京特別市政府保甲委員會(以下稱本會)依據南京特別市政府組織規程第八條之規定組織之

第二條 本會隸屬於南京特別市政府掌理全市自治保甲督導推進及有關保甲之行政事宜

第三條 本會設主任委員一人秉承 市長之命綜理一切會務副主任委員一人委員三人至五人輔助主任委員處理一切會務

第四條 本會設祕書一人至二人秉承主任委員之命處理左列事務

一、關於本會機要及典守印信事項

二、關於撰擬及核閱文稿事項

三、關於主任委員交辦事項

第五條 本會分設三科每科設科長一人承長官之命處理各該科一切事宜

第六條 第一科之職掌如左

一、關於文書之撰擬事項

二、關於文件之收發事項

三、關於案卷之保管整理事項

四、關於各種會議之紀錄事項

五、關於人事之掌理事項

六、關於會計出納及庶務事項

第七條 第二科之職掌如左

一、關於自治區域之規劃事項
二、關於保甲行政人員之訓練事項
三、關於保甲之編組及督導事項
四、關於保甲人員之考核奬懲及撫卹事項

第八條　第三科之職掌如左
一、關於宣傳事項
二、關於調查統計及編纂事項
三、關於公安戶籍事項
四、關於保甲會議之督導推進事項
五、關於研究企劃事項

第九條　本會各科得分股辦事每股主任科員一人委任

第十條　本會設科員辦事員各若干人均委任承長官之命分掌各科事務

第十一條　本會設保甲督導員若干人委任

第十二條　本會因事務上之必要得酌用雇員

第十三條　本會委員會議規則及各項辦事細則另定之

第十四條　本規程呈請　行政院核准施行之

公牘

南京特別市政府呈　字第　號

案奉

鈞院政字第五三〇號訓令以據本京市民樊家鎭等呈爲南京復興路菜場兩旁租戶前蒙蔡前市長允予拆讓條件有四抄呈證據具文請願合行抄檢原呈附件令仰該市府查核辦理飭遵具報等因奉此自應遵辦惟查此案於二月內更據該棚戶代表人王棟臣等訴願到府同前情查核訴願各情均屬牽強附會本府爲體卹棚戶商起見依據訴願法第八條之規定於二月廿七日召集該代表人王棟臣等及市商會代表人端木申卿談話當經決定以復興路菜場南首爲棚戶等營業之所其應繳資本及行租均以九折繳納已較普通租戶爲優待並經雙方代表均無異議卽經分別飭遵在案至訴願案情旣多附會牽強自應依法駁回訴願卽於本月三日將決定書分送該代表人王棟臣等及被訴願官署財政局遵照（決定書附呈）不意該棚戶商復推代表樊家鎭等向鈞院請願足見彼等意見紛岐莫衷一是再細察該棚戶等之目的無非欲商會方面承認其有租賃近街鋪面營業權利查蔡前市長諭知內有「但須遵照財政局當年三月間第六三一號通知限於當年本月內訴讓諭期卽將此項權利取銷」之文字該棚戶等旣未細察事實仍抱遷延拆讓之目的卷查該棚戶等解除租約已有年餘其延宕拆讓藉詞違限與法亦有未合且商會方面訂有租賃契約曾要求於三十一年十二月底拆讓以便興工建築本府一再體恤該棚戶等予以展延至本年一月底拆讓幷經布告週知在案關於商場登記鋪位簡則市商會於本年三月五日呈送到府卽經予以修正其所指收取資本認爲化名保證金一節性質微有不同按保證金旣無紅利享受又無股東名義其間大有區別似未能與保證金比擬該棚戶等旣知拆讓條件與契約行爲有同一效力迺祇知權利而不顧義務純係自行違背條件何得謂爲他人抹煞事實猶更妄引法理冀圖再事阻滯商場建築爲得計足見彼等用心如斯似未能再事姑息本府卽於本月十一日開始執行拆讓奉令前因理合檢同前項決定書及修正復興路商場登記鋪位簡則談話紀錄各一份具文呈復是否有當仰祈

鑒核祇遵

謹呈

行政院院長汪

附決定書一份及修正復興商場招商租賃舖位簡則暨談話紀錄各一份

市長周學昌

中華民國三十二年三月　日

南京特別市政府
首都警備司令部
首都警察總監署
首都憲兵司令部

會呈　字第　號

竊查本憲兵司令部前據密報距挹江門南約四里之定淮門城牆上有一鉅大孔洞內外可通難免奸宄暗中運私報請轉函該管官署派工修理以固城防等情又查本警備司令部接准軍事委員會衛士團團本部函以草場門附近城牆有一孔洞迄未堵塞城廂居民藉此作販私途逕恐為敵方探悉影響整個治安函請轉函該管官署派工修復以策安全等由均經轉函本市政府飭交工務局辦理去後旋據報稱草塲門與定淮門城根機關槍洞前經會同防衛司令部前往察勘幷已派工堵塞完畢惟查近來城牆孔洞之處迭有發現事關城防為一勞永逸起見擬請轉函憲兵司令部警備司令部警察總監署派員會同將京市城牆一次勘估以便通盤計劃呈請

行政院撥款興修以固城防等情當經本市政府分別函請派員會同工務局派員前往水西門漢中門草塲門清涼山漢西門中華門光華門及賽工橋等處察勘城牆損壞之處甚多若不急謀修葺不足以固城防所需修理費用經詳核估計需款貳拾萬玖千九百貳拾九元另五分擬請

鈞院令飭財政部迅行撥款以便興修而保治安所請是否可行理合繪具全城總平面圖修正城牆斷面圖及修理各處城牆預算書會同具文呈請

鑒核仰祈

指令祇遵謹呈

行政院院長汪

附呈全城總平面圖修理城牆斷面圖修理各處城牆預算書各一份（略）

首都憲兵司令申振綱
首都警備司令李謳一
首都警察總監鄧祖禹
南京特別市市長周學昌

中華民國三十二年三月　日

南京特別市政府咨　府財字第　號

案查前奉

行政院行字第八六五四號訓令略開

「現奉

國民政府第三八六號訓令開查非常時期各省市征收田賦暫行條例現經制定明令公布應即通飭施行令院飭屬知照等因除分行外合行令仰轉飭所屬一體知照」

等因暨抄發非常時期各省市征收田賦暫行條例一份奉此並准

貴部咨同前由遵經依照是項條例第三條及第八條之規定組織南京特別市田地評價委員會於本年三月二日召集該會各委員在本府開會按照現時田地價格分別評定當經議決如下(一)本市田地價格分為上中下三等不另分則(二)以本市田地原列一等上中下三則者概列為上等原列二等上中下三則者概列為中等原列三等上中下三則者概列為下等(三)上等田地價格每畝國幣壹千伍百元中等田地價格每畝國幣壹千元下等田地價格每畝國幣柒百元其未經開墾之蘆灘由各業主呈報本府派員查勘另行核定全體一致通過並依照各省市征收田賦暫行條例第五條之規定呈經本府核定在案除依據評定田地價格按照百分之一標準核定應征賦額轉飭田賦征收處自三十二年份起實施並分上下兩期征收及由府公告週知外相應列表咨請

查核轉呈

行政院備案為荷

此咨

財政部

附送南京特別市評定田地價格及應征賦額表一件

中華民國三十二年三月　日

市長周學昌

南京特別市評定田地價格及應征賦額表

田地等則	每畝價格	每畝應征賦額	備註
上等	一五〇〇元〇〇	一五元〇〇	自三十二年份起依照新規定實施其三十一年份以前積欠田賦仍照原科則征收
中等	一〇〇〇元〇〇	一〇元〇〇	
下等	七〇〇元〇〇	七元〇〇	

南京特別市政府咨　府衛字第　號

查本市近來發生流行性腦脊髓膜炎且有蔓延之勢是項傳染病對於學生集團尤易感染爲防止流行起見除飭令本市各學校嚴密預防外應請貴部轉飭各國立學校嚴密注意學生健康狀況如有是項傳染病發生速送傳染病院治療並迅即報告本府衛生局以便派員實施隔離消毒至學生平時亦應帶口罩以資預防校中並須預置百分之三氯酸鉀溶液以備學生喉鼻消毒之用事關防疫要政相應咨達請煩

貴部查照辦理爲荷

此咨

教育部

中華民國三十二年三月　日

市長周學昌

南京特別市政府咨　府衛字第　號

案据醫師胡鵬等三人牙醫師蔣少川等六人藥劑生林紀衡等三人助產士黃彼息護士石淑愼等十六人共二十九人申請登記領換證書前來經核與管理條例尙無不合相應繕具名册一份檢同各該員證件二十九宗證書費印花費二百八十二元備文咨請

貴部査核辦理並希

見復爲荷

此致

內政部

附領換證書名册一份證件二十九宗證書費印花費二百八十二元整（略）

市長周學昌

中華民國三十二年三月　日

南京特別市政府咨　字第　號

案查本市辦理土地登記工作旬報表業經送至三月份上旬在卷茲造具三月份中下兩旬前項工作旬報表各一份相應咨送

査照爲荷

此咨

內政部

計咨送本市土地工作三月份中下兩旬旬報表各一份

市長周學昌

南京特別市政府辦理土地登記工作三月份中旬旬報表 中華民國三十二年

日期／事項／件數	接收各種土地登記聲請書	土地所有權登記	土地所有權以外權利登記：移轉登記	變更登記	分割登記	征收登記	增減登記	土地種類變更登記	更正登記	塗銷登記	他項權利：地上權登記	永佃權登記	地役權登記	典權登記
11	3		3											
12														
13	5		5			1								
14														
15	7	1	5	1										
16	2	1												1
17	6		5											
18	2		2							1				
19	7		7											
20	5		5											
合計件數	37	2	32	1		1				1				1
總計件數	34	2	35（內塗銷登記無申請書）								1			

登記		發給各種土地權利證明書狀					備攷
抵押權登記	共有權登記	土地所有權狀	土地他項權證	官契稅單	建築用圖	查驗證	
		3		1	2	2	
		2		1			
		1					
		4	1			1	
		3					
					1		
		1		1	3		
		14	1	3	6	3	

說明

一、接收各種土地登記聲請書一項係包括土地所有權登記以外其他一切權利登記之聲請書而言

二、除表列各項登記權利及各種證明書狀外其他登記權利及證件之有件數可作統計者得由主管地政機關按其事項分別種類增列填報

南京特別市政府辦理土地登記工作三月份下旬旬報表

中華民國三十二年

事項 件數 日期	接收各種土地登記聲請書	土地所有權登記	土地所有權以外權利登記								他項權利			
			移轉登記	變更登記	分割登記	征收登記	增減登記	土地種類變更登記	更正登記	塗銷登記	地上權登記	永佃權登記	地役權登記	典權登記
21														
22	1		1											
23	2		2							2				
24	6		5	1						2				
25	3		3											
26	1		1											
27	5		1			4				4				
28														
29	3		2	1						3				
30														
31	3		3			4				2				
合計件數	24		18	2						13				
總計件數	24		3 7							（內塗銷登記無申請書）				

登記		發給各種土地權利證明書狀					備攷
抵押權登記	共有權登記	土地所有權狀	土地他項權證	官契稅單	建築用圖	查驗證	
		4					
				1			
		2			1	1	
		1	1				
		4		1			
		6	1			1	
		9				1	
		2					
		28	2	2	1	3	

說明

一、接收各種土地登記聲請書一項係包括土地所有權登記以外其他一切權利登記之聲請書而言

二、除表列各項登記權利及各種證明書狀外其他登記權利及證件之有件數可作統計者得由主管地政機關按其事項分別種類增列填報

南京特別市政府公函　字第　號

案准

貴部祕字第十八號漾代電開：

「查戰時物資移動取締暫行條例業經國府公布並定本月十六日實施依該條例第四條及附則規定除上海區域物資搬出搬入應依該條例第六條規定須經全國商業統制總會發給許可證外其餘未經該條例舉規定之物資由上海搬出搬入均可自由至內地和平區域各城市間物資移動除軍械彈藥違禁品及米穀外均可自由運輸各地方政府非得中央核准不得加以任何限制請在省市政府所在地即日布告商民一體週知並電飭所屬各縣市剋日布告實施至希見復為荷」

等由准此查本案前奉　行政院政字第五八七號訓令頒發戰時物資移動取締暫行條例暨附件下府遵經佈告幷通飭所屬知照各在案茲准前由相應函復查照為荷此致

實業部

市長周學昌

中華民國三十二年三月　日

南京特別市政府公函　府衛字第　號

案准防疫委員會開會議決自二十三日起舉行流行性腦脊髓膜炎檢疫先從一、二、區着手舉行檢查工作共組織八班每班規定技術員一人(由同仁會防疫處多摩部隊分別担任)護士二人(衛生局担任)憲兵一人(警備司令部担任)警士一人(警察總監署担任)等語紀錄在卷用特函請

貴部署屆時派遣憲兵警士八人前往指定地點協同工作至分配地點表一俟辦理就緒即行送達相應先行函請

查照辦理為荷　此致

警備司令部

警察總監署

市長周學昌

南京特別市政府公函 府衛字第　號

案查近來市內野犬橫行時有咬傷行人情事爲防止狂犬病傳播之危險保持民衆健康起見亟應加緊捕殺以策安全惟現在本市畜犬人民來府申請家犬登記後往往祇懸畜犬號牌而不套口罩設有不愼亦恐咬傷人民故嗣後家犬外出時務須依照本府修正管理畜犬及取締野犬暫行規則第五條第一款之規定應將畜犬號牌懸掛於頸項並須一律套口罩以防咬傷人民否則卽行視爲野犬予以捕殺除由本府衛生局函知各區淸潔分隊查照辦理外相應擬就會銜佈告正副稿一式兩份備函送達請煩查照判行擲還並請轉飭遵辦至級公誼

此致

首都警察總監署

計附近會銜佈告正副稿一式兩份（略）

市長周學昌

中華民國三十二年三月日

統計

南京特別市戶口統計表

三十二年二月份

區別	戶數	人口數						
		總計	男性			女性		
			合計	成人	兒童	合計	成人	兒童
總計	137724	667022	368118	282944	85174	298904	223519	75385
城區自治實驗區	13303	62125	33365	25229	8136	28760	20943	7817
第一區	22087	107553	57447	48975	8472	50106	41749	8357
第二區	22071	107768	58106	49162	8944	49662	40835	8827
第三區	17646	84359	47412	34915	12497	36947	26847	10100
第四區	17550	96795	54613	46995	7618	42182	35703	6479
第五區	9735	47612	28164	20936	7228	19448	13017	6431
鄉區自治實驗區	8355	41178	23243	14886	8357	17935	10982	6953
上新河區	12637	56064	30353	20618	9735	25711	16938	8773

孝陵衛區	5248	24549	13060	7305	5755	11489	6849	4620
安德門區	9092	39019	22355	13923	8432	16664	9636	7028

註：各外國僑民不在此內

資料根據各區公所報告

秘書處第三科統計股製

南京特別市戶口增減比較表

三十二年二月份

區別	戶減增數	人口增減數						
		總計	男性			女性		
			合計	成人	兒童	合計	成人	兒童
城區自治實驗區	－125	－516	－240	－204	－36	－276	－211	－65
第一區	＋61	＋190	＋86	＋24	＋62	＋104	＋32	＋72
第二區	＋148	＋116	＋53	＋27	＋26	＋63	＋30	＋33
第三區	＋15	＋63	＋33	＋19	＋14	＋30	＋13	＋17
第四區	＋91	＋542	＋357	＋273	＋84	＋185	＋122	＋63
第五區	＋28	＋109	＋63	＋38	＋25	＋46	＋25	＋21

鄉區自治實驗區	+ 6	+ 11	+ 15	+ 8	+ 7	— 4	— 10	+ 6
上新河區	+ 2	+ 41	+ 27	+ 11	+ 16	+ 14	+ 4	+ 10
孝陵衞區	+ 978	+ 4479	+2383	+1623	+ 760	+2096	+1281	+ 815
安德門區	+ 3	+ 30	+ 21	+ 14	+ 7	+ 9	+ 8	+ 1
總計	+ 1207	+ 5065	+2798	+1833	+ 965	+2267	+1294	+ 973

註：各外國僑民不在此內
有(十)符號者爲增加
有(一)符號者爲減少

資料根據各區公所報告
祕書處第三科統計股製

南京特別市戶口統計表

三十二年三月份

區別	戶數	人口數						
		總計	男性			女性		
			合計	成人	兒童	合計	成人	兒童
總計	138111	668285	368808	283449	85359	299477	223901	75576
城區自治實驗區	13383	62665	33644	25444	8200	79021	21138	7883
第一區	22110	107739	57543	49018	8525	50196	41785	8411

第二區	22115	107791	58113	49159	8954	49678	40837	8841
第三區	17679	84544	47515	35001	12514	37029	26917	16112
第四區	17575	96921	54705	47084	7621	42216	35734	6482
第五區	9874	47737	28232	20982	7250	19505	13060	6445
鄉區自治實驗區	8379	41215	23267	14895	8372	17948	10977	6971
上新河區	12622	55979	30310	20586	9724	25669	16909	8760
孝陵衞區	5269	24575	13069	7318	5751	11506	6876	4630
安德門區	9105	39119	22410	13962	8448	16709	9668	7041

註：各外國僑民不在此內

資料根據各區公所報告

祕書處第三科統計股製

南京特別市戶口增減比較表

三十二年三月份

區別	戶增減數	人口增減數						
		總計	男性			女性		
			合計	成人	兒童	合計	成人	兒童
總計	十 387	十 1263	十 690	十 505	十 185	十 573	十 382	十 191

城區自治實驗區	＋ 80	＋ 540	＋ 279	＋ 215	＋ 64	＋ 261	＋ 195	＋ 66
第一區	＋ 23	＋ 186	＋ 96	＋ 43	＋ 53	＋ 90	＋ 36	＋ 54
第二區	＋ 44	＋ 23	＋ 7	＋ 3	＋ 10	＋ 16	＋ 2	＋ 14
第三區	＋ 33	＋ 185	＋ 103	＋ 86	＋ 17	＋ 82	＋ 70	＋ 12
第四區	＋ 25	＋ 126	＋ 92	＋ 89	＋ 3	＋ 34	＋ 31	＋ 3
第五區	＋ 139	＋ 125	＋ 68	＋ 46	＋ 22	＋ 57	＋ 43	＋ 14
鄉區自治實驗區	＋ 24	＋ 37	＋ 24	＋ 9	＋ 15	＋ 13	— 5	＋ 18
上新河區	— 15	— 85	— 43	— 32	— 11	— 42	— 29	— 13
孝陵衛區	＋ 21	＋ 26	＋ 9	＋ 13	— 4	＋ 17	＋ 7	＋ 10
安德門區	＋ 13	＋ 100	＋ 55	＋ 39	＋ 16	＋ 45	＋ 32	＋ 13

註：各外國僑民不在此內
有(十)符號者爲增加
有(一)符號者爲減少

資料根據各區公所報告
秘書處第三科統計股製

南京市別市民衆圖書館概況表　三十一年度

月別	經費數（元）	職員數	圖書册數	閱覽人數

一月	1305.00	8	15984	6074
二月	1649.00	8	19377	4563
三月	1649.00	8	17054	4462
四月	1649.00	8	18241	5509
五月	1649.00	8	18433	5511
六月	1649.00	8	18562	5110
七月	1648.40	8	18648	5248
八月	1748.40	8	18724	3327
九月	1748.40	8	18831	4216
十月	1748.40	8	18902	4692
十一月	2218.80	8	18943	4584
十二月	2218.80	8	18967	4677

資料根据教育局報告

祕書處第二科統計股製

南京特別市私塾概況表 三十一年度

私塾數	塾師數	學生數			每月學費數(元)	
		合計	男	女	最高	最低
124	124	3,872	2,517	1,355	6	2

資料根据教育局報告

秘書處第二科統計股製

南京特別市小學校統計表 三十一年度

校別	學校數	學生數			每月經費額(元)	教職員人數			
		合計	男	女		合計	教員	職員	互兼

總計	79	35,219	21,661	13,558	172,414,30	1064	907	157	—
國立小學校	2	786	426	360	7,371,00	41	34	7	—
市立小學校	72	32576	19948	12592	149,004,70	952	812	140	—
私立小學校	5	1857	1251	606	16,038,60	71	61	10	—

南京特別市中學校統計表

校別	學校數	學生數			每月經費額（元）	教職員人數			
		合計	男	女		合計	教員	職員	互兼
總計	14	5471	3961	1504	148834,98	539	289	140	110
國立中學校	5	1453	887	566	69391,00	207	90	84	33
市立中學校	4	2340	1732	608	43924,68	185	111	32	42
私立中學校	5	1678	1348	330	35519,30	147	88	24	35

資料根據教育局報告

祕書處第二科統計股製

南京特別市民[illegible]教育館概況表 三十一年度

月別	經費數（元）	職員數	閱覽人數
一月	2155.00	13	5399
二月	2753.00	14	5362
三月	2753.00	14	5950
四月	2753.00	14	6718
五月	2735.00	14	7143
六月	2753.00	14	16550
七月	2752.80	14	14906
八月	2885.80	14	13185
九月	2885.80	14	13470
十月	2885.80	14	14807
十一月	3650.60	14	14923
十二月	3650.00	14	11898

資料根据教育局報告

秘書處第二科統計股製

市政公報暫定價目表

期數	價目	郵費
零售	每冊五角	本埠四分 外埠八分
半年	十二冊六元	本埠四角八分 外埠九角六分
全年	二十四冊十二元	本埠九角六分 外埠一元九角二分

市政公報廣告刊例

頁數	價目
一頁	每期十八元
半頁	每期九元
四分之一頁	每期四元五角

刊登廣告在四期以上者每期按照七折計算連續十期以上者每期按照六折計算長期另議

出版日期　本公報暫定每月二次

編輯者　南京特別市政府秘書處

發行者　南京特別市政府秘書處

印刷者　南京國華印書館　地址：中山東路臚政牌樓　電話：二二一六五

中華郵政掛號認爲第一類新聞紙類　江蘇郵政管理局執照第一〇四三號

中華民國三十二年四月十五日

市政公報

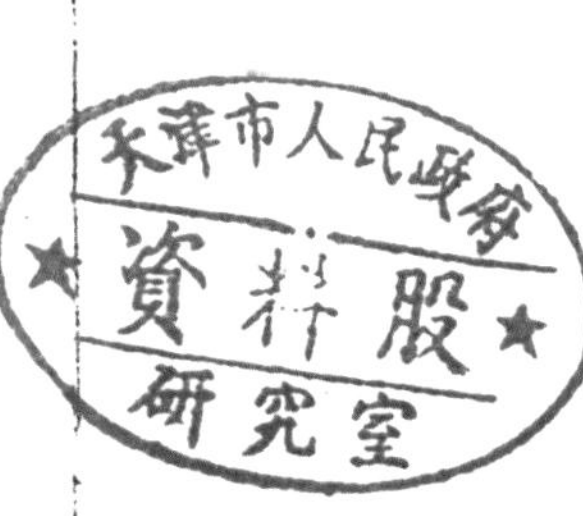

第一一七期

南京特別市政府祕書處印行

目錄

命令

法規

公牘

統計

行政院訓令

行政院訓令　臨字第二七一號

令南京特別市政府

准

文官處文字第二一八號公函開：

「奉　國民政府三十二年四月二日令開「依據同光勳章頒給條例施行細則第九條製定各種紀念章獎章章表如左：

「和平建國紀念章（章表）

第一次訪日紀念章（章表）

第二次訪日紀念章（章表）

訪滿紀念章（章表）

清鄉紀念章（章表）

第一次全國軍事會議紀念章（章表）

第二次全國軍事會議紀念章（卽參戰紀念章）（章表）

海軍會議紀念章（章表）

勸農獎章（章表）

以後如有新製之紀念章獎章其章表以命令定之

着新國民禮服時佩帶勳表章表與武官同

在戰爭時期佩用勳章除依同光勳章頒給條例施行細則第十三條規定外國慶日及其他大典禮依特別規定佩用勳章此令」等因奉此除分函外相應函達卽希查照幷轉飭所屬遵照」

等由；准此，除分令外合行令仰該府遵照並轉飭所屬一體遵照。

此令。

中華民國三十二年四月六日　院長汪兆銘

行政院訓令　院字第二七二號

令南京特別市政府

現據本院祕書處簽呈稱謹查全國經濟委員會及新國民運動促進委員會行文辦法前由本院擬定公布幷通行所屬各機關遵照暨報告本院第一二三次會議各在案惟自改革行政機構後全國經濟委員會及新國民運動促進委員會升格直屬於　國民政府與本院平行則上項行文辦法自不適用擬請廢止該項行文辦法以後各該會行文擬請仿清鄉軍事兩委員會辦法辦理幷擬分別通飭遵照幷報告院議不必另訂辦法暨分函經委會及新運會查照當否簽請鑒核等情據此核尚可行應准照辦除報告本院院議並分函暨通行外合行令仰該府遵照！

此令。

中華民國三十二年四月六日　院長汪兆銘

命令

南京特別市政府公布令　府秘字第　　號

茲制定本府秘書處分科規則公布之

此令

附南京特別市政府秘書處分科規則（見法規欄）

中華民國三十二年四月　日　市長周學昌

南京特別市政府訓令　字第　　號

令本府各局處會暨各區區公所
市商會
各同業公會

案奉

行政院院字第一二〇號訓令內開：

「現奉

國民政府三十二年三月六日第一二五號訓令開據本府文官處簽呈稱准最高國防會議秘書處高秘字第八七號公函開案奉　主席交下最高國防會議三十二年三月五日第七次會議討論事項第一案主席交議委員兼實業部部長梅思平提爲政府實施統制主要物資及管理平定物價擬以工商團體爲純粹經濟機構不參加政治運動與訓練事項以利工作而安民生請公决案决議通過送國民政府通飭遵照等因遵經紀錄在卷相應錄案並抄附原提案函達卽請查照轉陳通飭遵照等由理合簽請鑒核等情據此自應照辦除分令外合行抄發原提案令仰該院遵照並轉飭所屬一體遵照等因計抄發原附

抄提案一份奉此自應遵照除分行外合行抄發原件令仰該府遵照並轉飭所屬一體遵照此令」

等因，附抄發原提案一份奉此，自應遵照辦理，除分令外合行令仰該　遵照，并轉飭所屬一體遵照！此令

計抄發原抄提案一份

中華民國三十二年四月　日　市長周學昌

抄原提案

提案

案由　為政府實施統制主要物資及管理平定物價擬以工商團體為純粹經濟機構不參加政治運動與訓練事項以利工作而安民生由

理由　竊查安定民生增強經濟力量實為戰時體制下政府施政首要急務現在政府對於主要物資亟應實施統制以謀生產分配暨消費之調整與合理化關於物資價格與物資供求其間有密切關聯亦應同時實施管理以防止投機囤積致價格不易抑平所有各種工商團體實為施行物資統制及保持物價均衡之主體似應規定為純粹經濟以便專心一意協助政府奉行上項經濟方策此後凡有政治性質之運動及訓練擬請以保甲為對象不得再在工商團體範圍以內活動期使工商團體組織之健全庶有利於物資統制及平定物價政策之推行是否有當敬候

公決

提案人委員實業部部長梅思平

南京特別市政府訓令　第　字　號

令本府各屬處會暨各區區公所、市商會、各同業公會

案奉

行政院政字第五八六號訓令內開：

「現奉

國民政府三十二年三月十六日第一三九號訓令開據本府文官處簽呈稱准最高國防會議秘書處高秘字第一〇〇號公函開案奉主席交下最高國防會議三十二年三月十一日第八次會議討論事項第六案 主席交議戰時物資移動取締暫行條例已送國民政府公布所有清鄉地區物資移動及搬出入取締規則及其他取締物資移動之類似規定除米另有規定外擬一切廢止之請公決案決議送國民政府令清鄉委員會轉飭各清鄉區遵照辦理等因遵經紀錄在卷相應錄案函達至希查照轉陳令行清鄉委員會轉飭各清鄉區遵照辦理並分令行政院軍事委員會全國經濟委員會分別轉飭所屬有關各機關知照等由理合簽請鑒核等情據此自應照辦除分令外令仰該院轉飭所屬有關各機關知照等因奉此除分令外合行令仰該府知照並轉飭所屬一體知照此令」等因；奉此，除分令外合行令仰該 知照，并轉飭知照。此令。

中華民國三十二年四月 日

市長周學昌

南京特別市政府訓令 府財字第 號

令南京市銀行董事會

案准

財政部錢二字第零柒陸號咨開

「案准貴市政府府財字第一零六號咨開案據南京市銀行董事會呈稱竊查本會第四次會議討論事項第十案董事長交議擬修正本行章程第二十二條條文附原條文及修正文請公決案當經決議通過呈府轉咨財政部備案等語紀錄在卷理合繕具原條文及修正文計一紙錄案備文賫呈鑒核轉咨財政部備案等情據此除指令外相應抄同該行章程第二十二條原條文及修正文一紙隨文咨請貴部查照賜予備案并希見復等由附抄送南京市銀行章程第二十二條原文及修正文一紙到部核尚可行應准備案相應咨復即希查照飭知爲荷」

等由准查此案前據該會呈請咨轉當經照辦並指令各在案玆准前由合行令仰知照！

此令。

中華民國三十二年四月 日

市長周學昌

南京特別市政府訓令　府財字第　號

令本府所屬各機關

案准

南京日本總領事館公字第二二號函開：

「逕啓者此次因廢止軍票新發行所關之諸般之實施要領刻正由中日各關係機關準備中玆准在上海帝國公使來函囑查本市中國籍銀行及錢莊業之所存軍票並請此等業者協助我方之方針等由相應函請貴市政府予與適切指導銀行公會並盡量嚴密措置其結果尙祈賜復爲荷」

等由附辦法一份准此自應照辦除分令外合亟抄發原辦法令仰該會遵辦具報以憑彙轉一

此令

計抄發辦法一份

中華民國三十二年四月　日

市長周學昌

辦法

一、至三月底南京特別市內中國方面銀行及錢莊所存軍票分別調查賜復

二、上列銀行錢莊所存之軍票除非有不可者外應請轉飭於四月一日持往橫濱正金銀行南京支店或中央儲備銀行兌換儲備券

三、上列銀行錢莊等於四月一日以後收入或取得之軍票應請隨時彙集於每週或每旬持往兌換儲備券而中國籍銀行中華興銀行南京支店已另行通知特此聲明

南京特別市政府訓令　府財字第　號

令本府各局處
　捐稅征收所
　屠宰營業稅征收處
　南京市商會

案准

財政部警二字第一六一號咨開

查本部鹽務署所屬蘇五區兩浙淮南各稅警局暨南京蚌埠皖岸各稅警隊業經分別編遣所有各該稅警局隊名義統限於本年三月十六日撤銷以後鹽務緝私辦法另行規定並已通飭遵照在案除分別函咨外相應咨達貴政府查照並轉飭所屬有關機關一體知照

等由准此除分行外合行令仰該　知照

此令

中華民國三十二年四月　日　市長周學昌

南京特別市政府訓令　府財字第　號

令南京市銀行

案查本府為救濟失業貧民經營小本生意以維生計起見特設立小本貸款處所有該處章程業經訂定按照該章程第二章第四條規定該處主任一人綜理全處事務應由本府指派該行經理兼任除委令隨發外合行抄附該章程令仰該行遵照迅即籌辦具報！

此令。

計發本市小本貸款處章程一份（見法規欄）

中華民國三十二年四月　日　市長周學昌

南京特別市政府訓令　府衛字第　號

令城鄉各區公所

案准日本南京總領事館函譯開中日厚生協會為謀中日兩國民之友好更趨緊密起見特向中日熱心人士募集鉅金委託同

仁會醫院以所屬之日華醫師藥劑師護士等編成巡迴診療班六班定於本月十五日起專門為本市及附近鄉區之貧病市民及公務員施以免費治療檢同實施辦法請予協助見復等因准此事關嘉惠貧病並促進中日親善自應照辦特由本府製定本市貧病市民請求診療申請書一種俟印就後即行發交應用以資普遍此項申請書後面附有請求免費診療須知七則以資遵照除函復并分行外合行令仰該區公所遵照辦理為要

此令

中華民國三十二年四月　日

市長周學昌

南京特別市政府訓令 府衛字第　號

令城鄉各區公所

查本市流行性腦脊髓膜炎延蔓頗劇前經飭由本府衛生局派員會同友邦部隊挨戶檢疫藉資撲滅而保人民康健在案惟近來前項病疫仍有發現而一般市民缺乏醫學常識往往染病後隱匿不報以致輾轉傳染遺害無窮且本市區域遼闊誠恐未能週徧後各區境內遇有疑似前項傳染病時應迅即報告本府衛生局派員檢驗而便實施消毒隔離除分令外合行令仰該區公所轉飭各坊保甲長一體遵照並將辦理情形具報核奪為要此令

中華民國三十二年四月　日

市長周學昌

南京特別市政府訓令 字第　號

令城鄉各區公所

案准

內政部感代電開：

「本部調查各省市宗教團體概況一案業於一月二十三日檢同各省市縣宗教團體概況調查表分別咨請查照辦理在案茲查前項調查表關於教別一欄應以各地基督教天主教回教佛教道教等各宗教團體為首要無論已否經過立案手續

均希詳細調查送部以期詳盡特此電達請煩查照辦理並轉飭所屬知照至紉公誼」等由；准此，查此案，前准內政部禮乙字第八號咨，爲附送宗教團體調查表式，請飭屬查塡彙轉到府，當經以府社字第二一八號通令各城鄉區公所依式查塡呈送核轉，嗣據城區自治實驗區，暨孝陵衛區查復，並無宗教團體，又據安德門區，及第五第二兩區，將此項調查表，查塡送核在案，尙有其他各區，均未呈復茲准前由，除分令外，合再令仰該區遵照先今各令詳細調查，限十日內務將所指各宗教團體，確切查明，依式塡表各二份，送府彙核存轉，毋稍疏漏。切切，此令。

中華民國三十二年四月　日

市長　周學昌

南京特別市政府訓令　府衛字第　號

令菜塲管理所主任錢企華

案據城區自治實驗區區長呈稱該區第十二次區務會議議決改善山西路菜塲衛生設備事宜核尙可行除令飭該區長隨時督促外合亟令仰該主任嚴加注意衛生並迅即擬具改進設備計劃呈候核奪

此令

中華民國三十二年四月　日

市長　周學昌

南京特別市政府布告　府工字第　號

案據本府工務局簽稱近日派員赴下關地方督促培修江堤工程查得堤身兩邊有多數人民私有建築棚舖居住有礙施工請予佈告限期拆遷等情據此查江堤爲防水要圖關係極重絕對不能容許任何人私自佔用況該堤春工現已着手辦理茲限三日內自行拆遷如敢意存觀望或藉故稽延屆期當由本府強制執行合亟布告週知仰各凜遵勿違切切此佈

中華民國三十二年四月　日

市長　周學昌

首都警察總監署 南京特別市政府會銜佈告

政四字第 號
府衛字第 號

照得邇來市內野犬橫行，最足妨碍公共衞生，非特時有咬傷行人情事，抑且有惹起狂犬病傳播之危險，若不嚴加捕殺，爲害何堪設想，本署府爲防止狂犬病發生，保持民衆健康起見，特令飭各區淸潔分隊加緊捕殺野犬，務期根本肅清，以策安全，合行會銜佈告，抑爾畜犬人民，應從速來府申請家犬登記，倘遇家犬外出時，務須依照本府修正管理畜犬及取締野犬暫行規則第五條第一款之規定，除將畜犬牌懸掛於頸項，以資識別外，其最要者，並須一律套以口罩，以防咬傷人民，否則卽行視爲野犬，定予捕殺不貸，其各凜遵！切切

此佈

中華民國三十二年四月 日

首都警察總監 鄧祖禹
南京特別市市長 周學昌

南京特別市政府佈告

糧字第 號

糧食局案呈

糧食部總字第四八二號訓令內開：

「查糧食業同業公會會員資格依組織通則第十六條規定『爲因時制宜緊急應付起見暫以經過政府核准營業取得註册證或登記證之粮食商人爲限』本條所謂暫以經過政府核准取得註册證或登記證係指各業粮食商人於國府還都後曾依商業註册暫行規則工廠登記規則或各地方政府單行規定之註册登記辦法取得註册證或登記證暨依其他特別規定取得類似之准許營業證件（例如三十年一月二十日中央公布之茶商請領營業證採購證及運輸護照申請辦法之營業證之類）經呈驗可有法令依據並無冒充頂替者皆得視爲具有會員資格准許先行加入公會一面米麥雜糧商依照米糧商註册暫行條例補行辦理註册手續至其他糧食業商人俟本部另頒登記規則再行補辦手續除分令外合行令仰飭屬遵辦並布告周知爲要」

等由；准此。除飭令糧食局遵照並轉飭各糧食業同業公會遵照外合行佈告仰糧食商民一體周知

此佈

中華民國三十二年四月　日　市長周學昌

南京特別市政府指令　府衛字第　號

令城區自治實驗區區長趙其凡

呈乙件　為本區第十二次區務會議議決改善山西路菜場設備一節理合備文呈報仰祈鑒核示遵由

呈悉。所呈該區第十二次區務會議議決改善山西路菜場設備一節核尙可行除令飭衛生局菜場管理所主任嚴加注意並迅即擬具改進設備計劃呈核外仰該區區長隨時督促指導以重衛生

此令

中華民國三十二年四月　日　市長周學昌

南京特別市政府通知　府糧字第　號

查該網戶遵章申請登記捕運魚花一案據經飭由糧食局審查核與定章相符應准登記合亟通知仰於五月三日下午遝本來府糧食局領取旗牌以憑捕運并仰于六月卅日限滿時將旗牌繳銷爲要！

特此通知

右仰魚花網戶　哈尙有　劉春壽　許本立
李如凱　劉春榮　沈德坤
陸松年　劉金湖　馬玉生　准此

中華民國三十二年四月　日　市長周學昌

南京特別市政府批　府衛字第　號

具呈人王繼春

呈一件：為復興市容准予建築建康路菜場求謀發展社會便利人民仰祈鑒核由

呈件均悉：所請建築建康路菜場查與市政原則不符且所呈菜場建築設計更屬有背市容建築所請礙難照准

此批

中華民國三十二年四月日

市長周學昌

法規

南京特別市政府祕書處分科規則

民國三十二年四月公布

第一條　本規則依據本府組織規則第十二條之規定訂定之

第二條　本處依據本府組織規則第十四條之規定設置左列科室

第一科

第二科

第三科

外事室

農林室

第三條　本處第一科分文書人事庶務會計四股其掌理事項如左

一、文書股　關於文書之撰擬繕校收發保管及印信使用典守事項

二、人事股　關於職員之任免遷調及請假考核事項

三、庶務股　關於房屋器具之修繕購置保管及公役之進退管理事項

四、會計股　關於經費之收支保管及預算決算之編造事項

第四條　本處第二科分民事禮俗審核三股其掌理事項如左

一、民事股　關於人民訴願民事糾紛及旅行證之核發事項

二、禮俗股　關於禮教倡導風俗改良事項

三、審核股　關於各附屬機關報銷之審核事項

第五條　本處第三科分調查統計編輯三股其掌理事項如左

一、調查股　關於一般案件及特別交辦案件之調查事項

二、統計股　關於各項行政統計事項
三、編輯股　關於公報特刊之編輯發行事項
第六條　本處外事室分通譯撰譯兩股其掌理事項如左
一、通譯股　關於通譯聯絡報告事項
二、撰譯股　關於撰譯函牘文件事項
第七條　本處農林室分農產造林兩股其掌理事項如左
一、農產股　關於食糧以外之農產物增產改良事項
二、造林股　關於青苗造林護林及其技術指導事項
第八條　本規則如有未盡事宜得隨時修正之
第九條　本規則自呈奉　市長核准之日施行

南京特別市政府小本貸款處章程

民國三十二年四月公布施行

第一章　總則

第一條　南京特別市政府爲救濟失業貧民經營小本生意以維生計起見特設小本貸款處(以下簡稱本處)
第二條　凡本市市民欲經營小本工商業缺乏資本者均得依照本章程之規定申請借貸
第三條　本處資金定爲國幣拾萬元周轉借貸

第二章　組織

第四條　本處設主任一人綜理全處事務由　市長指派南京市銀行經理兼任之
第五條　本處設文書會計出納調查四股每股設股長一人掌管左列事項
一、文書股掌管印信契約文書案卷及不屬其他各股事項
二、會計股掌管帳册單據編製預算決算及業務報告事項
三、出納股掌管現金出納及核算登記票據證書之保管事項
四、調查股掌管調查報告及催收貸款事項

第六條　本處因事務之需要每股得酌設辦事員一人至三人除調查事務由市府派員担任外餘均指定南京市銀行職員兼充之

第三章　業務

第七條　本處貸款分甲乙丙丁四種其數項及利率規定如左
甲種伍百元　月息壹分陸厘
乙種肆百元　月息壹分肆厘
丙種叁百元　月息壹分貳厘
丁種貳百元　月息壹　分

第八條　前條各種貸款期限爲三個月分作三期償還每月還本利三分之一如提前請還者聽便但期間不滿一月者仍按全月計算利息

第九條　借款人對償還借款不得請求延期如遇期不償還時除按月計算利息以書面向借款人催繳外並得責成保證人負償還本利之責

第十條　申請貸款者須覓具妥保塡具申請書經調查認爲合格後書立借據領取貸款及繳款憑證

第十一條　申請貸款者經調查發現有左列情事之一者其塡具保單及申請書均作無效
一、吸鴉食片或其他代用品者
二、冶遊賭博者
三、信用不足認爲還款困難者

第十二條　借款保證人以殷實舖保爲原則如無舖保得由該地坊保長擔保但每一保證人不得爲二戶以上之擔保借款人或保人之住址如有遷移應先期向本處報告違則卽責令其先期償還全部借款本息

第十三條　借款人在規定期限內每人只得借款一次倘揑造姓名希圖朦混多借者經發覺後除隨時追還借款及利息並取消其再借權

借款人如利用貸款作不正當之營業時準用前項規定處理之

第十四條　借款人還款時須攜帶繳款憑證由本處加蓋收款印記繳款憑證如有遺失須隨時報告經本處查明屬實繳納印刷費壹元後另給新證

第十五條　本處爲計劃一切業務審核貸款情形及各種帳册契據等另設貸款監察委員會由　市長指定本府高級職員三人至五人爲委員組織之

第四章　監察

第十六條　貸款監察委員會設常務委員一人由　市長就委員中指定一人擔任之

第十七條　貸款監察委員會每月開常會一次遇必要時由常務委員召開臨時會

第十八條　貸款監察委員會除按月審查貸款處業務報告書外並得隨時調閱貸款處各種帳册簿據呈報　市長核辦

第十九條　貸款監察委員會處理日常事務得調用貸款處職員兼任之

第二十條　本處辦事細則另定之

第五章　附則

第二十一條　本章程得隨時呈准　市長修正之

第二十二條　本章程自公布日施行

公牘

南京特別市政府呈 府祕字第　號

竊查本市政府組織規則前經三十一年十一月呈准修正公布施行在案茲以本府社會局奉令裁撤另設經濟局糧食局又本市社會運動指導委員改爲社會福利局原列職掌均有變更本府組織規則自應按照事實詳加修正以符實際理合繕具本市政府組織規則修正草案全份備文呈報仰祈

鑒核備案並乞

指令祗遵實爲公便

謹呈

行政院院長汪

附呈南京特別市政府組織規則修正草案全份（略）

南京特別市市長周學昌

中華民國三十二年四月　日

南京特別市政府咨 府財字第　號

案準

行政院政字第六一三號訓令內開

「據八卦洲北三步璺璺民代表趙海如等呈『爲八卦洲北三步璺佃農因埂堤未成迭遭水災已奉市府水利委會勘明前請令飭振委會以工代振案實質上乃佃農自動以振濟工並非以工代振謹再瀝情籲求令飭社會福利部轉飭振務局剋日撥款振濟俾得完成全部埂工以保市產而救農命』等情據此查本案經據前水利委員會將派員會勘情形暨擬修正隄

線辦法呈報到院經卽指令再與南京特別市政府會商妥善辦理嗣又據南京特別市政府呈報略以該洲圍埂關係重要爲急則治標計應請仍以圍埂完固爲農民保障容俟妥爲籌畫再行另文呈報等情亦經指令仍會同水利委員會悉心籌畫切實施行各在案現均未據呈復茲據該具呈人等續呈前情應由南京特別市政府會同社會福利部建設部糧食部迅速商籌妥善實施辦法具報毋再稽延除分令並批示外合行令仰該府卽便遵照辦理切切此令」

等因附抄發原呈一件奉此自應遵辦查此案前於上年迭奉

行政院令飭卽會同水利委員會振務委員會查明妥辦當經遵照會商辦理嗣以振委會未予撥款而本府財力又異常竭蹶遂暫行停頓並呈復

行政院請仍以圍埂完固爲農民保障俟妥爲籌畫再行報請鑒核在案茲奉前因覆查該項埂堤濱臨外江爲八卦洲防禦水患扼要之工程關係至爲重大亟應迅籌辦法早日實施以期保衛民生不僅有裨市產除分咨外相應咨請

貴部查照迅賜核辦並希見復爲荷

此咨

社會福利部

建設部

糧食部

中華民國三十二年四月　日

市長周學昌

南京特別市政府咨 府工字第　號

案准

貴部建水字第一五八號咨開：

「查接管水利委員會卷內前准貴市政府咨送三十二年度京市水利修防計劃約需經費貳拾叁萬二千四百二十六元囑查照核辦等由經核定所需經費卽以貴市前領辦理三十一年度防汛工程經費節餘拾壹萬餘元移撥再由會於三十二年度事業費內撥助拾萬元其餘尚不足約二萬元請京市政府自行籌補以水工字第六九〇號咨達查照幷備文轉報　行政院鑒核各在案茲奉」　行政院政字第六一〇號指令內開：

「呈悉京市三十二年度修防江河及整理玄武湖工程經費既經核明需用二十三萬二千四百二十六元除將京市三十一年度節餘防汛費十一萬餘元移撥外不足之數由該會撥助十萬元尚不敷二萬元由京市自府行籌補應准備案此令等因奉此相應咨達卽希查照爲荷」

等由正核辦間又准建水字七五九號咨同前由准此查此項工程亟待進行經已分別派員復勘并參照前送之京市水利修防計劃書暨過去實際情形編具修防工程計劃書及應需經費預算書關於修築江河堤岸工程項下除下關區仍照原概算編列預算外其燕子磯區則以採用征工津貼辦法擇要從速興修上新河區除江勝鄉業由當地農民組織護理委員會辦理外其餘江堤大致尚屬完好僅北濱鄉大同公司至有恆麵粉公司間之江堤倒塌過甚且鄰近江流形勢險要亟應趕速修理又南圩鄉壩閘爲該鄉全部農田二萬三千餘畝灌溉之水源關係極大查該閘建於清末年久失修去歲江水暴漲幾釀鉅災怵於過去情形自應重行改建以利宣洩而保農田惟其工程均屬舊法建築不切實用茲擬計劃改建新式涵洞庶收實效至該區其餘各閘多係民間私建頗多損壞已指導農民從速自行修理至修理壩閘及整理玄武湖兩項工程經費亦以實際物價激漲故所編預算較原概算略有增減損益之處茲以春汛已屆亟應預爲防治已分別擇要派員赴各處督飭尅日興工外爰按照各處經費狀況及已往成例暨工程情形先行擬具三十二年度水利修防工程費預算書一份及計劃圖表一册備文咨請

查照并希將奉　准飭撥之不敷工程經費十萬元尅日撥發過府以應工需准咨前由相應檢同各附件咨請

查照辦理至紉公誼此咨

建設部

計附送南京特別市三十二年度水利修防工程經費預算書一份又計劃圖表一册(略)

中華民國三十二年四月　日　市長周學昌

南京特別市政府咨

案查本府辦理土地工作旬報表業經送至三月份下旬存卷茲造具四月份上中兩旬前項工作旬報表各乙份相應咨送卽希

查照爲荷

此咨

內政部

計咨送本市土地工作四月份上旬中旬旬報表各一份

市長周學昌

南京特別市政府辦理土地登記工作四月份上旬旬報表 中華民國三十二年

日期＼事件＼件數	接收各種土地登記聲請書	土地所有權登記	土地所有權以外權利登記：移轉登記	變更登記	分割登記	征收登記	增減登記	土地種類變更登記	更正登記	塗銷登記	他項權利：他項權登記	永佃權登記	地役權登記	典權登記
1	4	2	1			1								
2														
3														
4														
5	9		9											
6	5		3			2								
7														
8	4		2							2				
9	7		5							2				
10	5		5											
合計件數	34	2	25			3				4				
總計件數	34	2	28								4			

登記		發給各種土地權利證明書狀				備攷
抵押權登記	共有權登記	土地所有權狀	土地執業證	核准補發遺失之權利書狀	查驗證	
				1		
		1		1		
		5		2		
		1		1		
		2				
		4				
		3		2		
		2				
		18		7		

說明

一、接收各種土地登記聲請書一項係包括土地所有權登記以外其他一切權利登記之聲請書而言

二、除表列各項登記權利及各種證明書狀外其他登記權利及證件之有件數可作統計者得由主管地政機關按其事項分別種類增列填報

南京特別市政府辦理土地登記工作四月份中旬旬報表

中華民國三十二年

事項／件數／日期	接收各種土地登記聲請書	土地所有權登記	土地所有權以外權利登記：移轉登記	變更登記	分割登記	合併登記	增減登記	土地種類變更登記	更正登記	塗銷登記	他項權利：他項權登記	承領權登記	地役權登記	典權登記
11														
12	1													
13	4		4											
14														
15														
16														
17														
18														
19	4		4											
20	9		7									1		
合計件數	18		15								1	1		
總計件數	18		15								3			

登記		發給各種土地權利證明書狀				備攷
抵押權登記	共有權登記	土地所有權狀	土地執業證	核准補發遺失之權利書狀	查驗證	
		2		1		
		1				
		3		1		
1		1		1		
1						

說明

一、接收各種土地登記聲請書一項係包括土地所有權登記以外其他一切權利登記之聲請書而言

二、除表列各項登記權利及各種證明書狀外其他登記權利及證件之有件數可作統計者得由主管地政機關按其事項分別種類增列填報

南京特別市政府咨　字第　號

案准

貴部咨以據復興路市民王棟臣等爲不服本府駁回訴願之決定暨本年三月十二日祕字第五十一號通知調解辦法囑幷案提出答辯並將有關文卷咨送過部以便辦理等由准此查此案業於四月二日根據有關舊卷撰定答辯咨送

貴部查照在案茲准前由相應檢附本府二月二十七日召集該棚戶代表人王棟臣等及市商會代表人端木中卿談話紀錄四點咨復

查照辦理爲荷

此咨

內政部

附抄送談話紀錄一紙

中華民國三十二年四月　日

市長周學昌

談話紀錄

一、市商會方面願意在菜場南首另闢市場予該棚戶等爲營業之所

二、棚戶代表方面接受市商會建議辦法商場籌備處登記舖位

三、市商會以各棚戶所繳資本及行租均較普通商家打九折繳納以示優待

四、所有一切租賃繳費等手續由各該代表轉知各棚戶商逕與市商會接洽訂定

南京特別市政府咨　府衛字第　號

案據醫師林開第等十人藥劑生孫天昌等三人助產士戴維華等二人護士俞慈英等十五人申請登記換領證書前來經核與管理條例尚無不合相應繕具名册一份檢同各該員證件三十束證書費印花費共國幣二百八十元一併備文咨請

貴部查核辦理並希
見復為荷
此咨
內政部
附領換證書名冊一份證件三十束證書費印花費二百八十元正（略）

中華民國三十二年四月　日

市長周學昌

南京特別市政府公函

府糧字第　號

案准

糧食部函以查飯菜館及旅館之兼營飯菜業者對於米飯數量消耗至鉅不維就食者多數已有公米配給為雙重消耗且當茲參戰之際於節約原旨尤相背悖現本會特規定辦法六項如下（一）凡飯菜業規定每旬以中國參加大東亞戰爭之九日（即每月之九日十九日二十九日）為節約日期全日一律禁止供求米飯及酒類（二）各飯菜業在平日售賣米飯時間規定午膳自上午十一時至下午二時止晚膳自下午六時至八時正凡逾上項時間應一律禁止供售（三）在禁止供售米飯時日祇准以雜糧及麵粉等類代替（四）各飯菜業於規定節約日期內之米糧應於配給公米數量內予以扣除（五）酒為米類釀製原係消耗品應予限制凡飯菜業在中午一律不得賣酒晚膳時間飲酒者每人至多以壹斤為限（六）違犯上項規定私自供售者初犯以停止營業一日再犯停止營業三日三次以上者停業一星期由社會局會同公糶委員會暨有關機關切實施行上項辦法應就京市範圍先行實施相應函請貴市政府查照辦理見復等由准此案關倡導節約自應照辦除函復暨分令菜飯業公會轉飭各菜飯館一體遵照切實辦理外相應函達即希

查照轉飭所屬一體協助辦理為荷！

此致

首都警察總監署

市長周學昌

中華民國三十二年四月　日

南京特別市政府公函　府衛字第　號

案查本市已發生流行性腦髓膜炎且有蔓延之勢業經防疫委員會議決自二十三日起先從一二區着手實施檢疫會經函請每班派憲兵警士一人協助在案茲爲求檢疫澈底起見自卅一日起繼續檢查三四暨實驗區等處相應檢同地址分配表十份仍請飭屬每班派憲兵警士一人按址前往協助以策安全而利工作爲荷

此致

警備司令部

警察總監署

附地址分配表十份(略)

中華民國三十二年四月　日　　市長周學昌

南京特別市政府公函　府衛字第　號

案查本年第一次霍亂預防注射業經會商預定於四月中旬普遍實施關於注射藥液全市計六十萬人口除半數應由本府負担外其餘半數擬援照成案請

貴會補助計三十二萬五千人份已將請求五份交由

防衛司令部軍醫處轉達外相應函請

查照見復爲荷

此致

南京衛生防疫委員會

委員長岡田閣下

中華民國三十二年四月　日　　市長周學昌

統計

南京日需品零售物價指數（簡單幾何平均）

民國二十六年＝一〇〇　　（公定價格）

類別／項數／時期	食粮葷素菜類					油及調味類	燃料類	衣服材料類	雜項	總指數
	食粮	菜蔬	肉類	醬菜	平均					
	10	23	9	5	47	9	7	10	10	38
民國三十二年三月	3309.2	1953.3	2369.4	3056.3	2378.1	2478.8	3632.2	4439.4	3903.5	2833.3

說略：南京日需品零售物價指數以民國二十六年一至六月平均物價比較本年三月份公定價格（包括合作社零售物價）計衣服材料類高漲四十四倍餘雜項類（包括肥皂洋燭火柴香煙等）高漲三十九倍餘燃料類高漲三十六倍餘油及調味料類高漲二十四倍餘，食粮葷素菜類中食粮漲起三十三倍，醬菜漲起三十倍餘，肉類漲起二十三倍餘，菜蔬漲起十九倍餘平均漲起二十三倍餘總平均漲二十八倍餘較暗盤價格低落二十三倍餘。

南京特別市政府秘書處第二科統計股編製

南京日需品零售物價指數（簡單幾何平均）

民國二十六年＝一〇〇　（暗盤價格）

類別／項數／時期	食糧葷素菜類					油及調味類	燃料類	衣服材料類	雜項	總指數
	食粮	蔬菜	肉類	醬菜	平均					
	10	23	9	5	47	9	7	10	01	83
民國三十二年三月	5831.0	5552.6	3877.7	3073.1	4918.4	4233.3	4863.3	6813.1	6434.8	5193.4
說略	南京日需品零售物價指數以民國二十六年一至六月平均物價比較本年三月份暗盤平均價格計衣服材料類高漲六十八倍餘；雜項類(包括肥皂洋燭香煙火柴茶叶草紙等)高漲六十四倍餘；食粮葷素菜類中食粮項漲上五十八倍餘，菜蔬項漲上五十五倍餘，肉類三十八倍餘，醬菜三十倍餘，食粮葷素菜類平均漲至四十九倍餘；油及調味料類漲至四十二倍餘；燃料類漲至四十八倍餘總平均在五十一倍以上。較公定價格指數增二十三倍餘。									

南京特別市政府祕書處第二科統計股編製

市政公報暫定價目表

期數 價目	郵費
零售 每册五角	本埠四分 外埠八分
半年 十二册六元	本埠四角八分 外埠九角六分
全年 二十四册十二元	本埠九角六分 外埠一元九角二分

市政公報廣告刊例

頁數	價目
一頁	每期十八元
半頁	每期九元
四分之一頁	每期四元五角

刊登廣告在四期以上者每期按照七折計算連續十期以上者每期按照六折計算長期另議

出版日期　本公報暫定每月二次

編輯者　南京特別市政府祕書處

發行者　南京特別市政府祕書處

地址：中山東路盧政牌樓

印刷者　南京國華印書館

電話：二二一六五

中華郵政掛號認爲第一類新聞紙類　江蘇郵政管理局執照第一〇四三號

中華民國三十二年四月三十日

第一一一八期

市政公報

南京特別市政府秘書處印行

目錄

命令

法規

公牘

統計

附錄

行政院訓令

行政院訓令 院字第三三〇號

令南京特別市政府

案查前准 軍事委員會三十二年三月十八日會廳軍四字第一五五號咨開：

「案據海軍部長任援道呈稱『竊查世界各海軍國多定有海軍日以示紀念吾國自創立海軍以來迄數十載對於海軍日之規定尚付闕如二十九年三月 國府還都後本部卽於四月一日同時成立數年以來對於海軍建設漸奠基礎復於三十一年四月一日召集全國海軍會議推進建軍工作茲爲鼓勵國人對於新興海軍之認識起見擬定四月一日爲海軍節以後於每年四月一日全軍舉行祝典是否有當理合備文呈報伏祈鑒核指示祇遵』等情據此除指令准予照辦外相應咨請查照」

等由，准此，當以海軍節係屬創舉，似應先行呈請
國民政府備案，以昭隆重，咨復 軍事委員會核辦在案。茲准 軍事委員會三十二年四月七日會廳軍四字第一七三號咨：以關於海軍部呈請擬定每年四月一日爲海軍節一案，已呈請
國民政府備案，復請查照辦理，等由，准此，自應照辦，除咨覆暨分行外，合行令仰該府轉飭所屬一體知照！＝

此令。

中華民國三十二年四月十九日

院長汪兆銘

命令

南京特別市政府委令　字第　號

令李萬育
蘇東籠

茲派該員爲南京特別市社會福利局代理祕書另候呈荐此令

中華民國三十二年四月日

市長周學昌

南京特別市政府委令　字第　號

令姜羽仙　潘叔蕃　鄭慶鴻
沈愚　買崇裕

茲派該員爲南京特別市社會福利局代理科長另候呈荐此令

中華民國三十二年四月日

市長周學昌

南京特別市政府訓令　府祕字第　號

令本市山西路市容整頓事務處兼主任趙其凡

查本府鑒於市內山西路一帶舖戶住房亟應修建整齊以壯市容業經訂定具體整頓計劃自應按照原計劃積極辦理茲制定「南京特別市山西路市容整頓事務處章程」暨「南京特別市山西路市容整頓事務處評議委員會章程」各種隨令附發仰即遵照尅日組織成立具報爲要

此令

計附發南京特別市山西路市容整頓事務處章程暨南京特別市山西路市容整頓事務處評議委員會章程各一份（見法規欄）

中華民國三十二年四月　日　　市長周學昌

南京特別市政府訓令　府祕字第　號

令本市山西路市容整頓事務處兼主任趙其凡

查本府為修建本市山西路一帶舖戶住房以資整齊而壯市容前經訂定整頓計劃並制定「南京特別市山西路市容整頓事務處章程」暨「南京特別市山西路市容整頓事務處評議委員會章程」各一種令發該處遵照組織成立具報在案茲查山西路一帶現有市房情形殊為復雜將來依式改造時糾紛必多為便於進行起見特制定「南京特別市山西路一帶現有市房改造辦法」一種隨令附發仰該主任遵照妥慎辦理並布告週知為要

此令

附發南京特別市山西路一帶現有市房改造辦法一份（見法規欄）

中華民國三十二年四月　日　　市長周學昌

南京特別市政府訓令　府經字第　號

令本府各局處
市商會
城鄉各區公所

案准

實業部鑛字第二六三號咨開：

『案據中華煤鑛業聯合會理事長居述三呈稱：「竊屬會於本年一月二十五日召開第一次理監事聯席會議時理事長居述三提議擬呈請實業部咨行各省市轉令各地方官吏及軍警保護鑛商工以增產一案當經決議現值大東亞戰爭亟須增產自　主席發表參加大東亞戰爭後各鑛鑛工首先派人來會表示擁護故本會有燕電之響應是本會為參戰之重要

份子祇以各處鑛商及鑛工每多為人岐視影響增產工作實非淺鮮應由本會呈請實業部咨行各省市政府轉令各所在地方官憲及軍警對於鑛商鑛工一致優予保護以為參加大東亞戰爭者勸除通過紀錄在卷外理合錄案具文呈請仰祈鈞部鑒核懇即咨行各省市轉令各地方官憲及軍警對於鑛商鑛工准予保護以示優異而利增產不勝感激待命之至」等情據此除分示外相應咨請貴府查照辦理為荷』

等由准此自應照辦除分行外合亟令仰該　遵照並飭屬一體遵照。

此令

中華民國三十二年四月　日　市長周學昌

南京特別市政府訓令　府財字第　號

令本府各局處會附屬機關
南京市銀行

查市票自本年四月一日起廢止新發行本市一切收支款項自應按照財政部所訂辦法同時改用儲備券茲特規定本市市庫收支軍票措置辦法以資遵守而期劃一除分令外合行抄發該辦法令仰該　遵照

此令

計抄發本市市庫收支軍票措置辦法一份(見法規欄)

中華民國三十二年四月　日　市長周學昌

南京特別市政府訓令　府財字第　號

令經濟局
社會福利局
市商會
市銀行

案准

財政部錢二字第一〇七號咨開

「查財政部管理金融機關暫行辦法前奉

國民政府明令公佈並由部令定先自蘇浙皖三省及京滬兩市開始實施業經咨請貴市政府查照在案前項辦法茲定自四月一日起再就湖北省及漢口特別市開始實施除呈報幷分行外相應咨請查照幷希轉飭所屬一體知照爲荷」

等由准此除分行外合行令仰知照

此令

中華民國三十二年四月　日

市長周學昌

南京特別市政府訓令 府財字第　號

令本府各局處會附屬機關

案准

財政部錢貳字第零玖捌號咨開

「案奉

行政院本年三月二十五日院字第二零二號訓令內開『現准最高國防會議祕書處高祕字第一〇三號函開案准中央政治委員會祕書廳檢送奉交貴院本年三月十日政字第二八九號呈爲第一五二次院會通過中央儲蓄會章程及該會監理委員會規程錄案呈請鑒核備案等情原呈一件當經陳奉主席諭准予備案等因並奉提出最高國防會議三十二年三月十日第八次會議報告在案相應錄諭函達至希查照等由准此合行令仰該部轉飭知照此令』等因奉此除分行外相應檢同中央儲蓄會章程及中央儲蓄會監理委員會規程各一份咨請貴市政府查照並轉飭所屬一體知照爲荷」

等由並附件到府准此除將中央儲蓄會規章刊登市政公報不另抄發並分令外合行令仰轉飭所屬一體知照

此令

中華民國三十二年四月　日

市長周學昌

中央儲蓄會章程

第一條　中央儲備銀行爲促進國民儲蓄觀念起見經財政部之特許設立中央儲蓄會辦理按月抽籤給獎還本付息之儲蓄存款及政府委辦之各種有關儲蓄事項

第二條　中央儲蓄會基金爲國幣五百萬元由中央儲備銀行一次撥足之如須增加基金時得經中央儲備銀行理事會議決陳報財政部核准後加撥之

第三條　中央儲蓄會經中央儲備銀行理事會之議決詳訂按月抽籤給獎還本付息之儲蓄會單章程及其他委辦有關儲蓄之各項章則陳由中央儲備銀行核轉財政部核准施行

第四條　中央儲蓄會設監理委員會審核本會資金之運用方法前項監理委員由中央儲備銀行總裁委任之

第五條　中央儲蓄會之資產負債實況每月經監理委員會審核後公佈之

第六條　中央儲蓄會於每年六月及十二月各決算一次並於年終爲全年決算期編製決算書表經監理委員會審核陳由中央儲備銀行核轉財政部備案並公告之

第七條　中央儲蓄會經中央儲備銀行理事會之議決得附設分會支會或代理處於中央儲備銀行總分支行辦事處內在未經設立中央儲備銀行分支行處之地點於必要時得另設立分會支會或代理處

第八條　中央儲蓄會設經理一人副經理及襄理各一人或數人由中央儲備銀行總裁委任之

第九條　中央儲蓄會得視事務之繁簡酌量分科各科設主任一人副主任一人及辦事員助理員練習生若干人由中央儲備銀行總裁委任之

第十條　本章程經中央儲備銀行理事會之決議陳請財政部核准後施行並轉呈國民政府備案修改時亦同

中央儲蓄會監理委員會規程

第一條　中央儲蓄會依據章程第四條之規定設立監理委員會

第二條　監理委員會以委員十五人組織之由中央儲備銀行總裁在中央儲備銀行理監事中指定三人其餘十二人就素有經驗聲望之人員中聘任之每一年改任三人

第三條　監理委員會互推主席委員一人及常務委員二人
第四條　監理委員會每月開會一次由主席委員召集之遇必要時得由主席委員或委員三人以上之提議召集臨時會議
第五條　監理委員會會議非有委員過半數之出席不得開會
第六條　監理委員會會議事項以出席委員過半數之同意通過之可否同數時取决於主席委員
第七條　監理委員會審查事務得於每月開會時推舉委員三人處理之
第八條　監理委員會應將每月開會後之審查報告書簽請意見陳報中央儲備銀行總裁
第九條　監理委員會對於儲蓄會重要業務有意見時得提出建議書陳請中央儲備銀行總裁核定後交中央儲蓄會辦理之
第十條　本規程由中央儲備銀行理事會之議决陳請財政部核准後施行並轉呈　國民政府備案修改時亦同

南京特別市政府訓令　府衛字第　號

令城鄉各區公所

案查前准南京總領事館函以中日厚生協會委託同仁會編成巡迴診療班六班自本月十五日起對貧病市民及公務員免費治療一案業經令飭遵照辦理在案所有免費診療申請書現已排印蒇事亟應分發以資應用惟是項申請書發給之前務須切實調查清楚如確係無力負担醫藥費用之市民及公務員方准發給庶於普遍分發之中兼寓愼重之意除分令外合行檢發免費診療申請書五十本令仰該區公所迅卽遵照辦理仍將辦理情形具報核奪爲要切切

此令

計發免費診療申請書五十本(略)

中華民國三十二年四月　日

市長周學昌

南京特別市政府訓令　府農字第　號

令第五區各鄉區公所

查耕牛一項爲農業上之重要主動力而幼牛爲耕牛繁殖之源現値增強農產工作之際所有各鄉鎭農戶飼養耕牛及其幼牛

數目亟應調查以資考核茲制定本市三十二年度各鄉鎮耕牛調查表式一種除分行外合亟檢發表式令仰該區遵照剋速派員詳查依式填表限於文到半月內呈報來府以憑核辦毋得遲延切切

此令

計發調查表式二份

中華民國三十二年四月　日

市長周學昌

南京特別市　區三十二年度耕牛調查表

鄉（鎮）別	耕牛種類及數目								備註
	水牛				黃牛				
	牡	牝	幼牛		牡	牝	幼牛		
			牡	牝			牡	牝	
合計									

中華民國　年　月　日

○○區區長

調查員

（簽名蓋章）

南京特別市政府訓令 府保甲字第　號

令 鄉區自治實驗
上新河區公所
孝陵衛區公所
安德門區公所

查邇來柴草來源稀少售價繼漲增高業經面飭各該區公所會同當地警察局長儘量勸導農民運柴入城銷售並由本府與首都警備司令部及首都警察總監署會銜出示布告嚴禁地痞流氓冒充軍人沿途攔截強買各在案茲爲明瞭四鄉柴草生產情形統籌辦理起見特派經濟局主任科員蕭斯、視察周再誠、視察蔣森堂、科員湯亞如會同該區長詳細調查擬具供應切實辦法呈候核辦除分令外合行令仰該區長卽便遵照辦理毋得延誤爲要

此令

中華民國三十二年四月　日

市長 周學昌

首都警察總監署
首都警備司令部
南京特別市政府

佈告

政一字第　號
府保甲字第　號

查邇來柴草來源日見稀少價格繼漲增高影響平民生計殊非淺鮮據報四郊常有地痞流氓冒充軍人沿途攔截任意阻撓或強行收買希圖高價轉售似此橫行不法深堪痛恨爲此特會銜佈告嗣後各該農民挑柴入城准許結夥同行並得當地保長出具切結製用運柴旗幟以資識別如再有不肖之徒攔截強買務卽扭送附近軍警機關依法嚴懲藉維燃料而肅紀綱除飭巡邏軍警加意查察外合亟會銜佈告週知

此佈

中華民國三十二年四月　日

首都警察總監鄧祖禹
首都警備司令李謳一
南京特別市市長周學昌

南京特別市政府公告 府字第　號

案據業戶華金祥等呈報坐落四根桿子第一三五號房地產原領前土地局所發五字第五二一號所有權狀及五區一五一四段分段圖共字一三八六號共有證各一件因被火焚失請予補給等情經飭據呈繳破殘圖狀暨鄰商兩保前來茲依照土地法第一百四十條第二款之規定揭示公告自公告之日起對於該項遺失圖狀如有因權利關係聲明異議者須於三個月內提出理由書暨證明文件呈候核辦一經公告期滿無人異議即予依法補給圖狀管業合行公告週知

市長周學昌
地政局局長張仿良

南京特別市政府公告 字第　號

（二）

案查本市原第五區三九二三段房地產前因業戶吳靜如與陶姓爭執經法院判決後迄未公告茲據該產繼承人吳茂松呈繳登記收據與原案相符合行依照本市土地登記暫行規則第十五條之規定揭示公告自公告之日起對於該項房地產如有因權利上關係聲明異議者於三個月內提出理由書及證明文件呈候核辦一經公告期滿未據異議即予依法登記發給圖狀執業合行公告週知

計開

聲請人　姓名　住址

坐落　第　區　段　第　號

種類及面積　地　畝　分　厘　毫　絲

四至　東至　西至　南至　北至
定着物情形
申報地價
申報定價
物現值
共有權人
他項權利人
公告日期
公告期滿日期

中華民國三十二年四月　日

市長周學昌
地政局局長張仿良

法規

南京特別市山西路市容整頓事務處章程

民國三十二年四月施行

第一條　南京特別市政府爲整頓山西路一帶市容以壯觀瞻起見特設立山西路整頓事務處(以下簡稱本處)

第二條　事務處設主任一人秉承市長綜理全處事務副主任一人協助主任辦理日常事務

第三條　事務處設總務登記測繪財務衞生五股各股股長一人股員若干人由城區自治實驗區公所地政局工務局財政局衞生局派員充任之

第四條　事務處辦理左列事項

一、關於市房及地基之登記事項

二、關於產權之清理事項

三、關於市房標準圖樣之制定事項

四、關於市房裝璜設備之整頓事項

五、關於建設費拆遷費之貸與及籌發事項

六、關於房地產糾紛之處理事項

七、關於下水道及衞生消防設備之改善事項

八、其他與整頓市容有關事項

第五條　整頓之區域如左

一、由山西路廣場至區公所前

二、由山西路廣場至市政府圍牆

三、由大方巷沿江蘇路至區公所

四、由四衞頭巷口至一號之住宅

五、珞珈路北邊東段及頤和路口東南角空地

第六條　事務處辦公費得編具概算呈請市政府撥發

第七條　事務辦理市房登記及繪製圖樣得酌收登記費及圖則費其數額另定之

第八條　全部整頓工程自民國三十二年五月一日起至六個月完竣

第九條　本章程經市長核准之日施行

南京特別市山西路整頓事務處評議委員會章程　民國三十二年四月施行

第一條　本處為求合理解決山西路一帶市房基地之複雜情形起見特設評議委員會

第二條　評議委員會設主任委員一人由城區自治實驗區區長兼任設委員五人至九人由區公所聘請地方公正人士充任之

第三條　評議委員會辦理左列事務

一、關於市房及基地價額之評議事項

二、關於拆遷費之評議事項

三、關於房地產糾紛之調楚事項

四、其他有關事項

第四條　評議委員會會議由主任委員隨時召集之

第五條　評議委員會議決事項應由事務處呈請市長核准辦理

第六條　評議委員會對於整頓山西路一帶之市容得向事務處提出意見作為參考

第七條　本章程經　市長核准之日施行

南京特別市山西路一帶現有市房改造辦法　民國三十二年四月施行

一、南京特別市政府為整頓山西路一帶市容改造現有市房進行順利起見特訂定本辦法

二、現有市房改造人之順序依照左列之規定

(一)房屋基地同爲一人所有者
(二)基地所有人或其代管人
(三)房屋所有人或其代管人
(四)房屋承典人或其承租人
(五)基地承典人或其承租人

三、前項所定之第一順序人自公告登記日起五日內不申請登記改造時卽由第二順序人改造以下順序及登記期限均依此類推但所定順序人均逾聲請登記時得由事務處另行招人改造

四、房屋現已出租與他人雖房屋基地同爲其所有於改造時亦應在施工可能範圍內儘量予承租人之便利將來改造完竣後現有承租人並有優先承租權

五、基地所有人或代管人或永承人或承租人於改造房屋時應備價收買基地上現有之房屋或給予房屋所有人相當之拆遷費其數額由評議委員會評定之

六、房屋及基地出典人於改造房屋時而出典期間尚未屆滿者應按出典期間比例返還典價倘基地出典後已由承典人造有房屋出典人於改造房屋時除備價收買其房屋或給予相當之拆遷費外於改造完竣後承典人並有優先承租權

七、房屋所有人或代管人或承典人或承租人於改造房屋時得以土地需用人之資格呈請征收已超過規定建築期限之土地其土地所有人因故不能收取地價時得由政府代爲收取保管

八、空房基地得由土地需用人呈請政府征收之但以能在規定期內依式建築完竣者爲限

九、因改造或建築所需之資金得由事務處設法貸與之其年限及利率以契約訂定

十、本辦法經市長核准公布之日施行

南京特別市市庫收支軍票措置辦法

民國三十二年四月施行

一、凡向庫繳解軍票各款應按照軍票一八元申合儲備券壹百元兌換率將儲備券數塡寫繳款書上幷在備攷欄內註明軍票數金庫收到上項軍票隨時兌換儲備券入賬

二、凡向庫具領軍票各款應按照兌換率申合數在請領款書暨支付命令通知存根各金額欄內塡明儲備券數幷在備考欄內註

明「軍票若干按一八元申合儲備券一百元兌換率計算合如上數」等字樣

三、代管款項內原存及續繳軍票各款應由市庫一律按照兌換率隨時申合儲備券入帳

四、代管款項內日僑家屋租金等原支軍票各款一律按照兌換率改付儲備券並在收據上註明儲備券與軍票換算額以備查攷但角位以下得以郵票代付以資便利

修正南京特別市捕運魚花登記暫行辦法

三十二年四月第二次修正

第一條　本市爲發展魚業生產保護捕運魚花起見特訂定本辦法

第二條　凡市民捕運魚花在城內外池塘養殖者須向南京特別市粮食局領取申請書逐項塡明並邀同舖保蓋章申請登記

第三條　登記各戶經市粮食局查明核准接得通知後應邀同原保到局領取旗幟及魚網號牌其式樣另定之

第四條　每旗幟一面得設網十個申請人應於申請書上塡明不得以多報少希圖隱匿

第五條　此項旗幟號牌有效期間每年自五月一日起至六月三十日止限滿繳銷

第六條　魚網尺度規定爲長六尺五寸寬三尺之麻布網捕取地點須在距岸二丈以內之江面時間每日自上午五時起至下午七時止不得逾越

第七條　凡非經營此項業務者不得申請登記

第八條　捕運時必須攜旗幟網上懸掛號牌以備稽查

第九條　凡無旗幟及號牌之魚網所在地軍警得隨時拘捕並得沒收其魚花及網

第十條　旗幟每面收登記費六元魚網每個收登記費六角按網編號發給號牌應繳各費須於申請登記時繳清掣給收據

第十一條　旗幟號牌如有遺失情事原請領人須隨時呈報聽候查明核辦如無他項情弊准予按照本辦法各條之規定繳納登記費申請補發

第十二條　如有違背本辦法各條之規定及發生攜帶違禁物品並其他一切情弊不論網戶傭工一律依法究辦其原保亦同負責任

第十三條　本辦法自公布日施行

公牘

南京特別市政府咨　府字第　號

案准

貴部工字第一九七號咨略開：

「案據全國度量衡局呈以劃一度量衡制度實爲目前刻不容緩之要政，惟近查各地方之檢定機關尙未能普遍設立，卽已經設立者機構亦欠健全以致新制推行深感遲滯呈請咨行各省市轉飭所屬經濟當局設法加強檢定所機構庶全國劃一事業得以早日完成並希見復」

等由。准此，査本市度量衡檢定所自開辦以來機構尙稱健全推行劃一工作頗具効果准咨前由除飭經濟局特別加強該所機構以重度政外相應復請

査照至級公誼

此咨

實業部

市長周學昌

中華民國三十二年四月　日

南京特別市政府咨　字第　號

案准

貴部工字第二六七號咨略開：

「案據全國度量衡局呈以京滬兩地對於新制之推行經視察所得除量器均告劃一外關於度衡兩器具尙未切實推行一案呈請咨行京滬兩市轉飭經濟局切實推行以爲其他各省市之倡導並希見復」

等由。准此查本市度量衡檢定所自上年八月一日開辦以來積極推行迄本年一月完成量器劃一復於三月十五日起舉辦全市各業度器總複驗工作現仍繼續辦理之中約在五月十五日以前可告完成至於衡器劃一工作正在準備推動業分別將全市製造商所有製成舊制各器飭其登記改造並擬於度器劃一辦竣後開始複驗衡器以期各符新制准咨前由除飭經濟局督率度量衡檢定所切實推行外相應復請

查照至紉公誼

此咨

實業部

中華民國三十二年四月　日　市長周學昌

南京特別市政府咨　府財字第　號

案准

財政部會未二字第一九一四號咨開：

「案准上海特別市政府咨以三十一年度上半年國家支出總概算核定中央補助上海市施療所藥品費過去年度本市並無是項收入自應照數登記並函請　內政部規定是項經費領發辦法函復查照等由准此查中央補助各省市衛生經費向由內政部總領分發所有三十二年度上半年中央補助貴市南京防疫籌備經費三十八萬二千六百四十元前經呈奉核定於抄送三十二年度上半年中央補助地方支出清單案內彙列咨達在案事關地方財政統一自應咨請內政部一律按月轉交貴市財政局領轉相應咨請查照逕向內政部接洽一面轉飭財政局遵照並見復為荷」

等由准此除飭財政局遵照外相應咨請

貴部將是項補助費按月轉發以便具領應用并希

見復為荷

此咨

內政部

中華民國三十二年四月　日　市長周學昌

南京特別市政府咨　府工字第　號

案准

貴部建都字第一一七七號咨開：

「查組設首都建設委員會事宜本部前派都市建設司幫辦梁平原面謁貴市長業已徵得同意。茲以該委員會委員依照組織簡章應分別指派經本部派定胡振廷麥靜銘梁豐原為委員尚有委員二人應請貴府指定除該會會址擬暫設於本部之內以利進行外相應檢同組織簡章並擬具會銜呈稿一式二份咨送查照辦理並希將該稿件迅簽判還鄉俾便繕垂呈行政院備案」

等由幷附簡章一份會呈稿二份准此除派本府工務局局長陳萬恭地政局局長張仿良為該會委員幷將各附件分別簽判暨留存外相應檢同原稿二份函請

查照辦理為荷

此咨

建設部

附原會呈稿二件（略）

中華民國三十二年四月日

市長周學昌

南京特別市政府咨

案查本市土地工作旬報表業經送至四月份中旬在卷茲造具四月份下旬前項工作旬報表各乙份相應咨送即希查照為荷

此咨

內政部

計咨送本市土地工作四月份下旬旬報表一份

中華民國三十二年四月日

市長周學昌

南京特別市政府辦理土地登記工作四月份下旬旬報表

中華民國三十二年

日期 / 事項件數	接收各種土地登記聲請書	土地所有權登記	土地所有權以外權利登記：移轉登記	變更登記	分割登記	合併登記	增減登記	土地種類變更登記	更正登記	塗銷登記	他項權利：他項權登記	承領權登記	地役權登記	典權登記
21	7		7											
22	6	1	3											1
23	11		10								1			
24														
25														
26	13		13											
27	5	1	4											
28	2		2											
29	6		6											
30	5	1	4											
合計件數	55	3	49								1			1
總計件數	55	3	49								3			

登記		發給各種土地權利證明書狀					備攷
抵押權登記	共有權登記	土地所有權狀	土地執業證	官契稅單	建築用圖	查驗證	
		1					
1					2		
				1			
		2		6		1	
						1	
				1			
		4		1			
1		7		9	2	2	
		20					

說明

一、接收各種土地登記聲請書一項係包括土地所有權登記以外其他一切權利登記之聲請書而言

二、除表列各項登記權利及各種證明書狀外其他登記權利及證件之有件數可作統計者得由主管地政機關按其事項分別種類增列填報

南京特別市政府咨　府糧字第　號

查三十二年五月上旬應配公米前據粮食局呈請轉咨配發壹萬柒千石僅准核發壹萬肆千石在案茲據該局呈以奉撥五月上旬公米壹萬肆千石連同四月下旬滚存米約壹千陸百餘石僅有壹萬五千陸百餘石而四月下旬實售壹萬陸千餘石若只撥壹萬肆千石恐屆時不敷支配仰祈鑒核俯賜轉咨續發壹千伍百石以利配給而維民食等情前來經核確屬實在除指令外相應咨請

查照續撥公米壹千五百石以便撥發並希

見復爲荷！

此咨

粮食部

中華民國三十二年四月　日　　市長周學昌

南京特別市政府公函　府經字第　號

案准實業部鑛字第二六三號咨開：

「案據中華煤鑛業聯合會理事長居述三呈稱：「竊屬會於本鑛一月二十五日召開第一次理監事聯席會議時經理事長居述三提議擬呈請實業部咨行各省市轉令各地方官吏及軍警保護鑛商鑛工以利增產一案當經決議現値大東亞戰爭亟需增產自主席發表參加大東亞戰爭後各鑛鑛工首先派人來會表示擁護故本會有蒸黿之響應是本會爲參戰之重要份子祇以各處鑛商及鑛工每多爲人歧視影響增產工作實非淺鮮應由本會呈請實業部咨行各省市政府轉令各所在地官憲及軍警對於鑛商鑛工一致優予保護以爲參加大東亞者勸除通過紀錄在卷外理合錄案具文呈請仰祈鈞部鑒核懇即咨行各省市轉令各地方官憲及軍警對於礦商礦工准予保護以示優異而利增產不勝感激待命之至」等情據此除批示外相應咨請貴府查照辦理爲荷。

等由准此自應照辦除分函暨令行外相應函請

查照並飭屬遵照爲荷

此致
首都警察總監署
南京警備司令部
首都憲兵司令部

市長周學昌

中華民國三十二年四月日

南京特別市政府公函　府糧字第　號

查本府辦理本市捕運魚花登記一案曆經函請查照在卷現値開捕期近自應照案擧辦除令各區公所轉飭所轄境內各網戶于五月十日以前照章申請登記外相應檢同修正捕運魚花登記暫行辦法一份函請查照轉飭水巡隊如査有未領本府旗幟網牌私行捕運網戶卽予照章取締爲荷

此致
首都警察總監署

計送修正捕運魚花暫行登記辦法一份（見法規欄）

市長周學昌

中華民國三十二年四月日

統計

南京日需品零售物價指數（簡單幾何平均）

民國二十六年＝100

(附表)

時期 \ 類別 項數	食糧葷素菜類 食糧類	食糧葷素菜類 菜蔬類	食糧葷素菜類 肉類	食糧葷素菜類 醬菜	食糧葷素菜類 平均	油及調味類	燃料類	衣服材料類	雜項	總指數
項數	10	23	9	5	47	9	7	10	10	83
民國三十二年三月	5831,0	5552,6	3877,7	3073,1	4918,4	4233,3	4863,2	6813,1	6434,8	5193,4
四月	7373,8	4249,6	4800,2	4402,3	4909,5	5410,5	6479,8	7451,8	7812,8	5648,4
增漲(十)減落(一)百分比	(十)26,5%	(一)23,47%	(十)23,79%	(十)43,25%	(一)0,18%	(十)27,81%	(十)33,24%	(十)20,22%	(十)21,41%	(十)8,8%

南京特別市政府秘書處第三科統計股編製

南京日需品零售物價指數（簡單幾何平均）

民國二十六年＝100　　（暗盤）

類別 項數 時期	食糧葷素菜類 食糧	食糧葷素菜類 蔬菜	食糧葷素菜類 肉類	食糧葷素菜類 醬菜	食糧葷素菜類 平均	油及調味類	燃料類	衣服材料類	雜項	總指數
	10	23	9	5	47	9	7	10	10	83
民國三十二年四月	7373.8	4249.6	4800.2	4402.3	4909.5	5410.5	6479.8	7451.8	7812.8	5648.4

說略：本月份南京日需品零售物價指數爲5648.4較上月份指數平均高漲455.0其食糧葷素菜類中唯菜蔬一項時值春深鄉人翻土拔菜菜蔬上市數量增加價格下落指數爲4249.6較上月低落1303.0 其餘各項均相擠上升如食糧因受麵粉來源不暢之影響其指數升至7373.8較上月漲起1542.8 肉食及醬菜亦隨各物之漲勢而上升但食糧葷素菜類中菜蔬佔百分之五十 菜蔬之指數低落 對該類平均指數影響甚鉅故平均指數爲4909.5較上月反低8.9油及調味料爲5410.5較上月升漲1177.2燃料在本月上中旬因被城外口有人截住賤賣原因漲勢最顯由上月之4863.2漲至6479.8升上1616.6衣服材料爲5451.8 較上月升漲638.7雜項類爲7812.8較上月升漲2718.0總之本月份物價猶在猛烈昇漲中

南京特別市政府秘書處第三科統計股編製

附錄

新京特別市成立十週年紀念廣播祝詞

中華民國南京特別市市長周學昌

今天是滿洲國首都新京特別市公署成立十週年紀念日，在十年前，就是滿洲大同二年四月二十六日，新京市被正式指定為特別市，從來經過兩個五年建設計劃，卒能具備了現代都市的體制，而成為東亞的模範大都市之一，當新京特別市十週年紀念的今日，本人代表中華民國南京特別市謹申慶賀之意。

新京特別市以滿洲國首都的地位，領導着全國各都市，從事着建設事業，十年來如一日，已能完成預定的計劃收獲預期的効果。這也就是把協力大東亞戰爭的力量充實起來，把復興東亞的力量準備起來，這是使我們感到非常欣快的。況且南京市和新京市是中滿兩國的首都，這兩個首都的建設事業是隨時需要提攜的，所以我們對於友邦首都的建設發展，懷有極大的期待。

記得去月九月間，本人赴日考察市政歸來，到滿洲新京參加第二次東亞大都市大會的時候，曾有一次講演說：「我們中華民國十一個都市的出席代表，是代表着國民大衆，對東亞大都市大會的懇切抱負而來的，我們的抱負，就是在中滿日三國共同宣言的意旨之下來協力，是要為東亞解放的大東亞戰爭而努力，因為大東亞戰爭是為保衛東亞而戰，為擊滅英美侵略東亞勢力而戰，為國際和平正義而戰的，所以東亞的人民，都是衷心感謝，情願同甘共苦，竭誠協力的。」當時並提出三項市政建設的方案，就是「精神訓練」「物質建設」「技術交換」。更指出東亞各大都市人民同心協力團結的必要。

那次的大會的宣言也曾記着「鑑於中日滿三國之大都市處於東亞之政治，經濟，文化之中樞地位，自應益敦善隣友好之誼，進而謀文化之交流，以舉國民外交之實績，而期促進大東亞共榮圈之早日確立。」這樣的意旨是我們東亞每一個大都市所要牢記的，也就是我們大家所要共同努力的。

今天雖然諸君已完成新京第二期建設計劃，想必將邁入第三期的建設階段，希望這一期建設比前兩期更有飛躍的進展，同時南京市並正努力着精神訓練和物質建設的工作，一方面領導民衆統一意志，堅定信念，發揮同生共死的精神協力大東亞戰爭，另一方面，應合戰時體制的要求，勵行新國民運動，動員民力，財力，增加生產，充實物資，安定民生鞏固治安。

最後在大東亞戰爭勝利發展之今日，除祝賀滿洲新京特別市十週年紀念之外，更希望東亞各大都市緊密協力，攜手邁進，團結東亞十萬萬民衆之總力爭取大東亞戰爭的最後勝利。

市政公報暫定價目表

期數	價目	郵費
零售每冊	五角	本埠四分 外埠八分
半年十二冊	六元	本埠四角八分 外埠九角六分
全年二十四冊	十二元	本埠九角六分 外埠一元九角二分

市政公報廣告刊例

頁數	價目
一頁	每期十八元
半頁	每期九元
四分之一頁	每期四元五角

刊登廣告在四期以上者每期按照七折計算連續十期以上者每期按照六折計算長期另議

出版日期 本公報暫定每月二次

編輯者 南京特別市政府祕書處

發行者 南京特別市政府祕書處

印刷者 南京國華印書館

地址：中山東路臚政牌樓

電話：二二一六五

中華郵政掛號認爲第一類新聞紙類　江蘇郵政管理局執照第一〇四三號

中華民國三十二年五月十五日

市政公報

第一一九期

南京特別市政府秘書處印行

目錄

行政院訓令

行政院訓令　政字第　號

令南京特別市政府

現奉

國民政府第二一五號訓令內開：

「據本府文官處簽呈稱准最高國防會議祕書處高祕字第一七七號公函開案奉　主席交下最高國防會議三十二年四月廿九日第一三次會議討論事項第六案　主席交議擬規定每年五月五日爲青年節請公決案決議通過送國民政府公布等因遵經紀錄在卷相應錄案函請查照轉陳明令公布通飭知照等由理合簽請鑒核等情據此自應照辦除明令公布曁分行外合行令仰該院知照并轉飭所屬一體知照」

等因；奉此除分令外合行令仰該府飭屬一體知照！

此令

中華民國三十二年五月　日

院長汪兆銘

命令

南京特別市政府公布令　字第　號

茲修正本市管理公共娛樂場所及藝員登記規則公布之

此令

附修正本市管理公共娛樂場所及藝員登記規則（見法規欄）

中華民國三十二年五月日

市長周學昌

南京特別市政府訓令　府祕字第　號

令本府所屬各機關

案奉

行政院院字第四〇九號訓令內開

「查各機關辦理公文每有將外國文記載之文件原文呈送未附譯文非徒閱覽未盡便利即對於行文體制亦有未合嗣後各該機關遇有應送外國文記載文件務須翻譯國文配附呈送以憑核辦存查除分令外合行令仰該府轉飭所屬一體遵照」

等因奉此自應遵辦除分令外合行令仰該　遵照并轉飭所屬一體遵照

此令

中華民國三十二年五月日

市長周學昌

南京特別市政府訓令　字第　號

令本府各處局

案奉

行政院政字第三八八號訓令內開「案奉

國民政府第二零六號訓令開「據該院政字第三六一號呈稱「案據司法行政部呈查全國司法行政會議大會決議案第七十四案關於禁止軍警及地方自治機關擅理民刑訴訟事件送請轉呈通令遵行等由過部查民刑案件均應由各級法院按照法定手續依法審判無論何種機關不得越權受理加以干涉會經國民政府於十八年二月明令各軍事長官嚴飭所屬遵照在案茲以事變之後各地司法機關未全恢復每遇民刑訴訟事件發生往往訴諸就地軍警機關或鄉鎮公所而各該機關等又不問是否由其管轄即濫予受理其間能秉公定讞排難解紛者無形中減少人民訟累固難厚非而違法處分或強迫壓制致使冤抑莫伸者究居多數按諸實際均屬濫行職權不獨破壞司法系統抑且剝奪人民法益似此情形殊非所宜當茲刷新政治撤廢治外法權之際而各地司法機關亦已逐漸恢復對於前項情事亟應予以禁止藉振綱紀而正國際觀聽為此備文呈請　鈞院鑒核俯賜轉呈　國民政府通令行政軍警各機關嗣後凡遇民刑訴訟案件不得擅自處分應即移送就近法院受理以一事權而重法治至為公便等情據此案關整肅司法系統似應照辦除指令外理合備文轉呈仰祈鑒核俯賜迅予嚴申禁令以重法治等情據此應准照辦除分令軍事委員會清鄉委員會華北政務委員會分別轉飭遵照外合亟令仰該院嚴飭所屬地方政警機關嗣後遇有民刑訴訟案件應即移送法院受理不得越權處分以重司法是為至要等因奉此除分行外合行令仰該府遵照並轉飭所屬一體遵照」等因奉此案關整肅司法系統自應遵辦除分令外合行令仰該局遵照並轉飭所屬一體遵照切切

此令

中華民國三十二年五月　日

市長周學昌

南京特別市政府訓令　府經字第　號

令經濟局

改組南京特別市各業同業公會籌備委員會

案准

實業部商字第三九三號咨開：

「查工商團體已成爲戰時體制下之純粹經濟機構業經第七次最高國防會議決議通過幷由　行政院通飭遵照關於工商同業公會暫行條例亦奉　國民政府公布施行各在案所有特別市暨縣市之工商同業公會自應尅日依限改組以利統制爰就本部主管部份制定實業部主管主要商品工商同業聯合會及同業公會分類表一種注明限期成立除分別呈咨函令外相應檢同前項分類表一份咨請查照幷希轉飭所屬遵照至紉公誼」

等由幷附送實業部主管主要商品工商同業聯合會及同業公會分類表一份到府茲復准商字第四一〇號咨開：

「案查工商同業公會暫行條例自奉　國民政府公布以來所有各地工商同業聯合會亟待指導成立以期加強組織爰經本部會同粮食部依據工商同業公會暫行條例第二十一條之規定制定工商同業聯合會組織暫行通則一種除於本月二十日會銜公布並呈請　行政院備案暨分別函咨外相應檢同前項通則一份咨請　貴市府查照幷轉飭所屬遵照辦理至紉公誼！」

等由附送工商同業聯合會組織暫行通則一份准此自應照辦除分行外合亟抄同各原件令仰該局分別遵照辦理
會分別遵照並轉行各同業公會一體遵照爲要

此令

計抄發實業部主管主要商品工商同業聯合會及同業公會分類表一份
工商同業聯合會暫行通則一份

實業部主管主要商品工商同業聯合會及同業公會分類表

聯合會	同業公會應分組別	備考
一、棉花業同業聯合會	一、棉花業仝業公會	限四月底完成
	二、彈花業同業公會	限五月底完成

二、棉製品業同業聯合會			
	一、紗廠業同業公會		限於五月底完成
	二、紗號業同業公會		限四月底完成
	三、棉織廠業同業公會		限五月底完成
		A,毛巾業組	
		B,手帕業組	
		C,內衣業組	
		D,被單業組	
		E,襪業組	
		F,其他	
	四、布廠業仝業公會		限於五月底完成
		A,廠業組	
		B,染織業組	
	五、布號業仝業公會		限四月底完成
		A,棉布業組	
		B,土布業組	

		T零布業組	
三、絲綢業仝業聯合會			
	一、繭行業仝業公會		限五月底完成
	二、絲廠業仝業公會		仝前
	三、絲號業同業公會		仝前
		A,生絲業組	
		R,人造絲業組	
	四、絲織廠業仝業公會		限五月底完成
		A,綢緞業組	
		B,針織品業組	
		C,合線業組	
	五、綢緞號業仝業公會		限五月底完成
四、毛紡織業仝業聯合會			
	一、原毛業仝業公會		限五月底完成
	二、毛紡織廠業仝業公會		仝前
		A,毛紡織業組	

		B, 駱駝絨業組	
	三、絨線號業仝業公會		限五月底完成
	四、呢絨號業仝業公會		限五月底完成
五、化學工業同業聯合會			
	一、化學工業原料廠業同業公會		限五月底完成
	二、化學工業原料號業同業公會		同前
	三、化學工業品業同業公會		同前
		A, 化粧品業組	
		B, 油墨業組	
	四、藥廠業同業公會		限五月底完成
	五、新藥業同業公會		限四月底完成
	六、顏料號業同業公會		限五月底完成
		A, 顏料業組	
		B, 染料業組	
六、酒精業同業聯合會			
	一、酒精廠業同業公會		限五月底完成

	二、藥廠業同業公會		
	三、新藥業同業公會		
七、皂燭業同業聯合會			
	一、皂燭廠業同業公會		限五月底完成
		A,皂業組	
		B,燭業組	
	二、工業油脂業同業公會		限四月底完成
	三、捲煙火柴皂燭號業同業公會		同上
		A,捲煙業組 B,火柴業組	
		C,皂業組	
		D,燭業組	
八、玻璃業同業聯合會			
	一、玻璃廠業同業公會		限五月底完成
	二、五金號業同業公會		同前
九、菸業同業聯合會			
	一、菸叶業同業公會		限四月底完成

聯合會	同業公會	業組	完成期限
	二、菸廠業同業公會		限五月底完成
	三、捲菸火柴皂燭號業同業公會		
十、火柴業同業聯合會			
	一、火柴廠業同業公會		限五月底完成
	二、捲菸火柴皂燭號業同業公會		
十一、皮革業同業聯合會			
	一、原皮業同業公會		限五月底完成
	二、製革業同業公會		同前
		A,製革原料業組	
		R,皮革業組	
		C,皮件業組	
	三、皮革號業同業公會		限五月底完成
	四、皮革製品號業同業公會		限五月底完成
十二、橡膠業同業聯合會			
	一、橡膠原料業同業公會		同前
		A,進口原料業組	

		B，舊料業組	
	二、橡膠製造業同業公會		同前
	三、橡膠品號業同業公會		同前
十三、金屬業同業聯合會			
	一、機械廠業同業公會		同前
		A，機械業組	
		B，零件業組	
	二、鉄鋼業同業公會		同前
	三、白鉄號業同業公會		同前
	四、金屬線絲業同業公會		同前
		A，拉絲業組	
		B，製釘業組	
	五、非鉄金屬業同業公會		同前
		A，銅錫業組	
		B，鋼精業組	
		C，其他非金屬業組	

	六、五金號業同業公會		限五月底完成
十四、電器業同業聯合會			
	一、電器廠業同業公會		同前
		A,電器組	
		B,電線組	
		C,電燈泡組	
		D,無線電組	
		E,膠木電器組	
		F,電筒電池組	
		G,電珠組	
	二、水電材料號業同業公會		同前
	三、五金號業同業公會		
十五、煤業同業聯合會			
	四、煤號業同業公會		同前
	二、煤球業同業公會		同前
		A,煤球製造業組	

		B,煤炭業組	
十六、百貨業同業聯合會			
	一、百貨公司同業公會		同前
	二、京廣百貨業同業公會		同前

註：分組得按當地習慣劃分之

工商同業聯合會組織暫行通則

第一條　凡加入全國商業統制總會之主要商品工商同業公會應依本通則分別組織各業同業聯合會

前項各業之業別由中央主管官署就物資之種類分別規定之

第二條　工商同業聯合會以左列各種主要商品工商同業公會爲會員

一、關於主要商品收買之同業公會

二、關於主要商品加工製造之同業公會

三、關於主要商品銷售之同業公會

第三條　凡依習慣以銷售二種以上不同類製品爲業之同業公會得經中央主管官署之核准加入二以上工商同業聯合會爲會員

第四條　工商同業聯合會必要時得經理事會之決議中央主管官署之核准在特定地域設置分會

第五條　工商同業聯合會之發起人由中央主管官署指定限期組織成立並就發起人及發起人所推荐者中指定第一任聯合會之理事長及理監事

第六條　工商同業聯合會承中央主管官署之命監督指導所屬會員辦理全國商業統制總會暫行條例第四條所規定之各款事項

第七條　工商同業聯合會得依其資本或營業額之大小派代表一人至五人出席聯合會會員大會
前項出席代表之人數由理事會（在發起時爲發起人）決議中央主管官署核定之
第八條　工商同業聯合會會員代表以一百人爲限其會員超過一百人以上時得由理事會（在發起時爲發起人）決議經中央主管官署核定以所屬各種同業公會依其資本或營業額分區或分業推定代表出席於聯合會會員大會
第九條　中央主管官署認爲必要時得命令工商同業聯合會改組
第十條　工商同業聯合會依章程規定得向會員徵收會費
第十一條　工商同業聯合會經中央主管官署之核准得設置基金
第十二條　工商同業聯合會經中央主管官署之核准征收業務上之手續費
第十三條　工商同業聯合會非經中央主管官署之核准不得合併或解散
第十四條　工商同業聯合會除本通則規定外準用工商同業公會暫行條例及工商同業公會暫行條例施行細則之規定
第十五條　本通則自公布之日施行

南京特別市政府訓令　府經字第　號

令改組各業同業公會籌備委員會

經濟局案呈奉

實業部商字第九九一號訓令內開：

「案查工商業同業公會暫行條例業奉　國民政府明令公布前項施行細則自應亟予頒行以資實施除經本部會同糧食部擬定就緒於本年四月二十四日會銜公布並分別呈咨函令外合亟抄發前項施行細則一份令仰該局遵照」

等因並附發工商同業公會暫行條例施行細則一份下局奉此除遵照外理合檢送原細則請予通飭遵照等情據此合行抄同原件令仰該會遵照

此令

附抄發工商同業公會暫行條例施行細則一份

中華民國三十二年五月　日

市長周學昌

工商同業公會暫行條例施行細則

第一條　本細則依工商同業公會暫行條例(以下簡稱本條例)第二十三條制定之

第二條　依本條例組織之工商同業公會(以下簡稱公會)稱某地或某區某業同業公會

主要商品同業公會之名稱由中央主管官署規定之其他公會不得使用類似之名稱

第三條　同一縣市或特別市內之同業公司行號有五家以上時應依本條例組織公會

前項之同業公司行號未滿五家者得呈請當地主管官署指定加入隣近縣市之公會或經中央主管官署之特許就各縣市組織公會

第四條　工商業有特殊情形者依本條例第八條之規定經中央主管官署之核准得跨連二以上縣市或者與特別市組織同一同業公會其區域由中央主管官署指定之

前項有特殊情形之工商業在同一縣市或特別市內同業滿十家時得由地方主管官署呈經中央主管官署之核准以縣市或特別市爲區域組織公會

第五條　公會除本條例第十一條所規定外不得以其名義爲營利事業

第六條　依本條例第四條第一項發起公會時應呈請當地主管官署核准轉報中央主管官署備案依本條例第八條發起公會時應呈請中央主管官署核准備案

主要商品之同業公會及依本條例第八條組織之同業公會之發起人得由該管主管官署指定之

第七條　前條之發起人應于二十日內召集同業開會議決章程其會期於七日前通知之

第八條　公會除經中央主管官署核准設立者外經特別市政府或省政府核准設立後應即轉報中央主管官署備案

第九條　公會核准設立後應繳登記費國幣壹百元由該管主管官署發給登記證書及圖記

前項圖記用篆文木質長方形長七公分五厘寬四公分五厘邊寬五厘文曰某地某業同業公會圖記

第十條　發起人之責任終止於公會核准設立後理監事就任之日但發起時之費用得由公會公決追認之

第十一條　公會會員加入時須先向公會登記由公會給予憑證

第十二條　公會會員依其資本或營業額之大小得派代表一人至三人出席會員大會

前項會員出席代表之人數由理事會(同公會未成立前爲發起人)決議主管官署核定之

第十三條　公會會員代表以三百人爲限超過三百人以上時得依其資本或營業額之大小經理事會（在公會未成立前爲發起人）之決議主管官署之核定分區推定代表

第十四條　公會在區域內遼遠之鄉鎮其同業滿五家以上者得設置分會分會依其營業額之大小推派代表出席會員大會前項分會出席代表之人數由理事會（在公會未成立前爲發起人）決議主管官署核定之

第十五條　會員推派代表時應給以委托書並以書面通知公會改派時亦同

第十六條　公會對於會員推派之代表應根據本條例第十五條審查其資格改派時亦同

第十七條　公會理事長及理監事由會員大會就代表中用無記名連選舉法選任之以得多數者當選前項選舉時由該管主管官署派員莅場監督

第十八條　理事長及理監事任期均一年連選得連任

第十九條　公會得依章程於選舉理監事時另選候補理監事遇有缺額依次遞補其任期以補足前任任期爲限前項候補理監事人數不得逾理監事名額之半未遞補前得列席會議

第二十條　當選理監事及候補監事之名次依得票多寡爲序票數相同時以抽籤定之

第二十一條　主要商品同業公會之職員不稱職時地方主管官署得依本條第十八條第二項之規定命其退職依本條例第八條組織之同業公會之職員中央主管官署認爲不稱職時亦同

第二十二條　公會設立改組或改選時除依本條例規定呈報各件外應造具會員名冊及當選職員名冊報由地方主管官署轉呈中央主管官署備案其依本條例第八條組織者應分別呈報中央及地方各該主管署備案前項名冊式樣另定之

第二十三條　公會理事會開會時以理事長爲主席須有理事過半數之同意方能議決可否同數取決於主席

第二十四條　監事會開會時須有監事過半數之出席互推一人爲主席其決議方法與前條理事會同

第二十五條　常務理事不得逾理事額之三分之一依本條例第十六條由理事互推之理事長因事故不能執行職務時由常務理事代行之

第二十六條　常務理事有缺額時由理事會補推之其任期以補足前任任期爲限

第二十七條　依本條例第十八條及本細則第十九條之規定退職之職員應通知原推派之會員撤銷其代表資格

第二十八條　公會經費由會員分担其分担方法由會員代表大會決定呈請主管官署核准備案

第二十九條　公會解散時由主管官署指派清算人辦理清算事項
第三十條　工商同業聯合會除法令別有規定外準用本細則關於公會之規則
第三十一條　本細則自公布之日施行

南京特別市政府訓令　府經字第　號

令各區公所
南京特別市市商會

案准
經理總監署公字第五六二八號公函內開
「案查軍用物資移動暫行辦法業經　最高國防會議通過自四月十日起施行依據前項辦法第三條「凡第二條規定以外之軍用物資其移動均由軍事委員會經理總監署審核後發給軍用運輸證不受戰時物資移動取締暫行條例第四條及第六條之限制」之規定經飭署制定式樣呈送前來查屬可行嗣後各軍事機關部隊學校持有該項軍用運輸證搬運軍用物品沿途軍警憲及交通統制機關毋得留難一體放行除分行外相應檢附軍用物資移動暫行辦法及軍用運輸證樣張各拾份函請查照並轉飭所屬知照」
等由附送軍用物資移動暫行辦法及軍用運輸證各十份准此除分行外合亟檢發原件令仰該區公所市商會即便知照爲要
此令
附發軍用物資移動暫行辦法及軍用運輸證樣張各一份

中華民國三十二年五月　日

市長周學昌

軍用物資移動暫行辦法

第一條　凡軍用物資之移動應依照本辦法所定核發軍用運輸證
第二條　戰時物資移動取締暫行條例第五條所列兵器彈藥及其原料之移動由主管機關（陸軍部、海軍部、航空署）審核與

有關機關聯絡後發給軍用運輸證

第三條　凡第二條規定以外之軍用物資其移動均由軍事委員會經理總監署審核後發給軍用運輸證不受戰時物資移動取締暫行條例第四條及第六條之限制

第四條　本辦法如有未盡事宜隨時修正之

第五條　本辦法自民國三十二年四月十日施行

南京特別市政府訓令　府經字第　號

令城鄉各區公所

查本市各業同業公會業經本府明令改組並指派人員設立改組各業同業公會籌備委員會惟各業同業公會純以工商行號爲設立基礎尤宜正本清源加以整理整理之方自以攷核登記爲首要從前商民申請登記時大都隨意塡報殊失翔實且歷時已久更與現況不符且未曾申請登記給證而擅行營業者亦復匪鮮似此漫無稽考將來分配物資難得確切標準爰定於各業同業公會改組完成後即將本市工商行號一律重行登記及補行登記以期覈實而便管理自卽日起暫先停止登記給證以免重複之繁除分令暨佈告外合亟令仰該區卽便遵照

此令

中華民國三十二年五月　日　市長周學昌

南京特別市政府訓令　府經字第　號

令改組各業同業公會籌備委員會
城鄉各區公所

案准

實業部商字第四〇二號咨開

「案據全國商業統制總會理事長唐壽民代電稱：

南京實業部梅部長鈞鑒查一切物資在三省兩市區域內移動除取締條例第六條所列舉之十四項特定物資於輸出入上海地區統制線時須經本會許可外其餘原可自由流通不受任何限制在取締條例第四條中固已明白規定卽鈞座屢次發表談話亦有明白宣示惟近來迭據上海及內地各同業公會或商號函稱當地軍警對於法令規定可以自由移動之物資仍多阻止搬運不特違反政府法令且影響所及製造販賣均陷停頓環請救濟前來用特電請鈞部再賜轉咨三省兩市各有關機關分行所屬並函請日本大使館轉知公共租界工部局及法租界公董局嗣後對於法令規定可以自由移動之物資無論在當地或三省兩市區域以內均應予自由移動以重法令而恤商艱再本會前以舉辦存貨登記關係對於取締條例第六條規定由上海地區輸出應經本會許可之十二項物資一律自動暫停移動本日已另擬辦法專案呈核因與本案有關擬請併案核辦等情據此查戰時物資移動取締暫行條例自奉國民政府明令公布以來業奉行政院通飭遵照辦理在案所有各省市地方除對於前項條例第六條及其他法令別有規定限制移動之物資外自應准予自由移動以符法令據呈前情除上海租界地區已飭由上海特別市經濟局分別與工部局及公董局切實洽商辦理外相應咨請貴市政府查照卽希重申前令轉飭所屬切實遵辦並希見復」

等由准此除咨復並分行外合亟令仰該籌備委員會／該區公所遵照轉飭知照為要

此令

中華民國三十二年五月　日　市長周學昌

南京特別市政府訓令　府財字第　號

令各鄉區公所／田賦征收處

案准

財政部賦二字第二九號咨開

「案查前准貴市政府三十二年三月十七日府財字第一三二號咨略以本府依照非常時期各省市征收田賦暫行條例第三條及第八條之規定組織南京特別市田地評價委員會於本年三月二日召集各委員開會略經議決本市田地價格分

為上中下三等不另分則除依據評定田地價格按照百分之一標準核定應征賦額轉飭田賦征收處自三十二年份起實施並分上下兩期征收外相應列表咨請查核轉呈等由附送南京特別市評定田地價格及應征賦額表一份過部准此當經抄表具文轉呈　行政院鑒核在案茲奉院字第二一九號指令內開『呈件均悉准予備案此令附件存』等因奉此相應錄令咨達貴市府知照並轉行所屬一體知照爲荷」

等由准此查此案前經本府召集開會評定田地價格分為上中下三等按照地價百分之一之標準核定應征賦額分別令行咨報在案茲准前由除分令外合行令仰該

此令

中華民國三十二年五月　日

市長周學昌

南京特別市政府訓令　府財字第　號

令妓捐
屠宰稅
捐稅
營業稅
徵收處所

案據江甯區稅務查緝分處主任曾勤呈稱

「案奉財政部稅務署稅癸一字第一八七號令開『茲派該員代理江甯區稅務查緝分處主任令仰剋日籌設分處具報查核』等因奉此遵即馳抵南京暫在水西門生姜巷二十號之一設立處址於四月二十一日組織成立開始辦公除分別呈報暨函令外理合備文報請鑒核備查並祈俯賜轉飭所屬一體知照」

等情據此除分行外合行令仰該　知照

此令

中華民國三十二年五月　日

市長周學昌

南京特別市政府訓令 府農字第　　號

令各鄉區公所

查本市各鄉區農民飼育春蠶瞬將上簇收繭所有各戶收穫數量售價以及成本數目亟應加以調查以資統計茲制定調查表式一種除分行外合行檢發前項表件令仰該區長遵照派員詳查填送來府以憑彙辦爲要

此令

附發春期育蠶調查表

中華民國三十二年五月　日

市長周學昌

南京特別市　　區　　鄉三十二年春期育蠶調查表　三十二年　　月

姓名	住址	育蠶種類	蠶種張數	收穫繭量	售價	成本	備註
				斤	元	元	
合計							

區區長

調查員　（簽名蓋章）

南京特別市政府佈告 府經字第　　號

查工商同業公會暫行條例早經明令公布而

實業部主管之主要商品工商同業聯合會及同業公會類別亦已分別制定政府爲謀適合戰時經濟機構便於統制物資起見內有上項之設施京市舊有各同業公會亟應按照類別變更名稱從事改組以符法制當飭各業推舉人選呈經本府指派設立改組各業同業公會籌備委員會惟同業公會純以工商行號爲基礎尤宜正本清源加以整理整理之方自以考核登記爲首要從前商民申請登記給證時塡報事項歷時已久與現況頗有不符之處其未曾申請登記給證擅行營業者亦復匪鮮似此情形對於將來分配物資難得確切標準爰定於各同業公會改組完成後即將本市工商行號一律重行登記及補行登記以期覈實而便管制自即日起暫先停止登記給證俾免重複之繁除令飭各區公所知照外合行布告仰闔市商民人等一體知悉此佈

中華民國三十二年五月　日

市長　周學昌

經濟局局長　林大中

南京特別市政府佈告　府財字第　號

案查本市田地價格前由本府遵奉

中央頒布非常時期各省市征收田賦暫行條例之規定組織田地評價委員會評定上等田地價格每畝國幣一千五百元中等田地價格每畝國幣一千元下等田地價格每畝國幣七百元按照評定田地價格百分之一爲標準核定上等田地每畝全年應征賦額十五元中等田地每畝全年應征賦額十元下等田地每畝全年應征賦額七元原有附加概予免征自三十二年份起實施分爲上下兩期（即第一期第二期）各半征收其在三十二年以前之各年欠完舊賦仍照原有科則征收業經本府呈奉

行政院令准備案並由府布告各在案所有三十二年第一期應征全年賦額半數之田賦茲定於本年五月十一日起開始征收以七月十日爲截止限期除飭由財政局田賦征收處在本京城內瞻園路設立田賦徵收總櫃暨在鄉區酌設徵收分櫃並散發通知單外合行布告仰本市有關田賦各戶一體遵照務各將三十二年份第一期田賦依照規定新額遵限持單投櫃完納掣照安業如逾定限始行完納即須照章加收滯納罰金倘或抗違任催不納一經查出定予傳案押追其有欠完三十二年以前之各年份田賦並應仍照原額掃數清完毋得違延致干嚴處切切此佈

中華民國三十二年五月　日

市長　周學昌

財政局局長　譚友仲

附業戶納賦須知

一　各業戶全年賦稅分作兩期完納第一期原定於本年五月一日開始徵收（改定於五月十一日開始徵收）第二期定於九月一日開始徵收

二　每期田賦自開徵之日起均以兩個月爲限

三　每期田賦自開徵之日起滿兩個月限期後完納者應照納稅額加收十分之一滯納罰金

四　每期田賦自開徵日起滿四個月後完納者應照納稅額加徵十分之二滯納罰金

五　各業戶應納賦稅自開徵日起逾定限後仍未完納者除加收上項滯納罰金外得斟酌情形隨時傳案押追

六　各業戶完納賦稅須攜帶通知單赴財政局田賦徵收處粮櫃完納掣照安業

七　通知單不取單費

八　通知單如有錯誤限接到後十日內聲請更正

九　通知單如有遺失得覓妥保赴財政局田賦徵收處證明後照章繳納

南京特別市政府佈告　府財字第　號

查本市牲畜屠宰兩稅爲市庫經常收入關係重要原定徵收標準係以當時物價爲比例現在牲畜市價既已較前倍增對於徵收標準實有調整之必要爰經根據過去成案參酌現時實況將牲畜稅屠宰稅及檢驗費等徵收標準分別改進化零爲整俾期平允而便徵收茲定於本年五月十六日起實行除令飭牲畜屠宰稅徵收所遵照辦理外合行列表布告仰本市各牲畜屠宰商人一體遵照新規定標準分別繳納毋違爲要切切此佈

附列現定牲畜屠宰稅徵收標準表

畜別	單位	牲畜稅	屠宰稅	檢驗費
豬	每頭	七元五角	五元	一元五角
子豬	,,	二元		

牛	,,	十七元	十三元	九元
羊	,,	五元	三元五角	一元
騾馬	,,	十二元五角	八元	五元
驢	,,	十元	五元	二元五角
雞鴨鵝	,,	四角		

中華民國三十二年五月　日

市長　周學昌
財政局局長　譚友仲

南京特別市政府佈告　府字第　號

糧食局案呈

糧食部總字第四二八號訓令內開：

「查糧食業同業公會會員資格依組織通則第十六條規定「爲因時制宜緊急應付起見暫以經過政府核准營業取得註册證或登記之糧食商人爲限」本條所謂暫以經過政府核准取得註册證或登記證依指各業糧食商人於國府還都後曾依商業註册暫行規則工廠登記規則或各地方政府單行規定之註册登記辦法取得註册證或登記證暨依其他特別規定取得類似之准許營業證件（例如三十年一月二十日中央公佈之茶商請領營業證採購證及運輸護照申請辦法之營業證之類）經呈驗可有法令依據並無冒充頂替者皆得視爲具有會員資格准許先行加入公會」面米麥雜糧商依照米糧商註册暫行條例補行辦理註册手續至其他糧食業商人俟本部另頒登記規則再行補辦手續除分令外合行令仰飭屬遵辦並佈告周知爲要

等由准此除飭令糧食局遵照幷轉飭各糧食業同業公會遵照外合行佈告仰糧食商民一體周知

此佈

中華民國三十年五月　日

市長周學昌

糧食局局長劉渤

南京特別市政府公告　府字第　號

案據業戶吳立華及上海捷利建業公司代表顧玉英周生和呈報坐落大光路第一至　號旗地房產原領南京特別市地政局所發他壹字第二十六號他項權證明書壹件因被火焚燬請予補給等情經飭據呈繳聲明他項權證明書遺失報紙暨鄰商兩保前來茲依照土地法第一百四十條第二款之規定揭示公告自公告之日起對於該項遺失證明書如有因權利關係聲明異議者須於三個月內提出理由書暨證明文件呈候核辦一經公告期滿無人異議卽予依法補給證明書執管令行公告週知

中華民國三十二年五月　日

市長周學昌

地政局局長張仿良

法規

修正南京特別市管理公共娛樂場所及藝員登記規則

民國三十二年五月修正公布施行

第一章 總則

第一條 凡在本市開設之公共娛樂場所及在本市鬻藝之藝員均適用本規則之規定

第二條 本規則所稱公共娛樂場所凡各種戲院電影院淸音鼓書武術競技歌舞評話彈詞及其他含有娛樂性質之場所均屬之

第三條 本規則所稱藝員凡在公共娛樂場所以鬻藝爲生活者均屬之

第二章 公共娛樂場所

第四條 公共娛樂場所非呈經南京特別市政府(以下簡稱市政府)核准登記發給許可證不得開業

第五條 凡設立公共娛樂場所呈請登記者須繳呈經理人二寸半身輭底片三張並塡具呈請書記明左列各項

一，經理姓名年齡籍貫住址

二，場所名稱

三，所在地

四，遊藝種類

五，組織內容

六，資本總額

七，建築物概況(附建築略圖)

八，設備概況(本項須詳細塡明)

甲，安全設備(如消防器具太平門太平梯冷熱氣管及一切機械裝備等)

乙，衛生設備（如換氣器電扇火爐男女廁所等）
丙、其他（如售票處販賣處衣帽處電影放映室演員休息室化裝室戲裝及布景儲藏室等）
九，股東姓名及人數
十，職工姓名及人數

第六條 呈送前條呈請書應按照左列規定附繳登記費
一，表演一種或二種性質不同之遊藝者繳納登記費二十元
二，表演三種以上性質不同之遊藝者繳納登記費三十元
三，流動露天遊藝場所繳納登記費三元

第七條 開業許可證不得頂讓如更換經理或記名及股東或遷移地點應另呈請核發許可證

第八條 開業許可證應懸掛於便於衆覽之處以便檢查

第九條 公共娛樂場所之建築物及設備應遵照左列各項規定辦理
一，建築須堅固（應遵照本市建築規則之規定）
二，光線須充足（除電影院外）
三，空氣須流通（應有適宜換氣器之設備）
四，設備須完善（如太平門太平梯廁所痰盂消防器具等）
五，其他有關衛生之設施應遵照本市各項衛生法令辦理

第十條 公共娛樂場所負責人應隨時查察其設備安全之程度如發現有危險情形應立卽報請市政府派員檢查遵照指示改善

第十一條 各種有關公衆安全之設備如須新設或添設時應由該場所負責人呈報市政府核准方得動工裝竣須報驗經查驗許可後方得開始營業或使用

第十二條 各種有關公衆安全之設備絕對禁止私自裝修及發現危險隱匿不報違者除因此而發生之損害應由負責人負刑事或賠償之責任

第十三條 凡戲院所設座位應遵照左列各項規定辦理
一，座位之寬度横不得少於四公寸五公分直不得少於四公寸三公分

二，座位之距離前後不得少於三公寸
三，座位之排列應留交通道路直不得少於四條橫不得少於三條
四，不得於原定座位外臨時添設桌椅或容許觀衆站立

第十四條 流動露天游藝不得於有礙交通與安甯之地表演

第十五條 公共娛樂場所經核准後須於三日內將開業場數時間座位容量及票價茶資等呈報市政府宣傳處（以下簡稱宣傳處）備查

第十六條 凡公共娛樂場所遊藝種類有變更時應申請變更藝員有增減時亦應隨時呈報宣傳處備查

第十七條 公共娛樂場所預定座位應先公佈時間予顧客以均等之機會不准場內職工包攬索取小費

第十八條 公共娛樂場所如有預發贈劵或優待劵者須在劵上註明何時不能通用否則不得臨場拒絕

第十九條 公共娛樂場所在報端登載戲目或散發傳單張貼廣告宣傳劇情必須切實不得虛張誇大及用神怪淫穢之詞句

第二十條 公共娛樂場所嚴禁兜攬顧客點戲

第二十一條 公共娛樂場所內應保持肅靜注重秩序不得有鼓掌催演怪聲叫好放射紙箭及流動叫賣等破壞秩序情事

第二十二條 公共娛樂場所如遇暫時停業或永遠歇業時應遵照左列各項規定辦理

一、無論暫時停業或永遠歇業均於五日內呈報宣傳處備查
二、如係永遠歇業者須於呈報繳銷許可證如係暫時停業者須將停業原因及預定復業時期並營業新辦法一併詳報
三、清唱茶社停業時期不得過三個月其他娛樂場所停業時期不得過六個月違者不准復業

第三章 游藝

第二十三條 凡公共娛樂場所表演戲劇游藝應先二日開明劇名節目送呈宣傳處審查核准後始得表演新劇或排演連台戲劇須於一星期前呈送劇本審查俟審查核准後方能開演

宣傳處審查劇目認爲必要時得令補具劇本或其說明書如認爲有實地審查之必要時幷得令呈請者先行試演

第二十四條 前條核定劇目應依次唱演不得私自加演或隨意改演

第二十五條 經審查核准之戲劇游藝由宣傳處發給准演證如有呈驗之件幷加蓋審查戳記

第二十六條 准演證及說明書表由宣傳處印製按照原價售與各公共娛樂場所購用塡報以昭劃一

第二十七條　戲劇游藝內容有左列情形之一者不得表演
一、違背政綱者
二、有傷國體者
三、妨害公安者
四、有礙風化者
五、有危險性者
六、有悖人道者
七、提倡迷信神說者
八、其他不良事實之表演

第二十八條　宣傳處得隨時派員持同游藝戲劇審查證至各公共娛樂場所審查所演戲劇游藝如遇有違反本規則之規定時得由該員報告宣傳處會同該管警察局取締之
前項人員不得接受各公共娛樂場所所贈戲劵或其他一切餽贈違者以接收賄賂論罪

第二十九條　游藝表演時間由宣傳處規定之

第四章　藝員

第三十條　凡在公共娛樂場所鬻藝之藝員非經聲請宣傳處登記發給登記證不得出演上項登記證藝員出演時須隨身攜帶以備檢查

第三十一條　凡藝員聲請登記者應塡具呈請書記明左列各事項親往宣傳處聲請登記
一、姓名性別年齡籍貫住址
二、教育程度
三、家庭狀況
四、技術種類
五、包銀數目

第三十二條　呈遞前條呈請書時須附呈本人二寸半身輭紙照片三張並按左列規定繳納登記費
一、每月包銀在四百元以上五百元未滿者應繳登記費貳拾元五百元以上者每百元應繳登記費貳元依次遞加

二、每月包銀在二百元以上四百元未滿者應繳登記費拾元
三、每月包銀未滿二百元者應繳登記費五元

第三十三條　藝員登記證自領到之日起每屆一年換領一次並收換證費二元逾期二月仍未申請換領者撤銷其登記
第三十四條　藝員登記證倘有遺失應登報聲明粘同啓事呈請宣傳處補發並繳補證費三元
第三十五條　藝員之住址或出演場所或呈請書內所塡各項遇有變更時應於一星期內檢同登記證呈報宣傳處查核改註
第三十六條　藝員無論在場內或場外均應謹守規矩秩序並不得在出演場所與顧客混坐及有猥褻行爲

第五章　罰　則

第三十七條　凡違及本規則除已有特別規定者外場所藝員均須按其情節輕重依照左列各項分別處罰
一、警告
二、處二十元以上五十元以下之罰金
三、處罰三天以下之停演
四、弔銷其許可證或登記證勒令歇業或禁止表演

第六章　附　則

第三十八條　本規則未盡事宜得隨時修正之
第三十九條　本規則自公佈之日施行

南京特別市貧民習藝所組織章程　民國三十二年五月呈准施行

第　一　條　本所由南京特別市政府首都警察總監署協同地方士紳組織之定名爲南京特別市貧民習藝所直隸於南京特別市社會福利局
第　二　條　本所以減少社會貧苦失業遊民並安定其生活從事生產工作爲宗旨
第　三　條　本所由左列人員組織設計委員會處理本所一切設計諮詢事項以利所務進行
甲、南京特別市政府指定代表一人
乙、首都警察總監署指定代表一人

丙、南京特別市社會福利局代表一人
丁、由南京特別市政府指定地方士紳二人
以上人員經各機關推定後由社會福利局呈請市政府函聘之

第四條　本所設左列各組
一、事務組掌理文書庶務及不屬其他各組事項
二、工藝組掌理關於工藝設施改進及材料之配備貨物之進出與工廠之管理事項
三、管理組掌理關於貧民之入所出所及管理訓練事項

第五條　本所設所長一人總理務所副所長一人襄助所長辦理所務

第六條　本所設組長三人事務員四人管理員二人分掌各該主管事務並得酌用雇員

第七條　本所設技師三人至五人分掌教導工人技藝事項

第八條　本所設會計主任一人受正副所長之指揮監督掌理歲計會計事項並直接對社會福利局負責出納一人掌理經費保管及出納事項

第九條　所長副所長由社會福利局呈請　市長委派之各組組長會計主任由所長副所長呈請社會福利局委派之

第十條　本所設所務會議由正副所長各組組長會計主任組織之以所長或副所長爲主席會議規則另訂之

第十一條　本所因事實上之需要得設置購料委員會其人選及組織以所務會議決定之

第十二條　本所因業務上之需要得設營業處其組織另訂之

第十三條　本所辦事細則另訂之

第十四條　本章程如有未盡事宜得呈准後修正之

第十五條　本章程經設計委員會同意後請社會福利局呈准後施行之

公牘

南京特別市政府
建設部會呈 字第 號

查首都爲全國行政之中樞，亦文化精神之薈萃，觀瞻所繫，關係至鉅，戰亂之後首都建設，泰半毀損，亟宜予以規復，爰擬會同組織首都建設委員會製訂建設之具體方案，及實施特定之建設事業，經擬具組織簡章，並分別指定胡振廷麥靜銘梁平原陳萬恭張仿良爲委員，着手進行。理合檢同組織簡章，備文呈送，仰祈鑒核！俯賜准予備案。

謹呈

行政院院長汪

附呈首都建設委員會組織簡章一份

南京特別市市長周學昌
建設部部長陳君慧

中華民國三十二年五月日

首都建設委員會簡章

第一條 首都建設委員會由建設部南京特別市政府會同設置之

第二條 首都建設委員會之職掌如左

一擬製首都建設之具體方案

二實施特定之首都建設事業

第三條　首都建設委員會設主任委員一人由建設部長兼任之副主任委員一人由南京特別市長兼任之委員五人其中三人由建設部派任之二人由南京特別市政府派任之

第四條　首都建設委員會置秘書長一人由委員兼任之秘書二人至四人就建設部南京特別市政府職員中調用之

秘書長承主任委員副主任委員之命處理會內一切事務

秘書助理秘書長分辦各項事務

第五條　首都建設委員會得就所管事務分別設處辦事其組織規則另定之

第六條　首都建設委員會於必要時得聘任顧問及專門委員

第七條　首都建設委員會每週開會一次由主任委員召集之遇必要時得召集臨時會議

第八條　本簡章自公布日施行

南京特別市政府咨　府經字第　號

案准

貴部商字第四〇二號咨開以據全國商業統制總會呈為關於戰時物資移動取締暫行條例第六條及其他法令別有規定限制移動以外之物資請轉咨各省市准予自由搬動以符法令一案囑卽重申前令轉飭所屬切實遵辦等由准此除分別令飭遵照外相應咨復查照為荷

此咨

實業部

市長　周學昌

中華民國三十二年五月　日

南京特別市政府咨　字第　號

案據糧食局呈稱略以前奉　糧食部撥發四月下旬公米壹萬陸仟石業經配發在案茲查四月下旬卽將終了所有五月上旬

公米擬請轉咨糧食部暫撥公米壹萬柒仟石以便配給至配給統計容再呈報等情前來經核尙屬實在相應據情咨達卽希

查照如數先行核撥俾便轉發配給以應需要爲荷

此咨

糧食部

中華民國三十二年五月日

市長周學昌

南京特別市政府咨　府社福字第　號

案查原有市屬平民工廠前經本府呈請

行政院移還本府管理一案旋奉

行政院政字第五五二號指令內開

「呈悉，所請應准照辦仰候令行賑委會遵照。」

等因：奉此，查賑委會業已改爲賑務局，歸併

貴部管轄在案，至關於移交平民工廠事宜，應請

貴部轉飭賑務局迅卽訂期辦理移交，除令飭社會福利局負責辦理接收外，相應咨請

查照，並希見覆爲荷。

此咨

社會福利部

中華民國三十二年五月日

市長周學昌

南京特別市政府公函　府祕字第　號

查整飭市容爲市政重要施設之一本市事變時因遭兵燹房屋間有毀損　國府還都工商業日趨繁榮昔日之敗瓦頹垣多已

從新改建方期漸次復興躋於東亞大都市之林適查邇來一般市民因建築材料來源缺乏價格奇昂多有拆卸己產房屋變賣木料磚瓦冀圖厚利有礙市容莫玆爲甚京市爲首善之區中外觀瞻所繫亟應嚴予禁止除飭工務局遵照查禁外相應函請查照通飭所屬一體協助是爲至荷

此致

首都警察總監署

中華民國三十二年四月　日　市長周學昌

南京特別市政府公函　工字第　號

案查本府修理京市城垣一案工程經已按步着手進行中華門城牆業已修理完成其他鈇窗楞草場門太平門光華門及賽虹橋東西兩面等處亦已相繼開工惟各該處城牆損毀坍塌甚巨需添城磚爲數殊多自應檢拾各處散置城磚以資補充相應函請

貴部仍行派員前往各該處查勘藉資覈實至希

查照辦理爲荷

此致

首都警備司令部

中華民國三十二年四月　日　市長周學昌

南京特別市政府公函　府衛字第　號

查本年度第一次霍亂預防注射業經防疫委員會議決以一般市民實施注射日期訂定五月十一日起開始至六月十日截止所有本市城鄉各區分派員實施注射工作人員計分第一第二兩區各六班第三區四班第四五兩區各三班城區實驗區二班上新河燕子磯孝陵衛安德門每區各一班共分二十八班循例應請　貴署分派警士每班二名協助實施注射以利工作相應函達敬煩

查照辦理見復爲荷

此致

首都警察總監署

中華民國三十二年四月　日　　市長周學昌

南京特別市政府公函 府衛字第　號

案准

貴署總字第五七八號公函略以原送首都清潔隊概算已不適用玆經重編概算書自四月份起實行囑查照備案見復等由准此除分別存卷備查外所有本府月撥首都清潔隊補助費一萬元亦經編列本府本年上半年總概算呈行政院核定准函前由相應函復即希

查照爲荷

此致

首都警察總監署

中華民國三十二年五月　日　　市長周學昌

市政公報暫定價目表

期數	價目	郵費
零售	每冊五角	本埠四分 外埠八分
半年	十二冊六元	本埠四角八分 外埠九角六分
全年	二十四冊十二元	本埠九角六分 外埠一元九角二分

市政公報廣告刊例

頁數	價目
一頁	每期十八元
半頁	每期九元
四分之一頁	每期四元五角

刊登廣告在四期以上者每期按照七折計算連續十期以上者每期按照六折計算長期另議

出版日期　本公報暫定每月二次

編輯者　南京特別市政府祕書處

發行者　南京特別市政府祕書處

印刷者　南京國華印書館

地址：中山東路臚政牌樓

電話：二二一六五

中華民國三十二年五月三十一日

市政公報

第一二〇期

南京特別市政府祕書處印行

中華郵政掛號認爲第一類新聞紙類　江蘇郵政管理局執照第一〇四三號

目錄

命令

公牘

統計

行政院訓令

行政院訓令　院字第　號

令南京特別市政府

現奉

國民政府三十二年五月十一日第二二六號訓令開：

「據本府文官處簽呈稱「准中政會祕書廳中政祕字第二六三三號公函內開查三十二年五月六日　中央政治委員會第一二三次會議討論事項第一案　主席交議據行政院呈據文物保管委員會呈擬請明令恢復元聖周公奉祀官職務並擬以周公八十四世孫東野傳棨爲特任奉祀官經提交第一六〇次院會通過錄案呈請鑒核等情請　公決案當經決議通過送國民政府記錄在卷相應錄案並抄附行政院原呈及附件函達至希查照轉陳辦理等由理合簽請鑒核」等情據此除明令特任暨分令外合行令仰該院知照

等因同時並准文官處文字第四七零號公函開

「奉　國民政府三十二年五月八日令開特任周公八十四世孫東野傳棨爲元聖奉祀官此令等因除由府另頒特任狀暨分函華北政務委員會外相應錄令函達請煩查照

等由到院除分令外合行令仰該府　知照

此令

中華民國三十二年五月　日

院長　汪兆銘

行政院訓令　院字第　號

令南京特別市政府

現准 軍事委員會三十二年五月十二日會機字第二一五號咨開：

「案據上海龍文書店編譯所主任許晚成等郵寄全國政府機關調查表到會查政府機關豈容隨便調查如此舉動實爲可惡亟應嚴行查禁以杜流弊相應檢同原表查照辦理幷希見復」

等由到院查該龍文書局所請殊屬荒謬應予查禁除咨復並通令外合行令仰該府嚴行查禁並飭所屬一體遵照！此令。

中華民國三十二年五月　日

行政院長 汪兆銘

行政院訓令 政字第　號

令南京特別市政府

現奉

國民政府三十二年五月二十一日第二四八號訓令開：

「據本府文官處簽呈稱『准最高國防會議秘書處高祕字第二〇六號公函開奉 主席交下最高國防會議三十二年五月二十日第一五次會議討論事項第一案 「主席交議清鄉區域擴大事務繁賾原有之清鄉委員會以不足以適應擬在本月內卽行結束所有清鄉事務移歸行政院統率辦理請公決案決議通過送國民政府轉飭遵照等因遵經紀錄在卷相應錄案函達至希查照轉陳分令行政院軍事委員會暨清鄉委員會遵照並通飭知照等由理合簽請鑒核』等情據此自應照辦除分令外合行令仰該院遵照並轉飭知照此令」

等因，奉此，自應遵照辦理，除分令外，合行令仰該府知照並轉飭所屬一體知照！

此令。

中華民國三十二年五月　日

行政院長 汪兆銘

命令

南京特別市政府公布令 府工字第　　號

茲修正本市限制拆屋暫行規則第九條條文公佈之

此令

修正第九條條文

第九條　凡私拆房屋經各坊保長檢舉者由本府工務局於罰款內提成百分之二十為奬勵金如係市民檢舉者提成百分之十五為奬勵金

中華民國三十二年五月　日

市長周學昌

南京特別市政府訓令 府經字第　　號

令改組各業同業公會籌備委員會

經濟局案呈奉

實業部商字第九九一號訓令內開：

「案查工商同業公會暫行條例業奉　國民政府明令公佈前項施行細則自應亟予頒行以資實施除經本部會同糧食部擬定就緒於本年四月廿四日會銜公布并分別呈咨函令外合亟抄發前項施行細則一份令仰該局遵照」

等因幷附發工商同業公會暫行條例施行細則一份下局奉此除遵照外理合檢送原細則請予通飭遵照等情據此合行抄同原件令仰該會遵照

此令

附抄發工商同業公會暫行條例施行細則一份

中華民國三十二年五月　日　市長周學昌

工商同業公會暫行條例施行細則

粮食實業部會同制定　三十一年四月呈請行政院備案

第一條　本細則依工商同業公會暫行條例(以下簡稱本條例)第二十三條制定之

第二條　依本條例組織之工商同業公會(以下簡稱公會)稱某地或某區某業同業公會主要商品同業公會之名稱由中央主管官署規定之其他公會不得使用類似之名稱

第三條　同一縣市或特別市內之同業公司行號有五家以上時應依本條例組織公會

前項之同業公司行號未滿五家者得呈請當地主管官署指定加入隣近縣市之公會或經中央主管官署之特許就各縣市組織公會

第四條　工商業有特殊情形者依本條例第八條之規定經中央主管官署之核准得跨連二以上縣市或者與特別市組織同一同業公會其區域由中央主管官署指定之

前項有特殊情形之工商業在同一縣市或特別市內同業滿十家時得由地方主管官署呈經中央主管官署之核准以縣市或特別市為區域組織公會

第五條　公會除本條例第十一條所規定外不得以其名義為營利事業

第六條　依本條例第四條第一項發起公會時應呈請當地主管官署核准轉報中央主管官署備案依本條例第八條發起公會時應呈請中央主管官署核准備案

主要商品之同業公會及依本條例第八條組織之同業公會之發起人得由該管主管官署指定之

第七條　前條之發起人應于二十日內召集同業開會議決章程其會期於七日前通知之

第八條　公會除經中央主管官署核准設立者外經特別市政府或省政府核准設立後應即轉報中央主管官署備案

第九條　公會核准設立後應繳登記費國幣壹百元由該管主管官署發給登記證書及圖記

前項圖記用篆文木質長方形長七公分五厘寬四公分五厘邊寬五厘文曰某地某業同業公會圖記

第十條　發起人之責任終止於公會核准設立後理監事就任之日但發起時之費用得由公會公決追認之

第十一條　公會會員加入時須先向公會登記由公會給予憑證

第十二條　公會會員依其資本或營業額之大小得派代表一人至三人出席會員大會

前項會員出席代表之人數由理事會（在公會未成立前爲發起人）決議主管官署核定之

第十三條　公會會員代表以三百人爲限超過三百人以上時得依其資本或營業額之大小經理事會（在公會未成立前爲發起人）之決議主管官署之核定分區推定代表

第十四條　公會在區域內遼遠之鄉鎮其同業滿五家以上者得設置分會分會依其營業額之大小推派代表出席會員大會

前項分會出席代表之人數由理事會（在公會未成立前爲發起人）決議主管官署核定之

第十五條　會員推派代表時應給以委托書並以書面通知公會改派時亦同

第十六條　公會對於會員推派之代表應根據本條例第十五條審查其資格改派時亦同

第十七條　公會理事長及理監事由會員大會就代表中用無記名連選舉法選任之以得多數者當選

前項選舉時由該管主管官署派員涖場監督

第十八條　理事長及理監事任期均一年連選得連任

第十九條　公會得依章程於選舉理監事時另選候補理監事遇有缺額依次遞補其任期以補足前任任期爲限

前項候補理監事人數不得逾理監事名額之半未遞補前得列席會議

第二十條　當選理監事及候補理監事之名次依得票多寡爲序票數相同時以抽籤定之

第二十一條　主要商品同業公會之職員不稱職時地方主管官署得依本條第十八條第二項之規定命其退職依本條例第八條組織之同業公會之職員中央主管官署認爲不稱職時亦同

第二十二條　公會設立改組或改選時除依本條例規定呈報各件外應造具會員名冊及當選職員名冊報由地方主管官署轉呈中央主管官署備案其依本條例第八條組織者應分別呈報中央及地方各該主管官署備案

前項名冊式樣另定之

第二十三條　公會理事會開會時以理事長爲主席須有理事過半數之同意方能議決可否同數取決於主席

第二十四條　監事會開會時須有監事過半數之出席互推一人爲主席其決議方法與前條理事會同

第二十五條　常務理事不得逾理事額之三分之一依本條例第十六條由理事互推之理事長因事故不能執行職務時由常務理事代行之

第二十六條　常務理事有缺額時由理事會補推之其任期以補足前任任期爲限
第二十七條　依本條例第十八條及本細則第十九條之規定退職之職員應通知原推派之會員撤銷其代表資格
第二十八條　公會經費由會員分担其分担方法由會員代表大會决定呈請主管官署核准備案
第二十九條　公會解散時由主管官署指派清算人辦理清算事項
第三十條　工商同業聯合時除法令別有規定外準用本細則關於公會之規則
第三十一條　本細則自公布之日施行

南京特別市政府訓令　府經字第　號

令改組各業同業公會籌備委員會
　城鄉各區公所

案准

實業部商字第四〇二號咨開

「案據全國商業統制總會理事長唐壽民代電稱「南京實業部梅部長鈞鑒查一切物資在三省兩市區域內移動除取締條例第六條所列舉之十四項特定物資於輸出入上海地區統制線時須經本會許可外其餘原可自由流通不受任何限制在取締條例第四條中固已明白規定卽鈞座屢次發表談話亦有明白宣示惟近來迭據上海及內地各同業公會或商號函稱當地軍警對於法令規定可以自由移動之物資仍多阻止搬運不特違反政府法令且影響所及製造販賣均陷停頓環請救濟前來用特電請鈞部再賜轉咨三省兩市各有機關分行所屬並函請日本大使館並轉知公共租界工部局及法租界公董局嗣後對於法令規定可以自由移動之物資無論在當地或三省兩市區域以內均應予以自由移動以重法令而恤商艱再本會前以舉辦存貨登記關係對於取締條例第六條規定由上海地區輸出應經本會許可之十二項物資一律自動暫停移動本日已另擬辦法專案呈核因與本案有關擬請併案核辦等情據此查戰時物資移動取締暫行條例自奉國民政府明令公布以來業奉行政院通飭遵照辦理在案所有各省市地方除對於前項條例第六條及其他法令別有規定限制移動之物資外自應准予自由移動以符法令據呈前情除上海租界地區已飭由上海特別市經濟局分別與工部局及公董局切實洽商辦理外相應咨請貴市政府查照卽希重申前令轉飭所屬切實遵辦並希見復」

等由准此除咨復並分行外合亟令仰該籌備委員會區公所遵照轉飭知照爲要

此令

中華民國三十二年五月　日　市長周學昌

南京特別市政府訓令　府經字第　號

令　本府各局處
　　城鄉各區公所
　　改組各業同業公會籌備委員會

案奉

行政院政字第八八五號訓令內開

「案查本院第一五八次會議討論事項第七案實業部梅部長提為各項物資之主管權限業經重行劃分本部原定主要商品品目自應參酌現情擬定品目壹拾捌項先行實施請公決案決議通過即由本院公布實施並呈報中央政治委員會及國民政府備案等由紀錄在卷除由本院公布實施並將前頒主要商品類別品目表廢止暨呈報備案及通行外合行錄案幷抄發實業部原提案及上項主要商品品目表令仰該府知照並飭所屬一體知照」

等因附抄發實業部原提案及實業部主管主要商品品目表各一份奉此除分行外合亟抄發原表各一份令仰該局處知照，區會遵照轉飭知照

為要

此令

附抄發實業部原提案及實業部主管主要商品品目表各一份

中華民國三十二年五月　日　市長周學昌

實業部原提案

竊查　國民政府公布平定物價暫行條例案內關於主要商品類别品目經規定爲六類二十一種並奉
鈞院製表公布施行在案玆自工商同業公會暫行條例公布以來依照上項條例第四條但書之規定自應由主管官署分别督促迅即組織主要商品同業公會俾資實施管制惟是根據中央及地方各主管部局所訂職掌對於各項物資之主管權限業經加以劃分且自參戰以來物資統制政策較前益臻嚴密原定主要商品品目自有增列必要除糧食調味水產畜產各項因事屬糧食部主管已由糧食部擬呈核定外所有本部主管部份之主要商品品目爰經酌量現時情形擬定壹拾捌項先行實施是否有當理合列表具文
提請
公決

附實業部主管主要商品品目表一份

實業部部長　梅思平

三十二年四月十九日

實業部主管主要商品品目表

行政院第一五八次會議通過

（一）棉花
（二）棉紗
（三）棉製品（包括布疋及針織品）
（四）化學工業品（包括原料西藥顏料染料及酒精）
（五）毛纖維及毛製品
（六）繭
（七）絲及絲製品
（八）工業油脂
（九）臘燭
（十）肥皂
（十一）火柴

（十二）塊煤及煤球
（十三）捲煙及煙葉
（十四）橡膠（包括原料及製品）
（十五）五金（包括鉄鋼白鉄及非鉄金屬之原料及製品）
（十六）玻璃（包括原料及製品）
（十七）電氣器具（包括原料及製品）
（十八）皮革（包括原料及製品）

南京特別市政府訓令 府財字第　號

令本府各局處
　各區公所
　南京市商會
　銀行會

案准
財政部錢貳字第一五四號咨開：

「查美金英鎊港幣等敵性貨幣市面上尚有買賣交易殊屬非是玆由本部公佈自即日起所有以美金英鎊港幣及以上貨幣爲期票支票之買賣交易或滙兌應即一律禁止如有攜帶持有或保存上項貨幣情事亦應一併從嚴取締倘有故違一經查實定予懲處除由部佈告幷呈報暨分行外相應咨達即希查照幷希轉飭知照爲荷」

等由准此除分令外合行令仰該　知照

此令

中華民國三十二年五月　日

市長周學昌

南京特別市政府訓令 字第　號

令各區公所

案奉

行政院政字第一〇一三號訓令內開：

「現據糧食部三十二年五月三日增字第六一號呈稱：『案查本部增產會議討論事項第三十一案江蘇省糧食管理局局長后大椿提「禁止宰殺耕牛以利增產案」決議「通過」紀錄在卷理合抄同原提案呈請鈞院鑒核通令各省市政府轉飭所屬嚴禁宰殺耕牛以利增產實爲公便』等情附抄原提案一件據此除分行外合行抄發原提案一件令仰該市政府遵照並轉飭所屬一體遵照！此令。」

等因幷奉發糧食增產會議提案一件奉此自應遵辦除分別函令外合行抄發原提案一件令仰該所轉飭所屬嚴禁宰殺耕牛以利增產仰卽遵照

此令。‖

附發原提案一件

中華民國三十二年五月日　市長周學昌

食糧增產會議提案

案由　禁止宰殺耕牛以利增產案

理由　査我國農民往日大都蓄牛耕田用代人力邇來因物價增漲牛之用途日廣牛之價値亦日高致畜牛反不如宰售爲有利于是一般淺見農民僅圖一時利益罔計後患宰售耕牛時有所聞此風不戢將使耕牛愈少影響農產爲害何堪設想亟宜禁止宰殺提倡保護以利增產是否有當提請　公決

辦法　呈請中央明令各省市轉飭各縣嚴禁宰殺耕牛

江蘇省糧食管理局局長后大椿提

南京特別市政府訓令　府糧字第　號

令本市各區公所

案准

糧食部增字第一六三號咨內開：

「查本部為推進食糧增產起見對於各省市最近雜糧栽狀況亟待明瞭以資規劃茲檢送雜糧種植狀況調查表一份除分別咨令外相應咨請查照轉飭所屬照表列各項查填具報並希見復為荷」

等由附雜糧種植狀況調查表一份准此自應照辦除分令外合行抄發表式令仰該區轉飭所屬遵照表列各項切實查填報候核轉勿延

此令

抄發雜糧種植狀況調查表一份（略）

中華民國三十二年五月日

市長周學昌

南京特別市政府訓令 府農字第　號

令孝陵衛 鄉實區 安德門區公所

中華民國三十二年五月日

市長周學昌

南京特別市政府指令 字第　號

令山西路市容整頓事務處

查本市各鄉區宜林山荒從事造林所需樹苗前准　實業部無償發給塡送領苗收據及通知書各一聯到府當經令知有關造林各該區長會同來府具領書據迅往江甯縣屬實業部第十一林墾示範場領取樹苗督飭種植仰將辦理情形具報在案所有前項樹苗領取若干株以及種植完成日期迄未據報事關造林要政亟應考核除分令外合行令仰該區長迅將領苗配發種植各情形尅日具報以憑辦理切勿再誤為要

此令

中華民國三十二年五月日

市長周學昌

呈乙件　爲呈送本處辦事細則草案乙份仰祈鑒核由

呈件均悉，查該細則除第八條予以修正外，餘均妥善，准予備查，玆抄附修正第八條條文乙紙，令仰遵照

此令！

附修正第八條條文乙紙

第八條　財務股之職掌如左

一．關於登記費測圖費之保管及解報事項

二，關於經收各費之出納及彙報事項

三，關於建築費之貸與事項

四，關於遷拆費之籌發事項

中華民國三十二年五月日

市長周學昌

南京特別市政府指令　府財字第　號

令南京市銀行

呈一件　爲遵令將本行應付房租另行開具不記名中儲支票繳請准予轉送核收給據以淸手續由

呈暨附件均悉所送應付房金支票計國幣二萬二千七百六十六元六角七分正業經飭據財政局轉送南京特別市連絡部核收幷製得第九六八號敵產家賃領收證乙紙應予檢發仰即收存備査具報！

此令

計發領收證乙紙（略）

中華民國三十二年五月日

市長周學昌

南京特別市政府佈告 府經字第　　號

案准實業部商字第四八四號咨開：

「案奉　行政院院字第四二二號訓令略以現奉　國民政府訓令關於最高國防會議三十二年五月三日臨時會議討論事項第一案主席交議囤積主要商品治罪暫行條例草案業經審查修正通過茲奉　國民政府公布施行合行令仰知照等因並奉發囤積主要商品治罪暫行條例一份奉此除分別咨令外相應抄附上項條例一份隨咨送達卽希查照並須轉飭所屬暨布告民衆一體知照」

等由，並抄送囤積主要商品治罪暫行條例一份；准此，除分行外；合行抄發原條例，佈告週知！

此令。

中華民國三十二年五月　日

市長　周學昌

經濟局局長　林大中

計抄發囤積主要商品治罪暫行條例

第一條　非主要商品同業公會會員以營利爲目的囤積主要商品者處三年以上七年以下有期徒刑得併科五萬元以下罰金

第二條　非主要商品同業公會會員爲主要商品之買賣或主要商品同業公會會員對非會員賣出主要商品而明知其不爲直接消費者處三年以上七年以下有期徒刑得併科五萬元以下罰金但農業生產者出賣其生產之農作物或依法令取得牙行或經紀人之資格或資本不滿一千元之小販爲主要商品之買賣者不在此限

第三條　主要商品同業公會會員違反主管官署命令或公會業規對所存商品匿不登記者處一年以上五年以下有期徒刑得併科三萬元以下罰金

第四條　犯前三條之罪者其商品不問屬於犯人與否沒收之

第五條　違反法令或營業規則以金錢供人犯第一條至第三條之罪者以共犯論

第六條　犯第一條至第三條之罪因之操縱市價擾亂市場者處死刑或無期徒刑得併科十萬元以下之罰金

第七條　公務員犯第一條或第二條前段或第五條之罪者處無期徒刑或十年以上有期徒刑得併科十萬元以下罰金公務員包庇他人犯第六條之罪者處死刑

第八條　本條例施行前有第一條第二條情事者應於本條例施行之日起一個月內向當地主管官署自行呈報依照當地公定價格售予同業公會違反前項規定或有第六條情形者仍依本條例處斷

第九條　在本條例施行前有本條例第三條情形者應於本條例施行之日起一個月內向當地主管官署補行登記違反前項規定或有第六條情形者仍依本條例處斷

第十條　第八條第一項及前條第一項之規定公務員不適用之

第十一條　在未經成立主要商品同業公會之地方凡確實經營各該項商業二年以上者或於本條例施行前三個月在當地主管官署曾經爲商業登記者以公會會員論

第十二條　本條例自公布日施行

南京特別市政府佈告　字第　號

查經濟警察業已訓練完成六月一日起卽行開始服務嗣後所有調查本市商店存貨商人與非商人之囤積物品商店私抬物價及查閱商店賬册檢查商品等事宜概由經濟警察專責辦理至執行職務之經濟警察皆穿着制服並攜帶身份證如有假借名義向各商民人等滋擾者准許隨時扭送就近警察局或派出所究辦毋得徇隱自誤切切此佈

中華民國三十二年五月　日　市長周學昌

首都警察總監署 南京特別市政府佈告　府財字第　號

查本市舖房捐及住房捐向由本府分別派員照章徵收在案玆爲寬籌本署經費補助員警薪餉起見經本署府會同商定自本年六月一日起暫行劃交本署仍照本府原定稅率代爲徵收其在六月一日以前之本年度各月欠繳捐款併由本署仍照原規定代爲

補徵以重庫款除分行外合亟佈告仰本市各舖戶住戶一體周知務須照章繳納毋得違延爲要

此佈

中華民國三十二年五月 日

首都警察總監署 李謳一
南京特別市市長 周學昌

南京特別市政府佈告 字第 號

案准

糧食部函以「查飯菜館及旅館兼營飯業者對於米飯數量消耗至鉅不但就食者多數已有公米配給爲雙重消耗且當玆參戰之際於節約原旨尤相背悖現本會特規定辦法六項如下(一)凡飯菜業規定每旬以中國參加大東亞戰爭之九日（卽每月之九日十九日及二十九日）爲節約日期全日一律禁止供售米飯爲酒類(二)各飯菜業在平日售賣米飯時間規定午膳自上午十一時至下午二時止晚膳自下午六時至八時止凡逾上項時間應一律禁止供售(三)在禁止供售米飯時日祇准以雜糧及麵粉等類代替(四)各飯菜業於規定節約日期內之米量應於配給公米數量內予以扣除(五)酒爲米類讓製原係消耗品應予限制凡飯菜業在中午一律不得賣酒晚膳時間飲酒者每人至多以壹斤爲限(六)違犯上項規定私自供售者初犯罰以停止營業一日再犯停止營業三日犯三次以上者停業一星期由粮食局暨有關機關切實執行上項辦法應就京市範圍先行實施相應函請貴市政府查照辦理見復」等由准此查案關倡導節約自應照辦當經分別函請 首都警察總監署轉飭所屬協助辦理幷令飭各區公所暨飯菜公會轉飭所屬切實遵辦各在案但自施行以來恪遵功令固不乏人而藐玩觀望者在所難免玆爲切實推行節約起見合亟佈告周知仰本市各菜飯館應卽切實一體遵辦倘再玩忽一經察覺定予嚴懲其各凜遵勿違切切！

此佈

中華民國三十二年五月 日

市長 周學昌

南京特別市政府批 字第 號

批原具呈人國華銀行總行

呈一件 為呈送白下路等處房屋影印懇求交涉發還以便營業仰祈鑒核由

呈件均悉業經據情轉飭送敵產處理委員會核辦仰候復到再行飭知

此批

中華民國三十二年五月　日　市長周學昌

南京特別市政府公告 字第　號

案查本市原第三區三四四七段房地產前因業戶戴徐氏逾期登記業經前地政局予以假定公告在案茲據該民呈稱本產係屬該民所有長樂路第三七八號地產內一部份地產前因勘測指界遺漏請予撤銷假定公告為所有權登記等情經查核該民長樂路第三七八地產所繳契據所載面積尚屬相符除將假定登記案撤銷外茲依照本市土地登記暫行規則第十五條之規定揭示公告自公告之日起對於該項房地產如有因權利上關係聲明異議者須於三個月內提出理由書及證明文件呈候核辦一經公告期滿未據異議卽予依法登記發給圖狀執業合行公告週知

計開

聲請人　戴徐氏　住址洪武路九十六號

坐落

種類及面積

四至

定着物情形

申報地價

申報定着物現價

共有權人

他項權利人　無

公告日期
公告期滿日期
中華民國三十二年五月　日

市長周學昌
地政局局長張仿良

南京特別市政府公告　字第　號

案查本市原第一區八一五(一)段房地產前因業戶劉家霖與金紹亭發生該產西北部份互相爭執經前土地局予以未爭部份先行公告在案玆據雙方具呈和解撤銷爭執異議業已詢明筆錄存卷惟該產前公告面積計四分五厘一毫〇絲內有爭執面積二厘〇七絲除劃與金姓五毫三絲外計有面積四分四厘五毫七絲玆依照本市土地登記暫行規則第十五條之規定揭示公告自公告之日起對於該項房地產如有因權利上關係聲明異議者須於三個月內提出理由書及證明文件呈候核辦一經公告期滿未據異議即予依法登記發給圖狀執業合行公告週知

計開

聲請人　姓名劉寶善　劉寶發　住址珠江路一三七號
坐落
種類及面積　宅地面積四分四厘五毫七絲
四至
定着物情形
申報地價
申報定着物現值
共有權人　劉家庚劉家驊
他項權利人

公告日期
公告期滿日期　中華民國三十二年五月日

市長周學昌
地政局局長張仿良

南京特別市政府公告　字第　號

案據業戶孔繁鈞呈報坐落香舖營第六號房地產原領前土地局所發壹字第五六〇號所有權狀及壹區一二九四段圖各一件因事變遺失請予補給等情經飭據呈繳聲間狀遺失報紙暨鄰商兩保前來茲依照土地法第一百四十條第二款之規定揭示公告自公告之日起對於該項遺失圖狀如有因權利關係聲明異議者須於三個月內提出理由書暨證明文件呈候核辦一經公告期滿無人異議卽予依法補給圖狀管業合行公告週知

中華民國三十二年五月日

市長周學昌
地政局局長張仿良

公牘

南京特別市政府咨　府財字第　號

案准

實業部會字第四八六號咨開：

「案准貴府府財字第二二四號咨開案奉行政院院字第二四號暨政字第八四三號訓令略開前京滬兩特別市地方物價管理局中央經常補助費計上海每月二萬元南京每月一萬元此後移撥京滬兩特別市政府轉發各該市經濟局應用令仰知照等因奉此查該項補助費自三十一年十一月份起至本年二月份止已由本市前地方物價管理局向貴部具領在案所有三月份起按月移撥本市經濟局補助費壹萬元爲求手續便捷起見可否改由本府逕向財部請領相應咨請查照見復爲荷等由准此查關于此項補助費自本年三月份起改由貴市政府直接請領一節本部極表同意除分咨財政部外相應咨復查照」

等由查准此案前奉

院令當經轉咨實業部徵求意見在案茲准前由所有是項補助費自本年三月份起擬逕向

貴部請領相應咨請

查照見復以便辦理請款手續爲荷

此咨

財政部

中華民國三十二年五月　日

市長周學昌

南京特別市政府咨　府糧字第　號

案據粮食局簽呈稱：

「竊查本局改組成立業逾両月除公糶事務仍照舊章賡續辦理外餘如畜牧農林墾植養魚等項增產事業之推進亟須着手進行現正在研究計劃中惟事業之推進在在需款若無的款難望有完滿之成績爲應付需要計擬自五月份下旬起酌收公糶米臨時手續費每石加收二元以利增產而資挹注是否可行理合簽請核示祇遵」

等情據此查所呈各節尙係實情擬准照辦除指令該局知照外相應咨達即希查照備查見復爲荷

此咨

糧食部

市長周學昌

中華民國三十二年五月日

南京特別市政府咨 府社福字第　號

查本府爲謀減輕一般市民負担起見經籌辦平民食堂現已籌備就緒成立在即惟對于米糧一項本府糧食局每月分配數量例有規定此項食堂所需食米向未列入爰請

貴部自六月份起依照官價按月撥發食米五十石俾資應用相應咨請

查照見復爲荷

此咨

糧食部

市長周學昌

中華民國三十二年五月日

南京特別市政府咨 府保甲字第　號

查保甲制度爲施政之基礎本府曾於本年三月間呈奉

行政院令准幷咨請

貴部備案設置保甲委員會專司其事成立以來諸如重行劃分區界使自治區與警察區符合劃一調整保甲機構慎審銓衡保甲長

人選等均經多力推行惟保甲爲下層機構欲使下層機構健全端賴乎人力財力之充實本府有見於此爰依據行政院最近頒布之編査保甲戶口暫行條例將舊有坊公所改組爲聯保辦事處每處除設聯保主任外設戶籍員事務員及傳令各一人并購置辦公桌椅及傳達命令應用之自行車暨各項簿籍表册等必要設備舉凡平日請査戶口整理聯保乃至物資配給等事宜均爲各聯保辦公處之中心工作俾負承上啓下之責所有月需經費按照同條例規定向市民征取之擬先就城區六區着手共計應設聯保辦事處七十七處需用開辦費亦遵照同條例第三十三條「保甲開辦費完全由地方負担」之規定由各該區內之商店住戶分別負担茲爲愼重起見擬擇定第三區如意碑亭兩坊先行試辦俟稍有成效再行推及全市所有本府遵照編査保甲戶口暫行條例强化聯保辦公處組織及充實設備各緣由除呈報

行政院備案外相應咨請

査照爲荷

此咨

內政部

市長周學昌

中華民國三十二年五月日

南京特別市政府公函 府衛字第　號

案准南京衛生防疫委員會及多摩部隊先後來府商洽以本屆霍亂預防注射南京京蕪兩車站實施事宜自本月二十六日起每日上午七時至下午十時半由本府衛生局担任並函警署派警協助等由准此除經飭衛生局派員前往實施外爲維持秩序及便利工作起見擬請

貴署飭派警士十二名以八名分兩班輪駐南京車站以四名分兩班輪駐中華門外京蕪車站按時協助注射相應函請

査照飭屬辦理見復爲荷

此致

首都警察總監署

市長周學昌

中華民國三十二年五月日

統計

南京日需品零售物價指數（簡單幾何平均）

民國二十六年＝100

類別／項數／時期	食糧葷素菜類					油及調味類	燃料類	衣服材料類	雜項	總指數
	食糧	蔬菜	肉類	醬菜	平均					
時期	10	23	9	5	47	9	7	10	10	83
民國三十二年五月	7876.6	3034.5	4793.8	4601.5	4241.2	4901.9	7412.6	6201.7	4464.3	4783.3

說略

本月份南京日需品零售物價總指數爲4783.3較上月指數平均低落865.1

1. 食粮葷素菜類平均指數爲4241.2較上月低落668.3其中食粮項因現正青黃不接之際且接近端節糯米黃豆籼米均感缺乏本月份之指數升至7876.6較上月增漲502.8醬菜項亦因製醬原料豆類之缺乏而略升指數爲4601.5較上月漲起199.2肉食項中猪肉來源稀少零售商又任意抬價較上月漲上30％幸玆値黃霉潮汎魚類大量應市魚價下跌至肉食指數呈平疲狀態本月爲4793.8較上月差落6.4本月菜蔬以時鮮品與過市品交替時節來源湧到其價大多慘落指數爲3034.5較上月猛跌1215.1
2. 調味類中油價以受黃豆缺貨影響步升本月鹽糖等配給量增加致該類指數已呈輭化爲4901.9較上月低落508.6
3. 燃料類以農忙柴慌入城稀少現僅靠苦力出城砍折應市故售價迄今有漲無落指數爲7412.6較上月漲上932.8
4. 衣服材料類以金融組後漸上正軌囤戶心虛囤貨紛紛出籠求現市價直趨下跌本月指數爲6201.7較上月狂跌1250.1
5. 雜項類以配給制度已逐步實現尤其捲煙充斥京市近又規定限價其指數乃猛烈下瀉本月爲4464.3較上月慘落3348.5

總之本月份日需品零售物價指數除米，油，柴，豆，猪肉，醬菜，仍居高昂外一般物品均趨下降姿態

南京特別市政府秘書處第三科統計股製

南京日需品零售物價指數比較表（簡單幾何平均）

民國二十六年＝100

類別／項數／時期	食糧葷素菜類：食糧	食糧葷素菜類：菜蔬	食糧葷素菜類：肉食	食糧葷素菜類：醬菜	食糧葷素菜類：平均	油及調味料	燃料類	衣服材料類	雜項	總指數
項數	10	23	9	5	47	9	7	10	10	83
民國三十二年四月	7373.8	4249.6	4800.2	4402.3	4909.5	5410.5	6479.8	7451.8	7812.8	5648.4
五月	7876.6	3034.5	4793.8	4601.5	4241.2	4901.9	7412.6	6201.7	4464.3	4783.3
增(+)減(-)百分比	(+) 6.8%	(-) 28.6%	(-) 0.13%	(-) 4.5%	(-) 13.6%	(-) 9.4%	(+) 14.4%	(+) 16.8%	(-) 42.9%	(-) 15.3%

南京特別市政府秘書處第三科統計股製

市政公報暫定價目表

期數價	目	郵費
零售	每冊五角	本埠四分 外埠八分
半年	十二冊六元	本埠四角八分 外埠九角六分
全年	二十四冊十二元	本埠九角六分 外埠一元九角二分

市政公報廣告刊例

頁數	價目
一頁	每期十八元
半頁	每期九元
四分之一頁	每期四元五角

刊登廣告在四期以上者每期按照七折計算連續十期以上者每期按照六折計算長期另議

出版日期　本公報暫定每月二次

編輯者　南京特別市政府祕書處

發行者　南京特別市政府祕書處

印刷者　南京國華印書館
地址：中山東路盧政牌樓
電話：二二一六五

中華郵政掛號認為第一類新聞紙類　江蘇郵政管理局執照第一〇四三號

中華民國三十二年六月十五日

市政公報

第一二一期

南京特別市政府秘書處印行

目錄

命令

法規

公牘

統計

附錄

行政院訓令

行政院訓令　院字第五七二號

令南京特別市政府

案奉

國民政府三十二年五月十九日第二四三號訓令開：「據本府文官處簽呈稱『准最高國防會議秘書處高秘字第一九九號公函開「奉　主席交下最高國防會議三十二年五月十三日第一四次會議討論事項第二案「主席交議據內政部陳部長呈奉交審查懲治盜匪暫行條例草案遵經會同審查完竣繕具審查報告及修正草案呈請鑒核等情請公決案」決議「照審查報告通過送國民政府公布」等因遵由本處將原條例照審報告修正並經紀錄在卷查上項暫行條例係由司法行政部依據國府還都後暫行援用之懲治盜匪暫行辦法修訂按懲治盜匪暫行辦法第十四條規定本辦法應依中央政治委員會第二十一次會議決議案加以修正本辦法施行期間延至修訂案頒佈時爲止茲奉前因所有現行懲治盜匪暫行辦法自應予以廢止俾符規定相應錄案抄附該暫行條例及行政院司法行政部內政部陳部長原呈及審查報告函請查照轉陳分別明令公布廢止並通飭知照」等由理合簽請鑒核』等情據此自應照辦除分別明令公布廢止暨分行外合行抄發該條例令仰該院知照並轉飭所屬一體知照」等因，抄發懲治盜犯暫行條例一份奉此，合行抄發前項暫行條例，令仰該府知照幷轉飭所屬一體知照！＝

此令。

計抄發懲治盜匪暫行條例一份

中華民國三十二年六月八日

院長　汪兆銘

抄原呈

准最高國防會議秘書處函知奉

諭將司法行政部擬訂之懲治盜匪暫行條例草案併交審查等因，遵經審查完竣。理合檢同審查報告及該項條例草案，呈請

鑒核。再上項條例草案，由職會同政務參贊喬萬選，立法院立法委員黃慶中，李時雨，軍事委員會司長陳東昇，實業部部長梅思平，司法行政部部長羅君強，次長湯應煌，刑事署長陳恩普，司長李仰周，職內政部次長王敏中，參事吳弦審查，合併陳明。謹呈

主席汪

附呈擬訂懲治盜匪暫行條例草案一份

審查懲治盜匪暫行條例草案報告一份

內政部部長　陳羣

審查懲治盜匪暫行條例草案報告

等二條第一款原文「軍用槍礮」四字「軍用」二字删「礮」字改「械」字

(理由)槍械較槍礮之範圍為廣槍械不限于軍用範圍更廣故修正如上

第二條第十三款毀壞公署下之「或」字及軍事設備下之「或」字均删

第十一條「槍斃」改「槍決」

(理由)上二條為文字之修改

懲治盜匪暫行條例　三十二年五月十五公布

第一條　參戰期內之盜匪依本條例處理之

第二條　有左列行為之一者為盜匪處死刑

一、聚衆搶刦而執持槍械或爆裂物者

二、搶刦公署軍用財物或供公衆運輸之舟車航空機者

三、駕駛或指揮船艦在海洋行刦者

四、行刦而故意殺人或致人於死或重傷者

五、行刦而故意放火或於盜所強姦婦女者
六、盜匪因防護贓物或脫免逮捕而公然開槍拒捕者
七、擄人勒贖或強買或強姦或故意殺害者
八、意圖勒贖而聚衆發掘坟墓盜死屍體者
九、聚衆持械刦奪依法拘禁人或依法拘禁人聚衆以強暴脅迫脫逃係首謀者
十、公然佔據城市鄉鎮鉄路港灣飛機場或軍用地者
十一、意圖搶刦而煽惑暴動擾亂公安者
十二、意圖恐嚇或擾害公安而投留爆裂物或其他危險物致人於死或重傷者
十三、意圖擾害公安以放火决水或其他方法而毀壞公署軍事設備現供水陸空公衆運輸之舟車航空機或現有多衆聚居職業之建築物場所者
十四、意圖擾害公安以前款方法毀壞鉄路公路橋樑燈塔標識及其他關於公衆交通之設備因而致人於死或重傷者

第三條　有維持治安或查緝盜匪職責之人員自犯前條所定各罪或包庇窩藏或以其他方法幫助犯前條所定各罪者處死刑

第四條　前二條之未遂犯罰之但得減輕其刑

第五條　有左列情形之一者得減輕本刑二分之一
一、犯第二條第七款擄人勒贖罪未得贓未加害而釋放被擄人者
二、犯第二條第七款之擄人強賣罪於判决前送回被擄人或指明所在地因而尋獲者
三、犯第二條第八款之意圖勒贖盜死屍體罪未得贓而送回屍體者

第六條　依本條例判處死刑者該管司法機關應於判决後五日內繕具判决正本並檢同全案卷證呈由各該省區高等法院院長附具意見書轉呈司法行政部覆核俟奉令准後執行

第七條　應依前條規定呈送覆核之案件在邊遠或交通不便之區域得由高等法院院長轉報各該省區長官公署覆核俟核准後執行
前項區域以司法行政部命令定之

第八條　在現有高級軍隊駐紮之剿匪區域內犯本條例所定之罪者由該區域內高級軍事機關審判之

前項軍事審判機關應於裁判後五日內繕具判決正本並檢同全案卷證呈由該管最高級軍事機關核准後執行

第九條　前三條所定應送覆核之案件被告或其法定代理人或配偶得於送達判決後三日內提出聲辯書於原審判機關

前項聲辯書原審判機關應一律呈送覆核

第十條　第六條第七條之覆核機關認原審判機關之判決有疑誤者應指明理由飭令再審或派員會審或提交高等法院覆審

第八條之最高級軍事機關認原審判機關之判決有疑誤者應指明理由飭令再審或派員會審

第十一條　死刑之執行得用槍決

第十二條　依本條例執行死刑之人犯姓名及年月日時並犯罪事實應由高等法院院長於每月月終彙報司法行政部其由各省區長官公署核准者並分報各省區長官公署至軍事機關核准執行者應由核准機關於每月月終彙報軍事委員會

第十三條　刑法總則及刑事訴訟法之規定與本條例不相牴觸者仍適用之

第十四條　本條例自公布日施行

行政院訓令　院字第六三二一號

令南京特別市政府

案奉

國民政府第二六七號訓令開：

「據本府文官處簽呈稱：『准最高國防會議祕書處高祕字第二二一號公函內開案准中央政治委員會祕書廳檢送奉交行政院呈據司法行政部呈爲在戰時房屋租賃特別法施行前繫屬於各級審之案件擬均適用本法判斷呈請核示一案轉呈鑒核等情當經陳奉　主席提交最高國防會議三十二年五月廿七日第一六次會議討論決議「通過送國民政府通飭遵照」紀錄在卷相應錄案并抄附原呈一併函達即請查照轉陳通飭遵照等由理合簽呈鑒核』等情據此自應照辦除分令外合抄附件令仰該院遵照并轉飭所屬一體遵照」

等因，抄發原呈一件，奉此除訓令外，合行抄發原附件令仰該府遵照。

此令。

計抄發本院原呈一件

中華民國三十二年六月十一日

院　長　汪兆銘

抄行政院原呈

案據司法行政部呈稱：「竊查戰時房屋租賃特別法業於本年五月十日奉國民政府令公布在案依照本法第十七條之規定自於同日施行惟租賃案件現繫屬於各級法院者爲數甚夥其在上海各地院尤以學校之限於地點迁居覓屋異常困難所懸而未決案件亟待適用新法以資救濟若已繫屬之案件仍依舊法判斷無論執行發生困難而新舊法律之適用未免前後參差本部以本特別法旣爲解免目前糾紛及安定後方秩序而設且揆之新法優於舊法之例似應一律通用新法判斷庶足以言保護而免紛岐惟此新法之效力旣溯及旣往自非本部所敢專斷理合具文呈請鈞院鑒核轉呈中央政治委員會決議特准在戰時房屋租賃特別法施行前繫屬於各級審之案件均適用本法判斷分令查照示遵」等情據此是否可行理合備文轉呈仰祈鑒核提會公決示遵實爲公便謹呈

中央政治委員會主席汪

兼行政院院長　汪兆銘　三十二年五月二十六日

行政院訓令　字第六五八號

令南京特別市政府

現奉

國民政府三十二年六月八日第二七二號訓令內開：

「據本府文官處簽呈稱『准中央政治委員會祕書廳中政祕字第二六七五號公函開「查中央政治委員會三十二年六月三日第一二四次會議討論事項第六案　主席交議據行政院呈據財政部呈爲中央儲備銀行轉據中央儲蓄會呈擬舉辦特別儲蓄獎券及福利獎券暫行章程條例草案呈核一案轉呈鑒核等情除特別儲蓄獎券暫行章程應備查外所呈福利獎券暫行條例草案請公決案當經決議『通過福利獎券暫行條例送國民政府公布並交立法院備查』記錄在卷相應錄案並抄附原呈暨上項暫行章程暫行條例各一份一併函達即請查照轉陳分別備查明令公布並令行政立法兩院知照」

等由理合簽請鑒核」等情據此自應照辦除分別備查明令公布暨分飭施行外合行抄發福利獎券暫行條例令仰該院知照幷轉飭知照此令」

等因，附抄發福利獎券暫條例一份，奉此。自應遵辦除令外，合行抄發福利獎券暫行條例一份，令仰該府知照幷轉飭所屬一體知照！二

此令

計抄發福利獎券暫行條例一份，

中華民國三十二年六月十二日　院長　汪兆銘

福利獎券暫行條例

三十二年六月四日公布

第一條 國民政府爲吸收游資增進人民福利起見由財政部委托中央儲備銀行中央儲蓄會發行福利獎券

第二條 福利獎券之發行每二個月爲一期

第三條 福利獎券每期發行票面總額爲國幣五百萬元共二十五萬號每號一張售國幣二十元共二十五萬張每張分兩條每條十元

第四條 福利獎券每期開獎一次在上海舉行其日期於券內載明之每次開獎應由中央儲備會先期分請財政部審計部及當地法院商會各派代表一人屆時涖場監視持券人及民衆並得自由參觀

第五條 每期福利獎券應提獎之等級如左

一等獎一張	獨得獎金一百萬元	共計一百萬元
二等獎一張	獨得獎金二十萬元	共計二十萬元
三等獎一張	獨得獎金十萬元	共計十萬元
四等獎一張	獨得獎金五萬元	共計五萬元
五等獎一張	獨得獎金二萬五千元	共計二萬五千元
六等獎四張	各得獎金一萬元	共計四萬元
七等獎八張	各得獎金五千元	共計四萬元

八等獎二十張　各得獎金二千元　共計四萬元
九等獎四十張　各得獎金一千元　共計四萬元
十等獎八十張　各得獎金五百元　共計四萬元
十一等獎一百六十張　各得獎金二百五十元　共計四萬元
十二等獎二千五百張（一等獎末尾二字相同者）各得獎金一百元　共計二十五萬元
十三等獎二萬五千張（一等獎末尾一字相同者）各得獎金二十元　共計五十萬元

前項中獎券數共計二萬七千八百十七張獎金共計國幣二百三十六萬五千元

第六條　每期中獎獎金應於開獎兩星期後憑中獎之福利獎券向中央儲蓄會及各分支會或特定之代理機關領取但中獎之券如有殘破模糊不易辨識或塗改號碼等情事概不支付獎金

第七條　每期中獎之金自開獎之日起以六個月爲限過期不再支付

上項過期未領之獎金應撥入福利獎券餘利項下

第八條　福利獎券中獎之金十足支付並免徵所得稅及其他中央各稅

第九條　福利獎券所收款項除應提金及一切開支外所有剩餘之淨利應撥交中央儲備銀行專款存儲以備增進人民福利之用

第十條　福利獎券每期中獎號碼以中央儲蓄會正式印發對號單爲憑其私轉錄或報紙所載之號碼如有錯誤中央儲蓄會概不負責

第十一條　福利獎券每期開獎後凡未中獎各券即行作廢

第十二條　對於此項獎券如有僞造及損壞信用行爲者由法院依法懲辦

第十三條　本條例自公布日施行

行政院訓令　院字第六三二號

令南京特別市政府

案奉
國民政府三十二年六月八日第二七四號訓令開：
「查戰時科處罰金暫行辦法現經制定明令公布應即通飭施行除分令外合行抄發該辦法令仰該院知照並轉飭所屬一體知照」
等因附戰時科處罰金暫行辦法一份奉此，合行抄發原辦法，令仰該府知照，並轉飭所屬一體知照！此令。
計抄發戰時科處罰金暫行辦法一份

中華民國三十二年六月十一日

院長汪兆銘

戰時科處罰金暫行辦法 三十二年六月五日公布

第一條　戰時依現行刑法科處罰金者適用本辦法之規定

第二條　刑法總則第四十一條易科罰金第四十二條第二項易服勞役之折算標準以一元以上十五元以下折算一日
前項易服勞役之折算之標準如取科罰金數額在刑法原定數額以下者不得以三元折算一日

第三條　刑法分則各條定有罰金之刑者其最高額均增爲五倍

第四條　刑法關於罰金之規定與本辦法不相抵觸者仍適用之

第五條　本辦法自公布日施行

第六條　本辦法於戰事狀態終了時以命令廢之

命令

南京特別市政府公布令　字第　號

茲修正本市營造業登記章程公布之

此令

附修正南京特別市營造業登記章程（見法規欄）

中華民國三十二年六月　日

南京特別市政府訓令　府祕字第　號

令本府所屬各局處會

案奉

行政院政字第一一四三號訓令內開「現奉

國民政府第二三一號訓令開『據本府文官處簽呈稱「准最高國防會議祕書處高祕字第一九三號公函開「案奉　主席交下最高國防會議三十二年五月十三日第一四次會議討論事項第七案　主席交議茲擬（一）國民禮服以銀線分等級之制着即廢除一律用井字銀線佩於右襟（二）國民禮服分表作橫條形佩於左襟與軍服同其他禮服（如常禮服藍袍黑褂等）及婦女國民禮服勳表作圓顆形佩於左襟（三）與慶典時由國民政府令佩勳章請公決案決議通過送國民政府通飭遵照」等因遵經紀錄在卷相應錄案函請查照轉陳通飭遵照」等由理合簽請鑒核』等情據此自應照辦除分令外合行令仰該院遵照並轉飭所屬一體遵照此令」等因奉此除分令外合行令仰該　遵照並轉飭所屬一體知照

此令

中華民國三十二年六月　日

市長周學昌

南京特別市政府訓令　字第　號

案准

內政部禮乙字第六五號咨開：

「案奉

行政院政字第一一五九號訓令內開：「現准　國民政府文官處文字第六一二號公函開：據山西省五台山六月大會後援會會長馮司直來電爲本年五台山六月大會定於六月十八日開始請通令全國各省市政府廣爲宣傳踴躍參加等情到府，事關宣揚佛教。並恢復地方繁榮應由貴院查案辦理，相應抄同原電，備函送請查照等由，附抄原電一件，准此，除函復外，合行抄發原件令仰該部查案核辦具報此令，等因，附抄發原電一件，奉此，卷查民國三十二年關於五台山六月大會後援會請通令全國民衆參加一案當經本部呈奉

行政院核准，由部分咨各省市政府，在可能範圍內酌予參加者以旅行便利　俾該會獲有實益，並經以禮三字第四七號咨請貴市政府查照辦理在案奉令前因，除呈復外，相應抄同原電咨請查照成案辦理爲荷。」

等由，幷附抄馮司直原電一件，准此，查此案，前於民國三十年七月四日，接准內政部禮三字第四七號來咨，並附該後援會會長蘇體仁原呈，即經本府於是月十日以社字第六一六九號通令各區公所飭遵在案茲准前由，除分令外合行抄件令仰該區公所，即便遵照成案辦理，毋延。

此令

計抄發馮司直原電一件

中華民國三十二年六月　日

市長周學昌

抄太原原電

主席汪鈞鑒本年五台山六月大會定於六月十八日開始請通令全國各省市廣爲宣傳踴躍參加除將大會籌備情形另文呈報外謹先電聞五台山六月大會後援會長馮司直(二十日)印

南京特別市政府訓令 府經字第　號

令鄉區各區公所

查商販運輸柴草進城求售，經過城關，實施檢查，原係保障首都治安必不可少之手續，如果一一檢查，不獨手續過煩，抑且耗費時間，茲爲便利商販運輸起見，嗣後凡運輸大宗柴草入城時，准由該柴草商販，先行向所在地區公所塡具保結，然後由區製發柴草通行旗幟一面，用資憑信，俾通過城關時，改行抽查，藉利運輸，茲製就柴草通行旗幟式樣一種，隨令附發除分令外，合行令仰該區遵照！此令。

計附發柴草通行旗幟式樣一份

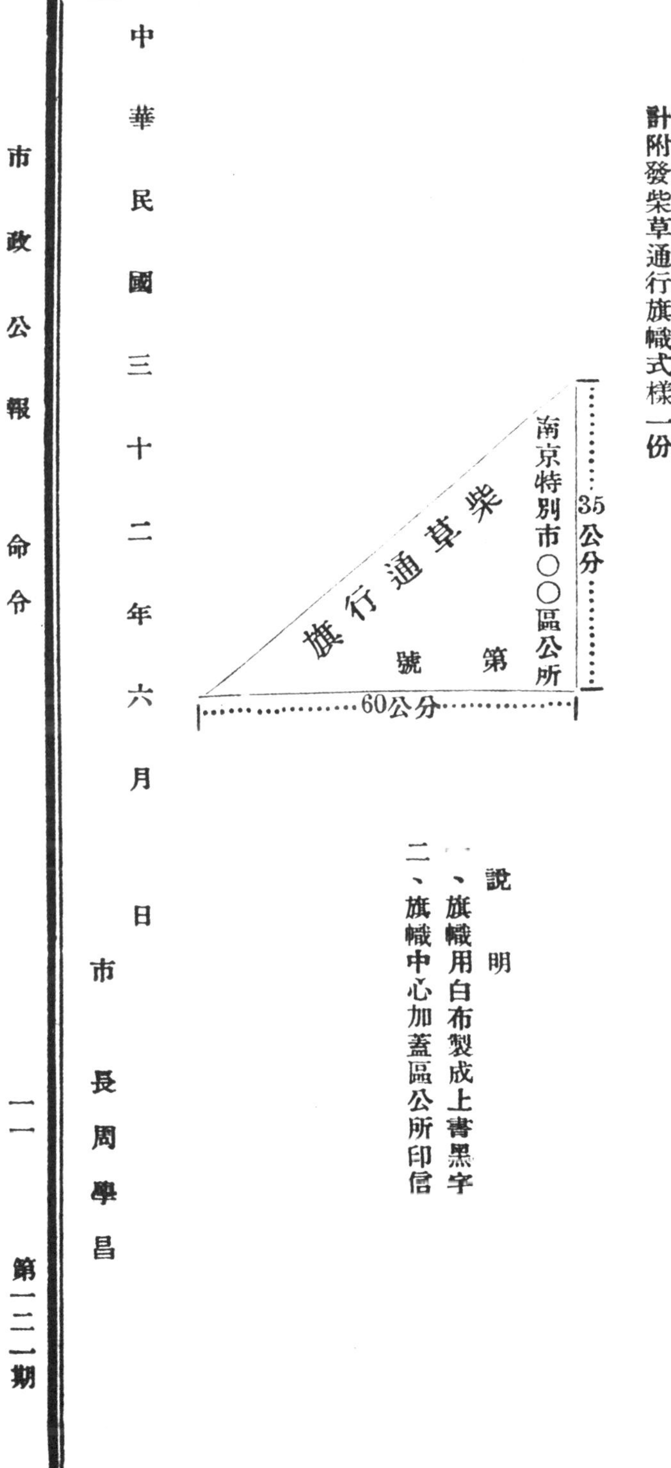

說明

一、旗幟用白布製成上書黑字

二、旗幟中心加蓋區公所印信

中華民國三十二年六月　日

市長周學昌

南京特別市政府訓令 府經字第　號

令糧食局
經濟局

案准糧食部管實業部商字第二〇七五三五號會咨內開：

「查戰時物資移動取締暫行條例業奉國民政府公布施行在案關於前項條例第十三條內載：「違反本條例之規定擅自搬運物資者不論已遂未遂處以五萬元以下之罰鍰並得沒收其物資及運搬工具之全部或一部但情節輕微者得具保釋放」之規定，所有商民私自移動物資違反規定之處罰案件，除上海等特區地方，因情形特殊，在租界未經收囘以前，並援照取締私抬物價暫行條例第九條第二項之規定辦理外，事屬行政處分，應歸經濟糧食兩局核辦，至前項查緝事務，亦應由經濟糧食兩局督同經濟警察辦理，在縣市地方，應以縣市政府爲主辦機關，以期周密，相應咨請　貴市政府查照，並希轉飭知照爲荷。」

等由准此，除分令外，合行令仰該局知照，此令。

中華民國三十二年六月　日

市長周學昌

南京特別市政府訓令 字第　號

令改組各業同業公會籌備委員會
城鄉各區公所

案奉

行政院院字第四九五號訓令內開：

「現准軍事委員會會經字第一三〇五號公函開：案查籌辦軍需物資特別規定之原則暨軍需物資統制及委託採

辦暫行辦法前經最高國防會議通過並於四月十日公佈業已函請查照各在案玆查全國商業統制總會改隸貴院直轄其機構及與本會之聯系亦多變更原籌辦軍需物資特別規定之原則第六條及軍需物資統制及委託採辦暫行辦法第四條自不適用業奉最高國防會議第十五次會議通過修正除分別函令外相應檢附修正辦法十分函請查照並轉飭所屬知照等由附送修正籌辦軍需物資特別規定之原則暨軍需物資統制及委託採辦暫行辦法十份准此除咨復暨分令知照外合行抄發前項修正原則及辦法各一份令仰該府知照並轉飭所屬一體知照」

等因奉此除分行外合亟抄發原件令仰該會轉飭各同業公會知照／區知照為要

此令

附發修正籌辦軍需物資特別規定之原則暨軍需物資統制及委託採辦暫行辦法各一份

中華民國三十二年六月　日

市長周學昌

籌辦軍需物資特別規定之原則

軍需物資之籌辦應以軍事第一為主旨有絕對優先權

一、品種　凡經理總監署所指定之一切軍需品（包括軍械，彈藥，機械，工具，衣粮，裝具，燃料，建築材料，馬匹等）半成品及原料等均屬之

二、質量　軍需物資之素質及數量由經理總監署根據軍事需要規定之

三、價格　軍需物資之價格應照成本價格加上合理利潤為準在軍事緊急而認為不可避免時得由經理總監署規定之

四、期限　軍需物資之委辦由經理總監署規定期限不得延誤

五、統制　民營之軍需工商業以經營軍需業務為主要其生產運營均得經理總監署統制

六、聯系　關於軍需物資之委辦依據商業統制總會暫行條例之規定由經理總監署按照軍事上之需要呈請軍事委員會令飭商業統制總會辦理

軍需物資統制及委託採辦暫行辦法

第一條　軍需物資之籌辦以軍事第一為主旨應有絕對優先權其統制及委託採辦悉依本辦法行之

第二條　本辦法所稱之軍需物資凡由軍事委員會經理總監署指定之一切軍需品（包括軍械彈藥機械工具衣糧裝具燃料建築材料馬匹等）半成品及原料等均屬之

第三條　民營之軍需工商業以經營軍需業務為主者其生產運營均得由軍事委員會經理總監署統制

第四條　委辦軍需物資由經理總監署按照軍事上之需要呈請軍事委員會令飭全國商業統制總會辦理

第五條　委辦軍需物資之素質及數量由軍事委員會經理總監署根據軍事需要規定之

第六條　委辦軍需物資之價格應照成本價格加上合理利潤為準在軍事緊急而認為不可避免時得由軍事委員會經理總監署規定之

第七條　委辦軍需物資由軍事委員會經理總監署規定期限不得延誤

第八條　本辦法如有未盡事宜隨時修正之

第九條　本辦法施行日期以命令定之

南京特別市政府訓令　府財字第　　號

令捐稅征收所所長江兆龍
各區公所

查本市舖房捐及住房捐向由本府分別派員照章征收在案茲准首都警察總監署公函為寬籌警署經費補助員警薪餉起見業經會同商定自本年六月一日起暫行劃交警署仍照本府原定稅率代為征收其在六月一日以前之本年度各月份欠繳捐款併由警署仍照原規定代為補征以重庫款除佈告暨分行外合行令仰該
所長遵照將舖房捐依限結束並將有關征收冊籍等項檢齊移交
所遵照并通飭所屬乙體知照為要

此令

中華民國三十二年六月　日

市長周學昌

南京特別市政府訓令 府財字第　號

令牲畜屠宰稅征收所所長
　屠宰場場長張敬書

案准

糧食部調字第二八九號公函內開：

「查自實施揚子江下游區域物資取締規定及廢止限制牲畜移動以來各城廂市鎮難免私宰牲畜情事不僅影響地方稅收抑且不加檢驗宰殺病牲供人購食妨礙公衆衛生關係至鉅刻屆夏令積極防疫之際自應責成地方政府及管理衛生各機關迅作有効措施嚴加取締正籌議施行間復准日本駐華大使館函以准軍政部函知近來私宰過多對於防疫前途良堪憂慮希嚴予取締等由到部除函復幷分函外相應函請查照卽希飭屬照辦幷予見復爲荷」

等由准此查私宰牲畜或宰殺病牲均在應行取締之列玆准前由自當照辦除函復外合行令仰該所場遵照對於檢驗牲畜務須依照規定嚴厲執行不得宰殺病牲供人購食並須嚴密調查禁止私宰俾杜流弊而重衛生

此令

中華民國三十二年六月　日

市長周學昌

南京特別市政府訓令 府財字第　號

令攤販管理所主任宋建中

查本市新街口西首漢中路原規定爲重要幹線事變以後商業未復暫准臨時攤販在漢中路兩旁搭蓋蘆棚藉資營業本屬一時權宜之計現在新街口一帶車輛輻輳交通繁盛漢中路原定幹綫亟待整理放寬該處所搭蘆棚旣屬有礙交通且易發生火患迭經令飭限期拆除早已逾期當未遵辦現該商等所建興中商場亦已完工自應嚴令拆讓未便再任稽延應勒限於六月十五日以前一律拆除除函請首都警察總監署派警協助強制執行外合行令仰該主任遵照嚴加督飭依限拆除並將拆除情形呈報備核爲要

此令

南京特別市政府訓令

字第　號

令本府各局處會

案奉

行政院政字第九九二號訓令內開：

「現奉　國民政府第二二二號訓令開據本府文官處簽呈稱准最高國防會議祕書處高祕字第一八〇號公函開案奉主席交下最高國防會議三十二年四月二十九日第一三次會議討論事項第一案　主席交議據新國民運動促進委員會呈擬訂新國民運動暑期集訓辦法章案呈請鑒核等情請公決案決議通過送國民政府令飭施行等因遵經紀錄在卷相應錄案幷抄附原辦法函達至希查照轉陳明令施行通飭遵照等由理合簽請鑒核等情據此自應照辦除分令外合行抄發該辦法令仰該院遵照並轉飭所屬一體遵照此令等因附抄發新國民運動暑期集訓辦法一份奉此自應遵辦除分令外合行抄發前項辦法令仰該府遵照並轉飭所屬一體遵照此令」

等因，附抄發新國民運動暑期集訓辦法一份，奉此；除分令外合行抄發前項辦法令仰該局處會遵照並轉飭所屬一體遵照！

此令。

附抄發新國民運動暑期集訓辦法一份

中華民國三十二年六月日

市長周學昌

新國民運動暑期集訓辦法

一、爲利用暑期調集公務人員及青少年團，實施新國民運動訓練，設新國民運動暑期集訓委員會。

二、新國民運動暑期集訓委員會委員長，由　領袖兼任之。

中華民國三十二年六月日

市長周學昌

三、新國民運動暑期集訓委員會，設副委員長二人，常務委員及委員各若干人，均由 領袖指派之。

四、集訓委員會之下，設左列集訓營，爲各單位訓練之執行機關，一、公務人員集訓營，二、青少年團集訓營，各營設營長一人，由常務委員兼任之，遇必要時得各設副營長一人至二人。

五、本屆暑期集訓分兩期，每期每營三百人，以七月爲第一期，八月爲第二期其地點另定之。

六、本屆公務人員調訓，以科長及荐任人員爲限。

七、本屆青少年團調訓，以中國青年模範團團員，中國青少年團青年隊及少年隊指導人員，青年隊初級及高級優秀團員爲限。

八、訓練總計劃，由集訓委員會統籌訂定，各營分別負責執行，訓練內容，分兩項：一爲共通者，如訓話，演講，升降旗，會操等，在同一場所舉行一爲特殊者，由各營分別辦理。

九、受訓人員成績優異者，予以奬勵，成績不及格者，予以免職降級，或革除學藉之處分。

十、調訓人員來往旅費，由各省市及行政區公署行營分別負責，其他經費由集訓委員會擬定概算，經最高國防會核定撥付。

十一、各省市得參照本辦法，分別舉行省市集訓營

南京特別市政府訓令 府糧字第　號

令鄉區自治實驗區區公所

糧食局案呈

糧食部管理司本年五月十九日函開：

「逕啓者玆檢送本部米糧採銷總管理處甯屬區米糧公營收買南京市內攤販私米辦法乙份暨指定代收私米商號名單乙張蘇浙皖米穀運銷管理暫行條例乙份請爲督收至貴局在燕子磯所查獲私米各係攤販私米性質請依照甯屬區米糧公營社收買南京市攤販私米辦法辦理如爲私運則先押交就近本部指定糧行或倉庫保管並報部核奪相應函達卽希查照」

等由附發蘇浙皖米穀運銷管理暫行條例粮食部米糧採銷總管理處甯屬區米糧公營社收買南京市內攤販私米辦法指定代收

私米商號名單各一份准此除由糧食局令飭燕子磯食米稽查所遵辦外合行抄發原附件等各一份令仰知照幷仰會同該稽查所將五月十九日及二十日所查私米除堯化門周金盛粮行存米七百石應候另案辦理外所有笆斗山鄉黃山衙地方陸少云王瑞宏等私米十三石八斗六升迅予依照收買攤販私米辦法切實辦理具報爲要

此令

附抄發蘇浙皖米穀運銷管理暫行條例　糧食部米粮採銷總管理處甯屬區米糧公營社收買南京市內攤販私米辦法指定代收私米商號名單各一份

中華民國三十二年六月　日　　市長　周學昌

蘇浙皖米穀運銷管理暫行條例

三十二年三月十二日公布

第一條　蘇浙皖三省及京滬兩市境內所有米穀運銷事宜除上海統制綫以內另有規定外悉依照本條例之規定辦理之

第二條　凡以經營米穀之販運零躉批發居間買賣及設機精碾等爲業者均稱之爲米商

第三條　凡米穀之搬運應向糧食部申請頒發米穀採辦證或米穀搬運護照經核准頒發後方可搬運

前項申請辦法另定之

第四條　糧食部得將蘇浙皖三省京滬兩市劃分爲若干米穀管理區公佈週知

前項米穀管理區分區界限遇有變更時由糧食部隨時公布之

第五條　持有米穀採辦證者得在指定米穀管理區域內自由搬運其定額之米穀

持有米穀搬運護照者應依照護照上指定之起運經由及運往地點暨許可運銷數量搬運米穀

第六條　凡農民在同一縣市境內由鄉搬運自已收穫之米穀入城者無論數量多寡均准其自由搬運其由城市搬入鄉區或有鄉區搬運出境數量在一石以上者應分別請領採辦證或搬運護照但有特殊情形經粮食部許可或特別限制者不在此限

第七條　凡持有米穀採辦證或米穀搬運護照者搬運米穀時不得夾帶違禁物品或漏稅貨物及其他類似情事一經發覺除依法嚴懲外並將其所持證照註銷以後不准列行申請頒發

第八條　凡持有米穀採辦證或米穀搬運護照搬運米穀時其沿途遇有軍警及行政稅卡各機關查驗應隨時呈驗不得違抗各

地軍警行及政機關對于持有證照之米商應加意保護不得無故留難

第九條　糧食部爲調節米穀價格起見得隨時規定公布米商收買及出售之最高及最低價格必要時並得規定適當價格強制收買米商囤積或搬運中之米穀

第十條　凡未經請領米穀採辦證或米穀搬運護照私自搬運米穀者除由糧食部將其私運米穀悉數沒收外並得課以私運米穀價格二倍以下之罰金

第十一條　凡米商囤積居奇操縱價格及售米時摻水或雜入砂泥石子等妄爲不正當之行爲者糧食部得將該米商所有之米穀視情節之輕重沒收其半數或全數

前項米商持有之採辦證及搬運護照準用本條例第七條之規定

第十二條　糧食部對于本條例第十條第十一條之舉發人得酌給沒收米穀價格百分之十以內之奬勵金

第十三條　本條例自公布之日施行

糧食部米糧採銷總管理處寗屬區米糧公營社收買南京市內攤販私米辦法

（一）本社爲遵奉部令收買本京市內攤販私米訂定本辦法

（二）收買範圍以本京市內各街巷攤販私米爲限

（三）攤販以利用菜塲爲零星出售私米市場本社指定各菜場附近之殷實糧商爲代收商各該代收商牌號處所由社報部轉知有關機關飭屬協助執行

（四）收買攤販私米價格暫照本社所設中華門外南京事務所收購公米（每石一百六十市斤）價格減低二十元收買之

（五）收買資金暫由代收商核實墊付隨時報由本社驗明立即照數付還歸墊但設遇收買大量私米時無資可墊者得先聲請本社撥借其收存私米應報請本社指交就近倉庫驗收所需運費由本社核付

（六）代收商收購私米依照城外代辦糧行定例每石加給手續費四元

（七）本社爲輔助查察機關稽查之不及得派員分段巡視遇有販賣私米立即知照附近崗警或區坊保甲人員將米連同私販一併送由就近代收商號依照限價收買之

（八）私米送到代收商號即由原送之員警眼同過秤算給價款併于該號帳册所登收米付款數字上加蓋名章以昭核實

(九)查送私米人員應隨時填報查獲收買私米數量表交由代收商加章送由本社彙填日報表呈部備查

(十)本辦法自經米糧採銷總管理處呈奉糧食部核准之日施行

南京特別市政府訓令 府糧字第　號

令　保甲委員會
　　本市各區公所
　　鄉區公所

案准

糧食部增字第二〇五號咨開：

「查種苗耕牛農具肥料等供給充分與否影響食糧生產者至大本部為明瞭各地農戶對於上項物資有無缺乏及購運困難情形以便統籌策劃起見爰製定調查表一份於應咨請貴市政府查照轉飭所屬剋日查慎彙送過部俾資統籌調劑為荷」等由附糧食生產上需要物資耕牛農具種苗肥料有無缺乏及購運困難情形調查表式一紙准此自應照辦除分令外合行抄發表式令仰該會區飭屬遵照表式切實查報以憑彙轉勿延為要

此令

計抄發糧食生產上需要物資耕牛農具種苗肥料有無缺乏及購運困難情形調查表式一紙(略)

中華民國三十二年六月　日　　市長周學昌

南京特別市政府佈告 府字經第　號

查本府前以京市四郊，時有假稱軍警及不肖之徒，藉口官價，強行收買柴草情事，曾經會同首都警備司令部 首都警察總監署頒告嚴禁在案。茲為疏通來源，安定民生起見，依據現時實際情形，特將柴草價格，重行規定，所有前定之柴草限價，應即廢止。嗣後凡市民買賣柴草，均須遵照現定限價，不得故違，倘有暗盤抬價，或強行購買情事，一經查明，定予依法嚴懲不貸！除將改定柴草限價提送本市物價評議委員會追認外，合行佈告週知！＝

此佈

附開柴草限價

品名	單位	限價	品名	單位	限價
蘆柴	擔	四二元	麥楷	擔	三〇元
枝柴	擔	四二元	木柴	擔	四四元
山柴	擔	三八元	雜木柴	擔	四九元
苞蘆楷	擔	三九元			

附註 一、以上限價係按市秤計算
二、以上所列價格係最高限價如在限價以下發售者在所不禁

中華民國三十二年六月 日

市長 周學昌

南京特別市政府公告 字第 號

案查本市原第四區一六三七段房地前因業戶曹寶善泉等逾期登記業經前土地局予以假定公告在案茲據該民檢同原登記收據呈請補發圖狀除將假定登記案撤銷外茲依照本市土地登記暫行規則第十五條之規定揭示公告自公告之日起對於該項房地產如有因權利上關係聲明異議者須於三個月內提出理由書及證明文件呈候核辦一經公告期滿未據異議即予依法登記發給圖狀執業合行公告週知

計開

聲請人 姓名 住址

坐落 第 區 段 第 號

種類及面積 地 畝 分 厘 毫 絲

四至 東至 南至 西至 北至

定着物情形
申報地價
申報定着物現值
共有權人
他項權利人
公告日期
公告期滿日期

中華民國三十二年六月　日

市長周學昌
地政局局長張仿良

南京特別市政府公告　字第　號

案據業戶王世福呈報坐落延齡巷第五號房地產原領前土地局所發一區二八六五段分段圖壹件因事變遺失請予補給等情經飭據呈繳聲明分段圖遺失報紙暨鄰商兩保前來茲依照土地法第一百四十條第二款之規定揭示公告自公告之日起對於該項遺失分段圖如有因權利關係聲明異議者須於三個月內提出理由書暨證明文件呈候核辦一經公告期滿無人異議卽予依法補給分段圖管業合行公告週知

中華民國三十二年六月　日

市長周學昌
地政局局長張仿良

法規

修正南京特別市營造業登記章程

民國三十二年六月修正公布施行

第一條　凡在本市區內以承攬各項建築工程爲營業者如建築公司營造廠水木作等均爲本章程所稱之營造業

第二條　凡營造業對於本章程之規定及本市建築規則暨其他有關係之章則令文布告均須切實遵守

第三條　營造業應先向工務局申請登記俟核准給照後方得營業其已在他埠登記領有執照而欲在本市承辦各項工程者亦同但在吊銷執照期內之營造廠商不得變更牌號另行申請登記

第四條　前項營造業執照每滿一年更換一次營業執照申請登記人之資本經驗學歷分爲左列四等

甲等　資本在十萬元以上而有左列資格之一者

一、曾承辦五十萬元以上之工程成績優良者（須呈驗證明文件如合同等）

二、曾在國內外公私立專門以上學校土木科或建築科畢業曾任所習學科之職務滿一年成績優良取得證明書者

三、曾在國內外公私立專門以上學校脩習土木科或建築科在三年以上並曾任所習學科之職務滿二年成績優良取得證明書者

四、曾領有乙等登記執照承辦本市十萬元以上之工程累計七十萬元經工務局認爲成績優良者

乙等　資本在五萬元以上而有左列資格之一者

一、曾承辦十萬元以上之工程成績優良者（須呈驗證明文件如合同等）

二、曾在高級職業學校或同等程度學校之土木科或建築科畢業曾任所習學科之職務滿一年成績優良取得證明書者

三、曾領有丙等登記執照承辦本市五萬元以上之工程累計滿三十萬元經工務局認爲成績優良者

丙等　資本在一萬元以上而有左列資格者
一、曾承辦二萬元以上之工程成績優良者（須呈驗證明文件如合同等）
二、曾在中學畢業並曾任土木工程界之職務在二年以上成績優良取得證明書者
三、曾領有丁等登記執照承辦本市五千元以上之工程累計滿十萬元經工務局認爲成績優良者
丁等　資本在五千元以上而有左列資格之一者
一、原係營造商（小包）營業在一年以上者
二、有承辦工程之學識能力經驗經同業二家證明者

第五條　前條甲乙丙三等如聘用左列資格之人爲經理者亦得聲請登記
甲等　在本市開業之土木科或建築科技師
乙等　在本市開業之土木科或建築科技師或技副
丙等　有前條本等第二款資格者
前項經理人一人祗任一廠爲限

第六條　營造業申請登記時須塡具工務局製定之登記表保證書各一份檢同本人最近二寸半身相片三張及關於資本經驗學歷之證明文件呈局審查其以聘用經理人申請登記者並須將該經理人之相片及其執行業務或學歷經驗之證明文件一併送核該項證明文件均于審查完竣後發還

第七條　聲請登記者經審查合格後應照左列規定繳納登記費領取執照
甲　壹百捌拾元
乙　柒拾元
丙　叁拾元
丁　拾貳元

第八條　營造業執照須懸掛店內易見之處

第九條　已登記之營造業得各按其等級承辦左列工程
甲　得承辦市內一切大小營造工程
乙　得承辦三十萬元以下工程

丙　得承辦十萬元以下工程

丁　得承辦二萬元以下工程

第十條　已登記之營造業承辦市內各項工程應於開工前及竣工後檢同發給之工程記載表送請工務局查核此項工程記載表于請領執照時一併發給每本收工料費四元

第十一條　已登記營造業有左列情事之一者得吊銷其登記執照凡經吊銷執照者于六個月內不得再爲申請登記其情節較輕者得改處二百元至三百元之罰鍰但違反左列第三款至第六款之規定者並須限期令其拆退改造或督令完工

一、登記後發現申請人之資格與本章程第四條之規定不合或因故喪失能力者

二、以登記執照牌號借讓他人頂替或混充者

三、所建工程不遵照工務局核定之退縮線退縮或侵佔公私土地者

四、不遵照工務局核定之工程圖樣營造者

五、偸工減料因而發生危險者

六、於承辦工程包價以外無正當理由向業主需索或逾期不完工者

七、無施工執照擅行動工者

八、其他有違反章則文告事項經二次通知仍不遵照者

第十二條　依前條規定吊銷登記執照者其已繳之登記費概不退還

第十三條　已登記之營造業在登記期內能遵守定章或承辦工程成績優良者得由工務局給予成績優良證明書

第十四條　凡未經本工務局登記之營業概不得在本市承覽各項建築工程違者視承辦工程價格之大小科以百分之三至百分五之罰鍰並勒令補行登記手續均照本章程第四，五，六，七條之規定辦理在未審查合格發給執照前倘再違犯則按照本條罰鍰加倍處罰

第十五條　已登記之營造業如因故自行停業應先期呈報工務局備查並繳銷所領執照及工程記載表

第十六條　各營造業所領執照每年一換每年正月爲換執照期其已經吊銷執照之營造業須俟吊銷期滿方得重行登記換照時已登記之營造廠商如仍以原等級申請登記者得免繳關於經驗方面之證明文件

第十七條　凡登記之營造業如違反本章程第十一條之規定而吊銷登記執照者于限制申請期滿後重行登記時應照原等級降低一級在一年內不再有違章情事發生或承辦工程成級優良准予照本章程第四條申請升級

第十八條　各營造業所領執照如有遺失時除登報聲明作廢外同時應向本府工務局申敍理由並檢同報紙依第七條規定費額繳納百分之三十補照費呈請補發

第十九條　補照之有効期間以自原照發給之日計算

已登記營造業如有變更組織改易名稱或換主開張時須依本章程重行申請登記其更易經理人者並須按照原登記手續報經核准

第二十條　營造業之已登記期滿或變更組織換主易牌尙未重令登記或所易經理人尙未核准者均不得在本市承辦各種工程

違反前項之規定者除勒令停工外並得按左列各款辦理

一、吊銷登記執照或停止其三個月以下之營業

二、處以壹百元以下五十元以上之罰鍰

第二十一條　營造業之保證人應以同額以上資本之商號或其同業担任之但同業商號應以左列規定爲限

一、丁等以丙等担保

二、丙等以乙等担保

三、乙等以甲等担保

四、甲等以甲等三家担保

第二十二條　具保商號如中途改組或因故停業或申請退保時應依照前條規定另覓妥保呈候番核違則暫行吊銷其登記執照限期覓保並處一百元以下五十元以上之罰鍰

第二十三條　已登記之營造業如違犯本章程而不遵工務局處分或無力履行者其原具保證書之商號應負全責

第二十四條　本章程如有未盡事宜得隨時修正

第二十五條　本章程自公布之日施行

附則　本章程施行後前南京市政府工務局修正營造業登記暫行規則卽予廢止

公牘

南京特別市政府呈 府財字第 號

查本市舖房捐及住房捐依照劃分國地收入標準案係爲地方收入歷經列入市庫經常收入預算因本市爲首都所在與警政有密切關繫故對於首都警察總監署按月由市酌予補助經費在案茲准首都警察總監署公函以經費支絀有寬籌必要請將本市舖房捐及住房捐暫行交由警署仍照本市原定捐率代爲征收所有代征舖房捐按照本市原征收額每月叁萬叁千元除扣經費叁千元外如數按月撥交市府如有盈收之款即歸警署留用其住房捐除日僑家屋部份仍歸市府征收留用外其餘暫交警署代爲征收全歸警署留用惟市府原撥警署補助費每月貳萬捌千元及原撥義勇救火會補助費每月貳千元同時停止撥付由警署在代征住房捐及舖房捐附加清潔消防捐內分別支撥自本年六月份起實行其在六月份以前之各月份欠捐由警署代爲征收除扣支百分之五代征費用外其餘如數撥交市府應用以上所列辦法雖屬征收手續略有移轉對於規定捐率尚無變更且係臨時性質暫以一年爲期除函復照辦並簽訂協定暨佈告周知及咨請財政部查照外理合備文呈報仰祈鈞長鑒核備查

謹呈

行政院院長汪

南京特別市市長周學昌

中華民國三十二年六月日

南京特別市政府咨 府經字第 號

案准

實業部商字第五二三號咨略以本市各業同業公會屬於財政部粮食部主管各業應於各主管部飭由各主管局分別調整以後卽呈由經濟局核轉本部登記囑查照辦理等由准此相應咨請

查照並希轉飭所屬轉知各公會於改組成立後應卽備具各項文件逕由本府經濟局彙轉登記至紉公誼

此咨

財政部
糧食部

中華民國三十二年六月　日　　市長周學昌

南京特別市政府咨　府糧字第　號

案據京市改組各業同業公會籌備委員會委員葛亮疇呈稱：

「竊屬會遵奉鈞府五月一日訓令組設成立飭將實業部主管各主要商品工商同業公會按照奉頒分類表限本月以前一律改組完成具報核轉等因遵經召集舊有各公會理事來會共同協商推選各業發起人彙編名冊呈奉鈞府經濟局核定令由屬會轉行通知遵照工商同業公會暫行條例及同條例施行細則於組設時有關各條之規定積極辦理各在案唯糧食部主管之各同業公會係以南京區為範圍是不限於一市亦在分別改組之中屬會為奉令改組南京特別市各業同業公會之機構似應與各公會取得密切之聯絡且據京市糧食各同業公會推派代表先後來會討論聯絡辦法籌議至再尚無結果多數主張先將京市各糧食業同業公會依照上述實業部主管之各同業公會辦法由屬會負責指導改組成立後再行依法參加京滬同業公會庶於法制商情得以兼籌並顧是否可行未敢擅專除逕呈　行政院暨分呈實業部糧食部外理合備文呈請

仰祈鑒核批示俾資遵循實為公便」

等情，據此。查本案無例可援既由該委員逕呈

貴部核辦，究應如何處理，相應咨請

查照見復為荷

此咨

糧食部
實業部

中華民國三十二年六月　日　　市長周學昌

南京特別市政府咨 府糧字第　　號

案准

貴部調字第二一七號咨略以准咨轉據糧食局簽呈以增產事業亟待推進擬自五月下旬起酌將公糶米臨時手續費每担加收二元以利增產而資挹注等情擬准照辦咨請查照備查見復爲荷等因准此查該局所稱酌將公糶米臨時手續費每担加收二元撥充增產事業經費事屬可行應准備查惟該局對于京市增產事業擬如何規劃進行未據呈明應先擬具詳細計劃附編支出概算呈候核辦准咨前由相應咨復請煩查照并希轉飭遵照等由准此自應照辦茲經飭據糧食局擬具南京特別市糧食局增產推進工作計劃草案一份經核尚屬可行除飭糧教兩局迅即擬具支出概算呈候核轉外相應檢同南京特別市糧食增產推進工作計劃方案一份先行咨達卽希

查照備查爲荷

此咨

糧食部

附送南京特別市糧食增產推進工作計劃草案乙份

市長周學昌

中華民國三十二年六月　日

南京特別市粮食增產推進工作計劃草案

第一　辦理動機

市糧食局爲適應戰時體制利用市立各校館教職員休閒時間從事增產推進工作以裕民食而安民生并酌給津貼以調劑教員生活

第二　承辦機構

（甲）監督指揮機關

由南京特別市糧食局會同教育局共同辦理增產推進事宜其監督指導指揮機關由兩局共同負責

(乙)從業員資格及名義

凡現任本市市立各校館教職員(暨工役)不分性別均爲增產推進工作之從業員各從業員均由局予以增產推進特約員名義

第三　工作範圍

以校館爲中心凡在校館周圍三里以內(在鄉區校館在五里以內)有關增產事宜需用特約員從事工作者均爲特約員工作範圍

第四　工作綱要

(甲)宣傳事項　(如節約　增產　墾荒　養殖　畜牧　勸耕……)

(乙)調查事項　由糧食局會同教育局隨時令飭辦理

(丙)墾荒事項　利用校館三里(或五里)以內之隙地空地荒山荒地從事墾荒工作

(丁)養殖事項　利用校館三里(或五里)以內之公私池塘放養魚花從事養殖並負保護責任

第五　實施辦法

(甲)宣傳方面　以口頭宣傳爲原則每旬各特約員應將宣傳綱要繕成書面交由各該校館專彙齊繕成正副本呈送教局分別轉核存查

(乙)調查方面　凡由糧食局交查事項應詳細查明具實密呈教育局迅轉糧食局

(丙)墾荒暨養殖　應擬具計劃呈教局轉糧局核定施行經核定後應以實地工作爲原則

凡上列各項實施各特約員應將實施經過詳具書面按週報由各該校館專彙齊繕成正副本呈送教局分別轉核存查

第六　指導事項

增產推進指導事宜由市糧食局會同教育局共同辦理但一切實施方案糧局擬定函知教育局令飭各特約員依照指導方案從事工作遇必要時得派員分赴各校視察或實施指導

等七　特約員之津貼

特約員津貼由市糧食局統籌但總額每月不得超過八萬元其支配辦法由兩局另訂之

第八　特約員之義務與權利

(甲)凡教職員充任特約員不論原任職務高低一律月支五十元工役月支二十五元但嗣後在推行任務之際不得另支車膳費以節公帑

(乙)特約員應領之經費在開始具領時先由教育局令飭各該校館專造具教職員工役名册二份個別取具私章印鑑呈送教局轉存備查在具領之際由教育局出據總領分發各校館轉發各特約員但各特約員應出具兩聯單收據呈送教局分別存轉

(丙)各特約員應遵照糧食局指定方案切實奉行倘有故違或因循從事一經察覺或被舉發得有確證者卽從嚴懲處其懲處辦法由糧教兩局共同議定之

第九 獎勵事項

各特約員從事增產後所有收獲統歸市有但得在此項收獲純利中提出百分之四十充獎以資鼓勵其充獎辦法由兩局另訂之

第十 附則

本計劃方案由糧教兩局會簽 市長准核公布施行并由府咨請糧食部備查

南京特別市政府公函 府財字第 號

案准

貴署政字第二三號公函略以本署因經費支絀會與 貴府商定自六月一日起將本市鋪房捐及住房捐改由本署代爲征收以資補助關於章則等項及交管日期並祈先期示知以便屆時派員接收希查照見復等由准此查本市鋪房捐及住房捐向由本府派員征收列入預算在案茲承

函示爲寬籌經費補助薪餉起見囑暫改由

貴署代爲征收本府對於此項原則自當表示贊同除已雙方會商簽訂協定書及轉飭財政局依照協定書內規定各項分別實施外茲定於六月一日將鋪房捐及住房捐移請代徵相應函復卽希

查照辦理再附上鋪房捐及住房捐欠數表各一份並請代爲儘速催收撥交應用爲荷此致

首都警察總監署

附鋪房捐及住房捐欠數表各一份(略)

市長 周學昌

中華民國三十二年六月日

南京特別市政府公函 字府財第　號

查本市新街口西首漢中路原規定爲重要幹線事變以後商業未復暫准臨時攤販在漢中路兩旁搭蓋蓆棚藉資營業本屬一時權宜之計現在新街口一帶車輛輻輳交通繁盛漢中路原定幹線亟待整理放寬該處所搭蓆棚既屬有碍交通且易發生火患迭經令飭限期拆除早已逾期尙未遵辦現該商等所建興中商場亦已完工自應嚴令拆讓未便再任稽延應勒限於六月十五日以前一律拆除除令飭攤販管理所遵照嚴加督飭依限拆除外相應函請

查照派警協助強制執行并希

見復爲荷

此致

首都警察總監署

市長周學昌

中華民國三十二年六月　日

南京特別市政府公函 府衛字第　號

案查本年度第一次霍亂預防注射前經規定至六月十日截止一律結束在案玆爲澈底預防起見所有車站輪埠以及各城關注射班仍擬援照成案繼續延長自六月十一日起至二十五日止暫以半月爲期前承

貴署飭屬派往各班協助工作之警士亦應至六月十日止一律予以撤銷惟所有派定延期各注射班仍請繼續派警協助俾利進行而竟全功相應檢同延期工作人員分配表一份備函送請

貴署查照飭屬辦理至紉公誼

此致

首都警察總監署

附送延長工作人員分配表一份(略)

市長周學昌

中華民國三十二年六月　日

南京特別市政府公函　府衛字第　號

案准

貴部參備字第一二二號函開

「查京市居民對於衛生思想多不澈底欲謀市民安全勢須先從清潔着手然後乃得防止疫症發生本部爲增進市民福利起見援照去年編組巡察班辦法於過週舉行衛生巡視一次按其清潔程度分別獎懲特定自本年六月二十八日起至本年九月八日止共十週爲衛生巡察時間除分別函令外相應檢同首都改善衛生巡察計劃案一份隨函附上即希查照辦理並將派出醫師姓名列表見復以便編組爲荷」

等由准此自應照辦除由本府衛生局分別通知有關各商店外並派定主管職員五人担任巡察工作相應抄列名單一份復請查照辦理並希將指派區別班次見復爲荷

此致

首都警備司令部

附名單一份（略）

中華民國三十二年六月　日

市長周學昌

統計

南京特別市戶口統計表

三十二年五月份

區別	戶數	人口數						
		總計	男性			女性		
			合計	成人	兒童	合計	成人	兒童
總計	171,725	674,548	373,141	286,871	86,270	301,407	226,103	75,304
城區自治實驗區	13,484	62,850	34,195	25,889	8,306	28,655	21,558	7,097
第一區	22,440	109,784	58,846	50,011	8,835	50,938	42,296	8,642
第二區	22,576	106,838	59,325	50,196	9,129	50,513	41,592	8,921
第三區	18,070	86,407	48,562	35,925	12,637	37,845	27,622	10,223
第四區	17,674	97,579	55,172	47,438	7,734	42,407	25,909	6,498
第五區	10,006	48,181	28,472	21,145	7,323	19,709	13,196	6,513
鄉區自治實驗區	40,461	40,461	22,871	14,479	8,379	17,590	10,602	6,988

上新河區	12,606	55,485	30,056	20,435	9,621	25,429	16,764	8,665
孝陵衛區	5,264	24,636	13,107	7,326	5,781	11,529	6,869	4,660
安德門區	9,144	39,327	22,535	14,023	8,512	16,792	9,695	7,097

註：各外國僑民不在此內

資料根據各區公所查報
秘書處第三科統計股製

南京特別市戶口增減比較表

三十二年五月份

區別	戶增減數	人口增減數						
		總計	男性			女性		
			合計	成人	兒童	合計	成人	兒童
總計	(+)33258	(+)4756	(+)3343	(+)2700	(+)640	(+)1413	(+)1771	(+)358
城區自治實驗區	(+)88	(—)92	(+)384	(+)301	(+)74	(—)476	(+)333	(—)809
第一區	(+)208	(+)1738	(+)1108	(+)856	(+)252	(+)630	(+)434	(+)196
第二區	(+)384	(+)1545	(+)926	(+)833	(+)93	(+)619	(+)529	(+)90
第三區	(+)278	(+)1155	(+)604	(+)515	(+)89	(+)551	(+)473	× +78

第四區	(+)120	(+)76	(+)487	(+)397	(+)90	(+)273	(+)220	(+)53
第五區	(+)68	(+)262	(+)145	(+)105	(+)40	(+)118	(+)84	(+)34
鄉區自治實驗區	(+)32118	(−)554	(−)290	(−)310	(+)9	(−)264	(−)273	(+)9
上新河區	(−)21	(−)156	(−)81	(−)40	(−)41	(−)75	(−)37	(−)38
孝陵衛區	—	(+)41	(+)23	(+)4	(+)19	(+)18	(+)2	(+)16
安德門區	(−)15	(+)56	(+)37	(+)21	(+)16	(+)19	(+)6	(+)13

各外國僑民不在此內

註：增加(+)
減少(−)

資料根據各區公所查報
秘書處第三科統計股製

附錄

參戰體制下都市人民之生活

南京特別市市長周學昌

諸位聽衆

自從本年一月九日國府參戰以來，到今天已經是五個月了，在這五個月過程中，世界的戰局正在如火如荼的進行，我們為撲滅英美侵略勢力，軸心國家益增加了緊密的團結力，發揮着壯烈的犧牲精神。東亞的現勢也日趨樂觀，友邦在西南太平洋已經展開了建設戰，謀求東亞共榮的確立，中日兩國的邦交更形密切，日本已交還在華租界及撤廢治外法權，用以滿足國人的愛國心，協力中國政治獨立，主權完整。中日兩國已由同甘共苦的協力，進而爲同生共死的奮鬥，兩國間軍事力，政治力以及國民精神力的團結，造成了鞏固的東亞保衛的堡壘。

戰事是需要力量的，這力量並不只是軍事的力量，因爲近代的戰爭是全民族的戰爭，每一個國民都是戰鬥員的身分。那戰爭所需要的力量也就是全國國民力量的總和，但國民的力量怎樣產生呢？這就要看國民生活是否合乎戰時體制的要求，所謂合乎戰時體制的國民生活，必須是生產化的，節約化的，充滿了緊張的色彩，自然能產生一種偉大的力量，這就是國民精神總動員的力量，否則國民精神萎靡，生活墮落，自然產生不出力量，更不能担當戰爭的任務，這個民族必然趨於滅亡。

任何一個國家，在其邁入戰爭之後，立即着手其民衆生活革新的運動。團結國民全體的總力，一致貢獻戰爭，按友邦日本來說，在大東亞戰爭爆發之後，全國國民精神興奮，一致擁護政府，盡量的把一己貢獻給國家，獻金與貯金的運動都熱烈的實行。國民的精神是又鎮靜，又緊張，服從政府的命令，個人又都能埋頭苦幹。國民的生活是生產化的節約化的，國家獎勵人民增加生產，使國家物資的實力有所儲蓄實施最嚴格的配給制度，養成國民節約消費的良好習慣。國家有了這種偉大的國民動員的支援，當然能突破時代的種種難關，而向着必勝的大道邁進。

我們再把國府參戰以來，我國國民的生活檢討一下，雖然較參戰以前，有許多的進步，但是也還有許多不足的地方。國府參戰之後，首先喚起全民族的覺醒，乃發動了全國國民精神總動員運動，以新國民運動爲指導理念，着手國民生活的革新。這些步驟和方法都是很適合要求的，但是還有些國民囿於英美的自由主義思想，只知享受，不知貢獻，只知消費，不知生產，他們把當前這個民族興亡的重要關頭，當作一個混亂的過渡時期，度過這時期的方法，就是投機，發財，享樂，苟安。

對於時代沒有正確的認識，對於祖國沒有熱烈的愛情，只看到目前的富貴榮華，不反省國家的整個苦難，更不考慮民族的前途。缺乏中心信仰，沒有正確思想，當然生活也就是病態的，散漫的，墮落的，這的確是民族的嚴重的危機。

這種畸形的現象是發生在都市，而不是在農村，在農村的民衆依然保留着祖先遺傳下來的美德，他們勤勞，刻苦，絲毫沒有染上頹靡，腐化的色彩。而都市的市民，過慣了優裕，放蕩的現代化的生活，一時積習難改，這是極大的遺憾。本來都市的民衆教育程度高於農民，都市應該領導農村，市民應該領導內地民衆，尤其是首都民衆應該肩負起領導全國民衆的重任。那麽我們考慮到國家的需要，自身責任的重大，便必須猛然反省，一致奮起，向新生的途徑走去。

參戰體制下的市民生活應該是怎樣的，這是我們都市的每個市民要考慮的問題。我們第一個要求是要能確立中心信念，這信念就是復興中華，保衛東亞。我們目前的大東亞戰爭就是爲了完遂這個目的而戰的，每一個國民都應該分担完成這工作的任務，如果每人能有這樣的覺悟，自然能使自己的生活添上一種新的活力。

第二個是要求勵行勤儉化，勞動化的生活。戰爭本來是要消耗物資的，要求戰爭勝利，便必須準備下大量的物資，創造物資的原動力，產生在全國國民的生活之中，換句話說，戰爭勝負的決定是要看整個國民的生活是奢侈的，還是勤儉的，有苟安的，還是勞動的。究竟生產比消耗還有餘，還是生產不敷消耗。這些都是很足以影響戰爭的前途，把握戰爭的勝負的，所以我們要求每個國民的反省，自己檢討自身的生活，是不是盡了生產的責任，有沒有生產的力量，簡言之，是一個生產者呢？還是一個寄生蟲呢？有了這個反省，便必須把奢侈的生活節約化，把苟安的生活勞動化。使生活的裏面產生出力量，我們把全國國民的這種力量結合起來，一定能擊滅敵人完成戰爭任務。

第二個要求是品德的提高和精神的振作。我們前面講過，國民生活的墮落，缺乏生機，是由於對於時代認識不夠，缺少愛國思想，此外還有一個重要的因素就是品德的墮落，因爲缺乏高尚的品德，什麼危害社會，不利同胞的事體都可作得出來的，沒有品德的官吏就不免貪污，沒有品德的商人就要投機囤積，操縱物價，沒有品德的市民什麼販賣毒品，以及殺人放火的事都作得出來的。所以我們要整飭市民的生活，必須要求品德的提高，大家能發生忠恕，仁愛，同舟共濟的精神，整個社會國家必有飛躍的進步。大家都能守秩序，服從政府的命令，協力政府的戰爭經濟政策，大家的生活都可以安定。都能忠於職守，各安其本分，從不同角度各自盡其力量服務社會貢獻國家，力量才能集中。同時大家要把精神振奮起來，不畏一切艱難困苦，勇猛精進，但在興奮之中，不是一種盲目的亂動，而是有計劃的，有紀律的共同奮鬥。

第四個要求是要有忍耐的態度與知足的精神，我們大都知道這次世界大戰的普遍，全世界各國的人民都在過有苦難的生活，如果把我們市民現在的生活比較一下，不能不說我們這裏是天堂，所以要有知足的精神，不要以爲目前生活爲艱苦。此外更要有忍耐的態度，樂觀奮鬥的毅力，大家都振奮起來，同心協力來渡過這個劃時代的關頭。

以上幾點，希望每個市民都要切實記住，身體力行，我們這裏既是首都，我們市民就要努力，作成全國同胞的模範，希望大家一致努力。

（完了）

市政公報暫定價目表

期數	價目	郵費
零售	每冊五角	本埠四分 外埠八分
半年	十二冊六元	本埠四角八分 外埠九角六分
全年	二十四冊十二元	本埠九角六分 外埠一元九角二分

市政公報廣告刊例

頁數	價目
一頁	每期十八元
半頁	每期九元
四分之一頁	每期四元五角

刊登廣告在四期以上者每期按照七折計算連續十期以上者每期按照六折計算長期另議

出版日期 本公報暫定每月二次

編輯者 南京特別市政府祕書處

發行者 南京特別市政府祕書處

印刷者 南京國華印書館

地址：中山東路臚政牌樓

電話：二二一六五

中華郵政掛號認爲第一類新聞紙類　江蘇郵政管理局執照第一〇四三號

中華民國三十二年六月三十日

市政公報

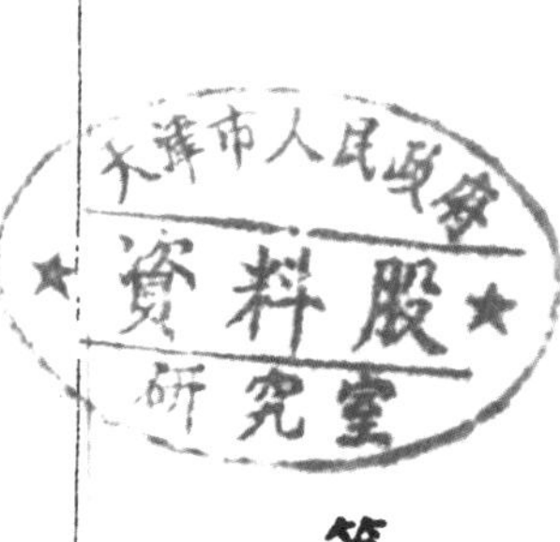

第一二二期

南京特別市政府祕書處印行

目錄

命令

法規

公牘

行政院訓令

行政院訓令 政字第一三二〇號

令南京特別市政府

案查本院第一六七次會議討論事項第二案：「院長交議：據本院行政效率促進委員會簽呈：爲擬具改進中央行政綱要及改進地方行政綱要兩草案請鑒核等情請公决案決議（一）改進中央行政綱要照案通過由院公布施行（二）改進地方行政綱要關於增加改進商業及教育兩點仍交行政效率促進委員會審查提出下次院議」等由紀錄在卷除將改進中央行政綱要由院公布施行暨呈報中央政治委員會及國民政府備案并分令外合行錄案并抄發行政效率促進委員會原簽呈及改進中央行政綱要令仰該府遵照此令

附抄發本院行政效率委員會原簽呈及改進中央行政綱要各一份

中華民國三十二年六月廿六日

院長 汪兆銘

行政院行政效率促進委員會簽呈

竊查

中央自還都以來各機關行政上應具之計劃格於事勢或有或無用是有經費與業務不能合轍之病間且有年開始已久仍請追加經費動搖總概算者亦有俸給費超過事業費者其原由皆以事前疎於計劃臨事遂不免顧此失彼爰特擬具改進中央行政綱要及改進地方行政綱要提會討論後交由王委員敏中召集審查會議加具審查意見復提出第二次委員會議決議「參酌審查意見呈

請

院長核審頒行」等因紀錄在案茲謹繕具上項綱要草案兩份是否可行理合簽請

鑒核示遵。

謹呈

院長汪

繕具改進中央政治綱要草案及改進地方行政綱要草案各一份

行政院行政效率促進委員會委員長鄒敬芳謹簽

三十二年六月十八日

改進中央行政綱要

(一)各機關每年須按本年度內施行方針及事業計劃從本年度七月份起，先行編具該機關行政計劃呈請　行政院核定，分期實施，並就實施情形，逐月編送工作報告，俾以工作報告考核行政計劃之進度與虛實，以謀行政效率之增進。

(二)各機關上年度內所辦事業及收支經費，應於本年度終了後，擇要編成總報告，以下年度一個月內呈報行政院備查，俾中央對於各項事業進展情形，得以明瞭而有統籌規劃之根據，同時並應造送上年度之決算，造報決算之限期，至遲不得逾越下年度之上半年。

(三)各機關每年概算之數目，須根據呈准之行政計劃編造如有新擬，或變更之計劃，超過一年度者，並應將全部計劃呈俟核定後，分期實施，編造概算，但概算內人事費(即官吏俸給)不得超過事業費二分之一，務使國家各種事業與職務，依照需要之程度，得爲平衡合理之發展。

(四)各機關如有新增事業或職務，必須追加概算時，不得在本年度概算決定五個月後呈請，如時已過遲，應在下半年度舉辦，如不及於下半年度舉辦者，應在各該機關原有經費內設法勻支，以示限制。

(五)公務員除調訓以外，各主管長官，應隨時注意其學識修養，期確定其中心思想，渙發其服務精神。

(六)各機關對於人員任免及獎懲，應遵照中央法令辦理，並裁汰不必要之人員務使任當其才，能以一人辦數事，俾達戰時精約之目的，並就各員工作日記，認眞稽查，厲行考績，視其能力高下，辦事勤惰，以爲升降去留標準，俾符獎懲得當，鼓勵無私之意義。

（七）凡屬章則法令，不論單行與通行，均宜簡明而適用，切忌浮泛，並應刪除一切已不適用及不必要之舊法令，除係因地因時制宜單行法，及各自辦事單行章則，應准自行擬訂，呈報施行外，其不必要者，應力求減少，無涉龐雜，以免國家法令如毛，民衆無行適從之流弊。

行政院訓令 院字第七八六號

令南京特別市政府

案奉

國民政府第二八九號訓令開：

「據本府文官處簽呈稱：『准最高國防會議祕書處高祕字第二三一號公函開：「案准中央政治委員會祕書廳檢送奉交行政院三十二年六月八日政字第五四七號呈一件為據司法行政部呈請修正首都高等法院組織大綱第二條條文附具修正草案呈核一案轉呈鑒核等情當經陳奉　主席提交最高國防會議三十二年六月十日第一七次會議討論決議通過送國民政府公布幷交立法院備查等因幷經紀錄在卷相應錄案抄附原呈及修正條文一併函達即請查照轉陳明令公布幷分令行政院立法兩院知照」等由理合簽請鑒核』等情據此自應照辦除明令公布暨分飭施行外合行抄發該修正條文令仰該院知照幷轉飭所屬一體知照」

等因附發修正首都高等法院組織大綱第二條條文一份奉此合行抄發上項修正條文令仰該府知照幷轉飭所屬一體知照此令

附抄發修正首都高等法院組織大綱第二條條文一份

中華民國三十二年六月三十日

院長　汪兆銘

修正首都高等法院組織大綱第二條條文 三十二年六月十七日公布

第二條　首都高等法院管轄區域為南京特別市及江甯、鎮江、江都、六合、儀徵、丹陽、江浦、句容、金壇，溧水、溧陽、高淳、揚中、蕪湖、天長、當塗、無為等縣

命令

南京特別市政府委令　字第　號

令葉瘦鴻

茲派該員爲本府經濟局第二科科長另候呈荐

此令

中華民國三十二年六月　日　市長周學昌

南京特別市政府公布令　字第　號

茲修正本府組織規則公布之

此令

附南京特別市政府組織規則一份（見法規欄）

中華民國三十二年六月　日　市長周學昌

南京特別市政府公布令　府經字第　號

茲修正南京特別市工商業登記暫行規則公布之

此令

附南京特別市工商業登記暫行規則一紙（見法規欄）

中華民國三十二年六月　日　市長周學昌

南京特別市政府訓令　祕字第　號

令本市理髮業同業公會

查本市理髮價目高低不一核與本府一月份所訂價目超過甚鉅殊屬非是茲爲一般平民減低負担起見特重訂價目表一份隨令附發仰將核定價目分別等級刊印行單轉飭所屬會員店舖一體遵照再以後凡屬同等級者不准有兩種價目如確有漲價之必要時亦應先期呈核不得私自加價切切

此令

附發重訂理髮價目表一份

中華民國三十二年六月　日　市長周學昌

南京特別市政府核定理髮業價目表

名稱／價目／等級	特等	甲等	乙等	丙等	丁等	備註
美容西式剪髮	一二元	一〇元	八元	七元	六元	以下男賓價目
普通西式剪髮	一〇元	八元	六元	五元	四元	
平頂剪髮	一〇元	八元	六元	五元	四元	
普通剪髮	八元	七元	五元	四元	三元	
剃頭	七元	六元	五元	四元	三元	

美容修面	九元	八元	六元	五元	四元
普通修面	六元	五元	三元五角	三元	二元
洗頭	八元	六元	四元	三元	二元
電燙外剪	二四元	二〇元	一五元	一二元	一〇元
火燙外剪	一二元	一〇元	八元	七元	六元
白髮染黑	二五元	二四元	二二元	二〇元	一六元
幼童西式剪髮	一〇元	八元	六元	五元	四元
幼童平頂剪髮	六元	五元	四元	三元	二元
女子剪髮	一二元	一〇元	八元	七元	六元

以上女賓價目

洗頭	一二元	一〇元	八元	七元	六元
火燙	二〇元	一八元	一五元	一二元	一〇元
電燙	四六元	四〇元	三〇元	二六元	二二元
火燙前後捲	二〇元	一八元	一六元	一四元	一二元
水燙前後捲各	一六元	一四元	一二元	一〇元	八元
捲飛機油條式	二二元	二〇元	一六元	一四元	一二元
奶油電燙	六五元	六〇元	五〇元	四五元	四〇元
電環	五〇元	四〇元	三〇元	二八元	二五元
電環洗頭	一八元	一六元	一四元	一三元	一二元
白髮染黑	四八元	四五元	四〇元	三五元	三〇元
幼童剪髮	一〇元	七元	六元	五元	四元
幼童水電燙	一八元	一六元	一四元	一三元	一二元

南京特別市政府訓令 字第　號

令改組各業同業公會籌備委員會
　城鄉各區公所

案奉

行政院院字第六五九號訓令內開：

「案查戰時物資移動取締暫行條例業經

國民政府明令公佈並由本院于三十二年三月十七日通令飭遵在案現據　實業部三十二年五月二十九日商字第一三三號呈稱：『竊查戰時物資移動取締暫行條例自奉　國民政府公佈以來業經各省市主管官署遵照奉行有案惟前項條例第五條第一、二、三各款所列違禁物品其運輸許可機關原條文內未經分別列舉在事實上第一、二兩款「兵器彈藥」「火藥及其原料」應由軍事委員會主管其中火藥原料硝礦應由硝礦管理局主管第三款「鴉片及麻醉藥品」應由戒煙局主管茲爲明白曉諭起見擬請　鈞院通令各省市政府重將前項違禁物品運輸許可權限明白銓釋俾衆週知以資恪遵而免誤會是否有當理合錄同戰時物資移動取締暫行條例一份具文呈請仰祈　鑒核施行』等情附呈戰時物資移動取締暫行條例一份據此應准照辦除分令飭遵暨咨請軍事委員會查照轉飭並指復外合行令仰遵照並轉飭遵照」

等因奉此除分行外合亟令仰該籌備委員會轉行知照
　　　　　　　　　　　　　區公所知照

此令

中華民國三十二年六月　日　　市長周學昌

南京特別市政府訓令 府財字第　號

令捐稅征收所所長江兆龍

查本市車輛因行駛日久不無損壞匪特有礙觀瞻抑且影響交通茲爲整頓起見規定自三十二年七月一日起至八月三十一

日止爲本市舉行車輛檢驗期所有在市區域以內行駛之各種車輛除軍事用車及別有規定者外無論公用自用或營業車輛均應一律依照規定期限聽候檢驗換領牌照以便通行關於各種車輛登記暨領用牌照各費征收標準除登記費及復業費過戶費仍照原規定征收外其原有執照費及磁牌費現爲便利手續改爲牌照費合併征收並以現時物價高漲磁牌工本加鉅對于牌照費額不得不隨之增高但爲體卹車商起見特將本屆牌照有效期間延長至明年六月底止除布告周知並分函日本憲兵隊日本居留民團暨首都警察總監署查照飭屬協助外合行檢發車輛檢驗程序表暨車輛檢驗登記領用牌照收費簡則及檢驗車輛規則令仰該所長遵照督飭所屬切實辦理並將遵辦情形具報備查爲要

此令

計附發車輛檢驗程序表一份車輛檢驗登記領用牌照收費簡則及檢驗車輛規則一份（見法規欄）

中華民國三十二年六月　日

市長　周學昌

南京特別市政府三十二年度車輛檢驗程序表

檢驗月份	車輛類別			備註
七月份	各種汽車	機力脚踏車	各種馬車	
	自用自行車	營業自行車	三輪自行車	
八月份	營業自用三輪人力車	甲乙等板車	騾車	
	獨輪小車	雙輪小車	水車	
	貨箱車	自用人力車	營業人力車	

南京特別市政府訓令　府財字第　號

令本府各局處會附屬各機關

查本年度上半年瞬將終了本市下半年概算亟應編製惟當此市庫極度支絀之際爲期收支平衡起見所有各機關下半年經臨費支出概算自應一律依照上半年原核定數編列除呈准有案者一概不准增加其有收入之機關對於稅率及徵收方法應予分別調整俾增收入而裕市庫除分令外合行抄發編製概算須知令仰該　遵照限文到十日內卽將本年度下半年收支概算各編具一式五份呈候彙辦毋得違延切切

此令

計抄發編製概算須知一份

中華民國三十二年六月　日　市長周學昌

編製三十二年度下半年概算須知

一、編製概算應依照定式分列款項目節

一、繕印概算書一律用十行紙寬八英寸長十一又十六分之三英寸

一、無直接收入之機關毋庸編造收入概算

一、支出概算俸薪工餉不得與臨時員工加成合併編列但應另編實支加成名册二份（按照六月份實支數編列）暨月支加成統計表二份（按照概算俸給費編列所用紙張及面積與概算同）

一、概算書應書寫正楷數字尤須清晰幷裝齊封底面加蓋印信主管長官及科長會計人員應在底面簽名蓋章

南京特別市政府訓令　字第　號

令第一、二、三、四、五區區公所
城區自治實驗區

糧食局案呈：奉

糧食部調字第七〇六號訓令內開

查戰時食糧調節極關重要辦理公糶計戶授糧於戶口之異動具有密切關係本部配給公糶米必須以戶口異動之確

數為增減每月配米數量之標準尤其在需要增撥米量之時須察酌各地供應情形作通盤之籌劃如各地方所需增加之米量倘未經本部核准公糶機關遞將購米證塡發臨時或本部供應不敷調撥不及致使人民領有購米證無米可購則不獨公糶機關失信於民且將使整個授糧制度受其影響茲為整飭京市公糶起見自文到日起市民如有請領購米證或人口添多增加米量者應由該局先將戶口人數及增加需米數量彙呈本部候察酌供應情形核准增撥後始得塡發新證以昭覈實而杜流弊合行令仰遵照」

等因；呈請核辦前來，等情；據此。自應照辦，除分令外，合行令仰該所遵照；再前經通令澈查戶口，重行造具該區人口戶數需米統計表已歷多日，未據呈送事關要政務各遵限造報，切勿再延為要；

此令。

中華民國三十二年六月　日

市長周學昌

南京特別市政府訓令　府保甲字第　號

令城鄉各區公所

查邇來各區公所，關於與友邦部隊連絡事項，每多事前未據呈報，自行直接辦理，殊屬不合，嗣後凡涉及與友邦部隊連絡事項，務須呈報來府，轉向南京特別市連絡部接洽辦理，以昭鄭重，仰卽遵照為要

此令

中華民國三十二年六月　日

市長周學昌

南京特別市政府佈告　府財字第　號

查本市車輛因行駛日久不無損壞匪特有礙觀瞻抑且影響交通茲規定自三十二年七月一日起至八月三十一日止為本市舉行車輛[illegible]檢驗期所有在本市區域以內行駛之各種車輛除軍事用車及別有規定者外無論公用自用或營業車輛均應一律依

照規定期限前往白下路本府財政局捐稅征收所車務處聽候檢驗換領新牌照以便通行關於各種車輛登記暨領用牌照各費徵收標準除登記費及復業費過戶費仍照原規定徵收外其原有執照費及磁牌費現爲便利手續改爲牌照費合併徵收並以現時物價高漲磁牌工本加鉅故對於牌照費額不得不隨之增高但爲體恤車商起見特將本屆牌照有效期間延長至明年六月底止除令飭捐稅徵收所遵照外合行抄附車輛檢驗程序表及粘貼修正車輛檢驗登記暨領用牌照收費簡則布告周知仰各該車主一體遵照此佈

附南京特別市政府車輛檢驗程序表

檢驗月份	車輛類別		
七月份	各種汽車	機力脚踏車	各種馬車
	自用自行車	營業自行車	三輪自行車
	獨輪小車	雙輪小車	水車
八月份	營業自用三輪人力車	甲乙等板車	騾車
	貨箱車	自用人力車	營業人力車

中華民國三十二年六月　日

市長周學昌

財政局局長譚友仲

南京特別市政府佈告　府財字第　號

案據玄武湖水產承辦員華懿範呈稱竊查玄武湖水產所產之荷葉供給全市需要謂之官葉並訂有專銷條例歷經辦理在案本屆荷葉行將應市仍恐有無知之徒偸運私葉進城影響官葉銷路不獨擾亂市面抑且關係湖產收入仰祈鈞長咨請首都警察總

嚴予查禁並懇發給佈告一百份以便張貼俾資曉諭實爲公便等情據此查玄武湖水產前由郭濟官承辦時曾因湖產荷葉成熟採供本市需要呈經本府查照本市荷葉運銷規程第七條內載「向例官葉出賣時期不准銷售他處私葉」之規定布告商民禁售私葉在案茲據前情核案相符應准禁止私售除批示並分行外合行布告仰本市商民一體遵知

此佈

中華民國三十二年六月　日

市長　周學昌

財政局局長　譚友仲

南京特別市政府佈告　府財字第　號

查本市各項捐稅爲市庫經常收入關係至爲重要所有徵收標準應依照社會狀況商業情形及物價變遷隨時調整以期適合環境俾可公平擔負現値三十二年下半年度開始之際自應分別加以調整除牲畜屠宰等稅業經專案另行整頓外茲將調整各項捐稅分列於下：(一)筵席捐改徵百分之二十(二)普通娛樂捐舞票娛樂捐一律改徵百分之三十(三)牙稅按原定稅率增加五成(四)菸酒牌照稅按原定稅率及實際營業狀況分別調整等級(五)旅館捐改徵百分之十六(六)營業稅按原定稅率暨實際營業額及資本額分別改進納稅額(七)妓捐按原定徵收標準增加一倍徵收以上調整辦法自本年七月一日起實行除分令捐稅徵收所營業稅徵收處暨妓捐徵收所遵照辦理外合行布告仰本市商民人等一體周知務須依照新規定分別繳納毋得玩違爲要此佈

中華民國三十二年六月　日

市長　周學昌

財政局局長　譚友仲

南京特別市政府佈告　府財字第　號

查本市八卦洲墾地租金係爲市庫大宗收入關繫甚爲重要前經酌加整頓改進租額規定爲每畝全年二十元仍分春秋兩季

繳納每季繳租十元業已呈奉行政院核准公佈施行在案現屆本年徵收春季麥租之期經飭財政局派員前往該處會同蕭處長實地履勘據報該洲多數田地收成狀況堪稱中稔惟有少數田地或被水淹或被蟲傷以致收成不無減色究應如何辦理呈請鑒核酌奪施行等情復查該洲本年麥季收獲頗佳自應照額繳租未便藉詞請減惟內有極少數之田地因被水淹或被蟲傷亦屬事實應准酌予減免但全洲減免總額不得超過全洲租金總額百分之二除令飭該洲洲產整理處蕭處長遵照規定即行開徵並詳細查明應行徵收及應減免畝數分別造冊呈報察核外合行佈告仰該洲領種市產各佃農等一體周知務須依照定額繳納租金毋得藉詞玩延致干懲處爲要

此佈

中華民國三十二年六月　日

市長　周學昌

財政局局長　譚友仲

南京特別市政府佈告

府經權字第　號

查京市工商業登記每與現況不符自須切實整理俾資稽考前經頒發佈告暫停登記給證原爲從事準備並待同業公會之改組現在準備就緒主要商品各同業公會亦皆組織成立原有登記規則經修正公佈在案自七月一日起開始辦理登記給證規定分類如下(一)主要商品工廠商號之已經登記領證者均應向各該同業公會領取申請書按照現況據實填明連同舊證送由該公會彙呈本府以憑重行登記換發許可證(二)各種商品工廠商號之已開設而未申請登記給證者均應向本府或該管區公所領取申請書據實填明逕呈本府或區公所核轉以憑補行登記發給許可證以上兩類統限於本年八月卅一日截止(三)自九月一日起賡續辦理次要商品普通商品工廠商號之重行登記依照第一類辦法送由各該同業公會轉呈核辦屆時不另佈告(四)各種商品工廠商號之預備開設者於七月一日起均應先期按照第二類辦法申請登記給證無論爲重行登記補行登記或新登記概須遵照本年六月廿八日本府公佈之南京特別市工商業登記暫行規則辦理幷按第五條之規定繳納登記費合行佈告商民一體知悉幸毋違延致干懲處切切此佈

中華民國三十二年六月　日

市長　周學昌

南京特別市政府佈告　府經字第　號

查本府前以京市四郊，時有僞稱軍警及不肖之徒，藉口官價，強行收買柴草情事，曾經會同　首都警備司令部　首都警察總監署佈告嚴禁在案。茲爲疏通來源，安定民生起見，依據現時實際情形，特將柴草價格，重行規定，所有前定之柴草限價，應即廢止。嗣後凡市民買賣柴草，均須遵照現定限價，不得故違，倘有暗盤抬價，或強行購買情事，一經查明，定予依法嚴懲不貸。除將改定柴草限價提送本市物價評議委員會追認外，合行佈告週知！——此佈

附開柴草限價

品名	單位	限價	品名	單位	限價	品名	單位	限價	品名	單位	限價
蘆柴	擔	四二元	枝柴	擔	四二元	山柴	擔	三八元	苞蘆楷	擔	三九元
麥楷	擔	三〇元	木柴	擔	四四元	雜木柴	擔	四九元			

附註
一、以上限價係按市秤計算
二、以上所列價格係最高限價如在限價以下發售者在所不禁

中華民國三十二年六月　日

市長周學昌

南京特別市政府通告　字第　號

查本市辦理公糶憑證購米爲適應戰時體制，計口售糧，原期根絕囤積．民食無虞，實行以來，已著宏效，惟近有少數市民，不明政府施政眞諦，間有揑報住址，朦領雙證，或有以少報多浮報戶口者間有各機關暨學校等員役，或虛報隻

身，或揑稱包伙；以上種種與配米現定均有未合，似此意圖冒領公米，殊屬有礙糧政，本府自應嚴整飭除分令各區長澈查外；合行通告，自本日起，仰告市民，如有上項情事，務希於七日內各自到該管區公所，繳銷重領之購米證，或據實更正浮報人口數字，其虛報隻身，及揑報伙食者，希即自動撤銷領米，庶幾米無虛糜，倘隱匿不報一經查出，定予從嚴罰辦決不寬貸，特此通告

中華民國三十二年六月　日　市長周學昌

南京特別市政府批　府財字第　號

具呈人華懿範

呈一件為玄武湖荷葉行將應市恐有無知之徒銷售私葉仰祈咨請警察總監署嚴予查禁並出示曉諭由

呈悉准予佈告禁止私售並函請首都警察總監署飭屬協助仰即知照佈告隨發

此批

計發佈告　張

中華民國三十二年六月　日　市長周學昌

南京特別市政府批　府衛字第　號

具呈人姜利發等

呈一件　為紅土橋河道淤塞懇祈禁止公私車輛傾倒垃圾事伏乞鑒核示遵由

呈悉應准照辦除函警察總監署令飭該區清潔隊尅日清除並佈告週知外對於疏濬河道一節仍仰該民等給具簡明計劃呈送來府以便派員指導

此批

中華民國三十二年六月　日　市長周學昌

法規

南京特別市政府組織規則

民國卅二年六月公布　修正

修正案

第一章　總則

第一條　本規則依照市組織暫行條例第二十二條之規定訂定之

第二條　本市政府依照市組織暫行條例第一條及第二條第一款之規定定名爲南京特別市政府直隸行政院

第三條　本市政府以呈經國民政府核定地區爲本市行政範圍

第四條　本市政府依照市組織暫行條例第十二條之規定掌理本市行政事務監督所屬機關及自治團體

第五條　本市政府設市長一人特任綜理全市事務指揮監督所屬職員及各機關

第六條　本市政府設參事二人至四人簡任掌理市單行規則或命令之纂擬審核事項

第七條　本市政府因事務之需要得設置專員及聘任技術人員

原文

第八條　本市政府設祕書處社會局財政局工務局教育局衛生局地政局宣傳處分掌各該處局事務遇必要時得呈准設立其他附屬機關

修正文

第八條　本市政府設祕書處財政局工務局教育局衛生局地政局經濟局糧食局社會福利局宣傳處遇必要時得呈准設立其他附屬機關或委員會

理由　本市政府「社會局」奉令裁撤另設經濟局糧食局又本市社會運動指導委員會改爲社會福利局至原文「分掌各局處事務」等字樣因在下列各章內均有規定同時因社會局所掌理之自治保甲事務已呈准另設保甲委員會辦理故于原文「附屬機關」下「委員會」三字以符事實

第九條　各局處會因事務之需要得呈准設立附屬機關

第十條　本市政府市政會議依照市組織暫行條例第二十七條至二十九條之規定辦理其會議規則另定之

第二章　祕書處

第十一條　祕書處設祕書長一人簡任秉承市長綜理全處事務並指揮監督所屬職員

原文第十二條　祕書處職掌如左

一、典守印信及辦理機要文件事項

二、文牘會計庶務人事等事項

三、民事審核統計及編輯公報特刊事項

四、通譯聯絡報告及撰譯函牘文件等事項

五、其他不屬於各局處所掌理事項

修正文第十二條　祕書處職掌如左

一、典守印信及辦理機要文件事項

二、文牘會計庶務人事等事項

三、民事禮俗及審核事項

四、調查統計及公報特刊之編輯事項

五、通譯聯絡報告及撰譯函牘文件等事項

六、農林之增產保護及取締事項

七、其他不屬於各局處所掌理事項

理由　原屬社會局之禮俗農林調查等事務劃歸祕書處故增訂兩款

第十三條　祕書處設祕書二人至四人荐任秉承市長祕書長綜核全府文稿及辦理一切交辦事項祕書處因事務之需要得設助理祕書四人至八人委任或荐任秉承祕書長協助祕書撰擬文稿及辦理其他交辦事項

原文第十四條　祕書處設第一第二兩科及外事室每科設科長一人室設主任一人均荐任秉承市長祕書長分掌各該科室事務

各科室得按事務性質酌分若干股

修正文 第十四條 祕書處設第一第二第三科及外事室農林室每科設科長一人室設主任一人均荐任秉承市長祕書長分掌各該科室事務各科室得按事務性質酌分若干股

理由 原屬社會局事務既歸祕書處辦理故增設一科一室

原文 第十五條 祕書處設科員三十二人至四十五人技士一人至三人通譯五人至八人辦事員二十人至二十五人均委任秉承長官分掌各科室股事務每股並指派科員一人為主任

修正文 第十五條 祕書處設科員四十八人至五十八人技士一人至三人通譯五人至八人辦事員二十五人至三十五人均委任承長官之命分別辦理各科室事務每股並指派科員一人為主任

理由 既增設一科一室故科員辦事員名額酌予增加又詞句上如「秉承」「分掌」等字樣為普及通例起見改為「承長官之命」「分別辦理」以下均仿此

第十六條 祕書處因事務之繁簡得酌用雇員其人數不得超過三十人

原文 第四章 財政局

修正文 第三章 財政局

理由 因第三章原係規定社會局組織及其職掌現社會局以奉令裁撤依照市組織暫行條例第十條所規定之次序財政局應列為第三章以下工務局教育局衛生局地政局次序各章條文數字均基此理由依次遞改

原文 第二十三條 財政局設局長一人簡任秉承市長綜理全局事務並指揮監督所屬職員

修正文 第十七條 （文同前）

原文 第二十四條 財政局設祕書一人荐任秉承局長核閱全局文稿及辦理交辦事項

修正文 第十八條 （文同前）

原文 第二十五條 財政局職掌如左

一、全市財政收支事項

二、預算決算編造事項

三、全市各種稅收之稽徵整理事項

四、市有財產之管理及使用收益處分事項

五、市營業之管理事項

六、其他財務行政事項

修正文 第十九條 財政局職掌如左

一、全市財政收支事項

二、預算決算編造事項

三、全市各種稅收之稽徵整理事項

四、市有財產之管理及使用收益處分事項

五、市營業之管理事項

六、船舶車輛之登記管理事項

七、其他財務行政事項

理由 查船舶車輛之管理首重登記前曾將登記管理分歸財政工務兩局辦理殊欠周密茲為統一事權而便嚴密管理起見故予修正增加一款

原文 第二十六條 財政局設第一第二第三三科每科設科長一人薦任秉承局長分掌各該科事務各科得按事務之性質酌分若干股

修正文 第二十條 （文同前）

原文 第二十七條 財政局設科員三十五人至四十五人辦事員三十八人至四十八人均委任承長官之命分掌各該科股事務每股並指派

科員一人爲主任

修正文 第二十一條　財政局設科員四十五人至五十五人辦事員四十人至五十人均委任承長官之命分別辦理各該科股事務每股並指派科員一人爲主任

理由　原屬工務局船舶車輛登記管理已劃歸財政局管理故該局科員及辦事員名額酌予增加

原文 第二十八條　財政局因事務之繁簡得酌用雇員其人數不得超過三十人

修正文 第二十一條　(文同前)

原文　第五章　工務局

修正文　第四章　工務局

原文 第二十九條　工務局設局長一人簡任秉承市長綜理全局事務並指揮監督所屬職員

修正文 第二十三條　(文同前)

原文 第三十條　工務局設秘書一人薦任秉承局長核閱全局文稿及辦理交辦事項

修正文 第二十四條　(文同前)

原文 第三十一條　工務局職掌如左

一、公用房屋公園公共體育場公共墓地等建築修理事項

二、市民建築之指導取締事項

三、市內民營公用事業設備之管理督察事項

四、道路橋樑碼頭溝渠堤岸及其他公共土木工程事項

五、河道港務及船政飛機場等管理事項

六、關於疏通河渠修築道路及其他工務上徵工事項

修正文 第二十五條 七、其他工務行政事項

工務局職掌如左

一、公用房屋公園公共體育場公共墓地等建築修理事項

二、市民建築之指導取締事項

三、市內民營公用事業設備之管理督察事項

四、道路橋樑碼頭溝渠堤岸及其他公共土木工程事項

五、河道港務及飛機場等管理事項

六、疏通河渠修築道路及其他工務徵工事項

七、其他工務行政事項

理由 因船舶管理事務已劃歸財政局故將本條第五款「船政」兩字删去

原文 第三十二條 工務局設第一第二第三三科及技正室每科設科長一人設主任技正一人技正二人至五人均荐任秉承局長分掌各該科室事務各科室得按事務之性質酌分若干股

修正文 第二十六條 （文同前）

原文 第三十三條 工務局設科員十二人至二十人技士六人至十人技佐五人至八人繪圖員四人至八人辦事員十人至十六人均委任並得酌用實習生六人至十人委任待遇秉承局長分掌各該科室股事務每股並指派科員或技士一人爲主任

修正文 第二十七條 工務局設科員十八人至十八人技士六人至十二人技佐八人至十五人繪圖員六人至十八人辦事員五人至十二人均委任承長官之命分別辦理各科室股事務每股並指派科員一人爲主任

理由 工務局船舶車輛事務既歸財政局辦理故科員辦事員名額減少但技術上事務較繁故技士技佐等名額稍亦增加

原文 第三十四條 工務局因事務之繁簡得酌用技術員三人至五人雇員八人至十五人監工四人至十人

修正文第二十八條　工務局因事務之繁簡得酌用技術員三人至五人實習生六人至十人雇員八人至十五人

理　由　實習生本非官職又較技術員地位為低故將原文第三十三條內實習生之規定移訂於本條

原　文　第六章　教育局

修正文　第五章　教育局

原文第三十五條　教育局設局長一人簡任秉承市長綜理全局事務並指揮監督所屬職員

修正文第二十九條　（文同前）

原文第三十六條　教育局設秘書一人荐任秉承局長核閱全局文稿及辦理交辦事項

修正文第三十條　（文同前）

原文第三十七條　教育局職掌如左

一、公私立小學中學師範及其他專科學校之管理及改進事項

二、義務教育之推廣與私塾之取締改良事項

三、民衆補習教育與一般社會教育之提倡與推廣事項

四、學校衛生及公共體育之提倡與推廣事項

五、中小學教員之檢定登記與社教人員之養成事項

六、名勝古蹟之保存及文化機關之監督事項

七、生產教育之研究與推行事項

八、其他教育行政事項

修正文第三十一條　本條第六款「文化機關」四字改為「教育團體」餘無修改

理　由　因文化團體已歸宣傳處主管故修改如上

原文 第三十八條 教育局設第一第二第三三科每科設科長一人荐任秉承局長分掌各該科事務各科得按事務之性質酌分若干股

修正文 第三十二條 （文同前）

原文 第三十九條 教育局設督學二人至四人薦任視察二人至五人委任秉承局長調查視察及指導全市教育事項

修正文 第三十三條 （文同前）

原文 第四十條 教育局設科員二十人至三十人辦事員十人至二十人均委任秉承長官分掌各科股事務每股並指派科員一人爲主任

修正文 第三十四條 教育局設科員二十人至三十人辦事員十人至二十人均委任承長官之命分別辦理各科股事務每股並指派科員一人爲主任

理由 僅修改「秉承」及「分掌」等字樣以求文字上之妥適

原文 第四十一條 教育局因事務之繁簡得酌用雇員其人數不得超過二十人

修正文 第三十五條 （文同前）

原文 第七章 衛生局

修正文 第六章 衛生局

原文 第四十二條 衛生局設局長一人簡任秉承市長綜理全局事務並指揮監督所屬職員

修正文 第三十六條 （文同前）

原文 第四十三條 衛生局設祕書一人荐任秉承局長核閱全局文稿及辦理交辦事項

修正文 第三十七條（文同前）

原文 第四十四條 衛生局職掌如左

一、公共衛生事項

二、醫政保健事項

三、醫院診所中西藥業菜市屠宰場公共娛樂場所及公共墓地之管理設備及取締事項

四、其他衛生行政事項

修正文 第三十八條 衛生局職掌如左

一、公共衛生事項

二、醫政保健事項

三、醫院診所中西藥業菜市場屠宰場之監督管理事項

四、公共娛樂場所及公共墓地之衛生設備檢查及取締事項

五、其他衛生行政事項

理由 因公共娛樂場所及公共墓地之管理己另有主管機關故原第三款予以修改另添第四款

原文 第四十五條 衛生局設第一第二第三科及技正室每科設科長一人室設技正一人均荐任秉承局長分掌各該科室事務各科室得按事務性質酌分若干股

修正文 第三十九條（文同前）

原文 第四十六條 衛生局設科員十五人至二十五人辦事員八人至十六人均委任分掌各科股事務每股並指派科員一人為主任

修正文 第四十條（文同前）

原文 第四十七條 衛生局設技士二人至六人（醫師藥劑師化驗師統計員等均屬之）技佐五人至十人（藥劑士護士化驗員等均屬

之）均委任辦理各科股一切事宜

修正文　第四十一條　衛生局設技士二人至六人（醫師藥劑師化驗師統計員等均屬之）技佐五人至十人（藥劑士護士化驗員等均屬之）均委任承長官之命分別辦理各科股事務

理由　僅增加「承長官之命」等字樣以求文字之妥適

原文　第四十八條　衛生局因事務之繁簡得酌用衛生稽查員及雇員其衛生稽查員人數不得超過十六人雇員人數不得超過二十人

修正文　第四十二條　（文同前）

原文　第八章　地政局

修正文　第七章　地政局

原文　第四十九條　地政局設局長一人簡任秉承市長綜理全局事務並指揮監督所屬職員

修正文　第四十三條　（文同前）

原文　第五十條　地政局設祕書一人荐任秉承局長核閱全局文稿及辦理交辦事項

修正文　第四十四條　（文同前）

原文　第五十一條　地政局職掌如左

一、土地登記事項

二、土地測量事項

三、土地徵收事項

四、地權之處理事項

五、地價之查估土地稅及改良物稅之核定增值稅之徵收事項

六、市有土地及旗地旗產之整理事項
七、公有地之墾殖事項
八、其他各種地政事項

修正文
第四十五條　（文同前）

原文
第五十二條　地政局設第一第二第三三科每科設科長一人荐任秉承局長分掌各該科事務各科得按事務性質酌分若干股

修正文
第四十六條　（文同前）

原文
第五十三條　地政局設技正一人至二人一等估計專員一人均荐任二等估計專員一人至二人均委任秉承局長辦理技術上事務及土地與改良物價之估計事項

修正文
第四十七條　（文同前）

原文
第五十四條　地政局設科員二十八人至三十八人技士三人至六人技佐六人至十人測量員八人至十二人辦事員十二人至二十人均委任秉承長官分掌各科股事務每股並指派科員或技士一人爲主任

修正文
第四十八條　地政局設科員二十八人至三十八人技士三人至六人技佐六人至十人測量員八人至十二人辦事員十二人至二十人均委任承長官之命分別辦理各科股事務並指派科員或技士一人爲主任

理由　僅修正「秉承」及「分掌」等字樣以求文字上之妥適

原文
第五十五條　地政局因事務之繁簡得酌用雇員其人數不得超過五十人

修正文
第四十九條　（文同前）

原文　第九章　附則

修正文　第八章　經濟局

理由　本府奉令添設經濟局但經濟局于市組織暫行條例內尚未規定故其次序列爲第八章

原文　第五十六條　本市政府宣傳處之組織依照中央頒行之組織條例辦理

修正文　第五十條　經濟局設局長一人簡任秉承市長綜理全局事務並指揮監督所屬職員

第五十一條　經濟局設祕書一人至二人荐任秉承局長核閱全局文稿及辦理交辦事項

第五十二條　經濟局職掌如左

一、工商業之登記及管理事項

二、工商團體之組織登記指導及監督事項

三、工商業之保護獎勵及改良事項

四、工商業之調查事項

五、物資之生產保存移動及配給事項

六、物價之調整及管理事項

七、合作社之組織及指導事項

八、度量衡之檢定事項

九、其他與工商管理有關事項

理由　職掌係採用原頒條例之規定惟將各款之「關於」兩字删除求與其他各局規定職掌之條文詞句相同

第五十三條　經濟局設第一第二第三第四四科每科設科長一人荐任秉承局長分掌各該科事務各科得按事務性質酌分若干股

第五十四條　經濟局設科員三十五人至四十五人辦事員二十人至三十人均委任承長官之命分別辦理各科股事務每股並指派科員一人爲主任

第五十五條　經濟局設技正一人至二人荐任技士三人至六人技佐六人至十人均委任承長官之命辦理技術上事務

第五十六條　經濟局設視察四人至六人荐任秉承局長辦理調查視察及指導事務

第五十七條　經濟局因事務之繁簡得酌用雇員其人數不得超過二十人

第八章　糧食局

第五十八條　糧食局設局長一人簡任秉承市長綜理全局事務並指揮監督所屬職員

第五十九條　粮食局設秘書一人至二人荐任秉承局長核閱全局文稿及辦理交辦事項

理　由　依據實際情形規定該局秘書爲一人至二人

第六十條　糧食局職掌如左

一、糧食生產之保護獎勵推廣改進調査設計及災害預防事項

二、農村經濟之調査設計荒山荒地之測勘墾殖事項

三、土壤肥料農具籽種農田漁牧場之整理改良檢査試驗及介紹獎勵事項

四、米麥雜粮水產畜產及一切副食品飲料調味料代用食品之配給節約及監督指導設計事項

五、米麥雜糧水產畜產及一切副食品飲料調味料代用食品之儲備運銷及價格之調查評定監督管理事項

六、米麥雜糧水產畜產及一切副飲品飲料調味料代用食品與其加工製造之管理査緝事項

七、米麥雜糧業及一切副食品飲料調味料代用食品之商人及團體之指揮監督及組織訓練事項

八、其他有關糧食行政事項

理　由　本條例係就原頒條例之規定職掌歸納訂定

第六十一條　粮食局設第一第二第三三科每科設科長一人荐任秉承市長分掌各該科事務各科得按事務性質酌分若干股

第六十二條　粮食局設科員二十八人至三十八人辦事員二十八人至三十八人均委任長承官之命分別辦理各科股事務每股並指派科員一人爲主任

第六十三條　糧食局設技正二人至四人荐任技士四人至八人技佐六人至十人均委任承長官之命辦理技術上事務

第六十四條　糧食局設專員二人至四人荐任秉承局長辦理指定事務

第六十五條　糧食局設荐任視察二人委任視察一人承長官之命視察指導糧政事宜

第六十六條　糧食局因事務之繁簡得酌用雇員其人數不得超過二十人

第十章　社會福利局

第六十七條　社會福利局設局長一人簡任秉承市長綜理全局事務並指揮監督所屬職員

第六十八條　社會福利局設秘書一人至二人荐任秉承局長核閱全局文稿及辦理交辦事項

理　由　依據實際情形規定秘書爲一人至二人

第六十九條　社會福利局職掌如左

一、籌振救災事項

二、公益慈善事項

三、民衆政治指導事項

四、各種慈善機關及團體之指導監督事項

五、民衆體育團體及教會團體之組織指導事項

六、勞動團體及互助事業之組織指導事項

七、其他職業指導及有關社會福利事項

第七十條　社會福利局設第一第二第三第四第五五科每科設科長一人荐任秉承局長分掌各該科事務各科得按事務性質酌分若干股

理由　依據實際情形規定爲五科

第七十一條　社會福利局設科員三十人至五十人辦事員二十人至三十人均委任承長官之命分別辦理各科股事務每股並指派科員一人爲主任

第七十二條　社會福利局設視察八人至十六人荐任秉承長官辦理視察事項

第七十三條　社會福利局因事務之繁簡得酌用雇員其人數不得超過三十人

第十一章　宣傳處

第七十四條　宣傳處設處長一人簡任秉承市長綜理全處事務並指揮監督所屬職員

第七十五條　宣傳處設秘書一人至二人荐任秉承處長核閱全處文稿及辦理交辦事項

第七十六條　宣傳處職掌如左

一、宣傳計劃之擬訂及所屬宣傳機關工作之指導考核事項

二、新聞稿件之撰擬發布及宣傳刊物之指導審查事項

三、宣傳資料之徵集及宣傳刊物編撰事項

四、宣傳事業宣傳活動之規劃及推動事項

五、新聞事業之聯絡扶助及新聞從業員之調查及同業公會之組訓督導事項

六、文化藝術團體之組訓督導及宣傳事業組織之調查事項
七、宣傳品之印刷散布及宣傳廣告之設計指導事項
八、電影戲劇之審查管理廣播音樂事業之指導及其他藝術宣傳之計畫及推動事項
九、其他有關宣傳事業

第七十七條　宣傳處設第一第二第三三科每科設科長一人荐任秉承處長分掌各該科事務各科得按事務性質酌分若干股

理　由　為與本府其他各局一律起見故原規定之總務指導事業等科均以第一第二第三三科命名

第七十八條　宣傳處設科員九人至十五人辦事員八人至十五人均委任承長官之命分別辦理各科股事務每科並指派科員一人為主任

第七十九條　宣傳處設專員視察各二人荐任秉承處長辦理指定事務

第八十條　宣傳處因事務之繁簡得酌用雇員其人數不得超過十二人

第十二章　附　則

原第五十七條文　本市政府辦事通則各處局辦事細則另定之

修正第八十一條文　本市政府辦理通則各局處會分科規則會議規則另訂之

理由　為避免文字上之冗贅及混淆起見故原第五十八條關于各局處會議之規定合併於本條並將辦事細則改為分科規則

原第五十九條文　本規則如有未盡事宜得由市長提交市政會議議決呈請　行政院核准修正之

修正第八十二條文　（文同前）

原第六十條文　本規則自公布日施行

修正第八十三條文　（文同前）

理由　依本規則經核准後即有施行效方故公布手續不予規定

南京特別市政府組織規則修正草案審查意見

查南京特別市政府以社會局奉令裁撤市社運會改為社會福利局另設經濟福利等局及宣傳處以致原列職掌均有變更為

切合實際起見擬將原規則詳加修正各節自屬需要但詳核修正文第二十五條第六款「關於」二字似屬多餘擬予刪去又修正文擬第八十三條本規則由市長提交市政會議議決「呈請行政院核准之日施行」按此項市政府組織規則須經公布後方能施行擬將該修正文改爲「本規則自公布日施行」較爲允洽且可使與滬漢兩市組織共趨一致」其餘各條文大致均尚適合

祕書處簽註　五月二十六日

南京特別市工商業登記暫行規則　民國三十二年六月修正公佈施行

第一條　凡在本市區內經營工業或商業者除法令別有規定外均須依照本規則向南京特別市政府（以下簡稱本府）申請登記

第二條　工廠或商店行號有固定之處所適當之房屋及設備足以證明確係經營工業或商業者不得申請登記

第三條　工商業應行登記之事項如左

一、牌號

二、經理姓名年齡籍貫住址

申請登記時概以經理具名獨資經營之廠主或店主自行管理業務者亦稱經理以歸劃一

三、營業種類

營業種類以工商同業公會之名稱爲類別其類別在兩種以上者須逐一塡明不得遺漏

四、資本

如營業類別在兩種以上須分別劃定其數額

五、獨資抑合資

凡係出資人無論係獨資或合資均應將廠主店主或股東姓名年齡籍貫住址在申請書背面逐一塡列並由各人簽名蓋章

六、開設地址

七、開設年月

八、營業場所之房屋屬於己產抑爲租賃

九、設置概要

如係工廠須將所有機械種類數量逐細填明

十、雇用職工人數及每月薪工總額

十一、每月生產數量或營業額

工廠註明生產量商號註明營業額

十二、有無支店及支店所在地

如本身爲支店則將總店所在地註明之

第四條　工商業登記申請人應覓具本市殷實鋪保一家即在申請書上塡明加蓋鋪保店戳並由該鋪保經理簽名蓋章前項申請書得向本府或本府所委托之機關團體領取

第五條　工商業登記申請書應按照資本額繳納左表所規定之登記費

資本額	登記費	資本額	登記費
一萬元以下者	三十元	三萬元以下者	六十元
五萬元以下者	一百元	十萬元以下者	一百五十元
二十萬元以下者	二百五十元	四十萬元以下者	五百元
七十萬元以下者	七百元	一百萬元以下者	一千元
一百五十萬元以下者	一千五百元	一百五十萬元以上者	二千元

第六條　工廠商號經本府核准登記後隨發營業許可證

第七條　凡未領有營業許可證之工廠商號擅自營業者除勒令停業外並視其情節之輕重處以五百元以上二千元以下之罰鍰

第八條　工廠商號領得營業許可證後應將開業日期呈報該管區公所備案

第九條　凡經本府核准登記給證之工廠商號除因歇業應於十五天內將原領營業許可證呈繳核銷外其有增資改組遷移轉讓或更換經理等情事應由原申請人（如係更換經理應由前後經理共同具名申請）按照手續爲變更之登記隨將原

證繳銷請換新證

第十條　前項之因增資而申請變更登記者應將所增加之資本按照第五條所規定之費率補繳登記費

營業許可證因故遺失或燬滅時應由原申請人將其原因於本市報紙上登載公告三天經一星期後檢同報紙按照手續申請補發

前項之補發營業許可證如其利害關係人有異議時須在公告一星期內提出證件呈請本府查核逾期即爲無効

第十一條　第九條所載之因改組遷移轉讓更換經理及第十條之申請補發者均免收登記費但應繳納紙張印刷費十元

第十二條　營業許可證上應貼之印花依照印花稅法由申請人貼足之

第十三條　營業許可證須懸掛於營業所在地顯明易見之處

第十四條　工廠商號於核准登記給證開業後本府得隨時派員調查業務檢閱賬册

第十五條　工廠商號如違犯左列各款情事者得分別處以一百元以上五百元以下之罰鍰

一、營業許可證不懸掛於顯明處所者

二、將營業許可證私行轉讓或轉借與他人者前款之授受雙方一併處罰

三、歇業後不於十五天內繳銷營業許可證者前款如原申請人遠離致無法執行時得向保證人追繳原領許可證及罰鍰

第十六條　本規則如有未盡事宜得隨時呈請修正之

第十七條　本規則自公布之日施行

南京特別市車輛檢驗登記領用牌照收費簡則

三十二年六月修正公布

第一條　凡在本市區內行駛之各種車輛除部隊軍用另有規定外均須依照本簡則之規定先將車輛開至本府財政局捐稅征收所車務處申請檢驗檢驗合格卽予登記發給行車執照以憑收執如係營業車輛應呈驗行業執照

第二條　各種車輛登記領照後應隨時繳納車捐領得車捐牌照後再領用搪磁號牌方可通行

第三條　各種車輛之名稱及其登記費牌照費分別規訂如左

名稱／費別	登記費	牌照費
(一)自用客汽車	二〇、〇〇	一八〇、〇〇
(二)營業客汽車	二〇、〇〇	一八〇、〇〇
(三)自用貨汽車	二五、〇〇	一八〇、〇〇
(四)營業貨汽車	二五、〇〇	一八〇、〇〇
(五)自用公共汽車	二五、〇〇	一八〇、〇〇
(六)營業公共汽車	二五、〇〇	一八〇、〇〇
(七)自用機力脚踏車	一五、〇〇	六〇、〇〇
(八)公共馬車	一〇、〇〇	三〇、〇〇
(九)自用馬車	一〇、〇〇	二〇、〇〇
(十)營業馬車	一〇、〇〇	二〇、〇〇
(十一)騾車	八、〇〇	二〇、〇〇
(十二)自用三輪人力車	八、〇〇	二〇、〇〇
(十三)營業三輪人力車	八、〇〇	二〇、〇〇
(十四)自用人力車	四、〇〇	一六、〇〇
(十五)營業人力車	四、〇〇	一六、〇〇
(十六)三輪自行車	四、〇〇	一六、〇〇
(十七)自用自行車	二、五〇	一六、〇〇
(十八)營業自行車	三、〇〇	一六、〇〇
(十九)甲等板車	八、〇〇	二〇、〇〇
(二十)乙等板車	七、〇〇	二〇、〇〇
(廿一)貨箱車	六、〇〇	一六、〇〇

(廿二)雙輪小車	二、五〇	一六、〇〇
(廿三)獨輪小車	二、五〇	一六、〇〇
(廿四)水車	二、五〇	一六、〇〇

第四條　車輛牌照調換時車主仍應照章繳納牌照費其調換時期由本府另定之

第五條　各機關公用車輛均照自用車輛同樣檢驗照納登記費及牌照費

第六條　凡車輛既經登記行駛應依照車輛之類別按季月將行車執照送呈車務處審驗經審驗後方得繳納車捐其按季月審驗者經二一個月季未辦審驗手續車務處得追還其原領行車執照及號牌並註銷之

一，按季審驗執照之車輛

1.各種汽車　2.機力脚踏車　3.雙獨輪小車　4.三輪自行車　5.水車　6.營業自用自行車　7.公共馬車

二，按月審驗執照之車輛

1.營業自用馬車　2.騾車　3.甲乙等板車　4.貨箱車　5.營業自用人力車　6.營業自用三輪人力車

第七條　各種車輛如有停駛者車主應塡具申請書將所領之號牌繳還車務處申請停駛停收車捐停駛時間在四個月以內者得憑行車執照申請繼續行駛如逾限申請者應照新車重行檢驗並照納登記執照及領用牌照等費

第八條　凡車輛既經停駛在停駛准許期限內仍須繼續行駛時車主應塡具申請書檢同原領行車執照申請發還原繳號牌並繳納車捐申請時應納手續費分別規定如左

(一)各種汽車	六、〇〇
(二)機力脚踏車	三、〇〇
(三)馬車	二、〇〇
(四)騾車	一、五〇
(五)甲乙等板車	一、五〇
(六)貨箱車	一、五〇
(七)營業自用人力車	一、五〇

(八)雙輪小車　一、〇〇
(九)三輪自行車　一、〇〇
(十)水車　一、〇〇
(十一)營業自用自行車　一、〇〇
(十二)營業自用三輪人力車　二、〇〇元

第九條　凡車輛之產權如遇移轉時新舊車主應向車務處領塡過戶申請者經審查屬實方得辦理過戶手續照納過戶費及行車執照費並改換戶主過戶費規定如左

(一)各種自用汽車　八、〇〇
(二)各種營業客貨汽車　八、〇〇
(三)機力脚踏車　四、〇〇
(四)馬車　六、〇〇
(五)騾車　四、五〇
(六)甲乙等板車　四、五〇
(七)貨箱車　四、〇〇
(八)營業人力車　四、〇〇
(九)自用人力車　四、〇〇
(十)雙獨輪小車　二、〇〇
(十一)水車　二、〇〇
(十二)三輪自行車　二、〇〇
(十三)營業自行車　二、〇〇
(十四)自用自行車　二、〇〇
(十五)營業自用三輪人力車　五、〇〇

第十條　行車執照如有破損或遺失時應卽報明車務處申請補發照納行車執照費破損者卽憑舊照換發新照遺失者須塡送申請書覓具殷實舖保方得補發

第十一條　搪磁號牌如有損破或遺失時應卽報明車務處並塡送補牌申請書照納牌照等費補換新號牌至舊號碼卽由車務處註銷之如係破損而有舊牌繳還者得免其鋪保如係遺失者應覓具殷實鋪保藉資證明

第十二條　凡自用車輛改爲營業車輛或營業車輛改爲自用車輛應將原領之行車執照及號牌繳銷並依照新車登記辦法辦理檢驗登記領用牌照等手續

第十三條　本簡則如有未盡事宜得隨時修正之

第十四條　本簡則經市政府公佈施行

南京特別市政府檢驗車輛規則

民國三十二年六月公佈施行

第一條　凡在本市行駛之各種車輛均應依照本規則於檢驗期內駛赴本府財政局捐稅徵收所車務處檢驗

第二條　車輛之分類如左

一、汽車　二、馬車　三、三輪人力車　四、騾車　五、板車　六、人力車　七、自行車　八、小車　九、水車

第三條　各種汽車檢驗事項如左

一，與登記各項有無不合之處

二，車輛規定之設備有無遺漏

三，號牌懸掛之地位是否符合

四，車前大小燈光及車後紅燈是否完備

五，車後紅燈是否對準後車牌

六，制動器方向器會否調準

七，出汽管是否裝置減聲器

八，發動機速率箱開合器電氣裝置等有無損壞

九，客車之車蓬坐位貨車之箱板等是否堅固完好

十，運貨汽車之本身重量及其載重量須明白標誌車外其所載重量不得超過之
十一，各種載客汽車內須備掛乘客座位數目表其所載乘客不得超過表上數目
十二，運貨汽車載重在三噸以上者須於司機座旁懸掛小鏡一面以便察看來自後方之車輛

第四條　馬車檢驗事項如左
一，車身是否堅固
二，軸輪是否正直輪上橡皮是否完好
三，車槓是否適合最大馬匹
四，車箱座位內外各部是否清潔
五，車篷雨布是否完好
六，車上脚鈴車燈是否完備
七，馬匹有無疾病及耳聾目盲等缺陷

第五條　三輪人力車檢驗事項如左
一，車身車胎輪軸鋼板是否正確完好
二，葉子護輪板車篷車墊等是否清潔完整
三，車子零件是否堅固齊正
四，手鈴車燈是否完備
五，制動器及變速裝置是否適合規定
六，全車長度高度及寬度是否適合規定
七，載足人數人力踏行是否勝任

第六條　騾車檢驗事項如左
一，車身構造是否堅固
二，車身尺度是否適合載重數量
三，軸輪是否正直輪外包鉄有無損壞馬路之可能
四，牲畜有無疾病及耳聾目盲等缺陷

第七條　各種板車檢驗事項如左

一，車身構造是否堅固

二，車身尺度及載重是否適合規定

1.甲等板車長三、八〇公尺　寬一　公　尺載重一三〇〇公斤

2.乙等板車長三、五〇公尺　寬一　公　尺載重九〇〇公斤

三，軸輪是否正直輪外包胎如非橡皮者鉄皮有無損壞馬路之可能

四，車槓長度是否適合人力拖拉之地位

第八條　人力車檢驗事項如左

一，車身輪軸鋼板是否正確完好

二，墊子護輪板車篷車墊等是否清潔完好

三，車槓長短及兩端距離是否合宜

四，手鈴車燈是否設備完好

第九條　自行車檢驗事項如左

一，車上零件是否完備

二，車身車胎輪軸是否堅固完好

三，制動器及手鈴等有無裝置

第十條　各種小車檢驗事項如左

一，貨箱車之構造是否符合載重面積不得超一、五平方公尺

二，獨輪或雙輪之小輪構造是否合宜

三，各種小車之載重不得超過二〇〇公斤

第十一條　水車檢驗事項如左

一，載水車箱不得過於笨大

二，水箱有無漏水濺水情形

三，車槓輪軸是否堅固

第十二條　各種車輛不合規定者認為不合格不予登記須依照指定各項調整後重行檢驗合格者方得領牌行駛

第十三條　各種車輛如有變更內部構造者應於五日內呈報重受檢驗

第十四條　本規則如有未盡事宜得隨時修正之

第十五條　本規則經市政府公佈施行

公牘

南京特別市政府呈 府衛字第　號

竊查醫藥一項有關全市民衆健康至鉅政府本有管理取締之權乃邇來物價暴騰所有醫藥用品及衛生材料亦飛漲不已推厥原因實由不顧公德之徒藉遊資充斥競以醫藥材料作囤積居奇之圖若不急予制裁非特擾亂市價抑且影響民衆健康玆爲調節物資源流力遏囤風起見擬請
鈞院將醫藥用品及衛生材料等項悉數列入主要物資之內實施統制配給並請頒布管理發售規則俾杜操縱而惠市民是否有當
理合具文呈請
鈞長鑒核指令祇遵
謹呈
行政院院長汪

中華民國三十二年六月日

南京特別市市長周學昌

南京特別市政府咨 府財字第　號

案據財政局呈以奉
會部賦二字第十一號令開：
「查修正徵收田賦考成條例第四條規定凡徵收田賦以本年十二月底會計年度屆滿時爲截限結報之期督徵官廳於前限屆滿後一個月內分別彙報等語現在三十一年會計年度截限結報之期已經屆滿當未據該局造册具報本部負監督財政之責亟應彙案考核除分令外合行令仰該局遵照修正徵收田賦考成條例第三章各條規定辦法速將三十一年度田賦徵欠實數及近三年實完分數扣除災荒蠲緩分別造具收入及比較總册並將民欠未完實情確切查明剋日呈部以憑

分別考核毋稍延誤

等因轉呈到府並由該局督飭田賦徵收處將經徵三十一年度田賦及催征各年民欠實完分數並近三年實收分數比較分別造具表冊附加說明呈請核轉前來查本市三十一年度田賦係於三十一年十一月十日起布告開徵截止三十一年十二月底未滿三個月爰依照考成條例第四條之規定酌予展期三個月併數考核按照該局經征三十一年度田賦實完分數比較近三年實收分數平均比較計強一分三厘一毫如連同催征各年民欠併計所強猶不止此又查近奉

中央頒布非常時期各省市徵收田賦暫行條例改按田地價格爲徵收田賦標準該局遵照新頒條例籌備開會評定地價改革稅制一面督飭所屬積極徵收並同時將田賦徵收處之機構及人事分別加以調整工作逐漸增繁收數有盈無絀相應檢送表冊咨請

查照備核爲荷

此咨

財政部部長周

計咨送本市財政局經徵三十一年度田賦及催追各年民欠實完分數清冊一份近三年實收分數比較總表一份

市長周學昌

中華民國三十二年六月　日

南京特別市財政局田賦征收處經征三十一年度田賦及催征各年民欠實完分數清冊

年度	應徵稅額	前屆已徵數	未完數	本屆徵收數	約計未完數	徵收分數
三十一年度	119,089620元			50,521660元	68,567960元	4.24強
三十年度	59,454050	25,426490元	34,027560元	15,080410	18,947150	4.40強
二十九年度	30,572270	16,463330	14,108940	5,496630	8,612310	3.85強
二十八年度	38,450850	23,641854	14,808996	4,449897	10,359099	3.00強

南京特別市財政局田賦處三十一年度實收分數及近三年實收分數比較總表

稅目	年度	實收分數	比較各年盈收說明
田賦	三十一年度	四分二厘四毫強	本年度與三十年度比較弱四毫 本年度與二十九年度比較強一厘八毫 本年度與二十八年度比較強一分一厘七毫
	三十年度	四分二厘八毫強	
	二十九年度	四分零六毫強	
	二十八年度	三分零七毫強	
			以經徵本年度田賦與近三年平均比較強一分三厘一毫如連同催征各年民欠實完分數并計所增當不止此

南京特別市政府公函 府財字第　號

案據玄武湖水產承辦員華懿範呈稱竊查玄武湖所產之荷葉供給全市需要謂之官葉並訂有專銷條例歷經辦理在案本屆荷葉行將應市仍恐有無知之徒偷運私葉進城影響官葉銷路不獨擾亂市面抑且關係湖產收入仰祈鈞長咨請警察總監署嚴予查禁並懇發給佈告壹百張以便張貼俾資曉諭實爲公便等情據此查玄武湖水產前由郭清官承辦時曾因湖產荷葉成熟採供本市需要呈經本府查照本市荷葉運銷規程第七條內載「向例官葉出賣時期不准銷售他處私葉」之規定布告商民禁售私葉在案茲據前情核案相符應准禁止私售除批示並佈告外相應函請　查照轉飭所屬一體協助爲荷

此致

首都警察總監署

市長周學昌

中華民國三十二年六月　日

南京特別市政府公函 府衛字第　號

案據市民姜利發等呈稱民等環居紅土橋附近一帶河道素稱通達不意於事變後垃圾不能運至遠處清潔隊無法輸送竟將垃圾車濫倒河內迭勸不聽加之河沿居民店舖亦將成担垃圾傾倒於此日積月累竟將河道淤塞溝道不通每遇雨後紅土橋一帶居戶往往受淹潦之災常此以往居民之痛苦何堪設想且天氣炎熱對于衛生關係頗重惟恐發生疫癘實深焦灼民等不得已除自願出資疏浚溝渠外聯名懇請　鈞座明令阻止不許公私垃圾再行傾倒以致妨礙公益衛生等要政伏乞俯允無任沾仁之至等情據此經飭衛生局派員調查去後茲據復稱該紅土橋兩岸堆積垃圾竟將河道淤塞事屬實情前來除由本府佈告附近居民禁止傾倒垃圾並批示外相應函請

貴署查照令飭該區清潔隊尅日將紅土橋垃圾清除淨盡以重衛生並希見復爲荷

此致

首都警察總監署

市長周學昌

中華民國三十二年六月　日

南京特別市政府公函　府衛字第　號

查本市公共娛樂場所及各飲食店旅館，浴室，理髮店等處一切設備均與市民健康直接有關時屆夏令防疫尤須切實注意爰特依照上年成案定於七月一日起至八月二十三日止舉行公共衛生大檢查俾得督導各業厲行清潔以防疫病發生而保民衆健康除飭由本府衛生局辦理外相應檢同實施辦法工作日程表暨人員分配表等件函請

查照飭屬隨時派警協助並希見復爲荷

此致

首都警察總監署

附呈送實施辦法、工作日程表及人員分配表各册份

市長周學昌

中華民國三十二年六月　日

市政公報暫定價目表

期數	價目	郵費
零售	每冊五角	本埠四分 外埠八分
半年	十二冊六元	本埠四角八分 外埠九角六分
全年	二十四冊十二元	本埠九角六分 外埠一元九角二分

市政公報廣告刊例

頁數	價目
一頁	每期十八元
半頁	每期九元
四分之一頁	每期四元五角

刊登廣告在四期以上者每期按照七折計算連續十期以上者每期按照六折計算長期另議

出版日期　本公報暫定每月二次

編輯者　南京特別市政府祕書處

發行者　南京特別市政府祕書處

印刷者　南京國華印書館

地址：中山東路臚政牌樓

電話：二二一六五

中華郵政掛號認爲第一類新聞紙類　江蘇郵政管理局執照第一〇四三號

中華民國三十二年七月十五日

市政公報

第一二三期

南京特別市政府秘書處印行

目錄

命令

法規

公牘

統計

行政院訓令

行政院訓令 院字第　　號

令南京特別市政府

現奉

國民政府第三一七號訓令開：

　査省政府組織法現經修正明令公布應即通飭施行除分令外合行抄發該組織法令仰該院知照并轉飭所屬一體知照

等因；奉此，除通令外，合行令仰該府遵照并飭屬一體知照。

此令

計抄發修正省政府組織法一份

中華民國三十二年七月　日

院長　汪兆銘

省政府組織法 民國三十二年六月三十日修正公布

第一條　省政府依國民政府建國大綱及中央法令綜理全省政務

第二條　省政府於不抵觸中央法令範圍內對於省政行政事項得發省令並得制定單行條例及規程但關於限制人民自由增加人民負担者非經國民政府核准不得施行

第三條　省政府設省長一人特任承行政院院長之命綜理全省行政事務並指揮監督所屬職員及各機關

第四條　省政府置左列各廳

一、政務廳
二、財政廳
三、教育廳
四、建設廳

第五條　省政府得置保安處警務處經濟局社會福利局糧食局宣傳處其組織另定之
政務廳掌左列事項
一、關於撰擬審核及保管文件事項
二、關於一切機要及省政會議事項
三、關於典守省府印信及會計庶務事項
四、關於編譯統計報告公報及其他刊物事項
五、關於承辦省行政官吏之考覈任免事項
六、關於地方自治及其經費事項
七、關於保甲之訓練編制及推進事項
八、關於禮俗宗教事項
九、關於地方行政區域之變更及劃分事項
十、關於選舉事項
十一、關於各種土地測丈徵收及其他土地行政事項
十二、其他不屬各廳處局事項

第六條　財政廳掌左列事項
一、關於省稅及省公債事項
二、關於省政府預算決算編製事項
三、關於省庫收支事項
四、關於省公產管理事項
五、關於地方金融事項

第七條　其他財務行政事項

教育廳掌左列事項

一、關於各級學校教育事項

二、關於社會教育事項

三、關於教育及學術團體事項

四、關於圖書館博物館公共體育場等事項

五、關於保存史蹟名勝天然紀念物事項

六、其他教育行政事項

第八條　建設廳掌左列事項

一、關於農林蠶桑事項

二、關於農地整治事項

三、關於鑛業及地質事項

四、關於電氣事業及瓦斯事業事項

五、關於交通管理事項

六、關於河工隄壩水利事項

七、關於航運事項

八、關於海港事項

九、關於建築及不屬土地行政之測量事項

十、其他建設行政事項

第九條　省政府設參事四人至六人簡任撰擬審核省單行法規及各廳處局法案事項

第十條　省政府各廳設廳長一人簡任承省長之命處理各廳事務

第十一條　省政府各廳設秘書主任一人祕書科長若干人荐任科員辦事員若干人委任承長官之命辦理各項事務

第十二條　省政府各廳得設視察編譯技正荐任技士委任或荐任

第十三條　省政府各廳於必要時得酌用僱員

第十四條　省政府一切文書概以省長名義行之但所屬各廳處局除政務廳外在不抵觸省令之範圍內得發布廳處局令

第十五條　省政府設省政會議左列事項應經省政會議之審議

一、關於本組織法第二條規定事項

二、關於增加或變更人民負担事項

三、關於地方行政區劃之確定及變更事項

四、關於全省預算決算事項

五、關於處分省公產或籌劃省公營業事項

六、關於地方自治監督事項

七、關於省政府所屬荐任以上官吏任免事項

八、關於省長交議事項

第十六條　前條省政會議各廳處局長及參事均應出席並省長爲主席

第十七條　省政府處務規程由省政府定之並報行政院備案

第十八條　本法自公布日施行

命令

南京特別市政府公布令 字第　號

茲訂定南京特別市人力車管理委員會組織規程公布之
此令
附南京特別市人力車管理委員會組織規程一份（見法規欄）

中華民國三十二年七月　日　市長周學昌

南京特別市政府委令 字第　號

令張希仿
茲派該員代理本府秘書處第三科科長另候呈荐
此令

中華民國三十二年七月　日　市長周學昌

南京特別市政府訓令 府祕字第　號

令各局、處、會
案奉
行政院院字第一三七二號訓令內開：案據本院行政效率促進委員會簽呈稱：

「資會「改進中央行政綱要」「改革處理公文辦法」暨「擇要施行公物消費及管理大綱」等各案業彙鈞院第一六七次院會議決公布施行在案此後關於各項政令之推行自應注重實事求是督促考核以期推進爰經擬具「行政院所屬各機關辦事效率及改進事宜督促考核辦法」草案提交本會第三次全體委員會議逐條討論決議「照案通呈請院長核定施行」等因紀錄在卷是否可行理合繕具上項辦法草案簽請鈞座鑒核示遵」

等情附呈行政院所屬各機關辦事效率及改進事宜督促考核辦法草案一份據此查核尚無不合應准照辦除由院令公布施行並分別呈報

中央政治委員會及

國民政府備案暨分令外合行抄發上項辦法令仰該府遵照并轉飭所屬一體遵照等因；附抄發行政院所屬各機關辦事效率及改進事宜督促考核辦法一份　奉此，自應遵辦除分令外，合行抄發原辦法一份，令仰該　遵照。

此令

附抄發行政院所屬各機關辦事效率及改進事宜督促考核辦法一份

中華民國三十二年七月　日

市長　周學昌

行政院所屬各機關辦事效率及改進事宜督促考核辦法

(一)行政院爲督促考核中央及地方所屬各機關辦事效率及改進事宜起見制定本辦法。

(二)考核人員，由行政院行政效率促進委員會簽請院長遴派該會委員，或行政院所屬各部會參事任之。

(三)考核事項規定如左：

(一)考核中央及地方各行政機關之組織，與職權之分配，並調整其相互之關係

(二)考核各機關一切行政與奉准之工作計劃實施之情况。

(三)考核各行政機關工作之進度與報告之虛實。

(四)考核中央及地方各行政機關官吏之辦事效率，並督促其應行改進各事宜。

(五)考核中央及地方機關之財務收支及預算計算決算會計審計等制度並促其合理化經濟化。

(六)考核中央及地方各行政機關官吏任用獎懲法，並督鼓勵與激勸。

(四)上項奉派考核人員，前往各地方考查時，應帶同各項表册據實塡報，其表格式另定之

(五)考核人員派赴各地時應調閱與考核有關案卷並與主管部會接洽。

(六)考核人員不得受地方迎送及一切供應，並不得收受餽贈。

(七)考核人員應將考核情形隔日函報行政效率促進委員會轉陳院長備查並於攷查完畢後，編成攷察報告呈核。

(八)考核人員所帶隨從員役不得假名勒索藉案騷擾違者依法嚴辦。

(九)考核人員赴各地方考察時得適用公務員國內出差旅費規則之規定。

(十)本辦法自　行政院公布之日施行。

南京特別市政府訓令

府祕字第　　號

令各局 處 會

案准

新國民運動促進委員會南京特別市分會新字第一四四號公函內開：

「案奉　新國民運動促進委員會總字第六八七號令開：查本會為振刷國民精神喚起國民對　國父景仰尊崇起見特制定　國父陵寢及銅像致敬辦法除公布暨分行外合行抄發該辦法令仰該　遵照並轉飭所屬一體遵照此令」等因，附抄發　國父陵寢及銅像致敬辦法乙份奉此相應抄附是項辦法即希查照轉飭所屬一體遵照為荷」等由：並附國父陵寢及銅像致敬辦法一份，准此，除分令外，合行抄發該項辦法一份，令仰遵照，並轉飭所屬一體遵照。

此令。

附抄發　國父陵寢及銅像致敬辦法乙份

中華民國三十二年七月　日

市長周學昌

國父陵寢及銅像致敬辦法

(一)爲振刷國民精神喚起國民對　國父景仰尊崇起見特訂定本辦法

(二)國民行經　國父陵寢及銅像正面均應停步鞠躬致敬(戴帽者須脫帽穿着國民禮服男裝者行舉手禮)

(三)軍警及中國青年模範團中國青少年團團員穿制服行經　國父陵寢及銅像正面均須停步行舉手禮致敬如隊伍行經應由領隊人發出「向左(右)看」口令致敬

(四)乘車者在車上敬禮不必下車

(五)手中持物不能脫帽或行舉手禮者一律鞠躬致敬

(六)本辦法自公布日施行

南京特別市政府訓令　府財字第　號

令南京特別市銀行錢業公會

案准

財政部錢二字第二五一號咨開：

查二十九年六月八日本部頒行之修正銀行註冊章程第三條第八條第十一條各條文應行再予修正業經本部繕具修正條文呈奉　行政院令准備案並由部於三十二年七月一日公布施行除分行外相應檢同上項修正條文咨請查照并轉飭各銀錢行莊遵照爲荷

等由附修正銀行註冊章程第三條第八條及第十一條修正條文准此除分令外合行抄同原條文令仰該會遵照并轉飭遵照！

此令。

附抄發財政部修正銀行註冊章程第三條第八條及第十一條修正條文

中華民國三十二年七月　日

市長周學昌

修正銀行註冊章程第三條第八條及第十一條修正條文

第三條　銀行應爲公司組織

股份有限公司兩合公司股份兩合公司組織之銀行其資本至少須達六百萬元無限公司組織之銀行其資本至少須達二百萬元

前兩項規定之資本得視地方情形呈由財政部核減但第一項所規定者不得少於六十萬元第二項所規定者不得少於三十萬元銀行之資本不得以金錢以外之財產抵充

第八條　銀行呈請註册應按資本總額每壹百萬元附繳註册費二百元不滿壹百萬元者以壹百萬元計算

第十一條　銀行如有變更執照所載事項時應將原領執照繳還財政部換領新執照但應繳納執照費一百元

南京特別市政府訓令　府財字第　號

令本府各局、處、會、區公所
附屬機關
南京市銀行

案准

財政部錢貳字第二四二號咨開：

『案查妨害新法幣治罪暫行條例前奉　國民政府于三十年三月間明令公布施行以來瞬經兩載依照該條例第七條規定其施行期間業已屆滿惟查本條例施行之初中央儲備銀行甫經成立新法幣之流通僅及蘇浙皖三省及南京上海兩市其後華南及武漢等區中央儲備銀行分支行處相繼設立新法幣流通之範圍逐漸擴大而各該地方情形亦復互異本部默察現狀爲鞏固新法幣信用及流通順利起見上項條例尙有繼續實施之必要業經本部會同司法行政部呈請　行政院轉呈　國民政府准予將條例施行期間延展兩年在案茲奉　行政院六月十四日院字第六八九號訓令內開『案查前據該部與司法行政部於三十二年五月二十八日會呈爲妨害新法幣治罪暫行條例施行期間業已屆滿現該條例尙有繼續實施之必要擬將准予延展兩年以利施行等情當經轉呈國民政府核示在案現奉國民政府三十二年六月九日第三八

三號指令內開「呈悉應准照辦已有明令將該條例施行期間延展兩年幷通行飭知矣仰卽轉飭知照此令」等因奉此自應遵辦除分令外合行令仰該部知照此令』等因正核辦間又奉　行政院六月十五日政字第一二〇〇號訓令內開「現奉國民政府三十二年六月九日第二七六號訓令內開『查妨害新法幣治罪暫行條例施行期間應至本年三月十二日屆滿茲據行政院呈請將該條例施行期間延展二年等情應准照辦除明令公布暨分行外合行令仰該院知照幷轉飭所屬一體知照此令』等因奉此自應遵辦除分令外合行令仰該部知照幷轉飭所屬一體知照此令」等因奉此自應遵辦除分別函令外相應咨請查照幷希轉飭所屬一體知照爲荷」

等由准此除分行外合行令仰該　知照幷轉飭所屬一體知照

此令

中華民國三十二年七月　日　市長周學昌

南京特別市政府訓令　府財字第　號

令本府各局處會
附屬各機關
城鄉各區公所

案准

財政部祕字第三二七號咨開：

「案據本部所得稅處呈送擬具公務員薪給所得稅扣繳及移交辦法請鑒核分別通行遵辦等情當將原辦法加以修正指令通行遵辦在案相應照錄前項辦法咨請貴市政府查照轉飭所屬一體遵照」

等由附公務員薪給所得稅扣繳及移交辦法一份准此自應照辦除分行外合行抄附原辦法令仰該　遵照幷轉飭所屬一體遵照

此令

計附發公務員薪給所得稅扣繳及移交辦法一份

中華民國三十二年七月　日　市長周學昌

公務員薪給所得稅扣繳及移交辦法

一、各政府機關公務員薪給所得稅無論其已未報繳或報繳中斷者概歸當地主管所得稅征收機關辦理

二、各地方政府機關公務員薪給所得稅無論其由財政廳局代征或非廳局代征者概歸當地主管所得稅征收機關辦理

三、凡駐在各地方之中央分機關公務員薪給所得稅向由中央管轄機關扣解者或由該分機關扣除呈解管轄機關彙轉者概改由當地中央分機關逕向當地經收所得稅機關依照條例直接報繳

四、各政府機關依法扣繳公務員薪給所得稅後應將所得稅報告表及清單暨經收稅款機關製給之所得稅納稅收據妥爲保存

五、各政府機關長官遇有更迭或機關裁併時卸任長官應將前條保存之表單收據連同存案稿本進具交代清册專案移交接任長官或接管機關或接收人員點收盤查會報

六、接任長官或接管機關或接收人員對移交清册如認有漏稅或不實等情事得以交代不清論依照公務員交代條例第九條規定辦理

七、本辦法自呈部核准之日施行

南京特別市政府訓令 府財字第　號

令本府各局處會區公所 附屬機關 南京市銀行

案准

財政部錢貳字第二四一號咨開：

「查本部前准中央儲備銀行函據中央儲蓄會呈擬舉辦特別儲蓄獎券及福利獎券暫行章程條例草案一案除特別儲蓄獎券暫行章程已由部於三十二年六月一日以部令公布施行幷呈請　行政院鑒核備案在案外所有福利獎券暫行條例業經呈奉　行政院三十二年六月十二日院字第六五八號訓令內開『現奉　國民政府三十二年六月八日第二七

二號訓令內開「據本府文官處簽呈稱准中央政治委員會祕書廳中政祕字第二六七五號公函開查中央政治委員會三十二年六月三日第一二四次會議討論事項第六案 主席交議據行政院呈據財政部呈爲中央儲備銀行轉據中央儲蓄會呈擬舉辦特別儲蓄獎券及福利獎券暫行章程條例草案呈核一案轉呈鑒核等情除特別儲蓄獎券暫行章程應准備案外所呈福利獎券暫行條例草案請公決議『通過福利獎券暫行條例送國民政府公布並交立法院備查』記錄在卷相應錄案並抄附原呈暨上項暫行章程暫行條例各一份一併函達卽請查照轉陳分別備查明令公布並令行行政立法兩院知照』等由理合簽請鑒核」等情據此自應照辦除分別備查明令公布暨分飭施行外合行抄發福利獎券暫行條例令仰該院知照幷轉飭知照此令」等因附抄發福利獎券暫行條例一份奉此自應遵辦除分令外合行抄發福利獎券暫行條例一份令仰該部知照並轉飭所屬一體知照此令』等因附抄發福利獎券暫行條例一份奉此相應檢同上項暫行章程條例各一份請貴府查照幷希轉飭所屬一體知照爲荷」

等由附抄件准此除將原章程暨條例刊登本府市政公報不再抄發幷分行外合行令仰該 知照幷轉飭所屬一體知照

此令

中華民國三十二年七月日 市長周學昌

特別儲蓄獎券暫行章程

第一條 中央儲蓄會爲鼓勵人民儲蓄起見依照中央儲蓄會章程第一條之規定按期發行短期還本獎券定名爲特別儲蓄獎券(以下簡稱儲蓄獎券)

第二條 儲蓄獎券之發行每三個月爲一期

前項發行期間得斟酌情形隨時核定之

第三條 儲蓄獎券每期發行票面總額爲國幣壹千萬元共二十萬號每號一張售國幣五十元共二十萬張每張分五條每條十元號碼相同惟另加甲乙丙丁戊等字樣以資識別

前項發行總額號數張數及票面金額等得視情形隨時核定之

第四條 儲蓄獎券每期在上海開獎一次其日期券內載明之每次開獎應由中央儲蓄會先期分請財政部審計部及當地法院

第五條　商會各派代表一人屆時蒞場監視持券人及民衆並得自由參觀

每期儲蓄獎券應提獎金之等級如左

第一特獎一張	獨得獎金五十萬元	共計五十萬元	（每次發行一千萬元）
第二特獎一張	獨得獎金二十萬元	共計二十萬元	
一等獎一張	獨得獎金三十萬元	共計三十萬元	
二等獎一張	獨得獎金十萬元	共計十萬元	
三等獎一張	獨得獎金七萬五千元	共計七萬五千元	
四等獎一張	獨得獎金四萬元	共計四萬元	
五等獎一張	獨得獎金二萬五千元	共計二萬五千元	
六等獎一張	獨得獎金一萬五千元	共計一萬五千元	
七等獎二張	各得獎金一萬元	共計二萬元	
八等獎四張	各得獎金七千元	共計二萬八千元	
九等獎八張	各得獎金五千元	共計四萬元	
十等獎十一張	各得獎金二千元	共計二萬二千元	
十一等獎五十張	各得獎金一千元	共計五萬元	
十二等獎一百張	各得獎金五百元	共計五萬元	
十三等獎二百張	各得獎金二百元	共計四萬元	
十四等獎二千張（一等獎末尾二字相同者）	各得獎金一百元	共計二十萬元	
十五等獎二萬張（一等獎末尾一字相同者）	各得獎金五十元	共計一百萬元	

前項中獎券數共計二萬二千三百八十三張獎金共計二百七十萬零五千元其開獎程序須俟一等獎至十三獎開完後始開第一及第二特獎凡已中一等獎至第九等獎者始有得中第一及第二特獎之權利

第六條　每期中獎獎金應於開獎兩星期後憑中獎之儲蓄獎券向中央儲蓄會及各分支會或特定之代理機關領取但中獎獎

券如有殘破模糊不易辨識或塗改號碼等情事槪不支付獎金

第七條　每期中獎獎金自開獎之日起以一年爲限過期不再支付

第八條　儲蓄獎券中獎獎金十足支付並免征所得稅及其他中央地方各稅

第九條　每期開獎後未中獎之儲蓄獎券自開獎之日起滿足六年憑券面還本每張五十元每條十元所有本金自開始還本之日起以三年爲限期滿不再發還

第十條　儲蓄獎券所收款項除應提獎金及一切開支外其餘由中央儲蓄會悉數存入中央儲備銀行「儲蓄獎券還本準備金」戶以年息一分複利生息以備儲蓄獎券到期還本之用

第十一條　儲蓄獎券爲不記名獎券得自由買賣抵押並充作公務上一切保證之用

第十二條　儲蓄獎券之銷售給獎及還本事宜除由中央儲蓄會及其各分支會經理外并指定中央儲備銀行中國銀行交通銀行及各該分支行處代理之

第十三條　儲蓄獎券每期中獎號碼以中央儲蓄會正式印發之對號單爲憑其私人轉錄或報紙所載之號碼如有差誤中央儲蓄會及各分支會暨代理機關槪不負責

第十四條　對于儲蓄獎券如有僞造及損壞信用行爲者由法院依法懲辦

第十五條　本章程自公佈日施行

福利獎券暫行條例　三十二年六月四日公布

第一條　國民政府爲吸收游資增進人民福利起見由財政部委託中央儲蓄銀行中央儲蓄會發行福利獎券

第二條　福利獎券之發行每二個月爲一期

第三條　福利獎券每期發行票面總額爲國幣五百萬元共二十五萬號每號一張售國幣二十元共二十五萬張每張分兩條每條十元

第四條　福利獎券每期開獎一次在上海舉行其日期於券內載明之每次開獎應由中央儲蓄會先期分請財政部審計部及當地法院商會各派代表一人屆時蒞場監視持票人及民衆並得自由參觀

第五條　每期福利獎券應得獎金之等級如左

一等獎一張	獨得獎金一百萬元	共計一百萬元
二等獎一張	獨得獎金二十萬元	共計二十萬元
三等獎一張	獨得獎金十萬元	共計十萬元
四等獎一張	獨得獎金五萬元	共計五萬元
五等獎一張	獨得獎金二萬五千元	共計二萬五千元
六等獎四張	各得獎金一萬元	共計四萬元
七等獎八張	各得獎金五千元	共計四萬元
八等獎二十張	各得獎金二千元	共計四萬元
九等獎四十張	各得獎金一千元	共計四萬元
十等獎八十張	各得獎金五百元	共計四萬元
十一等獎一百六十張	各得獎金二百五十元	共計四萬元
十二等獎二千五百張（一等獎末尾二字相同者）	各得獎金一百元	共計二十五萬元
十三等獎二萬五千張（一等獎末尾一字相同者）	各得獎金二十元	共計五十萬元

前項中獎券數共計二萬七千八百十七張獎金共計國幣二百三十六萬五千元

第六條　每期中獎獎金應於開獎兩星期後憑中獎之福利獎券向中央儲蓄會及各分支會或特定之代理機關領取但中獎券如有殘破模糊不易辨識或塗改號碼等情事概不支付獎金

第七條　每期中獎獎金自開獎之日起以六個月爲限過期不再支付

上項過期未領之獎金應撥入福利獎券餘利項下

第八條　福利獎券中獎獎金十足支付並免征所得稅及其他中央地方各稅

第九條　福利獎券所收款項除應提獎金及一切開支外若有剩餘之淨利應撥交中央儲備銀行專款存儲以備增進人民福利之用

第十條　福利獎券每期中獎號碼以中央儲蓄會正式印發對號單爲憑其私人轉錄或報紙所載之號碼如有差誤中央儲蓄會

概不負責

第十一條 福利獎券每期開獎後凡未中獎各券即行作廢

第十二條 對于此項獎券如有僞造及損壞信用行爲者由法院依法懲辦

第十三條 本條例自公佈日施行

南京特別市政府訓令 府糧字第　　號

令各區公所

案奉

行政院院字第七三五號訓令內開：

「現據全國商業統制總會三十二年六月十七日呈稱竊查小麥爲主要商品於民食軍需均關切要爲集中管理平均配給起見自應依照本會暫行條例第五條規定實行統買統銷再查小麥品質不齊產地亦有遠近議價不能不留有伸縮餘地並擬參酌耕種成本擬訂標準價格蓋小麥爲製造麵粉之原料小麥之配給平均麵粉之產量乃豐現在各地麵粉商既已在滬設有同業聯合會而本會對於中日商人經營麵粉業務並經設置麵粉專業委員會董理其事統一收買順利可期茲經飭由粉麵專業委員會中日兩方委員詳擬統買方案計共十款特于本月十六日提經本會理監事聯席會議議決通過至此項方案及擬訂價格本應提經物資統制審議委員會議決施行祇以會期尚須時日而小麥已屆登場若不着手收買誠恐坐失機宜合謹具文呈報幷檢同小麥統買暫行方案及擬訂價格表二份仰祈鑒核俯賜准予先行試辦幷通飭各省市政府轉行所屬知照隨時協助進行實爲公便又關於收買資金經奉　鈞院令飭主管部准予保證容俟與銀團訂約再呈核辦合併陳明等情附呈小麥統買暫行方案及擬訂價格表各二份據此除指令呈件均悉准予先行試辦除通飭各省市政府隨時協助並交物資統制審議委員會議復外仰即遵照此令附件存印發暨分行外合行令仰該市府遵照幷飭屬遵照」

等因奉此自應遵辦除分令外合行令仰該所遵照幷飭屬遵照

此令

中華民國三十二年七月　日

市長周學昌

南京特別市政府訓令 府經字第　　號

令本市主要商品清理委員會

查本市主要商品之物資在該會辦理清理期內非有本府許可證明書一概不准擅自移動業經令仰知照轉飭所屬遵照在案玆再印製本府移動許可證及訂定物資移動申請書式二種隨令附發仰即遵照凡商民申請物資移動申請書送經該會於二日內派員查明屬實隨填移動許可證暨原證存根呈經本府查核用印後將許可證發由該會轉給原申請人識領並飭原申請人出具領證收據由會彙送來府以憑查核仰切實遵照辦理毋得延誤

此令

計附發移動許可證一本物資移動申請書二份

中華民國三十二年七月　日　　市長周學昌

南京特別市政府佈告 府經字第　　號

查本市物價評議委員會現已改組就緒召集會議兩次至七月下半月主要日常用品一百二十四種業經南京特別市物價評議委員會改組後第二次常會評定最高限價定於即日起實行凡各商人售賣後列各項主要日常食用物品不得超過該項最高限價並須於物品上或顯明處標明定價出售其有暗盤抬價者或雖經申請變更售價未經核准公佈擅自提高者僞稱無貨應市意圖囤積居奇者變更品級或羼雜劣質意圖欺朦漁利者一經查實或被告發獲有確證定即依照　國民政府公佈取締私抬物價暫行條例從嚴懲罰至未經評定限價之物品仍須遵照取締私抬物價暫行條例之規定亦不得任意高抬除函請首都警察總監署按照評定最高限價飭屬查察嚴厲執行外合將七月份下半月評定主要日常食用物品最高限價列表佈告週知

此佈

附限價表一份

中華民國三十二年七月　日　　市長周學昌

南京特別市七月份下半月日常主要食用物品評定最高限價表

品名	單位	最高限價	備註	品名	單位	最高限價	備註
食糧類							
頭等綠牡丹麵粉	袋	二八〇、〇〇		綠牡丹麵粉	袋	二六九、七五	
藍牡丹麵粉	袋	一八二、〇〇		綠金鼎麵粉	袋	二七二、〇〇	
紅金鼎麵粉	袋	二三二、〇〇		藍金鼎麵粉	袋	二一二、〇〇	
上等本製乾麵	每百斤	五四〇、〇〇		次等本製乾麵	每百斤	四八六、〇〇	
上等切麵	斤	五、二二		中等切麵	斤	四、四〇	
本麵大餅	斤	四、四〇		洋麵大餅	斤	五、七〇	
芝蔴大餅	斤	六、〇〇		小麥	石	五〇〇、〇〇	
大麥	石	二六六、〇〇		元麥	石	三七〇、五〇	
黃豆	石	九三〇、〇〇		綠豆	石	九五〇、〇〇	
赤豆	石	八五〇、〇〇		豌豆	石	六五〇、〇〇	
蠶豆	石	六四〇、〇〇		玉蜀黍	石	六〇〇、〇〇	
芝蔴	石	一五三〇、〇〇					
調味類							
豆油	斤	四二、〇〇		菜油	斤	四二、〇〇	
蔴油	斤	四二、〇〇		上等醬油	斤	五、一〇	
中等醬油	斤	三、八四		次等醬油	斤	一、二八	
服用品							
20支金城紗	件	二四五六七、八七		20支雙魚紗	件	二五一七七、八七	
20支金雞紗	件	二五八六五、八七		20支藍鳳紗	件	二五七四七、八七	

品名	單位	價格	品名	單位	價格
20支地球紗	件	二五一七七、八七	20支雙馬紗	件	二五六二九、八七
20支月翠紗	件	二五〇三九、八七	16支金虎紗	件	二四九一一、八七
16支麒麟紗	件	二四五六七、八七	龍頭細布	尺	一五、〇〇
陰丹士林	尺	一九、九五	黑洋布	尺	一六、〇〇
安藍布	尺	一七、五七	漂白細布	尺	一五、九六
本色斜紋	尺	一五、〇〇	印花洋布	尺	一一、四〇
條府綢	尺	（上）一九、九五 （次）一四、二五	通州土布	尺	七、六〇
黑人牙膏	枝	一一、四〇	力士香皂	塊	二二、八〇
三星牙膏	枝	九、五〇	利華藥皂	塊	一二、七二
雙錢元口男膠鞋	雙	八〇、七五			
燃料類					
煤球	擔	二八、五〇	普通柴煤	噸	五七九、五〇
上等栗炭	斤	高三〇四、〇〇 低二五六、五〇	木炭	斤	二、三七
炭屑	斤	一、七〇	蘆柴	擔	四二、〇〇
枝柴	擔	四二、〇〇	山柴	擔	三八、〇〇
芭蘆楷	擔	三九、〇〇	麥楷	擔	三〇、〇〇
木柴	擔	四四、〇〇	雜木柴	擔	四九、〇〇
茶類					
青茶	兩	一、二三	紅茶	兩	一、九〇
紙類					
報紙	令	九五〇、〇〇	江南毛邊	令	四九四、〇〇
草紙	捆	一〇、四五	表芯紙	刀	四、〇八

品名	單位	價格	品名	單位	價格
有光紙	令	三九九、〇〇			
燭皂類					
上海牌火柴	簍 包	一四二五、〇〇 一一、八七	南京火柴	簍 包	一三三〇、〇〇 一一、〇〇
固本皂	箱 塊	一五二〇、〇〇 一二、九七	日光皂	箱 塊	二五六五、〇〇 一二、八二
僧帽牌洋燭	箱 筒	一〇九二、〇〇 四三、七〇	鷹牌洋燭	箱 筒	一一一一、〇〇 四四、四〇
葷菜類					
猪隻	擔	二三七五、〇〇	猪肉	斤	二〇、〇〇
板油	斤	三四、〇〇	金腿	斤	三八、〇〇
香肚	個	大一〇、〇〇 小七、〇〇	板鴨	斤 兩	二八、〇〇 一、八〇
燒鴨	斤 兩	二八、〇〇 一、八〇	公鷄	斤	二〇、〇〇
母鷄	斤	二二、〇〇	鴨	斤	一五、〇〇
牛隻	擔	一八〇五、〇〇	牛肉	斤	一四、四〇
鰱魚	斤	九、〇〇	鯖魚	斤	一六、〇〇
鯽魚	斤	一六、〇〇	白魚	斤	一一、〇〇
青蝦	斤	二〇、〇〇	鷄蛋	個	一、二〇
鴨蛋	個	一、四〇	皮蛋	個	二、〇〇
鹽鴨蛋	個	二、〇〇			
蔬菜類					
乾粉絲	斤	一八、〇〇	水粉絲	斤	五、〇〇
豆腐	塊	一、〇〇	豆腐乾	塊	一、五〇

品名	單位	價格	品名	單位	價格
百頁	張	五〇	水麵筋	斤	五、四〇
毛豆	斤	三、〇〇	青菜	斤	一、四〇
黄豆芽	斤	二、〇〇	綠豆芽	斤	一、八〇
辣椒	斤	二、五〇	四季豆	斤	一、六〇
長豇豆	斤	一、〇〇	韮菜	斤	一、一〇
黄瓜	斤	一、〇〇	藕	斤	二、二〇
洋葱	斤	三、〇〇	大葱	斤	一、八〇
洋山芋	斤	三、〇〇	紅蘿蔔	斤	二、〇〇
莧菜	斤	一、〇〇	蕹菜	斤	二、四〇
苞菜	斤	一、九〇	番茄	斤	二、五〇
茄子	斤	一、二〇	扁豆	斤	一、六〇

注意　一、以上物品均係最高限價商人售貨時成本降低仍須自動跌價
二、以上物品限價係商人發售與消費者之最高價格

中華民國三十二年七月　日

市長周學昌

南京特別市政府佈告　府工字第　號

照得汛期屆臨上游江水激漲連日陡增丈餘泛濫已成災象本京地居下游防範亟應周當培修惠民河堤以作防水屏障

組設防汎機關　策劃安全是尚
沿堤建築工事　民衆理應體諒
現由青少年團　參加工作一項
做成防水土袋　分段堆積存放
萬一水勢登岸　可以移運堵防
以求綢繆未雨　藉免臨時張皇
若待澤國淹成　必致無土取償
此項土袋效用　關係安危深長
仰爾商民人等　一體加意護藏
該段軍警保甲　尤當隨時巡望
如有損毀盜取　罪責決難抵搪
特此佈告週知　其各懍遵毋忘

中華民國三十二年七月　日

市長周學昌

實貼老江口

南京特別市政府佈告 府糧字第　號

案准

糧食部儲字第一四八號代電內開：

「查我國米穀產量衡諸過去需供狀況向感不足近年來和平區域人口激增米穀之消費更鉅揆厥原因由於國人多狃於南人食米之習慣致其餘農產物如麥荳苞米高粱番薯等各地每年雖有大宗出產除一部份平民以為主要糧食外大都以之充作副食品屬諸消耗者居多與戰時節約原則殊不相宜今茲大東亞戰爭正在進行時期我政府協力參戰對於民食之安定軍糈之確保責任綦重必須有充分之食糧長期儲備始克有濟查食糧之貯藏以米穀為最富持久性宜於收儲故

食米節約尤爲當務之急故以雜粮爲主要食品即所以節約米穀米穀之消費減低即國家之儲粮增多所望全體國民移轉觀念今後兼以雜糧爲代用粮食俾節省米穀之消耗此項主張擬請貴市政府迅予佈告民衆剴切勸導至近時各地雜糧價格或有超過米價趨勢並請設法加以限制仍保持與米價一與七之比例俾資獎誘除函請全國商業統制總會查照辦理並分電外相應電達查照辦理並盼見復爲荷」

等由准此自應照辦查雜糧營養料原極豐富惟國人民狃于積習不知食用茲值厲行食米節約之際自應移轉觀念儘量食用雜糧以利貯藏而符戰時節約原則除飭粮食局設法限制雜糧價格外合行佈告週知

特此佈告

中華民國三十二年七月　日

市長周學昌

南京特別市政府通告　府經字第　號

查市民開設工廠商號應在籌備期內逕向本府或該管區公所申請登記案經核准給證後方得開始營業本府訂有工商業登記暫行規則不容蔑視茲爲切實整頓工商業登記俾資管理起見自即日起凡在本市七月一日以前已經開業之工廠商號而尚未領有營業許可證者仰即遵照上項規則規定塡具申請書附繳登記費逕向本府或該管區公所申請補行登記期限至本年八月卅一日截止再自通告之日起凡新設工廠商號未經申請登記領有營業許可證者概不得先行開業如有故違一經查實當即從嚴懲處決不寬貸特此通告

中華民國三十二年七月　日

市長周學昌
經濟局局長林大中

南京特別市政府公告　字第　號

案據業戶陳香亭呈報坐落馬路街復成新村第二十號房地產原領前地政局新發轉字第四五七號所有權狀及二區一〇六

○(三)段分段圖各壹件因故遺失請予補給等情經飭據呈繳聲明圖狀遺失報紙暨舖商兩保前來玆依照土地法第一百四十條第二款之規定揭示公告之日起對於該項遺失圖狀如有因權利關係聲明異議者須於三個月內提出理由書暨證明文件呈候核辦一經公告期滿無人異議卽予依法補給圖狀管業合行公告週知

中華民國三十二年七月　日

市長　周學昌

地政局局長　張仿良

南京特別市政府公告　字第　號

案據業戶許紹堂呈報受抵崔恩榮坐落致和街第六十二號房地產原領前地政局所發他二字第一六〇二號他項權利證明書壹件因事變遺失並請撤銷抵押權登記等情經飭據呈繳聲明遺失報紙暨商保前來玆依照土地法第一百四十條第二款之規定揭示公告之日起對於該項遺失圖狀如有因權利關係聲明異議者須於三個月內提出理由書暨證明文件呈候核辦一經公告期滿無人異議卽予撤銷合行公告週知

中華民國三十二年七月　日

市長　周學昌

地政局局長　張仿良

法規

南京特別市人力車管理委員會組織規程 中華民國三十二年七月公布

第一條　南京特別市政府爲管理市區內以營業爲目的之人力車輛及車夫起見特設置人力車管理委員會(以下簡稱本會)

第二條　本會設主任委員一人由社會福利局局長充任之委員四人由財政局經濟局首都警察總監署及人力車行業同業公會各派代表一人充任之

第三條　本會之職掌如左

一、執行公定價目事宜

二、釐訂車租事宜

三、辦理車主車夫登記事宜

四、處理車夫車主或乘客間之糾紛事項

五、舉辦有關車夫福利事項

第四條　本會設左列各組每組設組長一人組員助理員雇員各若干人承主管長官之命分別辦理各該組事務

一、總務組　辦理文牘會計事務及不屬其他各組事務

二、管理組　辦理車主車夫乘客間之糾紛公定價目之執行及車租之釐訂等事務

三、登記組　辦理車主車夫之登記及車夫就業改業遷移死亡等事務

四、公益組　辦理車夫家庭調查生活指導及其有關之福利事業等事務

第五條　本會因事務上之需要得在下關及城南設立辦事處其組織準用本規程之規定

第六條　人力車夫及車主均須向本會申請登記領取登記證其聲請書及登記證式樣另定之

第七條　凡未領有登記證之人力車夫車主應拒其租賃車輛

第八條　人力車夫營業時應穿着號衣攜帶登記證以憑隨時檢查其號衣式樣另定之

第九條　人力車夫及車主違犯第六七八條之規定時應依法懲處之

第十條　本規程如有未盡事宜得隨時修正之

第十一條　本規程自公佈之日施行

南京特別市工務局防汛機關組織辦法　民國三十二年七月公布施行

一、本年度(三十二年)防汛實施時暫不設工程委員會即由工務局技正室秉承局長主持辦理

二、防汛實施時酌量分設城區下關區上新河區及燕子磯區防汛辦事處每區設主任一人技術員一至二人於防汛開始前即派定城區及下關區主任由局長指派工務局技術人員兼任上新河及燕子磯區主任則由　市政府令派各該區區長兼任其技術人員均由局長指派工務局技術人員兼充有關友邦軍事之區域另請友邦軍隊幫同辦理

三、各區主任應於奉派後即親自履勘本區內應設防各地點確實估計需用材料人工數量幷詳附說明報局備查

四、各區所需材料由局核發

五、防汛開始後就工務局路工隊中挑選二十五人組成防汛隊視事實需要分配於城區及下關區聽從主任及技術員之指揮擔任搶護工作

六、鄉區所需人工應由區長兼主任隨時視需要徵集之其工作勤奮者事後得酌請獎勵

七、各區所需少數特殊工人得呈准局長臨時僱用

八、各區主任幷負本區用料及用款報銷之責

九、城區主任應隨時注意西水關及其他各閘洞應堵閉之時期幷東水關應抽水之時期

十、下關區主任應隨時與友邦駐軍取得聯絡幷注意通知惠民河兩岸居民堵塞屋內外漏隙之時期

十一、鄉區兩主任應隨同局派技術員將本區堤工按鄉鎭範圍分爲若干段派定鄉長或鎭長兼任防汛段長保長兼任防汛隊長幷責成段長輪派巡視員一人至二人於防汛開始後常駐工次日夜梭巡如發現有危險地段應立即鳴鑼報警俾得徵集當地民衆由隊長督率搶護倘險工巨大幷應由鄰段協助搶護

十二　防汛開始後各區主任技術員巡視員及防汛隊均得酌給津貼事後幷得酌請獎勵

十三、各區原有之護堤委員會應由區長兼防汛主任隨時負責主持之
十四、各區主任於防汛開始後應將天氣水勢及防汛情形等項逐日列表塡報
十五、本辦法如遇有改進事項得由工務局隨時呈請修正之
十六、本辦法自呈准南京特別市政府核准施行

南京特別市暫行防汛規則

民國三十二年七月公布施行

一、本章則依照南京特別市防汛組織規定之
二、防汛以區爲單位分別設立辦事處其組織按防汛機關組織辦法組成之
三、各區所應指派巡視人員一至二名（如因特別情形得酌量加派）常駐工次日夜梭巡並塡報每日氣象水位漲落情形（塡寫兩份一份存辦事處一份送工務局）如發現有危險地段應立即鳴鑼報警召集當地民衆由隊長督率努力搶修倘搶護範圍重大得由隊長徵調鄰段民衆幇同搶修並調用區公所事務人員協助
四、各鄉鎭段長隊長及巡視人員均爲義務職督導民衆爲地方服務
五、搶險一切人工悉以徵工辦理
六、各分段所實施搶修辦法及計劃應聽從工程人員之指揮
七、本章則有未盡事宜得增改之
八、本章則經　市政府公佈施行

南京特別市物價評議委員會辦事通則

民國三十二年七月修正公布

第一條　本會爲辦事便利起見特訂本辦事通則
第二條　本會依據縣市物價評議委員會組織規程第三條規定以左列各機關組織之
一、南京特別市政府
二、南京特別市政府祕書處

三、南京特別市經濟局
四、南京特別市糧食局
五、南京特別市財政局
六、南京特別市衛生局
七、南京特別市社會福利局
八、首都警察總監署
九、首都地方法院
十、南京特別市黨部
十一、南京特別市宣傳處

第三條　本會設事務審查統計三股每股設主任一人幹事若干承長官之命辦理各該股事務
一、事務股　關于會期通知提案整理會議紀錄限價公布等事項
二、審查股　關于各種商品之原價售價與來源之調查及商人請求加價之審查事項
三、統計股　關于各項貯存商品之成本及售價之統計事項

第四條　本會設祕書一人以經濟局主管科長兼充之秉承主任委員並依照本會議決案辦理本會一切事務

第五條　本會各股主任及幹事由主任委員就關係機關中適宜之職員派充之均為無給職

第六條　本市民衆生活必需商品之原價由南京特別市政府責成衛生局菜場管理所並由市商會督飭各業同業公會于每月五日十五日二十五日以前調查造册送經本會複查後製表以便提請常會核議限價

第七條　各商品經本會評定限價後由南京特別市政府公布並會同首都警察總監署嚴厲執行

第八條　本會規定每旬開常會一次遇必要時召開臨時會議

第九條　本會會議時得召集有關同業公會列席陳述意見

第十條　本會會址暫設於南京特別市政府

第十一條　本通則經主任委員核定提請南京特別市物價評議委員會通過後施行

第十二條　本通則如有未盡事宜得於會議時提請修正之

公牘

南京特別市政府呈 字第 號

案查職府前以本市建築規則施行日久已不適用擬將罰則各條條文加以修改以符現實呈奉
鈞院院字第六一三號指令內開：
「呈件均悉案關修正「罰則」應將南京市建築規則」全文補呈來院再行核辦仰即轉飭遵照此令」
等因奉此自應遵辦經即飭據工務局遵將南京市建築規則全文檢呈理合檢同前項建築規則隨文呈送仰祈
鑒核准予備案謹呈
行政院院長汪

附呈南京市建築規則一本（略）

南京特別市市長周學昌

中華民國三十二年七月 日

南京特別市政府咨 府工字第 號

案准
貴部建水字第一八三二號咨開：
「查本部爲統籌本年度防汛事宜經已擬具三十二年度各省市防汛辦法大綱十條奉 行政院院字第五〇〇號指令
准予備案在案現因汛期急迫相應檢送是項辦法大綱咨請查照迅賜洽辦爲荷」
等由並附防汛辦法大綱一份准此經即參照本市情形擬具防汛機關組織辦法暫行防汛規則分配表支出概算書材料附表等件
除督飭工務局積極辦理外相應檢同有關各件咨請

查照辦理並希
見復爲荷
此咨
建設部
計送　南京特別市三十二年度領到中央補助防汛經費分配表四份（略）
南京特別市工務局防汛機關組織辦法四份（見法規欄）
南京特別市暫行防汛規則四份（見法規欄）

中華民國三十二年七月　日

市長周學昌

南京特別市政府咨　府工字第　號

查本年雨季屆臨江水迭告高漲本府爲籌備防汛工作已查照
貴部所頒省市防汛實施辦法及歷年防汛成例分區組織防汛辦事處專其責成惟長江上游水位之漲落關係本京汛期之安危甚鉅非有迅捷確實之紀錄不足以防患於前收功奏效用請
貴部將漢口九江安慶蕪湖本京以及淮河蚌埠各站水位高度逐日抄示壹份以憑參考而資準備又本年四月二十一日以後本京水位併請補賜紀錄以便繪成全圖相應咨請
查照見復爲荷
此咨
建設部

中華民國三十二年七月　日

市長周學昌

南京特別市政府咨　府工字第　號

案准

貴部建水字一一二七號咨開：

「案查貴市政府辦理本年度江河修防及整理玄武湖工程一案經前水利委員會呈奉 院令核定經費咨達查照幷經本部飭以建水字第七五九號咨請積極進行各在案所有上項工程之計劃圖表經費概算等件亟待轉報備案惟查貴市政府於府工字第二六號咨內所附之「三十二年度京市水利修防計劃書」僅一全份不敷存轉應請照式補送三全份以便轉報相應咨達即希查照辦理見復爲荷！」

等由准此茲特補繕是項計劃書三份相應咨送即希

查照爲荷

此咨

建設部

計附送三十二年度京市水利修防計劃書三份（略）

市長周學昌

中華民國三十二年七月　日

南京特別市政府咨　府粮字第　號

粮食局案呈

粮食部本年六月二十九日管字第九一五號訓令開：

「案據本部南京區視察徐任之簽呈略稱遵諭與南京市粮食局商談市區內本部各稽查所交接事宜謹將接洽結果與意見彙請示要點請核示遵等情據此查關於南京市區範圍內燕子磯賽虹橋通濟門中華門各稽查所查緝工作自七月一日起劃歸該局接辦至三汊河仍例入外圍由本部直接辦理關於該局請求撥派稽查人員及事務員已飭遴定十八人撥交任用准予每月暫由本部補助緝私經費捌千元此後各該稽查事務應由該局負責監督指揮辦理隨時呈報本部查核並仍應與外圍各稽查所密切聯絡除分別指飭遵辦並函知市政府外合行令仰該局遵照仍將遵辦情形具報此令」

等由准此自應照辦除燕子磯稽查所已由該局於五月間組織成立外該局爲統一事權起見爰在視察室下設立稽查組派視察與

樂天兼任組長楊建林爲中華門稽查所主任孟慕莊爲通濟門稽查所主任陳志超爲賽虹橋稽查所主任業於七月一日正式接管開始有關糧食查緝工作除分行外相應咨達卽希

查照轉飭所屬予以協助以利工作而重糧政至級公誼

此咨

首都警察總監署

首都警備司令部

首都憲兵司令部

政治警衛總署

聯絡部

中華民國三十二年七月　日

市長周學昌

統計

南京特別市戶口統計表（一）（異動）

民國三十二年上半年度

月別	遷入				徙出				出生			死亡			男	女
	戶數	人數			戶數	人數			合計	男	女	合計	男	女	婚	嫁
		合計	男	女		合計	男	女								
一月	8636	39576	20108	19463	3099	16031	8546	7485	306	165	141	354	189	165	71	57
二月	3698	16482	8103	9546	2487	10134	5265	4869	301	166	135	306	165	141	55	41
三月	2268	9554	4836	4718	1931	8395	4406	3989	404	215	189	370	197	173	54	49
四月	2094	9351	5093	4258	1770	7770	4123	3647	433	242	190	536	283	253	60	46
五月	2085	8985	4681	4302	1770	7774	4123	3651	494	267	227	567	291	276	70	50
六月	2073	8935	8708	3287	1983	7851	4413	3438	487	273	214	568	284	284	71	53

南京特別市政府秘書處第三科統計股編製

資料來源——根據各區公所查報

南京特別市戶口統計表（二）（職業分類）（1）

民國三十二年上半年度

月別	總計 總計	總計 男	總計 女	農業 合計	農業 男	農業 女	鑛業 合計	鑛業 男	鑛業 女	工業 合計	工業 男	工業 女	商業 合計	商業 男	商業 女	交通運輸 合計	交通運輸 男	交通運輸 女
一月	631956	365320	296636	122043	67786	54257	1667	858	809	69663	49852	19811	88684	74781	13903	23371	13887	9484
二月	667022	368118	298904	120631	65309	55322	1666	857	809	71155	50742	20413	120407	103153	14254	16926	13128	3798
三月	668285	368808	299477	123761	63873	56888	1008	856	152	71881	51814	20065	120426	108042	12384	24982	11785	13197
四月	669792	369798	299994	124453	65146	59307	1648	851	797	72687	51712	20975	121871	108043	13828	19339	11244	8095
五月	674548	373141	301407	125455	69156	56299	1668	875	793	72655	51935	20720	121973	108253	13720	19885	11245	8640
六月	676555	373026	303539	125665	65155	60510	1695	856	839	72775	51866	20909	123567	108855	14712	20552	11353	9199

南京特別市政府祕書處第三科統計股編製

資料來源——根據各區公所查報

南京特別市戶口統計表二(職業分類)(2)

民國三十二年上半年度

月別	公務			自由職業			人事服務			無業			失業		
	合計	男	女	合計	男	女	合計	男	女	合計	男	女	合計	男	女
一月	46943	30598	16345	15268	8042	7226	32612	11398	21214	220630	77217	143413	41075	30901	10174
二月	13445	10278	3167	13233	6027	7206	37180	10191	26989	219459	75463	143996	52920	29970	22950
三月	12949	10376	2573	14747	6098	8649	36822	10191	26631	223696	75034	148662	28013	27739	10274
四月	13624	10283	3341	15399	6210	9189	37522	10374	27148	224704	75521	149183	38545	30414	8131
五月	13628	10384	3244	15499	6138	9361	37633	10419	27214	224597	76888	147709	41555	27848	13707
六月	13785	10381	3404	15388	8131	7257	37633	10419	27214	225940	78155	147785	39565	27855	11710

南京特別市政府秘書處第三科統計股編製

資料來源——根據各區公所查報

南京特別市戶口統計表(三)(年齡)

民國三十二年上半年度

月別	合計	五歲以下	六—一〇	一一—一五	一六—二〇	二一—二五	二六—三〇	三一—三五	三六—四〇	四一—四五	四六—五〇	五一—五五	五六—六〇	六一—六五	六六—七〇	七一—七五	七六—八〇	八一—八五	八六—九〇	九一—九五	九六歲以上
一月	661956	55481	57664	61133	57591	58240	66375	56999	53985	51058	43961	37113	27864	16624	8778	5526	2616	720	223	5	—
二月	667022	55963	58134	61752	58291	58831	67157	57348	53856	52569	43730	37318	2815[illegible]	15319	8935	6319	2600	725	27	5	—
三月	668285	56108	58229	61859	58307	58882	67329	57442	54607	52551	43680	37258	27890	16491	9009	5080	2626	727	201	—	—
四月	66979	254610	58277	63454	58742	59398	67693	57995	54975	52694	44123	37448	27354	15875	8785	4929	2572	685	179	4	—
五月	674548	56670	58274	62456	58942	59348	67693	58994	54186	53983	44223	38447	27356	15775	9776	4929	2582	674	187	3	—
六月	676565	56618	58274	63655	38729	58852	68641	58213	54873	54687	43122	38447	28551	18775	8676	4929	2582	751	185	5	—

南京特別市政府秘書處第三科統計股編製

資料來源——根據各區公所查報

南京特別市戶口統計表（四）（婚姻狀況）

民國三十二年上半年度

月別	總計				男性				女性			
	未婚	有配偶	鰥寡	離婚	未婚	有配偶	鰥夫	離婚	未婚	有配偶	寡婦	離婚
一月	130963	383667	35818	593	71171	229790	17443	383	59792	153877	18365	210
二月	134322	485017	47390	293	73715	318629	18493	87	60607	166388	28897	206
三月	127316	384405	36314	606	71825	219848	17525	397	55491	164557	18789	209
四月	231044	389552	65541	3575	171545	221247	47628	389	59499	168305	17913	3186
五月	241044	396550	36391	569	171545	228247	18478	383	69499	168305	17913	186
六月	280732	389788	48168	3575	175535	221233	30255	389	59499	168555	17913	3186

南京特別市政府秘書處第三科統計股編製

資料來源——根據各區公所查報

南京特別市戶口統計表(五)(文盲)

民國三十二年上半年度

月別	總計			識字人數			不識字人數		
	總計	男	女	合計	男	女	合計	男	女
一月	661956	365320	296636	315583	214702	100881	346373	150618	195155
二月	667022	368118	298904	325392	216446	108946	341630	151672	189958
三月	668285	368808	299477	325595	211117	114478	342690	157691	184999
四月	669792	369798	299994	337504	224409	113095	332288	145389	186899
五月	674548	373141	301407	343199	219552	123647	331349	153589	177760
六月	676565	373026	303539	326562	218457	108105	350003	154569	195434

南京特別市政府秘書處第三科統計股編製

資料來源——根據各區公所查報

市政公報暫定價目表

期數		價目	郵費
零售	每冊	五角	本埠四分 外埠八分
半年	十二冊	六元	本埠四角八分 外埠九角六分
全年	二十四冊	十二元	本埠九角六分 外埠一元九角二分

市政公報廣告刊例

頁數	價目
一頁	每期十八元
半頁	每期九元
四分之一頁	每期四元五角

刊登廣告在四期以上者每期按照七折計算連續十期以上者每期按照六折計算長期另議

出版日期　本公報暫定每月二次

編輯者　南京特別市政府祕書處

發行者　南京特別市政府祕書處

印刷者　南京國華印書館
地址：中山東路盧政牌樓
電話：二二一六五

中華郵政掛號認爲第一類新聞紙類 江蘇郵政管理局執照第一〇四三號

中華民國三十二年七月三十一日

市政公報

第一二四期

南京特別市政府祕書處印行

目錄

命令

南京特別市政府公布令 府衛字第　號

茲制定南京特別市山西路菜場租賃臨時辦法公佈之

此令

附山西路菜場租賃臨時辦法一份（見法規欄）

中華民國三十二年七月　日

南京特別市政府訓令 府財字第　號

令南京特別市銀行錢業同業公會

案准

財政部錢貳字第二五三號咨開；

「查修正銀行註冊章程第三條第八條及第十一條業經由部修正公布施行並將修正文咨達在案依照上項章程第三條修正文之規定股份有限公司兩合公司股份兩合公司組織之金融機關資本至少須達陸百萬元無限公司組織之金融機關資本至少須達貳百萬元但視地方情形得由本部核減茲爲便於辦理起見實行規定核減標準如左

一、股份有限公司兩合公司股份兩合公司組織金融機關之資本依左列之規定

甲、南京蘇州無錫杭州蚌埠蕪湖徐州等地方不得少於貳百萬元（按照公司法規定收足二分之一卽可營業）

乙、鎭江揚州常州泰縣常熟崑山丹陽嘉興紹興安慶等地方不得少於壹百萬元（按照公司法規定收足二分之一卽可營業）

丙、其他未經列舉地方由部比照上列各地區時核定之

二、無限公司組織金融機關之資本比照前項規定減半辦理除分行外相應咨請查照幷轉飭各金融機關遵照辦理」

等由准此除分行外合行令仰該會遵照幷轉飭所屬一體遵照！

此令

中華民國三十二年七月　日　　市長　周學昌

南京特別市政府訓令　府財字第　號

令本府各局處會 附屬機關 區公所 南京市銀行

案准

財政部錢二字第二五〇號咨開：

「案查關於准運鈔票護照辦法前於三十年六月間呈奉行政院核准備案幷由部公布通行在案施行以來爲適應事實需要起見復經本部迭次訂定各項補充辦法分別實施近自舊法幣禁止使用後所有上項辦法已與事實未盡適合亟應酌加修正以資依據茲按照歷來各項補充辦法幷參酌現時實際情形將上項辦法分別酌加修正業經由部呈奉行政院三十二年六月二十一日政字第一五九一號指令內開「呈件均悉准予備案仍由該部如期公布施行仰即知照此令附件存」等因奉此自應遵辦除由部公布自三十二年七月一日施行幷分行外相應檢同上項修正辦法咨請查照幷希轉飭所屬一體知照爲荷」

等由附修正准運鈔票護照辦法一份准此除分令外合行抄同原辦法令仰該　知照幷轉飭所屬一體知照

此令

附抄發修正准運鈔票護照辦法一份

中華民國三十二年七月　日　　市長周學昌

修正准運鈔票護照辦法

三十二年七月一日部令公布

第一條　凡運輸國內鈔票入中國各口岸應塡具申請書載明種類（應註明某銀行鈔票及票面金額如中央儲備銀行鈔票百元拾元伍元壹元伍角貳角之類）數額用途裝載箱數及起卸地點由負責人署名蓋章呈由各該口岸海關監督公署或中央儲備銀行分行轉呈財政部核准發給准運護照方得入口如無照入口經關查獲應即悉數充公

凡旅客攜帶國內鈔票入口者應以中央儲備銀行券壹萬元爲限如超過壹萬元時應依前項規定請給准運護照

第二條　凡由內地運輸新法幣至上海或運輸新法幣往來國內各口而數額超過伍萬元者應將種類數額用途裝載箱數及起運地點呈由財政部核准發給准運護照方得起運如無照起運經關查獲應即悉數充公

凡在同一縣市區域內各商民攜送新鈔進出城關而未經過指定口岸者應由原攜帶鈔款商店負責證明毋庸請領准運護照

其因特別需要運輸舊法幣往來國內各口者應依（請領護照運送舊幣暫行辦法）辦理

第三條　凡由國外或國內新製空白或己簽字而未發行之鈔票無論由國外運輸入口或於國內各地方間運輸應憑財政部准運護照運送

第四條　准運護照除照章由經過關卡驗放外沿途軍警應免予開驗但在戒嚴時期認爲有開驗之必要時仍得照章開驗惟得依運送人之請求移至嚴密處所行之以昭愼重

第五條　准運護照有效時期如左

1. 凡直接來部申請預計由南京起程當日可直達之口岸如鎭江蘇州上海浦口蚌埠蕪湖等地者有效期間爲七天

其以書面郵寄本部請領往來上列各口岸者（加郵程日期）有效期間爲十天

2. 凡直接來部申請預計由南京起程當日不能直達或有轉折之口岸如杭州甯波嘉興安慶南通揚州等地者有效期間爲十天

其以書面郵寄本部請領往來上列各口岸者（加郵程日期）有效期間爲十四天

3.鄰近指定口岸各地之有效期間比照前二條之規定辦理凡商民攜運鈔票前往漢口廣州等處者其攜運數額及運照有效時期由財政部隨時核定之

第六條　准運護照每張限用一次用畢應卽繳部註銷不得轉借他人應用

第七條　凡領用護照應繳照費拾元印花稅貳元

第八條　本辦法實施之口岸由財政部隨時以命令定之

第九條　本辦法自民國三十二年七月一日施行

南京特別市政府訓令　府財字第　號

令經濟局
社會福利局
銀行業同業公會

案奉

行政院政字第一三七三號訓令內開

「現奉　國民政府三十二年六月二十九日第三一一號訓令內開「據本府文官處簽呈稱「准最高國防會議祕書處高祕字第二六二號公函開「案准中央政治委員會祕書廳檢送奉交行政院三十二年六月二十二日院字第三二五號呈一件爲據財政部呈擬修正銀行註册章程儲蓄銀行法省市銀行暫行條例信託公司暫行條例內開關於規定資本數額各條條文繕具修正草案呈核一案除修正銀行註册章程已由院令准備案外謹將儲蓄銀行法等法規三種修正條文草案轉呈鑒核等情當經陳奉　主席提交最高國防會議三十二年六月二十四日第一九次會議討論決議「儲蓄銀行修正條文原則通過准先照辦仍交立法院審議省市銀行暫行條例及信託公司暫行條例修正條文通過送國民政府公布並交立法院備查所擬各金融機關資本不及限額者應於六個月內分別增資或合併准予照辦」等因復經紀錄在卷相應錄案並抄附原呈及修正條文一併函達卽請查照轉陳分別公布飭遵」等由理合簽請鑒核」等情據此自應照辦除將省市銀行暫行條例第六條條文及信託公司暫行條例第三條第五條第六條條文分別明令修正公布暨分行外合行抄發各該修正條文令仰該院知照並轉飭所屬一體知照此令」等因計抄發修正省市銀行暫行條例第六條條文及修正信託公司暫行條例第三條第五條第六條條文奉此除分令外合行抄發各該修正條文令仰該府知照並飭屬一體知照此令」

等因計抄發修正省市銀行暫行條例第六條條文及修正信託公司暫行條例第三條第五條第六條條文奉此除分令外合行抄發各該修正條文令仰該　知照并飭屬一體知照

此令

計抄發修正省市銀行暫行條例第六條條文及修正信託公司暫行條例第三條第五條第六條條文

中華民國三十二年七月　日　市長周學昌

修正信託公司暫行條例第三條第五條及第六條條文　三十二年六月二十四日公布

第三條　凡創辦信託公司者應先訂立章程載明左列各款事項呈請財政部或呈由所在地主管官署轉請財政部核准

一、信託公司之名稱

二、組織

三、總公司所在地

四、資本總額

五、實收資本

六、營業範圍

七、存立年限

八、創辦人之姓名住所

如係招股設立之信託公司除遵照前項辦理外並應訂立招股章程呈請財政部或呈由所在地主管官署轉請財政部核准後方得招募資本

銀行收足資本在五百萬元以上者得兼營信託業務但應劃分資本會計獨立另訂信託章程呈請財政部或專由所在地主管官署轉請財政部核准辦理

第五條　股份有限公司兩合公司股份兩合公司組織之信託公司其資本至少須達六百萬元

無限公司組織之信託公司其資本至少須達二百萬元

前二項規定之資本得視地方情形呈由財政部核減但第一項所規定者不得少於壹百萬元第二項所規定者不得少於五十萬元

信託公司之資本得以金錢外之財產抵充

第六條 兼營信託業務之銀行其信託部資金至少須撥足二百萬元但亦得照前條規定呈請財政部核減

修正省市銀行暫行條例第六條條文 三十二年六月二十四日公布

第六條 省市銀行資本至少須達國幣陸百萬元由省政府財政廳或市政府財政局撥給之並得擬訂招股章程呈經核准招集商股但商股總額不得逾資本總額百分之四十九

前項商股股東以籍隸本省或在市境內置有產業住所者儘先招集如有不敷得在營業區域以外招募如額其股東以有中華民國國籍者為限

前項股本得分兩期繳納全額收足後如尙有增加之必要得呈由地方政府轉請財政部核准增加之

南京特別市政府訓令 府祕字第　　號

令各局處會

案奉

行政院政字第一三四五號訓令內開：

「案查本院第一六八次會議討論事項第一案 院長交議：據本院行政效率促進委員會簽呈呈奉交審查改進地方行政綱要草案，遵經招集全體委員，逐項審查，繕具修正文草案，請鑒核等情，請公決案、決議修正綱要照案通過即日由院令公布施行，並呈報 中央政治委員會及 國民政府備案等由，紀錄在卷，除由院公布施行，并呈報備案暨分令外，合行抄錄案并抄發上項綱要令仰該府遵照。此令」。

等因並附發改進地方行政綱要一份，奉此，除分令外，合作抄發上項綱要一分令仰該　遵照

此令。二

中華民國三十二年七月　日　　市長周學昌

附抄發改進地方行政綱要一份

改進地方行政綱要

一、清查戶口編組保甲：各省市應即依照中央最近頒布「各縣編查保甲戶口暫行條例」切實辦理清查戶口清冊，務求翔實，以為辦理統計資料，凡禁烟禁賭及勵行新國民運動協力大東亞戰爭各事項，應在保甲規約內分別規定，期人民自動奉行，編組保甲應於本年十二月底完全依照是項法令辦理完成，不得自為風氣，以資劃一。

二、改編保安團隊：各省市現有保安團隊，應遵照最近頒布「保安隊暫行組織要綱」重行改編，至遲於本年九月底改編完成具報，以重功令。

三、清剿零匪：各地零匪出沒無常，擾害閭閻，應由各縣縣長督率保安隊警察隊負責清剿，如有大股土匪發現，則由各縣縣長立即呈請省府情報軍事委員會飭知當地駐軍，協同清剿，其有隱匿不報或與匪私行勾結者，以通匪論罪，

四、整理田賦：依照「非常時期徵收田賦條例」在本年下忙時期，一律按照現時地價百分之一報價徵收，不得自由伸縮，

五、籌設農村典當：凡人口在一千以上之村鎮，應設農村典當一所，依照實業部內政部頒布農村典當暫行通則，切實辦理，以舒農困。

六、辦理農村貸款：頻年兵燹，農村凋敝，為保護中小農家利益，應即辦理農村貸款，凡設有農民銀行地方，即由該行辦理，未設農民銀行各地，即由當地省銀行或市銀行酌量放款，以復興農村。

七、管理物價取締囤積：自本年春季以來，物價飛漲，其原因固由於生產減少，但商人囤積居奇及物價欠於管理，亦為主要原因之一，為防止物價再度高漲起見，亟應遵照中央法令嚴格管理物價取締囤積並規定以後大小商店無論零售躉賣何項商品，除去成本及運費外，其純利最高不得超過原價百分之二十，以資限制。

八、保護小商人利益：一般小商人資本薄弱，每受巨商大賈大量收購物資之影響，因而倒閉，長此以往，小商必被大商兼併，為維護小商人利益起見，應即辦理小商人小本貸款，即由當地省市銀行酌量放款以資救濟。

九、徵工服役：各地應於農隙時實行徵工服役，（即在於本年秋收後開始辦理）凡年在二十五歲以上四十五歲以下之人民

，一律有服工役義務，並應就當地必要工程（如修渠造林等等）分別計議逐項舉辦，如有藉以舞弊或騷擾者，應按律從嚴治罪。

十、修復省道縣道：應由各省府督飭各縣依據舊有路址或新闢途徑，分期儘量修復，以利民行。

十一、提倡各地手工業及農村副業（如紡紗織布之類）應由各省市飭該管縣政府或特別區公署，將當地固有手工業或機械工業，儘量予以便利，俾使逐項恢復，其他小手工業，並應力加扶植與鼓勵。

十二、積穀備荒：耕九餘三，古有明訓，喪亂之餘，民鮮蓋藏，故應按照每縣人口之需要，在本年度新穀登場時，積穀若干石，整理倉場，以備荒歉。

十三、勵行墾荒：依照中央督勵墾荒條例獎勵墾荒，同時並辦理集團農場容納一切無力耕種之農民及各地貧苦無告之窮民，農場基金由各級政府在農民銀行或地方銀行籌墊，不得藉故加增人民負担，以利墾務而濟民艱。

十四、勵行巡迴教育：文盲遍處皆是，除積極舉辦各級學校教育外，應即勵行巡迴教育，以期普及，是項師資，除利用暑假寒假期間，動員當地青年學生巡迴施教外，並應責成當地保甲長協同辦理。

十五、培養師資及提高待遇，巡迴教育固應舉辦學校教育亦關重要，現在物價飛漲各級學校教員，因俸薪微薄，而改業者多師資更感缺乏，應由各省市政府飭各該主管廳局　及各該縣政府就高中以上及師範畢業學生尚未就業者舉行登記，予以適當時期培養後，派充教員，並就固有學產，加以整理，用以提高教育待遇，藉免弦歌輟響。

十六、縣長受訓：應於本年內送訓完畢，不得託故代爲請免，其佐治人員（如自秘書以下）應由各該省政府輪流調訓，其有年老力衰或貪污有據者，應予罷免，毋稍瞻徇，以刷新吏治。

十七、舉辦中心工作：各省市應就地方實際需要自行舉報中心工作，每年分四期呈報，每季應辦成若干項，未完成者，則限於下季完成，以修庶政，而資考成。

南京特別市政府訓令　字第　號

令各局處會

行政院院字第九三八號訓令內開：

「現據本院祕書處簽呈稱：『准宣傳部七月十三日函開「查此次友邦交還上海公共租界協力中國完成獨立自主意

義重大所有擴大宣傳計劃業經本部訂定分別咨令推行關於原計劃內列有公務員學校民衆團體之演講宣傳等項係由政府機關長官利用週會及各種集會時以「日本對華新政策之分析」及「收回租界之重要性」爲問題之中心作系統之演講俾首先實施公務員之宣傳從而推及一般國民對於現實加深其認識並激國民反英美之熱烈戰鬥情緒除分令外應函請查照辦理并希轉飭所屬一體辦理』等由到處理合簽請鑒核」等情前來除分令外合行令仰該府遵照並轉飭所屬一體遵照辦理此令」

等因奉此除分令外合行令仰該　遵照此令

中華民國三十二年七月　日　市長周學昌

南京特別市政府訓令　字第　號

令城鄉各區公所

查本府爲本守望相助之義策動保甲辦理防空防水救護等勞動服務起見擬組織市民聯保互助隊業經召集各該區長於本月二十二日來府集議在案除商民勞動服務團正由本府督飭市商會會同該區編組外其住戶部份玆制定南京特別市市民聯保互助隊暫行辦法市民規避參加聯保互助隊罰則連同表式一併令發該區仰迅即督飭所屬坊保甲長尅日徵集查編限八月十日以前編組完成合行令仰遵照辦理具報萬勿延誤爲要

此令

計附發南京特別市市民聯保互助隊暫行辦法一份市民規避參加聯保互助隊罰則一份市民聯保互助隊隊員名冊表式一紙（見法規欄）

中華民國三十二年七月　日　市長周學昌

南京特別市政府訓令　字第　號

令城鄉各區公所

案准

內政部警宋字第一九四一號咨開：

查人民遺失居住證之申請補領手續依照原頒各省市警察機關發給人民居住證及旅行證明書辦法第十三條後段規定「補領居住證手續與初領相同」原以居住證爲證明人民身份之用與本人利害攸關理應加意保存顧自施行以來迭據各省市警察機關呈報遺失居住證申請補領者甚多推厥原因不外原訂補領手續太寬以致漫不加意動輒遺失殊易發生流弊各省市警察機關因此之故紛請訂定罰則辦法既不一致且與原頒辦法亦有抵觸茲爲補救起見將原辦法第十三條條文加以修正俾辦理有所依據藉以促使人民之注意除呈奉　行政院核准公布並分別咨行外相應抄同修正條文咨請查照並希轉知爲荷

等由並抄附修正發給居住證辦法第十三條條文到府准此自應照辦除分令外合行令仰該區知照並轉飭所屬一體知照爲要

此令

抄附修正發給居住證辦法第十三條條文一紙

中華民國三十二年七月　日　市長周學昌

各省市警察機關發給人民居住證及旅行證明書辦法第十三條修正文

修正文　居住證如有遺失應即向最近警察局所（或分駐所派出所）及原發機關報告經原發機關調查確係遺失得准予重行補領並通知有關機關宣告作廢

申請補領者應繳納五元手續費

南京特別市政府訓令　字第　號

令各區公所

案奉

行政院院字第二三三二號訓令內開

「案查本院第一五五次會議討論事項第六案院長交議：據內政部陳部長呈爲奉令會同審查各縣編查保甲戶口條例一案謹擬具審查意見請鑒核等情請公決案決議照審查意見修正通過卽由院令公布施行並呈報中央政治委員會及國民政府備案」等由紀錄在卷復查本案原條前經提出本院第一零四次會議決議案關治安應咨商軍事委員會俟見復

後再行核辦之件既經軍事委員會提出原則十一項交原審查人重新依照原則起草條例幷先後交付審查自應照辦除由院令公佈施行並呈報備案暨分別咨令外合行錄案並抄發上項條例等件令仰該府遵照

等因：附抄發各縣編查保甲戶口暫行條例各縣編訂保甲規約樣式各縣保甲經費支出規程各一份奉此自應遵辦除分令外合行抄發上項條例規程規約樣式令仰該區公所遵照並飭屬一體遵照

此令

附抄發各縣編查保甲戶口暫行條例各縣編訂保甲規約樣式各縣保甲經費支出規程各一份

市長周學昌

中華民國三十二年七月　日

各縣編查保甲戶口暫行條例

第一條　國民政府行政院為嚴密人民組織澈底清查戶口增進自衛能力完成治安工作起見特制定本條例

本條例於特別市普通市編查保甲戶口時準用之

第二條　各省縣政府應即根據實際情形劃分全縣為若干區依照本條例之規定限期清查戶口編組保甲

前項限期及本條例施行之區域另以命令定之

第三條　各縣地方原有一切自衛組織均應依本條例之規定改編保甲

第四條　在編組保甲清查戶口期間得由各該政府遴派地方公正人士為保甲戶口編查委員分赴各區協同趕辦

前項編查委員所需費用應由縣政府酌量支給不得由地方供應

第五條　保甲之編組以戶為單位戶設戶長十戶為甲甲設甲長十甲為保保設保長

第六條　保甲須按照戶口習慣地勢及其他特殊情形依左例方法編組之

(一)各保應就該管區域內原有鄉鎮界址編定或併合數鄉與鎮編組一保但不得分割本鄉或本鎮之一部編入他鄉鎮之保

(二)各戶由各甲之一方起順序比鄰之家屋挨戶編組

(三)編餘之戶不滿一甲者六戶以上得另立一甲五戶以下併入鄰近之甲編餘之甲不滿一保者六甲以上得另立一保五甲以下併入鄰近之保

第七條　(四)保甲內之住戶有全戶流亡在外者應暫時保留其甲戶之順戶俟歸來時編組之

寺廟船戶及公共處所應以保爲單位另列字號分別編查寺廟列爲廟字號船戶列爲船字號公共處所列爲公字號按照所定表格填寫(表式附後)

前項寺廟或公共處所內有住戶者仍就各戶編查

第八條　戶口之編查由縣長監督之其程序如左

(一)編定及清查門牌由甲長執行

(二)覆查由保長執行按月至少一次

(三)抽查由區長執行按季至少一次

除前項編查外甲長保長對於各該保甲內之寺廟祠堂教會會館宿舍船戶及其他公共場所應隨時考查之

第九條　清查戶口應按編定各戶挨次發給門牌令其照填張掛戶外易見之處不得遺失毀損各住戶應填之戶口調查表亦須據實照填不得隱瞞揑報如受清查戶口之住民遇有不明填寫方法或不能寫字者清查人員應詳爲指導或代書後令其親自捺印(門牌及住戶戶口調查表式附後)

第十條　戶口調查完竣後由縣政府調製統計表詳細填載分呈主管上級機關存查

前項戶口統計表分爲第一表第二表兩種第一表填載普通戶口及寄居中國之外國人第二表填載船戶寺廟及公共處所(表式附後)

第十一條　戶口查竣後保長應將保內壯丁人數呈報區長轉呈縣政府存查寺院之僧道亦同

第十二條　甲保編定後遇戶口有增減時應於每年度開始前分別按照規定將保甲數目增設或減併

第十三條　保甲之名稱以數字定之並冠以某縣某區字樣

第十四條　戶長由該戶內之家長充之但遇左列情形者不在此限

一、家長因特別事故或女性家長不願充任戶長之職務時得自行指定一人爲戶長

二、一戶有二家以上時得由各家協定一人爲戶長或各家各編一戶各立戶長

第十五條　甲保由本甲內各戶長公推保長由本保內各甲長公推但遇第六條第四款之情形甲內住戶流亡未歸在五戶以上者得暫合二甲以上現住在家之戶共推一人爲甲長俟流亡戶歸來後再行分推

甲長應否兼任戶長保長應否兼任甲長由各保依其情形自定之

第十六條　有左列情形之一者不得充保長及甲長
(一)未滿二十歲者
(二)非本地土著者
(三)有不良嗜好者
(四)有危害民國行爲曾受處刑之宣告者
(五)褫奪公權尚未復權者
(六)曾爲赤匪脅從雖邀准悔過自新而尚在察看管束期間者

第十七條　甲長之推定或變更由甲內戶長聯名報告於保長保長之推定或變更由保內甲長聯名報告於區長甲長由區長加給委任呈報縣政府備案保長由區長呈報縣政府加給委任並由縣政府呈報省政府備案（保甲長變更報告表式附後）

第十八條　縣政府查明保長甲長不能勝任或認爲有更換之必要時得令原公推人另行改推區長查有前項情形時亦得呈請縣政府核准令行改推原公推人認爲有第一項情形時亦得聯名呈明區長轉呈縣政府核准改推

第十九條　保甲編定後保長卽應召集甲長開保甲會議協定保甲規約共同遵守其規約應就左列事項斟酌地方情形訂定之（保甲規約樣式附後）
(一)關於保甲名稱區域及保長辦公處地點事項
(二)關於編製門牌調查戶口事項
(三)關於境內出入人民之檢查取締事項
(四)關於水火風災之警戒及救護事項
(五)關於匪患之警戒通報及搜查事項
(六)關於防匪碉樓堡寨或其作工事之籌設事項
(七)關於過境公路幹綫或本區域內應備支綫之修築及電桿橋樑與一切交通設備之守護事項
(八)關於經費之籌集徵收保管支用及辦理報銷事項
(九)關於保甲職員及住民之怠於職務之處罰事項
(十)關於保甲人員之賞卹事項
(十一)關於保甲會議事項

（十二）關於其他保持地方安甯秩序之必要事項

第二十條　保甲規約制定後保長甲長一律簽名並繪製保甲所管區域路圖載明本區域內之鄉鎮村名及戶數人數連同簽名之規約呈由區長轉呈縣政府備案（關於市保甲所管轄區域路圖應明本區域內之街坊名稱）

第二十一條　保長受區長之指揮監督負維持保內安甯秩序之責其職務如左

（一）監督甲長執行職務事項

（二）輔助區長執行職務事項

（三）勸誡保內住民毋爲非法事項

（四）輔助軍警搜捕人犯事項

（五）曾參加反動或曾受赤匪脅從現已邀准悔過自新之察看管束事項

（六）檢舉違犯保甲規約事項

（七）分配督率保內應辦防禦工事之設備或建築事項

（八）執行規約上之賞卹事項

（九）經費之收支及預算決算之編製事項

（十）其他依法令或保甲規約之規定應由保長執行事項

第二十二條　甲長承保長之指揮監督負維持甲內安甯秩序之責其職務如左

（一）輔助保長執行職務事項

（二）清査甲內戶口編製門牌取具聯保連坐切結事項

（三）檢查甲內奸宄及稽查出境入境人民事項

（四）輔助軍警及保長搜捕人犯事項

（五）勸誡甲內住民毋爲非法事項

（六）其他依法令或保甲規約之規定應由甲長執行事項

第二十三條　保甲內各戶之戶長須一律簽名加盟於保甲規約其由他處遷來或流亡新歸或新充戶長者亦須加盟於各該保甲內之現行規約

第二十四條　各戶戶長除依前條規定一律加盟保甲規約外應聯合甲內他戶戶長至少五人共具聯保連坐切結（切結式附後）

第二十五條　前項切結由甲長面交各戶戶長依式簽名不能親書姓名者在其名下捺印並由甲長簽押每結分塡兩份由甲長彙遞呈保甲區長分別存查

第二十六條　各戶長遇有左列情事發生時應卽報告甲長

(一)有形跡可疑之人潛入者

(二)留客寄宿及其離去或家人出外作經宿之旅行及歸來者

(三)出生死亡或因其他事故致生戶口上之異動者(戶口異動登記辦法另定之)

保長甲長知戶口有異動或接受保甲內戶長或住民之通知時除由甲長速報保長轉報區長外遇有前條第一款之情形並得先爲逮捕之緊急處分

第二十七條　保長甲長因執行職務須本保或本甲共同協力時甲長得隨時召集甲內各戶長分配任務保長得隨時召集保內各甲長分配任務

第二十八條　保長甲長依第十九條第四款至第七款之規定應辦救災禦匪或建築碉堡公路等事務須多數居民共同工作時得將保甲內十八歲以上四十五歲以下之男子編成壯丁隊由保長甲長督率分任之

壯丁隊遇軍警搜捕或攻勦土匪時應受軍警官長之指揮盡力協助於搜捕追勦已達本區域以外時亦應受軍警官長之指揮互相應援

前二項規定雖保甲內之僧道及留家之船戶亦不得免除其責

第二十九條　各保甲壯丁有應受軍事及政治訓練之必要時得分區分期實行集合訓練並於農隙時行之

第三十條　保甲內之住戶如藏有槍枝應報由區長轉報縣政府驗明烙印編號登記違者以私藏軍火論罪

第三十一條　甲長辦公處設於甲長之住宅保長辦公處應就該管地方原有之寺宇或公共處所設置之

凡大鄉鎮經編成五保以上者應設保長聯合辦公處由保長互推一人爲主任呈由區長報請縣長定委負第二十二條所規定之總責但各保應行分別舉辦之事務仍由該保長負責

於住戶希少之鄉鎮應聯合他鄉鎮照前項規定設保長聯合辦公處但以距離在二十里以內者爲限倘二十里內住戶不足四保時得暫緩設立

第三十二條　保長聯合辦公處得設書記一人或二人助理之

保之圖記用木質楷書末文(圖式附後)

甲暫不刊發圖記如必須行文時以甲長私章代之

第三十三條　保甲經費以地方原有公款及財源撥充其在無公款及財源或有而不足之地方得向保甲內住民徵集之

前項經費撥充或徵集以統籌統支爲原則其規程另定之

保甲開辦費完全由地方負担但幾經變亂之區域確屬無從籌措者得由縣庫補助之

第三十四條　保甲職員均爲無給職但書記得給予最低之生活費

壯丁隊協助軍警戒抵禦土匪時得與以必要之給養

第三十五條　凡保甲內住民有勾結窩藏匪犯或故縱逃脫者除依刑法及其他特別法令從重懲罰外凡甲長及曾具名結聯保之各戶長應各科以四日以上三十日以下之拘留但有發覺曾據實報告並能協助搜查逮捕者免予處罰

遇前項情形甲長或聯保之戶長有知情匿庇者仍依法分別治罪

應科第一項之拘留者由區長呈請縣政府核准於區署內拘置之

第三十六條　違反左列各款之一者科一元以上五十元以下之罰金

(一)拒絕加盟於第十九條所指之保甲規約者

(二)應繳保甲所需之經費無故拒絕徵收或滯納者

(三)遇有第二十五條所列各款之情形匿而不報者

(四)塡報戶口不實或任意銷毀門牌者

(五)拒絕編入壯丁隊者

(六)凡經分配工作而不遵辦者

(七)依保甲規約督飭其執行任務而怠職者

前項所科罰金如不依限繳納時應由區長轉呈縣政府得以罰金數量按照當地經濟狀況折罰苦工

第三十七條　保甲長濫用職權或貽誤要公者除依其法令懲治外區長得按其情節呈報縣政府依左列各款處罰

(一)百元以下五元以上之罰金

(二)申誡

(三)免職

第三十八條　凡遇左列情形之一者除依保甲規約從優賞卹外並得呈由縣政府轉報省政府及主管上級機關分別核獎或給卹

（一）偵悉匪徒來侵之企圖報告迅速因而保全地方者
（二）破壞匪黨重要機關或擒獲著名匪徒經訊明法辦者
（三）搜獲匪黨祕運或埋藏之槍械子彈或主要物資者
（四）協助軍警抵禦土匪搜捕人犯異常出力者
（五）保甲所需經費能特別捐助者
（六）保甲職員辦事成績異常優良者
（七）因檢舉匪徒致受報復或因抵禦搜捕土匪致受傷亡者

第三十九條　本條例自公佈日施行

附各縣編查保甲清查戶口格式

（一）切結文與表式
（二）住戶戶口調查表
（三）船戶戶口調查表
（四）寺廟戶口調查表
（五）公共處所戶口調查表
（六）門牌式
（七）戶口統計第一表
（八）戶口統計第二表
（九）保及聯保圖記式
（十）保甲長變更報告表

（一）切結文與表式

爲出具切結事今結得甲內各戶所塡人口職業等項均屬實在並無爲匪通匪窩匪等情自出結後互相監察倘有上開不法行爲凡結內聯保之應即報告核辦如有扶同隱匿不爲揭報者甘負連坐之責所具切結是實

省別	縣別	區別	保別	甲別	戶別	戶主姓名	蓋章或押畫	甲長姓名	蓋章或押畫	附記

中華民國　年　月　日

(二)住戶戶口調查表

住戶戶口調查表

省　縣第　區第　保第　甲第　戶

類別＼事別	姓名	性別	已未嫁娶	年齡	是否識字	住居年數	職業	家中有無槍械	他往何處	附記
戶長										
親屬稱謂										

同居關係			傭工	共計
				男女 口口
				現住 男女 口口
				他往 男女 口口

說

一、凡戶不分正附一門牌分住數家而每家各推戶長者以數戶計同父兄弟雖分爨而仍同居者或雖非兄弟關係而由同居二家以上各推一戶長者均以一戶計異居者無論何種親屬關係以各戶計姻戚或同於相依過度及朋友隻身寄居者仍列入該戶同居欄內以一戶計店舖以一招牌爲一戶無招牌者以門面計同一門面如有二舖甚保一舖東者以一戶計係兩舖東者以兩戶計前店後家而係家店同居者以一戶計不同主者以二戶計

二、凡戶長指同居親屬之尊長言兄弟同居者以兄爲戶長但有故障或尊長屬女性不願充任戶長者得指定行輩較次之一人爲戶長店舖以店東爲戶長如店東不在店內以舖掌爲戶長合資店舖以掌事之舖東爲戶長前店後家同一主者從家之戶長

三、凡戶長以外之人口如係戶長之宗親者父母姊妹兄弟子孫及其配偶等均塡入親屬格內並註明稱謂其餘親友人等同居者塡入同居者格內並須註明關係雇工人等塡入雇工格內

四、姓名欄內須塡寫姓名不得用別號戶長更不得以某堂某字號等公共名稱雜塡但婦人不便塡寫者婦人得以氏女子得以長次等字代之

明

五、籍貫欄內本籍者註其所居之地名同籍本省而不同縣者註縣名不同省者兼註省名

六、是否識字欄內其識字者應註明識字不識字者註明不識字

七、居住年數欄內本籍者塡世居如係客籍則註明寄居年數

八、職業欄內何業卽塡何業如無職業卽塡一無字

九、每戶各占一頁若人口衆多之戶一頁不敷者得分塡數頁但須註明某戶第幾頁

十、淸查時如查有肺疾及其他可注意之事卽在附記欄內註明

(三)船戶戶口調查表

船戶戶口調查表

省　縣第　號特別編船字第　號

事別＼類別	戶長	親屬稱謂		
姓名				
性別				
已未娶嫁				
年齡				
籍貫				
是否識字				
居住年數				
職業				
家中有無槍械				
他往何處				
附記				

	同居關係			傭工	
共計 男口					
共計 女口					
現在 男口					
現在 女口					
他往 男口					
他往 女口					

說明

一、船戶以在陸地上無一定所在以船爲家者爲限非以船爲家而在陸上有定住所者內以住戶戶口證應依住戶表編查不得重編船戶

二、凡船各以戶記

三、調查時雖値船將他往或船上人口有他往者仍須塡註須將所在地及事由註明於附記欄內

四、每船戶各占一頁若人口衆多之船戶一頁不能塡註者得分塡數頁但須註明某船戶第幾頁

五、其他關於調查事項之說明參照住戶調查表

(四)寺廟戶口調查表

寺廟戶口調查表

寺廟名稱　　省　　縣第　　區第　　保第　　甲門牌廟字第　　號

類別＼寺別	僧道名稱	姓名或法名	性別	年齡	籍貫	是否識字	所在地居住年數	剃度年月日	附記
戶長									
徒衆									
傭工									
共計	男　口 女　口								

說明

一、稱寺廟者凡寺院庵廟宮觀禪林洞刹等皆屬之稱戶長者卽該寺廟之住持

二、僧道名稱指僧尼道士女冠而言俱以居住寺廟者爲限若香火道士行脚僧人不居住寺廟者則以住戶戶口論

三、各寺廟住持以外之僧道均入徒衆格內

四、姓名欄內如道士之有姓名者塡其姓名其他不以姓名著稱者塡以法名

五、籍貫指俗家屬籍而言

六、調查時雖値本人他往仍應塡註但須將所在地及事由詳明附記欄內

七、調査時須另行編號加一廟字以示區別

八、各教堂教會及淸眞寺與寺廟視同一律但調査時應分別改塡其相當名稱又徒衆一欄亦應以住居該教堂教會或淸眞寺者爲限

九、每寺廟各占一頁若僧道衆多之寺廟一頁不能塡列者得分塡數頁但須註明其寺廟第幾頁

十、其他關於調査事項之說明參照住戶戶口調查表

(五)公共處所戶口調查表

公共處所戶口調查表

省　縣第　區第　保　門牌公字第　號

名稱（所在地）	官公私設主管人姓名		辦事人數		其他人數		傭工人數		共計	
	男	女	男	女	男	女	男	女	男	女

說明

一、公共處所凡公署兵營監獄習藝所學校工廠醫院祠堂教會會館公所等屬之

二、祠堂會館醫院等公共處所內有住戶者仍應另填住戶戶口調查表

(六)門牌式

門牌式

存根

省　縣　區第　保第　甲第　戶

縣爲存查事茲發給第

戶長　門牌一張除塡發外特此存根

中華民國　年　月　日

字第　號

省　縣爲發給門牌事案奉

令飭辦理清査戶口亟應切實調査以爲正本清源之計現在該戶業已調査完竣除另査戶口分別造册存査外合行發給

門牌以資證明

門

省　縣第　區第　保第　甲第　戶

調查事項／類別	姓名	年齡	居住年數	職業	附記
戶長					

(七)戶口統計第一表

親屬		附住		傭工		全戶共計
男	女	男	女	男	女	男女
共計　口	共計　口	共計　口	共計　口	共計　口	共計　口	
增減	增減					
口	口					

說明

一、本門牌除戶長應照事項分別塡清外其餘只分類塡寫男女計數

二、門牌應懸門首以便隨時清查

三、經此次清查後各戶長親屬附住傭工有遷移及增減時報明甲長轉報登記並於門牌上註明增減

四、此門牌不取分文由縣發給

牌

省　　縣戶口統計第一表

類別	事項	區域別		總計		備考
普通戶口	戶數					
	人口總數	男	女	男	女	
	現住					
	他往					
	壯丁					
	識字					
	職業 有					
	職業 無					
外國人寄居中國戶口	非家屬同居者					
	戶數					
	人口總數					
	現住					
	他往					
	壯丁					
	職業 有					
	職業 無					
	國籍之區別 英					
	美					
	法					
	俄					
	德					
	日					
	其他					
	無國籍人					

中華民國　　年　　月（造報機關署名蓋章）

填報例

一、縣與區所用統計表格式一紙惟在區者標題內某縣之下應加某區

二、各區報縣之表區域別一欄應填保名各縣報會者區別一欄應填區名

三、本表所列係屬格式其行應於製表時按照區別多寡增加之

（八）戶口統計第二表

省　　縣戶口統計第二表

類別	事項	區域別		總計		備考
船戶戶口	戶數					
	人口總數	男	女	男	女	
	現住					
	他往					
	壯丁					
	識字					
	職業 有					
	職業 無					
	非家屬同居者					
寺廟戶口	戶數					
	人口總數	男	女	男	女	
	現住					
	他往					
	壯丁					
	識字					
	宗教 佛教					
	宗教 道教					
	宗教 回教					
	宗教 耶教					
	宗教 天主					
	宗教 其他					
公共處所	處所					
	人數 男					
	人數 女					

中華民國　　年　　月（造報機關署名蓋章）　　日

填報例

一、各教堂教會中之外國人一面記其數於本表寺廟戶口欄內一面仍記數於戶口統計表外國人等居中國戶口欄內惟須於本表備考說明其重複之數

二、戶口統計第一表填載例於本表適用之

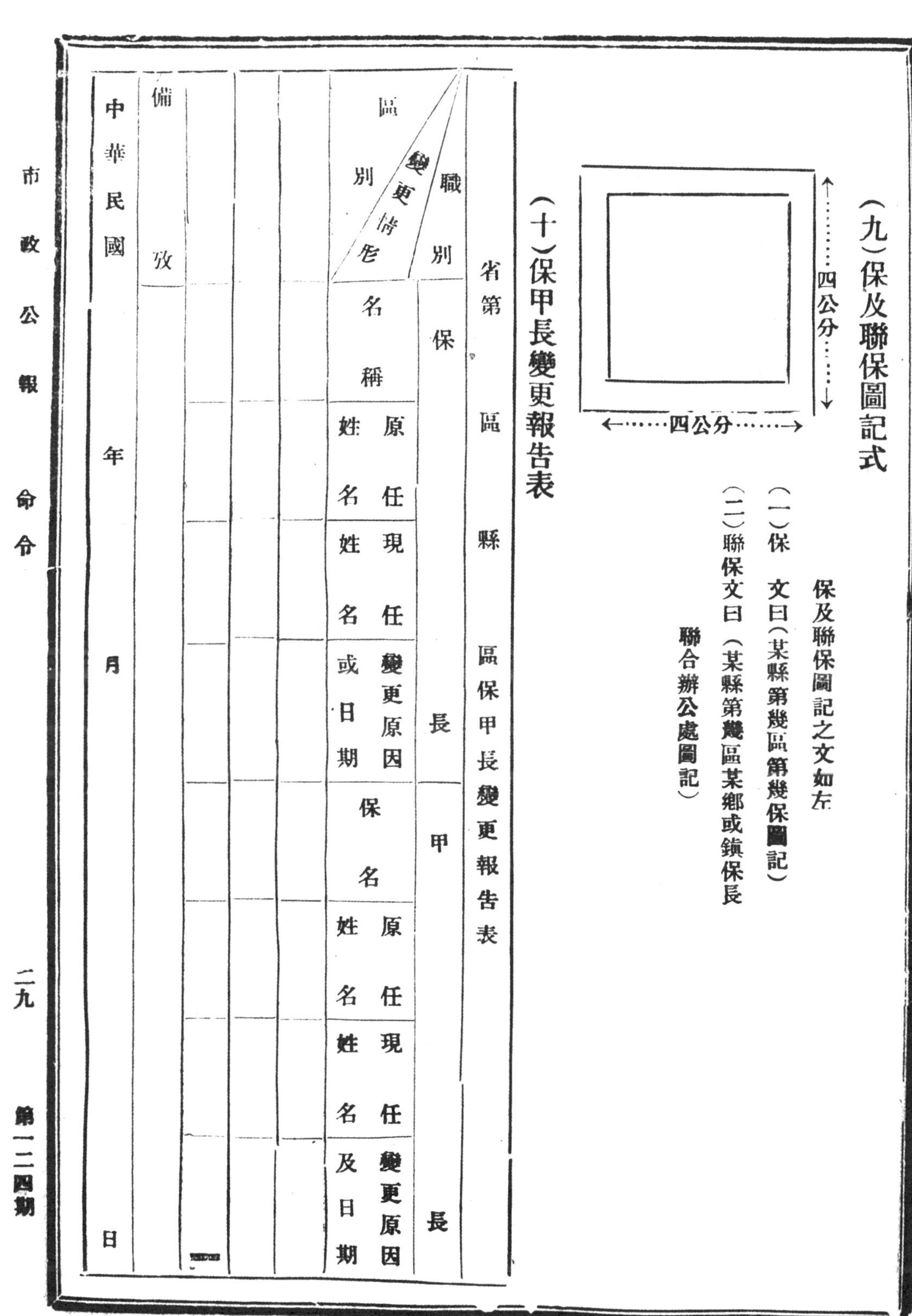

(九)保及聯保圖記式

保及聯保圖記之文如左

(一)保　文曰(某縣第幾區第幾保圖記)

(二)聯保文曰(某縣第幾區某鄉或鎮保長聯合辦公處圖記)

(十)保甲長變更報告表

省第　區　縣　區保甲長變更報告表

職別	保長				甲長			
區別／變更情形	名稱	原任姓名	現任姓名	變更原因或日期	保名	原任姓名	現任姓名	變更原因及日期
備攷								

中華民國　年　月　日

各縣編訂保甲規約樣式

某某縣第幾區第幾保保甲規約

查本保業經遵照編查保甲戶口條例規定保甲茲於某年某月某日由保長召集保內各甲長在某處開第幾次保甲會議依編查保甲戶口條例第十九條之規定公開議決本保保甲規定共幾條凡我同保人等誓共遵守

一、本保定名爲某縣第幾區第幾保

二、本保自保內之東界第一甲編起順序比鄰之家屋挨次至西界第幾甲共編成若干甲若干戶

三、本保甲所管區域業經劃定界址東至某處西至某處南至某處北至某處北至某處其中如某村某堡某莊某塘某寨某集某山某河等處皆編入在內另附本保甲所管區域之略圖及居民之戶數人數均詳記之

四、本保保長辦公處設於某處

五、本保甲編訂門牌清查戶口概依編查保甲戶口條例由甲長督同各戶長辦理戶長各負據實塡報之責

六、凡因住戶遷入遷出或依編查保甲戶口條例第二十五條之規定遇有發生戶口異動之情事時戶長應即速報告甲長如遇戶長不在家時應由其家人或所指定之代理人代爲報告

七、凡遇匪患經區長通令警戒或保長認爲必要時應予本保內所轄境內之出入要道設卡盤查凡出境入境之人認爲形跡可疑者均應詰問搜檢並得帶交保長分別查明發落

八、凡遇水火風災本保甲之壯丁突聞繼續鳴鑼一響應即各攜用具齊赴災場服從保長甲長之指揮協力警戒救護

九、凡遇匪警應鳴鑼通報或挨戶分報由保長隨時酌定通告之本保甲之壯丁應依保長通告所指定之地點立刻集合服從保長甲長及軍警長官之指揮協助警戒搜查

十、關於本保籌建碉樓堡寨及其他防禦工事經保甲會議議決舉辦或奉上級官廳命令辦理者同保人等均應協力遵行不得觀望

十一、關於公路之修築與一切交通之設備守護經保甲會議決定辦理或奉上級官廳命令辦理者均應一體協力工作加意維護不得違誤

查本式樣於民國三十一年由豫鄂皖三省剿匪總司命部通飭施行其時各縣保甲經費收支規程（二十二年十二月三省剿匪總司令部公佈二十四年十月委員長行營修正公佈）尙未公佈故關於經費事項有十二至十七等條之規定茲因各

縣保甲經費收支規程擬修正沿用故删之

十二、保甲會議由保長召集甲長行之以保長為主席如保長或多數甲長認為必要時得召集各戶戶長列席參加討論開保甲擴大會議但列席者不參與表决之數凡經保甲會議之事項其在場人員及議决情形應由保長辦公處派定書記摘要記錄存查並呈報該管區長備案

十三、凡依編查保甲戶口條例第三十六條所應科之罰金概由保長宣告之除二十六條各款所規定者外如遇左列各種情形亦得科以一元以上四元以下之罰金

一、應出席保甲會議而無故缺席者

二、依保長或甲長之命令應為其輔助職務之執行而故意不為其輔助者

三、聚衆賭博或結隊鬥毆者

四、好與浮浪人往來自身游蕩不務正業經保長甲長之誥誡而不悛改者

前項罰金應另款存儲保管專充保甲出力人員賞卹之用如不敷者由保甲經費內撥補之

十四、本規約所未載者悉遵照編查保甲戶口條例辦理之至編查保甲戶口條例及本規約均未盡者得由保甲會議隨時續訂規約以補充之仍應呈報區長轉呈縣政府查核

十五、本規約分繕三份以一呈縣以一份存保其餘一份連同編查保甲戶口條例張貼保長辦公處前俾衆週知

規約之制定人

第幾區第幾保保長　簽名畫押　第幾保第幾甲甲長　簽名畫押　第幾保第幾甲甲長　簽名畫押

第幾保第幾甲甲長　簽名畫押（餘類推）本規約之加盟人

第幾甲第幾戶戶長　簽名畫押　第幾甲第幾戶戶長　簽名畫押　第幾甲第幾戶戶長　簽名畫押

（餘類推）

附註

一、此項規約不過舉其式樣以使各保甲之製定規約者觸類旁通故僅就編查保甲戶口條例第十九條所列各款之事項大致臚列如與該地辦理之實際情形不盡相同時自可酌量實情分別增減擬訂

二、凡編查保甲戶口條例已有明文規定者不可再訂以免重複凡與編查保甲戶口條例衝突或有出入者規約中更不得擅訂之

三、本式樣祇就保甲戶口執行職務方面規定其他全保人等關於經濟道德品行方面亦應另訂規約互相抵礪如提倡增加生產勤儉節約儲蓄發展體育講求衛生剷除共匪等類事項均可因時因地自行訂定單行約規共同遵守

各縣保甲經費收支規程

第一條　本規程依據各縣編查保甲戶口條例第三十三條訂定之

第二條　保甲經費每保每月以五十元爲限其用途如左

一、保長辦公處紙張筆墨燈火及其他必須之費用

二、保甲會議與壯丁集合訓練時之茶水

三、保長甲長及派人因公出外之費用

四、應分攤之聯保辦公費

第三條　聯保辦公費每保應攤之數由各保長會決定呈區署轉呈縣政府核定

第四條　保甲經費以下列各項收入充之

一、原有地方公款或公款公產收益

二、如無前款收入或收入不足定額時得由保甲會議議決就住戶中有力擔負者分別徵收以收足定額爲限但每戶每月至多不得超過五角各項徵收之款均應發給收據爲證

第五條　前條各項經費徵收辦法應由各保按實在情形經保甲會議決定呈區署轉呈縣政府核准施行

第六條　每月收支款項應由保長按月造報區署由區署按月列表呈報縣政府查核並由保長辦公處及保長聯合辦公處依照造報帳目按月公佈週知

第七條　保甲經費以甲長負經收之責保長負彙收及初查之責區長負復審查及核之責縣政府負抽查之責聯保主任負保管之責

第八條　各縣編查保甲戶口條例第三十四條第二款規定壯丁隊協助軍警警戒抵禦土匪時必要之給養得先就保甲經費餘款挪用不足時得經保甲會議決定向本保內殷實住戶商家募捐支用事後一併據實造報呈請區署轉呈縣政府查核

第九條　保甲經費經手收支人員如有浮收濫支侵吞等情弊一經查明或被舉發由縣政府依照法命嚴行懲處

第十條　本規程自公布日施行

首都警察總監署
南京特別市政府 佈告 府財字第六十一號

查本市人力車及馬車價目曾經分別規定公布施行在案現因閱時已久物價增高若不酌予變通重行規定既有失公允且易引起糾紛茲經本府會同本署召集各有關機關團體暨各車業公會代表在本府一再開會共同商討根據規定原則參酌近時實況將人力車及馬車價目分別遠近重行規定於本年八月一日起實施俾於便利交通之中兼寓體恤車商之意除將改訂價目另製木牌植立通衢以資遵守外合行布告並附列改訂價目表仰本市各該車商及乘客一體周知務須遵照定價切實奉行毋得故違切切此布

粘附改訂人力車馬車價目表

中華民國三十二年七月　日

總監 李謳一
市長 周學昌

人力車馬車價目表

三十二年七月修訂

人力車						馬車		
起點	止點	改訂價目	起點	止點	改訂價目	起點	止點	改訂價目
新街口	下關車站 中山碼頭	一五〇〇	新街口	挹江門	一二〇〇	新街口	下關車站 中山碼頭	四〇〇〇
	上新河	二二五〇		山西路	四五〇		京蕪車站	二五〇〇
	鼓樓	三〇〇		試院路	五〇〇		漢中門	一五〇〇
	大行宮	二〇〇		玄武湖	七五〇		玄武湖	二五〇〇

中山門	六〇〇	總理陵園	一八〇〇	中山陵	五〇〇〇
夫子廟	四五〇	三山街	三〇〇	上新河	六〇〇〇
中華門	四五〇	大中橋	六〇〇	夫子廟	一五〇〇
水西門	四五〇	京蕪車站	六五〇	通濟門	二二〇〇
新橋	四五〇	漢西門	三〇〇	水西門	一八〇〇
				京蕪車站 下關車站 中山碼頭	五〇〇〇

附註　一、本表所列價目係單程計算
二、本表所列價目為儲備票
三、軍票折合儲備票以下列折合率計算
軍票九分折合儲備票五角
軍票壹角八分折合儲備票壹元
四、人力車等待時間每二十分鐘壹元（不滿二十分鐘者以二十分鐘計算但最長不得超過一點鐘）
五、人力車包價每一點鐘九元
六、遇大雨雪時照原價增加三成即每定價一元增加三角

法規

南京特別市山西路菜場租賃臨時辦法 民國三十二年七月份核准公布施行

一、本市山西路菜場修建後應依本辦法租賃之

二、承租攤販應按規定日期依照管理菜場暫行規則塡具申請書附繳登記費肆元向本市菜場管理所申請登記領取執照

一、舊攤販登記期自七月二十四日至三十日止（須附具舊攤位許可證）

二、新攤販登記期自八月一日至十日止

三、菜販于接奉登記許可證後卽繳納以下規定之菜場修理費不論其營業之久暫此費概不發還

甲等壹百元乙等八十元丙等六十元丁等五十元

四、本菜場攤位租金規定如下

甲等每月租金三十元

乙等每月租金二十五元

丙等每月租金二十元

丁等每月租金十五元

五、本菜場之臨時攤位每攤位每日租金八角由管理員挈票征收之

六、本菜場電燈費每一攤位應按月繳納貳元隨月租一併繳納歸入市庫

七、各攤販在場營業須遵守管理菜場暫行規則如有違反情事得由菜場管理所依章懲處之或呈請吊銷其許可證

八、本辦法自呈准公布日施行

南京特別市保甲人員督率市民實施中日親善辦法 民國三十二年七月份公布施行

一、南京特別市政府爲敦睦中日邦交澈底實行親善起見特訂定本辦法

二、坊保甲長應督率市民對友邦在華軍人極端予以尊敬

三、友邦婦女孩童應格外予以維護照拂如有俾劣下流之侮慢行爲坊保甲長應負責隨時予以糾正如不聽應一面報告該管警局懲處一面報告區公所轉報本府核辦其兒童如有上項行爲應立即通知其家長或教師嚴加管束

四、境內如有友邦公私財產建築物各坊保甲長應督率市民予以維護

五、商店對友邦人士交易如有不公平情事各坊保甲長應隨時糾正

六、境內如有日僑居住各坊保甲長對其左右鄰居應特別注意并灌輸中日親善要義務使實行合作不得稍有隔閡

七、友邦軍人僑民如對當地情形隔膜有所詢問時各坊甲保長應開誠指示不得有歧視規避舉動

八、各坊保甲長應與當地友邦居留民團負責人隨時取得密切聯絡

九、凡境內居住有日僑者坊保甲應訂期率同市民公推之代表互作家庭訪問以期聯絡情感

十、凡市民公共場所道路及車輛上對友邦老弱婦孺應予以照拂及讓座又人力車馬車等伕役對友邦人士不得有額外需索等行爲

十一、凡友邦有重大儀典或有英靈等途過時市民均應嚴肅靜默不得有喧嘩輕浮之舉動

十二、友邦人士如有急難災禍應合力救援協助之

十三、市民如有違反第三條至第五條之情事而不聽坊保甲長之規勸者應隨時一面報告該管憲警機關一面報告區公所轉報本府核示

十四、各坊保甲長對於第三條至第五條規定事項如推諉規避不盡隨時規勸糾正之責或徇情不報告者應按照編查保甲戶口暫行條例第三十七條之規定以貽誤要公論得按情節之輕重予以左列處分

(一)百元以下五元以上之罰金

(二)申誡

(三)免職

十五、本辦法如有未盡事宜得隨時修訂之

十六、本辦法自呈奉　市長核准公佈之日施行

南京特別市市民聯保互助隊暫行辦法三十二年七月份公布施行

一、南京特別市政府爲本守望相助之義策勵保甲辦理防空防水救護等勞動服務起見特組織市民聯保互助隊

二、市民聯保互助隊隊員除商店部份由市商會會同各區公所編組商民勞動服務團外其住戶部份按左列標準徵集之

(一)凡一戶內有成年男子(十六歲以上)三人者應出一人

(二)公務人員學校教職員准免擔任

(三)殘廢傷病有確切保證者准免擔任

三、隊員年齡以二十歲以上四十歲以下者爲限

四、編制以坊爲單位每坊成立一中隊每區合組一大隊

五、隊員除加以極簡單之訓練外仍各安生計幷不得調遣遇有地方特殊事故如防空防水等情事發生時隨時召集協力服務

六、第二條第一項規定之每戶成年以上男子如滿三人而確有一人已在服務之商號中擔任商民勞動服務團團員者該戶准免再抽調

七、市民規避參加聯保互助隊罰則另訂之

八、本辦法如有未盡事宜得隨時修訂之

九、本辦法自即日起施行

市民規避參加聯保互助隊暫行罰則

民國三十二年七月份公布施行

一、本罰則根據南京特別市市民聯保互助隊暫行辦法第七條訂定之

二、凡住戶照章應出人担任聯保互助隊隊員而意圖規避或少報者得用下列方法處罰之

甲、收回該戶購米證幷停止其一切物資配給權利

乙、通知警局扣留居住證

三、坊保甲長如辦理市民聯保互助事宜不力者得按編查保甲戶口條例第三十七條之規定處以下列懲戒

甲、百元以下五元以上之罰金

乙、申誡

丙、免職

四、本罰則如有未盡事宜得隨時修訂之

五、本罰則自即日起施行

南京特別市第　區市民聯保互助隊隊員名冊

坊	保	甲	戶	隊員姓名	年齡	職業	住址	備註

南京別特市政府工商業登記查驗對保辦法 民國三十二年七月份公布施行

一、工商業登記申請人申請登記時爲求驗資之敏捷及正確起見所報資本凡爲補登記及新登記者應以足額現金繳存南京市銀行(以下簡稱市銀行)備驗重登記者如資本仍爲舊額不必再行驗資如有增加資本則所增數額亦應以現金繳存市銀行備驗

二、重登記所增資本及補登記所報資本繳存市銀行時該銀行除照存款手續辦理外並須隔日彙報本府有關主管局查核

三、主管局接到市銀行報告單後卽行查對申請書如資本額相符再派員前往市銀行查核

四、市銀行所存各工廠或商號之資本經主管局驗訖後方准該工廠或商號自由提用

五、重登記之對保及查看房屋與設備由各該同業公會負責辦理俟此項手續辦竣查對合格方由主管局通知該工廠或商號將資本繳存市銀行備驗

六、補登記之對保及查看房屋與設備由主管局或該管區公所辦理之其辦法同前

七、新登記之工廠或商號應先將資本繳存銀行備驗經驗明屬實卽可自行提用俟設備完竣時再行請求主管局派員對保及查看

八、申請人所覓具之舖保資格除須執有本府營業許可證外其資本額須超過申請人所報資本之半數

九、驗資對保及查看房屋與設備手續完了認爲合格者由主管局負責科員股主任科長局長依次蓋章送呈市長核准後卽行塡發營業許可證不合格者卽予駁斥

十、查驗對保之工作人員執行職務時均須攜帶身份證及登記申請書

公牘

南京特別市政府呈　字第　號

案奉

鈞院政字第一四一七號訓令內開

「中國參加大東亞戰爭以來與友邦日本立於同一戰綫同甘苦同死生以求大東亞戰爭目的之完遂卽以求中國之解放友邦日本更援助中國完成獨立自立提前交還租界撤廢治外法權數月以來先之以交還專管租界最近更進一步交還上海公共租界百年以來英美加於中國之桎梏一旦打破中國多年之希望一旦實現中日兩國親善關係益以鞏固中日兩國國民友誼亦必因以敦篤同時中國國民尤應懍使命之重大負荷之不易平日與友邦人士相周旋益當本於休戚相關之熱誠出以謙恭自重之態度庶幾兩國國民情意日益親稔而本身道德亦以淬厲之故而日益健全近接情報知首都等處竟有市井下流在通衢僻巷對友邦人士往來尤其婦孺加以侮慢或出無禮之言或爲下流卑劣之舉動挑撥惡感暴棄人格此等劣行深可痛恨且難保無渝共匪僞廁身其間乘隙滋事以遂奸謀着首都警察總監暨各該省市政府嚴行查禁如有以上情事發生無論大小卽當按律分別懲辦以儆效尤而息囂風更有言者凡爲國民均應打破自了漢之思想各個國民善必相勸過必相規親愛精誠實繫於此上述惡行固屬下流匪類所爲但有智識有品格之人士若能以社會風紀爲念耳目所及立爲矯正則愚妄自知斂迹罪惡無從發生倘認爲事不干己置若罔聞則放棄責任試問良心能否無愧着有教育訓練責任之各機關一體注意養成善良之風俗敦飭人格卽所以維護邦交有厚望焉此令」

等因奉此本府遵於七月七八兩日分別召集全市區坊長訓話剴切闡明値此大東亞戰爭節節勝利之際中日兩國國民應如何相親相善互尊互敬以實現大東亞共榮圈建設之完成並責令各坊長尅日召集各該轄境內保甲長挨戶勸告市民爲敦睦中日邦交澈底實行親善起見對於友邦僑華婦女孩童應格外予以維護照拂如有卑劣下流之侮慢行爲坊保甲長應負責隨時予以糾正如不聽勸告應一面報告該管警局懲處一面報告區公所轉報本府核辦其兒童如有上項行爲幷應立卽通知其家長或教師嚴加管束此外境內如有友邦公私財產建築物各坊保甲長幷應督率市民予以維護商店對友邦人士交易如有不公平情事各坊保甲長幷應隨時予以勸告藉維邦交而敦人格奉令前因除制定南京特別市保甲人員督率市民實施中日親善辦法通令各區公所轉飭

所屬一體遵照切實辦理外理合將處理經過詳情并繕具上項實施中日親善辦法條文備文呈復仰祈
鑒核備查實爲公便謹呈
行政院院長汪
附呈南京特別市保甲人員督率市民實施中日親善辦法一份(見法規欄)

中華民國三十二年七月　日　　市長周學昌

南京特別市政府公函 府工字第　號

案查前准
貴署公函以據北郊警察局呈報督飭官警搶救鄉區自治實驗區七里鄉小黃洲圩堤潰决情形一案囑爲設法鞏固堤防等由業已函復並令該區公所遵將該堤出事及搶護善後情形詳細查明具復在案茲據該區公所復稱奉令詳查七里鄉小黃洲圩堤出事及搶護善後情形核與北郊警察局所報不符查小黃洲位於新民洲之東南北隣八卦洲附諸大圩之外而另圍一小圩地身低窪祇能種麥一季不能種稻該小圩之南部濱臨夾江年年坍塌今突於本年六月三日上午圩堤坍塌約毀肆拾餘丈倒於長江之中該圩農民均傍新民洲北部大埂高隴居住迨聞潺湲水聲居民前往察看其時水流湍急業已成災已非人力可以挽救職區據報後當即派員前往該處查勘在後旋據報告被災情形與該鄉長所報大致相同業經據情呈奉鈞府府財字第八零零號指令幷轉飭該鄉長知照各在案一該局係據七里鄉鄉長何漢泉呈報小黃洲一帶圩堤危險已極請求派警搶救等情一節　適奉令之時該鄉長何漢泉適來區參加本月三日區務會議詢其新民洲塌江之事事先有無報告警局據該鄉長云幷未有向伊報告而該局亦無官警來鄉搶救等語但在新民洲出事之次日忽有該局巡官熊兆飛來區詢問一切不意該局竟虛構事實呈報不知其意何居殊不可解總之新民洲小圩並非圩堤潰决委因塌江而圩破事實俱在不難復查等情據此相應函達即希
查照爲荷
此致
首都警察總監署

中華民國三十二年七月　日　　市長周學昌

統計

南京日需品零售物價指數(簡單幾何平均)

民國二十六年＝100　　　　(暗盤)

類別 / 項數 / 時期	食糧葷素菜類					油及調味類	燃料類	衣服材料類	雜項	總指數
	食糧	蔬菜	肉類	醬菜	平均					
	10	23	9	5	47	9	7	10	10	83
民國三十二年七月	11756.0	4707.0	6959.7	7200.8	6449.0	8393.8	10427.0	11951.0	12246.0	8041.4
較上月增減(十))一)	(十)2320.9	(十)541.0	(十)870.2	(十)1920.1	(十)981.5	(十)1470.8	(十)2288.0	(十)5473.0	(十)7774.5	(十)2252.8

說

本月份南京日需品零售物價總指數為8041.4較上月平均猛升2262.8

1. 食糧葷素菜類四十七種平均指數為6449.0較上月升漲981.5其中食糧項因公米配給斷續不定致形成暗市飛漲指數成直線上升為11756.0較上月驟漲2320.9菜蔬項二十三種以限價公佈且大多本京農場出產所以價格軒輊不一平均指數為4707.0較上月稍升541.0肉食項九種各商人之明漲暗抬迄至限價公佈始告平止其指數已升至6959.7較上月續漲870.2醬菜為平民必需助飯菜品以無限價之約束飛漲不已指數為7200.8較上月猛晉1920.1
2. 油及調味料九種其中以糖之奇缺食油來源尚未暢通僅靠蕪湖蚌埠等處零販之供給價格仍繼續飛漲指數猛升為8393.8較上月升1470.8
3. 燃料項因農忙未能依然物稀價昂暗市竟超出限價一倍以上且受煤勳木炭高價之影響更趨高翔委追指數已升至10427.0較上月升2288.0

略4.衣服材料類十種隨滬地廠方工資增加又原料成本升漲指數亦驟增爲11951.0較上月升5473.0
5.雜項類十種其中香烟黑市縱黃火柴皂燭之類之居奇匀足以促成指數之直上已達12246.0較　月升7774.5
綜觀本月份物價之暗盤氣焰已達最高峯如限價能嚴厲執行配給能充沛經常物價不難抑平

南京特別市政府祕書處第三科統計股製

南京日需品零售物價指數比較表（簡單幾何平均）

民國二十六年＝100　　（暗盤）

類別 / 項數 / 時期	食根葷素菜類					油及調味料	燃料類	衣服材料類	雜項	總指數
	食糧	菜蔬	肉食	醬菜	平均					
	10	23	9	5	47	9	7	10	10	83
民國三十二年六月	9435.1	4166.0	6139.5	5280.7	5467.5	6923.0	8139.0	6478.0	4471.5	5778.6
七月	11755.0	4707.0	6959.7	7200.8	6449.0	8393.8	10427.0	11591.0	12246.0	8041.4
增(+)落(−)百分比	(+)2403%	(+)12.9%	(+)12.6%	(+)36.4%	(+)17.9%	(+)21.2%	(+)28.1%	(+)84.5%	(+)173.9%	(+)39.2%

南京特別市政府祕書處第三科統計股製

附錄

青年的自覺與自治

中國青少年團南京特別市司令周學昌
七月二十七日對全國青少年廣播詞

諸位聽衆，諸位青年，我們從歷史上和世界情勢來看，凡是一個復興的國家，必定擁有身心健全的青年，換句話說，凡是一個國家，擁有身心健全的青年，這些青年又能夠艱苦奮鬥，這個國家必定復興。所以說青年是國家的棟樑，民族的生命線，世界各國對於青年訓練都特別注意，中國是一個衰弱的國家，我們要解脫英美帝國主義的侵略，完成我們的獨立復興，必須培植青少年，來担當這個重大的任務。

因此我們的青年訓練的重點是要喚起青少年對於時代的正確認識，對於國家發生熱烈的愛忱，而能夠自發的進修，自發的奮鬥，鍛鍊成身心健壯的青年。簡而言之，就是要訓練青年的「自覺」與「自治」的能力。

所謂「自覺」是指着對於時代的認識與對於自己責任的認識，要反省到個人的責任的重大，必須先認清時代是怎樣的一個時代。

自大東亞戰爭開始後，殖民地政策日趨沒落，共存共榮的思想逐漸代興，英美帝國主義者一向是使用殖民地政策的，他們對於弱小民族以榨取爲目的，可是現在呢？他們侵略的迷夢，已經粉碎了，弱小民族已經抬起頭來，反抗他們的壓迫，爭回喪失的自由，支持這個運動的就是共存共榮的思想，所謂共存共榮，是以東方道義精神作基礎的，是以人爲人，以國爲國的，尊重人的良心人格，尊重國家的主權自由，以各愛其國，互愛其隣，共愛東亞而彼此提攜。互惠合作。這個運動也就是東亞聯盟運動，目前友邦日本從事大東亞戰爭的目的，也就是要完成全東亞民族的解放與復興，中日之間的攜手合作，也就是基於這個原則，這是我們首先要認清的。當前的事實是中國脫離英美枷鎖，邁入建設復興之途的時代，友邦在大東亞戰爭中已經掃蕩了英美侵略東亞的勢力，現在更基於其卓越的國策，交還在華租界，撤廢治外法權，來扶持我們的解放與復興。使中日協力的關係更爲緊密，更爲徹底，租界本來是英美帝國主義者加在我們頭上的一條鎖鍊，是吸吮我們民族血液的輸血管，是殺害我們民族生命的毒瘤。現在這鎖鍊已經解脫了，輸血管已經切斷了，毒瘤已經割掉了，無疑的，我們的復興工作又多了一層保障，同時，我們青少年的責任也又加重了許多。

我們既然知道當前是怎樣的時代，應該覺悟到本身責任的重大，現在正是復興中華，解放東亞的良機，我們的青少年必須認眞的來接受訓練，把自己鍛鍊成一個身心健全的青年，好來實踐我們所負的重大使命。

既然我們認清切身責任的重大，就要立刻作一番反省的工夫，看看自己的生活裏面是不是還有缺點，是不是還患着頹靡不振的毛病？是不是還淺薄浮躁？是不是還懶惰散漫？如果還有的話，就要立刻把它糾正過來，要革除享樂的頹靡的，虛無的，放任的來流習氣，而養成勤勞，積極，向上，自肅的人生觀。

只有這樣的自覺還是不夠的，還希望青年要養成自治的能力，所謂自治，也就是自發的來訓練自己，一般青年往往忽略了自治的重要價值，以爲自治就是自由，自由就是放蕩不羈，這是絕對的錯誤，實際上就個人來講，自治是自我的教育，自己管理自己，自己督勵自己，自動的來研討學識從事自修。就團體來講，在一個團體之中，青年要能領導青年，互相督促，要實行高度的自治，來處理團體間的事務，來促進自修的工作。

個人的自治需要有堅毅的決心，克己的工夫，沒有毅力，就不能貫徹到底，往往因意志的薄弱而寬恕自己，容易趨於墮落，沒有克己的工夫，就容易受物質享受的誘惑，而放棄了刻苦進修的工作。

團體的自治需要有互助的精神和負責任的態度，沒有互助，就是只知道自私，自私的人，不但不能領導團體，而且是要被人唾棄的。互助對人對己都是有益的，在互助當中既可以幫助別人，又可以增進自己的知識和才能。負責任的態度是青年人應該具有的，能負責任的人作事必然認眞，任勞任怨，不怕打擊，這種人將來必定是有成功的，如果辦事敷衍，處處萎縮，不肯負責任，不肯爲團體服務，這種人將來絕不會成功的。

諸位青年，人家知道現在這個時代正是中國復興的良機，國家需要着你們，社會需要着你們，希望大家能徹底的認清自己的使命，發揮自治的精神，刻苦耐勞，勇猛精進，向復興中華、保衛東亞的大道奮鬥前去。

市政公報暫定價目表

期數	價目	郵費
零售	每冊五角	本埠四分 外埠八分
半年	十二冊六元	本埠四角八分 外埠九角六分
全年	二十四冊十二元	本埠九角六分 外埠一元九角二分

市政公報廣告刊例

頁數	價目
一頁	每期十八元
半頁	每期九元
四分之一頁	每期四元五角

刊登廣告在四期以上者每期按照七折計算連續十期以上者每期按照六折計算長期另議

出版日期　本公報暫定每月二次

編輯者　南京特別市政府祕書處

發行者　南京特別市政府祕書處

印刷者　南京國華印書館

地址：中山東路臨政牌樓

電話：二一一六五

中華郵政掛號認爲第一類新聞紙類 江蘇郵政管理局執照第一〇四三號

中華民國三十二年八月十五日

市政公報

第一二五期

南京特別市政府祕書處印行

目錄

行政院訓令

國民政府行政院訓令　政字第　號

令南京特別市政府

案奉

國民政府第三七五號訓令內開：

「查民事訴訟法第四百零九條條文現經修正明令公布應即通飭施行除分令外合行抄發該修正條文令仰該院知照并轉飭所屬一體知照」

等因奉此，除分令外，合行令仰該府知照，並飭屬知照！此令。

計抄發修正民事訴訟法第四百零九條條文一份

中華民國三十二年八月　日

院長汪兆銘

修正民事訴訟法第四百零九條條文三十二年七月二十七日公布

第四百零九條　第四百零二條第一項及第二項所定之訴訟於起訴前得經法院調解但有左列各款情形之一者不在此限

一、爲標的法律關係曾在法令所定之其他調解機關調解而未成立者

二、因票據涉訟者

三、係提起反訴者

四、送達於被告之傳票應於外國送達或爲公示送達者

五、依法律關係之性質當事人之狀況或其他情事可認爲調解顯無成立之望者

自法院或其他調解機關調解不成立時起已經過一年者於起訴前得再經調解

行政院訓令　院字第　號

現奉

國民政府三十二年七月九日第三四零號訓令開「查實業部全國度量衡局組織條例第十三條條文現經修正明令公布應即通飭施行除分令外合行抄發該修正條文仰該院知照並轉飭所屬一體知照」等因除分行外合行抄發原修正條文令仰該府知照並轉飭所屬一體知照此令

計抄發修正實業部全國度量衡局組織條例第十三條條文一份

修正實業部度量衡局組織條例第十三條條文　三十二年七月九日公布

第十三條　全國度量衡局局長簡任秘書科長薦任科員技士事務員委任度量衡檢定人員任用暫行規程由實業部擬訂呈請行政院核定之

中華民國三十二年七月二十日

院長　汪兆銘

命令

南京特別市政府委令　字第　號

令荀止新

茲派該員爲本府經濟局祕書另候呈荐

此令

中華民國三十二年八月　日

市長周學昌

南京特別市政府訓令　字第　號

令各局處會

案奉

行政院政字第一三二一號訓令內開：「案查本院第一六七次會議討論事項第一案：「院長交議據本院行政效率促進委員會簽呈：爲依照促進行政效率計劃大綱規定第一期工作計劃，擬具改革處理公文辦法草案暨擇要施行公物消費及管理大綱草案，請鑒核等情，請公決案，決議通過，即由院令分別公布施行，幷呈報　中央政治委員會及　國民政府備案」。等由，紀錄在卷，除由院令分別公布施行暨呈報備案幷分令外，合行錄案幷抄發本院行政效率促進委員會原簽呈及上項辦法與大綱令仰該府遵照，幷轉飭所屬遵照！此令。」附抄發本院行政效率促進委員會原簽呈及改革處理公文辦法暨擇要施行公物消費及管理大綱各乙份等因；奉此，當經飭由祕書處祕書李熊吉召集各局處會祕書先行會商辦法呈候核定施行在案。茲據簽呈略稱。「遵於七月七日下午三時召集各局處會祕書暨第一科茹科長等共同商討，謹將會商各節紀錄呈核。」等情，據此，查會商各節，尚屬可行，除分令外，合行抄發行政院行政效率促進委員會原簽呈改革處理公文辦法，擇要施行公物消費及管理大綱暨會商紀錄各一份，令仰該　遵照。此令。」

附抄發行政效率促進委員會原簽呈，改革處理公文辦法擇要施行公物消費及管理大綱暨會商各一份(略)

中　華　民　國　三　十　二　年　八　月　日　市　長　周學昌

南京特別市政府訓令　府財字第　號

令　田賦征收處主任劉國光　鄉區自治實驗區區長蕭石樓　孝陵衛區區長巫開福

查本年田賦遵照

中央規定改進征收辦法業於本年五月十一日開始啓征第一期田賦並飭由該處 田賦征收處派員赴鄉設立征收分櫃以便鄉民就近繳納及由各區長 該區長予以協助在案惟本年田賦改進以後稅額較大經已列入預算作爲經常收入現在初限屆滿各該鄉田賦尚多未納該田賦征收處固負有經征責任各鄉鎮保甲長亦有協助義務若不認眞促進將何以濟要需除分令孝陵衛區及鄉區自治實驗區區長切實協助 分令田賦征收處外合行令仰該主任遵照督飭所屬征收人員認眞征收並與各該區長等接洽商請協助以利稅收是爲至要 區長遵照務須督飭各鄉鎮保甲長切實協助並勸諭鄉民速將本年第一期田賦及歷年欠賦趕緊清完遵照安業毋任再爲逾延致干罰辦爲要

此令

中　華　民　國　三　十　二　年　八　月　日　市　長　周學昌

令鄉區自治實驗區

案查前據該區長呈爲轉據八卦鄉鄉長呈報該鄉發現跳蝻祈派員督促捕治一案業經財政局飭派稽查主任李捷三會同農林專員室技士王伯琴前往該洲查勘督促捕滅在案玆據財政局簽呈稱據李主任捷三報稱遵卽偕同王技士伯琴前往會同該區實地查勘該鄉發現蝗蝻時在六月中旬經蕭區長暨趙鄉長督率各保甲長組織撲蝗隊預爲防範協力撲滅且値霉雨連綿現已大部絕滅僅存少數仍在嚴捕不致爲災等語查蕭區長趙鄉長治蝗努力督率有方擬請傳諭嘉獎以昭激勵並仍飭嚴加防治俾絕根株等情前來查該區長蕭石樓暨八卦鄉鄉長趙是猷此次治蝗異常出力應予一併嘉獎合行令仰該區長遵照並轉飭趙鄉長知照並仍繼續防治俾絕根株爲要

此令

中華民國三十二年八月日

市長周學昌

南京特別市政府訓令

府財字第　號

令財政局、經濟局、南京特別市銀行業同業公會、錢業同業公會

案准

財政部三十二年七月十二日錢貳字第貳柒零號咨開

「案據上海市錢業同業公會呈略稱『金融業團體之主管官署依照本年三月二十五日公布之工商同業公會暫行條例第三第四兩條規定解釋紛歧上項條例施行細則現已公布關於會員出席代表人數依據細則第十二條之規定應於議決後呈由主管官署核定之是則關於金融業團體之主管官署如未確定範圍辦理會務不免困難請解釋示遵』等情査金融機關呈請本部註册時如由地方政府核轉應規定由省財政廳或市財政局轉呈業經呈奉　行政院核准照辦並咨達貴市政府査照在案所有金融機關同業公會之中央主管官署依照工商同業公會暫行條例第三條但書之規定應爲本部至該同業公會之地方主管官署究爲何廳何局同條例第四條尙無明文規定玆復經呈准　行政院規定爲省政府之財政廳或特別政府

之財政局以明系統而昭劃一除指令暨分行外相應咨請查照幷轉飭所屬財政局遵照爲荷」

等由准此除轉飭經濟局財政局暨本市銀行業及錢業公會知照外合行令仰該局知照
財政局遵照並銀行錢業同業公會知照會並轉飭所屬知照

此令

中華民國三十二年八月　日　　市長周學昌

南京特別市政府訓令　府財字第　號

令南京市銀行
南京特別市銀行錢業同業公會

案准

財政部三十二年七月十三日錢貳字第貳柒叁號咨開

「案奉　行政院政字第壹叁壹叁號訓令內開『現奉

國民政府三十二年六月二十九日第叁壹壹號訓令內開「據本府文官處簽呈稱『准　最高國防會議秘書處高祕字第二六二號公函開「案准中央政治委員會秘書廳檢送奉交行政院三十二年六月二十二日院字第三二五號呈一件爲據財政部呈擬修正銀行註冊章程儲蓄銀行法省市銀行暫行條例信託公司暫行條例內關於規定資本數額各條條文繕具修正草案呈核」一案除修正銀行註冊章程已由院令准備案外謹將儲蓄銀行法等法規三種修正條文草案轉呈鑒核等情當經陳奉

主席提交最高國防會議三十二年六月二十四日第一九次會議討論決議「儲蓄銀行修正條文原則通過准先照辦仍交立法院審議省市銀行暫行條例及信託公司暫行條例修正條文通過送國民政府公布並交立法院備查所擬各金融機關資本不及限額者應於六個月內分別增資或合併准予照辦」等因遵經紀錄在案相應錄案並抄附原呈及修正條文一併函達即請查照轉陳分別公布飭遵」等由理合簽請鑒核』等情據此自應照辦除將省市銀行暫行條例第六條條文及信託公司

暫行條例第三條第五條第六條條文分別明令修正公布暨分行外合行抄發各該修正條文令仰該院知照並轉飭所屬一體知照此令」等因計抄發修正省市銀行暫行條例第六條條文及修正信託公司暫行條例第三條第五條第六條條文奉此除分令外合行抄發各該修正條文令仰該部知照并飭屬一體知照」等因計抄發附件奉此自應遵辦除上項修正銀行註册章程修正條文業於本年七月一日由部公布並通行在案外茲將省市銀行暫行條例信託公司暫行條例修正條文及儲蓄銀行法修正條文草案各檢一份咨請查照並希轉飭各銀錢行莊遵照再各金融機關資本限額既經分別規定現有之金融機關資本不及限額者應於三十二年十二月三十一日以前分別增資或合併否則勒令停閉併請查照飭遵」等由附送省市銀行暫行條例修正條文信託公司暫行條例修正條文儲蓄銀行法修正條文草案各一份准此除分行外合行抄發各該修正條文令仰該行會遵照併轉飭所屬一體遵照

此令

計抄發省市銀行暫行條例修正條文信託公司暫行條例修正條文儲蓄銀行法修正條文草案各一份

中華民國三十二年八月　日　市長周學昌

修正信託公司暫行條例第三條第五條及第六條條文三十二年六月二十四日公布

第三條　凡創辦信託公司者應先訂立章程載明左列各款事項呈請財政部或呈由所在地主管官署轉請財政部核准

一、信託公司之名稱
二、組織
三、總公司所在地
四、資本總額
五、實收資本
六、營業範圍
七、存立年限

八　創辦人之姓名住所

如係招股設立之信託公司除遵照前項辦理外並應訂立招股章程呈請財政部或呈由所在地主管官署轉請財政部核准後方得招募資本

銀行收足資本在五百萬元以上者得兼營信託業務但應劃分資本會計獨立另訂信託章程呈請財政部或呈由所在地主管官署轉請財政部核准辦理

第五條　股份有限公司兩合公司股份兩合公司組織之信託公司其資本至少須達陸百萬元

無限公司組織之信託公司其資本至少須達貳百萬元

前二項規定之資本得視地方情形呈由財政部核減但第一項所規定者不得少於壹百萬元第二項所規定者不得少於五拾萬元

信託公司之資本不得以金錢外之財產抵充

第六條　兼營信託業務之銀行其信託部資金至少須滿足貳百萬元但亦得照前條規定呈請財政部核減

儲蓄銀行法修正條文草案

第二條第二項修正文　普通銀行依前項之規定得兼營儲蓄銀行業務但以收足資本至少達國幣五百萬元者為限

第三條修正文　儲蓄銀行之資本總額至少須達國幣陸百萬元

前項規定之資本額在商業簡單地方得呈請財政部核減但不得少於陸拾萬元

修正省市銀行暫行條例第六條條文三十二年六月二十四日公布

第六條　省市銀行資本至少須達國幣陸百萬元由省政府財政廳或市政府財政局撥給之並得擬訂招股章程呈經核准招集商股但商股總額不得逾資本總額百分之四十九

前項商股股東以籍隸本省或在省市境內置有產業住所者儘先招集如有不敷得在營業區域以外招募如額其股東以有中華民國國籍者為限

前項股本得分兩期繳納全額收足後如尚有增加之必要得呈由地方政府轉請財政部核准增加之

南京特別市政府訓令 字第　號

令城鄉各區公所

案准

南京鹽務管理處函字第七二號公函內開

案查關於京市實施計口售鹽發給購鹽證一案前經本處派遣書記分赴各區公所抄寫戶口以資根據茲查此項購鹽證不久全部辦竣茲爲迅速實施起見擬於本月十六日起先由第一區起實行發證其他各區亦將次第發給除派員會同區公所辦理外相應函達貴府派員協助並希轉飭各區公所一體知照爲荷

等由准此自應照辦除分令外合行令仰該區長遵照於南京鹽務管理處派員到區散發市民購鹽證時飭屬妥爲協助照料爲要

此令

中華民國三十二年八月　日

市長周學昌

南京特別市政府公告 字第　號

案據業戶王廣清呈報坐落小王府園第四號房地產原領前地政局所發叁字第二五八七號所有權狀及叁區二四九段分段圖各壹件因事變遺失請予補給等情經飭據呈繳聲明圖狀遺失報紙暨鄰商兩保前來茲依照土地法第一百四十條第二款之規定揭示公告自公告之日起對於該項遺失圖狀如有因權利關係聲明異議者須於三個月內提出理由書暨證明文件呈候核辦一經公告期滿無人異議卽予依法補給圖狀管業合行公告週知

中華民國三十二年八月　日

市長周學昌

地政局局長張仿良

南京特別市政府公告 字第　號

案據業戶余書法等呈報先父余樹棠坐落永甯街第三十二號房地產原前土地局所發七字第五十七號所有權狀及七區一〇〇一段分段圖各壹件因事變遺失請予補給等情經飭據呈繳聲明圖狀遺失報紙暨鄰商兩保前來茲依照土地法第一百四十條第二款之規定揭示公告自公告之日起對於該項遺失圖狀如有關權利關係聲明異議者須於三個月內提出理由書暨證明文件呈候核辦一經公告期滿無人異議卽予依法補給圖狀管業合行公告週知

中華民國三十二年八月　日

市長周學昌

地政局局長張仿良

公牘

南京特別市政府呈 字第 號

案奉

鈞院院字第一〇四〇號訓令內開：案查前奉

國民政府第三五三號訓令爲改定本年夏季各機關辦公時間一案經業令飭遵照在案頃因天氣過熱遵令斟酌臨時變更由即日起至八月三十一止本院改定夏季辦公時間爲每日上午八時至中午十二時半下午二時至五時則派員輪値除分令外合行令仰該府轉飭所屬一體遵照如須變更由該府自行參酌訂定辦公時間呈報備查此令　等因奉此維以本府工作繁多現暫仍照改定本夏季各機關辦公時間照常辦公理合具文呈復仰祈

鑒賜備查實爲公便

謹呈

行政院長汪

南京特別市市長　周學昌

中華民國三十二年八月　日

南京特別市政府咨 府工字第 號

案奉

行政院院字第八七號指令爲本府呈一件奉令修理中山門城垣所需經費據財政部議復擬將捲菸商獻金餘款撥充不敷之數是否可籌令仰聲復遵查市庫庫帑奇絀仍由中央撥發由內開：

「呈悉查修理中山門城垣所需經費該府原請令飭財政部補助三分之二其餘三分之一由該府勉力自籌現是項經費

標價爲伍拾捌萬壹千伍百玖拾貳元據財政部議復擬將捲菸商獻金餘款柒拾捌萬伍千陸百貳拾陸元壹角悉數撥充核與標價總額三分之二相差無幾其餘三分之一拾玖萬餘元自應由該市府勉力籌集茲據來呈以市庫支絀無從籌措請由中央全數撥發等情該市府仍應勉力分担以符原議至於所述市庫困難狀況當屬實在情形仰再逕向財政部洽商從速妥籌辦理毋再延宕仍將商辦情形報核此令」

等因奉此查本府庫帑短絀實屬無法籌措而修理中山城垣工程已完成百分之五十以上茲爲繼續趕工早日完成起見其不敷之工款計拾玖萬伍千玖百陸拾伍元玖角擬請

貴部迅准如數撥發俾竟全功奉令前因相應咨達即希

查照見復爲荷

此咨

財政部

中華民國三十二年八月日

市長周學昌

南京特別市政府咨 府秘字第　號

案查本市各鄉鎮三十一年冬季利用農隙修治農田水利一事曾經按照

貴部暨水利委員會抄送利用冬期農隙修治農田水利大綱制定農田水利事項調查表分令各鄉區公所督飭所屬農民切實辦理塡報在案現據各該鄉區先後呈報督飭辦理完竣塡表前來卽由本府派員分赴各鄉實地復勘所施工程尚稱良好茲經彙編總表一份相應咨請

查照爲荷

此咨

實業部

附送南京特別市各鄉鎮三十一年冬季利用農隙修治農田水利事項調查表一份

中華民國三十二年八月日

市長周學昌

南京特別市各鄉鎮三十一年冬季利用農隙修治農田水利事項調查表

區別	鄉(鎮)別	所在地	種類	修治體積（立方丈）	深或高度（丈）	長度（丈）	平均寬度（丈）	作工人數	起訖及經過地點	規定施工起訖日期	責任者姓名
實鄉區	燕子磯鎮	和尚圩	涵洞水溝	一一七	三〇	四九〇〇	八〇	一一七	由涵洞至江邊	三十一年十二月二十日起至三十二年一月五日止	保長金國芝
		漕州圩	同右	六〇	二五	三〇〇〇	八〇	六〇	同右	三十二年一月五日起至同月二十日止	同右
	笆斗鄉	興武營	響水橋	一六〇	二〇	二〇〇〇〇	四〇	一六〇	自戴家邊起至衞水橋止	三十一年十二月二十日起至三十二年二月十日止	保長林立嘉
		徐家村	長塘	二二五	三〇	一五〇〇	五〇	二二五	自土地廟起至牛塘止	三十一年十二月一日起至同月十日止	保長孫光典
		陰陽衞	南山溝	二七〇	三〇	三〇〇〇	三〇	二七〇	自許家邊至木橋止	三十二年一月二十日起至二月十日止	保長林立嘉
	烏龍鄉	方家冲	塘	一〇〇	五〇	二〇〇〇	一〇〇	一〇〇	本地	三十二年一月十五日起至同月月底止	保長李根
		池地村	同右	七五	五〇	一五〇〇	一〇〇	七五	同右	三十二年二月一日起至同月十五日止	保長伏文春
	萬山鄉	老官山	山塘	三一二五	五〇	二五〇〇	二五〇〇	三一二五	在老官山花園	三十一年十二月起至三十二年二月底止	保長朱永劍
		董家莊	鵝頭溝	三六〇〇	四〇	三〇〇〇	二〇〇〇	三六〇〇	自坨宅南起至董家大塘止	三十二年一月起至二月半止	鄉長董雲龍

	瓜園	山塘	一三五〇		三〇	三〇〇〇	一五〇〇	一三五〇	在瓜園花園	三十一年十二月起三十二年二月底止	保長李存福
和平鄉	長營村	溝塘	二六四		二〇	一一〇〇	一二〇	二六四	本村	三十一年十二月十日起至同月底止	保長韓德義
	管家村	大塘	五一二		二〇	一六〇〇	一六〇〇	五一二	同右	三十一年十二月二十五日起至三十二年一月底止	保長劉春鉎
	小營村	水溝	六〇		二〇	二〇〇〇	一五〇	六〇	同右	三十二年一月十日起至同月二十日止	同右
	陸家井	大塘	二〇〇		二〇	一〇〇〇	一〇〇〇	二〇〇	同右	三十一年十二月八日至同月底止	同右
	長營村	大塘	四五〇		二〇	一五〇〇	一五〇〇	四五〇	同右	三十二年一月五日起至二月十日止	保長韓德義
柵欄鄉	河道路	長溝	四〇五		三〇	四五〇〇	三〇〇	四〇五	由河道路中段至鐵路邊	三十一年十二月二十日起至三十二年二月十五日止	鄉長郭慶泉
金固鄉	金陵村	寶塔圩堤埂	三〇		四〇	一七三三	四四	三〇	南由水關橋起北至大圩止	三十二年一月十日起至同月月底止	保長吳學清
七里鄉	陳翟村	陡門水路	六〇		三〇	四〇〇〇	五〇	六〇	由圩埂起至江邊止	同右	保長楊漢東
	下小沙灘	同右	六六		二〇	五五〇〇	六〇	六六	同右	三十二年二月十日起至二月底止	保長高文烈
	新民洲西江埂	同右	五二〇六		三〇	三五〇〇	五〇	五二	由西江埂起至江邊止	三十二年二月二十日起至二月五日止	保長周金才

		新民洲大圩	中心河	二八一〇	五〇	六二五〇〇	一二〇	三八一〇	由西江埂起至東江號頭	三十一年十二月二十日起至三十二年二月底止	鄉長何漢泉
	八卦鄉	二步翠兌字號南口	水溝	二一六	六〇	六〇〇〇	〇〇	二一六	由兌字十一號起至十八止	三十二年二月十日起至二月底止	保長董玉林
		同右	同右	二一六	六〇	六〇〇〇	〇〇	二一六	由兌字一號起至十號止	三十二年二月十五日至二月底止	同右
		園洲西	水塘	二二二	五〇	三七〇〇	一二〇	二二二	自翠字四十一號起至四十六號止	三十二年一月十六日起至二月十五日止	保長聞明達
上新河區	江勝鄉	江心洲	同義圩堤	二七〇〇	一〇	九〇〇〇〇	三〇	一五七五〇	由白沙尖至馬路埂	二十二年一月起至四月底止	保長丁梅軒 劉祝三
		江心洲下八股	下永定圩堤	八〇〇	一〇	四〇〇〇〇	二〇	七〇〇〇	由馬路埂至橫埂	同右	保長朱劍平 李業成
	南圩鄉	天后村	張家閘	一四四	六〇	二〇〇	一二〇	七二〇	本村	三十二年三月十日起至同月二十五日止	保長單賢興
		油坊橋邊	胡家閘	一二〇	六〇	二〇〇	一〇〇	六〇〇	本處	二十二年三月十五日起至同月三十日止	保長蕭長財
		西善橋西	顧家閘	一四四	六〇	二〇〇	一二〇	七二〇	同右	三十二年三月二十日起至月底止	保長戚正有
		毛善渡	天閘	七二	六〇	一五〇	八〇〇	三六〇	同右	同右	保長陳宏炳
	北圩鄉	老虎閘	木閘	二五〇三	六〇	六〇	七〇	一二〇	同右	二十二年三月十五日起至二月三十日止	保長王文彬

		毛善渡大新閘旁堤埂	堤埂	八〇		二〇	四〇〇〇		一〇	四〇〇	毛善渡橋尾至南圩鄉邊境	同右	鄉長袁慶安
		棉花堤、旁	西閘	九〇六		六〇	四〇		四〇	四八	本處	三十二年三月二十五日起至同月三十日止	鄉長袁慶安
		龍王廟	馮家閘	九〇六		六〇	四〇		四〇	四八	本處	三十二年三月十五日起至三月三十日止	保長鄭啓山
安德門區	二坊	西紫村相扶圩	圩埂	八〇		二〇	一〇〇〇		四〇	八〇	由賽虹橋至毛官渡止	三十二年三月五日起至四月五日止	鄉長程述之
	海新鄉	七橋甕北圩	涵閘	七〇二		二〇	六〇		六〇	六二〇	北圩埂中段	同右	鄉長李巨源
		七橋甕南圩	大閘	三		一〇	五〇		六〇	四六〇	南圩河邊	同右	同右
		梅家南村朱家圩	圩堤	六〇		一〇	一二〇		六〇	七二〇	本村東首週圍	同右	同右
		第五保大閘圩	土涵	一二		六〇	五〇		四〇	四〇〇	由高橋門國防路秀水北圩	同右	同右
		秀水北圩	圩堤	四五		一〇	一五〇〇		三〇	一四〇〇	由河頭村至桐橋村馬路土地廟	同右	同右
孝陵衞區	馬羣鎮	第四第七保	水溝	一二〇〇		一〇	二〇〇〇〇		〇〇	二二〇〇	由石壩村至水關	三十二年二月十五日起至三月十五日止	保長吳廣杜杜永來
		第八保	水河	四〇		一〇	五〇〇〇		八〇	一四〇	由滄波門至門西	三十二年二月二十八日起至三月十一日	保長吳天任

牌樓鎮	第八保	水溝	一五〇		一〇	三〇	〇〇		五〇	二五〇	由河沿村至楊莊	三十二年二月二十八日起至三月十五日止	保長光明源
合計			一二三四七一	一一四	五〇	三一四七	〇三一	一四五	三四	四七六八七			

前項工程計四十三處均由各區區長遴派各所在地鄉鎮保甲長爲督工員各就當地徵工修治限期完工嗣經本府派員分往各該處實地覆勘尚稱良好合併聲明

南京特別市政府公函 府工字第　號

案准

首都警察總監署特字第一一九號公函以據東區警察局呈稱通濟門分駐所巡官張培植報告於五月二十八日上午十一時通濟門城樓西北角損塌椽柱未倒友邦日軍衛兵所伕役竟乘機拆卸該城樓木料巡官當即通知該衛兵長制止報請鑒核等情據此查友邦衛兵伕役乘機拆卸城樓木架係屬公物擬請轉函友邦憲兵隊迅予制止可否之處理合報請鑒核等情正核辦間復據該局呈以該城樓現已被拆十分之一實不忍覩無法制止木料行將拆盡合再報請核示等情據此查該通濟四城樓原僅略有損塌現竟經該門友邦衛兵所伕役陸續拆去已達十分之一自應切實防止除由本署聯絡官轉達該衛兵所制止並呈報首都警備司令部外相應函達貴府查照並希轉飭工務局設法修理以重城防等由准經飭令工務局派員查勘該城樓被拆情形並估計修理費用去後據報該城樓全部門窗樓板樓梯悉被拆除屋面被拆落牆倒塌估計修費需款較鉅且該城樓即使修復完整已失效用擬請拆除將拆下材料移備他項建築之用是否可行簽請核示等情查該城樓於現在城防有無修復必要或拆除之處相應函請

查照見復爲荷

此致

首都警備司令部

市長周學昌

中華民國三十二年八月　日

南京特別市政府公函 字第　號

查時値青黃不接京市存糧原本亦感奇缺乃近聞有大批雜糧搬運華北因應救濟而甯區市民食糧亦須統籌若常此以往不加籌劃民食前途不堪設想爲特函請

貴會嗣後對京市食粮出境務希事先賜函商洽倘京市稍有餘粮無妨盡數輸出若屬自顧不暇幸勿許可搬運事關市民生活相應函達卽希

查照並希見復爲荷

此致

全國商業統制總會

市長　周學昌

中華民國三十二年八月　日

南京特別市政府公函 字第　號

案查前據王學銘等呈控猪商張雲濤朱尙濤沈懷斌等企圖私利販運猪隻擾亂市場影響民生等情前來當卽發交糧食局派員澈查屬實正擬辦間又據南京區畜產業同業公會理事長何柏椿呈爲最近迭據理事王學銘胡展生等報告近來張雲濤等繼續偸運猪隻由棲霞山出境祈予制止等情到府查該張雲濤等企圖私人利益破壞戰時體制擾亂市場殊堪痛恨自應嚴予懲處以儆效尤相應抄同王學銘等原呈調查報告及畜產公會理事長何柏椿原呈各一件備函奉達卽請

查照迅將張雲濤等拘案嚴辦轉飭車站長警切實查禁幷希見復爲荷

此致

首都警察總監署

附送畜產業公會理事長何柏椿原呈

王學銘等原呈　各乙件

黃桐軒調查報告

中華民國三十二年八月　日　市長周學昌

抄錄畜產業公會理事長何柏椿原呈

事由　爲推派代表呈報最近豬隻復不斷偷運出境仰祈　鑒核迅予制止以安民生由

主文　案奉　糧食部訓令管字第八七二號略開「據南京糧食局呈報調查王學銘呈控猪商張雲濤擾亂市場破壞同業一案已咨轉市政府核辦仰知照此令」等因奉此自應靜候核辦惟在　鈞府尚未實行查辦前最近迭據理事王學銘胡展生報稱近來張雲濤等不但不知聞風斂迹仍復繼續其過去壟斷陰謀近有猪販劉德山受其主使於七月十一日下午在棲霞山車站裝運猪隻一百零三頭運滬銷售以致京市肉食供求始終難以平衡勢必因來源短少不能達到遵照限價逐漸抑低之地步且繼續增高之傾勢似此情形設若曠日持久影響所及於同業之生存鈞府之威信關係至鉅是以難安緘默理合將最近偷運猪隻實情備文公推屬會理事長何柏椿理事王學銘胡展生張夏鑫四代表面呈　仰祈鈞長體念商艱迅予嚴行制止以儆奸商而安民生至爲公感

謹呈

南京特別市市長周

南京區畜產同業公會理事長何柏椿

抄錄黃桐軒調查報告

竊奉　鈞長粮字第二二一號訓令內開「案奉　市政府交下王學銘等呈一件略以呈控張雲濤等企圖私利影響民生擾亂市場破壞同業請求嚴懲俾儆效尤等情一案飭即澈查等因奉此自應遵辦合行抄發原文令仰該科長迅即澈查具報以憑核辦仰即遵辦勿延爲要」等因附抄發王學銘等呈文一件奉此遵即馳往畜產業同業公會詢據該會辦事員胡展生稱王學銘今日未曾到會張雲濤朱尙濤沈懷斌等確有壟斷操縱之行爲查京市每月需食銷猪隻六千頭除本京附廓鄉區僅有壹千伍百頭可供食用銷外其餘肆千伍百頭即需向六合明光蚌埠一帶採購而因搬運護照職權操在張雲濤手中致使伊目無法紀演成種種利己害人之事例如在轉發搬運證照時故意延誤日期致使販商因無護照均成裹足向伊即利用職權乘機在六合明光蚌埠等地高價收集

大量猪隻運銷與上海杭州方面蓋因滬杭猪價較京爲高也而遂其企圖本年三月間上海商資總會成立後復將明光蚌埠分劃與安徽及江蘇兩省管轄採辦而南京區僅以舊甯屬六縣爲採辦區惟查甯屬六縣中僅六合一縣有小量猪隻可供採辦外其餘五縣自供尙嫌不敷以故近數月來猪隻來源短少卽產地價格亦無不爲張雲濤所提高故肉價漲無止境至於明光蚌埠一帶之猪隻又復被張雲濤等大量採運至鎭江轉運傾銷于滬杭方面總之伊等在產地壟斷操縱致使市價混亂來源短少凡我同業無不痛恨請予嚴究云據此爲明瞭轉發搬運證照手續起見乃轉至前猪業整理委員會詢據該會祕書洪慣翔稱張雲濤在滬朱尙濤等均不在會關於猪隻搬運搬運證照實施日期早在民國三十年九月二十四日奉南京淺野部隊之召責令張雲濤每月代辦軍猪貳千捌百頭每一公斤猪肉僅給價軍票壹角是以此項軍猪費每月蝕耗殊鉅尙蒙友邦方面諒督耗蝕才組織中支牲畜生豚組合於上海由張雲濤管理華中蘇浙皖三省之猪隻搬出入證照每猪壹頭征收手續費貳元惟各處走私者居多大約每月除走私外僅有七八千頭卽以此項手續費彌補軍猪費之虧蝕直至去年每月改爲代辦軍猪柒百頭其餘貳千壹百頭係由民用猪拾隻抽軍用猪壹頭此係友邦榮第一六二九號部隊(卽淺野部隊)所規定迄至今年三月十一日張雲濤接奉上海組合方面長途電話取銷搬出入證照後乃於三月十五日截止停止發給搬運出入證此均有賬可稽云繼至王學銘住宅詢據王學銘王有山咸稱張雲濤朱尙濤沈懷斌等憑藉轉發搬出入證之權威擾亂市場致使京市猪價飛漲來源短少雖屢屢呈控奈伊與友邦結合仗勢欺凌同業如去年先後兩次被伊陷害沒收猪隻達叁百餘頭同業被伊害至破產地步者頗不乏人最近伊等又在明光蚌埠一帶以最高價貳千叁百元壹石之猪價收集運銷與滬杭方面者已在二三千頭之鉅此下關東炮台吳寶興過捲行有賬可稽總之本人等此次聯名呈控均係事實如有誣告甘願出具死結務請政府秉公辦理俾洩衆憤云各等情形查張雲濤等行爲之惡劣猪業同人莫不怨聲載道衆口一詞卽此觀看可見張雲濤等行爲之一班矣奉令前因理合將調查經過情形據實呈復仰祈

鑒核辦理

謹呈

局長劉

第一科科長黄桐軒

抄錄王學銘等原呈

事　由：爲企圖私利影響民生擾亂市塲破壞同業請求嚴厲懲辦俾儆效尤事

主　文：竊査本市猪業奸商張雲濤朱尙濤沈懷斌等於民國三十年間勾結友邦榮一六二九部隊組織牲豚組合憑藉轉發搬出

入證之權威祇圖個人私利百般破壞同業法益影響民生匪淺擾亂市場尤甚過去一切非法行爲雖經屢次據情告訴竟被逃脫法網奈何法不究奸神通廣大近月以來更是目無法紀乘　國府頒布實施戰時物資移動取締暫行條例之際胆敢變本加厲擅自高價向六合產地收買猪業私運上海謀獲厚利以致本京猪隻市場頓現混亂狀態猪肉市價由十二元一躍而至十六元無止境據最近調查得悉該奸商等個月之間已運滬猪隻二千餘頭之多販商同業又達無法維持境地鮮肉店舖受此高價影響營業大減生活維艱猪行方面亦因來源減少勢將停業京市整個市場竟被此少數奸商任意操縱破壞無餘不知張等究有何種特殊勢力政府法律竟不能達到制裁之目的聽任彼輩爲所欲爲商等故屬出身農村資識淺陋對於該奸商等縱橫京市數載於茲已曾向各機關告訴報紙攻擊竟爾視若無睹衷心之不服耿耿在念但商等對於該奸商等誼屬同業素無私仇爲何針針入目屢告不休實因目睹一般資本較小之販商咸受脅迫以致失業比比皆是商等秉性忠直骨梗在喉不容緘默對於該奸商等既往不咎現時之私運終難干服爲此據情請求　鈞長鑒核懇祈准用革命精神毅然決然立將擅自私運擾亂市場之奸商張雲濤朱尙濤沈懷斌拘案法辦俾洩衆憤而儆效尤是否有當靜候

鈞裁核奪示遵　謹呈

南京特別市市長　周

具呈人　王學銘

過德治

王有山

蘇定功

劉永福

陳永洲

黃恆兆

林海山

高其才

曹德餘

統計

本市府祕書處爲欲明瞭市民一般生活實際狀況起見，爰特編製生活費指數四種，一、公務員生活指數，二、小學教員生活指數，三、工人生活指數，四、商夥生活指數，業經於本年一月起發動普遍家計調查，茲已根據上項調查表彙算，製成生活指數四種，以供各界參攷，茲發表一月至六月各種指數如下：

一，公務員生活指數（平均每家八口成年三人兒童一人）

1. 費用

	食物類	服用類	燃料及水	雜項類	房租類	總計
一月	五九五、四	七八、〇	七一、四	四二、〇	六三、〇	八四九、八
二月	六一八、九	九六、〇	八一、五	四二、〇	七五、〇	九一三、四
三月	六八三、三	一一三、五	九八、三	五六、二	七五、〇	一〇二六、三
四月	七四八、九	一三一、〇	一一〇、三	六八、〇	八九、〇	一一四七、二
五月	八六〇、九	一四一、〇	一四六、七	六四、〇	八九、〇	一三〇一、六
六月	九四六、九	一六五、〇	一六三、五	九一、五	八九、〇	一四五五、九

2. 指數——民國二十六年＝一〇〇（加權綜合平均）

	食物類	服用類	燃料及水	雜項類	房租燈火	總指數	國幣購買力
一月	三〇五八、〇	三〇〇〇、〇	三一七三、三	四〇七七、七	一三一二、六	二八一七、二	3.5
二月	三一二七、六	三六九二、三	三六二〇、〇	四〇七七、七	一五六二、五	三〇二六、二	3.3
三月	三五〇九、五	四三六五、四	四三六六、六	五四五六、三	一五六二、五	三三七〇、六	2.9
四月	三八四六、四	五〇三八、五	四九〇二、二	六六〇一、九	一八五四、二	三八〇四、九	2.6

五月	四四〇六、三	五四二三、一	六二五〇、〇	七〇八七、三	一八五四、二	四三四七、二	2.3
六月	四八六三、四	六三四六、一	七二六六、六	八八八三、五	一八五四、二	四四九七、二	2.2

二，小學教員生活指數（平均每家人口成年三人兒童一人）

1. 費用

	食物類	服用類	燃料及水	雜項類	房租類	總計
一月	四一八、六	五六、三	三八、〇	三六、四	五九、〇	六〇八、三
二月	四三六、七	七〇、四	四〇、〇	三六、四	七一、〇	六五四、五
三月	四六二、六八	一〇二、四	四二、〇	三八、〇	七一、〇	七一六、〇八
四月	五七〇、二三	一〇二、五	七〇、〇	五九、六	八五、〇	八八七、三三
五月	六〇二、三	一一二、五	八八、〇	六一、六	八五、〇	九四九、四
六月	六六七、二	一四〇、八	九七、〇	六七、三	八五、〇	一〇五七、三

2. 指數——民國二十六年＝一〇〇（加權綜合平均）

	食物類	服用類	燃料及水	雜項類	房租燈火	總指數	國幣購買力
一月	二九六八、八	一二七六、六	二五三三、三	五七七七、八	二三六〇、〇	二六二八、八	3.80
二月	三〇九七、二	一五九六、四	二六六六、七	五七七七、八	二八四〇、〇	二八二八、四	3.53
三月	三二八一、四	二三二二、〇	二八〇〇、〇	六〇三一、七	二八四〇、〇	三〇九四、六	3.23
四月	四〇四四、二	二三二四、三	四六六六、七	九四六〇、三	三四〇〇、〇	三八三四、六	2.61
五月	四二七一、六	二五五一、〇	五八六六、七	九七七七、八	三四〇〇、〇	四一二〇、一	2.43
六月	四七三一、九	三一九二、七	六四六六、七	一〇六八二、五	三四〇〇、〇	四五六九、一	2.19

三，工人生活指數（平均每家人口成年四人兒童二人）

1. 費用

食物類	服用類	燃料及水	雜項類	房租類	總計

一月	八四五·五	五五、〇	六八、四	一六、〇	一一八、〇	一一〇二、九
二月	九〇八、五	五四、七	七七、四	三七、六	一四二、〇	一二二〇、二
三月	九四九、一	八五、〇	六八、〇	四〇、〇五	一四二、〇	一二八四、二五
四月	一二四一、〇五	八七、〇〇	一四〇、〇〇	五七、九〇	一七〇、〇〇	一六九五、九五
五月	一三四七、一	九七、五〇	一六二、〇	六四、四	一七〇、〇	一八四一、〇
六月	一四四八、三	一二一、五	一八六、〇	六九、〇	一七〇、〇	一九九四、八

2.指數——民國二十六年=一〇〇(加權綜合平均)

	食物食	服用類	燃料及水	雜項類	房租燈火	總指數	國幣購買力
一月	二七九八、七	一三三八、二	三一〇九、一	一五三八、五	二三六〇、〇	二五九一、四	3.86
二月	三〇〇七、三	一三三〇、九	三五一八、二	三六一五、四	二八四〇、〇	二八六七、〇	3.49
三月	三一四一、七	二〇六八、一	三〇九〇、九	三八五一、〇	二八四〇、〇	三〇一七、三	3.31
四月	四一〇八、一	二一一六、八	六三六三、六	五五六七、三	三四〇〇、〇	三九八四、八	2.51
五月	四四五九、一	二三七二、三	七三六三、六	六一九二、三	三四〇〇、〇	四三二五、七	1.31
六月	四七九四、一	二九五六、二	八四五五、六	六六三四、六	三四〇〇、〇	四六六七、〇	2.13

四 商夥生活指數(平均每家人口成年三人兒童一人)

1.費用

	食物類	服用類	燃料及水	雜項類	房租類	總計
一月	三八六、七八	四三、〇〇	四二、四〇	二一、六〇	五九、〇〇	五五二、七八
二月	三九七、三八	五七、〇〇	四二、〇〇	二一、六〇	七一、〇〇	五八八、九八
三月	四三八、七八	七四、〇〇	四二、四〇	五〇、五五	七一、〇〇	六七六、七三
四月	四九二、五八	七五、〇〇	一〇〇、〇〇	三四、四〇	八五、〇〇	七八六、九八
五月	五一五、三五	八〇、〇〇	一〇七、〇〇	三六、四〇	八五、〇〇	八二三、七五

六月	五七六、三五	一〇〇、〇〇	一二三、〇〇	四〇、〇〇	八五、〇〇	九二四、三五

1.指數——民國二十六年＝一〇〇（加權綜合平均）

	食物類	服用類	燃料及水	雜項類	房租燈火	總指數	國幣購買力
一月	二九一七、九	一五九二、六	二四九四、一	三二七二、七	二三六〇、〇	二六五五、〇	3.8
二月	二九九八、〇	二一一一、一	二四七〇、六	三二七二、七	二八四〇、〇	二八二八、九	3.5
三月	三三一〇、三	二七四〇、七	二四九四、一	七六五九、一	二八四〇、〇	三二五〇、四	3.1
四月	三七一六、二	二七七七、八	五八八二、四	五二一二、一	三四〇〇、〇	三七七九、九	2.6
五月	三八八八、〇	三二二二、二	六二九四、一	五五一五、二	三四〇〇、〇	三九五六、五	2.4
六月	四三四八、二	三七〇三、七	七二三五、三	六〇六〇、六	三四〇〇、〇	四四三九、八	2.3

附錄

聲援印度獨立

周學昌廣播

諸位聽衆：

在祝賀緬甸獲得光榮獨立的聲中，我們又聽到了印度獨立運動抬頭的消息，使我們感到無上的興奮與喜悅。

印度是東亞民族的一環，與東亞各民族同樣的遭受着英帝國主義的侵略，而印度所受的荼毒，更甚於我們，遠在二百年前，印度就已爲英國所控制，到一八五八年正式被英國覆滅，這些年來，印度不乏愛國之士，圖謀脫出魔掌，但終因爲在英國政治的欺詐，武力的彈壓下，又因爲沒有優越的時機和外來的助力。所以終不能明朗的展開他們的獨立運動。

自大東亞戰爭爆發以後，不出兩月，英軍在東亞的據點，完全喪失，甚而至於，自緬甸退到東亞的最後據點印度，一向被英美人所壓迫的民衆，像從水深火熱中被拯救出來了一樣，印度人眼看着與自已同被英國屠割了的民族，都獲得了解放自由，自然他們要求獨立的情緒，更爲迫切，同時因爲英國之節節敗退，暴露了他的本來面目，使印度人增加」不少自信心，尤其東條首相於當時曾廣播聲言：「這是印度脫出英國的壓制，參加共榮圈建設的最好機會，帝國政府期待印度早日恢復其本來地位，對其愛國的努力，不惜予以任何援助，這崇高的友情支援，更增加了印度人的勇氣，他們知道這是一個千載難逢的爭取獨立的時機，於是在聖雄甘地領導之下，高呼建設印度人之印度，而展開如火如荼的反英運動。

英國應付印度反英運動，仍是採取其一貫的暴壓手段。對甘地、尼赫魯等領袖人物加以逮捕，到現在甘地翁等被拘禁已滿了整整的一年，印度人民雖然領袖被捕，但他們的勇氣却不僅不衰，反而更見激烈了，並且由消極抵抗，而毅然的建立起武力的積極的抗爭。在江特拉鮑斯的統率下，組成了國民軍，開始更具體的爭求解放的獨立運動。

對於印度這種堅忍不屈，百折不回的奮鬥精神，我們無限的欽佩，對他們的可歌可泣的爲愛國救國而發起的民族運動，更是同情，而爲實現東亞聯盟的理念，我們對於印度獨立運動，更應加以激勵與援助。

東亞聯盟的理念是：基於道義精神，結合東亞民族建設東亞人之東亞。現在東亞民族除了印度仍在英帝國主義桎梏之下外，其他已先後獲得解放，並且本東亞聯盟四大綱領所定，而各個獲得政治的獨立。關於這一點，由於中國之收回租界和緬甸的獨立，可以證明。

東亞聯盟的四大綱領是？政治獨立，軍事同盟，經濟提攜，文化溝通，這四大綱領是最公允的，是利己利人的，所以，也可以說，東亞聯盟是一種各愛其國互愛其鄰的運動。

現在印度仍在英帝主義魔掌中，他既是東亞家族的一員，我們就應當本着互愛其隣的精神，抱着實現東亞聯盟運動理念的主張，援助印度獨立。同時更希望印度愛國之士，能深切明瞭東亞聯盟運動目的之所在，起而響應，與東亞各民族攜手驅除英帝國主義於東亞地域之外，則不僅印度之獨立，可以不成爲問題，同時建設東亞共榮圈完成東亞聯盟的崇高理想亦爲期不遠。

最近汪特拉鮑斯所統率的國民軍，已竟正式担負起獨立運動的任務來，我們希望這一次的印度獨立運動可以一舉而成，以與印度的神歌共垂千古，同時我們更願向印度革命之士進一言，如果印度的獨立運動有須要我們助力的地方，我們決本着東亞聯盟的道義精神，予以全力援助。最後，我們敬祝印度的獨立成功。(完)

市政公報 附錄 二八 第一二五期

市政公報暫定價目表

期數	價目	郵費
零售	每冊五角	本埠四分 外埠八分
半年	十二冊六元	本埠四角八分 外埠九角六分
全年	二十四冊十二元	本埠九角六分 外埠一元九角二分

市政公報廣告刊例

頁數	價目
一頁	每期十八元
半頁	每期九元
四分之一頁	每期四元五角

刊登廣告在四期以上者每期按照七折計算連續十期以上者每期按照六折計算長期另議

出版日期　本公報暫定每月二次

編輯者　南京特別市政府祕書處

發行者　南京特別市政府祕書處

印刷者　南京國華印書館
地址：中山東路臚政牌樓
電話：二二一六五

中華郵政掛號認爲第一類新聞紙類 江蘇郵政管理局執照第一〇四三號

中華民國三十二年八月三十一日

市政公報

第一二六期

南京特別市政府秘書處印行

目錄

行政院訓令

行政院訓令

令南京特別市政府

現奉

國民政府第四一零號訓令開：

「據本府文官處簽呈稱：「准最高國防會議祕書處高祕字第三三零號公函開『案准貴處檢送國民政府主席侍從室暫行組織規程一案當經陳奉　主席提交最高國防會議三十二年八月十九日第二四次會議討論，決議：通過。送國民政府公布」記錄在卷；相應錄案抄附原組織規程函復，即請查照，轉陳辦理』等由，理合簽請鑒核」等情；據此，除明令公布暨分飭施行外，合行抄發該組織規程令仰該院知照並轉飭知照此令。」

等因，奉此，除分令外，合行抄發原附規程令仰該府知照，並轉飭所屬　體知照。

此令。

附抄發國民政府主席侍從室暫行組織規程一份

中華民國三十二年八月　日

院長汪兆銘

國民政府主席侍從室暫行組織規程三十二年八月十九日公布

第一條　國民政府主席侍從室置侍從官若干人就特任及簡任文武官員中選拔充任之

第二條　侍從室分第一、第二、第三、第四、第五、五室其職掌分配如左

第一室掌政治經濟之設計研究調查報告及報告事項

第二室掌軍事之設計研究調查報告及報告事項

第三室掌文書事項

第四室掌會計庶務事項

第五室掌警衛及承宣事項

第三條　各室置主任一人由侍從官兼任之承主席之命分掌第二條各室主管事務

第四條　侍從官得不分室辦事其職務由主席指定之

侍從官分室辦事者由該室主任承主席之命指揮監督之

第五條　各室辦事人員得就各院會及所屬機關現任職員中調用之

第六條　各院會機關被調用之職員仍以原資在原機關支薪如不能兼顧原機關職務時原機關應視同因公出差准免簽到

遇考績時由各室主任將其成績分送原機關長官核辦

第七條　各院會機關被調用之職員在侍從室服務成績優異者主席得破格優獎之不稱職者交付原機關長官懲處之

前項職員奉命回原機關服務時由各該室主任具證明書送原機關長官參攷

第八條　各室侍從官及辦事人員之名額視各該室之事務之繁簡定之

第九條　各室之組織及辦事細則由各該室主任擬定呈請主席核准之

第十條　本規程如有未盡事宜得呈請主席核准修正之

第十一條　本規程自公布之日施行

命令

南京特別市政府公布令 府工字第　號

玆修正南京特別市建築規則第十一章罰則公布之

此令

附抄修正南京特別市建築規則條文（見法規欄）

中華民國三十二年八月　日

市長周學昌

南京特別市政府訓令 府財字第　號

令銀行錢業同業公會
南京市銀行

案准

財政部錢貳字第二九九號咨開：

「查儲蓄存款應繳存保證準備係於儲蓄銀行法第九條內規定所有繳存辦法業經呈奉 行政院修正並由部於本年八月三日公佈施行除分行外相應檢同上項辦法咨請查照并轉飭各銀錢行莊遵照爲荷」

等由附儲蓄存款保證準備繳存辦法一份准此除分行外合將抄發原辦法令仰遵照：

此令。

計發辦法一份

中華民國三十二年八月　日

市　長　周學昌

儲蓄存款保證準備繳存辦法

第一條　財政部爲施行儲蓄銀行法第九條規定事項起見委託中央儲備銀行征收儲蓄存款保證準備並負檢查及保管之責

第二條　儲蓄存款保證準備至少爲儲蓄存款總額四分之一相當之政府公債庫劵及其他擔保確實之資產前項規定之存款總額以每半年末日之結存總額爲準

第三條　中央儲備銀行必要時得延聘專家評定保證準備各項擔保品之價値

第四條　財政部對於儲蓄銀行除繳存保證準備外得隨時委託中央儲備銀行檢查其業務內容及其全部財產之實況

第五條　儲蓄銀行繳存保證準備之各項擔保品於每屆月終得申請掉換同額之擔保品前項担保品價値漲落過鉅時中央儲備銀行得令儲蓄銀行補足差額或發還溢額

第六條　中央儲備銀行每屆月終應將儲蓄銀行繳存之保證準備列表呈報財政部備查

第七條　本辦法自公布之日施行

南京特別市政府訓令　府財字第　　號

令本京銀行業同業公會
　南京市銀行

案准

交通銀行函開：

「本行爲推進農業金融業務起見擬於各農產豐富交通便利地點設置農業經濟辦事處查南京現經本行列爲籌設農業經濟辦事處地區辦理江甯鎮江丹陽常州句容溧水等縣農業金融業務並經派定陶秉鈞爲籌備員負責辦理一切籌備事宜尙希俯予協助以利進行至事變前上項各地之原有存放款業務仍請逕向本總行或有關支行接洽處理合併聲明」

等由准此除分行外合行令仰該會行遵照對於該行推進各地區農業金融業務予以協助爲要

此令。

中華民國三十二年八月日　市長周學昌

南京特別市政府訓令　字第　號

令各區公所

案據糧食局呈稱略以最近京市白糖擬實施配給制度按照戶口發給購糖證憑證向指定配給商購買食用所有購糖證已由南京區糖業同業公會印就送局擬發交區公所轉飭坊公所按戶覈實塡發俟辦理完竣造具清表送局以資稽核仰祈鑒核俯准施行等情前來經核所呈事屬要政急應舉辦除分令外合行令仰該所迅卽派員前往該局領證轉飭塡發勿延爲要

此令

中華民國三十二年八月日　市長周學昌

南京特別市政府訓令　字第　號

令第三第四上新河安德門孝陵衞區公所

案查前准糧食部咨送糧食生產上需要物資耕牛農具種苗肥料有無缺乏及購運困難情形調查表囑卽飭屬尅日查塡等由當經抄發原表式令飭查塡在案時逾多日未據呈復玆以亟需彙送合亟令催仰該區于文到二日內依照前項表式詳實塡報以憑彙轉勿再稽延切切

此令

中華民國三十二年八月日　市長周學昌

南京特別市政府訓令 府保甲字第　　號

令城鄉各區公所

案准南京鹽務管理處函字第七二號公函內開：

「案查關於京市實施計口售鹽，發給購鹽證一案，前經本處派遣書記，分赴各區公所抄寫戶口，以資根據，茲查此項購鹽證，不久全部辦竣，茲爲迅速實施起見，擬於本月十六日起，先由第一區起。實行發證，其他各區，亦將次第發給，除派員會同區公所辦理外，相應函達貴府派員協助，並希轉飭各區公所一體知照爲荷」

等由准此，自應照辦，除分令外，合行令仰該區長遵照，於南京鹽務管理處派員到區散發市民購鹽證時，飭屬妥予協助照料爲要。

此令

中華民國三十二年八月　日　　市長周學昌

南京特別市政府訓令 府保甲字第　　號

令城鄉各區公所

案准

建設部建路字第三〇七四號咨開：

「查關於接辦交通路綫愛護工作一案，茲經本部擬具交通路綫愛護工作綱要草案，暨交通路綫愛護工作委員會組織規程草案，呈奉　行政院本年七月二十四日院字第九九八號訓令節開：「准由院令公佈施行，並呈　中央政治委員會及　國民政府備案，咨送立法院備查」等因奉此，相應抄錄業奉核准公布之交通路綫愛護工作綱要，暨交通路綫愛護工作委員會組織規程各一份，備文咨請查照，幷分飭沿交通路綫各區公所知照爲荷」

等由，幷附交通路綫愛護工作綱要，暨交通路綫愛護工作委員會組織規程各一份准此，自應照辦，除分令外，合行抄發是項原件，令仰該區長知照

此令

附發交通路綫愛護工作綱要暨交通路線愛護工作委員會組織規程各一份

中華民國三十二年八月　日

市長周學昌

交通路綫愛護工作綱要

一、爲辦理交通路綫愛護工作訂定本綱要其實施辦法另訂之

二、本綱要所稱交通路線係指鉄道及主要通信綫而言所稱愛護工作係令沿交通路綫人民愛護防衛交通路綫而施行之各種工作

三。沿交通路綫兩旁各約五公里以內之區域規定爲愛護地域所有住民應負愛護交通路綫之義務

四、交通路線愛護工作由建設部主持之分別指派及聘請本部及有關各部省市主管人員於部內組織交通路線愛護工作委員會秉承處理一切事務委員會組織規程另訂之

五、沿交通路綫之地方政府督導愛護地域住民運用保甲編制組織交通路線愛護團切實施行愛護工作並担任推進愛護地域住民之福利教育宣傳勸業等事宜

前項交通路線愛護團組織規程另訂之

六、爲便利有關各方面連絡起見得於中央及各地方設置中央連絡委員會地方連絡委員會

七、本綱要自公布日施行

建設部交通路線愛護工作委員會組織規程

第一條　本規程依據交通路線愛護工作綱要第四條訂定之

第二條　交通路線愛護工作委員會(以下簡稱愛護工作委員會)秉承建設部部長之命辦理交通路綫愛護工作一切事宜

第三條　愛護工作委員會以主任委員一人副主任委員一人委員若干人組織之主任委員副主任委員由建設部部長指派充任之

第四條　委員由建設部指派高級職員並聘請有關各部會及省市政府之主管人員充任之
第五條　愛護工作委員會置第一及第二兩組組下分股辦事
第六條　第一組掌左列事項
一、關於文書人事出納及庶務事項
一、關於愛護地域之區劃事項
一、關於愛護團之組織事項
一、關於愛護團之愛護事項
一、其他不屬於第二組事項
第七條　第二組掌左列事項
一、關於愛護地域住民之福利獎卹事項
一、關於愛護地域住民之教育宣傳勸業事項
第八條　愛護工作委員會設祕書二人審核文稿辦理機要文件及交辦事項
第九條　愛護工作委員會設組長二人分掌各組事務
第十條　愛護工作委員會設股長四人至六人股員二十八至二十四人承長官之命辦理各股事務
第十一條　愛護工作委員會組長及祕書一人簡任其餘祕書股長及股員十八人荐任其餘股員委任
第十二條　愛護工作委員會之職員得由建設部原有人員調充之
第十三條　愛護工作委員會因事務之必要得酌用雇員
第十四條　愛護工作委員會對外公文以建設部名義行之
第十五條　愛護工作委員會辦事細則由愛護工作委員會自行訂定呈報建設部備案
第十六條　本規程自公布日施之

南京特別市政府佈告 府字第　號

查本府爲謀菜販商民福利起見爰將各菜場予以調整俾統一管理而免刁商混淆自本年七月一日起攤位之次第征租等級

均經分別重行規定繪製圖形抄粘按月應納租金等次及數目明細表除令飭菜場管理所遵辦外合亟佈告各業菜販一體遵照

此佈

計開　附攤位圖形及應納租金等次數目明細表（略）

中華民國三十二年八月　日

市長周學昌

南京特別市政府公告　字第　號

案查被裁定人劉長元錢錫林因用暗盤買賣主要商品等情、案經本市取締私抬物價裁定委員會改組後第二次常會決議由本府製發裁定書在案惟該被裁定人住址不詳無從送達合行粘附原裁定書乙份公示送達仰即知照

右仰劉長元錢錫林知照

附粘原裁定書乙份（略）

中華民國三十二年八月　日

市長周學昌

南京特別市政府公告　字第　號

案查被裁定人趙國棟劉世懋王正德王正銘陸錫齡馬恆旺周德培王興泰李學珍張玉崑因用暗盤買賣主要商品非主要商品同業公會會員買賣主要商品等情一案經本市取締私抬物價裁定委員會改組後第二次常會決議由本府製發裁定書送達在案茲以上開被裁定人住址不詳無從送達合行粘附裁定書乙份公示送達仰即知照

右仰趙國棟　劉世懋　王正德　王正銘　馬恆旺　陸錫齡　周德培　王興泰　李學珍　張玉崐知照

附粘原裁定書乙份（略）

中華民國三十二年八月　日

市長周學昌

法規

修正南京特別市建築規則第十一章　罰則條文 民國三十二年八月公布施行

第二八〇條　違反本規則第八條之規定未經請照擅自興工者除由工務局通知先行停工限期補報外幷處業主或承造人以一百元以上二百元以下之罰鍰

第二八一條　違反本規則第十四條之規定者除飭令停工外幷處以五十元以上二百元以下之罰鍰

第二八二條　違反本規則第十五條之規定者除飭令停工限期補呈更改工程圖樣候核外並處以一百元以上二百元以下之罰鍰

第二八三條　違反本規則第十六條之規定者除飭令停工補報外幷處以三十元以上一百元以下之罰鍰

第二八四條　違反本規則第二一條之規定者處以二十元以上六十元以下之罰鍰

第二八五條　違反本規則第二三條之規定者未報經驗准擅自使用者除停給使用憑照一年以下三月以上外並依第七條由工務局呈請市政府封閉之

第二八六條　違反本規則第二四條之規定不於灰綫排出牆脚起砌屋架裝置之時報請勘驗擅自施工者處以一百元以上二百元以下之罰鍰

第二八七條　違反本規則第二十四條之規定不於鋼筋紮就之時請報勘驗擅自施工者處以一百元以上五百元以下之罰鍰

第二八八條　違反本規則第二八條之規定者除依該條處理外並處以一百元以上二百元以下之罰鍰

第二八九條　違反本規則第三二條之規定經工務局通知修改逾期不遵行者除處以五十元以上一百元以下之罰鍰外幷強制執行之所有工資仍由業主負担遇必要時得函知經濟局取消營業執照停止其營業

第二九〇條　違反本規則第三五條至三九條之規定者除通知限期拆除外並處以二十元以上六十元以下之罰鍰遇必要時仍強制執行之

第二九一條　違反本規則第八第十四第十五第二四各條規定私擅建築者除依第二八〇條第二八一條第二八二條第二八六條第二八七條處罰外並依左列各款處理

甲、其建築物有礙路線河道或退讓未足者通知拆除或強制拆除之

乙、其建築物建造不固確有危險者通知拆除重造在未如法改造以前禁止使用呈請封閉於必要時得強制拆除之

丙、其建築物與本規則第六章（建築通則）以下各條規定有抵觸者通知拆除重造或停給使用憑照五年以下二年以上

丁、其建築物與本規則第六章以下各條規定尚無抵觸者停給使用憑照二年以下半年以上

第二九二條　凡呈報修繕工程經工務局核准發照而意圖取巧私行建築經查明屬實後除處以二百元以下一百元以上之罰鍰外並飭令改報建築所有呈報手續仍依本規則第十條（甲項）規定辦理之

第二九三條　凡工務局派員查勘工程時承造人或業主有施行賄賂情事經查明屬實後得依照違章情形處以五倍之罰鍰

第二九四條　營造業及業主有違反本規則規定者准許市民檢舉或經查覺者所有罰金提七成充獎檢舉人得二成經辦人員得二成其他有關之職員得三成如被經辦人員查覺者以檢舉人應得之獎撥給經辦人員以資鼓勵其餘三成解庫

南京特別市人力車夫登記規則 民國三十二年八月公布施行

一、凡在南京特別市區內之營業人力車夫（以下簡稱車夫）均須依照本規則向本市人力車管理委員會（以下簡稱本會）聲請登記

二、車夫聲請登記時應將姓名年齡籍貫住址及居住證號數詳塡于登記表並捺蓋指紋以資查考

三、車夫須具有下列條件方得聲請登記

1.男性無幼弱或衰老之狀態者

2.體格健全無不良嗜好者

3.無傳染病或其他惡疾者

4.過去無犯罪行爲者

四、車夫登記經本會審查合格後應交納登記費貳元領取登記證以憑租車營業如遇租車行商更易並應將原領登記證繳銷附繳換證費壹元聲請補發新證

五、車夫營業時須隨身攜帶登記證並須穿着與車身號碼相同之號衣其號衣由車主隨車租給之

六、車夫登記證只限于本人應用如有改業回籍等情須將登記證繳銷不得冒頂借用違則除吊銷登記證外至處以廿元以下之罰鍰

七、本規則如有未盡事宜得隨時呈請修正之

八、本規則自呈請之日施行

南京特別市人力車商登記規則 民國三十二年八月公布施行

一、凡在南京特別市區內之營業人力車商（以下簡稱車商）均須依照本規則向本市人力車管理委員會（以下簡稱本會）聲請登記

二、車商登記車輛每家至少十輛如不滿十輛者應合併於其他行號登記

三、車商聲請登記時應將車輛數量車身號碼及車主姓名年齡籍貫住址等詳塡於登記表並須加蓋該行號戳記

四、車商登記經本會審查合格後應繳納登記費拾元領取登記證以憑向財政局繳納車捐

五、車商如遇有增加車輛或減損車輛以及遷移地址變更牌號停止營業等情事均須分別呈報本會重行登記或撤銷其登記

六、車商聲請撤銷登記時須將登記證繳銷其原繳之登記費概不發還

七、本規則如有未盡事宜得隨時呈請修正之

八、本規則自呈准日施行

南京特別市人力車商及車夫違章懲罰辦法 民國三十二年八月公布施行

第一條　本辦法依據南京特別市人力車管理委員會組織規程第九條之規定訂定之

第二條　凡本市營業爲目的之人力車商及車夫有違背登記規則之規定者均依本辦法辦理之

第三條　人力車商有左列行爲之一者處以二十元以上一百元以下之罰金

1.以車輛租給無登記證之車夫者

2.車夫掉換車行租車未申請換領登記證而租予車輛者

3.增減車輛隱匿不報者

4.遷移地址變更牌號停止營業不申請重行登記或繳銷登記者

5.不遵照規定製備號衣者

6.不申請登記者

第四條　人力車商經處罰而再犯同一規定時除再處以高額罰金外並以三日以上七日以下之勞役累犯應即吊銷營業執照勒令閉歇

第五條　人力車夫有左列行爲之一者處以五元以上五十元以下之罰金

1.登記證不隨身攜帶或所攜帶之登記證與其姓名不符者

2.不穿號衣或所穿號衣與車身號碼不符者

3.掉換車行租車不申請換領登記證者

4.更改職業並不繳銷登記證借給他人頂替使用者

5.違背公定價目強索車資者

6.不服從監督員公正之仲裁無理取鬧者

7.不申請登記或未領取登記證者

第六條　人力車夫經處罰而再犯同一規定時除再處最高額罰金外並處以三日以上七日以下之勞役累犯應即吊銷居住

證騙逐出境

第七條　人力車商車夫違犯本辦法第三條第五條兩款以上之行爲時得併科罰金但罰金總額不得超過高額之一倍

第八條　本辦法所規定罰金遇有無力繳納時得易科勞役每日折抵五元

第九條　本辦法規定罰則由本市人力車管理委員會執行之遇必要時得商請就近警察局所協助辦理

第十條　本辦法如有未盡事宜得隨時修正之

第十一條　本辦法自呈准日施行

公牘

南京特別市政府咨 府財字第　號

案准
貴部增字第三六一號咨略開
「爲本部水產農殖試驗場租用玄武湖前中央攝影場原址基地期限擬展爲拾伍年咨請查照轉飭財政局迅與該場簽訂租約並盼見復」
等由准此查前項場址基地本府暫行租借原係臨時性質未便期限過長惟以
貴部設立農殖試驗場事關提倡水產係屬以公濟公自應酌量變通擬即改訂租期爲拾年除飭財政局逕與該場簽訂租約外准咨
前由相應咨復
查照轉知爲荷
此咨
糧食部

中華民國三十二年八月　日

市長周學昌

南京特別市政府公函 府財字第　號

案查本市舖房捐及住房捐前經商定自本年六月一日起劃歸
貴署代爲征收並協定舖房捐按照本府最近每月征收叁萬叁千元數目除扣征收費叁千元外如數按月撥交本府又關於六月一日以前之舖房捐欠款九萬四千餘元住房捐欠款貳拾萬零貳千餘元由
貴署代爲征收除提百分之五作爲代征費用外其餘均應撥交本府應用在案現已閱時三月必早收有成數擬請將六七兩月份舖房捐項下每月撥發本府叁萬元剋日如數撥交應用所有六月一日以前之舖房捐住房捐欠款已代征收若干應請查明數目先行

撥交其餘欠款仍希繼續代爲催收相應函請

查照核撥見復爲荷

此致

首都警察總監署

中華民國三十二年八月日　市長周學昌

南京特別市政府公函　府財字第　號

案據南京特別市主要商品清理委員會主任委員葛亮疇呈稱：

「案據原毛業同業公會理事長許由新呈稱竊屬會自大東亞戰爭發動以來失業已達三載改業者改業歇業者歇業自政府解放統制物資以來和平區域物資商人得可運輸故我原毛業略有起色北方販戶攜帶綿羊毛來京販賣不料業外人如北貨行等有利可圖鈎引遊資者在下關一帶公然設立貨棧收買綿羊毛高抬物價私運出京坐守漁利不獨對于我原毛業有礙且違背最高國防會議通過懲治主要商品治罪條例造成社會恐慌若不設法制止則原毛業遵照工商業同業公會章程組織綿羊毛採購委員會無形停頓矣故特呈請鈞座鑒核准予轉呈財政局及江海關轉口稅征收所下關驛分卡以及中華門驛江海關轉口稅征收所分卡如無政府物資移動許可證者一概不准搬運則此類非法之徒即成瓦解實爲公便等情據此除分呈財政部關務署鑒核准予轉飭江海關轉口稅征收所下關驛分卡暨中華門驛分卡嚴厲制止外理合據情備文轉呈仰祈鑒核准予飭屬驗證放行以資限制實爲公便」

等情據此除已據分呈外相應據情函請

貴署查照核辦並希

見復以憑飭遵爲荷

此致

財政部關務署

中華民國三十二年八月日　市長周學昌

南京特別市政府公函 府衛字第　　號

案准同仁會南京診療班長土屋毅昭和十八年七月二十三日南診特第一號函以同仁會使用之前南京市立醫院建物及附屬敷地茲奉日本帝國大使館特命全權公使於六月廿四日第一九〇號書翰正式引渡交由南京特別市政府接管等由准此業經本府派員正式接收除函復外相應咨請

查照爲荷

此咨

外交部

市長周學昌

中華民國三十二年八月　日

南京特別市政府公函 府保甲第　　號

案准

貴部運二字第三二〇號公函略以據南京鹽務管理處呈爲擬具會同市政府發給購鹽證臨時辦法祈核轉等情到部相應抄錄原呈及辦法函請查照予以協助并希見復等由計附抄原呈一件辦法一份過府准此查關於京市計口授鹽一案迭准南京鹽務管理處來府接洽業經令飭各區公所妥爲協助並盡量予以便利茲據各該區呈復南京鹽務管理處所派臨時書記到區按册抄寫戶口已先後竣事等語准函前由除俟南京鹽務管理處塡寫購鹽證後自當分飭各區會同散發並妥爲照料外相應函復至希

查照爲荷

此致

財政部

市長周學昌

中華民國三十二年八月　日

統計

南京日需品零售物價指數（簡單幾何平均）

民國二十六年=100

類別 / 項數 / 時期	食糧菫素菜類					油及調味類	燃料類	衣服材料類	雜項類	總指數
	食粮	菜蔬	肉類	醬菜	平均					
	10	23	9	5	47	9	7	10	10	83
民國三十二年八月	12118.0	7918.1	10585.0	9414.0	9334.2	16862.0	11637.0	9658.4	15270.0	10803.0
較上月增減(十)(一)	(十) 362.0	(十) 3211.1	(十) 3625.3	(十) 2213.2	(十) 2885.2	(十) 8468.2	(十) 1210.0	(十) 2292.6	(十) 3024.0	(十) 2761.6

說 本月份日需品零售物價總指數爲10803.0較上月份平均升起2761.6

1.食糧菫素菜類四十七種平均指數爲9334.2較上月升漲2885.2其中食粮類以公糶米及配給麵粉漲價其他雜糧黑市價亦隨之上升指數爲12118.0較上月增上362.0菜蔬類二十三種在上半月尚能遵照限價下半月以受米價高漲刺激咸越出限價範圍形成脫韁之馬不可約束之勢指數驟增爲7918.1較上月升3211.1肉食類九種在商人對限價陽奉陰違之下暗市擅升不已指數爲10585.0較上月再升3625.3醬菜類五種亦追隨各物價而漲升指數爲9414.0較上月增2213.2

2.油及調味類九種其中食油以來源尚通始終保持軟化其他食鹽關係因市面大批鹽斤被鹽販絡繹搬運出境輾轉牟利影響市內正當需用缺乏於是暗盤趁勢直綫上升竟高出限價十倍以上又白糖斷貨已久價格奇昂等因故指數飛躍16862.0較上月猛升8468.2

3.燃料類仍受煤觔缺乏普通柴薪與上月保持原態指數爲11637.0略高1210.0

略	4.衣服材料類以布疋市况邇日在滬紗布實施收買後暢場大衰囤貨嗝於不利空氣之低壓多半亟謀出脫兼以市面銀根緊迫買戶率告斂迹各市商號莫不門可羅雀以致暗市劇鬆指數9658.4較上月跌落2292.6 5.雜項類中肥皂焰火柴仍在商人囤積之下暗盤直升香煙亦因配給上發生諸多問題黑市更趨猖狂指數15270.0較上月漲3024.0綜觀本月份物價以黑市猶未消滅暗盤更形滋長直上影響市民生活頗鉅

南京特別市政府秘書處第三科統計股製

南京日需品零售物價指數比較表（簡單幾何平均）

民國二十六年＝100

類別／項數／時期	食糧葷素菜類 食糧	食糧葷素菜類 菜蔬	食糧葷素菜類 肉食	食糧葷素菜類 醬菜	食糧葷素菜類 平均	油及調味料	燃料類	衣服材料類	雜項類	總指數
	10	23	9	5	47	9	7	10	10	83
民國三十二年七月	11756.0	4707.0	6959.7	7200.8	6449.0	8393.8	10427.0	11951.0	12246.0	8041.4
八月	12118.0	7918.1	10585.0	9414.0	9334.2	16862.0	11637.0	9658.4	15270.0	10803.0
增(＋)落(－)百分比	(＋)3.07%	(＋)68.2%	(＋)52.08%	(＋)30.7%	(＋)44.7%	(＋)100.88%	(＋)11.6%	(－)10.8%	(－)24.6%	(＋)34.3%

南京特別市政府秘書處第三科統計股製

附錄

第二次興亞大會的經過

東亞聯盟中國總會副秘書長周學昌

諸位同胞：

今年八月十六日在新京召開的第二次中日滿興亞團體會議，本人曾奉命領導東亞聯盟中國總會代表團前往參加，現在願藉這次廣播機會，把參加此次大會的情形，會議的收獲，以及個人的感想，簡單的報告給諸君。

自從中日締結基本關係條約及中日滿三國發表共同宣言之後，東亞已經結成了一個軸心，到了大東亞戰爭爆發，我們共同的命運更聯繫在一起，英美侵略東亞的勢力，一日不掃除，我們的東亞也就一日不得復興，東亞的每個民族也就永遠得不到獨立解放。所以大東亞戰爭可以稱之爲興亞的戰爭，就是解放東亞，復興東亞的戰爭，三國共同宣言，確立了興亞運動的精神，指示了興亞運動的方向，大東亞戰爭是基於這種精神，順着這個方向而開闢了一條興亞的大道。

到今年一月九日，由於國民興亞熱情的充分流溢，發動國民精神總動員運動，要求政府參加戰爭，國民政府乃根據民意對英美宣戰，和友邦日本合作的態度，由同甘共苦的精神進而爲同生共死的決心。因爲我們要知道過去東亞不能復興，是因爲東亞民族之間缺乏緊密的團結，沒有統一的理念，所以才給了英美侵略離間的機會，現在我們既然有了這樣的自覺，就應該乘着大東亞戰爭的勝利進展當中，統一理念，精誠團結，自然可以結成一個偉大的力量，這力量就是擊滅英美的侵略，復興東亞的力量，這個運動，也就是我們中日滿三國都在重視，都在努力的興亞運動。

由中日滿關係的日趨緊密，由於東亞復興使命的日益重大，所以近年來在三國間的興亞運動，都有着很澎湃的發展，同時更感覺到在思想上，工作方法上，步調上，理念上，有「一致的」或是「調協的」需要，所以在去年九月間由日本興亞同盟本部在東京召開第一次中日滿興亞團體會議，對於興亞的理念有所表明，並決定今年秋天在滿洲新京舉行第二次興亞團體會議。

會議情緒最熱烈的就是第二日，舉行分科會議的那一天，三個分科會雖然分別在三個會場舉行，可是熱烈的程度是差不多一樣的。第一分科會側重的是興亞理念與實踐的方策，第二分科會側重的是興亞運動者間的連絡加強，與運動圈的擴大，第三分科會側重的是青少年的育成方針及運動的連絡，第一分科會是本人自己出席的，因爲大家都以誠相見，所以辯論也就非常火熾，東亞聯盟中國總會的提案是「應如何緊密聯絡完成興亞運動之具體化」頗引起全體的重視，在決議中準備設立恆久的委員會，爲担當共同的研究，共同實踐的機關。第二分科會側重興亞運動者間連絡的加強，及運動圈的擴大，日本與亞總本部的追加提案爲「大東亞戰爭現下決戰階段卽應急速展開興亞運動」內中指出對內必須有具體目標，卽如「戰意發揚」「生活刷新」「生產增強」，並曾徵求各代表的意見，我國代表卽將新國民運動的實施情形加以說明，新民會方面也將華北民衆勵行新國民運動的實況予以報告，在第二分科會中，東亞聯盟中國總會所提出的提案是「關於各會派遣代表互相視察會務藉資參考，而期達到共同基本目標」，頗得全體的贊同，最後決定第三次中日滿興亞團體會議於明年在中華民國的首都南京舉行，並盡可能力量邀請泰國及緬甸菲律賓等參加。第三分科會側重青少年運動問題，首由三國代表報告各國的青少年訓練的實況，我國是由代表團副團長蔣先啓同志担任報告，因爲青少年就是保衞東亞，復興國家的中堅，在興亞運動的開展下，他們是一羣有血性，有生氣的生力軍，所以對於青少年的訓練問題各國家都非常重視，協議結果，決定成立大東亞的青年聯盟團體，名稱或定爲「大東亞青少年聯盟」並定於今年十月十日舉行「大東亞青少年指導會議」。

此外還有一件事情可以報告給諸位的，就是在八月十七月的晚上，在新京公會堂舉行一個「興亞交歡大講演會」担任講演者，日本方面是高橋三吉大將，滿洲方面是文教部大臣盧元善氏，中國方面由本人担任，聽衆都是青年，內中有十之二三是日系青年。那天本人的講題是「興亞運動的理念與實踐」，把中國東亞聯盟運動的主張和實況加以介紹，並解釋國父大亞洲主義與領袖所講過的東方道義精神，把殖民地政策和共存共榮主義的分別指了出來，全體都受了很大的感動。此外，本人曾以「誠」與「恕」兩個字來和大家討論，所謂「誠」就是「坦白」「忠實」彼此之間沒有虛僞，沒有欺騙，才能彼此信任，由信任才能團結，才能生出力量。所以「恕」是「推已及人」「己所勿欲勿使於人」，如果沒有「恕」的精神就只有會責人，不知罪己，只會批評，不求反省。發揮「誠」與「恕」的精神來作我們興亞運動的基本精神實爲重要。

這次的興興亞團體會議日期雖然只有三天，可是在這三天之中，充滿了緊張的熱烈的情緒，討論了十三件重要的議案，對於興亞的理念更有確切的堅定，對於青少年的訓練已經準備開闢一條共同的大路，這一切一切的收獲都是使我們非常興奮的。

實際上理論和實踐是不可分開的，沒有實踐就等於沒有理論，所以我們要根據大會的决議，在國內把東亞聯盟運動推動起來，擴大起來，這個還需要着各方面同志的努力與全體民衆的共同奮鬥。

市政公報暫定價目表

期數	價目	郵費
零售每冊	五角	本埠四分 外埠八分
半年十二冊	六元	本埠四角八分 外埠九角六分
全年二十四冊	十二元	本埠九角六分 外埠一元九角二分

市政公報廣告刊例

頁數	價目
一頁	每期十八元
半頁	每期九元
四分之一頁	每期四元五角

刊登廣告在四期以上者每期按照七折計算連續十期以上者每期按照六折計算長期另議

出版日期　本公報暫定每月二次

編輯者　南京特別市政府祕書處

發行者　南京特別市政府祕書處

印刷者　南京國華印書館

地址：中山東路臚政牌樓

電話：二二一六五

中華郵政掛號認爲第一類新聞紙類　江蘇郵政管理局執照第一〇四三號

中華民國三十二年九月十五日

市政公報

第一二七期

南京特別市政府秘書處印行

目錄

命令

法規

公牘

命令

南京特別市政府公佈令　府工字第　號

茲制定自來水站公營簡則公佈之同時並將自來水站管理及承租人暫行簡則予以廢止

此令

粘附自來水站公營簡則（見法規欄）

中華民國三十二年九月　日

市長周學昌

南京特別市政府　首都警察總監署　公佈令　字第　號

茲會修南京特別市取締書場簡則公佈之

此令

附錄會修南京特別市取締書場規則（見法規欄）

中華民國三十二年九月　日

市長周學昌
總監李謳一

南京特別市政府委令　字第　號

令姜鳳樓

茲派該員爲本府社會福利局第一科科長另候呈荐

此令

中華民國三十二年九月　日　市長周學昌

南京特別市政府委令　字第　號

令樓遠仁

茲派該員爲本府宣傳處祕書另候呈荐

此令

中華民國三十二年九月　日　市長周學昌

南京特別市政府指令　字第　號

令第一區公所

呈一件　爲據本區貢院坊呈報該坊五保一甲一戶周光輿于購米證朦加人口等情報請鑒核由

呈悉查本市戶口亟待清查市民不諳糧政致有虛報人口情事發生該區長平時督導有方而坊長劉開鏞亦能認眞調查均堪嘉尙除傳令嘉獎外合行令仰該區長飭屬加緊清查以臻完善而重糧政仰卽轉飭遵照

此令

中華民國三十二年九月　日　市長周學昌

南京特別市政府訓令　字第　號

令主要商品清理委員會
　籌備委員會
　區公所

案奉

行政院政字第一六五二號訓令內開

現奉　國民政府三十二年八月九日第三九六號訓令開「據本府文官處簽呈稱准最高國防會議秘書處公函開案奉主席交下最高國防會議三十二年八月九日臨時會議討論事項第一案　主席交議據行政院呈據財政實業兩部會呈擬具收買棉紗棉布暫行條例草案及收買棉紗棉布實施要綱呈核一案轉呈鑒核等情請公决案决議修正通過送國民政府公布並交立法院備查等因遵經紀錄在卷相應錄案並抄同上項條例及要綱函達至希查照轉陳明令公布並令飭行政立法兩院知照等由理合簽請鑒核等情據此自應照辦除明令公布暨分飭施行外合行抄發該條例及要綱令仰該院知照並轉飭所屬一體知照等因奉此同時並准最高國防會議秘書處函同前由除分行外合行抄同原條例及要綱令仰該府知照並轉飭所屬一體知照

等因計抄發收買棉紗棉布暫行條例及實施要綱各一份奉此除分行外合行抄同原條例及要綱令仰該會所知照並轉飭所屬一體知照

此令

附抄發收買棉紗棉布暫行條例及實施要綱各一份(略)

中華民國三十二年九月　日

市長周學昌

收買棉紗棉布暫行條例

三十二年八月九日公佈

第一條　國民政府為調節物價安定民生對於現存之棉紗棉布依本條例之規定實施收買

第二條　收買棉紗棉布之標準及其種類數量價格給價方法由主管官署規定交全國商業統制總會辦理之

全國商業統制總會經主管官署之許可得將收買事務委託所屬下層機構辦理

第三條　棉紗棉布之所有人或占有人未經主管官署核准對於棉紗棉布不得移動隱匿數量或變更權利關係但左列各項不在此限

全國商業統制總會或依本條例第二條第二項受委託之機構買賣之棉紗棉布

零賣商所存之棉紗或棉布不超過民國三十二年上半年平均零賣之一個月數量者

以棉紗棉布爲原料之製造工廠其所存紗布不超過民國三十二年上半年平均需用之一個月數量者

第四條　棉紗棉布之所有人不明時收買機構得向占有人收買之

第五條　依本條例收買之棉紗棉布設有質權者其質權因收買而消滅但得就其收買代價另行設定質權

第六條　棉紗棉布之所有人或占有人拒絕或妨礙收買時處一年以上五年以下有期徒刑得併科五萬元以下罰金

第七條　違反本條例第三條第一項之規定者處一年以上三年以下有期徒刑得併科三萬元以下罰金

第八條　犯前二條之罪者其貨物沒收之

第九條　本條例施行區域以命令定之

第十條　本條例自公布日施行

收買棉紗棉布實施要綱

三十二年八月九日公布

一、上海市內現存棉紗棉布由國民政府收買令行政院飭全國商業統制總會辦理之上海以外各地所存棉紗棉布得斟酌情形準照上海辦法收買之

二、收買價格決定以二十支藍鳳紗每包一萬元爲標準應付價款照左列辦法付給中央儲備銀行特別定期存單

（一）應付價款之半數按標金每條（十兩）四萬元之定價折算分兩期付給標金自收買日起滿三月付給半數滿一年再付給半數

（二）應付價款之半數以儲備券分三年付清自收買日起每半年付給六分之一但滿二年時得將餘額一次付清

（三）應付未付價款總額給予年息六厘之利息

（四）此項特別定期存單非經許可不得抵押或轉讓

三、所收買之棉紗棉布由全國商業統制總會負責保管非經行政院命令不得擅自處分

四、所收買之棉紗棉布配給辦法另定之

五、未經收買及新生產之棉紗棉布另訂辦法管理之

六、本要綱實施細則由主管官署會同擬定呈經行政院核准施行

南京特別市政府訓令　字第　號

令各業同業公會
　菜場管理所

查本市日常食用物品一百二十四種七月份下半月最高限價曾於七月十四日經南京特別市物價評議委員會改組後第二次常會評定送由本府列表佈告在案上月十日國府頒布收買棉紗棉布明令之後各地各種物價均有變動前定限價亟應修改實際情形如何該會（所）自較明瞭仰於文到五日內迅行召集大會將所有物品（蔬菜類）妥議價格詳細繕具表式呈送來府以憑核奪事關物價要政毋得因循玩忽切切

此令

中華民國三十二年九月　日

市長周學昌

南京特別市政府訓令　府財字第　號

令南京特別市銀行（錢）業同業公會

案奉

行政院三十二年八月二十六日政字第一九九四號訓令開：

「奉　國民政府三十二年八月十三日第三九七號訓令內開『查儲蓄銀行法第二條第三條條文現經修正明令公布應即通飭施行除分令外合行抄發該修正條文令仰該院知照并轉飭所屬一體知照此令』等因奉此除分行外合行抄發該修正條文令仰該府知照轉飭所屬一體知照」

等因附抄發修正儲蓄銀行法第二第三條條文一份奉此除分行外合行抄發原修正條文令仰該會知照并轉飭所屬一體知照

此令

計抄發修正儲蓄銀行法第二第三條條文乙份

中華民國三十二年九月　日　市長周學昌

修正儲蓄銀行法第二條第三條條文三十二年八月十三日公布

第二條　儲蓄銀行應為股份有限公司組織非經財政部核准不得設立

普通銀行依前項之規定得兼營儲蓄銀行業務但以收足資本至少達國幣五百萬元為限

第三條　儲蓄銀行之資本總額至少須達國幣陸百萬元

前項規定之資本額在商業簡單地方得呈請財政部核減但不得少於陸拾萬元

南京特別市政府訓令　府財字第　號

令營業稅征收處

案奉

行政院政字第一六五九號訓令內開

「現奉

國民政府三十二年八月七日第三八六號訓令開『查營業稅法第五條條文現經修正明令公布應即通飭施用除分令外合行抄發該修正條文令仰該院知照並轉飭所屬一體知照此令』等因奉此除分行外合行抄發該修正條文令仰該府知照幷轉飭所屬一體知照此令」

等因並抄發修正營業稅法第五條條文一份奉此查營業稅法第五條原規定係為營業總收入額年計不滿一千元者免稅資本額不滿五百元者免稅純收益額不滿一百元者免稅現奉修正為營業總收入額年計不滿五千元者免稅資本額不滿貳千五百元者免稅純收益額不滿五百元者免稅自應遵照辦理惟必須調查帳據營業總收入額確係年計不滿五千元或資本額確係不滿貳千五百元者方可免稅如有以多報少希圖取巧者未便任其朦混致失修正稅法之原意合行抄發修正條文令仰該處遵照辦理

此令

計抄發修正營業稅法第五條條文一份

中華民國三十二年九月　日　市長周學昌

修正營業稅法第五條條文

三十二年八月四日公布

第五條　營業稅以營業總收入額爲課稅標準時其營業總收入額年計不滿五千元者免稅以營業資本額爲課稅標準時其營業資本額不滿貳千五百元者免稅以營業純收益額爲課稅標準時其營業純收益額不滿五百元者免稅

南京特別市政府訓令　字第　號

令本府各局處會

案准

實業部合字第八六八號咨開

查華中各地中國合作社移管一案業經本部先將接洽移管情形呈奉行政院院字第九六五號指令略開關於合作事務仍應由該部合作司承辦將來成立合作事業指導委員會時定爲合作指導機關並仰將辦理情形隨時具報旋於本年七月三十一日由日方移交我國管理經將辦理情形呈奉　行政院院字第九九八號指令准予備案等因各在案除儘速籌設合作事業指導委員會外各該社社務仍應由原任理事監事切實負責維持辦理至於各社社務之推進及登記事宜俟上項指導委員會成立後再行指導辦理除呈報暨分行外相應咨請貴政府查照並飭屬知照爲荷

等因准此除分行外合亟令仰該　知照

此令

中華民國三十二年九月　日　市長周學昌

南京特別市政府訓令　字第　號

令各區公所(除一區)

案據第一區公所呈稱

「案據本區貢院坊坊長劉開鏞呈稱『爲呈報事查本坊五保一甲一戶周光輿購米證一區貢院字第一號計人口十七口內朦報五口經查屬實應卽減去於該證內批明除已通知第十五公糶處自八月上旬減售該戶五口米數並通告外理合備文呈請察核』等情據此除指令該坊准如所擬辦理並飭戶籍員將該戶朦報人口減除外理合據情轉報仰祈察核備查」等情據此查本市戶口亟待清查市民不諳糶政每有虛報人口情事發生該第一區區長蘇源督導有方而貢院坊坊長劉開鏞亦能認眞調查均堪嘉尙除指令嘉獎并分令外合行令仰該區長飭屬一體認眞清查勿懈爲要

此令

中華民國三十二年九月　日　市長周學昌

南京特別市政府訓令　府衛字第　號

令新國藥業公會

查本市新國藥兩業商店尙有未領營業許可證及衛生許可證而擅自營業者似此情形有違政府規定殊屬不合本府爲整飭功令暨顧及商人起見自卽日起限期一個月凡未領營業許可證及衛生許可證之各商店速於限期內來本府申請領證以符功令逾期不領一律不許營業合行令仰該公會知照轉飭各會員商店遵照辦理

此令

中華民國三十二年九月　日　市長周學昌

南京特別市政府訓令　府宣字第　號

令各局處會
區公所

案准中國青年工讀團工字第四一四號公函內開：「査我國農村文化發源最早歷史最久雖內容駁雜要皆爲我民族生活經驗累積之結晶値此世局動盪新舊交替之秋對於固有之農村文化尤宜廣事搜羅詳加整理庶幾開來繼往博古通今收墜緒於將頹振流風於未沫本團成立以還迄今三載對於農村建設各項工作凡力所能及莫不悉心以赴茲爲整理我國農村文化起見爰有農村文化陳列室之籌設素稔　貴市府發揚文化夙具熱心用敢檢奉徵品緣起暨辦法一份尙乞代爲搜集不吝賜寄俾是項工作得以推進」等由附送徵品緣起暨辦法一份到府准此査我國農村文化歷史攸遠該團徵集各項有關物品闢室陳列對於農村建設裨益良多亟應代爲徵集以供觀摩除分令外合行抄發原附件令仰該　即便遵照如有關該項物品廣爲搜集並於十月十五日前呈送本府以憑彙轉爲要

此令

附抄發徵品緣起暨辦法乙份

中華民國三十二年九月　日

市長周學昌

建設村農學院立　農村文化陳列室徵品啓

三十二年八月

徵文物以貽後生，垂萬年之燕翼，觀會通以知風俗，昭百世之鴻規，況乎文明肇啓，實華夏爲最先，禮義推行，以農村爲奧府。雖絫更乎浩刼，迄篤守乎玄風。典章存煨燼之餘，道義挽猖狂之習。是以農村文化之陳列，實爲據今徵古之要圖。顧夫幅員廣袤，情形迥異，內容穰浩，條貫繁多，欲謀攷據之足徵，須有典型之可鑒。本院同人，爰有農村文化陳列室之創設，廣搜博採，陳一室以觀摩，類事歸曹，備百方之損益。譬則麗空之宿，一舉首而在目中合轍之車，不出戶而通天下。豈僅墜緒之得承　且亦謨猷之攸賴，惟是同人才輕襪線，識小甕天，功不厭詳，力殊嫌小，集裘綴腋，深知搜集之難，測海窺天，詎免遺殊之陋，尙蘄海內英賢，地方父老，鑒其悃忱，賜予協助，或捐贈舊藏，或代蒐新物，庶藉衆擎，成斯創舉。幸甚幸甚，是爲啓。

農村文化陳列室徵品辦法

一、凡有關農村文化之物品均在徵集之列，其類別如下：

文獻類

地方誌　地圖　記載各地農村風土之書籍，鄉賢圖象關於農村文化之書籍

器物類

農具實物或模型　傢具實物或模型　日用品實物或模型　衣着實物或模型　銅鐵陶磁竹木等器皿　農村工藝製品各地特產

風俗類

歲時節氣過年之風俗（儀式、陳飾、神像、食物、佩掛物等之實物或模型）

婚喪喜慶之風俗（一切用具、衣飾、陳列品、柬帖等之實物或模型）

宗教類

僧尼道士巫祝之齋醮　符籙經懺神像紙馬　儀仗及祭器禳解術　迎神賽會之儀仗　咒術（咒術儀式護身物、鎮邪物、器具等）

娛樂類

地方戲之脚本，道具臉譜等，木偶戲　彈詞　寶卷　佛曲　大鼓詞　樂具　賭具　玩具

裝飾類

房屋裝飾　人體裝飾（男、女、大人、小孩）

書契類

契據　合同　當票　捐票　對聯　匾額

社會類

宗法　社會之儀習　合會　祕密結社

歌謠類
兒歌　山歌　諺語　謎語　俗語　船歌　情歌　秧歌　祕密語　歇後語
藝術類
春紙　門神　雕刻　繪畫　工藝
其他

二、材料徵集範圍第一期以江蘇浙江安徽三省及南京上海兩市爲重心。其他各地如有珍貴陳列品，亦所歡迎。

三、陳列品須附以詳盡之說明。

四、陳列品分捐寄與寄贈兩種，由應徵者決定之。

五、本院收到陳列品後當出具收據，並在物品上標明捐贈或寄存者姓名，以示不忘。

六、凡捐贈或寄存陳列品者本院當奉贈相當之出版物以誌謝忱。

七、價值較高數量較多之陳列品須作價出讓者請函知本院以便洽商。

八、陳列品如寄遞不便者請通知本院俾得設法提取

九、陳列品請於三十二年十月底前賜下

十、關於陳列品之寄送及接洽請函南京補花巷建村農學院農村文化陳列室收。

南京特別市政府訓令　府宣字第　號

令南京特別市改組各業同業公會籌備「各業同業公會改組」委員會

案准中國國民黨中央執行委員會宣傳部九月十日函開：

「逕啓者據報稱中山路乾河沿有三星洋服店內玻璃櫥窗除貼紙條外尙糊大黨徽一枚在黨徽中間加貼五角星三枚此外尙有許多商店櫥窗上糊貼黨徽中間嵌字嵌花似此係對黨徽不加崇敬請轉知商會予以禁止等情查黨徽黨旗條例第三章第五條第一項使用黨徽之規定內載各級黨部及附屬機關使用黨徽會議須在廳禮堂及集會場所之正面等語是黨徽不能任便糊貼至爲明顯尤其不能借黨徽作爲商標之用加以嵌字嵌花而貼在商店櫥窗之上應請貴府轉飭市商會通告各

商店櫥窗一律禁貼黨徽以昭敬重相應函達即希查照辦理見復」等由准此查該商店任意糊貼黨徽殊屬不合除派員前往糾正並函復外合亟令仰該會轉飭各同業公會迅即通知各商店凡所有玻璃櫥窗上一律禁止黏貼黨徽以昭敬重並將辦理情形迅行具報爲要

此令

中華民國三十二年九月　日　市長周學昌

南京特別市政府訓令　字第　號

令本府所屬各機關

案准

首都警防團總字第九一號公函開

案奉首都警備司令部參備字第二九五號訓令內開查美渝空軍基地自被友軍逐次破壞後難免尚有餘剩兵力希圖掙扎最近乃向我廣州漢口等地屢施轟炸不顧人道慘害人民本部爲未雨綢繆確保首都人民生命與治安財產起見對於灌輸人民防空常識以及防毒救護消防警戒警報各項業務之推進及其應有之設備極當注意尤以防空幹部及一般民衆之防空訓練更須加緊實施合亟令仰該團長妥速籌辦並將辦理情形具報備查爲要等因奉此自應遵辦查關於防空訓練一項本團爲訓練防空幹部人員轉授一般市民關於防空上之必要知識起見前經訂定分期分區訓練辦法呈奉核准第一期東南西三區防空幹部人員訓練班已於八月十六日同時開課關於防毒救護方面如救護總站及分站之指定綁紮所及綁紮分所之設置基本防毒救護班之組織防毒救護必需器材藥品之購備亦經南京特別市政府衛生局協同本團防毒救護部積極辦理其他關於警戒警報交通管制燈火管制消防避難等項經本團訂定首都防空非常準備注意事項要點八項除分別呈報函令外相應抄同上項要點一份備函送達即請查照並轉飭所屬一體知照

等由并抄送首都防空非常準備注意事項要點到府准此自應遵辦除分令外合亟抄發原件令仰該　知照并飭屬一體知照爲要

此令

計抄發首都防空非常準備注意事項要點一份

中華民國三十二年九月　日　市長周學昌

首都防空非常準備注意事項要點

一、三種警報符號（警戒警報，空襲警報，空襲警報解除）務各熟記明瞭

二、各商店臨街之玻璃櫥窗及各機關學校團體住戶之玻璃門窗等均應用韌性紙料或布料裁成約一寸寬長條以二寸至三寸之距離粘貼門窗櫥櫃玻璃上俾遇爆炸震動時不致損碎傷人其粘貼形式應依美術圖案方式以重觀瞻統限一星期內完成屆時由各區警察局員警區公所保甲人員會同警防團派員檢查巡視如有不遵辦者立予處罰

三、遇警戒警報發出時除夜晚施行燈火管制外日間照常工作但應作非常之準備若無要事一般民衆可不必外出

四、遇空襲警報發出時厲行交通管制街道上除軍警憲兵及警防團員執行工作外一般民衆應各自在家宅內隱蔽中途行人應立即趨入附近之臨時避難所暫避絕對不許出外以固治安

五、警戒警報發出後各警防組織保甲組織及較大商店門前應一律懸掛藍色方形小旗空襲警報發出時懸掛紅色方形小旗以資識別

六、各商店住戶等均應趕速將燈火遮光設備如防空燈罩或黑色帳罩等整備完善俾燈火不致外洩

七、各商店住戶應儘量整備砂土水缸水桶消火彈滅火機等消防設備以防火警時易以撲滅

八、各區臨時避難所門前一律懸掛白布黑字標幟市民入內避難者應絕對服從管理人員之指導以重秩序

南京特別市政府訓令　府祕字第　　號

令第五區公所
　各鄉區公所

查本市爲防治各鄉農田水稻蟲害起見亟應舉辦除螟工作以免食粮損蝕而重生產茲特制定本市三十二年度各鄉區農田

水稻除螟捕蛾採卵實施辦法暨擬編水稻螟虫防治法二種並規定各區公所於八月三十日起至九月五日止按照辦法實地舉行一週除分行外合亟檢發前項辦法令仰該區長遵照規定時期督同所屬各鄉鎮長領導各農民分往稻田切實捕取並將捕取螟蛾卵塊列表報查事關除螟要政務須切實辦理勿稍延誤為要

此令

附發本市三十二年度各鄉區農田水稻除螟捕蛾採卵實施辦法又水稻螟虫防治法

中華民國三十二年九月　日

市長周學昌

南京特別市政府三十二年度各鄉區農田水稻除螟捕蛾採卵週實施辦法

一、定名　南京特別市政府各鄉區(下關第五區在內)除螟捕蛾採卵週

二、實施地點　以鄉區自治實驗區上新河孝陵衛安德門及下關第五區公所為出發地點由各該區區長督同各鄉鎮公所領導各鄉鎮農民共用實施捕蛾採卵工作

三、期間　定八月三十日起至九月五日止

四、捕蛾採卵方法　1.採集卵塊方法　水稻害虫的卵子粘着葉上聚集成塊非常明顯採集時最好各攜帶小筐一隻細竹一根入田檢查可細看葉面見了卵塊一一摘下放入筐中此種方法極為簡易且屬有効

2.捕蛾方法　分網捕法及點燈誘蛾法二種1.網捕法　此種方法須先製一捕蛾網用輕薄紗布縫成一圓錐形之網袋袋口用鉛絲作框更裝長約三四尺之竹柄持網入田向蛾兜捕不論飛行或棲上之蛾不難一一捕捉2.點誘蛾燈法　水稻害虫有趨光之習性可特製光度明而能避風雨之玻璃燈一個下備直徑二尺以上之淺水盆盆中存放清水水面滴入火油少許置燈於盆內配置田間入夜飛蛾均能趨集撲近燈上終能墮入水盆觸油而死

五、領導　週間開始時各該區公所派員分往各鄉鎮辦理並將捕蛾採卵方法油印若干份轉發各農民照法實行

六、製作標本　將所採卵塊(稻葉卵塊每紮十根)及幼蛾檢出一部份分用玻璃瓶裝置八瓶除呈送市政府二瓶以供研究外並由區公所酌留二瓶備便鄉民不時參觀以廣宣傳

七、考核成績 各區公所所捕幼蛾及卵塊應交區公所收集保存分別塡表呈報本府聽候派員定期前往各區查驗所報數量是否相符並當衆焚燬以除螟害

南京特別市水稻螟虫防治法

甲、取卵法

一、螟虫卵塊於五月下旬至六月上旬(秧田期)發生最盛取卵的人向陽尋覓須各帶一布袋或竹簍用竹一根輕輕撥覩葉面在綠色葉片上如發見黑色卵塊連葉子摘下此種卵塊經八九天就將孵化最好隨時燒燬

二、八月中旬(稻田期)三化螟卵塊發生很盛這次卵塊孵化出來的幼虫關係收成很大必須大家努力採取如果稻子在抽穗的時候而被螟虫殘害那麼就沒有結實的希望了採取方法與秧田時同(三化螟虫爲害稻之莖葉不像二化螟虫多數羣集卵塊孵化之後幼虫分散每虫各佔稻之一莖然後鑽入稻之心髓或許每莖中棲居數頭不定所以三化螟爲害稻田較二化螟尤烈)

乙、捕蛾法

一、手捕法

白晝螟蛾靜伏稻葉背面不動即擾動飛亦不遠隨時可以用手將蛾捕獲捻殺但捕蛾時須注意蛾之鱗粉吸入鼻孔

二、網捕法

網形如袋用紗布製之附於長柄見蛾即捕殺惟此法行於秧田最爲合宜工作便而效力亦大

三、燈誘法

1. 洋鉛誘蛾燈用洋鉛作成直徑一尺五寸的盆盆邊高約二寸盆之中央做一個二寸高的台盆中放水水面滴少許火油然後火油燈放在台上蛾觸之即落水而死

2. 廣口盆誘蛾燈用火油燈一個普通家用之廣口盆一個在盆中央放平穩的磚石一塊把燈放在磚石上面盆內放水及火油以捕螟蛾此種簡單誘蛾燈價格便宜頗合農家施用

3. 普通誘蛾燈用市上所賣之美孚燈外配玻璃方框掛在三脚架上另用口徑二尺左右之淺盆盛水面滴入火油少許承於燈下晚間燃燈螟蛾見光便撲燈墮水而死如不用美孚燈用普通燈亦可要以合於下列條件爲準

一、燈火能遠射
二、燈光能不為風所滅
三、燈光與水盆能互相接近
四、水盆直徑至少須在一尺以上
五、須輕便堅固

設誘蛾燈應注意事項

一、數量　每畝一盞或二盞
二、地位　置諸田埂或近旁曠地較葉尖高出五六寸使燈光四射距離均勻為宜
三、時間　夜間十二時後螟蛾較少可以停止點燈但熱悶之夜須終夜點燈

法規

南京特別市工務局自來水站公營簡則民國三十二年九月公布施行

一、本市自來水站均係市產所有售水及一切事宜由工務局主辦之

二、本市自來水站共卅六所工務局得雇用工人若干名担任售水事宜

二、工人工資採獎勵辦法按售水數量之多寡每度暫行規定工資二元如每月售水至五百度以上得另給獎勵金每度二角

四、各水站之水表水管龍頭房屋等物件應由本局雇用之工人負責保管如有無故損毀等情應負賠償責任因特殊情形而損毀者應立即呈報本局俟查勘確實後再行修理

五、本局雇用售水工人以體格健全粗識文字而能勤勞耐苦無不良嗜好者爲限並應覓殷實舖保爲保證人

六、本局雇用售水工人不得有竊水或其他不正當行爲犯者除革除移送司法機關究辦外保證人並負賠償責任

七、本局所售自來水售價每度暫訂陸元

八、各水站售水時間規定每日上午六時起下午九時止風雪無阻

九、凡用戶或未經核准兼售生水之熟水業私售生水而妨害本局自來水站營業者一經查覺除通知華中公司剪斷水管外並處以五百元以上壹仟元以下之罰鍰

十、本局經營自來水站事宜除應有支出外所獲盈餘提百分之五十爲本局獎勵金其餘悉數解繳市庫

十一、本辦法呈奉市長核准後施行如有未盡事宜得隨時呈請修正之

南京特別市政府 首都警察總監署 會修取締書場簡則民國三十二年九月公布施行

第二條　凡書場不論露天講演或附設於茶社酒肆者均應先向市政府宣傳處申請登記核准發給營業執照一面向本署呈

請備案後方能開始營業其申請書式另定之

修增「前項營業執照費及呈請書得依照本府所訂管理娛樂場所規則辦理之」

第五條　凡書場評講書傳應將擬講書傳名目於前一星期塡具書目單呈送宣傳處審查後方准開講

修增「凡書場評講書傳應將擬講書傳名目於前一星期塡具書目單呈送宣傳處審查後方准開講同時將審准之書目單懸掛便於衆覽之處以便檢查」

第七條　說書人科諢說白以及各種動態不得涉及淫褻情調違者按照左列各款分別處罰

二、處五元以上十五元以下之罰金

修正爲「處二十元以上五十元以下之罰金」

修增四「吊銷登記證營業執照勒令停講歇業」

公牘

南京特別市政府呈 字第　號

案查前糧食管理委員會為添築倉庫及開闢道路碼頭等擬繼續征用中華門外集合村附近民地一案正核辦間復准前糧食管理委員會斷字第四四七號咨以本會前送圖樣關於碼頭與倉庫交通路綫僅有一道將來起卸糧食殊感不便擬將原定路線略向西移至東首增加一道所需基地應請併案征收以利建築等由附地形圖二份准此即經飭據地政局派員實地查勘繪製圖册計需用土地面積七十畝〇二分三厘四毫六絲內有青苗面積三十八畝二分二厘七毫八絲平房草房大小十一間坟墓約一千〇卅具等情呈復前來即經咨請粮食部派員並召集被征收各業戶雙方確定地位各在案計土地補償金拾六萬三千六百四十四元六角青苗補償金五千五百另四元七角九分房屋拆遷費二萬一千元坟墓遷移費六萬一千八百元等需國幣貳拾五萬乙千九百四十九元三角九分可否准予征收之處未敢擅專理合檢同圖表具文呈請鑒核伏乞

指令　祇遵　謹呈

行政院院長汪

附呈糧食部征用圖表各二份(略)

中華民國三十二年九月　日

南京特別市市長周學昌

南京特別市政府呈 字第　號

案奉

鈞院政字第一六五七號訓令內開查該市百華山等地區現因軍事上之需要應即徵用以資整理各地區範圍內之民有土地應由該府酌量收買或租用所需地價或每年租金即予分別訂明列表呈核以憑令飭財政部撥發給領除分令外合行抄發徵用地區一

覽表令仰該市府尅日遵照辦理具報勿延切切此令並附抄發軍事徵用地區一覽表一紙等因奉此查軍事徵用地區一覽表所載地名共有六處係屬本市管轄惟各該地區使用範圍未曾註明無從辦理擬請

鈞院將使用範圍詳細指定給附略圖以資遵辦是否有當理合呈請

鑒核示遵

謹呈

行政院院長汪

附呈南京市所轄軍事徵用地區一覽表一紙（略）

南京特別市市長周學昌

中華民國三十二年九月　日

南京特別市政府咨　字第　號

案據本府財政局呈奉

貴部賦二字第八二號訓令以奉

行政院政字第一五一三號訓令飭查各地方田賦以外有無附加畝捐及攤派款項令局確查尅日據實呈復核辦等因轉報到府並由該局查明本市田賦向無附加畝捐及攤派款項自三十二年度起遵照

中央公布之非常時期各省市征收田賦暫行條例之規定切實改進翼征收對於正稅以外並無附加名目相應咨復即希

查照爲荷

此咨

財政部

市長周學昌

中華民國三十二年九月　日

南京特別市政府咨　字第　號

案查本市民食在民國三十一年前係由本府設置糧食管理局負責督導商民向甯屬六縣採購應市供給三十一年春前糧食管理委員會成立甯屬區辦事處統一收購甯屬區產米後本府糧管局即行撤銷同時京市民食則改由

貴部按照京市需要數量統籌撥給旋爲辦理按戶授糧並設置公糶委員會專事其事至三十二年春甯屬區辦事處暨公糶委員會先後撤銷並在本府成立糧食局本市民食仍由

貴部統籌收購撥交糧食局按戶配給市民是本府職司配給京市民食以不負收購之責並無粒米存儲辦理有案頃閱八月三十一日民國日報內載：「物資統制審議委員會爲調整今後米糧收購起見決由全國商業統制總會全權辦理」等語此項消息如果屬實則於米糧收購移轉之際京市應需米糧深虞來源停頓關係民生至爲重大擬請

貴部於米糧收購移轉時預爲籌劃酌予存留本市應需民食以免中斷而安民生相應咨請

查照辦理見覆爲荷此咨

糧食部

市長周學昌

中華民國三十二年九月　日

南京特別市政府咨 字第　號

查關於日本國民小學校擬改關將軍廟等處道路一案前經本府會同外交內政兩部審議結果檢同會議記錄呈請

行政院核示在案茲奉

行政院院字第一〇七五號指令內開「呈件均悉准如所議辦理仰即敍案錄令轉咨財政部查照仍可將辦理情形具報備查此令」等因奉此除錄令轉咨外交內政兩部查照外查日本國民小學校擬改關將軍廟道路一案計徵用地產計面積三十一畝九分八厘除一部份民地外內有前海關總稅務司土地二十五畝六分二厘八毫七絲迭經外交內政兩部及本府先後於上年五月及本年五月十七日五月二十一日召集會議並於第二次會議時咨請

貴部派祕書徐瀚珊列席與議「關於財政部海關總稅務司所有土地部份經決議擬由南京日本居留民團直接向財政部關務署商訂辦法」等語筆錄在卷奉令前因除將徵用民地部份由本府照章公告至關於徵用海關總稅務司地產部份根據第二次審議

決定筆錄函請南京日本居留民團選與
貴部關務署直接商訂辦法外相應檢同圖册各一份及協議筆錄抄本一份咨請
査照辦理並希見復爲荷

此咨

財政部

附咨　第二國民小學校使用虹橋一帶土地圖册各一份
協議筆錄抄本一份（略）

中華民國三十二年九月　日　市長周學昌

南京特別市政府公函　字第　號

案査本市民食在民國三十一年前係由本府設置糧食管理局負責督導商向甯屬六縣採購應市供給三十一年春前糧食管理委員會成立甯屬區辦事處統一收購甯屬區產米後本府糧管局卽行撤銷同時京市民食則改糧食部按照京市需要數量統籌撥給旋爲辦理按戶授糧並設置公糶委員會專事其事至三十二年春甯屬區辦事處暨公糶委員會先後撤銷並在本府成立糧食局本市民食仍由糧食部統籌收購撥交糧食局按戶配給市民是本府職司配給京市民食以不負收購之責並無粒米存儲辦理有案頃閱八月三十一日民國日報內載：「物資統制審議委員會爲調整今後米糧收購起見決由全國商業統制總會全權辦理」等語此項消息如果屬實則於米糧收購移轉之際京市應需米糧深虞來源停頓關係民生至爲重大擬請
貴會對本市應需食糧於收購時惠予儲備以免中斷而安民生相應函請
査照辦理見覆爲荷

此致

全國商業統制總會

中華民國三十二年九月　日　市長周學昌

市政公報暫定價目表

期數	價目	郵費
零售	每冊五角	本埠四分 外埠八分
半年	十二冊六元	本埠四角八分 外埠九角六分
全年	二十四冊十二元	本埠九角六分 外埠一元九角二分

市政公報廣告刊例

頁數	價目
一頁	每期十八元
半頁	每期九元
四分之一頁	每期四元五角

刊登廣告在四期以上者每期按照七折計算連續十期以上者每期按照六折計算長期另議

出版日期 本公報暫定每月二次

編輯者 南京特別市政府祕書處

發行者 南京特別市政府祕書處 地址：中山東路臚政牌樓

印刷者 南京國華印書館 電話：二二一六五

中華郵政特准認爲第一類新聞紙類 江蘇郵政管理局執照第一〇四三號

中華民國三十二年九月三十日

市政公報

第一二八期

南京特別市政府秘書處印行

目錄

命令

南京特別市政府公佈令 府糧字第　號

茲制定南京特別市糧食局食糖配給暫行辦法公布之
此令

計附南京特別市糧食局食糖配給暫行辦法一份

中華民國三十二年九月　日

市長周學昌
糧食局長劉渤

南京特別市政府訓令 字第　號

令各局處會

案奉

行政院政字第一八三四號訓令內開
現奉　國民政府第四三一號訓令開：「查人民團體組織方案現經明令廢止應即通行飭知除分令外合行令仰該院知照並轉飭所屬一體知照」等因奉此除分令外合行令仰該府知照並轉飭所屬一體知照此令
等因；奉此除分令外，合行令仰該局處會知照。此令。

中華民國三十二年九月　日

市長周學昌

南京特別市政府訓令 字第 號

令城鄉主要商品清理委員會改組各業同業公會籌備委員會區區公所

案奉

行政院政字第一六五二號訓令內開

「現奉 國民政府三十二年八月九日第三九六號訓令開『據本府文官處簽呈稱准最高國防會議秘書處公函開案奉 主席交下最高國防會議三十二年八月九日臨時會議討論事項第一案 主席交議據行政院呈據財政實業兩部會呈擬具收買棉紗棉布暫行條例草案及收買棉紗棉布實施要綱呈核一案轉呈鑒核等情請公決案決議修正通過送國民政府公布並交立法院備查等因遵經紀錄在卷相應錄案並抄同上項條例及要綱函達至希查照轉陳明令公布並令飭行政院立法兩院知照等由理合簽請鑒核等情據此自應照辦除明令公布暨分飭施行外合行抄發該條例及要綱令仰該院知照并轉飭所屬一體知照」

等因計抄發收買棉紗棉布條例及實施要綱各一份奉此除分行外合行抄同原條例及要綱令仰該清理委員會籌備委員會區公所知照並轉飭所屬一體知照

此令

附抄發收買棉紗棉布暫行條例及實施要綱各一份

中華民國三十二年九月日

市長周學昌

收買棉紗棉布暫行條例三十二年八月九日公佈

第一條 國民政府為調節物價安定民生對於現存之棉紗棉布依本條例之規定實施收買

第二條　收買棉紗棉布之標準及其種類數量價格給價方法由主管官署規定交全國商業統制總會辦理之

第三條　棉紗棉布之所有人或占有人未經主管官署核准對於棉紗棉布不得移動隱匿數量或變更權利關係但左列各項不在此限

全國商業統制總會經主管官署之許可得將收買事務委託所屬下層機構辦理

全國商業統制總會或依本條例第二條第二項受委託之機構買賣之棉紗棉布

零賣商所存之棉紗或棉布不超過民國三十二年上半年平均零賣之一個月數量者

以棉紗棉布爲原料之製造工廠所存紗布不超過民國三十二年上半年平均需用之一個月數量者

第四條　棉紗棉布之所有人不明時收買機構得向占有人收買之

第五條　依本條例收買之棉紗棉布設有質權者其質權因收買而消滅但得就其收買代價另行設定質權

第六條　棉紗棉布之所有人或占有人拒絕或妨礙收買時處一年以上五年以下有期徒刑得併科五萬元以下罰金

第七條　違反本條例第三條第一項之規定者處一年以上三年以下有期徒刑得併科三萬元以下罰金

第八條　犯前二條之罪者其貨物沒收之

第九條　本條例施行區域以命令定之

第十條　本條例自公布日施行

收買棉紗棉布實施要綱

三十二年八月九日公布

一、上海市內現存棉紗棉布由國民政府收買令行政院飭全國商業統制總會辦理之

上海以外各地所存棉紗棉布得斟酌情形準照上海辦法收買之

二、收買價格決定以二十支藍鳳紗每包一萬元爲標準應付價款照左列辦法付給中央儲備銀行特別定期存單

(一)應付價款之半數按標金每條(十兩)四萬元之定價折算分兩期付給標金自收買日起滿三月付給半數滿一年再付給半數

(二)應付價款之半數以儲備分分三年付清自收買日起每半年付給六分之一但滿二年時得將餘額一次付清

(三)應付未付價款總額給予年息六厘之利息

(四)此項特別定期存單非經許可不得抵押或轉讓

三、所收買之棉紗棉布由全國商業統制總會負責保管非經行政院命令不得擅自處分

四、所收買之棉紗棉布配給辦法另定之

五、未經收買及新生產之棉紗棉布另訂辦法管理之

六、本要綱實施細則由主管官署會同擬訂呈經行政院核准施行

南京特別市政府訓令　府財字第　號

令本府各局處會區公所

案准

財政部錢貳字第三四四號咨開

「查關於修正整理貨幣暫行辦法第三條及第六條之規定前經由部先後公布在蘇浙皖粵四省及南京上海廈門漢口漢陽縣城市暨九江南昌沙市應城宜昌當陽荊門鍾祥沙洋鎮舊口鎮京山潛江岳口鎮天門仙桃鎮新堤皂市隨縣廣水應山安陸雲夢長江埠花園孝感漢川蔡甸黃陂河口宋埠倉子埠團風巴河蘄春武穴小池口星子德安永修安義瑞昌陽新黃石港石灰窰大冶咸甯通山嘉魚蒲圻崇陽臨湘岳陽金口鎮鄂城信陽五十五處均不適用幷經呈報備案在案茲查漢口宜昌間長江沿岸未經實施新舊幣交換各區域舊幣之法定通貨性應即取消所有上項修正整理貨幣暫行辦法第三條及第六條之規定自民國三十二年九月十日起在上開區域亦不適用之除以部令公布並呈報暨分行外相應咨請貴市政府查照幷希轉飭所屬一體知照」

等由准此除分行外合行令仰知照

此令

中華民國三十二年九月　日

市長周學昌

南京特別市政府訓令 府財字第　號

令鄉區自治實驗區區公所
上新河
安德門區公所
孝陵衛

案查本市三十二年度田賦遵照中央頒布非常時期各省市征收田賦暫行條例按評定田地價格百分之一爲征收標準計上等田地每畝全年賦額十五元中等田地每畝全年賦額十元下等田地每畝全年賦額七元分爲第一第二兩期各半征收前經布告週知並於本年五月開征第一期田賦在案現在應征第二期田賦定於本年十月一日開始征收除已佈告並飭田賦征收處仍於本市瞻園路設立徵收總櫃暨在各鄉區設立征收分櫃及分行外合行令仰該區公所遵照轉飭各鄉鎮保甲長隨時協助俾利征收爲要

此令

中華民國三十二年九月　日

市長周學昌

南京特別市政府訓令 府糧字第　號

令本府各局處會
各附屬機關

案准糧食部佳代電開略以定於本月十五日召開中央食糧策進會議請轉飭主管人員準期出席與議等由並附開會期及日參加人選表壹份到府即經派員出席在案查食糧增產爲戰時最主要之工作在玆中央領導策進之下凡我地方行政人員自應依照中央全部方案努力推進玆定於本月二十日下午三時在市府大禮堂召集各有關機關主管人員暨各局處舉行地方食糧增產策進會議共籌具體實施方策除分別呈咨函令外合行令仰該　準時到會出席與議幷擬具提案以便屆時提會切切

此令

中華民國三十二年九月　日

市長周學昌

南京特別市政府訓令 府宣字第 號

令各區公所

案准

首都警察總監署政二字第三一〇號公函開：

「本署爲澈底灌輸一般民衆消防常識以期減少火患起見特定於十月一日起至七日止舉行消防宣傳週經擬訂消防宣傳週實施計劃一種除分別呈報函令外相應檢附是項實施計劃備函奉達卽希查照并飭屬知照」

等由附消防宣傳週實施計劃乙份到府准此自應照辦除分令外合行抄發原附件令仰該區知照爲要

此令

附抄發消防宣傳週實施計劃乙份

中華民國三十二年九月日

市長周學昌

首都警察總監署舉行消防宣傳週實施計劃

一、目的：本署爲澈底保持公安預防火患灌輸民衆消防常識以期減少火災起見特舉行消防宣傳週

二、播音宣傳：舉行宣傳週內擇定一日依照規定時間（其時間與中央廣播電台先期接洽）或請總監播講或擬定宣傳文字派員前往講演

三、標語宣傳：（甲）張貼紙質標語以白色長形紙條上印藍色國徽四圍印藍邊分書各項藍字標語凡有火字均用紅字下書（首都警察總監署消防宣傳週）標語七種每種印一千張在各街巷張貼（乙）懸掛布質標語用長型白布擇要以墨筆分書標語十二面（上下款書法如前）懸掛通衢其地點如下：東區鼓樓廣場珠江路魚市街口南區夫子廟西街南口中華路建康路口西區昇州路彩霞街北口北區山西路廣場海軍部前中區新街口廣場北口太平路北口內橋下關惠民橋（丙）銀幕放映標語由主管科擬定標語文字令發南北中各區局商請界內各電影院逐日於放映電影之先首先放映用廣宣傳

四、組織演講團：由本署督察員稽查員領導各區局依照各局分駐所數目各選派局員或巡官一員警長或警士一名持署發講演旗幟於宣傳週內逐日上午十時至十一時半及下午三時至四時半在繁盛地點演講人民對於消防應有之常識同時散發告市民書及防火須知（告市民書及消防須知各印五千張）

五、查察各公共場所消防設備：舉行宣傳週內各區局管轄分駐所巡官督率長警嚴密查察本市公共建築物（如戲院電影院游藝場咖啡室醫院旅館浴室茶館酒肆菜館工場貨棧商場）有關消防各種設備是否完善凡未設置消防設備者令其限期購置違者依法處罰

六、檢查電燈綫：舉行宣傳週內凡裝有電燈各商店住戶應將電線留心檢查如有防火須知第四項情形者應飭趕速更換

七、關於消防宣傳週所需各項經費擬由總務科估計呈請　行政院核發俟批准後再行定期舉行

南京特別市政府訓令　府財字第　號

令南京市銀行
本市銀錢業同業公會

案准

財政部錢二字第八四五號咨開

「案奉　行政院政字第一六九四號訓令內開　『奉　國民政府令開查儲蓄銀行法第二條第三條條文現經修正明令公布應即通飭施行除分令外合行抄發該修正條文令仰該院知照并轉飭所屬一體知照此令等因奉此除分行外合行抄發該修正條文令仰該部知照并轉飭所屬一體知照此令』等因附發修正儲蓄銀行法第二第三條條文一份奉此查儲蓄銀行法修正條文草案前經最高國防會議議決准先照辦業經由部彙案通行在案茲奉前因相應抄送修正儲蓄銀行法第二條第三條條文咨請查照并希轉飭知照爲荷」

等由附修正儲蓄銀行法第二條第三條條文一份准此查儲蓄銀行法修正條文草案前由財政部咨送到府業經以府財字第四三三號訓令轉發在案茲准前由除分令外合行抄發原修正條文令仰該行會知照

此令

計抄發修正儲蓄銀行法第二條第三條條文一份

華民國三十二年九月　日　市長周學昌

修正儲蓄銀行法第二條第三條條文三十二年八月十三日公布

第二條　儲蓄銀行應爲股份有限行組織非經財政部核准不得設立

普通銀行依前項之規定得兼營儲蓄銀行業務但收足資本至少達國幣五百萬元爲限

第三條　儲蓄銀行之資本總額至少須達國幣陸百萬元前項規定之資本額在商業簡單地方得呈請財政部核減但不得少於陸拾萬元

南京特別市政府訓令　府宣字第　號

令南京特別市改組各業同業公會籌備委員會

案准

中國國民黨中央執行委員會宣傳部九月十日函開：

「逕啓者據報稱中山路乾河沿有三星洋服店內玻璃櫥窗除貼紙條外尙糊大黨徽一枚在黨徽中間加貼五角星三枚此外尙有許多商店櫥窗上糊貼黨徽中間嵌字嵌花似此係對黨徽不加崇敬轉請知商會予以禁止等情查黨徽黨旗條例第三章第五條第一項使用黨徽之規定內載各級黨部及附屬機關使用黨徽須在會議廳禮堂及集會場所之正面等語是黨徽不能任便糊貼至爲明顯尤其不能借黨徽作爲商標之用加以嵌字嵌花而貼在商店櫥窗之上應請貴府轉飭市商會通告各商店櫥窗一律禁貼黨徽以昭敬重相應函達卽希查照辦理見復」

等由准此查該商店任意糊貼黨徽殊屬不合除派員前往糾正並函復外合亟令仰該會轉飭各同業公會迅速卽通知各商店凡有玻璃櫥窗上一律禁止黏貼黨徽以昭敬重並將辦理情形迅行具報爲要

此令

中華民國三十二年九月　日　市長周學昌

南京特別市政府訓令　府經字第　號

令第一二三區公所

中華路六百號天福祥綢布號
丹鳳街一號潘順興肉舖

查該區許事街五十四號元生合蛋號前因重犯取締私抬物價暫行條例經本市取締私抬物價裁定委員會裁定吊銷營業許可證並各處罰鍰業已送達裁定書在案自應照案執行除令由本府經濟局派員暨函請首都警察總監署並轉飭該管警察局協助會同辦理外合行令仰該區長即便遵照於查封人員到達之日派員會同辦理具報為要

此令

中華民國三十二年九月　日

市長周學昌

南京特別市政府訓令　府社福字第　號

令南京特別市公典商業公典

案准

社會福利部社益字第一三〇號咨開：

「查公益典當辦法係前社會部於民國三十年七月十九日呈准公佈施行茲以時隔二年社會經濟情形相去懸殊主管官署亦經變更該項辦法已難適用爰經本部另擬公益典當綱要呈請　行政院備案在案茲奉　行政院院字第一〇二三號指令略以公益典當辦法及改訂綱要着由該部以部令分別公佈廢止施行幷分咨各省市政府飭屬知照等因自應遵辦除將公益典當綱要暨原有辦法均于本年九月九日分別公佈廢止施行並呈復暨分行外相應檢附該項公益典當綱要一份咨請貴市政府查照幷轉飭所屬一體知照

等由並附送公益典當綱要一份到府准此除分令外合行抄發前項綱要一份令仰該典知照此令

附抄發公益典當綱要乙份

中華民國三十二年九月　日

市長周學昌

公益典當綱要

一、各省市各縣市政府或公益團體得依本綱要經營公益典當

二、非依本綱要規定而經業之典當不得于其名稱中使用公益字様

三、本綱要所稱主管官署在中央爲社會福利部在各省市爲各省市社會福利局在各縣市爲縣市政府

四、公益典當應冠以所在地地名如同一地方有兩典以上者應依登記先後加以第別

五、公益典當資金在省會市區不得少于國幣叁拾萬元在其他地方得視該地方情形呈准主管官署減少之（農村地方得設分典）

六、公益典當由公益團體設立者其所需設備費得呈請主管官署補助並轉報社會福利部備案

七、公益典當之設立應將左列各款事項向主管官署聲請登記並由主管官署轉社會福利部備案

甲、名稱

乙、資本總額

丙、所在地

丁、代表人姓名

戊、章程

八、公益典當非有正當理由呈經主管官署核准不得停止營業

九、公益典當滿當期限爲十二個月其有特別情形必須縮短者得呈請主管官署核准但不得少于六個月

十、公益典當當款利率最高不得超過月息百分之一六（每百元月息壹元陸角）

十一、當款利息按月計算一個月後未滿五日者不計息超過五日未滿十六日者以半月論

十二、公益典當除當票上所載明之本金及利息外不得用任何名義浮收雜費

十三、當票須用堅實紙張印刷字跡應繕寫清晰並載明左列事項

甲、典當名稱

乙、典當地址

丙、入質物之名稱

丁、入質物之估價額及當價額

戊、按月利息及滿當期限

己、按照簿册編列號碼

庚、年月日

十四、當款額每票不得超過貳百元

十五、入質物以搬移輕便易于保管之動產爲限但軍裝古玩及不易估價之物不得承當

十六、出質人不於限期內償還本息贖回質物公益典當得將質物變賣抵償但出質人付清利息者公益典當應准其轉期承當

十七、質物在滿限後十日內出質人如將本利清償時仍得贖回原質物

十八、質物在滿限前經公益典當之同意得爲一部份之取贖

十九、公益典當對于質物應妥愼保管除因人力不可抗拒之災患外如有損滅應負賠償之責

二十、公益典當應將質物保險

二十一、公益典當得呈准政府免徵營業稅印花稅及其他捐稅等

二十二、公益典當應於每屆年度終了後一個月將營業狀況呈報主管官署備查必要時主管官署並得派員審查賬目簿册

二十三、本綱目自公佈日施行

南京特別市政府佈告　府財字第　號

案查本市三十二年度田賦遵照

中央頒佈非常時期各省市征收田賦暫行條例按評定田地價格百分之一爲征收標準上等田地每畝全年徵收國幣拾伍元中等田地每畝全年徵收國幣拾元下等田地每畝全年徵收國幣柒元分作兩期各半徵收已於本年五月開徵第一期田賦時布告在案現在應徵第二期田賦定於本年十月一日開始徵收以十二月一日爲截止期限除由財政局田賦徵收處仍在本市瞻園路設立田賦徵收總櫃暨在鄉區另設分櫃外合行布告仰本市有關田賦各戶迅將三十二年度第二期田賦依照規定賦額遵限持單投櫃完納掣照安業如逾定限始行完納者照章加徵滯納罰金倘或抗違任催不納一經查出定予傳案押追其有未完本年第一期及本年以前之各期欠賦並仰各照原額掃數清完毋得違延致干嚴處切切　此布

附業戶納賦須知

一、各業戶全年賦額分作兩期徵收除第一期已於本年五月十一日布告啓徵外所有第二期田賦定於十月一日開始徵收

二、本期田賦自十月一日開徵日起以兩個月爲限至十二月一日爲截止限期

三、滿兩個月限期後完納者照所納賦額加徵十分之一滯納罰金

四、滿四個月後完納者照所納賦額加收十分之二滯納罰金

五、各業戶應納田賦數額自開徵日起逾定限後仍未完納者除加收上項滯納罰金外得斟酌情形隨時傳案押追

六、各業戶完納田賦須攜帶第一期所發通知單赴財政局田賦徵收處糧櫃完納掣照安業

七、通知單如有遺失得覓具妥保赴財政局田賦徵收處證明後照章繳納

市長　周學昌

財政局局長　譚友仲

中華民國三十二年九月　日

南京特別市政府公告　府地字第　號

爲公告事案查日本居留民團第二國民小學校擬改闢將軍廟虹橋等處道路租用土地一案業經本府會同外交內政兩部呈奉行政院指令核准徵收在案茲依照土地法第三百六十條與同法施行法第八十三條之規定揭示公告徵收自即日起仰後列各業戶檢同所有權狀分段圖查驗證等各項證明文件送呈本府地政局審核以憑發給土地補償金及遷移費一經公告期滿未據呈繳各項證件即予依照土地法第三百七十九條第三百八十五條之規定辦理幸勿自誤合行公告週知

計開

土地所有權人　姓名　籍貫　住址　土地面積及坐落四至

定着物情形　他項權利人姓名

聲請登記日期　　年　　月　　日

公告期滿日期　　年　　月　　日

土地所有權人　梁培准　梁培永　張萬年　李茂華　曾素九　杜廣圻　金少卿

中華民國三十二年　月　日

市　長　周學昌

地政局局長　張　仿　良

法規

南京特別市政府組織規則 民國三十二年六月修正公布

第一章 總則

第一條　本規則依照市組織暫行條例第二十二條之規定訂定之

第二條　本市政府依照市組織暫行條例第一條及第二條第一款之規定定名爲南京特別市政府直隸行政院

第三條　本市政府以呈經　國民政府核定地區爲本市行政範圍

第四條　本市政府依照市組織暫行條例第十二條之規定掌理本市行政事務監督所屬機關及自治團體

第五條　本市政府設市長一人特任綜理全市事務指揮監督所屬職員及各機關

第六條　本市政府設參事二人至四人簡任掌理市單行規則或命令之纂擬審核事項

第七條　本市政府因事務之需要得設置專員及聘任技術人員

第八條　本市政府設祕書處財政局工務局教育局衞生局地政局經濟局糧食局社會福利局宣傳處遇必要時得呈准設立其他附屬機關或委員會

第九條　各局處會因事務之需要得呈准設立附屬機關

第十條　本市政府市政會議依照市組織暫行條例第二十七條至二十九條之規定辦理其會議規則另定之

第二章 祕書處

第十一條　祕書處設祕書長一人簡任秉承市長綜理全處事務並指揮監督所屬職員

第十二條　祕書處職掌如左

一、典守印信及辦理機要文件事項

二、文牘會計庶務人事等事項

三、民事禮俗及審核事項
四、調查統計及公報特刊之編輯事項
五、通譯聯絡報告及撰譯函牘文件等事項
六、農林之增產保護及取締事項
七、其他不屬於各局處所掌理事項

第十三條　祕書處設祕書二人至四人荐任秉承市長祕書長綜核全府文稿及辦理一切交辦事項
祕書處因事務之需要得設助理祕書四人至八人委任或薦任秉承祕書長協助祕書撰擬文稿及辦理其他交辦事項

第十四條　祕書處設第一第二第三科及外事室農林室每科設科長一人室設主任一人均荐任秉承市長祕書長分掌各該科室事務各科室得按事務性質酌分若干股

第十五條　祕書處設科員四十人至五十人技士一人至三人通譯五人至八人辦事員二十五人至三十五人均委任承長官之命分別辦理各科室事務每股並指派科員一人爲主任

第十六條　祕書處因事務之繁簡得酌用雇員其人數不得超過三十人

第三章　財政局

第十七條　財政局設局長一人簡任秉承市長綜理全局事務並指揮監督所屬職員

第十八條　財政局設祕書一人荐任秉承局長核閱全局文稿及辦理交辦事項

第十九條　財政局職掌如左
一、全市財政收支事項
二、預算決算編造事項
三、全市各種稅收之稽徵整理事項
四、市有財產之管理及使用收益處分事項
五、市營業之管理事項
六、船舶車輛之登記管理事項

七、其他財務行政事項

第二十條　財政局設第一第二第三三科每科設科長一人荐任秉承局長分掌各該科事務各科得按事務之性質酌分若干股

第二十一條　財政局設科員四十五人至五十五人辦事員四十八人至五十八人均委任承長官之命分別辦理各該科股事務每股並指派科員一人爲主任

第二十二條　財政局因事務之繁簡得酌用雇員其人數不得超過三十人

第四章　工務局

第二十三條　工務局設局長一人簡任秉承市長綜理全局事務並指揮監督所屬職員

第二十四條　工務局設祕書一人荐任秉承局長核閱全局文稿及辦理交辦事項

第二十五條　工務局職掌如左

一、公用房屋公園公共體育場公共墓地等建築修理事項

二、市民建築之指導取締事項

三、市內民營公用事業設備之管理督察事項

四、道路橋樑碼頭溝渠堤岸及其他公共土木工程事項

五、河道港務及飛機場等管理事項

六、疏通河渠修築道路及其他工務上徵工事項

七、其他工務行政事項

第二十六條　工務局設第一第二第三三科及技正室每科設科長一人室設主任技正一人技正二人至五人均荐任秉承局長分掌各該科室事務各科室得按事務之性質酌分若干股

第二十七條　工務局設科員十八人至十八人技士六人至十二人技佐八人至十五人繪圖員六人至十人辦事員五人至十二人均委任秉承長官之命分別辦理各科室股事務每股並指派科員一人爲主任

第二十八條　工務局因事務之繁簡得酌用技術員三人至五人實習生六人至十人雇員八人至十五人

第五章　教育局

第二十九條　教育局設局長一人簡任秉承市長綜理全局事務並指揮監督所屬職員

第三十條　教育局設祕書一人荐任秉承局長核閱全局文稿及辦理交辦事項

第三十一條　本條第六款「文化機關」四字改爲「教育團體」餘無修改

第三十二條　教育局設第一第二第三科每科設科長一人荐任秉承局長分掌各該科事務各科得按事務之性質酌分若干股

第三十三條　教育局設督學二人至四人荐任視察二人至五人委任秉承局長調查視察及指導全市教育事項

第三十四條　教育局設科員二十八人至三十八人辦事員十八人至二十八人均委任承長官之命分別辦理各科股事務每股並指派科員一人爲主任

第三十五條　教育局因事務之繁簡得酌用雇員其人數不得超過二十人

第六章　衛生局

第三十六條　衛生局設局長一人簡任秉承市長綜理全局事務並指揮監督所屬職員

第三十七條　衛生局設祕書一人荐任秉承局長核閱全局文稿及辦理交辦事項

第三十八條　衛生局職掌如左

一、公共衛生事項

二、醫政保健事項

三、醫院診所中西藥業藥市場屠宰場之監督管理事項

四、公共娛樂場所及公共墓地之衛生設備檢查及取締事項

五、其他衛生行政事項

第三十九條　衛生局設第一第二第三科及技正室每科設科長一人室設技正一人均荐任秉承局長分掌各該科室事務各科室得按事務性質酌分若干股

第四十條　衛生局設科員十五人至二十五人辦事員八人至十六人均委任分掌各科股事務每股並指派科員一人爲主任

第四十一條　衛生局設技士二人至六人（醫師藥劑師化驗師統計員等均屬之）技佐五人至十人（藥劑士護士化驗員等均屬之）均委任承長官之命分別辦理各科股事務

第四十二條　衛生局因事務之繁簡得酌用衛生稽查員及雇員其衛生稽查員人數不得超過十六人雇員人數不得超過二十人

第七章　地政局

第四十三條　地政局設局長一人簡任秉承市長綜理全局事務並指揮監督所屬職員

第四十四條　地政局設祕書一人荐任秉承局長核閱全局文稿辦理交辦事項

第四十五條　地政局職掌如左

一、土地登記事項

二、土地測量事項

三、土地徵收事項

四、地權之處理事項

五、地價之查估土地稅及改良物稅之核定增值稅之徵收事項

六、市有土地及旗地旗產之整理事項

七、公有地之墾殖事項

八、其他各種地政事項

第四十六條　地政局設第一第二第三三科每科設科長一人薦任秉承局長分掌各該科事務各科得按事務性質酌分若干股

第四十七條　地政局設技正一人至二人一等估計專員一人均薦任二等估計專員一人至二人均委任秉承局長辦理技術上事務及土地與改良物價之估計事項

第四十八條　地政局設科員二十八人至三十八人技士三人至六人技佐六人至十人測量員八人至十二人辦事員十二人至二十人均委任承長官之命分別辦理各科股事務並指派科員或技士一人爲主任

第四十九條　地政局因事務之繁簡得酌用雇員其人數不得超過五十人

第八章　經濟局

第五十條　經濟局設局長一人簡任秉承市長綜理全局事務並指揮監督所屬職員

第五十一條　經濟局設祕書一人至二人薦任秉承局長核閱全局文稿及辦理交辦事項

第五十二條　經濟局職掌如左

一、工商業之登記及管理事項
二、工商團體之組織登記指揮及監督事項
三、工商業之保護奬勵及改良事項
四、工商業之調查事項
五、物資之生產保存移動及配給事項
六、物價之調整及管理事項
七、合作社之組織及指導事項
八、度量衡之檢定事項
九、其他與工商管理有關事項

第五十三條　經濟局設第一第二第三第四四科每科設科長一人荐任秉承局長分掌各該科事務各科得按事務性質酌分若干股

第五十四條　經濟局設科員三十五人至四十五人辦事員二十人至三十人均委任承長官之命分別辦理各科股事務每股並指派科員一人爲主任

第五十五條　經濟局設技正一人至二人荐任技士三人至六人技佐六人至十人均委任承長官之命辦理技術上事務

第五十六條　經濟局設視察四人至六人荐任秉承局長辦理調查視察及指導事務

第五十七條　經濟局因事務之繁簡得酌用雇員其人數不得超過二十人

第九章　粮食局

第五十八條　糧食局設局長一人簡任秉承市長綜理全局事務並指揮監督所屬職員

第五十九條　糧食局設秘書一人至二人荐任秉承局長核閱全局文稿及辦理交辦事項

第六十條　粮食局職掌如左

一、糧食生產之保護奬勵推廣改進調查設計及災害預防事項
二、農村經濟之調查設計荒山荒地之測勘墾殖事項
三、土壤肥料農具籽種農田漁牧場之整理改良檢查試驗及介紹奬勵事項

四、米麥雜糧水產畜產及一切副食品飲料調味料代用食品之配給節約及監督指導設計事項

五、米麥雜糧水產畜產及一切副食品飲料調味料代用食品之儲備運銷及價格之調查評定監督管理事項

六、米麥雜糧水產畜產及一切副食品飲料調味料代用食品與其加工製造之管理查緝事項

七、米麥雜糧業及一切副食品飲料調味料代用食品之商人及團體之指揮監督及組織訓練事項

八、其他有關糧食行政事項

第六十一條 糧食局設第一第二第三三科每科設科長一人荐任秉承局長分掌各該科事務各科得按事務性質酌分若干股

第六十二條 糧食局設科員二十人至三十人辦事員二十人至三十人均委任承長官之命分別辦理各科股事務每股並指派科員一人爲主任

第六十三條 糧食局設技正二人至四人荐任技士四人至八人技佐六人至十人均委任承長官之命辦理技術上事務

第六十四條 糧食局設專員二人至四人荐任秉承局長辦理指定事務

第六十五條 糧食局設荐任視察二人委任視察二人承長官之命視察指導糧政事項

第六十六條 糧食局因事務之繁簡得酌用雇員其人數不得超過二十人

第十章　社會福利局

第六十七條 社會福利局設局長一人簡任秉承市長綜理全局事務並指揮監督所屬職員

第六十八條 社會福利局設祕書一人至二人荐任秉承局長核閱全局文稿及辦理交辦事項

第六十九條 社會福利局職掌如左

一、籌振救災事項

二、公益慈善事項

三、民衆政治指導事項

四、各種慈善機關及團體之指導監督事項

五、民衆體育團體及教會團體之組織指導事項

六、勞動團體及互助事業之組織指導事項

七、其他職業指導及有關社會福利事項

第七十條 社會福利局設第一第二第三第四第五五科每科設科長一人荐任秉承局長分掌各該科事務各科得按事務性質

酌分若干股

第七十一條　社會福利局設科員三十八人至五十八人辦事員二十八人至三十八人均委任承長官之命分別辦理各科股事務每股並指派科員一人爲主任

第七十二條　社會福利局設視察八人至十六人荐任秉承長官辦理視察事項

第七十三條　社會福利局因事務之繁簡得酌用雇員其人數不得超過三十人

第十一章　宣傳處

第七十四條　宣傳處設處長一人簡任秉承市長綜理全處事務並指揮監督所屬職員

第七十五條　宣傳處設秘書一人至二人荐任秉承處長核閱全處文稿辦理交辦事項

第七十六條　宣傳處職掌如左

一、宣傳計劃之擬訂及所屬宣傳機關工作之指導考核事項

二、新聞稿件之撰擬發布及宣傳刊物之指導審查事項

三、宣傳資料之徵集及宣傳刊物編撰事項

四、宣傳事業宣傳活動之規劃及推動事項

五、新聞事業之聯絡扶助及新聞從業員之調查及同業公會之組訓督導事項

六、文化藝術團體之組訓督導及宣傳事業組織之調查事項

七、宣傳品之印刷散布及宣傳廣告之設計指導事項

八、電影戲劇之審查管理廣播音樂事業之指導及其他藝術宣傳之計劃及推動事項

九、其他有關宣傳事業

第七十七條　宣傳處設第一第二第三三科每科設科長一人荐任秉承處長分掌各該科事務各科得按事務性質酌分若干股

第七十八條　宣傳處設科員九人至十五人辦事員八人至十五人均委任承長官之命分別辦理各科事務每科並指派科員一人爲主任

第七十九條　宣傳處設專員視察各二人荐任秉承處長辦理指定事務

第八十條　宣傳處因事務之繁簡得酌用雇員其人數不得超過十二人

第十二章　附則

第八十一條　本市政府辦事通則各局處會分科規則會議規則另訂之

第八十二條　本規則如有未盡事宜得由市長提交市政會議議決呈請行政院核准修正之

第八十三條　本規則自公布日施行

南京特別市糧食局食糖配給辦法　民國三十二年九月公布施行

第一條　南京特別市糧食局(以下簡稱本局)爲辦理本市食糖配給事宜特訂定本辦法以資根據

第二條　本局辦理配給糖以全市各區同時普遍配給爲原則但因手續便利起見得分別於城區郊區先後辦理之

第三條　本市食糖配給暫分左列二種

一、普通配給　指普通戶口配給而言以南京特別市保甲委員會之全市戶數統計爲準標憑普通購糖證向指定之食糖經售處購買

二、特種配給　指特任官以上之官邸及政府機關公共團體暨特種商舖之配給而言憑特種購糖證向指定之食糖特種配給所購買

另項　政府機關公共團體之配給方法及特種商舖之類別均由本局另行規定呈請　市長核定施行

第四條　本局核發購糖證之手續分別規定如左

一、普通購糖證　由各區公所會同南京區糖業公會按戶填實對於各戶人口確數及食糖經售處之所在地牌號等必須切實註明其核發次序由各區公所按照各坊保甲順次分發之

二、特種購糖證　由本局填寫核發其各政府機關公共團體及規定之特種商舖須先行造具名册報送本局購糖證如有遺失須依照補領購米證方法請求補發

第五條　市民購糖時如發覺重量不足應當時聲明補足

第六條　經售糖商有左列情形之一卽按其情節之輕重予以處罰(其處罰辦法另訂之)

一、擅行抬價

二、尅扣分量
三、攙雜變質
四、無理拒售
五、無證私售或強行減少規定之數量

第七條　發售日期每次規定六天時間由上午九時至十二時下午二時至五時發售時得由本局及區公所派員監視

第八條　各經售糖商須備購糖底册一份塡註所担任之購糖戶主姓名須於購糖時在底册及購糖證上分别加蓋戶主姓名章並註明購糖日期及數量以資查考其底册式樣另定之

第九條　各經售糖商於每次配糖終了時須將逐日售出數量及糖戶姓名詳細列表呈報本局備核

第十條　本局對於。糖之配給數量及價格得隨時按照實際情形訂定之

第十一條　本辦法如有未盡事宜得隨時呈准修正之

第十二條　本辦法呈奉　市長核准公布施行

公牘

南京特別市政府呈 府粮字第　號

案准糧食部佳代電開略以定於本月十五日下午三時在京召開食糧增產策進會議請轉飭主管人員準期出席等由並附開會日期及參加人選表壹份到府自應照辦除已飭派本府粮食局局長劉渤偕同派局主管科長黃相軒出席與議外茲按照表訂省市會議日期定於本月二十日下午三時在本府大禮堂召開地方食粮增產策進會議除分別知照外理合備文呈請

鑒核俯賜派員出席指導實爲公便

謹呈

行政院院長汪

南京特別市市長　周學昌

中華民國三十二年九月　日

南京特別市政府呈 字第　號

竊查本市食粮增產策進會議遵於本月二十日如期舉行並奉

鈞院派參事陳會亮出席指導當經討論計通過議案九項除切實推進並飭所屬各區遵照各級會議日程準於二十五日如期舉行區食糧增產策進會議以便實施而利增產外理合繕具會議紀錄一份備文呈送仰祈

鑒核

謹呈

行政院院長汪

計呈送南京特別市食糧增產策進會會議紀錄一份(見附錄欄)

南京特別市市長周學昌

中華民國三十二年九月日

南京特別市政府咨 府經字第　號

案據鴻森煤礦公司代表人蔣義森呈稱：

「竊商前於南京市和平門外燕子磯區和平鄉煤炭山榮府山一帶地方發現煤苗曾經延聘著名鑛師勘得鑛區一處業於民國三十二年四月二十日呈奉鈞府頒發府經字第二號小鑛業採鑛執照一紙在案查現在市面燃料缺乏煤荒孔亟之秋商爲力謀增加社會生產輔助工商業需要起見茲定於本月十六日正式興工開採理合具文呈報仰祈鑒核准予備案飭屬保護並乞轉咨實業部備案以利工程而重生產實爲德便」

等情據此除飭由經濟局備案外相應咨請

查照備案幷希見復爲荷

此咨

實業部

中華民國三十二年九月日

市長周學昌

統計

南京特別市戶口統計表

三十二年七月份

區別	戶數	人口數						
		總計	男性			女性		
			合計	成人	兒童	合計	成人	兒童
總計	139760	678410	374092	287381	86711	304318	227973	76345
城區自治實驗區	13276	63437	33864	25522	8342	29573	21541	8032
第一區	22572	111450	60301	51034	9267	51149	42988	8161
第二區	23197	112459	60691	51243	9448	51768	42551	9217
第三區	18069	86646	48725	26065	12660	37921	27682	10239
第四區	17774	99115	55790	47973	7817	43325	36772	6553
第五區	9264	45695	26312	19442	6870	19383	12602	6781
鄉區自治實驗區	8597	40520	22871	14396	8475	17649	10594	7055
上新河區	12561	55029	29826	20320	9506	25203	16653	8550
孝陵衛區	5262	24613	13105	7321	5784	11508	6867	4641
安德門區	9184	39446	22607	14065	8542	16839	9723	7116

註：各外國僑民不在此內

資料根據各區公所査報
秘書處第三科統計股製

南京特別市戶口統計表

三十二年八月份

區別	戶數	人口數						
		總計	男性			女性		
			合計	成人	兒童	合計	成人	兒童
總計	139706	671565	378026	286623	86403	303539	226678	76861
城區自治實驗區	13472	63818	34244	25912	8332	27574	21550	8024
第一區	22495	111133	59366	50540	9126	51467	42624	8843
第二區	23034	111526	60696	50887	9309	51330	42258	9072
第三區	18054	86613	48703	36046	12657	37910	27679	10231
第四區	17854	98579	55782	47907	7875	42797	36210	6587
第五區	9242	45558	26232	19383	6849	19326	12562	6764
鄉區自治實驗區	8559	40159	22634	14228	8406	17525	10525	7000
上新河區	12580	55196	29910	20362	9548	25286	16695	8591
孝陵衛區	5261	24619	13106	7326	5780	11513	6869	4644
安德門區	9155	39364	22553	14032	8521	16811	9706	7105

註：各外國僑民不在此內

資料根據各區公所査報
秘書處第三科統計股製

南京特別市戶口增減比較表

三十二年七月份

區別	戶數	人口數 總計	男性 合計	男性 成人	男性 兒童	女性 合計	女性 成人	女性 兒童
總計	+ 54	+ 1845	+ 1066	+ 758	+ 308	+ 779	+ 1295	− 516
城區自治實驗區	− 196	− 381	− 380	− 390	+ 10	− 1	− 9	+ 8
第一區	+ 78	+ 317	+ 635	+ 494	+ 141	− 318	+ 364	− 682
第二區	+ 163	+ 933	+ 495	+ 356	+ 139	+ 438	+ 293	+ 145
第三區	+ 15	+ 33	+ 22	+ 19	+ 3	+ 11	+ 3	+ 8
第四區	− 80	+ 536	+ 8	+ 66	− 58	+ 528	+ 562	− 34
第五區	+ 22	+ 137	+ 80	+ 59	+ 21	+ 57	+ 40	+ 17
鄉區自治實驗區	+ 38	+ 361	+ 237	+ 168	+ 69	+ 124	+ 69	+ 55
上新河區	− 16	− 167	− 84	− 42	− 42	− 83	− 42	− 41
孝陵衛區	+ 1	− 6	− 1	− 5	+ 4	− 5	− 2	− 3
安德門區	+ 29	+ 82	+ 51	+ 33	+ 21	+ 28	+ 17	+ 11

各外國僑民不在此內

註：增(+)
減(−)

資料根據各區公所查報
秘書處第三科統計股製

南京特別市戶口增減表

三十二年八月份

區別	戶數	人口數 總計	男性 合計	男性 成人	男性 兒童	女性 合計	女性 成人	女性 兒童
總計	(—) 54	(—)1845	(—)1066	(—) 758	(—) 308	(—) 779	(—)1295	(+) 516
城區自治實驗區	(+)196	(+) 381	(+) 380	(+) 390	(—) 10	(+) 1	(+) 9	(—) 8
第一區	(—) 78	(—) 317	(—) 335	(—) 494	(—) 141	(+) 318	(—) 364	(—) 682
第二區	(—)163	(—) 933	(—) 495	(—) 356	(—) 139	(—) 438	(—) 293	(—) 145
第三區	(—) 15	(—) 33	(—) 22	(—) 19	(—) 3	(—) 11	(—) 3	(—) 8
第四區	(+) 80	(—) 536	(—) 8	(—) 66	(+) 58	(—) 528	(—) 562	(+) 34
第五區	(—) 22	(—) 137	(—) 80	(—) 59	(—) 21	(—) 57	(—) 40	(—) 17
鄉區自治實驗區	(—) 38	(—) 361	(—) 237	(—) 168	(—) 69	(—) 154	(—) 69	(—) 55
上新河區	(+) 16	(+) 167	(+) 84	(+) 42	(+) 42	(+) 83	(+) 42	(+) 41
孝陵衛區	(—) 1	(+) 6	(+) 1	(+) 5	(—) 4	(+) 5	(+) 2	(+) 3
安德門區	(—) 29	(+) 82	(—) 54	(—) 33	(—) 21	(—) 28	(—) 17	(—) 11

各外國僑民不在此內

註：(+)增

(—)減

資料根據各區公所查報

秘書處第三科統計股製

附　錄

南京特別市食糧增產策進會議紀錄

地　點　本府大禮堂

時　間　九月二十日下午三時

出　席　者

市長周學昌

祕書長陸善熾

糧食局局長劉渤

祕書胡敬之　陳碧徽

科長張熹輝　夏鴻闓　黃桐軒

技正孫　震

專員孫益三

行政院代表陳曾亮

糧食部代表尤建儂

宣傳處薛　豐　樓遠仁代

外事室蘇鏡三

中央社邱世煌　戴魏先

保甲委員會蘇榮軒

農林室王明生

地政局局長張仿良
市府經濟顧問富永定
教育局局長楊正宇
財政局局長譚友仲　余濟民代
城區自治實驗區區長趙其凡
鄉區自治實驗區區長蕭石樓
第一區區長蘇源
第二區區長宋建中　嚴明亮代
第三區區長葉秀甫
第四區區長潘叔蕃
第五區區長劉運祥
孝陵衞區區長巫開福
安德門區區長楊廣才
上新河區區長陳良知

主席　市長　　紀錄　朱龍文　張慶雲

開會如儀

主席報告　略謂安定民食不外增加生產節約消費但消極的節約不能超過限度不如積極的增產及根本切要之圖今天開會所提議案甚多應當避免空論注意實際問題例如空地和水利的如何利用農村經濟及生產技術的如何改善土質如何鑑別何處宜植稻麥何處宜植雜糧何處宜植菜蔬各區區坊保甲長應負責指導協助民衆遵照中央全部增產方案擇其力之所能逮者切實推進總之中央增產會議是確定範圍省市決定原則區以下是決定實施的具體辦法此三階段甚望各位注意

行政院代表致訓　略謂今天南京特別市政府召集食糧增產策進會議本人奉派出席得悉各種增產計劃及實施成績殊爲欽佩與愉快此次會議係按照糧食部所訂中央及地方各級食糧增產會議之步驟糧食部已於本月十五日舉行預料各地方省市政府統能於今日舉行以後「廿五」「廿八」日倘有縣區以及鄉鎮亦能按時舉行此等極普遍之動作意義至爲重大國府自參戰以後爲適應實際需要制定戰時經濟政策綱領其中卽有興修水利拓闢耕地改進農業技術以及戰時食糧及主要農產品

之充分增產一案　領袖汪主席力所倡導之新國民運動亦確定國民精神總動員增加生產兩大目標吾人爲奉行國策及領袖給與吾人之訓示自應努力推進逐步實施藉收宏效糧食部三月十五日召集食糧增產會議決定全部食糧增產實施方案近於九月十五日復召集食糧增產促進會幷規定日期舉行普遍的各級地方政府食糧增產策進會各地務須同時舉行方爲國民精神總動員及物質總動員的具體表現惟中央增產會議係規定綱領如何實施力可奏效皆在地方政府之實行是否努力是否得法地方長官負有深入民間提倡指導督促推進的責任本市各區區坊保甲長的責任尤爲重大希望根據此次決議案及以前所定的墾荒計劃努力實施

糧食部代表致辭　對上次糧食增產會議情形詳細闡述並提出食糧增產應注意「夏作收獲」「冬耕初種」「採擇種子」「增加耕地與利用荒地」「改良品種」「興修水利」以及播種調種等事項均須應用政治力量按照地方情形去「督導」「幫助」農民根據決議案去實施

討論事項

一、如何推動稻作採種及小麥增產實施計劃案

理由　爲求糧食增產速效起見擬遵照糧食部所擬稻作採種及小麥增產實施計劃切實推進以利增產是否有當提請公決

辦法　擬令飭各區公所轉飭各鄉保甲長督飭農民遵照中央食糧增產策進會議議決稻作採種及小麥增產實施計劃按照本市實際情況切實施行

決議　由府令飭各區公所遵照中央糧食增產策進會議議決方案參照各區實際情況轉飭各該管坊保甲長切實推行

二、如何開發本京農村休閑荒廢土地以宏增產案

理由　查本市近郊村落各處荒廢休閑土地雖經本府飭屬從事開發放領但已開發放領者僅二千六百餘畝際此食糧恐慌亟宜盡量開拓以期達到地盡其利之能事是否有當提請　公決

辦法　一、利用本市所屬各區範圍以內之休閑荒廢土地以本府爲中心由糧食局地政局及各區公所及有關各機關組織調查團着手調查擬具辦法督促施行在調查時並須注意下列各點

1.地點　2.面積　3.產權人　4.休閑荒廢之原因　5.宜栽作物之種類　6.促進之對策

二、前項休閑土地栽植之獎勵得由政府配發冬作種子以示鼓勵

三、前項荒廢土地之開墾按照實業部督勵墾荒條例辦理之

決議　照原則通過惟關於各區內所有軍圈地及敵產調查時事先須與友邦軍憲取得聯絡至如何利用應由府呈請中央與友邦

有關機關接洽辦理

三、擬請提倡人民勞動服務以利糧食增產案

理由　在此戰時時制食糧增產實爲當今要圖其治本方法惟有人盡其力地盡其利故提倡人民勞動服務事屬有利於國家之生產及建設並且可使失業貧民謀生有道不致遊手好閒徒以消耗物質於以養成健全之國民社會秩序因以安定實有一舉兩得之便是否有當提請　公決

辦法　利用保甲抽調人民爲國家服務分區設立人民勞動服務團由保甲委員會主任委員任總團長糧食局及地政局局長任副團長負責指導監督並由各區長担任各區分團分團長先行督飭人民着手開墾工作以利增產是否有當請　公決案

決議　由保甲委員會與糧食局擬具食糧增產勞動服務辦法積極推進

四、擬請推廣農民教育以利生產案

理由　我國以農立國惟農民不失字者居多數以致對於耕種咸墨守舊法不知改良此實爲我國農業上之大疵故普及農民教育灌輸農事之新知識使農作日加改良則生產自可增加是否有當提請　公決

辦法　一、擬請　教育部通令辦理

一、擬由教育局在各鄉區設立民衆夜校延聘農業專門人才講導之

決議　由糧食局會同教育局擬具辦法切實推廣

五、擬請提倡生產用具與勞力合作以求提高工作效能而利增產案

理由　查鄉農向均各自爲政致使地多者每感人力財力物力之不足地少者每有餘少而有虛擲減少生產殊匪淺解欲免斯弊則須勵行合作生產是否有當提請　公決

辦法　由本府釐訂集約農組織辦法實施各集約農生產用具與勞力之合作此項組織由糧食局籌備組織集約農合作社以後由

各區長會同各校館增產特約員負責指導監督辦理之

決議　由糧食局會同農林專員會擬具集約農組織辦法呈府核准施行

六、擬請補充各鄉區耕牛以利耕種案

理由　查本府各鄉區犂熟田地約計十九萬餘畝每五十畝平均須耕牛一頭約共須牛三千八百餘頭近據調查各鄉除幼牛二百二十頭外實計耕役之牛僅有一千六百二十餘頭現估計約缺乏二千一百餘頭自宜設法補充以利耕作是否有當提請公決

辦法　先行飭區調查所缺耕牛實在數目後由政府協助各農民赴各產區採購並於運輸上予以便利至所需款擬在農村貸款內提撥貸與各農民作爲耕牛貸款

決議　由府咨請糧食部協助

七、督導農民切實防治蟲害以利增產案

理由　根據陳公博先生二十九年文存中記載我國農產品因受蟲害而損失者每年約在十二萬萬元以上故防治蟲害亦爲推進增產之要圖是否有當提請　公決

辦法　一、舉辦合式秧田，在春季勵行捕蛾採卵以絕根源

一、設置捕蛾燈：查春季爲三化螟虫繁殖最盛之期患害最烈擬在稻田集中之場所設置捕蛾燈切實捕治螟蛾

一、勵行稻田冬耕：凡冬季休閑稻田最易潛伏螟虫越冬爲防除來年螟虫發生擬於冬季休閑稻田督促農民切實冬耕以上辦法擬由本府令飭各區公所轉飭各保甲長督導農民勵行切實防治并由本府隨時派員查察以防玩忽藉除螟害而增生產

決議　照原則通過至使用之捕蛾燈及捕虫器等由府咨請建設部予以免費補助俾資試驗而示鼓勵

八、擬請糧食部撥給優良麥種換給京市農民以利增產案

理由　査本市麥田面積按三十一年統計共約九萬餘畝而農民對於採用麥種大多係本地種且並不加以選擇在玆推行增產之際自須選擇優良麥種以資增加收穫

辦法　遵照糧食部小麥增產實施計劃農民得以土種二升掉換優良種子三升以資勸導之規定令飭各區公所轉飭各農民一律遵照

決議　照原辦法通過

臨時第一區區長蘇源提議擬請獎勵市民畜牧增加糧食副產品案

理由　查魚類禽鳥家畜雖非主要食糧但値此人民生產力減退之際提倡農業副產亦爲戰時增產運動重要設施之一本市城廂內外池沼空地特夥居民雖有飼養鷄鴨猪畜者惟爲數不多養魚尤絕無僅有坐令資源荒廢殊爲可惜擬由本府有關各局處會同各區公所切實調査境內公有池沼准許人民承租養魚幷培植優良品種獎勵畜牧非特糧食副產品得以增加人民生計亦裨益匪淺以上所提是否有當敬候　公決

辦法　一、由本府有關各局處會同各區公所切實調査境內公有池沼准許市民具保承租養魚

二、私有池沼經調査後責令各業主不得聽任荒廢

三、由本府主管局徵集優良品種獎勵居民飼養鷄鵝鴨等家禽及猪兎等家畜

四、市銀行小本貸款處對於市民因養魚畜牧等需用之必要資金應酌予放給

五、各區或各坊鄉組織市民生產合作社辦理養魚畜牧之品種培植及貨物運銷等事宜

六、對於養魚畜牧之技術方法由本府主管局遴請專家編訂小册儘量宣傳

決議　照原辦法通過切實施行

議與全體代表向　主席致敬抄錄致敬電文于后

國民政府主席汪鈞鑒　食糧增產爲戰時切要之圖策劃推進尤屬刻不容緩本府爲仰承

藎謨充裕戰時糧食爰於本日依照粮食部所訂地方食粮增產策進會議日程舉行本市食粮增產策進會議集思廣益共同研討具

體實施方策代表等誓在

鈞座領導之下遵照全部增產方案參酌本市實際情形羣策羣力切實推進以期達成高度增產之目的用釋

鈞座宵旰之憂謹電肅陳伏維

垂詧

南京特別市食糧增產策進會議全體代表叩（咨）印

市政公報暫定價目表

期數	價目	郵費
零售	每冊五角	本埠四分 外埠八分
半年	十二冊六元	本埠四角八分 外埠九角六分
全年	二十四冊十二元	本埠九角六分 外埠一元九角二分

市政公報廣告刊例

頁數	價目
一頁	每期十八元
半頁	每期九元
四分之一頁	每期四元五角

刊登廣告在四期以上者每期按照七折計算連續十期以上者每期按照六折計算長期另議

出版日期　本公報暫定每月二次

編輯者　南京特別市政府祕書處

發行者　南京特別市政府祕書處

印刷者　南京國華印書館

地址：中山東路臚政牌樓
電話：二二一六五

中華郵政掛號認爲第一類新聞紙類　江蘇郵政管理局執照第一〇四三號

中華民國三十二年十月十五日

市政公報

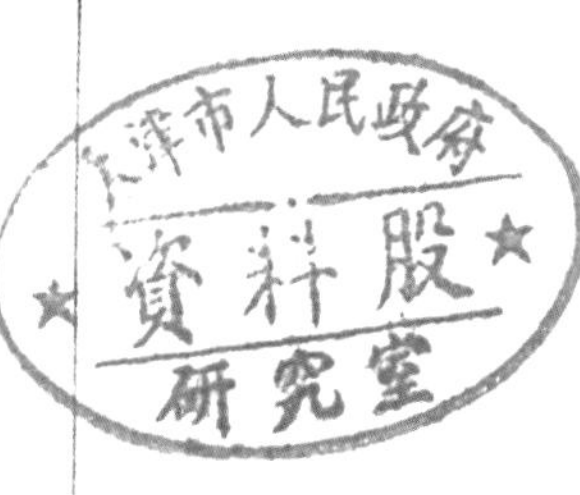

第一二九期

南京特別市政府秘書處印行

目錄

命令

南京特別市政府公佈令 字第 號

茲制定南京特別市抑平物價辦法暨南京特別市取締私擡物價市民檢舉辦法公布之此令

附南京特別市抑平物價辦法（見法規欄）

南京特別市取締私擡物價市民檢舉辦法（見法規欄）

中華民國三十二年十月 日

市長周學昌

南京特別市政府公布令 字第 號

茲制定南京特別市糧食局食糖經售商違章處罰辦法公布之此令

計附南京特別市糧食局食糖經售商違章處罰辦法一份（見法規欄）

中華民國三十二年十月 日

市長周學昌

南京特別市政府委令 字第 號

令蕭霖

南京特別市政府委令　字第　號

令萬經戡

茲派該員代理本府經濟局科長另候呈荐

此令

中華民國三十二年十月　日

市長周學昌

南京特別市政府委令　字第　號

令萬經戡

茲派該員爲本府經濟局第三科科長另候呈荐

此令

中華民國三十二年十月　日

市長周學昌

南京特別市政府委令　字第　號

令夏鴻圖

茲派該員爲本府糧食局第三科科長另候呈荐

此令

中華民國三十二年十月　日

市長周學昌

南京特別市政府委令　字第　號

令汪和卿

茲派該員爲本府保甲委員會祕書另候呈荐

此令

中華民國三十二年十月　日

市長周學昌

南京特別市政府委令 字第　號

令蘇源
　秦家潛

茲派該員爲本府保甲委員會第一二科科長另候呈荐

此令

中華民國三十二年十月　日

市長周學昌

南京特別市政府訓令 府祕字第　號

令祕書處

查本府總收發室業經籌備就緒定於本月十二日開始辦公茲製訂調整總收發室組織摘要及修正公文處理程序隨令頒發嗣後各局處會所有收發文件統由總收發室辦理至市民來府辦理各項手續亦須由總收發室按各項事業錄由編號發給來人傳票再憑傳票至各局處會辦理除分令外合仰該處知照

此令

附調整聯合總收發室組織摘要及修正公文處理程序各乙份

中華民國三十二年十月　日

市長周學昌

調整聯合總收發室組織摘要

一　聯合總收發室內分收文發文問訊等三組分別職掌如左

收文組：辦理本府暨各局處每日到文摘由編號登總收發文簿及分登分送簿分別卷夾呈核以及油印收文事由錄等事宜

發文組：辦理本府暨各局處每日所發文件摘由編號登總發文簿妥慎封發及送還原稿全卷與原辦局處以及油印發文事由錄等事宜

問訊組：辦理本市民衆等來府對本府各局處有所訊問事項詳細答覆指示及一切接洽事宜

一　聯合總收發室設主任一人綜理全室事務

一　聯合總收發室置科員　人辦事員　人書記　人分担各組事務

一　聯合總收發室隸屬於祕書處

一　聯合總收發室之職員就本府各局處原有之職員中調派之

一　原有本府外收發內收發及各局處收發均一律裁撤

一　外來文件非經總收發室編號登總收文簿一律無效

修正公文處理程序

一、每日到文統由總收發室主任拆封遂即按其性質分註主辦局處並區分重要次要尋常加蓋文到日期戳後照來文封面摘由編號登總收文簿如來文未曾摘由應即補摘

前項總收文簿爲登記迅速起見得按各局處平時到文之多寡平均劃定分成三册由三人分別登記各自編號於府字下加蓋(一)(二)(三)等字樣以資迅速而便稽查

一、收文登簿後各按重要次要尋常及主辦局處分別單位卷夾送呈祕書長核轉重要者即時呈送市長核示批辦次要與尋常者即發交各該局處長官核閱

前項公文送達時間除密速件及重要之件須隨到隨送外其餘每日分上午下午兩次呈送

一、各局處長官核閱前項到文後即批交主管科辦理

一、各該主管科收到前項到文後分別重要次要之件由科長擬具辦法呈由主管長官核奪層轉　市長批示然後發還辦稿如係

尋常之例案則可簽稿並送以省手續或係應存之件卽於擬辦欄內簽註擬存字樣層轉　市長核定

一、來文如係密件總收發室不得拆封應逕呈送　秘書長親自開拆呈送　市長核示批辦交由祕書處指定辦理機祕人員妥愼辦理或加密封分送各有關主管局處長官親收妥密處理之如係查存之件發交祕書處密存

一、來文封面書明　市長親啓字樣者總收發室不得拆封應逕呈　市長親拆俟發下時再行補辦收文手續

一、凡擬辦呈核及擬就稿件應登收文呈核簿擬稿呈核簿經主管長官核閱蓋章後送由祕書長轉呈　市長核定判行

前項文件於呈核時凡係密速件或重要之件應一律加用紅色卷夾次要之件加用綠色卷夾尋常之件加用白色卷夾以資識別

一、判行文件仍發原辦局處繕寫詳細校對後登用印簿送監印室用印卽交總收發室登錄發文簿編列發文字號妥愼封發發文字號於府字下加局單位字樣以資識別

凡繕寫員校對員監印員須於原稿上加蓋名戳以專責任發文上不用蓋戳

一、凡文件封發後其原稿及來文全卷應卽送還原辦局處分別歸檔

一、凡依案件性質有須兩個以上之關係局處會同辦理者應同會商簽擬辦法並會稿辦理之

前項會同辦理之件應以一關係較切之局處爲主辦

一、凡各局處遇有重要案件不能決定辦法時應簽呈　市長行之

一、凡各局處有用局處名義對外行文時其所發文件於用印後應送由總收發室編號封發

一、總收發室每日收到文件及發出文件應於次日依照總收發文簿所登案件逐案編印收文事由錄發文事由錄分呈祕書長市長核閱並分送各局處長官備閱（事由錄格式另定之）

南京特別市政府訓令　府財字第　號

令　田賦征收處
　　營業稅征收處
　　捐稅征收所
　　牲畜屠宰稅征收所
　　妓捐征收所

案奉

行政院政字第一八三一號訓令內開

「査國家征賦本有常經民困未蘇尤宜矜恤近查各省市縣地力機關每有於正課及規定有案之附加捐外利用單行章則不經呈奉核准而別立名目擅徵新稅或田賦附捐事業補助費等種種情事考其實際則不免層層剝削形等陋規甚至有完糧不遵官價勒令繳納實物(稻麥等)徵收互異名目紛歧值此協同參戰時期民力本已疲敝何堪再增苛雜重加民衆負擔玆制定各省市縣征收捐稅及田賦附加限制辦法令仰嚴飭所屬凡現徵捐稅或田賦附加應即列表層報本院核定飭遵嗣後除正常賦稅外所有一切附加捐稅非先層報本院核准不得私自開征以資整理而抒民困除公布并分行外合行抄發該辦法一份令仰該府遵照並飭屬遵照此令」

等因附抄發各省市縣征收捐稅及田賦附加限制辦法一份奉此除分行外合行抄發辦法一份令仰該　遵照

此令

計抄發各省市縣征收捐稅及田賦附加限制辦法一份

中華民國三十二年十月　日　市長周學昌

各省市縣徵收捐稅及田賦附加限制辦法

一、國民政府行政院爲嚴禁擅立名目私征苛捐雜稅以蘇民困起見製定本辦法

二、各省市縣地方政府所屬征收機關徵收之捐稅及田賦附加應以曾經層報行政院核准有案者爲限其有未經呈准之捐稅應即由各省市縣主管長官分別查明嚴行禁止

三、各省市縣地方政府如因特別需要或擬舉辦重要事業而感經費困難必須另闢稅源開征新稅及田賦附捐以資補救者應先詳敍理由層報本院核准後方可開征

四、各省市縣開征新稅或田賦附加時應造具收支概算敍明用途一併報請院部核示

五、各省市縣新增捐稅率准照徵後所有收支數目應按時編造計算決算轉報核銷

六、各省市縣新增捐稅之稅額稅率遇有須加變更時應先層報本院核准

七、自本辦法公布後各省市縣如再有巧立名目擅自徵收捐稅而事先未經呈准者以貪污論一經查明即將征收人員交由司法機關依法懲治

八、各省市縣主管長官如遇有上項私征情事發見應即嚴行禁止不得扶同徇隱否則按其情節分別議處

九、本辦法自 行政院公布之日施行

南京特別市政府訓令 府財字第 號

令各局處會區公所

案奉

行政院院字第二三四五號訓令開「案奉 國民政府第四五五號訓令開『據本府文官處呈稱「准最高國防會議祕書處高祕字第二六二號公函開『奉 主席交下最高國防會議三十二年九月九日第二六次會議討論事項第六案 主席交議據行院政呈轉據財政司法行政兩部會呈爲僞造法幣人犯亟應從嚴治罪以資懲處茲擬訂戰時僞造法幣治罪暫行條例草案呈請鑒核等情請公決案決議修正通過送國民政府公布並交立法院備查等因遵由本處照案修正記錄在卷相應錄案抄附原呈及上項修正條例一併函達卽請查照轉呈明令公布並令行行政立法兩院知照」等由理合簽請鑒核』等情據此自應照辦除明令公布暨分飭施行外合行抄發該條例令仰該院知照並轉飭所屬一體知照」等因奉此並准最高國防會議祕書處函知同前由除分令外合行令仰該府知照幷轉飭所屬一體知照此令」等因附抄發戰時僞造法幣治罪暫行條例一份奉此除分行外合行抄發原條例令仰該 知照幷轉飭所屬一體知照

此令

計抄發戰時僞造法幣治罪暫行條例一份

中華民國三十二年十月 日

市長周學昌

戰時僞造法幣治罪暫行條例(三十二年九月九日公布)

第一條 意圖供行使之用而僞造法幣者處死刑無期徒刑或七年以上有期徒刑得併科十萬元以下罰金

第二條 意圖營利而僞造法幣之行使收集交付及運送者處無期徒刑或五年以上有期徒刑得併科三萬元以下罰金

意圖營利而爲變造法幣之行爲者其處罪與上項同

第三條　犯第一條第二條之罪者其僞造或變造之紙幣不問屬於犯人與否沒收之

第四條　意圖營利以房屋供給僞造或變造法幣之製造場所者處三年以上有期徒刑並將其房屋及供製造之各項器械原料沒收之其知情不報者同

第五條　本條例之未遂犯罰之

第六條　關於僞造法幣各項犯罪事實之告發者酌給獎其給獎金辦法由中央儲備銀行另訂之

第七條　本條例自公布日施行

南京特別市政府訓令　府財字第　號

令各局處會
　區公所

案奉

行政院政字第一八三〇號訓令開

「現據財政部三十二年九月十三日錢貳字第五九號呈稱『案准中央儲備銀行總發文字第二二一五號函開「查本行前以各地發現伍元拾元僞鈔曾於八月二十八日以總發文字第二一一三號函請密呈　行政院密令各省市政府轉飭所屬一體查緝如有破獲所有出力人員由本行給獎在案茲經釐訂查緝僞券致送酬金辦法七條擬請貴部轉呈行政院分令各省市政府憲警機關一體知照並轉咨司法機關協同辦理相應抄同上項辦法一份隨函送請查照辦理見復」等由並附件到部查此案前經本部於本年九月三日以錢二字第五十號呈請鈞院密令各省市政府一體查緝在案茲准前由除分咨司法行政部外理合抄同查緝僞券致送酬金辦法一份具文呈請鑒核分令各省市政府轉飭憲警機關一體知照並乞指令祇遵』等情據此除分行並指復外合行抄發該辦法一份令仰該府知照並轉飭所屬一體知照此令」

等因附抄發查緝僞券致送酬金辦法一份奉此除分行外合行抄發原辦法令仰該　知照幷轉飭所屬一體知照

此令

計抄發查緝僞券致送酬金辦法一份

中華民國三十二年十月　日

市長周學昌

查緝僞劵致送酬金辦法

一、各地公私機關團體人民有破獲僞造本行劵機關或販賣行使僞劵之人犯者統由本行致送酬金

二、破獲僞造機關人贓並獲者致拾萬元以上之酬金僅抄獲僞造物件而人犯脫逃者致五萬元以上之酬金俟人犯弋獲再按人贓並獲之例補足之

三、緝獲販賣僞劵人犯者致五萬元以上之酬金

四、緝獲代爲行使僞劵人犯經司法機關偵查確有代爲行使之行爲者致叁萬元以上之酬金

五、由緝獲行使犯因而緝獲販賣犯或破獲僞造機關者或由緝獲販賣犯因而破獲僞造機關者其酬金按最後之結果致送之

六、前第二條至第五條之酬金至多不得超過所抄獲總劵額及製造僞劵用機器印版原料等價額之總額但情節重大者得不受此拘束

七、有爲眼綫因而緝獲販賣行使犯或破獲僞造機關者按緝獲僞劵總數致二成至四成之酬金眼線人姓名應代守秘密

南京特別市政府訓令 字第 號

令改組各業同業公會籌備委員會

案准

實業部咨開

「案奉 行政院政字第一六五四號訓令開案據漢口特別市政府三十二年八月五日呈稱「查全國商業統制總會武漢分會業於本年八月一日在漢口正式成立茲爲該會成立後工作進行上有所依據幷切實防止囤集居奇及操縱物價等情事特以全國經濟委員會駐武漢經濟顧問擬谷孝英爲中心會同湖北江西兩省政府及關係方面訂定「長江上游地域物資收買及移動統制暫行規程」自本年八月一日起實行除會同湖北江西兩省政府布告商民一體遵照幷由日本駐漢總領事館飭知僑民遵照外理合繕具原規程備文呈請鑒核等情附呈長江上游地域物資收買及移動統制暫行規則一份據此核尙可行除指令准予備查幷分行物資統制審議委員會暨全國商業統制總會知照外合行抄發前項暫行規程一份令仰該部知照等」等因計抄發長江上游地域物資收買及移動統制暫行規程乙份奉此除分別咨函暨令行外相應錄同長江上游地域

物資收買及移動統計暫行規程乙份咨請查照爲荷
等由准此合亟抄發原件令仰該會知照并轉飭各同業公會知照
此令

附抄發長江上游地域物資收買及移動統計暫行規程乙份（略）

中華民國三十二年十月　日

市長周學昌

南京特別市政府訓令 府經字第　號

令第五三區區公所

查該區鮮魚巷六三號泰利五洋國府路三五二號復泰雜貨號前因不按核定價格抬高出售及僞稱無貨意圖囤積居奇經本市取締私抬物價裁定委員會合併應處罰鍰四千元並經送達裁定書收受各在案玆已多日未見來府遵繳殊屬刁玩應予查封以示警誡除由本府派員暨函請首都警察總監署令派經濟警察並轉飭該管警察局協助會同辦理外合行令仰該區長即便遵照於查封人員到達之日派員會同辦理具報爲要此令

中華民國三十二年十月　日

市長周學昌

南京特別市政府指令 字第　號

令南京特別市捲烟火柴皂燭業同業公會理事長葉錫五

經濟局案呈該公會呈一件爲會員集資採購火柴運京濟銷祈核示由

呈悉准予購辦惟此項火柴運京後應將數量成本即行具報以憑核定售價毋得違誤此令

中華民國三十二年十月　日

南京特別市政府通告　府工字第　號

市長　周學昌

查本府工務局派遣稽查人員均須佩帶特製之銅質長方形黑底銀字紅色編號稽查證章及紙質證明卡片並經通告在卷茲為防止偽冒起見凡派出稽查人員一律均須攜有上項章片方得辦案如有假名不法情事仰即隨時鳴警帶局或密報本局以便立予追究依法懲辦合再通告週知

中華民國三十二年十月　日

市長　周學昌

工務局局長　陳萬恭

南京特別市政府通告　府字第　號

為通告事案准前糧食管理委員會調字第三八四號四四七號咨為添造倉庫及開闢道路碼頭繼續征用集合村土地一案曾經本府會同糧食部社會福利部於七月廿一日召集各該被徵業戶協定地價及青苗補償金各費均經記取筆錄並呈奉　行政院指令准予徵收各在案茲准糧食部咨送該項地價及青苗補償金到府合行通告仰該被徵各戶於十日內檢送契據及租約等文件前來本府地政局申報徵收登記聽候調查核辦切勿遲延除佈告外特此通告

刊附被徵收土地業戶姓名如後

中華民國三十二年十月　日

市長　周學昌

地政局局長　張　仿良

集合村被徵收土地業戶姓戶

林玉川　周曹氏　方姓朱老大　救濟院　圓覺寺　方杰根　范秉森　方義有　林玉發　陳長林　劉立文

林玉祥　繆揚庵　包勝文　陳金福　陳金奎　韋新之　徐學友　韓玉清　邵和尚

南京特別市政府佈告 府經字第　　號

查鮮魚巷六三號泰利五洋國府路三五二號復泰雜貨號前因不按核定價格招商出售及僞稱無貨應市意圖囤積居奇經本市取締私抬物價裁定委員會裁定合併應處罰鍰四千元並經送達裁定書收受各在案茲已多日延不遵繳殊屬刁玩自應予以查封以示警誡除吊銷營業許可證勒令停業外合行佈告俾衆週知

此佈

中華民國三十二年十月　日

市長周學昌

南京特別市政府批 字第　　號

具呈人鴻森煤鑛股份有限公司代表蔣義森

呈一件　爲呈報開工日期仰祈鑒核准予轉請各有關機關備案以重工程而利生產由

呈悉已據情轉函本市各有關機關查照備案矣仰即知照

此批

中華民國三十二年十月　日

市長周學昌

法規

南京特別市抑平物價辦法 民國三十二年十月公布施行

第一條　本府爲謀澈底抑平物價安定民生起見特製定本辦法

第二條　凡商店行號一切貨物之買賣交易無論躉售零售均應遵照本辦法之規定

第三條　商店行號貨物價格均須按照本府核定價格出售不得任意抬高或變更品級羼雜易質拆開發票以及其他一切不正當之行爲

第四條　商店行號出售之貨物如因成本關係確有變更價格之必要時得由同業公會檢同成本計算書進貨單據向本府申敍理由請求更正但未經本府核准公布前絕對不准擅自先行抬高出售

第五條　商店行號所營貨物應逐項標明價格懸於營業所在地之明顯處所其陳列求售者則應分別備具票籤標明價格前項標明貨價之票籤不得使用暗記

第六條　各主要商品之批發商人應將其商品之進出數量堆存地點及其成本售價按期報告於各該同業公會由公會按期彙報本府經濟局備查必要時本府得隨時派員抽查各業商人之存貨及進貨賬簿

第七條　爲防止一切商品非法買空賣空之交易起見凡銀行錢莊及一切金融機關除對同業公會會員外絕對禁止任何個人或團體爲商品担保之放款

第八條　銀行錢莊及一切金融機關爲商品担保之放款時不問數目多寡須即報告本府經濟局備查

第九條　銀行錢莊及一切金融機關均不得爲商品之買賣

第十條　倉庫堆棧除依法登記並受本府經濟局監督外倉存貨物之進出亦應按期報告本府經濟局

第十一條　凡商店行號一切物品買賣如有違反本辦法上項之規定時概照取締私抬物價暫行條例辦理

第十二條　人民遇有商店私抬物價變更品級羼雜劣質拆開發票及僞稱無貨意圖囤積居奇者均准許密函本府檢舉凡私人存積貨物超過自用限度以上亦屬囤積居奇准許市民自由檢舉市民檢舉辦法另訂之

第十三條　本辦法如有未盡事宜得隨時呈請　市長核准修改之

第十四條　本辦法自公佈日起施行

南京特別市取締私抬物價市民檢舉辦法民國三十二年十月公布施行

第一條　本府為抑平物價安定民生便利市民檢舉起見特制定本辦法

第二條　市民檢舉概須遵照本辦法之規定辦理

第三條　凡商店行號如有不遵核定價格發售任意抬高者僞稱無貨應市意圖囤積居奇者或變更品級攙雜劣質及一切不正當之行為者均在被檢舉之列

第四條　市民檢舉可隨時逕函　市長或經濟局長報告惟檢舉人須署眞實姓名詳細住址幷須附呈發票否則概不受理

第五條　檢舉人應按照事實檢舉不得挾仇誣告否則依法裁制

第六條　檢舉後經調查屬實並經南京特別市取締私抬物價裁定委員會裁定後得以罰款金額十分之一提充檢舉人之獎金

第七條　本辦法如有未盡事宜得隨時呈請修改之

第八條　本辦法自公布日起施行

南京特別市糧食局食糖經售商違章處罰辦法暫行辦法民國三十二年十月公布施行

第一條　本辦法根據南京特別市糧食局食糖配給暫行辦法第六條之規定訂定之

第二條　凡食糖經售商如有違章舞弊等情事除法令別有規定外均依本辦法處罰之

第三條　食糖經售商有不法行為除照左列處罰外其觸犯刑事部分並應移送司法機關懲辦

（一）剋扣斤量或用不合規定之衡器者罰款五百元

（二）無理拒售意圖走私者處罰款四千元並吊銷營業執照

（三）無證私售浮報售糖數量者處罰款二千元並取銷經售資格

（四）不按時領售食糖以致無糖應市者處罰款二千元並取銷經售資格但有特殊情形呈明有案者不在此限

(五)擅行抬高售價者照部章罰辦
(六)攙雜或擅行改造糖質者處罰款視其情節予以第二或第三項之處罰
(七)不依規定數量售給自私剋扣或多售者處罰款二千元並取銷經售資格
(八)串同違章舞弊者送法院究辦

第四條　本辦法之裁定由裁定委員會辦理之
第五條　本辦法如有未盡事宜得呈請隨時修正之
第六條　本辦法自呈奉　市長核准後公佈施行

公牘

南京特別市政府咨　字第　號

案奉
鈞會會陸字第四〇四八號訓令內開
案查各省(市)保安制度曾經制定保安隊暫行組織要綱公布施行在案據報各省市以情形各異尚未能一致遵行前派陸軍部主管司軍務司司長黃曦等分別赴浙蘇兩省及上海市視察結果認爲各省市保安隊現狀參差不一本會擬於最近期內召集全國保安會議加以調整以期解決困難確立適當之保安制度仰各省(市)先將左列各點分類詳報，甲、該省(市)保安團隊現狀：(一)編組：(二)裝備：(三)教育訓練：(四)經經及士兵給養：(五)補充或整編計劃：(六)本年度擬達成之目標：乙、來年度預定之整備計劃：(一)編組與裝備改進計劃：(二)教育計劃：(三)經理上改進計劃（含官兵待遇）(四)補充計劃：(五)指揮運用改進辦法(含與當地友軍及中國軍之連繫)丙、對於保安隊一般現狀改進之企劃：丁、對於保安隊組織要綱修正意見之陳述之以上各項仰於令到後分別製成報告或計劃及應附之圖表彙訂成册於十月十五日以前呈報到會毋得延誤爲要此令
等因奉此查本市並無保安團隊之編制理合具文呈復仰祈
察賜備查
謹呈
軍事委員會委員長汪

南京特別市市長周學昌

中華民國三十二年十月　日

南京特別市政府咨　字第　號

案據糧食局呈「爲奉糧食部管字第一四二七號訓令飭查南京區糖業同業公會理事長屠述三配給食糖舞弊情事尅日呈報」等因奉此自應遵辦查京區糖業公會於八月二十九日由上海各地區糖業聯合會運來荷蘭粗砂糖一千八百二十九包（計三千担）當運抵京存放於和記糖棧時天忽暴雨糖包沾濕有五百〇一包乃該會所屬之糖業營運處竟利用機會私自改造棉白一百二十一包並藉詞糖質恐將發生變化逕呈上海糖業聯合會准予改造該會事先並未報告本局嗣經查悉即於九月一日派第三科科長夏鴻圖視察吳樂天前往調查當經驗明糖質扦樣帶局備查並隨飭該會理事長屠述三不得擅自移動及改造藉杜流弊復於九月四日召集各區長及該公會負責人舉行談話經詢明被雨濕之糖並無大礙不致發生變化無庸改造各在案詎於九日據該公會理事長兼營運處董事長屠述三密呈爲營運處奉聯合會令擬將食糖全部改造請示辦理等情前來仍派原經辦人復往撤查竟在未奉令准以前擅自改造乃又檢取糖樣向所在警察局存案並詢據理事長屠述三云此項食糖運京係由上海各地區聯合會交付營運處之和記經理陳文鑑負責保管此次改造全係該員不遵功令越級逕呈破壞配給制度等語惟據陳文鑑聲稱係依據理事長之意思且報據理事會之通知當以糖質即經本局驗明有樣該營運處即應妥爲保管不能爲絲毫之變更即令報告上海各地區糖業聯合會於情於理亦應分呈本局備查且改造食糖事關攙雜民食縱有必要亦應報請上海聯合會本局驗明何得擅自主張另據該業中人云此次食糖改造雖經該公會理事會開會討論但多數均不贊成只少數備有製糖鍋磓之糖商兼理事爲圖漁利贊成此舉足見改造食糖之動機純係意圖非法之利益無可諱言而該會理事長屠述三兼任營運處董事長該處行動自應負監督之責該理事長既經奉令禁止移動改造竟不作有效之制止不僅督導無方抑且陽奉陰違跡近通同舞弊似此攙雜改造破壞配給制度殊與政府戰時體制下經濟政策大相違背若不嚴予懲處何足以資推行政令當經呈由鈞座函請首都警察總監署先後將陳文鑑屠述三傳案訊辦並函請商統會徹查各在案又於第二次復查時查出食糖短少十二包有屠述三收據計私借祥和公司十包由屠餽贈親友二包現本案正由首部警察總監署審訊中所有證件已送警署至改造之糖內有無雜質及毒質現正由中央衛生實驗所化驗中茲奉前因理合將經過情形呈請鑒核轉咨糧食部等情據此查所陳各節尙屬詳實相應咨請

查照爲荷

此咨

糧食部

市長周學昌

中華民國三十二年十月　日

南京特別市政府公函 府經字第　號

查鮮魚巷六三號泰利五洋號國府路三五二號復泰雜貨號前因不按核定價格抬高出售及僞稱無貨應市意圖囤積居奇經本市取締私抬物價裁定委員會裁定各處罰鍰四千元並經送達裁定書收受各在案茲已多日未見來府遵繳殊屬刁玩自應予以查封以示警誡除令各該管區公所會同本府執行人員辦理外相應函請

貴署查照即希令派經濟警察並轉飭各該管警察局協助辦理爲荷此致

首都警察總監署

中華民國三十二年十月　日

南市長周學昌

南京特別市政府公函 府糧第　號

案據糧食局衛生局會銜案呈爲南京區糖業同業公會理事長屠述三未奉令准擅自改造食糖一案前已咨由首都警察總監署傳案偵訊在案茲將所改造之食糖扦取樣品三種計六包每包重三百克究竟曾否摻有雜質於改造後是否發生變化有無毒質函應化驗俾便定讞等情并附糖樣三種計六包前來據此相應將原樣品函送

貴所請煩

查照迅予化驗并希

見復爲荷

此致

中央衛生實驗所

附送糖樣三種計六包每包重三百克

中華民國三十二年十月　日

市長周學昌

南京特別市政府公函　字第　號

逕啓者查本府此次配給食糖係根據上海各地區糖業聯合會一般原則以戶口糖爲主
貴　員役如有已攜眷住京而仍無戶籍者可速向該管區坊公所申報取得戶籍後即可享受戶口糖之權益以後除隻身人員由本府另訂配給辦法外其餘在京居住人員應一律向區公所申請發給購糖證機關配給即予停止藉免重複至此次各機關及軍警之配給係在戶口糖配給之餘酌量分配各機關單位領糖後應即按照數量平均分配以免向隅又嗣後各機關造具名册應依照隻身員役實在人數不得虛浮否則一經查出即予停配除分函外相應將配給原則暨應行注意事項幷附配發京市各機關領糖憑單一紙函請　查照辦理爲荷

此致

各機關團體

附配發京市各機關領糖憑單一紙

中華民國三十二年十月　日　市長周學昌

南京特別市政府公函　府工字第　號

案據本府工務局簽呈據報有人僞造本局公文在外兜賣生鐵經於本月七日午刻查獲張安邦張根寶叔姪二人經飭科研訊據供均係上海人前由趙福榮介紹向裴秉衡購買南京市政府工務局廢鉄一千餘担此次來京設法裝運至滬等語並提出僞通知抄本一紙當即派員前往將裴秉衡趙福榮及嫌疑犯曾介夔獲案詳訊該裴秉衡供詞支吾圖賴否認復經派員率同本府守衞警前往該裴秉衡家搜查證據抄獲僞造本局通知二件暨温宗堯吳凱聲等卡片名章以及其他文件多件審察僞造通知所蓋本局印信圖章均屬僞造除將該犯裴秉衡等五名暫寄北區警察局代爲管押外檢同獲案證件及口供單簽請核示等情查僞造印信公文實屬有違法紀業已批飭該局除准張安邦暫時交保隨傳隨到外遴將其餘該犯裴衡秉等移送
貴署暫押在案相應檢附獲案證及口供單備函送請
查照辦理見復爲荷此致

首都警察總監署

附口供單八張（從略）及獲案證件（件數附清單）

中華民國三十二年十月　日　市長周學昌

計開

偽造本局通知張根寶公文二件　第一號

趙福榮由滬寄與裴秉衡信一件　第二號

第一方面軍陸軍第二軍司令部委令封套一個　第三號

吳凱聲卡片一盒　第四號

吳凱聲印四方石章一個　第五號

吳凱聲印四方木章大小二個　第六號

溫宗堯印四方木章一個　第七號

徐樸誠卡片半盒　第八號

裴秉衡戶籍門牌一紙　第九號

工務局通知盛錫福公文一件　第十號

工務局空白通知一紙　第十一號

二十六年地政局批三件　第十二號

安泰祥鉄工廠隨圓形章一個　第十三號

裴秉衡四方石章一個　第十四號

抄工務局通知一件本件由張根寶繳案　第十五號

南京特別市政府公函　字第　號

案准

實業部商字第一三五一號咨內開

案准全國商業統制總會函開：「據毛紡織業同業聯合會函以據上海特別市毛紡織廠業同業公會函陳本會會員廠出品如毛紗線及呢絨嗶嘰駱駝絨等與其他毛類針織物品在三省兩市間例得自由移動無須申請發給移動許可證書乃本會會員廠每將上項出品在各該省市轉運經過各處水陸關口輙被索閱許可證書不得阻礙通行或致多方留難誠恐各關口對於毛紡織物品例得自由移動一案不盡明瞭致費周章殊於貨品運銷大有妨礙爲此函請轉呈商統會准將本會會員廠出品在三省兩市間例得自由移動無須移動許可證書各情出具證明以便製成影本於出品轉口時隨帶呈驗以利運銷等情查毛紡織物雖徵列爲主要商品但不在取締物資之內本年三月二十三日實業部通咨曾經愷切聲明各地方政府非經中央核准不得加以任何限制有案該公會所稱各節究應如何補救之處擬請核示辦法俾資遵循等由前來除函復該會應候轉請核定辦法再行通知外相應據情函達究應如何補救之處尙希貴部核示以便轉飭遵行」等由准此查毛紡織物雖經列爲主要商品惟不在戰時物資移動取締暫行條例第六條所定限制移動品之列自應准予自由移動以符法令節經咨請貴市政府飭屬遵辦在案茲准前由除函復曁分外相應咨請查照轉飭所屬切實遵辦並與有關方面妥爲聯絡仍希見復爲荷」

等由准此除函請本府富永顧問與有關方面連絡並令飭本市改組各業同業公會籌備委員會轉行有關各業同業公會切實遵辦外相應函請

查照卽煩飭屬一體遵辦爲荷

此致

首都警察總監署

市長周學昌

中華民國三十二年十月日

南京特別市政府公函 字第　號

案據本市鴻森煤鑛股份有限公司代表蔣義森呈稱

「竊商前於南京市和平門外煤炭山燕府山一帶地方勘得鑛區一處業於民國三十二年四月二十日呈奉　鈞府頒發府經字第二號小鑛業採鑛執照一紙並於本月十六日正式興工開採呈報備案各在案商因鑒於市面燃料缺乏煤荒孔亟之

秋爲力謀增加生產輔助工商業需要起見不惜艱鉅籌集資本興工開採以期迅謀生產之發展惟在開工期內深恐當地無業游民閑散軍警浪人藉端滋擾妨礙生產情事爲特具文呈請鈞府鑒核准予轉請本市中日各憲政機關備案並予依法保護以利工程能重生產」

等情據此查鴻森煤鑛鑛區前經呈由本府核准設定業已頒發府經字第二號小鑛業鑛業執照一紙並轉咨實業部備案各在案玆據前情應准照辦除分函暨批示外相應函請

查照備案並希見復爲荷

此致

首都警察總監署

首都警備司令部

首都憲兵司令部

日本憲兵司令部

日本居留民團

大日本駐南京總領事館

大日本大使館

市長周學昌

中華民國三十二年十月　日

統計

南京特別市戶口統計表

三十二年九月份

區別	戶數	人口數						
		總計	男性			女性		
			合計	成人	兒童	合計	成人	兒童
總計	140660	683579	374535	291055	83480	309044	234092	74952
城區自治實驗區	13377	63882	34083	25690	8393	29799	21710	8089
第一區	22727	114206	61372	51881	9491	52834	43687	9147
第二區	23409	113274	61103	51366	9737	52171	42700	9471
第三區	18199	87041	48963	36251	12712	38078	27193	10285
第四區	18129	100345	56077	48093	7984	44269	37567	6701
第五區	9310	45910	26424	19513	6911	19486	12663	6823
鄉區自治實驗區	8690	40862	21438	16778	4710	19374	14953	4421
上新河區	12347	53886	29253	20085	9168	24633	16420	8213
孝陵衛區	5266	24679	13128	7327	5801	11551	6878	4673
安德門區	9206	39494	22644	14071	8573	1 6850	9721	7129

註：各外國僑民不在此內

資料根據各區公所查報
秘書處第三科統計股製

南京特別市戶口增減比較表

三十二年九月份

區別	戶增減數	人口增減數						
		總計	男性			女性		
			合計	成人	兒童	合計	成人	兒童
總計	(+)954	(+)7014	(+)1509	(+)4432	(—)2923	(+)5505	(+)7414	(—)1909
城區自治實驗區	(—)95	(+)64	(—)161	(—)222	(+)61	(+)225	(+)160	(+)65
第一區	(+)232	(+)3073	(+)1706	(+)1341	(+)365	(+)1367	(+)1063	(+)304
第二區	(+)375	(+)1748	(+)907	(+)479	(+)428	(+)841	(+)442	(+)399
第三區	(+)145	(+)428	(+)260	(+)205	(+)55	(+)168	(+)114	(+)54
第四區	(+)275	(+)1766	(+)295	(+)186	(+)109	(+)1471	(+)1357	(+)114
第五區	(+)68	(+)352	(+)192	(+)130	(+)62	(+)160	(+)101	(+)59
鄉區自治實驗區	(+)131	(+)703	(—)1146	(+)2550	(—)3696	(+)1849	(+)4428	(—)2579
上新河區	(—)233	(—)1310	(—)657	(—)277	(—)380	(—)653	(—)275	(—)378
孝陵衛區	(+)5	(+)60	(+)22	(+)1	(+)21	(+)38	(+)9	(+)29
安德門區	(+)51	(+)130	(+)91	(+)39	(+)52	(+)39	(+)15	(+)24

註：(+)增
(—)減
各外國僑民不在此內

資料根據各區公所查報
秘書處第三科統計股製

南京日需品零售物價指數(簡單幾何平均)

民國二十六年=100

類別 / 項數 / 時期	食糧葷素菜類：食粮	食糧葷素菜類：菜蔬	食糧葷素菜類：肉類	食糧葷素菜類：薺菜	食糧葷素菜類：平均	油及調味類	燃料類	衣服材料類	雜項類	總指數
項數	10	23	9	5	47	9	7	10	10	83
民國三十二年九月	11377.0	10554.0	11681.0	10157.0	10889.0	13812.0	17441.0	8081.5	17499.0	11875.0
較上月增減(十)(一)	(一)741.0	(十)2635.9	(十)1096.0	(十)743.0	(十)1554.8	(一)3050.0	(十)5804.0	(一)1576.9	(十)2229.0	(十)1072.0

說略

本月份南京日需品零售物價總指數爲11875.0較上月平均升起1072.0

1.食糧葷素菜類四十七種平均指數爲10889.0較上月升漲1554.8其中食粮以新米穀小麥及新豆類上市踴躋價格均跌進公定以內故指数亦猛降至11377.0較上月跌落741.0菜蔬類二十三種以商販藉口中秋汛循例抬價節後亦不自動跌落習牟厚潤故指数狂升爲10554.0較上月猛晉2635.9肉食九種亦以節關賣俏指數增爲11681.0較上月升起1096.0薺菜類五種並糾各物之漲勢亦上升爲10157.0較上月漲上7430

2.調味類九種其中食油以北路通暢販貨絡繹產區亦以豆類價跌成本減輕產量增加本市油市充盛價格跌進限價以內其他食鹽等品亦較上月跌價其指數下降成13812.0較上月猛瀉3050.0

3.燃料類七種仍物稀爲貴漲勢熾烈未可制止造成物價升漲之最高峯指數將接近至二百倍現爲17441.0較上月狂升5804.0京市燃料恐慌仍趨嚴重狀態中

4.衣服材料類十種以當局之戰時經濟緊急施策逐步實現奸商更形窘態畢露棉紗布匹貶入限價且削碼競銷風盛指數繼續下降至8081.5較上月再跌1576.9

5.雜項類十種以當局之全面配給尙未普遍實現其中日需品大多堅俏價昂指數續漲爲17499.0與燃料類形成並駕前驅之勢較上月續升2229.0綜觀本月份物價漲落頗不一致食糧秋來之循理跌價恐難保持長久蔬菜須京地向無公共批發管理抑價工作頗難收效國家之棉紗收買處置已使服用品下降民生獲益非淺調味類如能使食鹽嚴禁出境食油暢運則其價不致上漲雜項類有待全面配給之實現一切居奇怪態不難迎刃而解

南京特別市政府祕書處第三科統計股製

南京日需品零售物價指數比較表（簡單幾何平均）

民國二十六年＝100

類別／權數／時期	食粮葷素菜類					油及調味料	燃料類	衣服材料類	雜項類	總指數
	食糧	菜蔬	肉食	醬菜	平均					
權數	10	23	9	5	47	9	7	10	10	83
民國三十二年八月	12118.0	7918.1	10585.0	9414.0	9334.2	16862.0	11637.0	9658.4	15270.0	10803.0
九月	11377.0	10554.1	11681.0	10157.0	10889.0	13812.0	17441.0	8081.5	17499.0	11875.0
增(十)落(一)百分比	(一) 6.11%	(十) 33.29%	(十) 10.35%	(十) 7.89%	(十) 16.66%	(一) 18.09%	(十) 49.88%	(一) 16.33%	(十) 14.60%	(十) 9.92%

南京特別市政府秘書處第三科統計股製

附錄

緬甸獨立與東亞聯盟

東亞聯盟中國總會副秘書長周學昌

諸位聽衆：

當着中國收囘租界，解除英美的覊絆，完成獨立自主的今日，又傳來一個喜訊，就是在英人鉄蹄下忍受了五十餘年的緬甸，在日本的援助下，宣佈獨立了。這正象徵着東亞民衆的抬頭。也就是英美帝國主義崩潰的事實。

東亞的天地遭受的侵略，雖自始於葡萄牙、西班牙、荷蘭諸國，但實際把握着侵略實力的却是老英帝國。英國是一個資本主義國家，為了要滿足他們那侵略的野心，在十六世紀末葉，以商業和武力侵入了東亞，在他們商人的背後藏着刺刀，炮火掩護着商人前進，一六〇〇年左右這羣海盜般的商人，就出現於我們亞洲，組織了東印度公司作為侵略我東亞的大本營，先以武力滅亡了印度，盡量來搜括印度的財富，但是他們並不以為獲得印度為滿足，進而向東侵入緬甸，經過一八二四年與一八五一年兩次的英緬戰爭，逼得緬甸將其南部四州的地方割與英國為統治地，後來又有了第三次的英緬戰爭，到一八八六年，整個的緬甸乃繼印度而亡於英國，從這時起，亞洲又失掉了一個自衛的屏障，緬甸的民衆也就開始作了英人的奴隸。

英帝國主義一向是把有色人種當作奴隸的，尤其在其殖民地之上，盡情的剝削，盡情的壓搾，這種痛苦我們同胞是親自領略過的，對於中國民衆尚且不顧人道，緬甸民衆們所受的痛苦就可想而知了。

可是二十世紀已經是帝國主義沒落的世紀了，繼之而起的是共存共榮的全體主義在次世界大戰之中，英美已經失却了對殖民地的統治力量，日趨於崩潰，他受其欺壓的弱小民族自然要乘這個良機而抬起頭來，把失去的自由。主權奪取囘來，印度的獨立聯盟的成立是一個事實，最近的緬甸獨立又是一個可喜的事實。但是弱小民族想要完成獨立解放並不是一件容易事，他們需要正義的實力支援，國父在其遺囑中曾昭示我們說「欲達到此目的必須喚起民衆及聯合世界上以平等待我之民族共同奮鬥。」也就是說中國革命之成功是需要正義的實力予以支援的。這數十年來中國革命所以沒有達成。也就是因為我們始終遭受着世界帝國主義者的包圍，中國乃成為侵略者角逐之天地。緬甸獨立的障礙也不此乎此但是在大東亞戰爭爆發之後，這種障礙已經打破了，日本毅然地担負起這個偉大的使命，發揮正義的精神來支助東亞各民族的獨立運動。他們看透了這個時代的機運，自覺到東亞復興使命之重大，更以扶持各民族的獨立解放爲己任，這樣的事實已經都逐步的表現出來了，緬甸自日軍佔領之後，日本並不願繼承英國人的主子地位來統治緬甸，而竭力幫助緬甸人民來完成其獨立自主的夙願，這種精神正是東方的道義精神。

爲什麼英美以少數人就能統治廣大的東亞弱小民族呢：這理由非常簡單，就是因爲我們東亞民族缺乏團結的力量，彼此不能合作，他們看穿了我們的弱點，所以能所恃無恐的來伸出其魔掌。

大東亞戰爭就是團結東亞各民族的總力，一致來擊滅英美的戰爭。在這戰爭中，日軍奮勇當先把東亞失去的土地首先光復，更把這些土地和主權交還其原本各民衆，那麼這些民族自然能竭全力貢獻給這個戰爭，增強這個戰爭的實力，所以我們對大東亞戰爭的前途感到無限之光明。最近緬甸政府宣佈獨立，同時而對英美宣戰，並對日本締結同盟，即爲此種趨向的明證。在內地的同胞同志們聽見緬甸的獨立，我相信必十分興奮，也許有人以爲奇怪，興奮的以爲六十年來的緬甸受盡苦痛，同胞現在能夠自由，能夠獨立，我們爲亞洲同胞出一口氣，所謂奇怪者呢？或者以爲爲什麼日本擊退的國而不接替原來的作主子勢力以奴隸緬甸人呢？諸位同胞，這很明顯，我舉幾個例，爲什麼印度兵不替英國兵在香港拚命呢？爲什麼中國租界日本軍由英美手裏奪回來交給中國呢？諸位，一個民族的人民滅亡之中有能夠替仇人努力拚命的嗎。日本要完成大東亞戰爭，他能夠不以道義爲主而壓迫東亞民族作仇敵嗎，話又說回來了，民族是人民的積體，人民間的感情可以左右民族間的政治或者戰爭，七年來的中日事變就是這個因果。

諸位同胞，現在的戰爭在演進着。可是和平也在演進着，戰爭的目的就是和平，就是爲各得其所，這就是東亞聯盟的本旨。

支持大東亞戰爭的思想就是東亞聯盟思想，東亞盟聯盟的主張是要完成「政治獨立」「軍事同盟」「經濟提攜」「文化溝通」四大主張，用這四大主張既可以解除了國與國之間的隔閡，又可以促成整個東亞的團結。按中日問題來說。東亞聯盟就是解決中日事變，完成全面和平的途徑，最初中國抗戰的目的，既是爲了要完成政治獨立，而現在友邦日本基於東亞聯盟的精神交還中國租界，撤廢治外法權，在在都是協助中國來完成政治獨立，都是在滿足中國國民的愛國心，那麼重慶的抗戰就失却其意義，我們的奮鬥初衷，確已得到了證實，可是我們並不以此爲滿足，我們還要奮鬥，使全面和平早日實現，中日兩大民族的實力更鞏固的結合起來。按東亞問題來說，東亞聯盟的主張，既在支援受壓迫之弱小民族的獨立解放，更要求在解放之後，能夠精誠團結。緬甸是東亞的一個歷史悠久的國家，現在在英帝國的鐵蹄下解放出來，我們除了表示祝賀之外，並希望他們能洞悉東亞聯盟主張意義的偉大，挺身而與我們共同奮鬥，那麼大東亞戰爭中我們多了一個強壯的戰友，在東亞聯盟運動多了一個有力的同志。

諸位同胞，我們聽到緬甸獨立的消息，感到非常的興奮，我們深信大東亞戰爭是必然勝利的，英美是必然沒落的，我們要把握這機會來實現全面和平，更要推動復興東亞的東亞聯盟運動。（完了）

市政公報暫定價目表

期數	價目	郵費
零售	每冊五角	本埠四分 外埠八分
半年	十二冊六元	本埠四角八分 外埠九角六分
全年	二十四冊十二元	本埠九角六分 外埠一元九角二分

市政公報廣告刊例

頁數	價目
一頁	每期十八元
半頁	每期九元
四分之一頁	每期四元五角

刊登廣告在四期以上者每期按照七折計算連續十期以上者每期按照六折計算長期另議

出版日期　本公報暫定每月二次
編輯者　南京特別市政府祕書處
發行者　南京特別市政府祕書處
印刷者　南京國華印書館
地址：中山東路臚政牌樓
電話：二二一六五

中華郵政掛號認爲第一類新聞紙類　江蘇郵政管理局執照第一〇四三號

中華民國三十二年十月三十一日

市政公報

第一三〇期

南京特別市政府秘書處印行

目錄

行政院訓令

行政院訓令　字第　號

令南京特別市政府

案查本院第一八五次會議討論事項第四案

「院長交議：據物資統制審議委員會周兼委員長全國商業統制總會唐理事長先後呈送米糧統制委員會暫行章程草案及米糧統制委員會組織規程修正草案經先飭據本院秘書處審查簽具意見請鑒核等情併請公決案決議照審查意見通過組織規程即由院令公布施行并呈報　中央政治委員會備案咨立法院備查」

等由紀錄在卷除由院令公布施行并分別呈咨暨分令外合行錄案并抄發上項組織規程及本院秘書處簽呈意見令仰該府知照此令

附抄發米糧統制委員會組織規程及本院秘書處簽呈意見各一份

中華民國三十二年十月　日

院長汪兆銘

祕書處簽呈

謹查物資統制審議委員會所送米統會組織規程修正草案與商統會呈送之修正案各有見地不同今體察實際情形將該會等所呈之規程草案分別汰蕪存精並另行修訂連同草案一份一併簽請

鑒核提交院議

謹呈

院長汪

附呈米粮統制委員會組織規程修正草案一份

祕書處謹簽　三十二年十一月三日

米粮統制委員會組織規程

第一章　總則

第一條　為實施有關米粮統制收買暨其配給等業務起見承行政院之命設置米粮統制委員會（以下簡稱本委員會）為全國商業統制總會（以下簡稱商統會）之米粮統制機構

第二條　本委員會為法人組織

第三條　本委員會設總會於上海並於各採米區域分設辦事處

第二章　宗旨

第四條　本委員會以協助政府安定民生謀米粮產銷供需之調節流通期得適合支配為宗旨

第三章　會務

第五條　本委員會辦理左列事項

一、關於米粮之收買配給事項

二、關於國內各地米粮之營運事項

三、關於米粮價格之決定事項

四、關於簽發米粮搬運證事項

五、行政院暨商統會交辦事項

第四章　組織及職權

第六條　本委員會設主任委員一人副主任委員二人委員若干人由本委員會呈由商統會呈請行政院分別派任或聘任之前項副主任委員一人委員若干人為適合事實上之需要得聘請日籍人員充任之

第七條　委員任期一年任滿後由行政院重行指定遇委員出缺時其指定為後任者以補足前任者之任期為限

第八條　主任委員對內處理會務對外代表本委員會副主任委員輔佐主任委員主任委員因故不能視事時由副主任委員代

理其職務

第九條　本委員會設中日監事各一人專任監察有關業務事宜

第十條　本委員會之職權如左

一、審議本委員會之預算決算事項

二、審議米糧之收買配給方針事項

三、議定米粮之收買配給價格事項

四、議定徵收事務費事項

五、議定本委員會各項章則事項

六、議定其他重要事項

第十一條　本委員會分設總務財務採運儲配四處每處設處長一人承主任委員之命主持處務並得視事務需要酌設副處長輔助處長辦理本處事務

第十二條　本委員會設秘書室置秘書長一人秘書若干人承主任委員之命處理機要事務

第十三條　各處視事務需要分科辦事每科設科長一人辦事員助理員各若干人辦理本科事務

第十四條　本委員會認爲必要時得聘任顧問

第五章　會議

第十五條　委員會分常會臨時會兩種常會每月舉行一次臨時會由主任委員認爲有召集必要時得隨時召集舉行

第十六條　委員會議時之主席由主任委員任之主任委員缺席時公推副主任委員一人代之

第十七條　委員會議須有委員過半數之出席出席委員過半數之同意方能決議可否同數時取決於主席

第六章　會計

第十八條　本委員會得呈由商統會呈請行政院核准籌措收買米粮資金

第十九條　本委員會經常開支應編製預算呈由商統會轉請行政院核准撥付之

第二十條　本委員會會計年度每年一月一日至六月三十日及七月一日至十二月三十一日分爲兩期

第廿一條　本委員會依會計年度編製預算決算經委員會議審查通過後呈由商統會轉報行政院備案

第七章　附則

第廿二條　本委員會辦事細則另訂之

第廿三條　本規程經委員會議通過呈由商統會轉呈行政院核准公布施行

命令

南京特別市政府公布令　教字第　號

茲制定南京特別市市立小學附設簡易班暫行辦法公布之

此令

附南京特別市市立小學附設簡易班暫行辦法（見法規欄）

中華民國三十二年十月　日　市長周學昌

南京特別市政府訓令　字第　號

令工務局技正兼第二科科長韓春第

茲派該員兼代本府工務局祕書

此令

中華民國三十二年十月　日　市長周學昌

南京特別市政府訓令　字第　號

令各局處會

案准

新國民運動促進委員會南京特別市分會新字第二二四號公函內開：

「查新街口路心公園自　國父銅像移置以來市民瞻仰者雖衆因尙多不明禮節殊違崇敬之意茲爲振刷國民精神

喚起市民對　國父景仰尊崇起見經依據新國民運動促進委員會頒布　國父銅像致敬辦法訂定實施簡則公布施行玆訂定於本年十月十日起開始推行並經商請首都警察總監署義勇警察指揮處中國青年模範團本部第一聯隊部及中國青少年團南京特別市團部協助推行指導工作使市民一致奉行除呈報暨分行外相應檢送該項辦法及實施簡則各一份函請查照轉飭所屬一體知照爲荷」

等由並附　國父銅像致敬辦法暨實施簡則各一份准此自應照辦除分令外合行令仰遵照並轉飭所屬一體遵照

此令。二

附抄發　國父銅像致敬辦法暨實施簡則各一份

中華民國三十二年十月　日

市長周學昌

國父銅像致敬辦法實施簡則

一、本簡則依據新國民運動促進委員會頒布　「國父銅像致敬辦法」訂定之

二、本簡則由中國青年模範團員南京特別市青少年團團員各區義勇警察本服務精神輪流值班担任指導市民遵行　「國父銅像致敬辦法」

1.凡遇紀念節日由中國　青年模範團團員負責担任指導市民致敬　其服務支配表由中　國青年模範團第一聯隊部自行訂定

2.凡星期假日由南京特別市青少團各校團部團員輪流負責担任指導其服務支配表由南京特別市團部自行訂定

3.平日指導工作均由南京特別市各區團部團員担任區團部未成立前得由各區義勇警察負責担任其服務支配表由義勇警察總隊自行訂定

三、各團員每日服務期間自上午八時起至下午六時止但得視氣候寒暖延長或縮短時間天雨停止

四、服務時間以三小時爲一班每班人數由負責團體斟酌輪流支配之

五、本辦法自公布日施行

國父銅像致敬辦法

一、國民行經　國父銅像正面均應停步鞠躬致敬（戴帽者行脫帽禮穿國民禮服男裝者行舉手禮）
二、軍警及青少年團團員穿制服行經　國父銅像正面均應停步行舉手禮致敬
三、隊伍經過時應由領隊人發出「正步走向左（右）看」口令致敬乘車者在車上敬禮不必下車
四、手中持物不能脫帽或行舉手禮者一律鞠躬致敬

南京特別市政府訓令　字第　號

令各局處會

案奉

行政院院字第二七六六號訓令內開：

案准軍事委員會最高顧問軍顧編第一一三號通牒譯開：「鑑於最近美國在華空軍之跳梁不容忽視日本人方面對於防火防空壕（包括個人使用者在內）救護等設施業經強化希望中國方面亦適應情勢對上列各項設施之強化作強有力之指導」等由准此自應照辦除分令各有關機關遵照外合行令仰該府遵照辦理具報此令

等因，奉此，自應照辦，除分令外，合行令仰遵照辦理並轉飭所屬遵照辦理具報！

此令。

中華民國三十二年十月　日　市長周學昌

南京特別市政府訓令　字第　號

令第四城區自治實驗區公所

案准首都警防團工總會字第一三八號公函內開「案據本團工作配給部簽呈略以准本團總務部交奉首都防空委員會第六次常務會議討論事項第三案委員長交議關於簡易防空壕溝應如何指導構築請公決案決議『由警防團先行調查應構築之公共地點標示後再召集義勇警察商民勞動服務團及各保甲協同構築至居民住宅防空壕則由私人自行辦理』一案附防空壕

各種型式斷面圖壹紙准此遵經擬具簡易防空壕溝施工辦法及簡易防空壕溝各式建築圖各一份請核示等情前來查所擬辦法及圖式尙可行應准照辦並先自北區中區開始限下星期開工除分別函令外相應檢送首都警防團簡易防空壕溝施工辦法及圖式各一份函請查照轉飭所屬迅卽切實遵辦並希見覆爲荷」等由並附簡易防空壕溝施工辦法及圖式各一份到府准此事關防空要政自應照辦除令飭第四城區自治實驗區公所外合行抄發上項簡易防空壕溝施工辦法及圖式各一份令仰該區遵照辦理具報爲要

此令

計抄發首都警防團防空壕溝施工辦法及圖式各一份

中華民國三十二年十月　日

市長周學昌

首都警防團簡易防空壕溝施工辦法

(甲)掘挖地點選擇標準

(一)無礙市容及交通者

(二)不破壞水泥人行道路牙及花圃

(三)不妨礙電燈電話桿木

(四)注意附近有無危險建築物及高聳園牆

(五)利用空曠地方而無自來水管及下水道埋設者

(六)不宜距離水塘官溝太近

(七)掘築防空壕溝應注意疏散不宜密集其距離須在十丈以上

(八)可利用路旁斜坡空地易於排水者

(乙)調查及覆勘人員

(一)初步調查——由各區警防分團派員會同警局長警及區公所保甲人員担任調查

(二)覆勘——由本團派員會同工務局派員覆勘

(丙)徵集工作人員

(一)督導者由下列機關人員率領之
(1)本團
(2)市工務局
(3)各區警防分團
(4)各區公所坊保甲長
(二)做工者徵集下列人員由各主管長官編配協助
(1)各區警防團員
(2)各區警察局長警
(3)各區分所坊保甲人員
(4)南京市商民勞動服務團團員
(5)義勇警察

(丁)施工步驟

(一)本團召集各關係部份分東南西北中下關六區定期集中各該區警局由督導者指示分派工作地段然後分散監工以便同時施工
(二)本團派定各區督導人員先兩天依照指定掘挖地點視地形適合圖式何種照圖劃好灰綫
(三)簡易防空壕溝先就城區開始郊外暫緩

(戊)徵借洋鍬洋鎬工具

(一)向市工務局商借
(二)由本團函咨市商會令飭本市營造業公會及職業公會徵借
(三)掘挖壕溝工具領用人員施工時須注意保管工畢仍交回原發機關以清手續

南京特別市政府訓令 字第　號

令各區公所

案准建設部建路字第三五三一號咨開「查關於接辦華中方面交通路綫愛護工作一案，前經本部擬具交通路綫愛護工

首都警方興築簡易防空壕溝甲乙兩式建築圖(圖Ⅰ)

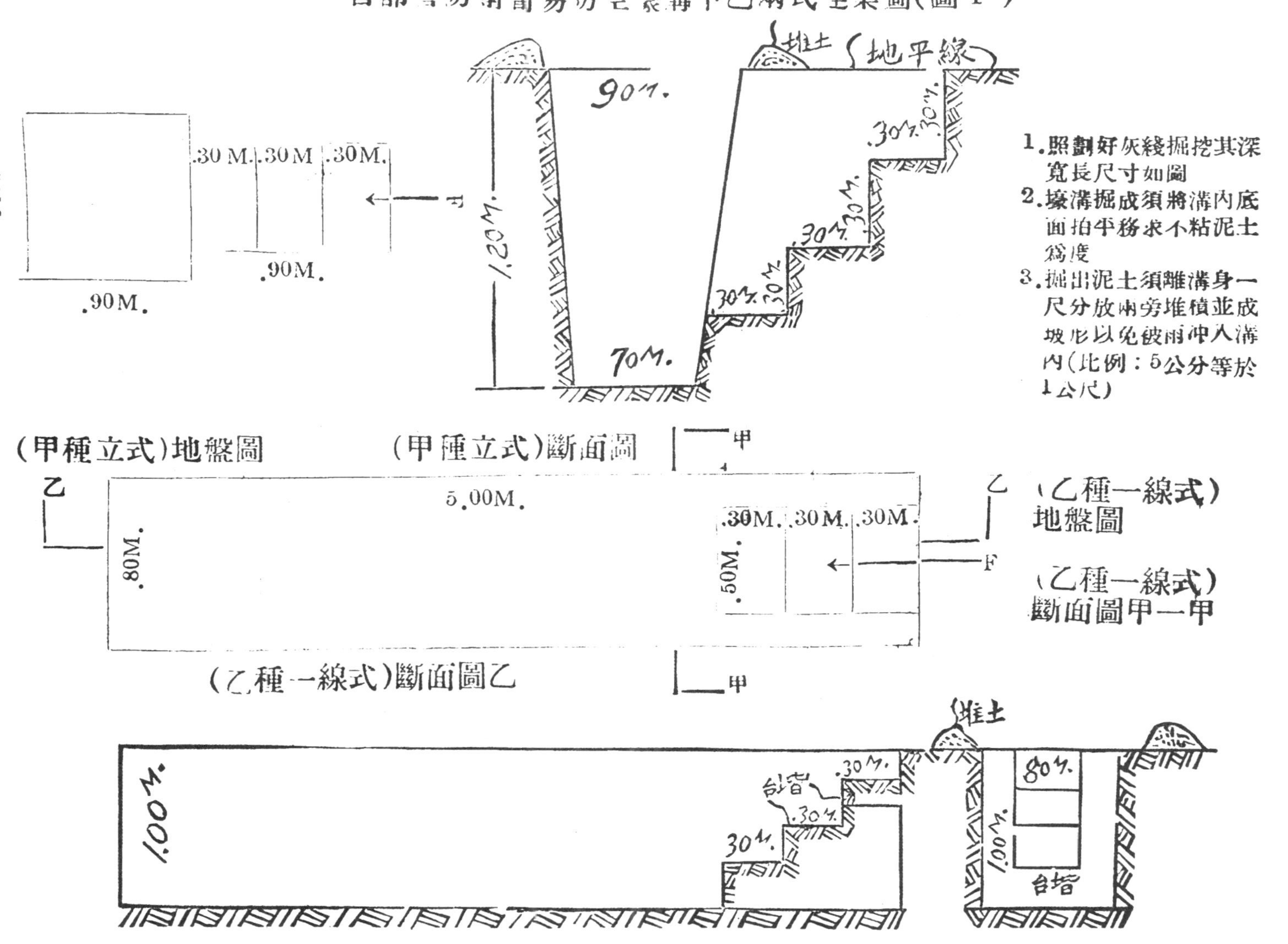

1. 照劃好灰綫掘挖其深寬長尺寸如圖
2. 壕溝掘成須將溝內底面拍平務求不粘泥土爲度
3. 掘出泥土須離溝身一尺分放兩旁堆積並成坡形以免被雨冲入溝內(比例：5公分等於1公尺)

圖（2）

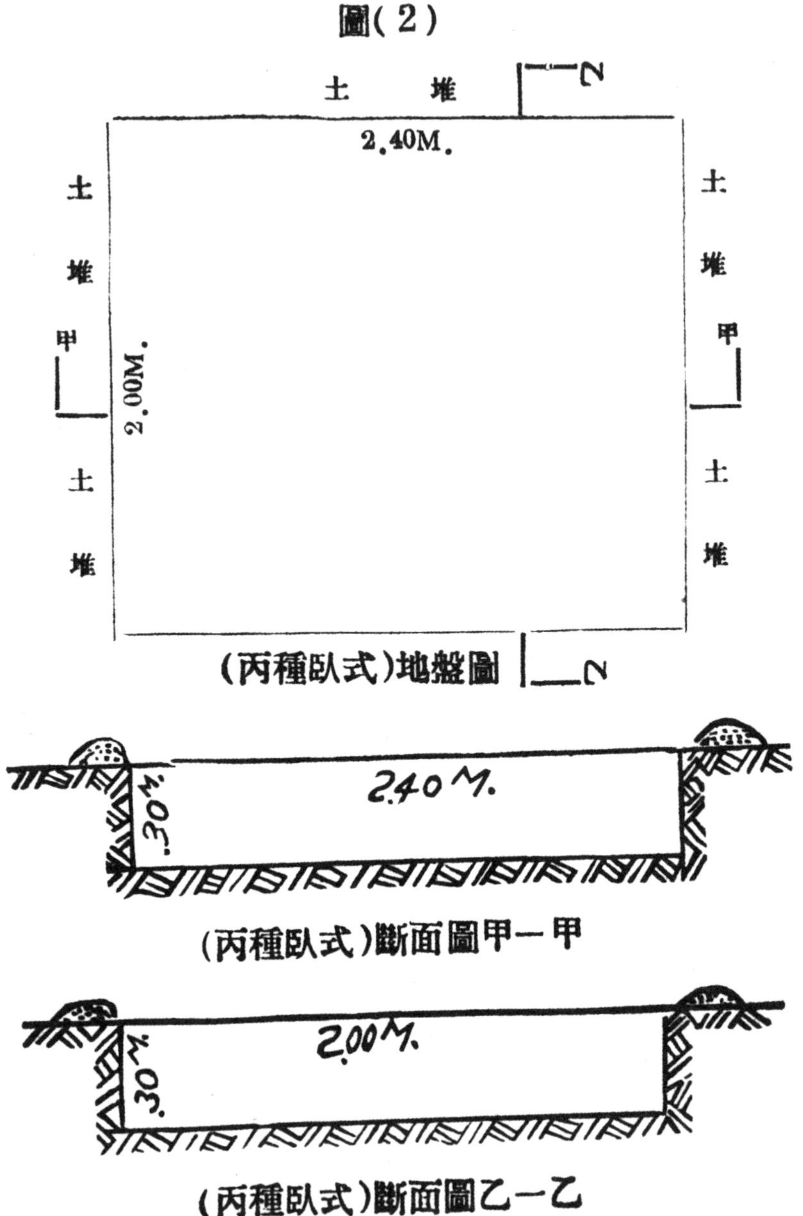

（丙種臥式）地盤圖

（丙種臥式）斷面圖甲一甲

（丙種臥式）斷面圖乙一乙

作綱要草案暨交通路綫愛護工作委員會綫組織規程草案，呈奉　行政院令准公布施行，并由本部抄錄該項綱要規程等咨達貴府查照各在案，茲復經本部依據交通路綫愛護工作綱要第一條及第五條之規定，擬具交通路綫愛護工作實施辦法草案暨交通路綫愛護團組織規程草案，呈奉　行政院本年八月十二日政字第一九九一號指令節開：『准予備案，仰分別以部令公布施行，仍將公布日期具報』等因，奉此除遵於八月二十三日分別以部令公布並呈報分咨外，相應抄錄奉准公布交通路綫愛護工作實施辦法暨交通路綫愛護團組織規程各一份，備文咨請査照，并分飭所屬沿交通路綫各區公所知照爲荷」等由，并附交通路綫愛護工作實施辦法暨交通路綫愛護團組織規程各一份到府准此，自應照辦，除分令外合行抄發原件，令仰該區公所知照。

此令

計抄發交通路線愛護工作實施辦法暨交通路線愛護團組織規程各一份

中華民國三十二年十月　日　市長周學昌

交通路綫愛護工作實施辦法　三十二年八月二十三日建設部公布

一、本辦法依據交通路綫愛護工作綱要第一條訂定之

二、省政府及特別市政府担任該管境內交通路線愛護工作之統轄指導

三、縣市政府指揮監督該管境內之愛護團並處理左列事項

1.確定愛護責任

2.愛護團之指導訓練

3.對於愛護地域住民協助駐軍之指導

4.關於教育宣傳勸業事項

5.減輕愛護地域住民之負担

6.褒賞撫卹

四、愛護團本部分部隊班分別受縣市政府本部分部隊之指揮辦理各項負責區域內之交通路線愛護事宜

五、愛護團應將本區域內應加愛護之交通路線就原有鄉保甲區域劃分段各設立界木標明起訖地點及由某隊某班担任愛護

字樣以明責任設立界木之工作與附近鉄道及通信負責人員連絡辦理之

六、愛護團本部應與附近駐軍鉄道及通信人員暨隣團隨時取得密切連絡以收互助之效

七、愛護團負左列任務

甲、日常任務

1.沿交通路線之巡邏

2.沿交通路線衝要地點設置哨位日夜輪流守望

3.清查愛護地域戶口及從速報來歷不明之人

4.偵察匪情及從速報告情報

乙、臨時任務

1.協同修復交通路線

2.挖溝及築堤

3.監視小屋之設置

4.障礙物之清除

八、愛護地域住民得受左列特殊待遇

1.愛護地域敵匪來襲時住民同受愛護

2.對於交通路綫愛護有功者褒賞

3.對於因愛護交通路線負傷或死亡者撫卹

4.得受各種日用必需品之廉賣免費醫治疾病及其他福利設施

九、本辦法如有未盡事宜得隨時修改之

交通路綫愛護團組織規程

三十二年八月二十三日建設部公布

第一條　本規程依據交通路線愛護工作綱要第五條訂定之

第二條　交通路線愛護團(以下簡稱愛護團)係運用各地方原有保甲編制督導鉄道沿線兩旁各約五公里以內之愛護地域住民組織成立以担負愛護路綫爲目的團體

第三條　愛護團本部分部隊班等各單位

第四條　愛護團本部設於區公所內團長由區長兼任之分部設於鄉鎮公所內分團長由鄉鎮長兼任之每保設隊保長兼任隊長每甲設班甲長兼任班長分層節制各愛護團本部由該管縣市政府統率之

第五條　愛護團團員以保甲內所有壯丁充任之

第六條　愛護團之編制以保爲單位團員名額以原有壯丁人數爲準

第七條　壯丁一經編入愛護團後不得藉故推諉以重職責

第八條　愛護團編成後應由各團繕造清册呈由縣市政府核轉交通路線愛護工作委員會備查清册表式另定之

第九條　愛護團經費應力求節省由本部彙總覈實編制預算呈報縣市政府核定由縣市政府統籌發給

第十條　本規程如有未盡事宜得隨事呈准修正之

第十一條　本規程自公布日施行

南京特別市政府訓令　宣字第　號

令各區公所

案准

宣傳部特字第二五七號公函開

「前據中國廣播事業建設協會呈稱『略以廣播事業除負擔宣揚政府國策使命外對國民知識修養及精神食糧方面亦有莫大貢獻故裝設收音機之用戶既有享受收聽廣播節目之利益亦應有繳納廣播收聽費之義務日本對於收聽費之徵收早經實行卓著成效其他各國亦多有同樣辦法我國對於收聽費一節迄未實施不無遺憾茲擬自本年度十月一日起先在南京上海兩地開始徵收收聽費預定每一具收音機按月收費國幣拾元凡裝設收音機之用戶於取得裝設許可時必須與本會訂立收聽規約按章繳付收聽費又關於裝設許可申請收費等事項凡在本會區內設立地方擬請政府統交本會辦理以專責成事關廣播事業發展理合備文連同廣播收聽規約草案收聽費徵收計劃呈請鈞部鑒核示遵』等情據此查徵收收聽費一事不獨有利廣播事業之前途且對保障全國國民收聽正當廣播利益上益有甚大意義當經本部擬訂裝設收聽廣播用無線電收音機暫行辦法連同中國廣播協會收聽費徵收計劃廣播收聽規約一併呈奉　行政院第一七九次會議通過在案惟依裝設收聽廣播用無線電收音機暫行辦法第十七條之規定關於該暫行辦法規定各事項須由本部委託各地警察機關或廣播協會辦理者另以命令定之茲因十月一日起先從京滬兩地開始徵收業經本部制定委託中國廣

播協會辦理無線電收音機裝設許可及其他事項辦法交由中國廣播協會遵照辦理本部前公布之修正無線電收音機登記暫行辦法在京滬兩地即不適用以前京滬兩地依修正無綫電收音機登記暫行辦法向警察機關領有登記證應在本部公布裝設收音機暫行辦法施行日期(即十月一日)後兩星期內向中國廣播協會締結收聽契約換領新證其餘各地一俟開辦日期決定後再行公布週知並分別委託各地警察機關或中國廣播協會專責辦理惟裝設收音機暫行辦法第十五條關於違法處罰事項由本部送請各地警察機關辦理一節京滬兩地同樣有效應請貴府所屬警察局協助執行事關廣播事業發展除分行本京應請首都警察總監署協助執行外相應檢同裝設收聽廣播用無電收音機暫行辦法本部公布京滬徵收收聽費施行日期佈告及委託中國廣播協會辦理無線電收音機裝設許可及其他事項辦法各一份函達貴府查照」等由附送裝設收聽廣播用無線電收音機暫行辦法公布京滬徵收收聽費施行日期佈告及委託中國廣播協會辦理無線電收音機裝設許可及其他事項辦法各一份到府准此除分令外合行令仰該區知照並會同該管區警察局協助執行為要

此令

計抄發裝設收聽廣播用無綫電收音機暫行辦法宣傳部關於公布京滬兩地徵收收聽費施行日期及委託中國廣播協會辦理無綫電收音機裝設許可及其他事項佈告各一份

中華民國三十二年十月　日

市長　周學昌

裝設收聽廣播用無線電收音機暫行辦法

行政院第一七九次會議通過

第一條　凡以收聽廣播為目的而裝設無綫電收音機(以下簡稱收音機)者悉依本暫行辦法之規定辦理。

第二條　欲裝設前條收音機者應按每一收音機為單位向宣傳部提出裝設許可申請書領取許可證並與中國廣播事業建設協會(以下簡稱廣播協會)簽訂收聽契約書後方准使用。

前項所稱每一收音機只限附裝擴聲器一個如裝有二個以上者每一擴聲器應視作另一收音機處理。

第三條　裝設許可申請書應塡註左列事項。

一、裝設者之姓名、住址、國籍、及職業。

二、收音機裝置處所(如係攜帶使用之物則載明其保管場所)。

三、收音機種類(真空管式或礦石式)。

第四條　申請裝設之收音機除經特別許可者外概須適合左列各項。

一、收音機範圍在週波數(波長五五〇千週波(五四五公尺)至一五〇〇千週波(二〇〇公尺)以內者。

二、不由天線放射電波者。

收音機之天線設備不得接近電信電話或電力綫路並須避免害及人畜或物件之危險性且其接地裝置應無引火之虞。

第五條　由請裝設收音機時除另有規定予以優待者外應一次繳納許可費國幣五元並按月繳納收聽費國幣拾元但如遇申請不准時應將許可費發還云。

第六條　凡依第二條規定已提出申請書者但所使用之收音機確實適合第四條之規定範圍雖未領得裝設許可證亦得暫時使用之但宣傳部認為必要時得禁止其暫時使用。

第七條　宣傳部認為公益上有必要時得令收音機裝設者作特別之裝設或取消其許可。

第八條　收音機裝設者之名義除由承繼或法人之合併及其他包括承繼之情形外一概不得變更。

如遇前項情形需變更名義者應於七日以內向宣傳部申報。

第九條　已取得收音機裝設許可者如欲變更第三條規定之裝設許可由申請書內記載事項時應於七日以內向原許可機關申報。

第十條　領有裝設收音機許可證者應將該證保管於機器裝置器所以便檢查。許可證如有損毀或遺失時應聲敘原因及許可證號數核發年月機器裝置處所呈請核明補發並須繳納手續費國幣五元。

第十一條　已取得裝設收音機許可者倘有左列各事項之一時該項許可當即失效。

一、第七條及第八條規定事項逾六個月尚未呈報者。

二、違反收聽契約被廣播協會解除契約者。

第十二條　裝設許可如被取消或失效時原許可機關除退還其許可證外並得貼發封條將該項機器裝置封閉。

第十三條　裝戶如停止使用其無線電收音機時應即將該項裝設可卸並於七日以內向原許可機關申報同時繳還其許可證。

第十四條　宣傳部認為有取締必要時得委託各地警察機關或廣播協會派員往收音機裝置處所檢查。

第十五條　凡違反本暫行辦法及根據本暫行辦法而公佈之命令者得酌量情節處以拘役或五百元以下之罰金。

未遵照本暫行辦法申請許可領得許可證私自裝設收音機或許可已被取消或許可效力已失仍使用收音機者一經查出除依前項處罰外並設收其全部裝置。

前各項處罰事項由宣傳部送請各地警察機關辦理之。

第十六條　凡以前依裝設無線電收音機登記暫行辦法向各地警察機關領有登記證者應在本暫行辦法公布後兩星期內向廣播協會締結收聽契約並依第二條規定換發新證。

第十七條　關於本暫行辦法規定各事項需由宣傳部委託各地警察機關或廣播協會辦理者另以命令定之。

第十八條　本暫行辦法施行日期由宣傳部以命令定之。

宣傳部關於公布京滬兩地徵收收聽費施行日期及委託中國廣播協會辦理無綫電收音機裝設許可及其他事項佈告

為佈告事，案查裝設收聽廣播用無綫電收音機暫行辦法，案經呈奉　行政院核准公佈在案，依該暫行辦法第十七條之規定，關於該暫行辦法規定各事項，需由本部委託中國廣播協會辦理者，另以命令定之。玆經本部制定委託中國廣播協會辦理無線電收音機裝設許可及其他事項辦法交由中國廣播協會辦理，自十月一日起，先從南京上海兩地開始徵收收聽費，凡以前依裝設無線電收音機登記暫行辦法向各地警察機關領有發記證者，應在該暫行辦法公布施行日期（即十月一日）後兩星期內向廣播協會締結收聽契約并依第二條規定換領新證所有收音機收聽費徵收辦法事項，在各裝戶與中國廣播協會所訂收聽契約內註明，其餘各地，一俟開辦日期決定後，再行公佈週知，關於收音機裝設許司申請及其他手續，統在裝設收聽廣播用無線電收音機暫行辦法內列明，至本部以前公布之裝設無線電收音機登記暫行辦法，遵照　行政院會議議決即日起，在京滬兩地不再適用，事關戰時廣播事業之運營及市民收聽廣播之保障，合行將裝設收聽廣播用無綫電收音機暫行辦法，及宣傳部委託中國廣播協會辦理無線電收音機裝設許可及其他事項辦法公布，仰京滬兩地市民一體週知遵照辦理。此佈。

宣傳部委託中國廣播事業建設協會辦理無綫電收音機裝設許可及其他事項辦法

一、關於裝設收聽廣播用無線電收音機暫行辦法（以下簡稱裝設辦法）第二條規定裝設許可申請書之收受及許可證之發給事項

二、關於裝設辦法第五條規定許可費之收受發還及免費申請書之收受事項

三、關於裝設辦法第八條規定許可者變更申請及第九條申請變更記載事項之收受事

四、關於裝設辦法第九條規定許可證申請補發之收受及核發事項

五、關於裝設辦法第十一條規定許可失效或取消許可通知書之發送事項

六、關於裝設辦法第十三條規定裝戶停止收聽裝置與繳銷許可證之收受事項

七、關於裝設辦法第十四條規定裝戶收聽裝置之檢查事項

八、關於裝設辦法第十六條規定以前領有登記證裝戶換領新證之核發事項

南京特別市政府訓令 字第　號

令南京市主要商品清理委員會

案查正大福餘鹽證搬運一案前經本市取締私抬物價裁定委員會改組後第四次常會決議「暫交清理委員會保管候下次大會討論」在案茲經裁委會改組後第五次常會討論第廿三案決議「交清理委員會處理具報」紀錄在案合行令仰該會遵照切實辦理具報

此令

中華民國三十二年十月　日　市長　周學昌

南京特別市政府訓令 字第　號

令本市菜場管理所主任汪容

查邇來蔬菜價格飛躍高漲影響民生至深且鉅該所應負責切實抑平並仰於每旬八日以前呈報下旬各種蔬菜價格以憑核定按價發售不得私自抬高除令經濟警察隨時查察外合行令仰該所遵辦毋違

此令

中華民國三十二年十月　日　市長　周學昌

南京特別市政府指令 字第　號

令本市主要商品清理委員會

呈乙件：爲遵查永豐號被扣羊毛一案擬請從寬處罰三千元准將貨物發還仰祈核示由

呈悉：所呈奉令澈査永豐號私運羊毛一案擬請姑念初犯准將貨物發還從寬處罰鍰三千元等情査核尚屬可行仰即遵辦並將辦理情形具報爲要

此令

中華民國三十二年十月　日　市長周學昌

南京特別市政府指令　字第　號

令本市改組各業同業公會籌備委員會

呈乙件：爲據紙業公會呈爲聚大永興兩號被扣貨物轉請鑒核由

呈悉：永興紙號紙張已令發還在案其聚大部分應俟提會討論再行飭遵仰即知照

此令

中華民國三十二年十月　日　市長周學昌

南京特別市政府指令　字第　號

令南京特別市捲烟火柴皂燭號業同業公會

呈一件　爲呈請改善零售商發售捲烟時間以維商艱而符實際由

呈表均悉所擬捲烟零售商發售時間事尚可行除通知各批發商轉知各零售商一律按照新訂時間售賣外仰即知照

此令

中華民國三十二年十月　日　市長周學昌

南京特別市政府通知 字第 號

案據南京特別市捲烟火柴皂燭號業同業公會呈稱略以本市各零售商發售捲烟時間每日上午七時至下午七時不分等級發售殊有困難茲擬具發售時間表一份計甲級上午八時至十二時下午二時至六時每日共售八小時乙級上午九時至十二時下午三時至六時每日共售六小時丙級上午十時至十二時下午三時至五時每日共售四小時丁級上午十時至十一時下午三時至四時每日共售二小時是否有當謹請示遵前來查該公會所呈事尚可行除指令外合仰該批發商轉知甲乙丙丁各級零售商一律務按上列時間發售毋違爲要

右仰　批發商號准此

捲菸零售商發售時間列表於左

等級	每日發售時間		每日共售時間
	上午	下午	
甲	八時—十二時	二時—六時	八小時
乙	九時—十二時	三時—六時	六小時
丙	十時—十二時	三時—五時	四小時
丁	十時—十一時	三時—四時	二小時

附註：一、右表根據等級數量所訂
二、零售商門首應標明等級以便查攷時間

中華民國三十二年十月　日

市長周學昌

南京特別市政府佈告 字第 號

查新街口忠林坊三六號竟成五金號前因未經請領移動證私運主要商品經本市取締私抬物價裁定委員會依法裁定吊銷營業許可證並勒令停業已送達裁定書在案本府自應照案執行除吊銷營業許可證勒令停業以示警誡外合行佈告俾衆周知

此佈

中華民國三十二年十月　日

市長周學昌

法規

南京特別市市立小學附設簡易班暫行辦法　民國三十二年十月公布施行

第一條　南京特別市教育局為救濟失學兒童起見特訂定本辦法以資依據

第二條　市立小學具備左列各款條件者得呈准附設簡易班

一、已辦理六學級以上者

二、學校附近失學兒童衆多曾經登記有案者

三、具有大禮堂陰雨操場特別教室或其他足資臨時容納之場所者

第三條　附設簡易班以初級小學秋季始業為限不得招本校及他校之在籍學生

第四條　附設簡易班得參照實際情形採用單式編制複式編制或單級教學

第五條　附設簡易班以實施下午半日制為原則

第六條　附設簡易班每班學額至少為五十人最多不得超過六十人

第七條　普通學級遇有缺額時應由附設簡易班相當程度之學生儘先插級

第八條　附設簡易班以一校一班為原則但附近失學兒童衆多學校場所能敷應用時得同時附設兩班

第九條　附設簡易班學生自備書籍及課業用品外學費建設費及雜費等概免繳納

第十條　附設簡易班之課程得照正常小學減少科目時間但須免去星期例假春假寒暑假每學期至少授課一百四十五日每日至少授課一百二十分鐘每週至少授課國語三百六十分鐘算術常識各一百五十分鐘

第十一條　舉辦附設簡易班之市立小學必須利用中低年級之教室凡室內教學之課程不得施行露天教學

第十二條　舉辦附設簡易班之市立小學應於學期開始前一星期內將實施計劃專案呈報教育局備查

第十三條　由教育局指定舉辦附設簡易班之市立小學不得藉故停止招收新生

第十四條　附設簡易班每班設教員一人担任全班教學管訓事項

第十五條　前項附設簡易班教員得與普通學級教員交換教學但以專科課程爲限

附設簡易班教員薪俸照普通學級中級級任之規定

附設簡易班辦公費照普通學級之規定

第十六條　附設簡易班教員對於直接教學及自動作業應同樣注重尤應逐日指定學生自動作業之範圍於課餘時間內批訂之

第十七條　市立民衆教育館及中心民校得準照本辦法之規定舉辦附設簡易班

第十八條　本辦法呈奉　市政府暨　教育部備案施行

公牘

南京特別市政府咨　府衛字第　號

案准

貴署衛議發字第二號咨開略以奉　行政院令核准定於三十二年十一月十五日在首都召開第一次全國衛生行政會議咨請轉飭屆時出席共同討論並將提案於開會前十五日送達以便彙編議事日程等由倂附衛生署第一次全國衛生行政會議規程及提案辦法各二份准此正擬辦間復准

貴署寒代電一通情同前由當經轉飭本府衛生局遵辦去後茲據該局擬具提案七件前來除令該局長准時出席會議外相應將提案先行咨送

貴署即希

查照彙編爲荷

此咨

衛生署

附提案七件

中華民國三十二年十月　日　市長周學昌

提議人　南京特別市衛生局長通緒爵

提案一　類別　衛生行政事項

議題　從速確定地方衛生行政機構以普遍推行衛生行政案

理由　中央已成立衛生署各省市迄未設立衛生處或衛生局者應一律添設或加改組辦理衛生行政再目前各縣僅有少數設立縣立醫院祇辦理診療工作對於地方公共衛生仍未舉辦現還都已三載地方行政機構亟應從早確定以便普遍推行衛生工作

辦法　由中央通令各省政府轉飭遵照各縣縣政府從速籌設衛生事務所如限於人材及經濟可擇較大縣份先行舉辦衛生事務所組織由衛生署擬訂之

提案二　類別　衛生教育事項

議題　訓練公共衛生人員以利推行衛生行政案

理由　公共衛生係屬專門學識一切衛生行政之推行皆須根據衛生學無衛生學即無衛生行政故辦理衛生行政必須通曉衛生學之專門人材方足荷此責任事變後人材星散羅致為難推行衛生行政殊多窒礙籌設公共衛生人員訓練班造成是項人材實為當務之急

辦法　由衛生署參照前衛生署辦法聘請專門人材設立公共衛生訓練班分期調集各省市衛生人員及醫藥人員授以公共衛生學識訓練期間每期暫定三個月至六個月

提案三　類別　醫藥管理事項

議題　籌設中央製藥廠及衛生材料廠以應需用案

理由　藥品及衛生材料我國大部份一向仰給外國輸入自大東亞戰爭發生後來源斷絕國內製藥廠皆係商人經營出品不能合標準且源料困難價格飛漲影響醫療工作甚鉅

辦法　由中央撥款籌設中央製藥廠及衛生材料廠聘請專門人材製造各種必需藥品及衛生材料

提案四　類別　公共衛生事項

議題　各地衛生工作應以改善環境衛生爲工作要點案

理由　我國各地環境衛生最爲惡劣戰後尤甚如公共廁所之狼藉污穢垃圾之堆積水井及河道之不保護等實爲疾病之根源防疫既爲當前急務改善環境衛生實爲防止疫癘發生最切要之工作以後自應澈底改善方能減少疾病之發生而保障人民之健康

辦法　由中央通令各地衛生機關警察局以後辦理衛生工作務須切實認眞改善環境衛生並將改善環境衛生之重要事件及辦法由衛生署擬訂分發各地衛生機關參考

提案五

類別　衛生行政事項

議題　有關衛生事業應一律劃規衛生機關管轄庶能事權集中而增工作効率案

理由　凡各地一切衛生事業尚有許多未能由衛生機關管轄如垃圾之清除事項向由警察機關管理屠宰事務向歸征收機關管理等事權不能集中對於推行衛生行政上亦殊多隔閡

辦法　由中央明令以後一切有關衛生事業應一律劃歸衛生機關管轄

提案六

類別　凡城市中建築在公共場所之私人經管廁所應一律由衛生機關管理肥料業由衛生機關公營或官督以重衛生案

理由　各地城市中街道及里巷內私人建築之廁所頗多污穢狼藉但各私廁之主權人視廁所爲私人財產不以衛生爲前提對於廁所之建築皆不合衛生條件糞便亦隨意處置殊屬妨害公共衛生

辦法　依據內政部前頒發掃除污物條例通令各省市切實執行將城市中之私廁一律由衛生機關管理肥料業改由衛生機關公營或官督

提案七

類別　衛生行政事項

議題　衛生行政經費應盡量增加以期增進工作效率案

理由　衛生事業必須有相當之經費各地衛生事業亟待舉辦者甚多往往限於經營事與願違以後自應盡量增加以免因噎廢食

辦法　由中央通令各地方行政機關以後對於衛生事業之經費務須盡量增加不得視衛生事業爲次要之工作

南京特別市政府公函　府粮字第　號

案准

貴會第六五號函開：

「本會茲爲統計京滬兩市米糧適當配給起見關於貴府所屬最近戶口數目每期每口配給數量（食米與麵粉各若干）每月共需若干及一切發配手續等應請貴府於本月二十五日前詳細函知以憑計核除分函滬市區署外相應函達即希迅賜辦理至紉公誼」

等由准此當經飭交粮食局遵照辦理茲經該局將本京需米數量後呈售公米辦理手續及有關領售公米重要證件一併呈報前來相應檢同京市每月每日需米數量統計表及領售公米手續說明書發米八聯單借用蔴袋六聯單證明書各一份一併函送即希查照爲荷

此致

米糧統制委員會

計附發米八聯單借用蔴袋六聯單證明書領售公米手續說明書每日京市需米統計表每月京市需米統計表各一件

市長周學昌

領發公米手續說明書

甲　粮食局向粮食部領米部份

每月計分三旬發米每旬於五日前備文向粮食部申請需米數量經核發「發貨憑證」由粮食局交各倉庫存執俟粮食局簽發各公糶處「發米聯單」向市銀行繳款後持同「發米聯單」第四五兩聯分別倉庫取米再由倉庫將第五聯送交粮食局報查至庫餘之米於月終結束後仍歸還粮食部

乙　公糶商向粮食局領米部份

每旬開始根據各公糶處所担負戶口數量及實際情況詳細簽發所需米量愼發「發米聯單」由公糶商持同「發米聯單」向市銀行照額繳款市銀行即截取第一二三聯並在第四五聯加蓋「收訖」戳記以第一聯留行存查第二聯彙報粮食局分別記賬第三聯通知粮食部列入「售米戶」賬內然後由公糶商持同第四五聯向倉庫取米第六七聯即由公糶商收執以資存查

關於借用蔴袋部份

二 根據各公糶商需要蔴袋數量經粮食局簽發借用蔴袋聯單由公糶商向市銀行繳納保證金「金額另定」由市銀行截取第一三聯並在第四五聯加蓋「收訖」戳記以第一聯留行存查第二聯送交糧食部查核第三聯彙報糧食局列入賬戶內然後由公糶商持同第五聯向倉庫借用蔴袋以後取米即可以該項蔴袋絡續更替應用俟不需應用時由公糶商如數繳還連同第四聯及倉庫收據向糧食部申請退還保證金而清手續

南京市各區領發購米證統計表

三十二年九月份

區別	戶數	口數		每日需米數量		備註
		大口	小口			
第一區	21143	109922	14379	468	石446	每人以四合計算
第二區	23224	98484	18373	430	682	
第三區	18478	76268	14691	334	454	
第四區	17555	84890	12124	363	008	
第五區	8950	37638	6569	163	690	
城廂區	11721	46461	10242	206	328	
合計	101071	453463	76378	1966	608	

南京市每月需米統計表

三十二年九月份

類別	每旬需米量	每月需米量	備註
公糶米	19666石080	58998石240	搭配麵粉以三分之一計66044包
地方機關及旅飯業食米		3047 860	搭配麵米以三分之一計3464包
中央機關及附屬機關食米		2578 320	現由糧食部依照俸給制度直接配給
臨時工程及婚喪食米		150 000	價格較公糶米略高以示限制
總計		64774 420	

南京特別市政府公函 字第 號

案准社會福利部社祕字第一四九號代電內開：

「本部迭據報告京滬各地最近時有假藉辦理社會福利事業為由印發捐册濫行募款或擅列名人發起贊助而本人實不知情或朦騙他人簽名發起事後改頭換面另作其他活動種種招搖殊屬非法此於正當辦理社會福利事業者影響至鉅除由本部制定私辦社會福利事業經費勸募辦法另行咨達外相應先行電請貴市政府查照飭屬切實注意取締為荷」

等由，准此，自應照辦，除飭屬切實注意取締外，相應函請

貴署查照，如遇有上述情事，務希飭屬制止，嚴加取締為荷。

此致

首都警察總監署

市長 周學昌

中華民國三十二年十月 日

南京特別市政府公函 字第 號

資本市配給糖舞弊案內之主犯屠述三及和記糖行行主陳文鑑等二人業經 貴署拘案訊究茲以各該犯等審訊結果如何

本府亟待查明以憑核辦相應函達即煩
查照迅予見復爲荷
此致
首都警察總監署

中華民國三十二年十月　日　市長周學昌

南京特別市政府公函　字第　號

案准全國商業統制總會發總字第四〇七三號公函略稱爲京市雨漬砂糖改製綿白請函中央大學迅將化驗結果發表並希
見復等由前來查屠述三擅自改造糖質一案前經首都警察總監署扦取糖質函請
貴大學予以化驗在案惟結果未見發表茲准前由相應函達即希
查照迅將化驗結果發表並希見復以憑核轉爲荷
此致
國立中央大學

中華民國三十二年十月　日　市長周學昌

南京特別市政府公函　字第　號

案據第三區區長葉秀甫轉據該區珠江坊第六保保長趙春生報稱本月一日下午五時許珠江路二六二號怡豐五洋號來有
中國憲兵四人在內查出猪鬃十四箱汽油四十桶大號收音機一部當飭保長蓋章證明後旋由該憲兵等雇用大車兩輛拖走並將
該號司賬張茂林帶去等情轉報到府據此查本案經過究竟係何實情未據陳明相應函達即煩
查照詳細見復爲荷此致
首都憲兵司令部

中華民國三十二年十月　日　市長周學昌

南京特別市政府公函　字第　號

查十一月上旬本市各業呈報議定價格業經本府核定分飭各業同業公會轉飭所屬會員遵行并令由各該業公會將核定價格印單分發各會員商店張貼明顯處所在案所有前項核定之各業公會議定價格表相應檢附乙份函請

貴署轉飭經濟警察隨時查察遇有陽奉陰違卽行懲處卽希

查照辦理爲荷

此致

首都警察總監署

附價目表乙份

中華民國三十二年十月　日　市長周學昌

南京特別市十一月份上旬日常主要物品價格核定公佈表

食糧類

物品名稱	單位	核定價格	備註
大麥	担	三三〇、〇〇	
小麥	担	三五〇、〇〇	
元麥	担	三四五、〇〇	
蠶豆	担	六八〇、〇〇	
綠豆	担	七八〇、〇〇	
赤豆	担	六八〇、〇〇	
黃豆	担	八一〇、〇〇	
苑豆	担	七二〇、〇〇	
玉蜀黍	担	五二〇、〇〇	
芝蔴	担	一三〇〇、〇〇	
山芋	担	三五〇、〇〇	
綠牡丹麵粉	袋	三六〇、〇〇	
綠金鼎麵粉	袋	三四〇、〇〇	
上等本製乾麵	每百斤	四〇〇、〇〇	
頭等切麵	斤	六、五〇	
二等切麵	斤	五、五〇	

物品名稱	單位	核定價格	備註
掛麵	斤	八、〇〇	
芝蔴大餅	斤	八、〇〇	
大餅	斤	七、〇〇	

調味類

物品名稱	單位		核定價格	備註
豆油	斤	批發 門市	二八、〇〇 三〇、〇〇	
蔴油	斤	批發 門市	三〇、〇〇 三二、〇〇	
花生油	斤	批發 門市	二六、〇〇 二八、〇〇	
上等醬油	斤	批發 門市	二八、〇〇 三〇、〇〇	
中等醬油	斤	批發 門市	一四、〇〇 一六、〇〇	

服用類

物品名稱	單位	核定價格	備註
棉花	斤	四四、〇〇	
被胎手工	件	五〇、〇〇	每件加手工如上數
十六支紗粗男襪	打 雙	一九八、〇〇 一六、〇〇	
十六支紗粗女襪	打 雙	一四八、〇〇 一二、〇〇	
二〇支紗毛巾	打 條	一八〇、〇〇 一五、〇〇	
十六支紗毛巾	打 條	一七〇、〇〇 一四、〇〇	

物品名稱	單位	核定價格	備註
白細布	尺	一三、五〇	
黑細布	尺	一四、五〇	
本漂細布	尺	一四、五〇	
白印花布	尺	一〇、五〇	
條府綢	尺	最低 一三、〇〇 最高 一八、〇〇	
陰丹士林	尺	一八、〇〇	
安安藍布	尺	一六、〇〇	
本色斜紋	尺	一三、五〇	
通州土布	尺	七、〇〇	
三星牙膏	支	一七、〇〇	
黑人牙膏	支	一五、〇〇	
力士香皂	塊	二六、〇〇	
利華藥皂	塊	一四、〇〇	
雙錢圓口男膠鞋	雙	一二五、〇〇	以由舊鞋掉換減去十元

綢緞類

物品名稱	單位	核定價格	備註
花線春	疋	最低 一二〇〇、〇〇 最高 一三六〇、〇〇	
紡綢	疋	最低 一〇〇〇、〇〇 最高 一一六〇、〇〇	
電力紡	疋	最低 八〇〇、〇〇 最高 九六〇、〇〇	
洋紡	疋	最低 四四〇、〇〇 最高 四六〇、〇〇	

物品名稱	單位	核定價格		備註
		最低	最高	
雲錦綢	尺	二四、〇〇	三三、〇〇	
復于綢	尺	二一、〇〇	二五、〇〇	

雜項類

物品名稱	單位	核定價格	備註
青茶	兩	一、二〇	
紅茶	兩	一、九〇	
白報紙	令	九〇〇、〇〇	
江南毛邊	令	四七〇、〇〇	
白有光	令	三八〇、〇〇	
表芯紙	刀	五、〇〇	
草紙	梱	一一、〇〇	
火柴	盒	二、二〇	
固本皂	塊	一五、〇〇	
日光皂	塊	一五、〇〇	
特等肥皂	塊	一三、〇〇	
頭等肥皂	塊	一一、五〇	
應牌洋燭	支	九、〇〇	
帽牌洋燭	支	九、〇〇	

葷菜類

物品名稱	單位	核定價格	備註
猪隻	担	三二〇、〇〇	
猪肉	斤	三二、〇〇	
牛隻	担	二四〇、〇〇	
牛肉	斤	二二、〇〇	
鴨	斤	二〇、〇〇	
公鷄	斤	二二、〇〇	
母鷄	斤	三二、〇〇	
熟燒鴨	兩	二、二〇	
熟鹹鴨	兩	二、二〇	
生退光鴨	斤	上等 二八、〇〇 次等 二四、〇〇	
鷄蛋	個	二、〇〇	
鴨蛋	個	二、二〇	
皮蛋	個	二、五〇	
鹹鴨蛋	個	二、五〇	

南京特別市政府公函　字第　號

經濟局案呈准

貴會函開略以據第二區執行委員會呈送改善捲烟配給辦法等情轉請查核辦理見復等由准此查分坊配給辦法本府前曾考慮及此因有種種不便之處未能試辦現正綜合各方意見草擬有效辦法以期普遍配給一俟期定即付實施准函前由相應復請

查照爲荷

此致

中國國民黨南京特別市執行委員會

市長周學昌

中華民國三十二年十月　日

南京特別市政府公函 府糧字第　號

案據糧食局案呈爲准

全國商業統制總會粉麥專業委員會南京辦事處函開：「查京市常有麵粉走私情事發生爲謀杜絕起見嗣後無論製粉廠或麵粉商搬運麵粉出入城門概須持有本處之移動證明書始得通行擬請貴局察照轉飭經濟警察協助查驗以杜私運而安民食又該項移動證明書祇限指定之日期一次有效並請轉飭於查驗後批明數量以免重復混用之流弊至紉公誼」等由，呈請鑒核轉函首都警察總監署轉飭協助查驗等情前來查事關厲行統制自屬可行相應函達即請查照轉飭經濟警察及城關崗警查照辦理爲荷

此致

首都警察總監署

市長周學昌

中華民國三十二年十月　日

統計

南京日需品零售物價指數（簡單幾何平均）

民國二十六年＝100

類別 / 項數 / 時期	食糧葷素菜類：食粮	食糧葷素菜類：菜蔬	食糧葷素菜類：肉類	食糧葷素菜類：醬菜	食糧葷素菜類：平均	油及調味類	燃料類	衣服材料類	雜項類	總指數
項數	10	23	9	5	47	9	7	10	10	83
民國三十二年十月份	12427.0	9888.0	11305.1	7199.8	10298.0	8748.8	16501.0	11427.6	22195.5	11693.0
較上月增減（十）（一）	（十）1050.0	（一）666.0	（一）375.9	（一）2957.2	（十）591.0	（一）5063.2	（一）940.0	（十）3346.1	（十）4696.5	（一）182.0

說明

十月份日需品零售物價總指數為11693.0較九月份低落182.0

1.食糧葷素菜類中食粮以公定米價上漲其他雜糧價亦望高升致指數造成12427.0高峯較上月增1050.0菜蔬品在上中旬以被菜販之私抬壟斷曾一度價昂迨至當局嚴查究辦一面對菜場加以管理後價格猛瀉終成疲態指數為9888.0較九月跌落666.0肉食之漲落與菜蔬相同在下旬更有鄉人大批運裝肉類入城脫售致肉價亦瀉落甚鉅指數為11305.1較九月低落375.9醬菜類因食鹽配給充分且瓜果出貨之際指數下跌為7199.8較九月減2957.2以上四十七種平均指數為10298.0較九月份低落591.0

2.調味類中以食油來源暢通本月份供過於求指數猛跌為8748.8較上月落下5063.2

3.燃料類因炭觔之缺乏仍趨嚴重木草等柴之入城稍見踴躍指數平線發展為16501.0較上月微上940.0

4.服用品在本月因閙戶之故態復萌布匹料又起漲風且時值深秋購戶活躍暗盤風潮再起指數為11427.6較上月升漲3346.1

5.雜項類（包括皂燭草紙捲煙火柴等）當局正謀全面配給之過度時期商人尚圖高價牟利故始終居奇堅俏指數為22195.5較上月升漲4696.5

綜觀十月份零售物價趨向平穩之途徑有待合理配給之實現協助物價平定之發展

南京特別市政府秘書處第三科統計股製

南京日需品零售物價指數比較表(簡單幾何平均)

民國二十六年＝100

類別 / 項數 / 時期	食糧葷素菜類：食糧	食糧葷素菜類：菜蔬	食糧葷素菜類：肉食	食糧葷素菜類：醬菜	食糧葷素菜類：平均	油及調味料	燃料類	衣服材料類	雜項類	總指數
項數	10	23	9	5	47	9	7	10	10	83
民國三十二年九月	11377.0	10554.1	11681.0	10157.0	10889.0	13812.0	17441.0	8081.5	17499.0	11875.0
十月	12427.0	9888.0	11305.1	7199.8	10298.0	8748.8	16501.0	11427.6	22195.5	11693.0
百分比	(＋)9.0%	(－)1.9%	(－)3.9%	(－)29.1%	(－)5.4%	(－)36.6%	(－)5.3%	(＋)41.4%	(＋)26.8%	(－)1.5%

南京特別市政府秘書處第三科統計股編製

市政公報暫定價目表

期數價目	郵費
零售每冊五角	本埠四分 外埠八分
半年十二冊六元	本埠四角八分 外埠九角六分
全年二十四冊十二元	本埠九角六分 外埠一元九角二分

市政公報廣告刊例

頁數	價目
一頁	每期十八元
半頁	每期九元
四分之一頁	每期四元五角

刊登廣告在四期以上者每期按照七折計算連續十期以上者每期按照六折計算長期另議

出版日期　本公報暫定每月二次

編輯者　南京特別市政府祕書處

發行者　南京特別市政府祕書處

地址：中山東路臚政牌樓

印刷者　南京國華印書館

電話：二二一六五